Empirische For gesellschaftswissenschaftlichen Fachdidaktiken

Reihe herausgegeben von

Reinhold Nickolaus, Abteilung für Berufspädagogik (BWT), Universität Stuttgart, Stuttgart, Deutschland

Monika Oberle, Universität Göttingen, Göttingen, Deutschland

Susan Seeber, Wirtschaftspädagogik, Georg-August-Universität Göttingen, Göttingen, Deutschland

Katrin Hahn-Laudenberg, Institut für Soziologie und Sozialwissenschaften, Bergische Universität Wuppertal, Wuppertal, Deutschland

Die Fachdidaktiken für das gesellschaftswissenschaftliche Aufgabenfeld (Geographie, Geschichte, Politik/Sozialkunde, Berufs- und Wirtschaftspädagogik) haben einen festen Platz in der Ausbildung der Lehrerinnen und Lehrer. Die Entwicklungen in der Lehr-Lern-Forschung haben umfassendere Forschungsansätze und ein neues Methodenspektrum eröffnet. Die fachdidaktische Forschung bietet neue Möglichkeiten einer fächerübergreifenden Zusammenarbeit. „Empirische Forschung in den gesellschaftswissenschaftlichen Fachdidaktiken" nimmt dies auf, fördert einschlägig gute und interessante Forschungsarbeiten und regt den gegenseitigen Austausch an. Die Buchreihe will zur theoretischen und empirischen Entfaltung der Fächer sowie ihres Methodenspektrums beitragen.

Die Buchreihe publiziert herausragende quantitative und qualitative Forschungsergebnisse aus den Fachdidaktiken. Die Manuskripte werden einem Auswahlverfahren durch den Herausgeberkreis und den wissenschaftlichen Beirat unterzogen (peer review). In der Reihe erscheinen Sammelbände und qualitätsvolle Dissertationen.

Dem wissenschaftlichen Beirat der Reihe gehören an: Hermann Josef Abs (Duisburg-Essen), Horst Biedermann (St. Gallen), Nicola Brauch (Bochum), Michael Hemmer (Münster), Rainer Lehmann (Berlin), Sabine Manzel (Duisburg-Essen), Gerhard Minnameier (Frankfurt), Fritz Oser (Fribourg), Dagmar Richter (Braunschweig), Eveline Wuttke (Frankfurt), Béatrice Ziegler (Aarau).

Johanna Mäsgen

Auswirkungen von Standardisierung auf Zentralabitur und Unterricht

Empirische und systemtheoretische Analysen zum Fach Geographie

 Springer VS

Johanna Mäsgen
Brühl, Deutschland

Diese Arbeit wurde im Fachbereich Geowissenschaften der Mathematisch-Naturwissenschaftlichen Fakultät der Westfälischen Wilhelms-Universität Münster unter dem Titel „Die Auswirkungen von Standardisierung auf die Aufgabenkultur im Zentralabitur und das darauf bezogene Lehrer_innenhandeln im Fach Geographie – Empirische Analysen und systemtheoretische Einordnung" als Inaugural-Dissertation zur Erlangung des Doktorgrades der Philosophie genehmigt.
Dekan: Prof. Dr. Harald Strauß, Erstgutachterin: Prof.ʻ Dr.ʻ Gabriele Schrüfer, Zweitgutachterin: Prof.ʻ Dr.ʻ Inga Gryl
Tag der mündlichen Prüfung: 11.12.2020
Prüfungskommission: Prof. Dr. Harald Hiesinger (Vorsitzender), Prof.ʻ Dr.ʻ Gabriele Schrüfer, Prof.ʻ Dr.ʻ Inga Gryl, Prof. Dr. Paul Reuber, Prof. Dr. Samuel Mössner

Förderhinweis: Das Projekt wurde vom Studienwerk der Heinrich-Böll-Stiftung aus BMBF-Mitteln gefördert.

ISSN 2569-2259   ISSN 2569-2267 (electronic)
Empirische Forschung in den gesellschaftswissenschaftlichen Fachdidaktiken
ISBN 978-3-658-40662-2   ISBN 978-3-658-40663-9 (eBook)
https://doi.org/10.1007/978-3-658-40663-9

Die Deutsche Nationalbibliothek verzeichnet diese Publikation in der Deutschen Nationalbiblio-grafie; detaillierte bibliografische Daten sind im Internet über http://dnb.d-nb.de abrufbar.

Planung/Lektorat: Stefanie Probst
Springer VS ist ein Imprint der eingetragenen Gesellschaft Springer Fachmedien Wiesbaden GmbH und ist ein Teil von Springer Nature.
Die Anschrift der Gesellschaft ist: Abraham-Lincoln-Str. 46, 65189 Wiesbaden, Germany

Danksagung

Mein erster Dank gilt Prof. Dr.' Gabriele Schrüfer für das Interesse am Projekt, die Unterstützung, Betreuung und Begutachtung der Arbeit. Außerdem danke ich Prof. Dr.' Inga Gryl für die Übernahme des Zweitgutachtens sowie Prof. Dr.' Antje Schlottmann für die Übernahme des Drittgutachtens.

Ich danke meiner Mentorin Dr.' Dorothea Wiktorin für die Begleitung des Projekts und die konstruktive Kritik. Ohne sie hätte ich das Projekt nicht zu Ende gebracht.

Ich bedanke mich beim Studienwerk der Heinrich-Böll-Stiftung für die Förderung des Projektes.

Ein großes Dankeschön richtet sich an die Lehrer_innen, die sich am Projekt beteiligt haben.

Ich danke Prof. Dr. Josef Nipper für die Beratung bei der quantitativen Datenanalyse und das Glauben an das Projekt. Ich danke Dr.' Veronika Selbach für die konstruktive Kritik des finalen Dokuments und die mentale Unterstützung. Dr.' Stephanie Leder danke ich für das Interesse an meiner Arbeit und die kritische Diskussion der metatheoretischen Perspektiven. Ich danke Dr. Holger Kretschmer für die kritische Sichtung des Methodenkapitels und Dr. Stephan Langer für die Begleitung im Promotionsprozess. Dies gilt ebenso für Elisabeth Gohrbandt.

Ich danke den beiden AGs von Prof. Dr.' Gabriele Schrüfer in Münster und Bayreuth für die kollegiale Begleitung des Projekts, insbesondere Prof. Dr.' Nina Brendel und Dr.' Sonja Schwarze.

Ich danke Robert Saß, Folke große Deters und Joline große Deters für die Hilfe bei der Korrektur und technischen Umsetzung des Manuskripts.

Besonders herzlich bedanke ich mich bei meinen Eltern, Geschwistern und Großeltern für die vorbehaltlose Unterstützung.

Mein größter Dank gilt Dr. Sascha Lanzrath und unseren beiden Kindern, die während meiner Promotionszeit in unser Leben gekommen sind. Im Lockdown mit Säugling und Kleinkind auf die Kleinfamilie zurückgeworfen diese Arbeit fertig zu stellen und sie wiederum im Lockdown online zu verteidigen, wäre ohne unsere große Liebe nicht möglich gewesen.

Inhaltsverzeichnis

Abbildungsverzeichnis

Tabellenverzeichnis

Einleitung 1

Nach dem „PISA-Schock" im Jahr 2001, der durch das schlechte Abschneiden Deutschlands im internationalen Vergleich der Leistungsfähigkeit der Erziehungssysteme ausgelöst wurde, führten alle Bundesländer außer Rheinland-Pfalz, die bis dato noch ein dezentrales Abitur hatten, als Strategie im Rahmen der sogenannten „Neuen Steuerung" im Bildungswesen das Zentralabitur ein. Gleichzeitig wurde das Zentralabitur in den Bundesländern, die bereits auf eine längere Zentralabiturtradition zurückblicken konnten, funktional umgedeutet. Während es zuvor vornehmlich der Selektion diente, sollte es nun auch die Evaluation der Leistungsfähigkeit des Bildungssystems ermöglichen und der Legitimation des bildungspolitischen Handelns dienen. Über die Reformen des Abiturs hinaus wurden auch die Lehrpläne reformiert. Diese orientieren sich nun an zu erwerbenden Kompetenzen und geben in Form von Regelstandards vor, was die Schüler_innen am Ende eines Lernabschnitts gelernt haben sollen.

Dieser durch die Bildungsadministration auf den Weg gebrachte Wandel der beiden maßgeblichen Steuerungsinstrumente in der Oberstufe – Abitur und Lehrplan – wirkt sich auf den Unterricht aus. Dabei sind Prozesse aufgrund der „polykontexturalen Verhältnisse" von vornherein nicht linear, sondern komplex angelegt (Vogd, 2005, S. 112–113). Mit dem damit notwendig gewordenen Abschied von der Illusion des didaktischen Dreiecks braucht es Modelle, die sich der Komplexität von Unterricht und dem Prüfen im Unterricht anzunähern vermögen. Hinzu kommen widersprüchliche funktionale Zuschreibungen: Bildung bzw. Erziehung mit der korrespondierenden Förderdiagnostik auf der einen und Selektion mit der Leistungserfassung und -bewertung auf der anderen Seite. Lehrer_innen müssen in der Folge fortwährend in kontingenten Situationen Handlungsalternativen abwägen und Entscheidungen treffen.

Die bildungspolitischen Innovationen bringen verstärkte Forschungsaktivitäten mit sich. So ergibt eine Datenbankabfrage im „Fachportal Pädagogik" (Stand Juli

© Der/die Autor(en) 2023
J. Mäsgen, *Auswirkungen von Standardisierung auf Zentralabitur und Unterricht*, Empirische Forschung in den gesellschaftswissenschaftlichen Fachdidaktiken, https://doi.org/10.1007/978-3-658-40663-9_1

2019) seit 2002 3593 Publikationen zum Thema „PISA-Studie" (Höchststand: 2002: 560 Publikationen), 5083 Publikationen zum Thema „Steuerung" und „Governance" (Höchststand: 2013: 419), 1217 Publikationen zum Thema „Kompetenzorientierung" (Höchststand 2012: 161) und 230 zum Thema „Zentralabitur" (Höchststand 2007: 38). Dabei sind sowohl die Hintergründe der bildungspolitischen Entscheidungen, als auch die Innovationen selbst und ihre Konsequenzen Forschungsgegenstände. Die Forschung zu Letzteren kann sich auf eine lange englischsprachige Forschungstradition zu den Wirkungen sogenannter „highstakes Testsysteme" beziehen, die vor allem Teaching-to-the-Test-Effekte als negative Folgen nachgewiesen haben. Allerdings unterscheidet sich die deutsche Umsetzung der Strategien der „Neuen Steuerung" derart von den international diskutierten Standardisierungstendenzen und Testsystemen etwa der USA, dass die Ergebnisse nicht übertragbar sind und nur an die deutsche Bildungslandschaft angepasste Forschung substanzielle Beiträge zur Diskussion liefern kann. Diese befindet sich allerdings noch in den Anfängen und liefert lediglich erste Ergebnisse, die bundesländer-, kurs- und auch fachspezifisch ausfallen.

Bezogen auf das Unterrichtsfach Geographie liegen bislang nur erste kleinere Studien zu Klausuraufgaben zur Beurteilungs- und Bewertungskompetenz (Felzmann, 2013) sowie zur Bewertung sprachlicher Leistungen und zum Umgang der Schüler_innen mit Materialien im Kontext des Zentralabiturs (Gohrbandt, Mäsgen, Weiss & Wiktorin, 2013) vor. Ein Forschungsdesiderat stellt somit die systematische Untersuchung der Aufgabenkultur im Geographiezentralabitur dar, wie sie etwa für naturwissenschaftliche Fächer von Kühn (2010) durchgeführt wurde. Zudem gibt es keine wissenschaftlichen Erkenntnisse zu Auswirkungen des Geographiezentralabiturs auf den Unterricht, sodass hier eine Leerstelle der geographiedidaktischen Handlungsforschung vorliegt.

Wenn Vogd (2005, S. 112) eine „komplexe Erziehungswissenschaft jenseits von empirieloser Theorie und theorieloser Empirie" fordert und Herzog (2011, S. 175) bemängelt, dass die Didaktiken „den sozialer Charakter und die soziale Dynamik" des Unterrichts weitestgehend ausblendeten, wird deutlich, dass neben den skizzierten Forschungslücken in der Bildungsforschung und Geographiedidaktik auch grundsätzlich ein Bedarf an Forschungsarbeiten besteht, die gleichzeitig die Komplexität der Prozesse im Erziehungssystems aufzugreifen und zu analysieren vermögen und dennoch mithilfe einer empirischen Basis bis auf die Objektebene herunterreichen.

Diese Arbeit leistet einen Beitrag zur fachlichen Bildungsforschung, weil – aufbauend auf dem Stand der Forschung – einerseits dem Grad der Standardisierung in der Prüfungskultur im Geographiezentralabitur und andererseits dessen Folgen nachgegangen wird. Diese Arbeit leistet darüber hinaus einen Beitrag zur geographiedidaktischen Forschung, weil wichtige Kontextfaktoren des Unterrichts in der Oberstufe, der „im Rahmen einer komplexen Organisation stattfindet, deren Funktionieren Zwänge erzeugt" (Herzog, 2011, S. 183), und das darauf bezogene Handeln von Geographielehrer_innen in den Blick genommen werden. Auch wenn der Fokus dieser Arbeit auf den Lehrkräften liegt, soll dabei nicht ausgeblendet werden, dass die Schüler_innen in besonderem Maße von den Handlungsstrategien der Lehrenden betroffen sind:

> „Ich finde, dass von Schülern sehr viel gefordert wird heute, gerade, was jetzt die gymnasiale Oberstufe hier angeht, sie haben wahnsinnig viele Klausuren und das ist schon so viel, dass sie taktieren, worauf lerne ich, worauf lerne ich nicht, was bringe ich ein, und was nicht. Und der Spaß ist komplett raus, die sind alle froh, glaube ich, wenn sie ihr Abi haben und aus der Schule raus sind und dass der Stress endlich mal ein Ende hat. Und das ist halt schade, weil es für Lehrer Stress ist, für Schüler Stress bedeutet und da hat keiner so richtig was von und es könnte viel schöner sein, denke ich, könnte viel einfacher sein. Ich bin noch jung, ich habe noch Ambitionen (lacht)." (7.XXI, 7.47, 141)

Der Unterricht der Oberstufe soll die Schüler_innen nicht nur auf das Abitur, sondern vor allem auf den weiteren Lebensweg jenseits der Schule vorbereiten. Unerwünschte Effekte, die sich zum Beispiel aus der „Zukunfts- und Leistungsorientierung; Codierung und Schematisierung der Bewertungen, die über die weitere Karriere im System entscheiden" (Luhmann, 1987b, S. 66), ergeben, können dabei die Lebenslauforientierung gefährden.

> „Es kann nicht ausbleiben, daß von so überspitzten Sonderbedingungen [des Unterrichts] Sozialisationseffekte besonderer Art ausgehen, *wenn* diese Strukturen im Handeln aufgenommen und bestätigt werden. Man hat dies (nicht sehr glücklich) den ‚heimlichen Lehrplan' genannt." (Luhmann, 1987b, S. 66)

Ziel dieses bislang ersten Forschungsprojekts zu Auswirkungen der bildungspolitischen Standardisierungsbemühungen auf Aufgabenkultur und Unterricht im Fach Geographie ist es, durch eine vertiefte Analyse ein Reflexionsangebot zu schaffen. Diese Arbeit mündet dementsprechend nicht in Handlungsempfehlungen für die Bildungspolitik, die Schulorganisation, die Schulpraxis, die Bildungsforschung oder die Geographiedidaktik. Vielmehr sollen die Komplexität des gestaltenden schulischen und insbesondere unterrichtlichen Handelns angesichts des Zentralabiturs herausgestellt und verschiedene *Möglichkeiten* kontingenten Handelns *nachvollzogen* werden.

Um dies zu erreichen, wird diese Arbeit metatheoretisch durch die soziologische Systemtheorie nach Luhmann und Schorr gerahmt. Diese bietet aufgrund

„der vielfältigen Referenzen" und des „abstrakten Niveaus ihrer Fragen" ein
hohes „Potential an Unterscheidungen und Anregungen" (Tenorth, 1990, S. 115).

> „Die Theorievorschläge von Luhmann und Schorr sind [...] wohl vor allem und pri-
> mär als kritisches Korrektiv von Bedeutung. Sie zeigen, was *nicht* mehr geht und
> ziehen die Konsequenz aus einem Theoriewandel der Wissenschaften [...]. Sicher-
> lich, diese Wendung zur Komplexität statt zur elementaren Wahrheit, zur Funktio-
> nalität statt zur Substanz, und zur systemspezifischen Dynamik statt zur einlinigen
> Geschichte ist nicht ohne Folgeprobleme. Zumindest zur autoritativen Normierung
> des Handelns eignet sich diese Theorie nicht mehr." (Oelkers & Tenorth, 1987, S. 44)

Diese Hinwendung zur Komplexität bedeutet aber nicht, dass die Ergebnisse dieses Forschungsprojekts ohne praktische Bedeutung sind: „Aufklärung ermöglicht
die Korrektur falscher Erwartungen und die realistische Einschätzung der Gestaltungsmöglichkeiten des [...] Handelns" (Herzog, 2011, S. 191). Dies gilt auch
für „die hohen – gelegentlich naiv ein technisches Verständnis von Erziehung
voraussetzenden – Erwartungen" an die Schulorganisation (Kuper, 2004, S. 151),
die die Komplexität von Unterricht ausblenden. Die Systemtheorie dekonstru-
iert gängige Vorstellungen von der Planbarkeit, der Umsetzbarkeit und dem
Ertrag von Unterricht. Man kann mit Oelkers und Tenorth (1987) sagen, dass
sie desillusioniert:

> „[S]ich *keine* Illusionen mehr zu machen, mag ein systemtheoretischer Kostenfaktor
> sein. Aber Entrüstung darüber ist kein theoretischer Ausweg; ein dem Botenmord der
> antiken Tragödie analoges Verhalten bleibt, zum Glück, ausgeschlossen, auch wenn
> die Einsicht wider Willen erfolgen mag." (Oelkers & Tenorth, 1987, S. 45)

Da die Systemtheorie zwar „Bezüge von der Metaebene bis hin zum Objekt-
bereich versucht", dabei aber rein theoretische Überlegungen anstellt, „müssen
für Aussagen, die für die Objektebene getroffen wurden, empirische Nachweise
vorgelegt werden" (Saldern, 2005, S. 184). Aus diesem Grunde nutzt diese
Arbeit die „empirisch nicht gehaltvolle[n] abstrakte[n] theoretische[n] Konzepte"
(Kelle & Kluge, 2010, S. 62) der Systemtheorie, um sie empirisch zu füllen. Um
noch einmal auf die oben zitierten Forderung von Vogd (2005, S. 112) zurück-
zukommen: Diese Arbeit versucht sich an einer theoriebasierten Empirie, die
die forschungsleitende Frage „*Wie ist Geographieunterricht angesichts des Zentralabiturs möglich*" beantworten möchte. Darüber hinaus gibt es nachgelagerte
Untersuchungsfragen:

(1) Welche theoretischen und empirischen Erkenntnisse zum Unterrichten und Prüfen angesichts des Zentralabiturs und der mit ihm verbundenen Regularien liegen vor? Was sind Einflussfaktoren, was Auswirkungen? Wie ist die spezifische Situation im Fach Geographie?

(2) Welche Merkmale weist die Aufgabenkultur im Geographiezentralabitur als Ergebnis von politischem Steuerungshandeln auf? Inwiefern lassen sich Standardisierungstendenzen feststellen?

(3) Wie beschreiben Geographielehrer_innen die Situation angesichts des Zentralabiturs und seiner Aufgabenkultur? Wie beschreiben und begründen sie ihr eigenes Handeln? Inwiefern lassen sich die Ergebnisse systematisieren?

Zur Beantwortung der forschungsleitenden Frage und der nachgelagerten Untersuchungsfragen werden theoretische und empirische Perspektiven der Forschung auf die forschungsleitende Frage gesichtet, die Ergebnisse zweier Studien – einer quantitativen Analyse der Aufgabenkultur im Zentralabitur und einer qualitativen Interviewstudie zum Lehrer_innenhandeln angesichts des Zentralabiturs – vorgestellt und aus systemtheoretischer Sicht diskutiert.

Zentrale Ergebnisse dieser Arbeit zu den nachgelagerten Untersuchungsfragen in Block (1) sind, dass Unterrichten und Prüfen komplex sind, es eine Diskrepanz zwischen Leistungserfassung und Diagnostik gibt und sich die Komplexität vor dem Hintergrund des sich wandelnden Unterrichts hin zu einer neuen Lernkultur steigert. Angesichts des Zentralabiturs ergeben sich besondere Herausforderungen, etwa eine veränderte Rolle der Lehrkraft und besondere Anforderung an die Bezugsnormierung. Im Fach Geographie offenbart sich ein Spannungsfeld zwischen einem vielfältigen Geographieunterricht und der herkömmlichen Leistungserfassung.

Auch wenn eine pädagogische Autonomie grundsätzlich angenommen, gefordert oder politisch impliziert ist, wird Unterricht organisatorisch gerahmt. Diese Rahmung wird von außen beeinflusst, etwa durch das Zentralabitur als staatliche Steuerung. Das Geographiezentralabitur ist dabei dezidiert reglementiert.

Das Zentralabitur und die in der Oberstufe ihm vorgelagerten Regularien fungieren als pädagogische Programme. Sie sind als Innovationen positiv intendiert, basieren aber auf Entscheidungen. Bei kompetenz- und standardorientierten Lehrplänen und dem Zentralabitur handelt es sich um Reprogrammierungen. Es stellt sich die Frage, ob die Kompetenzorientierung im Fach Geographie die Gefahr eines Verständnisses als Technologie birgt.

Schulorganisatorischen Entscheidungen ist ein Rationalitätsdefizit inhärent, sodass nicht intendierte Effekte vorprogrammiert sind. Dies können im Kontext von Unterricht Unsicherheiten und Stress der Lehrkräfte sein, im Kontext des Zentralabiturs Effekte wie Teaching-to-the-Test-Strategien.

Zentrale Ergebnisse dieser Arbeit zu Block (2) sind, dass die Aufgabenkultur im Zentralabitur als Ergebnis von politischem Steuerungshandeln zwischen den Bundesländern variiert, auf der Ebene der Bundesländer aber ein hoher Grad an Standardisierung vorliegt.

Zentrale Ergebnisse dieser Arbeit zu Block (3) sind, dass das standardisierte Zentralabitur eine Steuerungswirkung auf den Geographieunterricht und die unterrichtlichen Klausuren hat. Die Geographielehrer_innen schätzen das eigene Handeln angesichts des Zentralabiturs, die ursächlichen Bedingungen, den Kontext ihres Handelns, die strukturellen Bedingungen, die auf das Handeln einwirken und die sich daraus ergebenden Konsequenzen aber unterschiedlich ein. Dennoch können Handlungstypen identifiziert werden, die sich hinsichtlich der Intensität und der Frequenz der schulischen Gestaltung unterscheiden.

Das zentrale Ergebnis zur übergeordneten forschungsleitenden Frage ist schließlich, dass der Geographieunterricht angesichts des Zentralabiturs durch Selbst- und Fremdbeschränkung sowie durch Konkurrenz von Vermittlung/ Aneignung und Selektion gefährdet ist.

Diese Arbeit ist folgendermaßen gegliedert: Zunächst wird in Abschnitt 2.1 Unterricht aus systemtheoretischer Perspektive beleuchtet. Die ersten drei Teilkapitel widmen sich den drei die Erziehung betreffenden Systemtypen: dem Erziehungssystem als Funktionssystem der Gesellschaft (Abschnitt 2.1.1), dem Unterricht als Interaktionssystem (Abschnitt 2.1.2) und der Schulorganisation als Organisationssystem (Abschnitt 2.1.3). Im Anschluss wird dargelegt, wie Erziehung aus systemtheoretischer Sicht in die Gesellschaft eingebunden ist (Abschnitt 2.1.4) und wie Erziehung, Selektion und Prüfungen in Beziehung zueinander stehen (Abschnitt 2.1.5). Als Fazit werden im Teilkapitel 2.1.5 schließlich vier Leitperspektiven für diese Arbeit abgeleitet: (1) Unterricht als komplexe Interaktionssituation und Prüfungen, (2) Die „falsche Sprache"? – Einflüsse von außen, (3) Das Zentralabitur und seine vorgelagerten organisatorischen Regularien als pädagogische Programme – Scheintechnologie als Technologiersatz? und (4) Entscheidungen der Schulorganisation und ihr Rationalitätsdefizit.

Diese vier Leitperspektiven werden dann im Abschnitt 2.2 aufgegriffen und strukturieren die Darstellung der theoretischen und empirischen Perspektiven der Forschung auf die forschungsleitende Frage. Dabei gliedern sich die vier entlang der Leitperspektiven entwickelten Teilkapitel 2.2.1 bis 2.2.4 jeweils wiederum in drei Teile: einer Darstellung des übergeordneten Forschungsstands, einer Erläuterung der Rolle des Zentralabiturs und einer Beschreibung der Situation im Fach Geographie.

In Abschnitt 2.3 folgt darauf die Synthese der theoretischen Überlegungen. Darauf folgt die Vorstellung der empirischen Studien in den Kapiteln 3 und 4. Im Kapitel 3 wird das Forschungsdesign vorgestellt. In Kapitel 4 werden die Ergebnisse der quantitativen Studie zur Aufgabenkultur im Zentralabitur und der Interviewstudie zum Lehrer_innenhandeln angesichts des Zentralabiturs dargestellt. Davon ausgehend wird in Kapitel 5 die forschungsleitende Frage *„Wie ist Geographieunterricht angesichts des Zentralabiturs möglich?"* abschließend diskutiert, indem die zentralen Forschungsergebnisse systemtheoretisch eingeordnet werden. Die Arbeit schließt mit einem Fazit und Ausblick in Kapitel 6.

Theoretische Konzeption 2

Oft wird die Frage „Wie erziehe ich?" (Schorr & Luhmann, 1981) bzw. „Wie unterrichte ich (‚richtig')?" oder im Kontext dieser Arbeit „Wie unterrichte ich Geographie angesichts des Zentralabiturs?" durch Folgerungen wie „Wenn Lehrer_innen XY tun, dann lernen die Schüler_innen YZ." beantwortet. Dies ist auch die klassische Herangehensweise der fachspezifischen Didaktiken wie der Geographiedidaktik. Der Versuch, Evidenzen nachzuweisen, wird oftmals gar nicht erst unternommen, und wenn doch, scheitert er regelmäßig, da er voraussetzt, dass es Zusammenhänge zwischen den einzelnen Unterrichtssituationen gibt, diese vergleichbar sind und Kausalzusammenhänge bestehen.[1]

Die kontrovers diskutierte und sicherlich größte Studie des letzten Jahrzehnts, die herauszufinden versuchte, was einen guten Unterricht garantiert, ist die Studie von Hattie (2015). Hier wurden in einer großangelegten Metaanalyse zu Faktoren erfolgreichen Unterrichtens Effektstärken berechnet. Herausgekommen ist, dass vieles hilft:

> „[…] practically everything that happens in school and the classroom can lead to an increase in academic performance. To put it another way, 90 to 95 percent of what we do to learners increases their achievement. One might think that this would reassure us teachers, but that is not the case. The only thing this result illustrates is that people are learning all the time – sometimes despite us. This helps explain why almost everyone can claim 'evidence' for their favorite influence." (Hattie & Zierer, 2017, S. XX)

---

[1] Vergleiche hierzu den Begriff der Interferenz nach Schorr und Luhmann (1981, S. 48): „Als *Interferenz* wollen wir […] dagegen den Fall bezeichnen, daß ein System durch sein Handeln mehr oder weniger vorbestimmt, wie ein anderes handelt. Der Begriff meint also eine (kausale) *Sequenz* von *mehreren* Handlungen *verschiedener* Systeme. Er setzt auch einen Systemzusammenhang des Handelns voraus, außerdem aber Zurechnung auf verschiedene Systeme, Zeitdistanz und angenommene bzw. unterstellte Kausalität."

© Der/die Autor(en) 2023
J. Mäsgen, *Auswirkungen von Standardisierung auf Zentralabitur und Unterricht*, Empirische Forschung in den gesellschaftswissenschaftlichen Fachdidaktiken, https://doi.org/10.1007/978-3-658-40663-9_2

Doch die Frage „Wie unterrichte ich?", die den Fokus auf das Verhalten von Lehrer_innen gegenüber Schüler_innen lenkt, ist die Frage aus der Perspektive der Praktiker_innen, die wissen, *dass* Erziehung *möglich* ist und spezifische Problemsituationen reflektieren wollen (Schorr & Luhmann, 1981, S. 37). Sie greift allerdings als Forschungsperspektive zu kurz, weil von einer Kausalität ausgegangen werden muss, die nicht unterstellt werden kann (Schorr & Luhmann, 1981, S. 48). Forschung, die nach Evidenzen sucht, wird zwar immer populärer, sieht sich aber Kritik ausgesetzt (Bellmann & Müller, 2011).

Im Rahmen dieser Arbeit soll nun nicht der Frage, was denn nun erwiesen ist (oder nicht), sondern der Frage „Wie ist Erziehung möglich?" (Schorr & Luhmann, 1981, S. 37) bzw. „Wie ist Unterricht möglich"? (Scheunpflug, 2004, S. 65) nachgegangen werden. Sie kann nicht durch einfache Patentrezepte beantwortet werden, ermöglicht aber eine tiefgreifende, systematische Analyse des Interaktionssystems Unterricht.

Die systemtheoretische Betrachtungsweise, die den roten Faden in Abschnitt 2.1 bildet, bietet die Möglichkeit, der Leitfrage nachzugehen: *„Wie ist Unterricht möglich?"*. Davon ausgehend werden dann im Abschnitt 2.2 als erste Annäherung an die forschungsleitende Fragestellung: *„Wie ist Geographieunterricht angesichts des Zentralabiturs möglich?"*, der Forschungsstand zu den aus der Systemtheorie abgeleiteten Leitfragen mit Fokus auf die Spezifika des Fachs Geographie widergegeben, bevor im Abschnitt 2.3 das Zentralabitur im Fach Geographie und seine Auswirkungen in einer Synthese als Forschungsgegenstände vorgestellt werden.

2.1   *Wie ist Unterricht möglich?* Unterricht aus systemtheoretischer Perspektive

Niklas Luhmann als Soziologe und Verfasser der Theorie sozialer Systeme (Luhmann, 1987a) und Karl Eberhard Schorr als Erziehungswissenschaftler haben mit ihren Publikationen von 1979 bis 2002 (posthum) die Entwicklung einer Theorie sozialer Systeme in der Erziehungswissenschaft verfolgt. Ihre Veröffentlichungen[2] wie die beiden großen Monographien „Reflexionsprobleme im Erziehungssystem" (Luhmann & Schorr, 1988) und „Das Erziehungssystem der

---

[2] Bei allen Zitaten wird die Schreibweise des Originals übernommen, sodass neben der speziellen Schreibweise einiger typischer luhmannscher Begriffe auch die alte Rechtschreibung beibehalten wird. Dies entspricht der gängigen Verfahrensweise bei posthum veröffentlichten Schriften Luhmanns wie zuletzt bei Luhmann (2017): „Systemtheorie der Gesellschaft".

Gesellschaft" (Luhmann, 2002) und die zahlreichen Sammelbände[3] waren dabei bewusst als Provokationen angelegt, die die Sammelbände als Untertitel im Namen tragen: „Fragen an die Pädagogik". Luhmann und Schorr haben damit die Diskussion insbesondere über das Problem des Technologiedefizits und die Theorie des Erziehungssystems angeregt (Saldern, 2005, S. 157).

Bislang wird die Sozialität des Unterrichts in den Didaktiken ausgeblendet (Herzog, 2011, S. 174), außerdem wird der Unterricht als idealisierter Unterricht weitestgehend ohne Kontext, also ohne organisatorische und gesellschaftliche Rahmung, allen Überlegungen zugrunde gelegt. Da es eine Neuerung darstellt, Geographieunterricht mithilfe der Systemtheorie zu analysieren, werden in den folgenden Kapiteln die Grundzüge der luhmannschen Systemtheorie und deren Anwendung auf das Erziehungssystem durch Luhmann und Schorr unter Einbezug von Sekundärliteratur umrissen. Damit wird die oben vorgestellte Frage: *„Wie ist Unterricht möglich?"*, aufgegriffen, die die Grundlage für alle weiteren Überlegungen bildet.

2.1.1 Das Erziehungssystem als Funktionssystem der Gesellschaft

„Das System der modernen Gesellschaft ist durch funktionale Differenzierung charakterisiert. Das heißt: es bildet primäre (keineswegs alle!) Subsysteme durch Bezug auf spezifische Funktionen" (Luhmann, 2002, S. 13–14). Das Erziehungssystem ist eines dieser *Funktionssysteme* der Gesellschaft: In der hoch komplexen, funktional ausdifferenzierten modernen Gesellschaft existiert es neben anderen Funktionssystemen (vgl. Tabelle 2.1) wie beispielsweise der Wirtschaft, der Wissenschaft, der Politik und dem Recht (Luhmann, 2002, S. 14). Die einzelnen Funktionssysteme haben jeweils die Aufgabe, Komplexität zu reduzieren, indem die Funktionen der Gesellschaft in spezialisierten Teilsystemen arbeitsteilig erfüllt werden: „mit ihrer Hilfe kann eine Gesellschaft unterschiedlichste Aufgaben und hochkomplexe Operationen bewältigen und dadurch ihre Effektivität erhöhen" (Hübner, 2016).

> „Er [der Systembegriff] postuliert – als System*begriff* –, daß die Gesellschaft die Lösung ihres eigenen Unbestimmbarkeitsproblems leistet, dadurch daß sie sich als

---

[3] „Zwischen Technologie und Selbstreferenz", „Zwischen Intransparenz und Verstehen", „Zwischen Anfang und Ende", „Zwischen Absicht und Person", „Zwischen System und Umwelt" von Luhmann und Schorr (1982, 1986, 1990, 1992, 1996).

System konstituiert; dadurch daß sie durch Grenzziehung eine für sie unbestimm-
bare Komplexität reduziert und, im Wissenschaftsbereich zum Beispiel, unter dem
Gesichtspunkt von Wahrheit/Unwahrheit schematisiert. Die Systemtheorie geht, mit
anderen Worten, davon aus, daß ihre Gegenstände sich selbst als Systeme organisieren, sich selbst in ihren Möglichkeiten ermöglichen und einschränken; und daß sie nur
deshalb als Systeme begreifbar sind." (Luhmann, 2017, S. 16–17)

Die von jedem System selbst definierten Systemgrenzen markieren die Differenz
zwischen dem System und seiner Umwelt, zu der nicht nur die natürliche Umwelt,
sondern auch alles andere (u. a. Gesellschaft, andere Funktionssysteme) zählt
(Luhmann & Böhm, 1973; Luhmann, 2017, S. 17). Die Systemgrenzen werden
von den Systemen selbst definiert und markieren die Grenzen zwischen System
und Umwelt (Luhmann & Böhm, 1973). Die Systemgrenzen funktionieren als
Filter: Informationen aus der Umwelt werden gefiltert und dann im System als
Information verarbeitet (Hübner, 2016). Es gibt also ein Komplexitätsgefälle von
der Umwelt zum einzelnen sozialen System (s. ausführlich Abschnitt 2.1.4).

Die Funktionssysteme der Gesellschaft sind *autopoietisch*, das heißt, sie
machen, erschaffen, erzeugen sich selbst (Luhmann, 2002, S. 24; Runkel, 2005,
S. 5). Hierzu greifen sie auf die systembildende und systemkonstituierende Operation *Kommunikation* zurück (Luhmann, 1997, S. 14): „Die Theorie [allg. Theorie
autopoeitischer Systeme] postuliert, daß soziale Systeme nicht aus Individuen,
Rollen oder sonstigen festen Teilen bestehen, sondern aus Ereignissen, nämlich
aus Kommunikationen." (Luhmann, 1987b, S. 68).

In jedem System gelten eigene Systemregeln, die dafür sorgen, dass lose
gekoppelte Mitteilungen durch „symbolisch generalisierte Kommunikations-
medien" in feste Kopplungen überführt werden (Matthias Neumann, 2017,
S. 122–123). Diese Systemregeln unterscheiden sich von Regeln in anderen Funktionssystemen und sorgen dafür, dass in jedem System eine „andere Sprache"
gesprochen wird (Hübner, 2016): Es gibt jeweils ein spezifisches „Medium"
der Kommunikation. So genannte „Codes" dienen der Komplexitätsreduktion
innerhalb des Systems, indem Kommunikation eindeutig einer binären Kategorie zugeordnet wird. „Präferenzcodes" – wie die im oben von Luhmann (2017)
genannten Beispiel der Schematisierung in die Kategorien wahr und unwahr in
der Wissenschaft – sind dann diejenigen Codes, die die dominierenden Steuerungscodes sind. Der binäre Code ist nicht „eine Struktur unter anderen", sondern
„konstitutives Merkmal" des Systems (Kaldewey, 2013, S. 77). Hieraus ergeben
sich Fragen der Systemzugehörigkeit. Damit die Kommunikation eindeutig einer
Seite des Codes zugeordnet werden kann, bedarf es eines „Programms" zur Steuerung (Luhmann, 1997, S. 564–565). Dabei kann die „Programmierung […] nur

codespezifisch erfolgen", Programme können „jeweils einem und nur einem Code zugeordnet sein" (Luhmann, 1997, S. 377).

Tabelle 2.1 zeigt beispielhaft eine Übersicht über einzelne Funktionssysteme der Gesellschaft und deren spezifische Kommunikation.

Zunächst ging Luhmann davon aus, das *Medium* der Kommunikation im Erziehungssystem sei das Kind (2002, S. 92). Da das Erziehungssystem sich aber zunehmend auch an Erwachsene (zum Beispiel Studierende) richtet, hat er als treffenderes Medium den „Lebenslauf" eingeführt (Luhmann, 2002, S. 92–96). Auch hier ist wieder nicht der empirische Lebenslauf gemeint, sondern seine „gesellschaftliche Symbolisierung" (Kade, 2004, S. 217). Luhmann identifiziert das *Wissen*[4] als Form, die den Lebenslauf konkretisiert: „Denn auf der Basis von Wissen gewinnt man andere Möglichkeiten, dem weiteren Lebenslauf eine Richtung zu geben" (Luhmann, 2002, S. 97). Wissen im Erziehungssystem sei – anders als in anderen Systemen (z. B. geprüftes Wissen in der Wissenschaft) – immer „individuelles" Wissen (Luhmann, 2002, S. 98).

> „[...] wenn man etwas weiß, gewinnt man damit die Fähigkeit, Informationen zu erzeugen und zu verarbeiten. Einerseits kann man auf der Seite des Wissens Sicherheit finden. Das Wissen garantiert wiederholte Verwendbarkeit, also Redundanz. Andererseits, und in der modernen Welt viel wichtiger, ermöglicht es auch das Erkennen von Variationen, Neuheiten, Überraschungen. So gesehen ist es die Absicht von Erziehung auf Steigerung von Redundanz *und* Varietät gerichtet." (Luhmann, 2002, S. 99)

Wissen wird also als Einheit der Unterscheidung gewusstes Wissen und nichtgewusstes Wissen verstanden und bietet die Möglichkeit zum Transfer (Luhmann, 1992, S. 115, 2002, S. 100).

> „Wissen in diesem weit gefaßten Sinne erweitert den Aktionsradius der Individuen. Es gibt ihnen eine Ausrüstung, mit der sie sich auf unvertrautes Gelände wagen können in dem Bewußtsein, daß sie angesichts von Überraschungen sich zu helfen wissen werden." (Luhmann, 2002, S. 100)

---

[4] Luhmann (2002, S. 99) hat ein breites Verständnis von Wissen, das auch Kompetenzen einschließt: „Es wäre viel zu aufwändig, wollte man sich bei jeder Inanspruchnahme von Wissen bewußt machen, daß man es weiß. [...] Normalerweise genügt, daß man weiß, daß man schwimmen kann, Englisch sprechen kann oder sich an einer Unterhaltung über das Mittelalter beteiligen kann."

Tabelle 2.1 Funktionssysteme der Gesellschaft (Beispiele). (Quelle: verändert nach Hübner (2016), Runkel (2005, S. 16) auf der Basis von Luhmann (1997, 2002) und Luhmann und Schorr (1988) sowie Peetz (2014, S. 105))

Funktionssystem	Medium	Präferenzcode(s)	Programme (Auswahl)
Wirtschaft	Geld	Zahlung/Nichtzahlung bzw. haben/nicht haben	Markt, Budgets
Wissenschaft	Wahrheit	Wahr/unwahr	Theorien, Methoden
Politik	Macht	Macht haben/keine Macht haben bzw. macht-überlegen/macht-unterlegen	Wahlen
Recht	Rechtsprechung	Recht/Unrecht	Gesetze, Rechtsnormen
Erziehung	(Kind) Lebenslauf	besser/schlechter, vermittelbar/nicht vermittelbar	Verwaltungsvorschriften wie Lehrpläne, Abiturrichtlinien

Der Lebenslauf könne durch Erziehung nicht in festgelegte Art und Weise beeinflusst werden, sondern durch Wissen könnten nur Möglichkeiten eröffnet werden (Luhmann, 2002, S. 101).[5]

Die Codes im Erziehungssystem haben – wie in allen sozialen Systemen – die Funktion der Reduktion von Komplexität. *Präferenzcodes* sind dabei die dominierenden Steuerungscodes (Hübner, 2016). Sie dienen dazu, die Zugehörigkeit zum System festzustellen und die Kommunikationen eindeutig einer binären Struktur zuzuordnen (Luhmann, 1992, S. 111). Die Identifikation eine Codes gestaltete sich schwierig (Kade, 2004, S. 211–212; Luhmann & Schorr, 1988, S. 305; Luhmann, 1992, S. 112, 2002, S. 59–61). Luhmann ging zunächst davon aus, dass es im Erziehungssystem keinen Präferenzcode gäbe, sondern die pädagogische Absicht als Symbol, das Operation mit Operation verknüpft, fungiere, später postulierte er den Präferenzcode „besser/schlechter", da er als Funktion des Erziehungssystems für die Gesellschaft die Selektion identifizierte. Zuletzt hat er als Zugeständnis an die Pädagogik, die dem Erziehungssystem andere Funktionen als die Selektion beimisst, als primären Präferenzcode den Code „vermittelbar/nicht vermittelbar" vorgeschlagen und den Code „besser/schlechter" als zweiten Präferenzcode bezeichnet. Die zwei Primärcodes „vermittelbar/nicht vermittelbar" und „besser/schlechter" und ihre spezifischen Kommunikations-Operationen „Vermitteln/Aneignung" und „Selektion" werden den Überlegungen dieser Arbeit zugrunde gelegt.

Programme haben in sozialen Systemen die Funktion, die Kommunikation einer Seite der Codes zuzuordnen. Auf der Basis der *pädagogischen* Programme werden Ereignisse zum Beispiel „in der Abprüfung von Lehrplanwissen durch Klassenarbeiten" auf dem Code besser/schlechter zugeteilt (Wacker, 2008, S. 25). Im Fall des Erziehungssystems werden die meisten Programme von der Schulorganisation initiiert (vgl. Abschnitt 2.1.3), die im Austausch mit anderen Funktionssystemen (z. B. Politik, Wissenschaft, Recht; vgl. Abschnitt 2.1.4) ist. Programme bilden also den „Schlüssel für die Kopplung mit der Umwelt" und sie sind im Gegensatz zu den Präferenzcodes veränderbar (Wacker, 2008,

---

[5] Luhmann (2002, S. 101) formuliert: „Die Erziehung schreibt keinen Lebenslauf vor. Sie kann nicht beanspruchen, die Lebensführung ihrer Zöglinge zu kontrollieren. Das wäre ,totalitäre' Erziehung [...]. Erziehung kann nur mit der *Differenz* von Medium und Form arbeiten. Sie kann sehr spezielle Ausbildungen für bestimmte Berufe anbieten und damit Möglichkeiten eines Lebenslaufs erschließen, die ohne solche Ausbildung nicht gegeben wären. Auch das kann aber nicht in der Form der Determination künftigen Verhaltens geschehen, sondern nur als Bereitstellung von Wissen, das es ermöglicht, sich auf bestimmte Verhaltensanforderungen einzulassen mit einer ausreichend Sicherheit; jeweils die Informationen gewinnen zu können, die für das Verhalten in bestimmten Situationen sinnvoll sind."

S. 26). Pädagogische Programme sind für Luhmann und Schorr (1988, S. 94–102) vornehmlich Lehrpläne.

> „Mit der Ausdifferenzierung des Erziehungssystems büßt der Lehrplan den direkten Weltbezug ein. Nicht mehr ist der Lehrplan eine soziale Struktur, in der gesellschaftliche Realitätskonstruktionen zum Ausdruck kommen, sondern eine Struktur des Erziehungssystems, die mit gesellschaftlichen Bedingungen nur kompatibel sein muß. Als solche vertritt der Lehrplan die Realität als eigene Repräsentanz der Sachdimension im Erziehungssystem." (Luhmann & Schorr, 1988, S. 95)

Ziel des Lehrplans sei es, „Stoffe in die Köpfe" zu bringen, allerdings sei es ungewiss, inwiefern dies tatsächlich gelingt (Luhmann & Schorr, 1988, S. 94). Luhmann (2002, S. 194–195) stellt heraus, dass die Lehrpläne und damit „die Auswahl des Lehrangebots" durch *Entscheidungen* zustande kommen. Die damit zusammenhängenden Probleme werden im Abschnitt 2.1.3 erläutert.

Die Funktionssysteme der Gesellschaft sind nach Luhmann *soziale Systeme*. Die sozialen Systeme sind eine Gruppe an Systemen, zu denen neben den gesellschaftlichen Funktionssystemen auch andere soziale Systeme wie Familien, Freundeskreise usw. zählen, aber auch Organisationssysteme wie öffentliche Verwaltungen, Universitäten, Schulen und flüchtige Interaktionssysteme wie ein Gespräch an der Bushaltestelle (Luhmann & Böhm, 1973; Luhmann, 1978, 1996a). Luhmann (2015, S. 7) unterscheidet also nicht nur verschiedene Teilsysteme der Gesellschaft, er identifiziert unterschiedliche System*typen*: die durch Funktionssysteme gegliederte Gesellschaft, Organisationssysteme und Interaktionssysteme. Überträgt man die Systemtypen auf den Bereich der Erziehung, ergibt sich folgende Gliederung: Das Erziehungssystem ist ein Funktionssystem. Schulorganisation gehört zu den Organisationssystemen. Unterricht ist ein Interaktionssystem.

Das Verhältnis der Systemtypen zueinander ist nicht einfach zu klären.[6] Die Eigengesetzlichkeit jeden Typs bedingt, dass sie zwar hinsichtlich ihres Komplexitätsgrades unterscheiden, aber in keinem hierarchischem Verhältnis stehen – obschon Luhmann den Begriff der „Ebenen" verwendet (Luhmann, 2015). Heintz und Tyrell (2015a, S. XV) sprechen von einem „horizontalen Verhältnis", von „Ebenerdigkeit". „Die drei Systemtypen setzen sich zwar wechselseitig voraus, sie sind jedoch nicht aufeinander zurückführbar" (Heintz & Tyrell, 2015a,

---

[6] Für die vertiefte Auseinandersetzung sei auf das Sonderheft der Zeitschrift für Soziologie „Interaktion – Organisation – Gesellschaft revisited. Anwendungen, Erweiterungen, Alternativen" des Herausgeberteams Heintz und Tyrell (2015b) verwiesen, dessen Beiträge sich ausgehend von einem bis dato unveröffentlichten Luhmann-Manuskript vielperspektivisch der Problematik widmen, hier aber nur auszugsweise aufgegriffen werden.

S. X). Die Systemtypen stehen zusammengefasst in dreierlei Weise in Relationen zueinander: Inklusion, spezialisierte Entkopplung und relative Autonomie (Hirschauer, 2015, S. 114–115), die im Folgenden erläutert werden.

Da alles soziale Handeln auf Interaktion beruht, *inkludieren* sich die Systemtypen, ohne dass sie sich entsprechen. Das Verhältnis des Organisationssystems zum Funktionssystem gestaltet sich wie folgt: Die Schulverwaltung als Organisationssystem bezieht sich primär auf das Erziehungssystem als Funktionssystem. Sie ist aber auch strukturell an andere Funktionssysteme gekoppelt, wie etwas durch die Bildungspolitik an das politische Funktionssystem. Dies wird in Abschnitt 2.1.3 vertieft. Das Verhältnis eines Organisationssystems zum Interaktionssystem ist dadurch gekennzeichnet, dass Unterricht von der Schulorganisation durch Vorschriften gerahmt wird, aber entgegen aller Vorschriften ausgestaltet sein kann. Und Interaktionssysteme stehen zum Funktionssystem in folgendem Verhältnis: Die beispielhaften Interaktionen der Elternsprechtag bei einer Lehrkraft, eine Schulkonferenz an einer Schule, eine Verwaltungskonferenz in der Schulaufsichtsbehörde, ein Pausenhofgespräch zwischen Freund_innen, eine Bestellung in der Schulkantine und Unterricht in Geographie in einem Kurs an einer Schule haben etwas mit Schule und Erziehung zu tun, machen aber nicht das Erziehungssystem aus. Die Gesellschaft darf nicht „als eine bloße Summe aller Interaktionssysteme begriffen werden" (Luhmann, 2015, S. 16) und dies gilt auch für ihre Funktionssysteme. Wichtig ist an dieser Stelle – wie im folgenden Kapitel näher erläutert werden soll –, dass nach Luhmann (2002, S. 110) insbesondere der Unterricht die Ausdifferenzierung des Erziehungssystems ermöglicht. Die Überschneidungen und Inklusion der Systemtypen kann am Beispiel der Rolle der Lehrer_innen erläutert werden, die dazu führt, dass die unterrichtliche Interaktion „Einschränkungen" unterliegt (Luhmann, 2002, S. 106). Dazu gehört die spezielle Adressatenkonstruktion, die Strukturierung der Kommunikation und die Fokussierung auf Unterrichtthemen (Herrle, 2013, S. 47–48).

> „Die Festlegung einer Rolle des Lehrers dient […] dazu, in der Mikrosoziologie des Unterrichts makrosoziologische Bezüge sichtbar zu machen. Auch wenn das Interaktionssystem autonom, das heißt: aus sich selbst heraus operiert und damit stets seine eigene Geschichte fortsetzt, fehlt es ihm nicht an Referenzen auf Organisation und Gesellschaft. Das ist kein Widerspruch zur These eines autonomen, autopoietischen Interaktionssystems, denn diese Referenzen können nur in der Interaktion und nur durch die Interaktion sichtbar gemacht werden." (Luhmann, 2002, S. 105)

Zweitens haben „unter angebbaren Bedingungen Systembildungen bestimmten Typs Erfolgschancen" (Luhmann, 2015, S. 17). Die Systemtypen entlasten sich dadurch, dass sie spezifische Aufgaben übernehmen (*spezialisierte Entkopplung*).

Drittens ist jeder Systemtyp durch eine *relative Autonomie* gekennzeichnet:

„Autonomie beruht auf der *Spezifik* der systembildenden Operationen und ihrer strukturellen Kondensate. […] Die Abhängigkeit von der Umwelt lässt sich nicht eliminieren, sie muß geradezu als Bedingung der Existenz der Systeme angesehen werden und bestimmt die Richtung, in der Ausdifferenzierungen möglich sind. Wir definieren deshalb Autonomie als operative Schließung des Systems […].“ (Luhmann, 2002, S. 114)

Nachdem nun drei Typen sozialer Systeme und ihr Verhältnis zueinander vorgestellt wurden, muss an dieser Stelle ergänzt werden, dass Luhmann neben den sozialen Systemen, in denen der Mensch als Person agiert (Operation: Kommunikation), weitere Systeme: *lebende Systeme* wie der Mensch als Organismus (Operation: Stoffwechsel) und *psychische Systeme* wie der Mensch als Individuum (Operation: Gedanken) identifiziert (Hübner, 2016; Luhmann, 2002, S. 51). Diese Unterscheidung wird bei der näheren Betrachtung der Komplexität unterrichtlicher Interaktion im folgenden Kapitel aufgegriffen.

Für das Erziehungssystem bedeutet dies zusammengefasst, dass es sich aus Sicht der Systemtheorie um eines von vielen Funktionssystemen der Gesellschaft handelt. Es zeichnet sich durch eine Kommunikation aus, die über Systemregeln spezifiziert wird: Das Kommunikationsmedium ist der Lebenslauf, die Präferenzcodes der Kommunikation sind vermittelbar/nicht vermittelbar und besser/schlechter und pädagogische Programme wie Lehrpläne steuern die Kommunikation, die auf Themen ausgerichtet ist (Luhmann & Schorr, 1988; Luhmann, 2002). Es lassen sich als Systemtypen das Erziehungssystem als Funktionssystem, die Schulorganisation als Organisationssystem und Unterricht (sowie andere Interaktionen) als Interaktionssystem unterscheiden, die in einem gleichrangigen Verhältnis zueinander stehen, sich zugleich gegenseitig inkludieren, verschiedene Funktionen übernehmen und (relativ) autonom sind. Im Erziehungssystem treffen lebende Systeme (Lehrer_innen und Schüler_innen als menschliche Organismen), psychische Systeme[7] (Lehrer_innen und Schüler_innen als Individuen) und soziale Systeme (Unterricht, Schulorganisation) aufeinander (Luhmann & Schorr, 1988; Luhmann, 2002) (Abbildung 2.1).

---

[7] Vgl. Clam (2006, S. 349–352) vertiefend zur Autopoiesis des Bewusstseins.

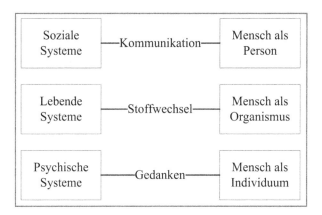

Abbildung 2.1 Person, Organismus, Individuum. (Quelle: Eigene Abbildung)

2.1.2 Der Unterricht als Interaktionssystem

Luhmann zieht, wenn er über das Erziehungssystem spricht, neben Beispielen aus der Hochschule vor allem Beispiele aus der Schule heran. Dies ist auch dann noch der Fall, als er, wie oben geschildert, dazu übergeht statt des Mediums „Kind" das Medium „Lebenslauf" einzusetzen, das losgelöst von Lebensphasen ist (Kade, 2006, S. 13). Für ihn bildet das „Interaktionssystem Unterricht" den „Kern des ausdifferenzierten Erziehungssystems" (Luhmann, 1986, S. 97, 2002, S. 102). Unterricht ist damit die operative Ebene des Erziehungssystems (Kuper, 2004, S. 128).

Unterricht konstituiert sich als soziales System durch Interkation, das heißt durch Kommunikation unter Anwesenden (Luhmann, 2002, S. 106). Im Gegensatz zu im vorangegangenen Kapitel vorgestellten Funktionssystemen lassen sich Interaktionssysteme „nicht durch Codes gesellschaftlicher Funktionsbereiche determinieren" (Herrle, 2007, S. 123). Dies hängt damit zusammen, dass Interaktion als Kommunikation zwischen Anwesenden durch *Kontingenz* gekennzeichnet ist. „Kontingent ist etwas, was weder notwendig ist noch unmöglich ist; was also so wie es ist (war, sein wird) sein kann, aber auch anders möglich ist" (Luhmann, 1987a, S. 152). Kontingenz als „Gegenteil von Notwendigkeit bzw. Determiniertheit" (Rosenberger, 2018, S. 36) ist ein Hauptmerkmal sozialer Beziehungen und menschlicher Interaktion: „niemals [kann] mit Sicherheit vorausgesagt werden, wie sie ablaufen und wie sie sich mit der Zeit entwickeln" (Rosenberger, 2018, S. 37).

Eine Herausforderung ist nach Luhmann, dass Kontingenz in der Kommunikation doppelt auftritt (Luhmann, 2002, S. 31–34). Sie ergibt sich, weil die einzelnen Personen als psychische Systeme versuchen, miteinander zu kommunizieren. *Ego* und *Alter* kennzeichnen die zwei sozialen Positionen einer Person in der Kommunikation: Ego nimmt die Kommunikation wahr, Alter kommuniziert. Kommunizieren zwei Personen miteinander, treffen somit zweimal Ego und Alter aufeinander. Nun hat jede Person vielfältige Möglichkeiten der Kommunikation (kontingente Entscheidung), möchte sich aber gleichzeitig auf die andere Person beziehen: „Ego muss Alters Erwartungen bezüglich Egos Verhalten erwarten und umgekehrt. Die Erwartungen und Handlungen jedes Interaktionsteilnehmers orientieren sich an den Erwartungen und Handlungen jedes anderen" (Vanderstraeten, 2004, S. 44). Doppelte Kontingenz ist also „mehr als zweimal einfach Kontingenz: Denn da Alter das Verhalten von Ego nicht direkt zugänglich ist, integriert Alter die Perspektive von Ego in Form einer Erwartung in das eigene Verhalten und muss diese dann in seinem Verhalten selbst berücksichtigen" (Scheunpflug, 2004, S. 72–73). Daraus ergibt sich die Gefahr, dass das System blockiert und niemand handelt, weil beide Gesprächspartner_innen abwarten:

> „Wenn jeder kontingent handelt und damit auch anders handeln könnte, dies von sich und anderen weiß und das berücksichtigt, erscheint es – zunächst – unwahrscheinlich, dass eine eigene Handlung Anschlusspunkte in den Handlungen anderer findet. Die Zirkularität des Verhältnisses bringt Unbestimmtheit mit sich, eigene Festlegungen setzen die Festlegungen anderer voraus und umgekehrt" (Vanderstraeten, S. 36).

Dem Problem der doppelten Kontingenz wird im Unterricht durch eine „gesellschaftliche Institutionalisierung" begegnet, da unterrichtliche Kommunikation auf „ausreichende[n] Vorverständigungen" fußt (Luhmann, 2002, S. 55). Unterricht ist nämlich kein „freies", sondern ein „organisationsabhängige[s]" Interaktionssystem (Luhmann, 2015, S. 23). Durch „Themen und Rollendifferenzen" können Komplexitätsreduktionen bewirkt werden (Luhmann, 2015, S. 10). So kann sich eine *spezifisch pädagogische Kommunikation* ausbilden, die sich von den Kommunikationen in anderen sozialen Systemen unterscheidet. Die „Spezifikation ihrer Operationsweise" (Kade, 2004, S. 205) wird im Folgenden erläutert.

Die Themen der unterrichtlichen Kommunikation sind nicht beliebig. Unterricht ist auf Themen ausgerichtet, die durch den Lehrplan vorgegeben werden (Vanderstraeten, 2004, S. 61). So wird mit der Nennung des Stundenthemas zu Beginn des Unterrichts das Thema der darauf folgenden unterrichtlichen Interaktion vorgeschlagen.

„Unterricht, und vor allem schulischer Unterricht im Gleichtakt sukzessive erarbei-
teter Stoffe, blendet die individuellen und sozialen Interessen aus, die doch zunächst
dem Lernen, dem elementaren Lernen, den Anhalt geben. Erst diese Haltung der Ent-
äußerung, die sich bereit findet, das zu lernen, was gerade ‚dran' ist, statt das zu
thematisieren, was in der eigenen Lebensgeschichte als dringlich erlebt wird, macht
die Stoffe zu Themen des Unterrichts in einer methodischen und methodisierten Folge
von Schritten. Der Indifferenz gegenüber dem Inhalt entspricht eine zumindest vor-
läufige Indifferenz des Lernenden sich selbst gegenüber: er lernt, was ihn zunächst
gerade noch nichts angeht, was ihn nicht betrifft und deshalb auch nicht seine Motive
und Handlungen. Im Gegenteil: affektive Betroffenheit steht dem schulischen Lernen
im Wege, hemmt seinen Fortgang, weil sie für endgültig nimmt, was Durchlaufpunkt
einer Reihe von Lernschritten ist." (Prange, 1987, S. 209)

Hinzu kommen die „Eigenarten des klassenförmigen Unterrichts" (Luhmann,
2002, S. 110).

„Die wohl auffälligste Eigenart des Interaktionssystems Schulunterricht ist die komplementäre, aber asymmetrische Rollenstruktur Lehrer/Schüler, die Autorität, Situati-
onskontrolle und Redezeit massiv zugunsten des Lehrers disbalanciert. […] Schließlich ist beachtenswert, daß Schüler und Lehrer einander zugeteilt werden." (Luhmann,
2002, S. 108)

Weitere Merkmale des Unterrichts, die die Interaktion prägen, sind das Aufzeigen
und Worterteilen oder das Festlegen der Sozialformen wie Gruppenarbeit usw.
Unterricht ist folglich nach Scheunpflug und Mette (2007, S. 44) eine „nicht
beliebige Kommunikationsofferte". Hinzu kommen aber dennoch auch Spezifika, die sich in jeder Interaktionssituation durch die Eigenheiten der beteiligten
Individuen ergeben (Luhmann, 2002, S. 109).
    Die Adressaten der unterrichtlichen Kommunikation sind nicht Schüler_innen
(oder Student_innen oder …) als Organismen oder Individuen, sondern als *Personen*. „Das Medium Kind ist kein Kind. Es ist eine soziale Konstruktion […]"
(Luhmann, 2002, S. 91). Luhmann nennt zwei Hauptargumente dafür. Erstens
seien schon der eigene Organismus[8] und die Psyche[9] dem eigenen Bewusstsein

---

[8] Luhmann (2002, S. 22) erläutert dies wie folgt: „Das Bewußtsein hat einige Kenntnisse vom
Körper, es weiß zum Beispiel, daß es seinen Körper bewegen muß, um sein Gesichtsfeld zu
ändern. Aber es weiß nicht und könnte auch nicht nachvollziehen, wie sein Gehirn aktuell
operiert."

[9] Luhmann (1992, S. 124) dazu: „Und wie kann der Begriff der Person […] gefaßt werden
[…]? Jedenfalls nicht als ein auf der Basis von Bewußtsein operierendes psychisches System.
Wir müssen realistischerweise davon ausgehen, daß psychische Systeme (und wie viel mehr
würde das für lebende Systeme, für Gehirne, Organismen, Zellen usw. gelten!) für sich selbst
intransparent und für andere unzugänglich sind."

intransparent und zweitens gelte dies erst recht für andere (Systeme) (Luhmann, 1992, S. 121–122, 2002, S. 22). Da bei der Erziehung Unterricht als soziales System auf das System Kind entweder als Organismus oder als psychisches System trifft, treffen drei Operationen aufeinander: Kommunikation, Stoffwechsel und Gedanken. Dies bedingt, dass eine unmittelbare Einflussnahme ausgeschlossen ist. Ergebnis ist: der „empirische Einzelmensch" (Kade, 2004, S. 203) ist nicht erreichbar:

> „In der erzieherischen Kommunikation [...] können [...] psychische Systeme gar nicht erreicht werden. Sie sind zwar über strukturelle Kopplungen mit ihrer Aufmerksamkeit beteiligt, und das hat ja Effekte, ja nicht selten und vor allem auf Dauer gravierende Effekte für das, was sie aus sich machen. In diesem Sinne ist es unvermeidbar, daß auch die erzieherische Kommunikation sozialisiert. Aber das sind unsteuerbare Außenwirkungen." (Luhmann, 1992, S. 123)

Luhmann ist zwar nicht der Ansicht, Erziehung sei nicht möglich, er hält sie jedoch für ein sehr ungewisses Unterfangen[10], da Personen von außen nur durch „Auslösung einer Selbständerung" verändert werden können, was dazu führt, dass die Schule „trotz bester Intentionen [...] erzieht, aber nicht so wie gedacht" (Schorr & Luhmann, 1981, S. 53). Die „individuelle Aneignung" (Kade, 2004, S. 208) findet nämlich außerhalb der pädagogischen Kommunikation (im Stoffwechsel, in Gedanken) statt. Stattdessen kann nur eine „kommunikationsintegrierte, personenbezogene" Aneignung angenommen werden (Kade, 2004, S. 208). Es liegt also ein Rationalitätsproblem vor:

> „Die Freiheit des Lernenden zu lernen oder etwas völlig anderes zu denken, begrenzt aus Sicht der Lehrkraft deren Verfügungsmöglichkeiten. Gleichzeitig ist es aber nicht so, dass Unterricht damit beliebig wäre. Aus der empirischen Unterrichtsforschung ist bekannt, dass Unterrichtsorganisation durchaus Konsequenzen für den Lernerfolg hat. [...] Aus dem bereits Entfalteten folgt, dass Unterricht nicht im strengen Sinne planbar ist, obwohl er geplant werden muss" (Scheunpflug, 2004, S. 73–74).

Hinzu kommt das „Kausalitätsproblem" des Unterrichts (Scheunpflug, 2004). Es sei unklar, wenn Schüler_innen etwas gelernt haben, woher ihr Wissen stammt.[11] Es könne auch gar nicht festgestellt werden, weshalb gegebenenfalls der Erfolg

---

[10] Luhmann (1992, S. 124) Vermittlung und Aneignung sei unerklärbar: „Was psychisch geschieht, bleibt unerklärbar mit der Möglichkeit, Unerklärbares als Freiheit zu interpretieren. Am Ende kommt dabei dann die Lebenslüge der Pädagogik heraus: die guten Absichten zu loben und die Gestaltbarkeit der Individuen als deren Freiheit zu feiern."
[11] Scheunpflug (2004, S. 70) erläutert dies an einem Beispiel aus dem Fremdsprachenunterricht: „Kann ein Schüler gut Englisch sprechen, weil er in seiner Freizeit immer englische

ausbleibe: an mangelndem Wissen, an der Organisation oder am eigenen Handeln (Luhmann & Schorr, 1988, S. 127). Wissenschaftliche Wissensstände seien – schon allein wegen des hohen Abstraktionsniveaus – unvollkommen, hinzu kämen Fehlerquellen in der Organisation. Scheunpflug (2004) spricht von Intransparenz und Unbestimmtheit als grundlegenden Problemen des Systems. So kommt auch Vanderstraeten (2004, S. 63) zum Ergebnis, dass die erzieherische Interaktion „von ihrer eigenen, selbst generierten Komplexität überfordert" wird. Dies gelte schon für die einzelne Unterrichtssituation, aber noch mehr, wenn das Erziehen langfristige Ziele verfolge.[12] In diesem Sinne kann Unterrichtsplanung als eine „Als-Ob-Fiktion" bezeichnet werden, die von nicht existenten Kausalbeziehungen ausgeht (Scheunpflug & Mette, 2007, S. 45).

Zu Beginn des Kapitels wurde herausgestellt, dass das Erziehungssystem durch Unterricht ausdifferenziert wird. Vor dem Hintergrund der Erläuterungen zur Komplexität von Kommunikation in Interaktionssystemen wird allerdings deutlich, dass diese keiner festen „Sprache", wie sie im Vorkapitel für das Erziehungssystem als Funktionssystem vorgestellt wurde, folgen kann. Interaktion lässt sich „nicht durch Codes gesellschaftlicher Funktionsbereiche determinieren" (Herrle, 2007, S. 123). Die Strukturierung erfolgt über Themen (Luhmann, 2002, S. 107).

> „Wenn dafür [Anm.: vorher Beispiele für Erziehung] ein Sondersozialsystem ausdifferenziert wird, muß ein solches Lernen aber in einem eigendynamischen autopoietischen Kontext erfolgen, dessen Hauptproblem die Selbstreproduktion und das Fortschreiten von Ereignis zu Ereignis, von einer Situation in eine nächste ist, *und nicht die Replikation von Strukturmustern*. Die Erziehung ist also, auch im Erziehungssystem, gewissermaßen ein Fremdkörper. [...] Führt man sich die Diskrepanz dieser Anforderungen des situativen Lavierens und Erreichens angestrebter Lernerfolge vor Augen, sieht man zugleich, daß es für die Lösung dieses Problems kaum Rezepte geben kann." (Luhmann, 1987b, S. 69–70)

Filme sieht oder weil der Unterricht so gut ist? Sieht er englische Filme, weil ihn der Unterricht dazu motiviert? Oder ist er für den Unterricht motiviert, weil er ein Fan englischsprachiger Filme ist?" Außerdem bestehe das Kausalitätsproblem dadurch, dass Schüler_innen im Unterricht lernen sollen, wie man lernt, das Lernen sei also Grundvoraussetzung und Ziel zugleich. Zum zweiten müsse, wenn man von kausalen Zusammenhängen ausgehe, auch „Nichtvorhandenes sinnhaft interpretiert werden", zum Beispiel wenn bestimmte Themen Gegenstand des Unterrichts seien, andere aber nicht.

[12] Scheunpflug (2004, S. 66–67) betont die zeitliche Perspektive: „Unterricht findet in der Gegenwart statt und verweist in seiner Anlage auf die Zukunft. Schülerinnen und Schüler lernen für morgen im Heute" Scheunpflug (2004, S. 67). Es könne außerdem von einer Zunahme der Informationsdichte sozialer Systeme im Zeitverlauf gesprochen werden.

Dies würde aber bedeuten, dass Unterricht als Interaktionssystem nicht zum
Erziehungssystem gehört bzw. dieses ausdifferenzieren kann (geschweige denn
andere Interaktionen wie ein Gespräch auf dem Pausenhof oder eine Bestellung
in der Schulkantine). Die späte Systemtheorie, so fasst es Schwinn (2015, S.
46) zusammen, habe das Problem derart gelöst, dass „nicht die interaktiven Handlungen in ihrer vollen Komplexität systemrelevant seien, sondern nur bestimmte
kommunikative Anschlüsse".

> „Systeme erkennen Operationen, die ihren Code benutzen, als zugehörig, als
> anschlußfähig, als verarbeitungsbedürftig, und bleiben entsprechend indifferent,
> wenn ein anderer Code oder gar kein Code benutzt wird. Das kann einen dann
> zwar irritieren (so wie es irritieren kann, daß Zahlungen angeboten werden für
> Forschungen, die man für wenig aussichtsreich hält); aber es kann sie nicht so wie
> eigene Operationen im eigenen Reproduktionskontext weiterbringen. Die Orien-
> tierung am eigenen Code dient als Erkennungssignal für Systemzugehörigkeit, für
> Anschlußfähigkeit, für autopoietische Relevanz; […]. (Luhmann, 1992, S. 111)

So formuliert Luhmann (1990, S. 309) beispielhaft für das Wissenschaftssystem:

> „Die Bedingung für die Schließung eines besonderen Systems für Wahrheitskom-
> munikation kann man nur im Bezug jeder einzelnen Operation auf den Code des
> Systems sehen. Das heißt nicht, daß in jedem Satz das Wort ‚wahr' oder das Wort
> ‚unwahr' vorkommen muß; die wissenschaftliche Kommunikation beseht ja keines-
> wegs nur aus vorläufig endgültigen Feststellungen dieser Art. Gemeint ist, daß der
> Wahrheits/Unwahrheitsbezug die rekursive Bedeutung der Kommunikationen aufein-
> ander ermöglicht und dadurch von Operation zu Operation fortgeschrieben wird. […]
> Das System reproduziert sich durch Zuordnung von Kommunikation zu diesem Code.
> Alle Operationen und nur Operationen, für die dies gilt, sind interne Operationen des
> Systems […]."

Das würde bedeuten, dass Interaktionen nur dann zum Erziehungssystem gehören, wenn sie an den binären Codes „besser/schlechter" und „vermittelbar/nicht
vermittelbar" ausgerichtet sind. Dies ist im Unterricht sicherlich oft der Fall, aber
ein Streitschlichten in einer Klassenkonferenz würde nicht dazu zählen.

> „Das führt vor die Frage, wie Kommunikationen überhaupt erkennen, ob sie sich
> […] einem Funktionssystem einordnen oder nicht. […] In funktional differenzierten
> Gesellschaften läge der Hinweis auf die unterschiedlichen Codierungen nahe, aber
> damit wir das Problem des Erkennens von Zuordnungen schon verschoben. […] Man
> muß zum Beispiel in einer schlecht funktionierenden Ehe, erkennen, wenn ein Pro-
> blem zur Rechtsfrage stilisiert wird; oder in einer Schule wenn der Unterricht in eine
> politische oder religiöse Werbung abgleitet; oder in einem Krankenhaus, wann der
> eigene Körper zum Gegenstand von Lehre und Forschung gemacht wird. Man wird

in diesen Fragen keinen durch den ‚Gegenstand' vorgezeichneten Konsens erwarten können. Es bleibt der Kommunikation überlassen, durch Verdichtung von Referenzen zu entscheiden, wohin sie sich bewegt." (Luhmann, 1997, S. 775)

Schwinn (2015, S. 46) denkt dies am Beispiel eines Pausengesprächs von Arbeitskolleg_innen beim Kaffeetrinken in der Pause kritisch zu Ende:

> „Man wüsste natürlich gerne, wie das System es anstellt, aus dem Gemisch von Kaffeetrinken, Klatsch verbreiten, Informationen austauschen, Witze erzählen etc. das Passende herauszufinden und zu einem ordnungs-, i.e. systemfähigen Zusammenhang zusammenzufügen. Sind die interaktionstypischen Momente wirklich nur eine umweltliche Trägersubstanz für andersartige Systembildungsprozesse? Oder gehören sie nicht vielmehr konstitutiv dazu?"

Andererseits ist die kommunikationstheoretische Beschränkung Luhmanns insofern nachvollziehbar als das Unterricht nicht dann als erfolgreich gilt, wenn irgendwie kommuniziert wird, sondern wenn sich die Schüler_innen durch Kommunikation entwickeln:

> „Die Frage ist, ob das Bemühen um Vermittlung durch Aneignung des angebotenen Wissens und Könnens honoriert wird. Weder die Interaktion noch die Gruppe der gemeinsam unterrichteten Schüler können als ‚Output' des Erziehungssystems gelten. Sie haben für die gesellschaftliche Umwelt und fürs spätere Leben keine Bedeutung. Insofern ist auch gelingende Kommunikation kein ausreichendes Kriterium für die Bestimmung der Funktion des Erziehungssystems. Es geht tatsächlich nur um die Vorbereitung des Einzelmenschen auf sein späteres Leben, um seinen ‚Lebenslauf'" (Luhmann, 2002, S. 46–47).

In jedem Fall kann an dieser Stelle festgehalten werden, dass Operationen mit Vermittlungs- bzw. Aneignungsbezug sowie/oder Selektionsbezug und Bezug auf die entsprechenden Codes zur Systembildung des Erziehungssystems als Funktionssystem beitragen und dass diese Operationen im Interaktionssystem Unterricht vorkommen *können*. Ist dies der Fall, beziehen sich die beiden Codes des Erziehungssystems auf zwei Systemumwelten von Unterricht (vgl. Abbildung 2.2). Der Code vermittelbar/nicht vermittelbar richtet sich *selbstreferenziell* auf die pädagogische Kommunikation innerhalb des Unterrichts und damit auf die Systemgrenze soziales System (Unterricht) und psychisches System (Schüler_in) (Kade, 2004, S. 213–216). Vermittlung und Aneignung sind zwei verschiedene Perspektiven auf Unterricht, Vermittlung entspricht der Erziehung, die Aneignung der Sozialisation: „Während Erziehung sich vom sozialen System auf das psychische System

bezieht, richtet Sozialisation sich vom psychischen System aus auf das soziale
System" (Kade, 2004, S. 206).

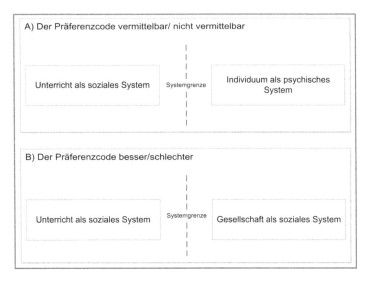

Abbildung 2.2   Selbst- und Fremdreferenz des Unterrichts. (Quelle: Eigene Abbildung)

Der Code besser/schlechter ist *fremdreferenziell* und richtet sich an die Systemgrenze soziales System und Gesellschaft (Kade, 2004, S. 213–216). Er basiert
auf der Operation Selektion (als Evaluation, Sanktion und Selektion im engeren
Sinne) und verbindet pädagogische Kommunikation mit der Gesellschaft, von der
(insbesondere vom Wirtschaftssystem) die Selektion ins Erziehungssystem eintritt
(Kade, 2004). „Darin ist die Möglichkeit der gesellschaftlichen Verwechslung
von Bildung und Leistungsvergleich ebenso angelegt wie die der pädagogischen
Verwechslung von Leistungsvergleich und Bildung" (Kade, 2004, S. 215).

2.1.3   Die Schulorganisation als Organisationssystem

Die Organisation nimmt aus systemtheoretischer Sicht eine Zwischenposition
zwischen dem Interaktionssystem Unterricht und der Gesellschaft (und damit
auch anderen Funktionssystemen) ein. Sie gewährleistet die strukturelle Kopplung

von Unterricht und Gesellschaft. Organisationen haben als Systeme die Besonderheit, Systemgrenzen verschieben zu können. „Organisationen können sowohl
in die Interkation als auch in die Gesellschaft hinein expandieren respektive sich
aus ihnen zurückziehen." (Kuper, 2004, S. 143–144)

In Abschnitt 2.1.2 wurde deutlich, dass das Interaktionssystem Unterricht
hochkomplex, autonom und unbestimmt ist. Würde sich diese komplexe Interaktion selbst mit der Gesellschaft verkoppeln wollen, würde diese zu einigen
Probleme führen und die Unbestimmtheit steigern (Kuper, 2004, S. 137):

> „Denn in Interaktionen ist die Kommunikation durch das hohe Maß an Personabhän-
> gigkeit und situativ wechselnden Rücksichtnahmen fortwährend der Gefahr ausge-
> setzt, thematische Engführungen zu verlieren; darüber hinaus ist Interaktion im Nor-
> malfall nicht in der Lage, aus sich selbst heraus Arrangements für ihre Fortführung zu
> treffen. Andererseits erhalten die funktionalen Bezüge von Funktionssystemen keine
> hinreichende Orientierungsmöglichkeiten für Interaktion."

Deshalb müssen Funktionssysteme Organisationssysteme ausbilden, wenn sie mit
ihrer Umwelt kommunizieren wollen, da nur dieser Systemtyp mit seiner Umwelt
kommunizieren kann (Schwinn, 2015, S. 50). So können Organisationssysteme als
„Multireferenten" bezeichnet werden (Peetz, 2014, S. 85). Die Schulorganisation
hat in ihrer Zwischenstellung zwei interessante Systemgrenzen: zu Unterricht und
zur Gesellschaft (Kuper, 2004, S. 143). Die beiden Systemgrenzen sollen im
Folgenden behandelt werden.

Zur Systemgrenze: Organisation – Interaktion
Unterricht und Schulorganisation sind zwei getrennte Systeme. Die Organisation ist die Umwelt für den Unterricht und andersherum, beide Systeme sind
miteinander aber strukturell verkoppelt (Kuper, 2004, S. 135). Aus Sicht der Systemtheorie gibt es also keine *direkte* Zugriffsmöglichkeit auf die Interaktion im
Unterricht, sondern es kann nur „organisatorische Regulation […] in der Umwelt
der pädagogischen Interaktion installiert" werden (Kuper, 2004, S. 135).

Die Schulorganisation kann den Unterricht organisatorisch rahmen und norma-
lisieren, indem sie an die Stelle der fehlenden Technologie (vgl. Abschnitt 2.1.2
zum Unterricht) organisatorische Regulation setzt, ohne dass sie die Komplexität der Erziehung beseitigen könnte (Kuper, 2004, S. 134; Vanderstraeten, 2004,
S. 64).

> „Wenn ein Lehrer morgens pünktlich zum Unterricht erscheint, richtet er sich, wie
> seine Kollegen auch, nach dem Stundenplan. Der Stundenplan ist das Resultat (der

Kommunikation) einer Entscheidung. Insofern braucht ein Lehrer nicht auf den Flu-
ren umherzuirren und zu versuchen, irgendwo mit seinen Ideen akzeptiert zu werden;
[…]." (Luhmann, 2002, S. 160)

Die Organisation ermöglicht eine Regulation, die aus dem Unterricht selbst heraus nicht erbracht werden könnte (Kuper, 2004, S. 133) und etabliert „zeitlich
relativ stabile[r] Strukturen" (Kuper, 2004, S. 137). Sie sichert die pädagogische Kommunikation im Unterricht durch Regulation, indem sie zum Beispiel
die Inklusion in das und Selektion durch das Erziehungssystem oder die Differenzierung zwischen Schultypen, Jahrgängen, Schulklassen regelt (Kuper, 2004,
S. 134; Luhmann, 2002, S. 161).

Die Organisation findet damit Antworten auf das Steuerungsproblem der Pädagogik, muss aber „die Kritik der Pädagogik und die Autonomie der Interaktion in
Kauf nehmen und berücksichtigen, weil ihre Entscheidungsprämissen gegenüber
den Verläufen der Interkation den Charakter eines Sekundärprozesses bekommen"
(Kuper, 2004, S. 135).

Die Sicht der Pädagogik auf die Organisation kann nach Kuper (2004) durch
die Begriffe *Konzentration* (z. B. Vereinheitlichung von Lehrplänen und Prüfung)
und *Regierung* (Organisation statt Technologie im Unterricht) zusammengefasst
werden. Wobei auch eine „Eigendynamik von Organisationen" (Kuper, 2004,
S. 134) wahrgenommen wird. Als Beispiel führt Kuper (2004) die Diskussion
um Notengebung an. „Die pädagogische Interaktion muss sich fortwährend mit
den Folgen von Organisation auseinandersetzen" (Kuper, 2004, S. 135).

Zur Systemgrenze Organisation – Gesellschaft
Die Organisation rechtfertigt das Erziehungssystem vor der Gesellschaft. Dabei
stellt die Gesellschaft weniger das Erziehungssystem grundsätzlich in Frage –
meist wird es pauschal bestätigt – oder beurteilt pädagogisches Handeln im
Einzelnen, da es aus Sicht der Gesellschaft intransparent und nicht nachzuvollziehen ist (Kuper, 2004, S. 143). In der Kommunikation mit der Gesellschaft geht es
vornehmlich um „komplexe Aushandlungsprozesse […] um Ressourcensicherung
und Leistungserstellung" (Kuper, 2004, S. 145).

> „In diesem Kontext zeigen die aktuelle Qualitätsdiskussion in der Erziehungswis-
> senschaft, das erstarkte Interesse an Evaluationsforschung und die derzeit virulenten
> *large scale assessments*, dass zumindest der Anspruch besteht, Organisationen im
> Erziehungssystem output- statt inputorientiert zu steuern." (Kuper, 2004, S. 145)

Die „Erfolge pädagogischen Handelns" (Kuper, 2004, S. 146) werden aus Perspektiven diskutiert, die der Pädagogik fremd sind. Die Gesellschaft trägt damit

Fremderwartungen an das Erziehungssystem heran. Diese Erwartungen erreichen den Unterricht vornehmlich über die Schulorganisation.

Die strukturelle Verkopplung der Organisation mit dem Interaktionssystem Unterricht und der funktional ausdifferenzierten Gesellschaft führt zu einer spezifischen Situation beim Medium der Kommunikation. Das Erziehungssystem hat als Medium den Lebenslauf (vgl. Abschnitt 2.1.1), die anderen Funktionssysteme der Gesellschaft haben jeweils ihre eigenen Medien: Geld (Wirtschaft), Wahrheit (Wissenschaft), Recht (Recht), Macht (Politik), usw. (vgl. zur Einbindung in die Gesellschaft auch Abschnitt 2.1.4). Welches Medium nutzt die Organisation?

> „Organisationen sind hybride Systeme, die mehrere Kommunikationsmedien nutzen, um ihre Kommunikation zu Entscheidungen zu verdichten. Zweifellos liegt das Primat auf dem Kommunikationsmedium des Funktionssystems, dem eine Organisation zugeordnet ist. Aber so wie die Nutzung dieses Mediums Organisationen die Möglichkeit eröffnet, aus einer autonomen Position heraus Kontakt zur Umwelt aufzunehmen, so dringen die Kommunikationsmedien anderer Systeme über Organisationen in das rezente System ein. In jeder Organisation wird man Kommunikation in den Medien Geld, Recht oder Macht finden." (Kuper, 2004, S. 147)

Die Schulorganisation fokussiert sich also nicht allein auf das Medium des Erziehungssystems, den Lebenslauf, sondern greift auch Medien der anderen Funktionssysteme der Gesellschaft auf und verwendet sie – allerdings im Spielraum, den die Lebenslauforientierung zulässt (Kuper, 2004, S. 147).

Die Steuerung des Unterrichts durch die Schulorganisation erfolgt über (pädagogische) Programme (Kuper, 2004, S. 148). Der „hybride Charakter" der Schulorganisation zwischen Unterricht und Gesellschaft führt dann oftmals dazu, dass Entscheidungen über pädagogische Programme den Vorstellungen der Lehrer_innen widersprechen (Kuper, 2004, S. 148). Wenn pädagogische Programme unter dem Einfluss anderer gesellschaftlicher Funktionssysteme entstanden sind und über die Schulorganisation Eingang in den Unterricht finden, kann es sein, dass sie der Sicht der Lehrer_innen der Ausrichtung des Unterrichts widersprechen: „Die Applikation eines pädagogischen Programms verlangt von den Akteuren in der Interaktion die Beurteilung situativ bestimmter Ereignisse im Lichte einer vorgängig aufgestellten Entscheidungsprämisse" (Kuper, 2004, S. 149). Dies kann so weit gehen, dass nicht nur einzelne Regularien wie Fremdkörper wirken, sondern die Grundlage und Ausrichtung der gesamten unterrichtlichen Interaktion wie im Fall der Frage, ob es im Unterricht vornehmlich um Vermittlung und Aneignung oder um Selektion geht, erschüttert wird.

Es kann aber nicht nur sein, dass Lehrer_innen das Verständnis für Regularien fehlt, weil sie auf Erwartungen anderer gesellschaftlicher Funktionssysteme fußen, sondern auch weil sie sich rational nur sehr eingeschränkt erschließen, da sie auf *Entscheidungen* beruhen. Ihr Zustandekommen soll im nächsten Abschnitt erläutert werden.

Entscheidung als Antwort auf das Technologieproblem und die sich daraus ergebenden Probleme
Nach Luhmann und Schorr (1988) tritt auch bei Organisationssystemen das Problems eines Technologiedefizits auf: „Beim Organisieren geht es [...] um Entscheiden über Entscheidungsprämissen, ob dies Entscheiden nun durch Wissen gedeckt ist oder nicht" (Luhmann & Schorr, 1988, S. 126). *Entscheidungen* sind Ereignisse, „die sich selbst als kontingent thematisieren" (Luhmann, 1978, S. 13). Dabei sei eine kontingente Entscheidung meist keine rationale Wahl zwischen Alternativen (Luhmann, 1978, S. 14–16). Dies liege daran, dass die Komplexität in sozialen Systeme die kognitiven und zeitlichen Kapazitäten übersteige und zu einer „Einschränkung der Rationalitätsansprüche" führe (Luhmann, 1978, S. 17). Gerade bei schwierigen Entscheidungen sei es so, dass eine der Alternativen zunächst vorausgewählt, dann bewertet und schließlich ausgewählt werde, ohne dass immer alle Möglichkeiten im Vergleich gleichermaßen rational abgewogen würden (Luhmann, 1978, S. 10–11).

Die Ausrichtung des Entscheidens an den Normen „Rationalisierung und Demokratisierung" (Luhmann, 1978, S. 19–22) führten zu einer Erhöhung der Komplexität des Organisationssystems, die dieses Problem verschärft. Bei der Rationalisierung müsse eine Entscheidung nämlich in alle relevanten Einzelschritte zerlegt werden und dann Entscheidungen auf unteren Ebenen getroffen werden. Auch bei der Demokratisierung als Beteiligung (sowohl Betroffener als auch außenstehender Nicht-Betroffener) gehe es nicht nur um Zustimmung beziehungsweise Ablehnung, sondern es ergäben sich wiederum Subentscheidungen. Somit würden Rationalisierung und Demokratisierung die Probleme ineffizienter bürokratischer Strukturen nicht lösen, da sie selbst zu einem Wachstum der Systemgröße führten (Luhmann, 1978, S. 24).

Einzig der Faktor Zeit könne diesem Problem entgegenwirken, produziere aber selbst andere Folgeprobleme, wenn Fristen und Termine den Entscheidungsprozess bestimmten und nicht deren innere Logik (Luhmann, 1978, S. 24–25).

„[...] so klemmen die Termine der politischen Wahlen und die Prozeßfristen des Rechtsstaats die öffentliche Verwaltung ein mit einer Logik, die nicht die ihre ist. Aus all dem ergibt sich eine sehr enge Assoziation von Zeitbewußtsein und Nichtentscheidenkönnen für alle Organisationsbereiche, die oberhalb der Routinevollzüge liegen." (Luhmann, 1978, S. 25)

Daraus ergebe sich, dass sich auf den Ebenen der Gesellschaft, des Organisationssystems und des Interaktionssystems eine „Harmonie" einstelle, die daraus bestehe, dass die Gesellschaft kritisiere, das Organisationssystem resigniere und das Interaktionssystem sich schone und gemütlich einrichte (Luhmann, 1978, S. 29). Kasper (1990, S. 274) hat mit Verweis auf Luhmann (1988) drei Strategien benannt, die „ein Überleben unter Entscheidungsdruck" (Luhmann, 1988, S. 298) ermöglichen:

> „1. Konformität: Selbst eingesehener Unsinn wird mitgemacht, denn sonst würde man als Entscheider auffallen. 2. Zurechungsverschiebung: Man weicht nur dann ab, wenn man die Entscheidung und die Verantwortung für die Folgen extern zurechnen kann. 3. Selektion von Konflikten: Man entscheidet sich gegen bestimmte Erwartungen, weil man aus dem Konflikt Nutzen ziehen oder Prestige gewinnen kann. Oder man definiert bestimmte Erwartungen als Druck, als Pression, um für die Entscheidung dagegen besondere Qualität zu gewinnen." (Kasper, 1990, S. 274)

Es sei zudem so, dass die „Persistenz von Systemen mit erheblichen Rationalitätsdefekten" (Luhmann, 2002, S. 160) auch damit zu begründen sei, dass Organisationen Probleme nur selten sich selbst zuschrieben, sondern diese bevorzugt personalisierten: der „Schuldige" wird „identifiziert, abgemahnt und schließlich entlassen" (Luhmann, 2002, S. 160).

In der Schulorganisation, in „mit Pädagogen besetzten Dezernate[n], Referate[n] oder Abteilungen kommunaler und staatlicher Verwaltungen", agieren Personen, die administrative Aufgaben übernehmen und „nur indirekt mit dem auf der technische Ebene ablaufenden Unterricht befaßt sind" (Luhmann & Schorr, 1988, S. 343).[13] Auch Lehrer_innen haben eine Doppelrolle, sie sind zugleich Erzieher_innen und Staatsdiener_innen (Weniger, 1952b, S. 521) (s. auch Abschnitt 2.2.2.1). Ein Beispiel: „Als Pädagoge hält der Lehrer sich nur für Ausbildung und Erziehung zuständig, als Schulmann betreibt er mit dem Urteil, das er kommuniziert, Selektion" (Luhmann, 1997, S. 977).

2.1.4 Die Einbindung der Erziehung in die Gesellschaft

Geht es um die Außenbeziehungen von Systemen, sind zwei Begriffe aufzugreifen, die bereits in den vorangegangenen Kapiteln zentral waren: Autonomie und

---

[13] Luhmann und Schorr (1988, S. 343) zählen diese zum „pädagogischen Establishment"; desweiteren gehörten dazu in der auf den Unterricht bezogenen Forschung Tätige, „entsprechende Spezialisten in politischen Parteien oder kirchlichen Organisationen und […] die Berufsverbände oder Gewerkschaften ".

strukturelle Kopplung. Die Autonomie ergibt sich aus der operativen Schließung
von Systemen (Luhmann, 1997, S. 776). Die Funktionssysteme der Gesellschaft
zum Beispiel übernehmen jeweils spezifische Funktionen.

> „Jedem Funktionssystem fällt […] die Last der Autonomie zu – einfach deshalb,
> weil kein anderes Funktionssystem die Funktion eines anderen erfüllen kann. Der
> Staat kann Schulpflicht einführen und aus Steuermitteln die Kosten von Schulen und
> Hochschulen tragen; er kann als Organisation des politischen Systems nicht selber
> erziehen." (Luhmann, 2002, S. 116)

Folglich unterscheidet sich das Erziehungssystem von den anderen Gesellschaftssystemen (Luhmann, 2002, S. 124).[14] So schreibt Luhmann (1996a, S. 39–40)
zum Unterschied zwischen Erziehung und Wissenschaft: „Erziehung muss sich
von wissenschaftlicher Forschung *unterscheiden* und kann deshalb nicht zugleich
wissenschaftliche Forschung *sein*" oder Schimank (2005, S. 397) zum Unterschied zur Politik: „Politik kann z. B. nicht Leistungsdefizite der Erziehung
ausgleichen […].". Die Funktionssysteme sind also autonom und verschieden,
aber sie stehen auch miteinander in Beziehung: Es gebe

> „Beziehungen zwischen den einzelnen Funktionssystemen, also System-zu-System-
> Beziehungen, die durch strukturelle Kopplungen sehr verschiedener Art konkretisiert
> werden. Zum Beispiel kostet Erziehung Geld, das aber nicht in der Form einer tausch-
> förmigen Transaktion von der Wirtschaft gezahlt werden kann. Für jedes einzelne
> Funktionssystem muß daher ermittelt werden, wie es die Beziehungen zu bestimmten
> anderen Funktionssystemen beschreibt." (Luhmann, 2002, S. 124)

In Abschnitt 2.1.1 wurden die drei Systemtypen gesellschaftliches Funktionssystem, Organisationssystem und Interaktionssystem vorgestellt. Diese wurden für
den Bereich der Erziehung vorgestellt: das Erziehungssystem als Funktionssystem in Abschnitt 2.1.1, der Unterricht als Interaktionssystem in Abschnitt 2.1.2
und die Schulorganisation als Organisationssystem in Abschnitt 2.1.3. Hierbei
wurden die Spezifika der jeweiligen internen Kommunikation deutlich.

   Die Schulorganisation ist zwar primär am Erziehungssystem ausgerichtet, kann
aber leicht Beziehungen zu anderen Funktionssystemen unterhalten, da sie als
Organisationssystem nicht nur Kommunikation hinsichtlich der spezifischen Präferenzcodes des Erziehungssystems versteht, sondern auch die „Sprachen" der

---

[14] Luhmann (2005, S. 253) lehnt ein Primat eines Funktionssystems ab, es lassen sich aber
nach Schimank (2005, S. 411) dennoch Argumente dafür finden, dass beispielsweise im
Zuge der Wissensgesellschaft Wissenschaft (in Kombination mit Bildung und Wirtschaft) ein
herausragende Bedeutung zukommen könnte.

anderen Funktionssysteme „spricht". Die Kommunikation im Interaktionssystem Unterricht gestaltet sich wiederum derart komplex, dass sie von keinem Präferenzcode determiniert werden kann. Alle drei Systemtypen sind somit relativ autonom. Wann aber können Operationen der Schulorganisation und des Unterrichts dann überhaupt dem Erziehungssystem zugerechnet werden? *Wenn* sie sich auf dessen spezifische Präferenzcodes beziehen.

Will man nun analysieren, wie Erziehung von „außen" beeinflusst werden kann, ist dies bei allen drei Systemtypen denkbar: beim Erziehungssystem als Funktionssystem der Gesellschaft, beim Unterricht als Interaktionssystem und bei der Schulorganisation als Organisationssystem. Das jeweilige „außen" – also die Umwelt jedes Systems – ist wiederum vielgestaltig. Ein Beispiel:

> „Die Ausdifferenzierung eines Erziehungssystems setzt die Einrichtung und den Betrieb von Schulen voraus. Dies wiederum erfordert die Verfügung über Gebäude, in denen der Schulunterricht stattfindet, im Normalfall also Eigentum an diesen Gebäuden. [...] Ferner erfordert die Schule die Anstellung von Lehrern. Auch diese Ressource ist nur verfügbar, wenn jemand Gehälter bezahlt. Auch sie setzt also Eigentum an Geldmitteln voraus. [...] Die Eigentums- und Personalverwaltung ist kein Geschäft, das in der Form erzieherischer Operationen ablaufen könnte. Sie gehört deshalb zur Umwelt des Erziehungssystems." (Luhmann, 2002, S. 118–119)

Will man die Beziehungen zur Umwelt systematisch beschreiben, ist nicht nur das Verhältnis der Systemtypen Erziehungssystem (als Funktionssystem der Gesellschaft), Unterricht (als Interaktionssystem) und Schulorganisation (als Organisationssystem) – wie in Abschnitt 2.1.1. geschehen – zueinander zu klären, hinzu kommen weitere Differenzierungsmöglichkeiten.

So können erstens Beziehungen auf der Ebene des gleichen Systemtyps innerhalb des Erziehungssystems bestehen. Es gibt eben nicht nur den *einen* Unterricht und die *eine* Schulorganisation. Es können Beziehungen zwischen verschiedenen unterrichtlichen Interaktionen bestehen: zum Beispiel wenn eine Lehrkraft einen Kurs in zwei Fächern unterrichtet oder Kurse kooperieren oder fächerübergreifend unterrichtet wird. Ebenso können verschiedene Schulorganisationen in Beziehung zueinander stehen: wie Grundschule – weiterführende Schule oder Schule – Schulaufsicht oder untere Schulaufsicht – obere Schulaufsicht usw.

Außerdem können zweitens Beziehungen zu gleichen Systemtypen anderer Funktionssysteme bestehen, etwa wenn auf der Ebene von Funktionssystemen das Erziehungssystem mit der Wirtschaft in Beziehung steht, indem Absolventen zu Berufstätigen werden, auf der Ebene von Interaktionssystemen ein Kurs

Studierender im Rahmen einer universitären Lehrveranstaltung einen Kurs Schü-
ler_innen unterrichtet oder auf der Ebene von Organisationen eine Schule mit
einer Universität kooperiert.

Zuletzt können drittens soziale Systeme unterschiedlichen Typs in Beziehung zueinander stehen. Dies wurde zum einen bereits ausschnittsweise in
Abschnitt 2.1.2 anhand der Systemgrenzen des Interaktionssystems Unterricht
zur Gesellschaft (bzw. ihren Funktionssystemen) über Selektion aufgezeigt. Zum
anderen wurden in Abschnitt 2.1.3 die Systemgrenzen der Schulorganisation zur
unterrichtlichen Interaktion und wiederum zur Gesellschaft aufgezeigt.

Die genannten Beziehungen beziehen sich auf *soziale* Systeme. Hinzu kommen darüber hinausgehende Beziehungen zu Systemen, die keine sozialen
Systeme sind, wie etwa die in Abschnitt 2.1.2 thematisierte Beziehung der
unterrichtlichen Interaktion zu den psychischen Systemen der Lernenden über
Vermittlung und Aneignung.

Der Frage, wie Erziehung Einflüssen von außen ausgesetzt ist, soll sich in
diesem Kapitel in einem Dreischritt angenähert werden. Zunächst soll vorgestellt
werden, wie sich Funktionssysteme der Gesellschaft gegenseitig wahrnehmen
bzw. *verstehen*. Als zweites sollen anhand einiger Beispiele, die Luhmann formuliert hat, die *Beziehungen* des Erziehungssystems (hier nicht im strengen
kommunikationstheoretischen Verständnis, siehe Kommentar unten) zu anderen
Funktionssystemen (bzw. „ihren" zugeordneten Organisations- oder Interaktionssystemen) dargestellt werden. Dabei scheint immer wieder die eingangs beschriebene Systematik der verschiedenartigen Systembeziehungen durch. Zuletzt wird
diskutiert, wie durch die Beziehungen zur jeweiligen Umwelt *Veränderungen*
im Erziehungssystem und dessen Ausdifferenzierung in der unterrichtlichen
Interaktion sowie der Schulorganisation ausgelöst werden können.

Wie Funktionssysteme einander „verstehen"
Jedes System macht sich ein internes Bild von seiner Umwelt. Zwar konstituiert
sich jedes der Gesellschaftssysteme durch Kommunikation, aber jedes System
spricht in einer anderen Sprache, weswegen nur eine Kommunikation überein-
ander, nicht miteinander, möglich ist (vgl. Tabelle 2.1).[15] Möchten sich die

---

[15] Die Grenzziehung der gesellschaftlichen Teilsysteme beschränke sich auf das Professionelle und müsse vom Alltagsleben (z. B. Kommunikation über Recht in der Kneipe) getrennt
werden, konstatiert Pokol (1990). Pokol (1990, S. 329–331) legt darüber hinaus dar, dass
Luhmanns Ansätze zur Lösung der Problematik der Grenzziehung zwischen den Teilsystemen der Gesellschaft sich im Laufe seiner Überlegungen gewandelt habe. Während Luhmann
zunächst Ebenen der Sozialität unterschieden habe, nutzte er später diese Medientheorie und
das weiter oben bereits angesprochene Autopoiesiskonzept.

Funktionssysteme jeweils gegenseitig *verstehen*, ist dies nur als „Beobachtung im Hinblick auf Selbstreferenz" möglich (Luhmann, 1986, S. 80). Das bedeutet, dass ein beobachtendes System erkennen muss, „wie das beobachtete System für sich selbst die Differenz von System und Umwelt handhabt" (Luhmann, 1986, S. 80). Diese Beobachtung versteht das System dann aber nur in seiner eigenen Umwelt (Luhmann, 1986, S. 80).[16] Vor diesem Hintergrund wird die Bedeutung der Spezifika der Funktionssysteme der Gesellschaft für die Kommunikation innerhalb und die Beobachtung außerhalb der Systeme erst deutlich (Berghaus, 2011, S. 44; Hübner, 2016; Runkel, 2005, S. 16). Die Funktionssysteme *operieren mittels des spezifischen Mediums* und *beobachten nach diesem Medium*[17] (Berghaus, 2011, S. 44). Das Erziehungssystem operiert also mittels Lebenslauf und es beobachtet nach Lebenslauf.

> „Die Verfügung über ein eigenes Medium, das mit anderen gesellschaftlichen Medien, zum Beispiel Geld oder politische Macht, nicht verwechselt werden darf, ist eine wichtige Voraussetzung für die Einrichtung einer rekursiv geschlossenen Orientierung an eigenen Formen. Das heißt natürlich nicht, daß im Erziehungssystem keine Macht entsteht oder daß Kosten keine Rolle spielen. Weder geht es um die Gewinnmaximierung noch darum, das Ansehen und die Wahlchancen einer bestimmten politischen Partei zu verbessern." (Luhmann, 2002, S. 112)

Will ein Funktionssystem ein anderes verstehen, muss es die jeweils andere Sichtweise aufgreifen. Das Erziehungssystem muss also das Wirtschaftssystem mit seiner Ausrichtung auf Geld durch die „Brille" der Bedeutung für den Lebenslauf der Schüler_innen verstehen. Oder die Politik muss das Erziehungssystem mit seiner Ausrichtung auf den Lebenslauf durch die „Brille" der Macht verstehen. Das heißt, es wird jeweils die eigene Systemreferenz zugrunde gelegt, wodurch

---

[16] Luhmann (1986, S. 80) formuliert im Detail: „Die *Leitdifferenz*, die das Verstehen als Beobachtung ermöglicht, ist mithin *die System/Umwelt-Differenz eines anderen Systems*. Vom verstehenden System ist damit eine eigentümliche *Reflexivität von System/Umwelt-Unterscheidungen* verlangt. Es muß die Wiedereinführung dieser Unterscheidung in ihren eigenen Bereich *doppelt* handhaben. Es legt die eigene Systemreferenz zugrunde und bleibt in allem Verstehen dadurch unaufhebbar systemrelativ. Es führt (1) *in das System* dieser Unterscheidung diese Unterscheidung ein, das heißt: es orientiert die eigene Operation in der Differenz des eigenen Systems zu seiner Umwelt (denn sonst würde es sich selbst mit dem zu verstehenden System verwechseln). Es führt aber zugleich (2) *in die Umwelt* dieser primären Unterscheidung eine zweite System/Umwelt-Differenz ein, nämlich die eines *anderen* Systems. Es versteht *in seiner* Umwelt ein anderes System *aus dessen Umweltbezügen heraus*."

[17] Sie verwenden dabei die jeweils spezifischen Programme und richten ihre Kommunikation am Präferenzcode aus.

das Verstehen „unaufhebbar systemrelativ" ist (Luhmann, 1986, S. 80). Somit kann es auch kein Missverstehen geben, da dieses Verstehen sowieso immer *nur systemrelativ sein kann*:

> „Der Begriff [Verstehen] ist strikt systemrelativ gemeint. [...] Einen solchen Begriff kann man nur durchhalten, wenn man akzeptiert, daß als Verstehen alles in Betracht kommt, was das verstehende System für Verstehen hält. Der Begriff schließt daher Mißverstehen ein, solange man nur glaubt zu verstehen. Jedes Verstehen ist dann mehr oder weniger mit Mißverständnissen durchsetzt." (Luhmann, 1986, S. 85)

Die anderen Funktionssysteme kann das Erziehungssystem also nur durch die „Brille" „Was bedeutet das für den Lebenslauf der Schüler_innen?" verstehen, um dann zu überlegen: „Was bedeutet das für Vermittlung/Aneignung und Selektion?".

Die Beziehungen des Erziehungssystems zu anderen Funktionssystemen
Das Autopoiesiskonzept Luhmanns bedingt, dass nur Kommunikation, die sich an der systemspezifischen Sprache orientiert, dem jeweiligen gesellschaftlichen Funktionssystem zugerechnet werden kann (vgl. Ausführungen in Abschnitt 2.1.2). Dies hat zur Folge, dass sich die Funktionssysteme entleeren und vieles, was man ihnen zurechnen wollen würde, nun zu ihrer Umwelt gezählt werden muss (Schmidt, 2005, S. 419). Andererseits lassen sich bei Luhmann immer wieder Ausführungen finden, in denen viel breiter über die Wirtschaft, die Politik oder das Erziehungssystem sowie über die Beziehungen der gesellschaftlichen Funktionssysteme gesprochen wird, ohne dass der strenge kommunikationstheoretisch gefasste Systembegriff angewendet wird (Schmidt, 2005, S. 412). Dies wird in der folgenden Zusammenstellung ausgewählter Beziehungen des Erziehungssystems nach Luhmann (1996a, 1997, 2002) zu anderen Funktionssystemen deutlich, der nicht immer klar differenziert, ob das Beschriebene nun im strengen, kommunikationstheoretischen Sinne dem Funktionssystem (oder einer auf die binären Codes ausgerichteten Kommunikation) zugerechnet werden kann oder doch auch anderen Kommunikationen oder Organisationen. Diese Inkonsistenz soll an dieser Stelle hingenommen werden, sie wird aber bei der breiteren Diskussion der äußeren Einflüsse auf das Erziehungssystem ausgehend von den systemtheoretischen Erläuterungen dieses Kapitels in Abschnitt 2.2.2.1 nochmals ausführlicher aufgegriffen. Es werden im Folgenden die Bezüge zur Wirtschaft (1), zur Politik (2), zur Wissenschaft (3) und zum Recht (4) erläutert.

(1) Die Ausrichtung des Erziehungssystems auf die Zukunft der Schüler_innen (vgl. der Lebenslauf der Schüler_innen als Medium des Systems in Abschnitt 2.1.1) bedingt nach Luhmann (1996a, S. 24), dass die Beziehung des Erziehungssystems zum *Wirtschaftssystem* von besonderer Bedeutung ist. Das Erziehungssystem halte nur einen kleinen Ausschnitt des Wirtschaftssystems für relevant und verstehe das Wirtschaftssystem als „Beschäftigungssystem" (Luhmann, 2002, S. 125), als „das System der beruflichen Arbeit", auf dass die Lernenden vorbereitet werden müssen (Luhmann, 1996a, S. 20).

> „Für die Verbindung zwischen Erziehungssystem und Wirtschaft (hier als Beschäftigungssystem) liegt der Mechanismus der strukturellen Kopplung in Zeugnissen und Zertifikaten. […] Für die Schulen und Universitäten bedeutet dies einen nicht immer freudig begrüßten Fremdkörper, der die eigentliche Aufgabe der Erziehung oder ‚Bildung' nach Meinung der Pädagogen erschwert." (Luhmann, 1997, S. 786)

Luhmann (1996a, S. 20–24, 2002, S. 125–126) deckt bei der strukturellen Kopplung zwischen dem Erziehungssystem und der Wirtschaft die Paradoxie auf, dass sowohl Generalisierung als auch Spezialisierung der Bildung als Vorbereitung auf den Arbeitsmarkt gefordert werden: Generalisierung, da es nicht absehbar sei, welche spezifischen Anforderungen die sich rasant verändernde Arbeitswelt in einem langen Berufsleben stelle. Spezialisierung, da die Tätigkeiten in der Arbeitswelt immer spezifischer würden und spezialisierte Vorkenntnisse einen Einstieg erleichterten.

> „Das Erziehungssystem verwandelt die Beziehungen zur Wirtschaft also zunächst in die Paradoxie entgegengesetzter Planungsempfehlungen, und mit dieser Paradoxie kann es intern arbeiten. Es ‚entfaltet' die Paradoxie, indem es entweder sachlich verschiedene Durchführungskonzepte sucht oder zeitlich zwischen beiden Empfehlungen oszilliert." (Luhmann, 2002, S. 126)

(2) Luhmann (1996a, S. 28–33) deckt im Verhältnis des Erziehungssystems zur *Politik*[18] die paradoxe „Einheit von Unabhängigkeit und Abhängigkeit" auf. Finanzielle Ressourcen, Lehrer_innen, Schulorganisation, Bestimmung von Fächern und Unterrichtsgegenständen, Erlass von Prüfungsordnungen würden vom Staat zur Verfügung gestellt und auch eingefordert, da das Erziehungssystem selbst keine allgemeinen, bindenden Entscheidungen treffen

---

[18] Interessant ist, dass Luhmann hier auch die Schulorganisation der *Politik* subsumiert! Dies wird an späterer Stelle nochmals aufgegriffen.

könne (Luhmann, 1996a, S. 30, 2002, S. 121, 130). Dieses Angewiesen-
sein erschwere es, die eigene Autonomie als Unabhängigkeit vom politischen
System und Widerständigkeit gegen Indoktrination durchzusetzen (Luhmann, 2002, S. 130). Dies führe dazu, dass man „faktisch" ein „immer
enger gehäkeltes Netz von bürokratischen Regulierungen" finde (Luhmann,
1996a, S. 32), andererseits aber Entscheidungen ausblieben, die man sich als
Lehrer_in erhoffe (Luhmann, 2002, S. 130). Eine Konsequenz sei dann möglicherweise, dass Lehrer_innen auf „Ideen" verzichteten, die „politisch und
administrativ nicht durchsetzbar" seien (Luhmann, 2002, S. 130).

Da es der Schulpolitik nicht möglich sei, unmittelbar in das Unterrichtsgesche-
hen einzugreifen, sei sie „ein wichtiger Bestandteil symbolischer Politik, wo man
Tätigkeit auf der Ebene des Redens und der Entscheidungen nachweisen kann"
(Luhmann, 2002, S. 130–131). Dabei verkennt Luhmann nicht, dass die Verteilung von Ressourcen (zum Beispiel Zeit auf Fächer) Auswirkungen hätten
(Luhmann, 2002, S. 131). Das Problem sei allerdings, dass man nicht wisse, „wie
Unterschiede dieser Regulierungen sich auf Unterschiede im Erziehungserfolg
auswirken" und spricht von einer „Kontrollillusion" (Luhmann, 2002, S. 131),
der beide Systeme – Erziehung und Politik – erlägen, indem sich das eine System Reformen wünsche, das andere Reformen initiiere. So sei es paradox, dass
man derzeit „Probleme, die lange Zeit durch mehr Regulierung gelöst werden
sollten, durch Deregulierung" zu lösen versuche und zwar „vorzugsweise durch
Orientierung an Märkten also an Nachfrage – selbst dort, wo es dafür gar keine
Märkte" gebe (Luhmann, 1996a, S. 33).

(3) Das *Wissenschaftssystem* ist zum einen durch Universitäten als Organisationssysteme an das Erziehungssystem gekoppelt (Luhmann, 1997, S. 787).
Zum anderen ist die Wissenschaft insofern eine Ressource, als dass Unterrichtsgegenstände in der Regel an die Ergebnisse von Forschung anknüpfen.
Nach Luhmann (1996a, S. 33) erscheint die Beziehung zwischen Erziehungs-
und Wissenschaftssystem deswegen zunächst weniger problematisch: „woran
sollte sich die Lehre denn orientieren, wenn nicht an wahrem Wissen?"[19]
Allerdings gebe es einen Konflikt zwischen „Wahrheit und Effektivität" (Luhmann, 1996a, S. 34). So müsse aus der großen Anzahl an Themen der
Forschung ausgewählt werden und aus Gründen der Effektivität müssten

---

[19] Zum Verhältnis von Pädagogik (als auf das Erziehungssystem bezogene Wissenschaft) und
Erziehungssystem siehe Luhmann (2002, S. 168–203).

diese – in der Regel hoch komplexen Themen – im Unterricht verkürzt dargestellt werden: „die Berufung auf Wahrheit muß um ihrer Effektivität willen mit Wahrheitsverzerrungen bezahlt werden" (Luhmann, 1996a, S. 36).

> „Die Erziehung möchte weitergeben, woran man sich halten kann. Die Forschung setzt auf eine offene, gestaltungsfähige Zukunft mit mehr Problemen als Problemlösungen und mit einer überproportionalen Produktion von Nichtwissen." (Luhmann, 2002, S. 133)

Die Didaktik habe dieses Problem als „Problem der Methode" aufgefasst und zu lösen versucht. Besser sei es aber, das Problem erst in der Zukunft zu lösen, indem man gegebenenfalls wieder verlernen und erneut lernen müsse, wenn man präzises und aktuelles Wissen benötige (Luhmann, 2002, S. 134). Luhmann verweist auf die Bedeutung des so genannten heimlichen Lehrplans, wenn er konstatiert, dass es dennoch einen Sinn habe, den Lehrplan „durchzuziehen", „weil sonst die Interaktion entfiele, die es ermöglicht, nebenbei etwas anderes zu lernen" (Luhmann, 2002, S. 135).[20]

(4) Das *Rechtssystem* und das Erziehungssystem stünden über Entscheidungen in Kontakt (Luhmann, 2002, S. 163). Dabei biete das Rechtssystem nicht die vom Erziehungssystem gewünschte Handlungssicherheit:

> „Da das Recht sich aber auf vielen Ebenen gleichzeitig in Bewegung befindet – vom Bundesverfassungsgericht über den Bundesgesetzgeber, den zuständigen Landesgesetzgeber, die Leitentscheidungen der Instanzgerichte, die Beschlüsse der Kultusministerkonferenz und die Erlasse der Kultusverwaltungen – und da auf der einen Ebene noch ausgearbeitet wird, was auf der anderen schon nicht mehr gilt, liegt auch hier eine ständige Quelle – nicht von Sicherheit, sondern von Entscheidungen." (Luhmann, 2002, S. 163)

Es wird ersichtlich: Diese internen Bilder der anderen Funktionssysteme bilden diese nicht vollständig ab, sondern zeigen jeweils nur einen für das Erziehungssystem relevanten Ausschnitt (s. Abbildung 2.3). Das Erziehungssystem kann eben nur „pädagogisch relevante Operationen verwenden" (Luhmann, 2002, S. 114).

---

[20] Vgl. zum Stichwort „heimlicher Lehrplan" Kandzora (1996).

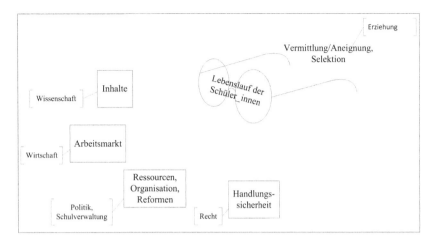

Abbildung 2.3 Beobachtung der Funktionssysteme Wissenschaft, Wirtschaft, Politik und Recht im Hinblick auf die Selbstreferenz des Erziehungssystems. (Quelle: Eigene Abbildung)

„Das ist mit rechtlichen Regulierungen und finanziellen Abhängigkeiten durchaus vereinbar, solange diese nicht als Machtquelle benutzt werden, um pädagogische Absichten zu unterdrücken und durch etwas anderes zu ersetzen. Autonomie ermöglicht es deshalb durchaus, sich thematisch an Wissenschaft und organisatorisch an den Staat des politischen Systems anzulehnen und daraus entstehende Spannungen systemintern auszugleichen." (Luhmann, 2002, S. 114)

Die oben genannten Paradoxien, die sich in der Beziehung zwischen dem Erziehungssystem und den anderen Gesellschaftssystemen ergeben, werden also systemintern weiterverarbeitet (Luhmann, 2002, S. 125). Es gelte aber, diese Spannungen auslösenden Paradoxien zu reflektieren.[21]

Auch andersherum machen sich die anderen Funktionssysteme ein – unvollständiges – Bild des Erziehungssystems und beobachten und verstehen es hinsichtlich ihrer jeweiligen Medien wie Geld, Macht, Wahrheit usw., sodass

---

[21] Luhmann (1996a, S. 42) meint, es sei ein Irrglaube, die Probleme von außen für lösbar zu halten und durch Reformen Verbesserungen herbeiführen zu können, denn die „Wirklichkeit der Schulen und Hochschulen, in denen Erziehung in Interaktion umgesetzt werden muß", sei zu komplex und sehe ganz anders aus, als es erscheine. Vgl. hierzu auch auch Abschnitt 2.1.2 und 2.1.3.

sich daraus für die jeweiligen Systeme relevante Operationen wie Forderungen nach mehr Abiturient_innen zur Gewinnmaximierung in der Wirtschaft oder die Orientierung der Schulpolitik am Wählerwillen oder das Erforschen von Gelingensbedingungen von gutem Unterricht ergeben.

Neben diesen beiden Blickrichtungen, Erziehungssystem – andere Funktionssysteme und andere Funktionssysteme – Erziehungssystem, gibt es auch zwischen anderen Funktionssystemen Beziehungen, die vor allem über die Politik das Erziehungssystem erreichen. So stehen Wissenschaft und Politik über „Beratung durch Experten" (Luhmann, 1997, S. 785) in Beziehung:

> „Deren Tätigkeit kann, wie man heute sieht, nicht mehr zureichend als Anwendung vorhandenen Wissens begriffen werden. Sie müssen einerseits die in der Wissenschaft noch bestehenden Unsicherheiten in der Kommunikation zurückhalten oder doch abschwächen und andererseits es vermeiden, politische Fragen als Wissensfragen vorzuentscheiden. Ihre Beratung transportiert nicht Autorität, sondern Unsicherheit mit den Folgeproblemen, daß Experten wissenschaftlich als unseriös erscheinen und zugleich politisch inspirierte Kontroversen als unterschiedliche Einschätzung wissenschaftlichen Wissens austragen." (Luhmann, 1997, S. 785–786)

Diese strukturelle Kopplung wird später im Abschnitt 2.2.3 ausführlich anhand der Schulentwicklungspolitik und der Situation „nach PISA" aufgegriffen.

Durch die Umwelt ausgelöste Veränderungen
Funktionssysteme können *Veränderungen* unterliegen. Jedes Funktionssystem kann „je nach Umfang der Operationen, die es […] faktisch vollzieht" expandieren, aber auch schrumpfen (Luhmann, 1997, S. 757). Als Expansion kann es etwa zur „Monetarisierung, Verrechtlichung, Verwissenschaftlichung, Politisierung" kommen oder als Schrumpfung zu „Demonetarisierung, Deregulation etc." (Luhmann, 1997, S. 757). Die Möglichkeiten, *wie* Veränderungen von außen ausgelöst werden, unterscheiden sich je nach Typ des sozialen Systems. Bezogen auf die Systemreferenz Gesellschaft können Funktionssysteme durch Expansion anderer Funktionssysteme, strukturelle Kopplung an andere Funktionssysteme, Veränderung der systemspezifischen Programme, die über die Zuschreibung der Kommunikation zu einer Seites des Präferenzcodes entscheiden, (Reprogrammierung) oder Angleichung an andere Funktionssysteme (Entdifferenzierung) (Peetz, 2014, S. 81–84) von außen verändert werden. Interaktionssysteme können durch Wechsel der Themen der Kommunikation verändert werden (Peetz, 2014, S. 80). Organisationssysteme können durch die Veränderung von Entscheidungsprämissen (Programme, Kommunikationswege, Personen und Stellen der Organisation)

Veränderungen unterliegen (Peetz, 2014, S. 85). Dies bedeutet, dass eine Vielzahl an Prozessen zu Veränderungen im Erziehungssystem, der Schulorganisation
und im Unterricht führen können. Im Rahmen dieser Arbeit soll vor allem die
Veränderung der steuernden Programme im Fokus stehen.

Programme nehmen in einem Funktionssystem eine Schlüsselstellung ein, da
sie einerseits über die Entscheidung der Zuschreibung von Kommunikation zu
einer Seite des Codes entscheiden und andererseits im Gegensatz zu den Codes
veränderbar sind (Luhmann, 1997, S. 377). Im Rahmen dieser Arbeit ist vor
allem die *Reprogrammierung* von Bedeutung, da diese im Falle der Erziehung
alle drei Systemtypen betrifft. Und das nicht nur, weil die spezifische Sprache
sich letztendlich doch bis auf die spezifischen Interaktionen des Systems (vgl.
Abschnitt 2.1.2 zum Interaktionssystem Unterricht) durchdrückt:

Im Falle des Erziehungssystems werden die Programme wie der Lehrplan oder
das Zentralabitur als Verwaltungsvorschriften von der Schulorganisation erlassen.[22] Da die Schulverwaltung als Organisationssystem sich nicht nur auf das
Erziehungssystem bezieht und als Multireferent im Austausch mit seiner Umwelt
steht – zum Beispiel in Austausch mit der Bildungspolitik oder mit Arbeitgeber-
verbänden, die Anforderungen an Absolvent_innen stellen – können die von ihr
erlassenen Programme von außen beeinflusst werden. Da der Lehrplan Themen
des Unterrichts festlegt, kann im Falle des Erziehungssystems die Beeinflussung
von außen bis in die unterrichtliche Interaktion durchdringen. Gleiches gilt für
das Zentralabitur und seine steuernde Wirkung. Davon ausgehend stellt sich die
Frage, ob es im Fall der Programme des Erziehungssystems zu Veränderungen
durch Tendenzen der Ökonomisierung, Verrechtlichung, Verwissenschaftlichung
oder Politisierung kommt.

2.1.5   Erziehung, Selektion und Prüfungen

Die Perspektiven auf das Verhältnis von Erziehung und Selektion haben sich aus
Sicht der Systemtheorie durch den Wandel von einer durch soziale Schichten
gegliederten zu einer durch eine funktionale Ausdifferenzierung der Gesellschaft
und der damit verbundenen Bildung von sozialen Klassen im Laufe der Zeit
geändert (Luhmann & Schorr, 1988, S. 240). Die Gliederung der Gesellschaft
in verschiedene Funktionssysteme verstärkt den Selektionsbedarf. Das moderne

---

[22] Bei anderen Funktionssystemen kann dies anders sein z. B. beim Rechtssystem Gesetz-
gebung durch die Politik oder beim Wissenschaftssystem Festlegung von Methoden und
Theorien durch das System selbst.

ausdifferenzierte Erziehungssystem schafft außerdem selbst neue Chancen, die zu anderen Zeiten nicht bestanden hätten, und trägt nun gleichzeitig verstärkt die Last der Selektion für eben diese Chancen, für die es sozialisiert (Luhmann & Schorr, 1988, S. 240). Der Wandel des Verhältnisses von Erziehung und Selektion soll im Folgenden kurz skizziert werden, bevor Prüfungen als Selektionsinstrumente diskutiert werden.

Das 18. Jahrhundert ist die Phase der „natürlichen" Selektion (Luhmann & Schorr, 1988, S. 243–250): Schüler haben von Natur aus verschiedene Fähigkeiten, ihre Neigungen entsprechen im Regelfall den Bedarfen des angeborenen Standes. „Als natürlich erscheint es, Personen für den Stand, für den sie bestimmt sind, zu erziehen und nur Personen, die für ihren Herkunftsstand nicht repräsentativ sind, zu einer höheren Bestimmung herauszubilden" (Luhmann & Schorr, 1988, S. 245). Prüfungen werden als eine vom Staat ausgehende Maßnahme akzeptiert, die nicht im Widerspruch zu den Aufgaben der Pädagogik gesehen werden. Das Selektionsproblem wird als Problem der Schüler_innen gesehen, für die diese die Verantwortung tragen. Selektion bedeutet die Auszeichnung einer Minderheit (Luhmann & Schorr, 1988, S. 241).

Im 19. Jahrhundert wird diese Sichtweise durch die „gesellschaftliche" und „pädagogische Selektion" ersetzt (Luhmann & Schorr, 1988, S. 250–253): Der Gedanke kommt auf, dass gesellschaftliche Positionen variabel erworben werden können und dass alle sozialen Schichten in das Erziehungssystem einbezogen werden sollen. Die Erziehung den sozialen Schichten entsprechend wird durch die Erziehung des Individuums abgelöst. Gleichzeitig wird klar, dass es gesellschaftlicher Selektion bedarf, wenn die Schichten in Auflösung begriffen sind. Die spezifische pädagogische Selektion ist der Notwenigkeit der Ausdifferenzierung im Erziehungssystem geschuldet und ist „Voraussetzung für den Aufbau von höherer Systemkomplexität oberhalb einfacher Interaktion" (Luhmann & Schorr, 1988, S. 252). Selektion ist also aus gesellschaftlicher und pädagogischer Perspektive nötig.

Ab Mitte des 20. Jahrhunderts werden Erziehung und Selektion zunehmend als Widerspruch angesehen (Luhmann & Schorr, 1988, S. 253–258): Erziehung und Selektion werden als gegensätzlich angesehen, wobei die Erziehung präferiert wird. Die Verantwortlichkeit des Erziehungssystems für soziale Selektion wird weggeschoben. Zankapfel ist das als defizitär geltende Prüfungswesen, das den diagnostischen Gütekriterien nicht genügt. Versuche man die Schätzurteile zu objektivieren, „verzerre man nur das pädagogische Geschäft, verlagere die Aufmerksamkeit auf Prüfungsthemen und Prüfer und schade damit der Erziehung" (Luhmann & Schorr, 1988, S. 256).

Luhmann und Schorr diskutieren verschiedene Reformvorschläge wie die Gleichheit durch Erziehung herzustellen, Ungleichheit durch Erziehung zu kompensieren, Begabtenreserven auszuschöpfen, zielerreichendes Lernen zu verfolgen oder Selektionsentscheidungen den Schüler_innen zu übertragen (Luhmann & Schorr, 1988, S. 265). Sie kritisieren an diesen Vorschlägen, dass sie nicht zur Reflexion des Selektionsproblems führten, sondern die Selektion entweder zu negieren oder zu verschieben versuchten (Luhmann & Schorr, 1988, S. 274) – und beide halten Selektion für ein notwendiges Grundprinzip der Gesellschaft.

Die Heterogenität von Schulklassen entsteht nicht durch interne Prozesse, sondern besteht bereits vor dem Schuleintritt, sodass sich die Erziehung an bestehende Ungleichheit anschließen muss (Luhmann, 2002, S. 127–128). Ein Grund für die „Radikalisierung der Selektionsfunktion" (Luhmann & Schorr, 1988, S. 241) in der heutigen Zeit sehen Luhmann und Schorr darin, dass die Familie mit ihrer Sozialisationsfunktion nicht mehr als Bezugspunkt gesehen wird, sondern Selektion auf der individuellen Ebene verortet wird. Sie kritisieren, dass man nicht erwarten könne, dass „die Familie für jedes andere Funktionssystem gleichermaßen optimale Voraussetzungen schafft" (Luhmann & Schorr, 1988, S. 241), die Familie sozialisiere die Kinder so, wie es in der jeweils konkreten Situation passend sei. Damit widersetze sich die Familie dem „Orientierungsprimat" einzelner gesellschaftlicher Funktionssysteme (Luhmann & Schorr, 1988, S. 241). Kritisiere man die Schichtung, kritisiere man die Familie (Luhmann & Schorr, 1988, S. 241).

Luhmann (1997, S. 774) fragt, „wie es kommt, daß nach wie vor krasse Unterschiede der Lebenschancen reproduziert werden, auch wenn die Differenzierungsform der Gesellschaft darauf nicht mehr angewiesen" sei.

> „Die Antwort lautet: daß dies offenbar ein Nebenprodukt des rationalen Operierens der einzelnen Funktionssysteme ist, und vor allem: des Wirtschaftssystems und des Erziehungssystems. Diese Systeme nutzen kleinste Unterschiede (der Arbeitsfähigkeit, der Kreditwürdigkeit, des Standortvorteils, der Begabung, der Diszipliniertheit etc.), um sie im Sinne einer Abweichungsverstärkung auszubauen, so daß selbst eine fast erreichte Nivellierung wieder in soziale Differenzierung umgeformt wird, auch wenn dieser Effekt keinerlei soziale Funktion hätte." (Luhmann, 1997, S. 774)

Die normative Forderung einer Chancengleichheit führt zur Problematik, dass sie zwar von außen (als Fremdselektion) angestrebt werden kann, allerdings die Wahrnehmung von Chancen auch von den Schüler_innen (Selbstselektion) abhängt und sich damit die Ungleichheit weiter durchpausen kann (Luhmann, 2002, S. 129).

Luhmann sieht die Unterscheidung von Erziehung und Selektion als einzigen Ausweg aus dem Dilemma: Es werde versucht, die Paradoxie dadurch aufzulösen, dass die Erziehung die Lernenden gleich behandele, gleiche Angebote mache und gleiche Hilfestellungen biete und die Selektion die erreichte Ungleichheit dokumentiere (Luhmann, 1996a, S. 26, 2002, S. 128). „Die Umwelt des Systems wird also systemintern als *Gleichheit* präsentiert, die systeminternen Resultate dagegen als *Ungleichheit.*" (Luhmann, 1996a, S. 26).

Die Selektionsfunktion „stellt Erziehungsziele vor und stellt dann fest, ob sie erreicht sind oder nicht" (Luhmann, 1996b, S. 288). Auch wenn dies wertungsfreie Feststellungen seien und die Lehrkraft versuche, sie auch entsprechend zu kommunizieren, würden sie in der Praxis als Lob und Tadel verstanden (Luhmann, 1996b, S. 288). Daraus resultierten Probleme und die Idee der Erziehung ohne Selektion:

> „Die Trennungsvorstellung geht so weit, daß man lauter Klagen darüber hört, wie sehr das Zensuren- und Prüfungswesen die Schüler, aber auch die Lehrer belaste und das Geschäft der Erziehung beeinträchtige; schließlich lerne man nur noch für Zensuren und Prüfungen." (Luhmann, 1996a, S. 26)

Die Systemtheorie nach Luhmann sieht aber Selektion und Erziehung, obschon sie sich unterscheiden, als aneinander gebunden an (Luhmann, 1996b, S. 288). Diese beiden Funktionen könnten aber „in der pädagogischen Reflexion nicht mehr integriert" werden (Luhmann, 1997, S. 977).

In Abschnitt 2.1.2 wurde der Code besser/schlechter vorgestellt. Dieser entspreche der „internen Logik des Systems", da er für die Sozialisation nötig sei (Luhmann, 1996b, S. 289). Er ist aber insofern fremdreferenziell, als das er das Selektionsbedürfnis der Gesellschaft (vor allem der Wirtschaft) widerspiegelt (Kade, 2004, S. 213–216). Nicht die Selektion an sich, sondern ihre praktische Umsetzung kann als Eingriff von außen bezeichnet werden:

> „Externe Einflüsse mögen sich auf die Ziele und Kriterien auswirken, die der Erziehung und Selektion zugrunde liegen (etwa : viel Turnen macht gute Soldaten). Auf dieser Ebene stellen sich Fragen der Autonomie. Die binäre Codierung selbst entspricht dagegen der internen Logik des Systems schulischer Erziehung." (Luhmann, 1996b, S. 289)

2.1.6 Fazit: Vier Leitperspektiven für diese Arbeit

Die vorangegangenen Kapitel bilden das metatheoretische Fundament dieser Arbeit. Ausgehend von den folgenden vier Leitperspektiven soll der Frage „Wie ist Geographieunterricht angesichts des Zentralabiturs möglich?" nachgegangen werden. Zunächst in einer Zusammenstellung des Forschungsstandes, dann anhand der beiden empirischen Studien.

Unterricht als komplexe Interaktionssituation und Prüfungen
Unterricht ist auf verschiedenen Ebenen und aus vielfältigen Gründen durch Unsicherheit gekennzeichnet: Intransparenz, Kausalitätsproblem, doppelte Kontingenz und das Rationalitätsproblem machen das Unterrichten zu einer Herausforderung für Lehrer_innen. Wenn nun der Erfolgsdruck steigt, weil der Erfolg des Unterrichts nicht daran gemessen wird, inwiefern er als einzelne, konkrete Interaktionssituation gelingt oder inwiefern das Bereitstellen von Wissen zu einer Bereicherung der Lebensläufe der Schüler_innen führt, sondern wenn der Erfolg allein am Abschneiden im Zentralabitur gemessen wird, stellt sich die Frage, wie Lehrer_innen damit umgehen. Reagieren sie mit Konformität, Zurechnungsverschiebung, Selektion von Konflikten?

Prüfungen sollen die Selektion im und durch das Erziehungssystem gewährleisten. Selektion wird aber zunehmend als Widerspruch zur Erziehungsfunktion angesehen, außerdem haben Prüfungen Mängel, da es sich nicht um wissenschaftliche Testinstrumente handelt. Luhmann und Schorr (1988, S. 274) ziehen die Reflexion des Selektionsproblems Reformen vor. Letztendlich sei der Widerspruch nicht auflösbar. Die einzige Lösung für die Schulpraxis sei es, Erziehung und Selektion voneinander zu trennen (Luhmann, 1996a, S. 26, 2002, S. 128).

Die „falsche Sprache"? – Einflüsse von außen
Die Medientheorie Luhmanns zeigt, dass zwar eine strukturelle Kopplung zwischen verschiedenen Funktionssystemen der Gesellschaft besteht, ein System ein anderes aber nur ausschnittsweise und systemrelativ beobachten und verstehen kann. Es gibt deshalb aus Luhmanns Sicht kein Missverstehen. Das Erziehungssystem versteht Operationen anderer Systeme nur aus Sicht des Mediums „Lebenslauf der Schüler_innen" und sieht Inhalte (statt des gesamten Wissenschaftssystems), den Arbeitsmarkt (statt des gesamten Wirtschaftssystems), Ressourcen, Organisation und Reformen (statt der gesamten Politik und Schulverwaltung) und fehlende Handlungssicherheit (statt des gesamten Rechtssystems) (s. Abbildung 2.3 auf Seite 29). Und andersherum betrachten und verstehen die anderen Funktionssysteme das Erziehungssystem nur durch ihre jeweilige „Brille".

Wenn die Schulorganisation in mehreren Sprachen spricht, nicht nur das Medium des Bezugssystems Unterricht aufgreift, sondern auch Kommunikation in den Medien Geld, Recht und Macht versteht und in organisatorische

Entscheidungen umsetzt, sind diese für die Lehrer_innen nur eingeschränkt nachvollziehbar. Erstens versteht das Erziehungssystem „*in seiner* Umwelt ein anderes System [nur] *aus dessen Umweltbezügen heraus*" (Luhmann, 1986, S. 80). Zweitens weisen Entscheidungen von Organisationen aufgrund der Umstände ihres Zustandekommens regelmäßig Rationalitätsdefizite auf. Dennoch können Lehrer_innen die schulorganisatorischen Regularien anwenden, wenn es sich um „pädagogisch relevante Operationen" (Luhmann, 2002, S. 114) handelt. Es ergeben sich daraus aber Paradoxien und daraus resultierende Spannungen, die es auszuhalten, auszugleichen und zu reflektieren gilt.

Das Zentralabitur und seine vorgelagerten organisatorischen Regularien als pädagogische Programme – Scheintechnologie als Technologiersatz?
Es geht immer weniger um die aus der Perspektive des Unterrichts wichtige Vermittlung und Aneignung, sondern immer mehr um die aus Gesellschaftsperspektive wichtige Selektion. Das Zentralabitur ist neben dem Lehrplan das wichtigste pädagogische Programm in der Oberstufe. Es wird nur im Ausnahmefall Rheinland-Pfalz und bei einzelnen Fächern systemintern entwickelt, der Normalfall ist die Entwicklung über die Schulorganisation. Und damit gelangt es in den Einflussbereich der anderen Funktionsbereiche, insbesondere der Politik. Die strukturelle Kopplung ermöglicht nämlich eine Einflussnahme der anderen Systeme auf die Schulorganisation, diese ist strukturell an den Unterricht gekoppelt. Wird dadurch die von Luhmann als Grundeigenschaft aller sozialer Systeme definierte Autonomie des Unterrichts eingeschränkt? Es stellt sich zudem die Frage, wie das Zentralabitur und der Lehrplan als Programme, die mit Selektion und Vermittlung/Aneignung unterschiedliche Zielsetzungen verfolgen, gleichzeitig steuernd wirken können.

Die Zusammenstellung der Herausforderungen des Unterrichts hat vielfältige Unwägbarkeiten aufgedeckt, die sich zusammenfassend als Technologiedefizit bezeichnen lassen. Es kann aufgrund der enormen Komplexität keine „Rezepte" für gelingenden Unterricht geben. Wenn aber die in der Einleitung eingeführte Frage „Wie unterrichte ich?" dominiert und die Frage „Wie ist Unterricht möglich?" nicht gestellt wird, wird Unterricht unterkomplex betrachtet. Dann wird eine Technologie für das Technologieproblem gesucht, dann wird Unterrichtsplanung zur Fiktion des Aneignungserfolgs. Die Empirie zeigt, dass es Unterricht gibt und dass er „funktionieren" kann, sodass schulpraktische Lehrerbildung und Didaktiken einen wichtigen Beitrag zum Gelingen leisten können. Statt von einem idealen Unterricht als Ausgangspunkt der Bemühungen auszugehen, sollte aber dessen Komplexität in die Überlegungen einbezogen werden.

Entscheidungen der Schulorganisation und ihr Rationalitätsdefizit
Durch die Prozesse der Entscheidungsfindung in der Schulorganisation können
sich inkonsistente Anforderungen ergeben, die den unterrichtlichen Prämissen
zuwider laufen. Luhmann (2002) sieht zwei Lösungsansätze. Zum ersten könne
man sie „leugnen und in den Geheimnisbereich des individuellen Könnens und
der Erfahrung hineinziehen" (Luhmann, 2002, S. 165), zum anderen könne
man, da eine Evolution des Systems aufgrund der „administrative[n] Zentrali-
sierung des Systems und die politische Verantwortung seiner Spitze praktisch
ausgeschlossen" ist (Luhmann, 2002, S. 166), auf Reformen setzen. Luhmann
hält das Bedürfnis nach Reformen für plausibel, bescheinigt ihnen aber geringe
Erfolgsaussichten:

> „Wenn man von Inkonsistenzproblemen ausgeht, ist es denkbar, daß Reformen einen
> Wechsel des Primats bestimmter Wertorientierungen durchzusetzen versuchen [...].
> Das kann zu deutlichen Einschnitten in das vorhandene Schulsystem führen, kann
> aber typischerweise die damit verbundenen Nebenfolgen nicht kontrollieren. Wenn
> diese auffallen, können weitere Reformanliegen gestartet werden [...]. Beobachtet
> man das jeweils reformierte System, hat man den Eindruck, daß das Hauptresultat
> von Reformen die Erzeugung des Bedarfs für weitere Reformen ist. Reformen wären
> danach sich selbst generierende Programme für die Veränderung von Strukturen des
> Systems." (Luhmann, 2002, S. 166)

Im Zentrum dieser Arbeit steht eine Inkonsistenz, nämlich die teils widersprüchlichen Anforderungen einer Standardisierung von Output (und Input) durch das
Zentralabitur auf der einen und die pädagogischen und fachlichen Anforderungen an einen kompetenzorientierten Unterricht im Sinne der neuen Lernkultur auf
der anderen Seite. Die Frage ist, inwiefern diese Inkonsistenz von Lehrer_innen
wahrgenommen wird und welche Handlungsstrategien sie daraus ableiten.

2.2 Perspektiven der Forschung auf die forschungsleitende Frage: *Wie ist Geographieunterricht angesichts des Zentralabiturs möglich?*

In diesem Kapitel soll eine erste Annäherung an die forschungsleitende Frage
erfolgen, indem die nachgelagerten Untersuchungsfragen des ersten Blocks
beantwortet werden: Welche theoretischen und empirischen Erkenntnisse zum

Unterrichten und Prüfen angesichts des Zentralabiturs und der mit ihm verbundenen Regularien liegen vor? Was sind Einflussfaktoren, was Auswirkungen? Wie ist die spezifische Situation im Fach Geographie?

Mit Tenorth (1990, S. 106) soll die Systemtheorie als „Beobachtungstheorie" herangezogen werden, um die die forschungsleitende Frage betreffenden theoretischen und empirischen Forschungsperspektiven zu gliedern. Hierzu werden die in Abschnitt 2.1 aus der Systemtheorie abgleitenden Leitperspektiven aufgegriffen. Die Leitperspektive 1, *Unterricht als komplexe Interaktionssituation und Prüfungen*, wird in Abschnitt 2.2.1 aufgegriffen. Die Leitperspektive 2, *Die „falsche Sprache"? – Einflüsse von außen*, dient in Abschnitt 2.2.2 der Diskussion der Frage, inwiefern das Zentralabitur einen Eingriff in die pädagogische Autonomie darstellt. Die Leiperspektive 3, *Das Zentralabitur und seine vorgelagerten organisatorischen Regularien als pädagogische Programme – Scheintechnologie als Technologiersatz?*, ermöglicht in Abschnitt 2.2.3 die Erläuterung der Bedeutung von Reprogrammierungen und deren Heranziehen als Technologieersatz. Zuletzt nimmt Abschnitt 2.2.4 die Leitperspektive 4, *Entscheidungen der Schulorganisation und ihr Rationalitätsdefizit*, auf, um die Konsequenzen der schulorganisatorischen Entscheidungen einzuordnen. Die genannten Teilkapitel gliedern sich jeweils in drei Unterkapitel, die erstens eine allgemeine, zweitens eine das Zentralabitur aufgreifende und drittens eine das Fach Geographie betreffende Darstellung umfassen.

Zentrales Ergebnis der Übersicht über den Forschungsstand in diesem Kapitel wird sein, dass „Kausalitätsannahmen der Erziehungstheoretiker und die ihnen innewohnenden Hoffnungen für die Orientierung pädagogischen Handelns" überzogen sind (Tenorth, 1990, S. 108).

2.2.1 Unterricht als komplexe Interaktionssituation und Prüfungen

„Ein Klassenzimmer ist ein dicht bevölkerter, äußerst belebter und ereignisreicher Ort, der an die soziale Kompetenz der Anwesenden hohe Ansprüche stellt. Die soziale Dichte ist verantwortlich für die Schnelle und Vielzahl der Geschehnisse, die zum großen Teil unvorhersehbar sind, auf die aber rasch reagiert werden muss, da sonst Gefahr besteht, dass sie sich sozial destabilisierend auswirken. Da die Verantwortung für die Gestaltung und den ordentlichen Ablauf der Lektionen in den Händen der Lehrkraft liegt, ist sie von der Komplexität der Unterrichtssituation besonders stark betroffen." (Herzog, 2011, S. 174)

Das folgende Kapitel geht von der Frage aus, inwiefern Unterricht und Prüfungen bzw. Unterrichten und Prüfen Herausforderungen für Lehrkräfte darstellen. Hierzu werden bezugnehmend auf die in den Abschnitten 2.1.2 und 2.1.5 angestellten systemtheoretischen Überlegungen die mannigfachen Komplexitätsdimensionen aus der Forschungsperspektive dargestellt. Im Anschluss werden dann die spezifischen Herausforderungen vor dem Hintergrund des Zentralabiturs sowie angesichts des im Wandel begriffenen Geographieunterrichts thematisiert.

Die folgende überblicksmäßige Zusammenstellung der bislang besprochenen systemtheoretischen Perspektiven auf Unterricht und Prüfungen beruht vor allem auf den Überlegungen von Luhmann (1986, 1987a, 1990, 1996a, 1996b, 1997, 2002) und Luhmann und Schorr (1988) sowie Schorr und Luhmann (1981) sowie sich darauf beziehende Sekundärliteratur (vgl. hierzu die ausführlichen Erläuterungen und Quellenangaben in Abschnitt 2.1.2 und 2.1.5).

Unterricht ist aus systemtheoretischer Sicht die operative Ebene des Erziehungssystems. Unterrichtliche Interaktion beruht auf der Kommunikation der Anwesenden. Sie unterliegt einer eigenen Dynamik und ist prinzipiell unabhängig. Sie wird aber organisatorisch gerahmt, etwa durch Stundenpläne, Lehrplan und feste Klassenverbände. Auch die Eigenarten des klassenförmigen Unterrichts bedingen, dass sich die unterrichtliche Kommunikation nicht frei wie eine spontane Interaktionssituation entwickelt, sondern durchaus festen Kommunikationsmustern folgt wie: einer spricht und alle schweigen, Meldeprinzip: das Wort wird erteilt. Unterrichtliche Interaktion kann sich an den Codes vermittelbar/nicht vermittelbar, der auf Vermittlung und Aneignung ausgerichtet ist, und besser/schlechter, der auf Selektion ausgerichtet ist, orientieren, muss es aber nicht. Ist dies jedoch der Fall, ist sie dem Erziehungssystem zuzurechnen.

Die Komplexität des Unterrichts kann aus systemtheoretischer Sicht vielfältig begründet werden. Einerseits gibt es das Problem der unterschiedlichen aufeinandertreffenden Systeme. Die unterrichtliche Kommunikation kann nicht in die Gedankenwelt der Lernenden und deren Organismus (z. B. Hirnströme) eingreifen. Schon jeder Mensch selbst kann nur sehr bedingt in die eigenen Gedanken und den eigenen Stoffwechsel eingreifen. Dies gilt erst recht für Außenstehende. Da Lernen als Selbständerung verstanden wird, tritt ein Rationalitätsdefizit auf, da unklar ist, wie Unterricht gelingen kann. Des Weiteren ist die Komplexität von Unterricht dadurch bedingt, dass er aus lauter kontingenten Situationen besteht, in denen es potentiell unendlich viele Handlungsalternativen gibt. Die Kommunikation zwischen zwei (und mehr) Personen bedingt dann, dass die Kontingenz doppelt auftritt, wenn zum Beispiel Schüler_innen nicht nur überlegen: „Was könnte ich jetzt sagen?", sondern rätseln: „Welche Antwort erwartet die Lehrkraft von mir?" Zudem gibt es keine linearen Kausalitäten, von denen ausgegangen werden kann. Es ist nicht klar, dass das Lernen gelingt, wenn auf eine spezielle Weise unterrichtet wird und wenn doch ein Lernerfolg sichtbar wird, ist unklar, ob das Wissen (oder Können) auch tatsächlich im Unterricht erworben wurde. Folglich gibt es auch nicht die Möglichkeit auf eine Technologie zurückzugreifen, die garantiert, dass das Unterrichten gelingt.

Das Erziehungssystem muss außerdem mit dem Paradoxon zurechtkommen, dass es einerseits bemüht ist, trotz unterschiedlicher Lernvoraussetzungen der Schüler_innen alle gleichermaßen zu fördern, andererseits aber die Selektion, die die Gesellschaft von ihm erwartet, Ungleichheiten feststellen muss. Ein Ausweg bietet die Trennung von Erziehung und Selektion.

Aus dieser Zusammenfassung der wesentlichen systemtheoretischen Positionen wird deutlich, dass das Verständnis von Unterricht als einem auf Kommunikation beruhenden Interaktionssystem zahlreiche Komplexitätsdimensionen aufspannt. Das Erziehen, als ein Wegbereiten des potentiellen Lebenslaufs der Schüler_innen, ist somit ein äußerst unsicheres Unterfangen. Das Prüfen, in Erfüllung der Selektionsfunktion des Erziehungssystems im Auftrag der Gesellschaft, steht dann im Widerspruch zur Erziehungsfunktion. Im Folgenden sollen diese Überlegungen aus Forschungssicht beleuchtet werden.

2.2.1.1 Forschungsperspektiven auf die Komplexität von Unterricht und Prüfungen

Dass das Unterrichten in einem sozialen Interaktionssystem stattfindet, welches auf Kommunikation beruht und Gefühle, Gedanken und Handlungen vorhergesagt, interpretiert und beurteilt werden müssen, führt zu Herausforderungen (Helsing, 2007, S. 1318; Schweer, Thies & Lachner, 2017). Erstens ist die Wahrnehmung von Personen nicht objektivierbar: „In einer sozialen Situation werden Person und Handlung vor dem Hintergrund des spezifischen Kontexts wahrgenommen und beurteilt" (Schweer et al., 2017, S. 122). Zweitens verhalten sich Personen dynamisch, beziehen sich wechselseitig aufeinander (Schweer et al., 2017, S. 122). Herzog (2002) stellt mit Bezug auf Doyle (1986) neben der *Intransparenz*, die sich daraus ergibt, dass Unterricht nur aus Kommunikation besteht und auf Gedanken und Stoffwechsel des Gegenübers nicht zugegriffen werden kann, sieben weitere Dimensionen der Komplexität von klassenförmigem Unterricht auf: Es agieren viele unterschiedliche Personen (*Multidimensionalität*). Viele Dinge geschehen gleichzeitig (*Simultanität*). Die Lehrkraft muss im schnellen Ablauf des unterrichtlichen Geschehens oft spontan Handlungsentscheidungen treffen, ohne dass Zeit zum Abwägen der Handlungsalternativen und zur Reflexion bleibt (*Unmittelbarkeit*). Unterricht kann zwar bis zu einem gewissen

Grad geplant, aber nicht sicher vorhergesagt werden (*Unvorhersehbarkeit*). Unterricht findet nur scheinbar in einem geschützten Raum statt. Stattdessen findet Unterricht unter direkter (z. B. Mitschüler_innen, Kolleg_innen) und indirekter Beobachtung (z. B. Eltern, Schulaufsicht) statt (*Öffentlichkeit*). Klassenförmiger Unterricht der Gegenwart unterliegt zeitlichen Bezügen in die Vergangenheit und Zukunft (*Historizität*). Über die schulorganisatorischen Rahmenbedingungen hinaus müssen Regeln für den Umgang und die Kommunikation im Unterricht festgelegt und je nach Situation angepasst werden (*Informalität*).

Gleichzeitig gibt es weder eine gesicherte Wissensbasis noch eine Technologie, die garantieren kann, dass Unterricht gelingt, sodass es in der Folge keinen Konsens über die Ziele und Methoden guten Unterrichts gibt (Helsing, 2007, S. 1317). Dies hat auch die Metastudie von Hattie (2015) ergeben:

> „One of the surprising findings was that across the interventions that are commonly claimed to enhance student learning – nearly all of them have a positive impact on student learning. That is, almost everything works! But herein lies the greatest problem in education – every method seems to work relative to not implementing that method. This leads to my concluding that their particular method of teaching does enhance learning. But this claim can be made for almost every method." (Hattie, 2015, S. 80–81)

Je nachdem aus welcher Perspektive die Frage nach dem „guten Unterricht" beantwortet wird, divergieren die Antworten: So ist es beispielsweise aus reformpädagogischer Sicht der schüleraktive Unterricht (Jürgens, 2010), aus Sicht der konstruktivistischen Didaktik ist es ein problemorientiertes Lernen (Mandl, 2010) und ein Lernen durch Handeln (Reich, 2004), aus Sicht der Neurobiologie bzw. Neurodidaktik sind es unter anderem das erfahrungsbasierte Lernen (Hüther, 2010) sowie eine Strukturierung und Vernetzung der Lerninhalte über Fächergrenzen hinweg und ein Lernen aus Neugierde (Neubauer, 2010). Neben den Angeboten aus der Wissenschaft gibt es eine Fülle an praxisnahen Ratgebern, die verschiedene Aktionsformen, Methoden usw. propagieren (Reich, 2010, S. 143–144). Reich (2010) kritisiert deren pragmatische Sichtweise, Praktizismus und technischen Habitus. Er fordert, statt tabellarischer Übersichten bräuchten Lehrkräfte eine forschende Einstellung (Reich, 2010, S. 151–154):

> „Lehrende, die dauerhaft so unterrichten wollen, dass ihre Lerner wirksam lernen, umfassend gefördert und gefordert werden, und die dies zugleich dann als eigenen professionellen und menschlichen Erfolg für sich erleben wollen, benötigen eine Didaktik, die sich umfassender orientiert, ihnen mehr abverlangt und sie selbst in der Rolle eines Lehr- und Lernforschers sieht. […] Je mehr Lehrende selbst einen Sinn dafür entwickeln, Probleme und Chancen des eigenen Unterrichts zu erkennen, zu

studieren, zu erforschen und sich darüber untereinander auszutauschen, desto größer werden die Möglichkeiten, Unterricht lernförderlich zu gestalten." (Reich, 2010,
S. 151)

Die Unterrichtsforschung versucht in Einzelstudien und Metaanalysen, empirisch
relevante Merkmale für das Unterrichten nachzuweisen (siehe beispielsweise
Clausen, Schnabel & Schröder, 2002; Hattie, 2009b). Ein Modell, das auf dem
Prozess-Mediations-Produkt-Paradigma[23] beruht und Unterricht aus einer empirischen Perspektive beschreibt, ist das Angebot-Nutzungs-Modell von Helmke
(2017). Es umfasst Merkmale, die für die Qualität von Unterricht besonders
relevant sind. Diese werden unter den Oberkategorien Unterricht (Angebot – Pro-
zessqualität des Unterrichts und Qualität des Lehr-Lern-Materials) und Lernakti-
vitäten (Nutzung – aktive Lernzeit im Unterricht und außerschulische Lernaktivi-
täten), zwischen denen die Mediation (Wahrnehmung und Interpretation durch die
Schüler_innen) steht, sowie der Kategorie Wirkungen (Ertrag – fachliche Kompetenzen, fachübergreifende Kompetenzen und erzieherische Wirkungen der Schule)
zusammengefasst. Hinzu kommen Merkmale der Lehrperson (z. B. Professions-
wissen, Kompetenzen, Orientierungen, Erwartungen und Ziele, Engagement) und
der Lernenden (Lernpotenzial. Familie) sowie Kontextmerkmale (z. B. kulturelle
Rahmenbedingungen, Klassenzusammensetzung, Klassenklima.

„Der Erfolg von Schule ist abhängig von der Fähigkeit der Lehrkräfte, mit den Schülerinnen und Schülern zu kooperieren und sie sowohl zur aktiven Mitwirkung
am Unterricht als auch zu selbständigem Lernen zu motivieren. Dadurch wird die soziale
Basis des Unterrichts als konstitutiv nicht nur für das Lehren, sondern auch für das
Lernen sichtbar. Der Unterricht lässt sich nicht angemessen verstehen, wenn er nur
in der Perspektive des Lehrerhandelns erschlossen wird. Selbst seine pädagogischen

---

[23] Nach Minnameier, Hermkes und Mach (2015, S. 839) und Seidel (2014, S. 852–857)
kann Unterricht hinsichtlich abgrenzbarer Strukturen und deren Bedeutung (Strukturpara-
digma) oder aber hinsichtlich der ablaufenden Lernprozesse und deren Verhältnis zu Unter-
richtsmerkmalen (Prozessparadigma) untersucht werden. Integriert werden beide Paradig-
men nach Seidel (2014, S. 857–860) im Prozess-Produkt-Paradigma. Während hier in frühen
Modellen noch vom Lernen als einer abhängigen Variable ausgegangen wird, wird in jüngeren Modellen angenommen, dass es nur zu einem Lernerfolg kommen kann, wenn das
Lernangebot von den Schüler_innen auch genutzt wird, betonen Kohler und Wacker (2013,
S. 245–246) und Praetorius (2014, S. 20–23). Dennoch werden die Leistungen der Schü-
ler_innen als Ergebnis von „Eingangsmerkmalen der Schule" und „Prozessmerkmalen des
Unterrichts" dargestellt, kritisiert Herzog (2011, S. 176). Auf solche Kritk reagierend, inte-
grieren nach Reusser und Pauli (2010, S. 18–19) neuere Modell die Annahme, dass „produk-
tives Lernen [...] eine aktive Konstruktionsleistung der Lernenden darstellt". Damit wird das
Prozess-Produkt-Paradigma auf ein *Prozess-Mediations-Produkt-Paradigma* ausgeweitet.

Leistungen kann er nur erbringen, wenn er als Interaktionssystem begriffen wird."
(Herzog, 2011, S. 176)

Der Analyse von Unterricht aus der Angebots-Mediations-Nutzungs-Perspektive,
die zugrundelegt, dass Unterricht wirksam ist, dies aber multikausal begründet ist,
kann man entgegenhalten, dass es „große wissenschaftliche Zweifel an der pädagogischen Wirksamkeit von Schulen" gibt (Weinert, 2002, S. 74). Wenn Gene,
Umwelt, ökonomischer Status, Umfang der Schulbildung, Qualität der Grund-
schulen und Qualität der Sekundarschulen bei allen Schüler_innen gleich wären,
würde je nach Schätzung *mindestens* Dreiviertel der Ungleichheit der Ergebnisse
verringert (Jencks et al., 1973, S. 161 f., zitiert in; Weinert, 2002, S. 74).

Dabei ist es nicht möglich, die individuellen Lern- und Leistungsunterschiede
durch vergleichbare Lernbedingungen grundsätzlich aufzuheben (Weinert, 2002,
S. 85). Schulleistungen sind aber „stets Leistungen der Schüler, die durch die
Schule begünstig oder erschwert werden" (Weinert, 2002, S. 85).

Die Komplexität von Unterricht und das Technologiedefizit führen dazu,
dass Lehrer_innen mit Unsicherheiten und Dilemmasituationen konfrontiert sind
(Helsing, 2007).

> „Wenn man davon ausgeht, dass Kontingenz ein konstitutives Merkmal von Unter-
> richt ist, weil zwischen Lehren und Lernen, der Vermittlung von Wissen und seiner
> Aneignung, zwischen Kommunikation und Bewusstsein, eine Kluft besteht, bringt
> man schon in seinen Prämissen die Gegenstandsbeschreibung in Opposition zu der
> in der Praxis gepflegten Erwartung, Unterricht sei durch genaue Planung und gute
> Absichten zielgerichtet zu steuern und in seiner Wirkung zu kontrollieren." (Meseth,
> Proske & Radtke, 2011, S. 223)

Das Handeln in kontingenten Situationen ist herausfordernd, da das Entscheiden
für eine Handlungsalternative gleichzeitig das Ablehnen anderer Möglichkeiten bedeutet (Helsing, 2007, S. 1318). Einige Beispiele: Einerseits haben die
Lehrkräfte Anteil am Lernen der Schüler_innen, andererseits haben nur die Schü-
ler_innen im Rahmen von Leistungserfassungen die Konsequenzen zu tragen.
Einerseits sollen die Schüler_innen individuell gefördert werden, andererseits
werden alle mithilfe der gleichen Leistungserfassung beurteilt. Einerseits haben
die Schüler_innen unterschiedliche Voraussetzungen, andererseits sollen diese in
der Regel die gleichen Ziele erreichen. Welche Folgen Unsicherheiten für Lehrkräfte haben, wird – unter Berücksichtigung der spezifischen Situation im Kontext
des Zentralabiturs – in Abschnitt 2.2.4 vertieft.

Unterrichts- und Prüfungssituation sind diametral unterschiedlich. Lehrkräfte instruieren, helfen, begleiten die Schüler_innen nicht mehr, sondern sie nehmen eine beurteilende Rolle ein (Winter, 2016, S. 35). In dieser Arbeit soll unterrichtliches Prüfen nach Remesal (2011, S. 473) als komplexer Prozess des Sammelns, Analysierens und Evaluierens von Lehr-Lern-Prozessen und Lernergebnissen, die die weiteren Lehr-Lern-Prozesse beeinflussen, verstanden werden. Unterrichtliche Prüfungen und Unterricht sind damit eng miteinander verwoben (Remesal, 2011, S. 473). Aus der schematischen Betrachtung einer Beurteilungssituation geht hervor, dass ebenso wie im Angebot-(Mediations-) Nutzungs-Modell von Helmke (2017) wiederum Rahmenbedingungen auf das Prüfen wirken. Auf der Seite der Beurteilenden und auch auf der Seite der Beurteilten sind unterschiedliche Kompetenzen (z. B. Prognose-, Wahrnehmungs-, Urteils- und Handlungskompetenz), Orientierungen (z. B. Implizite Theorien über Schüler_innen bzw. Lehrer_innen, Unterricht, Beurteilungsverfahren, Wertvorstellungen), Sozial-emotionale Aspekte (z. B. Sympathie/Antipathie, Momentanverfassung/subjektives Befinden) und Erfahrungen (Gespeicherte Informationen über die/den zu beurteilenden Schüler_in bzw. Lehrer_in) zu verzeichnen. Hinzu treten die institutionellen Rahmenbedingungen wie Prüfungsordnungen, allgemeine Erziehungsnormen, Selektionsforderungen, Stellenwert von Prüfungen und Klassenfrequenz. Dies bedingt, dass die Merkmale von Beurteilungssituationen sehr unterschiedlich sein können (Ingenkamp & Lissmann, 2008, S. 15).

In der Schule übliche schriftliche Prüfungen haben in Deutschland eine lange Tradition, dabei liegen bis heute keine wissenschaftliche Konstruktionsmethoden, sondern nur erfahrungsbasierte didaktische Handreichungen vor (Ingenkamp & Lissmann, 2008, S. 142). Allerdings ist es wissenschaftlich gut erforscht, dass wissenschaftliche Gütekriterien der Leistungsmessung *nicht* eingehalten werden (s. Stand der Forschung bei Ingenkamp & Lissmann, 2008, S. 142–143). Hinzu kommen Probleme bei der Beurteilung und Bewertung bzw. Benotung zum Beispiel durch Effekte von Vorurteilen (Weiss, 1995), durch den Einfluss von äußeren Merkmalen wie Handschrift und der Häufigkeit von sprachlichen Fehlern (Osnes, 1995), durch Effekte, die sich aus der Reihenfolge der Korrektur ergeben (Baurmann, 1995) und aus unterschiedlichen Klassenzusammensetzungen (Ingenkamp, 1995; Winter, 2016, S. 42). Zusätzlich ergibt sich sowohl eine große Variabilität zwischen unterschiedlichen Prüfer_innen sowie von gleichen Prüfer_innen zu unterschiedlichen Zeitpunkten (Crosby Eells, 1995).

Das Bewertungsergebnis unterscheidet sich außerdem, je nachdem welche *Bezugsnorm* einer Bewertung zugrunde gelegt wird (Bohl, 2006, S. 63; Tröster, 2019, S. 124–129). Wird die *soziale* Bezugsnorm herangezogen, wird eine Leistung mit den Leistungen der Mitschüler_innen verglichen. Typisch ist hier der Versuch der Annäherung an eine Normalverteilung der Leistungen mit wenigen guten und schlechten Schüler_innen und einem breiten Mittelfeld (Herdegen, 2009, S. 137). Dies hat allerdings zur Folge, dass die Leistungen verschiedener Klassen nicht verglichen werden können. Nehmen wir den Fall einer mittleren Leistung eines Schülers an. Ist die Klasse leistungsstark, gehört der Schüler zu den schlechteren Schüler_innen. Ist die Klasse leistungsschwach, gehört er zu den leistungsstärkeren Schüler_innen. Besonders für leistungsschwächere Schüler_innen ist die soziale Bezugsnorm ungünstig, da sie „häufig vor Lernanforderungen [...] stehen, die sie nicht schaffen, wobei der Leistungsvergleich mit anderen zeigt, dass andere ständig viel besser sind" (Rheinberg, 2002, S. 69).

Wird die *kriteriale* oder *sachliche* Bezugsnorm herangezogen, wird die Leistung mit den vorab formulierten Zielen des Unterrichts verglichen. Hier kann es sein, dass die ganze Klasse diese in besonderem Maße erreicht oder nicht erreicht. Die kriteriale Bezugsnorm ist immer dann sinnvoll, wenn Mindeststandards als Vergleichspunkt vorliegen, etwa bei der Führerscheinprüfung (Rheinberg, 2002, S. 66).

Wird die *individuelle* Bezugsnorm herangezogen, wird der individuelle Lernfortschritt ermittelt. Hat jemand zuvor sehr gute Leistungen erbracht, sich aber nicht gesteigert, bekommt er/sie eine schlechtere Bewertung als jemand, der/die zuvor eine schlechte Leistung erbracht hat und sich nun gesteigert hat. Aus pädagogischer Sicht ist die individuelle Bezugsnorm zu favorisieren, da diese leistungsfördernde Effekte hat (Bohl, 2006, S. 64; Ingenkamp & Lissmann, 2008, S. 291). Sie hat allerdings auch Schwächen, da Schüler_innen nur anhand einer Rückmeldung bezogen auf die persönliche Entwicklung nicht herausfinden können, „auf welchem Gebiet sie besondere, vielleicht außergewöhnliche Kompetenzen haben und auf welchem weniger" (Rheinberg, 2002, S. 65),

Die Regelungen der Bundesländer geben aufgrund eines Beschlusses der Kultusministerkonferenz seit 1968 die kriteriale Bezugsnorm vor (Tröster, 2019, S. 130). Gleichzeitig ist der Einbezug von individuellen Entwicklungsfortschritten vorgesehen, was die individuelle Bezugsnorm ebenso als angemessen erscheinen lässt (Holmeier, 2012a, S. 239). Dabei sind die Regelungen aber vage gehalten, lassen Interpretationsspielraum und sind teils widersprüchlich (Holmeier, 2012a, S. 238–239; Tröster, 2019, S. 130). So gibt es in einigen Bundesländern die Regelung, dass eine Klassenarbeit wiederholt werden muss, wenn ein Drittel der Schüler_innen mit ‚mangelhaft' oder ‚ungenügend' abschneidet und die Schulleitung dies nicht ausnahmsweise genehmigt, was einer sozialen Bezugsnormierung (zumindest bei den ‚schlechten' Schüler_innen) gleichkommt (Rheinberg, 2002, S. 67). Lehrer_innen müssen letztendlich „abwägen [...], welchen Zielen sie im Rahmen der Leistungsbeurteilung gerecht werden können" (Holmeier, 2012a, S. 239).

> „Liest man amtliche Zensurdefinitionen, so erkennt man häufig den allerdings etwas halbherzigen Versuch, Zensuren über […] sachliche Bezugsnormen zu bestimmen. […] Wollte man die Zensurengebung tatsächlich an sachliche Bezugsnormen knüpfen, so müsste man den beurteilenden Lehrern pro Fach, Jahrgangsstufe und Schulform sehr genau sagen, was jemand können muss, um ein ‚ausreichend‘ oder ‚gut‘ zu bekommen. Dabei würde es sicher nicht nur theoretisch, sondern tatsächlich auch geschehen können, dass ganze Schulklassen ein ‚gut‘ oder ‚sehr gut‘, aber auch ganze Schulklassen (vielleicht sogar ganze Schulen) nur ‚mangelhaft‘ oder ‚ungenügend‘ erhielten." (Rheinberg, 2002, S. 66–67)

Rheinberg (2002, S. 67–68) gibt außerdem zu bedenken, dass solch dezidierte Mindeststandards einen Eingriff in die „didaktische Gestaltung" des Unterrichts als Konsequenz hätten (Rheinberg, 2002, S. 67). Als Vorgriff auf Abschnitt 2.2.3.2 wird darauf verwiesen, dass es sich bei den bislang eingeführten Bildungsstandards nicht um Mindeststandards, sondern um Regelstandards handelt, sodass ein Vergleich anhand der kriterialen Bezugsnorm erschwert wird.

Bohl (2006, S. 63) geht davon aus, dass an deutschen Sekundarschulen eine Mischform aus kriterialer und – entgegen den Vorgaben – sozialer Bezugsnorm zum Einsatz kommt. Tröster (2019, S. 131) geht davon aus, dass bei Klassenarbeiten in der Regel die soziale Bezugsnorm herangezogen wird, bei Korrekturanmerkungen und Feedback aber auch die individuelle Entwicklung aufgezeigt wird.

An dieser Stelle kann also zusammengefasst werden, dass die Leistungen von Schüler_innen von Lehrer_innen aufgrund unterschiedlicher Vergleichspunkte unterschiedlich bewertet werden, in der Regel aber die soziale Bezugsnorm – entgegen der Vorgaben – eine wichtige Rolle spielt. Die Kritik an der Leistungsbeurteilung und Notengebung stützt sich folglich vor allem darauf, dass Noten bestenfalls eine Auskunft über gewisse Leistungsunterschiede auf Klassen- oder Kursebene geben (Winter, 2018, S. 61).

> „So wäre es zum Beispiel angemessen, in Zeugnissen jeweils anzumerken, dass die Noten aufgrund wissenschaftlicher Erkenntnisse auch mindestens eine Notenstufe höher oder tiefer liegen könnten. Das würde aber vermutlich Schüler und Eltern verunsichern. Denn Noten werden von Laien als etwas Festes interpretiert, und jeder meint zu verstehen, was mit ihnen gesagt ist." (Winter, 2018, S. 62)

Die soziale Bezugsnorm ist allerdings als Vergleichsperspektive nur dann sinnvoll, wenn es darum geht, aus einer überschaubaren Gruppe, zum Beispiel

in einem Bewerbungsverfahren, die geeignetste Person auszuwählen (Rheinberg, 2002, S. 63). Dies ist aber für das Erfüllen der Selektionsfunktion des
Erziehungssystems nicht sinnvoll, da etwa nicht ein Prüfer/ eine Prüferin alle
Abiturient_innen eines Jahrgangs miteinander vergleichen kann und der Vergleich
auf Kursebene für die bundesweite Selektion unbrauchbar ist.

Man kann also zu dem Schluss kommen, dass die Leistungsfähigkeit von
Noten kritisch zu hinterfragen ist. Dies gilt folglich für die der Notengebung zugeschriebenen Funktionen wie der Selektionsfunktion, Prognosefunktion,
Rückmeldefunktion, Anreizfunktion, Disziplinierungsfunktion usw. Zusätzlich
verfolgen diese Funktionen divergierende Ziele: etwa Selektion versus Rückmeldung oder Anreiz versus Disziplinierung (Jürgens & Sacher, 2000, S. 25). Die
Problematik im Kontext der Rückmeldefunktion soll im Folgenden erläutert werden. Tatsächlich hat Feedback eine positive Wirkung auf das Lernen, allerdings
nur, wenn dieses differenzierte Informationen über die bearbeitete Aufgabe enthält (Hattie, 2009a, S. 206–211). Nach Hattie (2009a, S. 209) sollte ein Feedback
eine Rückmeldung zur Bearbeitung der Aufgabe, zum weiteren Lernprozess, zur
Selbstregulation und unter Umständen zur Schülerpersönlichkeit geben. Zentrale
Fragen dabei sind: „Wohin gehe ich?", „Wie komme ich voran?" und „Wohin
geht es als nächstes?" (Hattie, 2009a, S. 210). Noten geben aber, ebenso wie
Lob und Tadel oder andere extrinsische Anreize, *kein* differenziertes Feedback
in diesem Sinne. Dies liegt vor allem an der „Informationsverdichtungsfunktion"
der Ziffernnoten (Jürgens & Sacher, 2000, S. 25). Jürgens und Sacher (2000,
S. 26) fassen zusammen: „[A]llein aus dem Zensurenspiegel [können] so gut wie
keine Informationen gewonnen werden […], die Rückschlüsse auf die Güte des
Lehrerfolgs und Lernerfolgs geben könnten".

Vereint man nun die Überlegungen zur Komplexität von Unterricht und Komplexität des Prüfens, wird deutlich, dass die Erziehungsfunktion (verortet in
Unterricht und fördernder Diagnostik) mit der Selektionsfunktion (verortet im
klassischen Prüfen) kollidiert (vgl. hierzu auch Bohl, 2006, S. 49). Diese Widersprüche deckte auch anschaulich der in den Medien breit diskutierte Fall einer
Grundschullehrerin in Bayern auf, die wegen zu guter Noten und Klassenschnitte
strafversetzt wurde (Füller, 2009); offensichtlich spielt die soziale Bezugsnorm
durchaus auch für die Bildungsadministration eine Rolle.

„Mehrfach wurde Sabine Czerny bei ihrer Schulleiterin und von übergeordneten Kul-
tusbeamten einbestellt. Man verbot ihr so etwas Harmloses wie den Morgenkreis –
ein pädagogisches Instrument, bei dem Schüler vor dem Lernbeginn miteinander ins
Gespräch kommen. Man wollte sie zwingen, für ein Mädchen den Förderunterricht
anzuweisen – aber sie widersetzte sich. Man bedeutete ihr, sie solle das Notenspektrum voll ausschöpfen: ‚Auch bei Ihnen muss es Fünfer und Sechser geben', wies

sie ein Schulbeamter an. [...] Aber als ihre vierte Klasse bei Arbeiten hintereinander einen Notenschnitt von 1,8 und 1,6 errang, wurde es den bayerischen Behörden endgültig zu bunt. Sie versetzten die Lehrerin an eine andere Schule – weil, so die amtliche Begründung, ‚der Schulfriede nachweislich und nachhaltig gestört' sei." (Füller, 2009)

Die Komplexität der Kombination aus Unterricht und Prüfung wird außerdem dadurch erhöht, dass Unterricht einem Wandel unterliegt, das Prüfen aber persistent ist (Ingenkamp & Lissmann, 2008, S. 142). Um diesem Problemkreis nachzugehen, sollen an dieser Stelle zwei leitende Grundsätze des Prüfens nach Sacher (2000, S. 63–64) herangezogen werden: der Grundsatz der proportionalen Abbildung und der Grundsatz der Variabilität. In einer Prüfung könne der vorangegangene Unterricht nicht vollständig abgebildet werden. Die Auswahl der Prüfungsgegenstände solle aber einen „repräsentativen Querschnitt des vorangegangenen Unterrichts" darstellen (Sacher, 2000, S. 63). „*Was im Unterricht über lange Zeit behandelt und geübt wurde, muss auch in der Prüfung ausführlich berücksichtigt werden*" (Sacher, 2000, S. 64). Außerdem sollten Prüfungen „abwechslungsreich gestaltet" sein und einen „gewissen Formenreichtum aufweisen" (Sacher, 2000, S. 63). „Die Prüfungsform muss hauptsächlich Aktivitäten von der Art fordern, *wie sie auch im vorangegangenen Unterricht vorherrschten*" (Sacher, 2000, S. 64).

Traditionell folgt nun auf einen lehrer_inzentrierten, darstellenden Unterricht die Leistungsprüfung als Klausur, die Leistungsbewertung als Note und die Leistungsdokumentation als Ziffernzeugnis (Winter, 2016, S. 72). Merkmale einer neuen Lernkultur sind nach Winter (2016, S. 6):

„die höhere *Selbstständigkeit* und Eigenverantwortung des Handelns der Lernenden [...], die stärkere *Orientierung auf die Lernprozesse* und entsprechende Kompetenzen zu ihrer Steuerung [...], die veränderte *Hinwendung zu komplexen alltagsnahen Aufgaben*, welche vollständige Lernakte erfordern [...], der Anspruch auf Partizipation der Schüler und eine *Demokratisierung* der Lernkultur insgesamt."

Mit der neuen Lernkultur müsse ein erweiterter pädagogischer Leistungsbegriff einher gehen, fordert Bohl (2006, S. 26–29). Erforderlich seien vertrauensvolle Beziehungsstrukturen, Unterstützung der Lehrkräfte, die Einsicht, dass Lernen ein individueller Prozess sei, kooperative und solidarische Leistungen als Ergebnis von Lernprozessen, das Ermöglichen von vielfältigen Leistungen sowie einer Kommunikation und Reflexion über das Leistungsverständnis (Bohl, 2006, S. 27–28). Die neue Lernkultur und der erweiterte pädagogische Leistungsbegriff stehen im Spannungsverhältnis zu herkömmlicher Leistungsbeurteilung (s. Tabelle 2.2).

Winter (2016, S. 114) stellt infrage, dass herkömmliche Prüfungssituationen wie Klassenarbeiten hinreichend und angemessen dokumentieren, was Schüler_innen im offenen Unterricht gelernt haben. So reiche es bei einer offenen Unterrichtsgestaltung nicht aus, die Ziele, die auch im geschlossenen Unterricht erreicht worden wären, zu überprüfen. Selbstständiges Arbeiten fördere „Eigenständigkeit im Lernen", „Mündigkeit" und „Schlüsselqualifikationen", die auch berücksichtigt werden müssten (Winter, 2016, S. 114). Die herkömmliche Diagnostik aber sei eine „Retrognostik" (Winter, 2018, S. 83). Damit ist der oben vorgestellte Grundsatz der Proportionalität der Abbildung des Unterrichts in der Prüfung nicht gegeben.

Tabelle 2.2 Spannungsverhältnisse zwischen neuer Lernkultur und herkömmlicher Leistungsbeurteilung. (Quelle: eigene Zusammenstellung nach Winter (2016, S. 6–30))

Neue Lernkultur	Herkömmliche Leistungsbeurteilung
Selbstständigkeit und Eigenverantwortung der Schüler_innen	kaum Beteiligung der Schüler_innen bei Prüfungs- und Beurteilungsvorgängen, Bewertung mit fremden Zielen und Normen
Bewährungssituation	Prüfungssituation
Prozessbezogene Eigenbemühungen der Schüler_innen	Beurteilung des Resultats oder des im Prozess erworbenen Wissens in einer gesonderten Leistungserfassung
Qualitativ unterschiedliche Arbeitsresultate	Quantifizierender Vergleich der Resultate durch Ziffernnoten
fehlerfreundliche Lernkultur	Konzentration auf das Feststellen von Fehlern
Lehrer_in als Lernbegleiter_in	Lehrer_in als Beurteiler_in
komplexe, individuelle Lernprozesse	eng umschriebene Wissens- und Könnensbestandteile werden in kleinen Portionen geprüft und bewertet
Erarbeitung als Gruppe	Individuelle Bewertung
Erarbeitung für die Öffentlichkeit (z. B. Klasse, Schulgemeinschaft, weitere Personen)	Rechenschaftslegung über das Geleistete nur gegenüber dem/der Lehrer_in und den abstrakten Vorgaben im Lehrplan

Daraus folgen weitreichende Konsequenzen:

„Das was geprüft und beurteilt wird, bestimmt im großen Maße das, was gelernt wird. Darüber hinaus bestimmt aber auch die Art, wie geprüft und beurteilt wird, die Lernkultur. Alle Versuche, eine neue Lernkultur an Schulen zu etablieren, werden [...]

an Grenzen stoßen, wenn nicht auch das System der Prüfung und Beurteilung der Schulleistungen reformiert wird." (Winter, 2016, S. 356–357)

Der Grundsatz der Variabilität des Prüfens kann aufgrund der bildungsadministrativen Vorgaben, die im Bereich der „sonstigen" oder „mündlichen" Mitarbeit noch offener ausfallen, aber im Bereich der „schriftlichen" Prüfungen dezidierter sind (vgl. Abschnitt 2.2.2.3), nur eingeschränkt eingehalten werden, auch wenn Vorschläge für alternative Formen der Leistungserfassung vorliegen. Winter (2016, S. 31) stellt herkömmliche Leistungsbewertung und Leistungsbewertung in einer neuen Lernkultur gegenüber (s. Tabelle 2.3).

Tabelle 2.3 Gegenüberstellung herkömmlicher Leistungsbeurteilung und der Leistungsbewertung in der neuen Lernkultur. (Quelle: Winter (2016, S. 31), verändert unter Einbezug von Winter (2018, S. 91))

Das tradierte System der schulische Leistungsbeurteilung...	Verfahren zur Leistungsbewertung, die einer neuen Lernkultur dienlich sind...
ist auf den Erwerb und die Anwendung von Wissen konzentriert.	zielen auf komplexe Fähigkeiten und den Grad ihrer Aneignung.
macht die Leistung hauptsächlich an Produkten fest.	nehmen auch und gerade Prozesse in den Blick und verlagern die Leistungsbewertung zum Teil in den Prozess.
richtet sich vor allem auf die individuell erbrachten Leistungen.	nehmen auch gemeinschaftlich erbrachte Leistungen zum Gegenstand.
versucht, die Leistungsanforderungen und die Bewertungsmaßstäbe zu normieren.	lassen individualisiertes Lernen und Leisten zu und benutzen differenzierte Maßstäbe, indem sie die Schülerarbeiten auf Qualitäten, Konzepte und die Eigenmodellierung hin analysieren.
richtet sich vor allem auf die Feststellung der relativen Güte einer Leistung (z. B. mithilfe von Teilpunkten oder Fehlerzahlen) – ist einordnend.	machen die Eigenqualitäten der Leistungen sichtbar und versuchen, sie zu verstehen.
beschreibt die Leistungen in der Regel abstrakt und allgemein in der Form einer Ziffernnote.	beschreiben die Leistungen inhaltlich und differenziert – versuchen aussagekräftige Rückmeldungen bereitzustellen.
macht die Leistungsbewertung ausschließlich zur Sache des Lehrers.	regen Urteilsprozesse der Schüler_innen an, beziehen sie in die Leistungsbewertung ein und qualifizieren sie in dialogischen Prozessen.

(Fortsetzung)

Tabelle 2.3 (Fortsetzung)

Das tradierte System der schulische Leistungsbeurteilung...	Verfahren zur Leistungsbewertung, die einer neuen Lernkultur dienlich sind...
lässt die Leistung und ihre Beurteilung weitgehend im Verborgenen.	machen die Leistungen und ihre Bewertung zum Teil öffentlich.
abschließende Beurteilung von Leistungen oftmals mit großem zeitlichen Abstand (Korrekturdauer, Jahrgangszeugnis).	leiten über zu Fördermaßnahmen und Hilfestellungen und führen zu einer Anpassung der didaktischen Arrangements.

Aufgrund der bisherigen Ausführungen wird klar, dass aus herkömmlichen Leistungserfassungen und Benotungen, die feststellen, dass Schüler_innen etwas (nicht) können, nicht unmittelbar Maßnahmen abgeleitet werden können. Sie erfassen und bewerten im Kontext von komplexem Unterricht entstandene Leistungen in einer spezifischen Prüfungs- und Bewertungssituation. Es kann vielfältige Gründe geben, weshalb eine Leistung auf eine Weise erbracht und bewertet wurde. Im Falle eines wenig erfolgreichen Abschneidens in einer Prüfung könnten die mangelhafte Qualität des Lehr-Lern-Materials, Unterrichtsausfall, schlechte Nachhilfe, fehlende Unterstützung durch die Eltern, fehlende Vorkenntnisse, falsche Vorstellungen, persönliche Sorgen, die mangelhafte Urteilskompetenz der Lehrkraft, eine Antipathie der Lehrkraft, die Form der Prüfung, Prüfungsangst, Übermüdung, dass die/der Lernende nicht vorhersehen konnte, was wie geprüft wird, die Reihenfolge der Korrektur, die unsaubere Handschrift, die im Vergleich leistungsstärkeren Mitschüler_innen, die nicht proportionale Abbildung des vorangegangenen Unterrichts oder das immer gleiche Aufgabenformat Gründe sein. Die Liste der Möglichkeiten ließe sich weiter fortsetzen.

Angesichts der Komplexität von Leistungserfassung müssen Lehrer_innen über *diagnostische Kompetenz* verfügen. Das heißt

„die Lehrkraft soll über Qualifikationen und Strategien sowie auch pädagogische Überzeugungen verfügen, die es ihr ermöglichen, die Beurteilungsaufgabe so wahrzunehmen, dass die schulische Förderfunktion allen Schülerinnen und Schülern zugute kommt und als pädagogisches Leitprinzip schulischer Bildung wirksam wird. Diagnostische Kompetenz basiert somit auf pädagogischen und fachlichen Fähigkeiten und Fertigkeiten sowie einer motivationalen und sozialen Haltung, die die Lehrkraft ebenfalls benötigt, um die Beurteilungsaufgabe sachangemessen, verantwortungsvoll und gerecht ausüben zu können [...]. Damit schließt die Diagnosekompetenz selbstverständlich mehr ein als die Urteilsgenauigkeit oder das instrumentelle Wissen, um die richtige Auswahl und den korrekten Einsatz diagnostischer Instrumente und Durchführungsverfahren gewährleisten zu können." (Jürgens & Lissmann, 2015, S. 22)

Vielmehr müssen Lehrkräfte den Urteilsprozess von der diagnostischen Aufgabenstellung bis zur Abgabe des Urteils gestalten und die gesammelten Informationen für darauf aufbauendes pädagogisches und didaktisches Handeln nutzen (Rausch, 2017, S. 10). So entsteht ein sich wiederholender Kreislauf aus Diagnostik, Urteil und Fruchtbarmachung. Erst die Kombination aus diagnostischer und pädagogisch-didaktischer Kompetenz ermöglicht einen großen Lernerfolg (Schrader & Helmke, 2002, S. 53).

Zusätzlich zur diagnostischen Kompetenz benötigen Lehrer_innen eine *Selektionskompetenz*, das heißt die Fähigkeit, das von der Gesellschaft an Schule herangetragene Selektionsinteresse umzusetzen.

In Anbetracht der Tatsache, dass Lehrer_innen sich nicht aussuchen können, ob sie Leistungen erfassen, beurteilen, bewerten und benoten wollen, gilt es, Spannungen, die sich zwischen Förderdiagnostik und Selektionsinteresse ergeben, zu begegnen.

Es bestehen grundsätzlich zwei Möglichkeiten: erstens die förderdiagnostische Umdeutung der herkömmlichen Leistungserfassung und zweitens die Trennung von Erziehungsfunktion und Selektionsfunktion beziehungsweise von Unterricht samt Förderdiagnostik und herkömmlicher, summativer Leistungserfassung (Winter, 2018). So kann versucht werden, die herkömmliche Leistungserfassung für ein differenziertes Feedback zu nutzen. Etwa indem gute Lösungen besprochen werden: „Generell sollte viel Energie und Zeit darauf verwendet werden, die Qualitäten von Lösungen, Arbeitsverfahren und Lernwegen herauszuarbeiten und aufzuzeigen, wie man sie sich aneignen kann" (Winter, 2018, S. 68). Auch seitens der Bildungsadministration wird diese Doppelfunktion von Leistungserfassungen gefordert: „Die Beurteilung von Leistungen soll [...] grundsätzlich mit der Diagnose des erreichten Lernstandes und Hinweisen zum individuellen Lernfortschritt verknüpft sein" (Ministerium für Schule und Weiterbildung des Landes Nordrhein-Westfalen 2014, S. 45). Der Integration herkömmlicher Leistungserfassung in eine fördernde Lernberatung sind aber Grenzen gesetzt:

> „Die Ziffernnoten liefern keine inhaltliche Information dazu, wie weiter gelernt werden kann [...], und Kommentare neben den Noten werden oftmals nicht beachtet oder gar nicht erst gelesen. Zwar bieten die Besprechungen der Klassenarbeiten eine Gelegenheit, das Nichtverstandene noch zu verstehen, doch die manchmal geforderten Korrekturen werden meist ohne großes Engagement vorgenommen (sie ändern ja auch nichts mehr an der Note. [...] Es kommt hinzu, dass Klassenarbeiten oft zum Abschluss eines Unterrichtsthemas geschrieben werden und klar ist, dass dieses vorerst nicht mehr drankommt." (Winter, 2018, S. 124)

Alternativ können Förderdiagnostik und Selektion getrennt werden, indem kleine „Lernkontrollen", die im Sinne einer Förderdiagnostik genutzt werden, in den Unterricht integriert werden, schlägt Winter (2018, S. 125) vor. Das Feedback daraus könne dann für ein differenziertes Lernen genutzt werden, während die Klassenarbeit dann losgelöst als abschließende Leistungserfassung am Ende der Unterrichtsreihe stehen könne.

Die bislang geschilderten Herausforderungen des Prüfens im Unterricht bestehen auch in der Oberstufe. Hinzu kommen spezifische Problemstellungen, die sich aus der spezifischen Situation in der Oberstufe angesichts des Zentralabiturs ergeben können. Diese werden im folgenden Abschnitt vorgestellt.

2.2.1.2 Herausforderungen für den Unterricht angesichts des Zentralabiturs

Bei der Einführung des Zentralabiturs müssen sich Lehrer_innen mit dieser Innovation auseinandersetzen. Es ist möglich, dass sie die Situation als Kontrollverlust erleben, da die Aufgabenstellungen im Abitur nicht mehr von ihnen entwickelt werden, und mit geringer Akzeptanz reagieren (Oerke, 2012a, S. 207, 2012b, S. 122).

Das Zentralabitur verändert die Rolle der Lehrer_innen, da die „Einheit von Unterrichtenden und Prüfenden" aufgebrochen wird, indem von den Lehrer_innen erwartet wird, dass sie die Schüler_innen auf eine Prüfung vorbereiten, die von externer Seite gestellt wird (Jäger, 2012, S. 179). Um eine Kongruenz zwischen Prüfung und Unterricht herzustellen, müssen die Lehrer_innen die ministerialen Vorgaben – zum Beispiel bezüglich der zu behandelnden Themenschwerpunkte – berücksichtigen. Dies kann zu so genannten Teaching-to-the-test-Effekten führen (vgl. hierzu ausführlich Abschnitt 2.2.4).

Da die Lehrer_innen zwar die Aufgaben nicht mehr stellen, aber die Leistungen dennoch beurteilen müssen, steht das Zentralabitur einer „Stärkung der Rolle als Lernunterstützer/-in" entgegen (Oerke, 2012b, S. 122).

Lehrer_innen sollen im Zentralabitur allein die kriteriale Bezugsnorm heranziehen. Dies widerspricht aber der gängigen Praxis bei unterrichtlichen Prüfungen und wird dadurch, dass die Abiturklausuren von den Kurslehrkräften korrigiert werden, erschwert (Holmeier, 2012a).

Das Zentralabitur verkürzt zudem den in dargestellten Prozess auf den Urteilsprozess, da der Zeitpunkt der Prüfung kein darauf aufbauendes, pädagogisches und didaktisches Handeln mehr möglich macht. Zentrale Prüfungen bieten sich „als standardisiertes Verfahren zur Evaluation des eigenen Unterrichts und als Rückmeldung über den Erfolg der eigenen Lehre an, dies allerdings erst, wenn der Unterricht vorüber und Fehlentwicklungen nicht mehr korrigierbar sind" (Oerke,

2012b, S. 122). Oerke (2012b, S. 122) vermutet, dass dies den Druck auf die Lehrer_innen erhöhen könnte. „Eine vermeintlich objektive, dritte Instanz soll die Leistungen der Schüler/-innen und – indirekt auch – die der Lehrenden messen" (Jäger, 2012, S. 179).

2.2.1.3 Das Prüfen aus geographiedidaktischer Sicht

Abschließend soll in diesem Kapitel nun die Sicht der Geographiedidaktik auf das Thema Unterricht und Prüfungen zusammengefasst werden. Die Geographiedidaktik hat sich bislang kaum mit dem Thema Prüfen beschäftigt. Buske (1992) hat schleswig-holsteinische Abiturvorschläge aus dem Jahr 1989 für das Geographieabitur unter der Perspektive der rechtlichen Zulässigkeit, der sachlogischen Stimmigkeit und der Eindeutigkeit von Prüfungsaufgaben untersucht. Felzmann (2013) hat Teilaufgaben, die ein Urteil fordern, in Abituraufgabenstellungen aus Niedersachsen, Nordrhein-Westfalen, Baden-Württemberg und Bayern analysiert. Gohrbandt et al. (2013) haben die Leistungen der Schüler_innen hinsichtlich der Materialverwendung und der Darstellungsleistung im nordrhein-westfälischen Geographieabitur der Jahre 2011 und 2012 analysiert.

Von diesen wenigen Analysen des Status quo abgesehen, gibt es ansonsten unterrichtspraktische Handreichungen, in denen aber für Klausuren weiterhin traditionelle Vorgehensweisen vorgeschlagen werden (Brameier, 2009; Fraedrich, 2004; Mittelstädt, 2010; Zwißler, 2018). An dieser Stelle soll deshalb der Aspekt der adäquaten Abbildung des vorangegangenen Unterrichts nochmals aufgegriffen werden, da auch der Geographieunterricht zunehmend vielfältiger ausfällt. Unterricht, der auf einem konstruktivistischen Verständnis von Lehren und Lernen fußt und über die Vermittlung von Inhalten hinausgeht, indem als Ziele die Förderung von fachspezifischen (Deutsche Gesellschaft für Geographie, 2017) oder überfachlichen Kompetenzen wie beim Globalen Lernen (Ständige Konferenz der Kultusminister der Länder in der Bundesrepublik Deutschland) oder der Medienkompetenz (z. B. Staatsinstitut für Schulqualität und Bildungsforschung München, 2017) festgesetzt werden, erfordert andere Lehr-Lern-Arrangements. Beispiele hierfür sind Geodatenanalysen und Arbeit mit Geoinformationssystemen wie etwa Projektunterricht zur Klimadatenerhebung (Schröder, 2012), Exkursionen und Unterrichtsgänge wie etwa die Betrachtung eines Aufschlusses in einer Kiesgrube (Schwab, 2018), Experimente im Unterricht wie ein Experiment zur Raumwahrnehmung (Grosscurth, 2012). Die Herausforderung des adäquaten Abbildens von Unterricht in der Leistungserfassung gilt insbesondere für Unterricht, der Reflexion ins Zentrum stellt, zum Beispiel mittels multiperspektivischer Kartenarbeit (Gryl, 2010), der Reflexion von Raumwahrnehmungen

(Schwarze, Schrüfer & Obermaier, 2016) oder der Reflexion im Kontext des Globalen Lernens (Brendel & Schrüfer, 2018).

Es stellt sich die Frage, wie vielfältiger Geographieunterricht beurteilt werden kann (Lenz, 2004, S. 4) und wie herkömmliche Leistungserfassung verändert werden müsste, um diesem gerecht zu werden (Schöps, 2017a, S. 9), beziehungsweise wie mit dem Gegensatz zwischen den „vielfältigen Anforderungen des kompetenzorientierten Unterrichts" und dem Zentralabitur umzugehen ist (Reuschenbach, 2018b, S. 4). Als alternative Bewertungsformate werden in unterrichtspraktischen, geographiedidaktischen Zeitschriften zum Beispiel Kompetenzraster und Kompetenz-Spinnen (Hörmann, 2017; Reuschenbach, 2018a), Multiple-Choice-Aufgaben (A. Tillmann & Kersting, 2018), Portfolios und Dokumentationsmappen (Berger & Reuschenbach, 2018; Mäsgen & Selbach, 2017; Wachter, 2017) oder Selbsteinschätzungsbögen (Metzger, 2017) vorgeschlagen, allerdings nicht als Ersatz, sondern als Ergänzung der herkömmlichen Klausuren. Koller (2018) hat ein Vier-Säulenmodell entwickelt, das schriftliche, mündliche, praktische und grafische Leistungen in einem flexiblen, individuell anpassbaren, kompetenzorientierten Konzept der Leistungserfassung umfasst.

2.2.1.4 Zwischenfazit

In diesem Kapitel hat sich gezeigt, dass sowohl Unterricht als auch Prüfungen als Handlungsfelder der Lehrer_innen komplex sind. Unterricht beruht auf sozialer Interaktion durch Kommunikation und ist deshalb nicht vorhersehbar. Lernen ist das Auslösen einer Selbständerung, es ist aber, dies hat das Angebot-(Mediations-)Nutzungs-Modell gezeigt, durch vielfältige Faktoren bedingt. Schule schafft es dabei nur bedingt, Leistungsunterschiede der Schüler_innen auszugleichen. Hinzu kommt, dass im Kontext herkömmlicher Leistungsbeurteilung und -bewertung vielfältige Problemlagen auftreten, mit denen die zum Prüfen verpflichteten Lehrer_innen (und die betroffenen Schüler_innen) zurechtkommen müssen. Angesichts des Zentralabiturs kommen in der Oberstufe weitere Herausforderungen hinzu. Am schwerwiegendsten ist es, dass die Prüfung summativ in Reinform ist, da danach kein weiterer Unterricht stattfindet. Die Lehrer_innen haben also im Unterricht eine fördernde Rolle, sind aber zugleich Beurteiler des (Miss-)Erfolgs ihrer Schüler_innen, der letztendlich zum Teil auch ein eigener (Miss-)Erfolg ist.

Das von der Systemtheorie identifizierte Spannungsverhältnis zwischen Erziehungs- und Selektionsfunktion tut sich in der Diskrepanz zwischen dem Unterricht, der dem Lernen verpflichteten ist, und den Prüfungen, die im Dienste der Selektion stehen, besonders hervor. Übertragen auf die systemtheoretische Frage nach dem das Erziehungssystem dominierenden Steuerungscode ist man hier also wieder bei der Frage angelangt, ob es primär um die Unterscheidung vermittelbar/nicht vermittelbar oder um die Unterscheidung besser/schlechter geht.

Wird letztendlich nur unterrichtet, damit geprüft werden kann? Hier tritt dann das auch von der Systemtheorie identifizierte Problem auf, dass Unterricht versucht, Chancengerechtigkeit herzustellen und die Schüler_innen gleichermaßen individuell zu fördern, in der Prüfung dann aber um der Selektion willen Unterschiede festgestellt werden sollen.

Oder wird geprüft, damit unterrichtet werden kann? Herkömmliche Leistungserfassung kann zwar soweit als möglich im Sinne eines differenzierten Feedbacks umgedeutet werden, dies kann aber nicht verschleiern, dass die Bewertung der Schüler_innen für diesen Lernabschnitt feststeht und die Schüler_innen mit den Konsequenzen zurechtkommen müssen.

Förderdiagnostik scheint die Widersprüche zwischen Unterricht und Prüfungen aufzulösen, kann aufgrund der administrativen Vorgaben aber keine Alternative, nur eine Ergänzung herkömmlicher schriftlicher Leistungserfassung sein. Die Geographiedidaktik, die sich bislang nicht vertieft mit dem Thema Prüfen auseinandergesetzt hat, thematisiert aber in jüngerer Zeit neue Formen der Leistungserfassung im Sinne einer fördernden Diagnostik.

2.2.2 Die „falsche Sprache"? Einflüsse von außen

Nach Luhmann bedingt die Autopoiesis des Erziehungssystems, dass es durch seine Selbstherstellung unabhängig und nur lose an die anderen Gesellschaftssysteme gekoppelt ist (vgl. Abschnitt 2.1.4). Das Erziehungssystem „versteht" die anderen Systeme nur aus der eigenen Denkweise und nur ausschnittsweise. Dies gilt auch andersherum für die anderen Systeme, die auf das Erziehungssystem blicken. Sie formulieren aus ihrer Sichtweise Anforderungen an das Erziehungssystem. Außerdem steht das Erziehungssystem in Beziehung zu anderen Funktionssystemen der Gesellschaft, die Veränderungen unterliegen kann.

Der Unterricht als Interaktionssystem und die Schulorganisation als Organisationssystem sind ebenso einerseits unabhängig, andererseits stehen sie mit den Systemen ihrer Umwelt in Beziehung. Die Schulorganisation, die den Unterricht organisatorisch rahmt, ist besonders für Außenbeziehungen prädestiniert, da sie zwar dem Erziehungssystem assoziiert ist, aber dennoch vielfältiger kommunizieren kann und nicht nur auf die „Sprache" dieses einen Funktionssystems, die durch die Präferenzcodes „besser/schlechter" und „vermittelbar/nicht vermittelbar" bestimmt wird, beschränkt ist. Hinzu kommt, dass die Schulorganisation die

Programme erlässt, die die Kommunikation im Erziehungssystem steuern und die
Themen der unterrichtlichen Interaktion vorgeben.

In diesem Kapitel soll das Spannungsverhältnis zwischen Autonomie und Einflussnahme beschrieben und dann konkret am Beispiel des Zentralabiturs als
Einfluss „von außen" auf den Unterricht erläutert werden. Hieran schließt sich
eine Darstellung der spezifischen Situation des Fachs Geographie.

2.2.2.1 Pädagogische Autonomie und äußere Einflüsse auf schulische Erziehung

In diesem Kapitel soll aufbauend auf die Ausführungen im vorangegangenen
Kapitel zur Komplexität unterrichtlicher Interaktion und den damit verbundenen
Herausforderungen für das Lehren die grundsätzliche Frage der pädagogischen
Autonomie aufgegriffen werden. Diese soll zu Beginn des Kapitels aus drei Per-
spektiven betrachtet werden, die aufzeigen, inwiefern die staatliche Schulaufsicht
Eingriffe in die pädagogische Autonomie bedingt.

Im zweiten Teil des Kapitels werden daraufhin die äußeren Einflüsse dezidierter in den Blick genommen. Die Politik hat durch die Schulgesetzgebungs-
kompetenz und durch das Ernennen der obersten Behördenleitung Einfluss auf
die Schulorganisation. Diese wiederum veranlasst die organisatorische Rahmung
der Schulen (als Organisationssysteme) und des Unterrichts (als Interaktionssystem) durch Verwaltungsvorschriften. Daraus wird deutlich, dass das Luhmannsche
Konzept der sich selbst herstellenden (autopoietischen) Systeme und deren
Beziehungen zu ihrer Umwelt einen besser geeigneten theoretischen Rahmen
darstellen, als die Annahme (oder Forderung) einer uneingeschränkten pädagogischen Autonomie. Unterricht als Interkation ist zwar derart komplex, dass
eine „Fernsteuerung" von außen nicht möglich ist, aber Unterricht benötigt eben
auch eine organisatorische Rahmung, damit er stattfinden kann. Diese Rahmung
bedingt dann, dass die unterrichtliche Interaktion eine spezifische ist und nicht
mit einer alltäglichen, flüchtigen Zufallskommunikation gleichgesetzt werden
kann. Die Schulorganisation rahmt aber nicht nur den Unterricht organisatorisch,
sondern sie verbindet als Multireferentin den Unterricht mit äußeren Einflüssen. Diese sollen anhand einer vertieften Darstellung der Rolle von Politik und
Recht sowie einigen Hinweisen zu Einflüssen von Wirtschaft und Wissenschaft
thematisiert werden.

Es lassen sich nach Berka (2003, S. 120) drei Perspektiven auf das Autonomiepostulat der bildungspolitischen Diskussion werfen. Erstens wird Autonomie
als Grundvoraussetzung des Unterrichtens angesehen. Eine zweite Perspektive ist
mit der Hoffnung (oder Annahme) verbunden, dass die Leistungen des Schulsystems durch eine größere Schulautonomie verbessert werden. Drittens kann

sie als Verschiebung von Verantwortung auf die Schulebene interpretiert werden. Diese drei Perspektiven werden im Folgenden aufgegriffen. Autonomie kann dabei grundsätzlich auf drei Ebenen verortet werden. Zunächst ist da die personale Autonomie jedes/jeder Lernenden (Tenorth, 2003, S. 117). Zudem kann die personale Autonomie der Lehrkraft von der institutionellen Autonomie der Einzelschule unterschieden werden (Berka, 2003, S. 133) (Tabelle 2.4).

Tabelle 2.4 Perspektiven auf und Verortung von Autonomie im Schulkontext. (Eigene Darstellung auf Basis von Berka (2003) und Tenorth (2003))

	Autonomie als…		
Perspektive	Eigenschaft des Unterrichtens	Instrument der Schulentwicklung	Verschiebung von Verantwortung (Dekonzentration)
Verortung	Personale Autonomie der Lernenden, personale Autonomie der Lehrenden	Institutionelle Autonomie	Personale und institutionelle Autonomie

Autonomie als Eigenschaft des Unterrichtens
Die Zuschreibung von Autonomie als Eigenschaft des Unterrichtens in der ersten Perspektive erscheint wegen der Eigendynamik des Unterrichts aufgrund der Komplexität der Interaktionssituation aus systemtheoretischem Verständnis (s. Abschnitt 2.2.1) passend.[24] Sie setzt sich aus der Autonomie der Lernenden, der Autonomie der Lehrenden sowie deren Interaktion zusammen. Die *Autonomie der Lernenden* ergibt sich aus der Tatsache, dass diese zum Lernen nicht gezwungen werden können: Auf den Organismus (hier vor allem das Gehirn) und die Psyche der Schüler_innen kann nicht unmittelbar zugegriffen werden. Diese Sicht kann zwar das „pädagogische Machbarkeitsdenken" bedrohen und zu einem „erzieherischen Kontrollverlust" führen. Andererseits gilt auch für Schüler_innen das im Grundgesetz verankerte Recht auf die freie Entfaltung der Persönlichkeit (Art. 2 Abs. 1 GG).[25] Daraus lässt sich ein Anspruch der „Achtung […] der Person des

---

[24] Die Frage nach der „Eigenlogik der Bildungsarbeit" und der „theoretische Sinn der Eigenständigkeitsbehauptung" ist nach Tenorth (2003, S. 106) nicht umfassend beantwortet. Auch Oelkers (2000, S. 183–184) fordert, dass „Unterricht als Praxis" mit seinen „Unmöglichkeiten", „Paradoxien und Zumutungen" verstanden werden müsse. Die Wissenschaft (hier: die Unterrichtswissenschaft) widme sich stattdessen einem idealisierten Bild des Unterrichts.

[25] Hinzu kommt das Recht auf freie Wahl der Ausbildungsstätte (Art. 12 Abs. 1 GG) sowie die Rechte der erziehungsberechtigten Eltern: „Pflege und Erziehung der Kinder sind das

Kindes" im Unterricht (Hentig, 2009, S. 518) folgern. Aus der Verantwortung für
die Lernenden ergibt sich das Erfordernis der *Autonomie der Lehrenden*, da diese
die Verantwortung für die einmalige, unmittelbare Unterrichtssituation haben:

> „In der Autonomie des pädagogischen Verhaltens liegt eine Parteinahme des Erzie-
> hers für den ihm anvertrauten Menschen [...]. Ferner eine eigentümliche Unbedingt-
> heit der Forderung auf Herstellung des pädagogischen Bezugs vor jeder anderen noch
> so berechtigten Forderung. Vielleicht kann man schließlich noch zwei Merkmale
> angeben: ein interesseloses Interesse des Erziehers, eine uninteressierte Liebe zu
> dem Menschen in seiner Einmaligkeit und Fragwürdigkeit, und eine tiefe Beschei-
> dung auf eine vorläufige Arbeit gegenüber allen absoluten und zukünftigen Zielen,
> eine Freude am Gelingen der pädagogischen Bemühung in der kleinen momentanen
> Erfüllung." (Weniger, 1952a, S. 78)[26]

Die empirische Bildungsforschung bestätigt die große Bedeutung der einzel-
nen Klasse, des einzelnen Kurses zur Erklärung der Varianz unterschiedlicher
Schülerleistungen (auch gegenüber der Bedeutung der Einzelschule) (Hartmann,
Decristan & Klieme, 2016, S. 188 mit Verw. auf Scheerens & Bosker, 1997 und
Hattie, 2009).

Die Zuschreibung von Autonomie als Eigenschaft des Unterrichtens ist eng
mit der Forderung einer pädagogischen Autonomie verbunden (Hentig, 2009,
S. 524; Tenorth, 2003, S. 116). Der Unterricht solle vor dem Zugriff anderer
geschützt werden.[27]

---

natürliche Recht der Eltern und die zuvörderst ihnen obliegende Pflicht. Über ihre Betätigung
wacht die staatliche Gemeinschaft." (Art. 6 Abs. 2 GG).

[26] Der Pädagoge und Geschichtsdidaktiker Erich Wegener, ehemaliger Direktor der PH Göttingen, bis 1961 Inhaber eines Lehrstuhls für Pädagogik an der Universität Göttingen, Mit-
begründer der Zeitschrift für Pädagogik, ist aufgrund von Publikationen zur und nach der
NS-Zeit (insbesondere zur „Militärpädagogik") umstritten. Dennoch handelt es sich aufgrund seiner grundlegenden Beiträge zur Theoriebildung um einen vielzitierten Autoren z. B.
bei Bönsch (2006), Tenorth (2003), Wacker (2008). Sehr empfehlenswert und online einseh-
bar ist die kritische Untersuchung „Erich Weniger und die NS-Zeit" von Ortmeyer (2008).
Z. B. auf S. 7: „Erich Weniger begrüßte – ohne dass er NSDAP-Mitglied war – vor allem auf
der Basis eines deutschen Nationalismus und Militarismus trotz dieses oder jenes Vorbehalts
begeistert das NS-Regime und stellte seine Konzeptionen in seinen Dienst."
[27] Tenorth (2003, S. 112) nennt dies *Anwaltsmetaphorik*. Berka (2003, S. 122) verweist
darauf, dass die Forderung nach Autonomie „variabel, historisch kontingent und von der Perspektive desjenigen abhängig, der Autonomie beansprucht". Während man sich „historisch
etwa gegen die Dominanz des kirchlichen Einflusses" gewendet habe, ginge es heute um die
„soziale Mächtigkeit des Staates", die „Bürokratie" oder die „politischen Parteien".

„Keiner dieser Mächte [Anm. d. Verf.: Familie, Kirche, Wissenschaft, Gesellschaft] darf aber das erzieherische Amt ganz ausgeliefert werden. Es muß immer die selbständige Funktion des Amtes gesichert bleiben, die auf der Unmittelbarkeit der erzieherischen Verantwortung des Lehrers gegenüber dem Menschen und der Menschlichkeit beruht." (Weniger, 1952b, S. 525)

Das Erziehungssystem ist nämlich kein „Dienstleistungsunternehmen für andere Teilsysteme", sondern es hat eine gesamtgesellschaftliche Funktion, eine Funktion „für den Menschen" (Luhmann, 2002, S. 175). Die Forderung einer pädagogischen Autonomie umfasst auch die Ablehnung von staatlichen Eingriffen:

„So ist der Staat seinem Auftrag gemäß verpflichtet, die Freiheit und Selbständigkeit des erzieherischen Amtes zu sichern und wie jeden, so auch den eigenen Eingriff in diese verantwortliche Freiheit des Lehrers zu verhindern." (Weniger, 1952b, S. 527)

Das Erziehungssystem ist aber nicht so eigenständig, wie andere gesellschaftliche Funktionssysteme, da es einer öffentlichen Kontrolle unterliegt, die Schulen zumeist in staatlicher Trägerschaft sind (Herzog, 2011, S. 164) und das gesamte Schulwesen laut Grundgesetz der Aufsicht des Staates steht (s. Art. 7 Abs. 1 GG). Der Schulaufsichtsbegriff wird als Fach-, Dienst- und Rechtsaufsicht verstanden (Müller, 2006, S. 882).[28] Der vom Grundgesetz vorgegebene Bildungsföderalismus und das Kooperationsverbot (Art. 30 GG) bedingen, dass die schulrechtlichen Bedingungen auf der Ebene der Bundesländer geregelt werden, wobei es Vereinbarungen zwischen den Bundesländern gibt, die in der Kultusministerkonferenz beschlossen werden. Auf der Ebene der Bundesländer werden von den *Landesparlamenten* die Schule betreffende Gesetze verabschiedet wie das Schulrecht im engeren Sinne mit Schulgesetzen und Ausbildungs- und Prüfungsordnungen, hinzu kommen aber Dienstrecht, Lehrerausbildungsrecht, Schulgesundheitsrecht, Datenschutzrecht, Haushaltsrecht, Steuer- und Versicherungsrecht, rechtliche Grundlagen der Zusammenarbeit zwischen Schule und außerschulischen Partnern usw. Während bis in die 1960er Jahre Eingriffe in die Rechte der Schüler_innen auch ohne rechtliche Grundlage möglich waren, ist dies gemäß der jüngeren Rechtsprechung nur durch ein Gesetz oder aufgrund eines Gesetzes möglich (Avenarius & Füssel, 2008, S. 19). Angelegenheiten, die nicht durch Gesetze geregelt werden, werden aufgrund einer gesetzlichen Ermächtigung und erlassenen Rechtsverordnungen sowie internen Verwaltungsvorschriften, die in

---

[28] Das grundgesetzliche Demokratieprinzip macht hier nach Wrase (2013) ein korrespondierendes Organisationsmodell der Verwaltung (Art. 20 Abs 2 GG) erforderlich.

der Regel von übergeordneten Instanzen der Verwaltung erlassen werden, geregelt. Hierzu zählen beispielsweise Lehrpläne, Vorgaben zur Organisation der gymnasialen Oberstufe oder Regelungen zu den schriftlichen und mündlichen Abiturprüfungen. In der schulverwaltungsrechtlichen Vorschriftensammlung für die Schulen des Landes Baden-Württemberg finden sich beispielsweise 5622 Einträge (davon 761 zum Thema „Schule", 242 zum Thema „Unterricht", 1981 zum Thema „Schüler und Eltern" und 1177 zum Thema „Lehrer") (Ministerium für Kultus, Jugend und Sport Baden-Württemberg, 2019). Zum Stichwort „Oberstufe" gibt es hier 134 Treffer und zum Stichwort „Abitur" 126 Treffer. Es wird deutlich, dass das Bildungswesen „verfahrensorientiert" ist (Fend, 2008, S. 102).

> „Kennzeichnend ist dabei die hochgradige *Verrechtlichung* aller Vorgänge. Um die Akteure gegen Ansprüche und Rekurse durch die Nutzer abzusichern, ist selbst das Unterrichtsgeschehen hochgradig reguliert – wie z. B. Hausaufgaben zu geben sind, wie Prüfungen zu gestalten sind, wie zu benoten ist, wie Jahrgangszeugnisse zustande kommen. […] Im Mittelpunkt der Verrechtlichung steht die Steuerung des Bildungswesens über Prüfungen […]." (Fend, 2008, S. 102)

Die nachgeordnete *Schulaufsichtsbehörde* (je nach Verwaltungsgliederung gibt es eine oder mehrere) überwacht dann unter anderem die Einhaltung der Rechts- und Verwaltungsvorschriften. Die Schulaufsicht kann bei Missachtung von Vorschriften gegebenenfalls Maßnahmen wie Beratungsgespräche, Einzelweisungen oder sogar *Ersatzvornahme* veranlassen (Müller, 2006, S. 879). „Letztlich kann die Schulaufsichtsbehörde in Wahrnehmung ihrer Fachaufsicht – jedenfalls theoretisch – das Unterrichts- und Erziehungsgeschehen an den Schulen vollständig lenken" (Müller, 2006, S. 879). Dies hat zur Folge, dass „der Schule als solcher und auch dem einzelnen Lehrer nur der Raum zur freien Gestaltung verbleibt, den die Schulaufsicht faktisch lässt" (Müller, 2006, S. 879). So berichtet Bellenberg (2008, S. 230) etwa von Maßnahmen, die nach dem schlechten Abschneiden von Gesamtschulen im Zentralabitur der Fächer Mathematik und Physik in Nordrhein-Westfalen seitens der Fachaufsicht ergriffen wurden. Da die Schule den Status einer „nicht rechtsfähige[n] Anstalt" (Hanschmann, 2017, S. 293) hat, also keine subjektiv-öffentlichen Rechte hat, kann sie gegen Maßnahmen der Schulaufsichtsbehörde nicht klagen.

Je nach Status unterscheiden sich die Rechte und Pflichten der Lehrer_innen (Streikrecht, Loyalitätspflicht) (*Beamtenstatusgesetz,* 2009). Lehrer_innen sind Teil der Schulorganisation. Weniger (1952b, S. 521) bezeichnet das in der Nachkriegszeit wieder eingeführte Beamtentum für Lehrer_innen einerseits als „eine der kostbarsten Errungenschaften", als „Anerkennung". Andererseits kritisiert er die damit verbundenen Einschränkungen der pädagogischen Freiheit:

„In der Handhabung der Schulverwaltung und Schulaufsicht nach dem Muster der rein verwaltenden Behörde mit ihren unmißverständlichen Kompetenzen und ihrer strengen Rangordnung geschah eine ‚Verbeamtung‘ des Erzieherberufs, durch die der Lehrer in Widerspruch geraten mußte zwischen seinen Pflichten als ‚Staatsdiener‘ und seiner Verantwortung als Erzieher [...].“

Lehrer_innen haben damit sowohl administrative als auch pädagogische Aufgaben. Die in Abschnitt 2.1.3 vorgestellten Strategien des „Überleben[s] unter Entscheidungsdrucks“ in Organisationen (Luhmann, 1988, S. 298) – „Konformität“, „Zurechnungsverschiebung“ und „Selektion von Konflikten“ (Kasper, 1990, S. 274) – sind in diesem Sinne also auch für Lehrer_innen als Teil der Schulorganisation relevant.

Die Schulverwaltung übernimmt wichtige Organisationsaufgaben für den Unterricht (s. Abschnitt 2.1.3) und regelt diese verbindlich. Dies hat aber die Konsequenz, dass die pädagogische Autonomie beschränkt wird. Als Extremfall der Beschränkung könnte man die oben genannte Ersatzvornahme annehmen, also dass der Unterricht anstatt durch die Lehrperson durch die Schulaufsicht durchgeführt wird. Hier würde sich die Frage stellen, inwiefern beim Unterricht überhaupt von einem sich selbst herstellenden (autopoietischen) Interaktionssystem gesprochen werden könnte. Wäre dann nicht der Unterricht ganz und gar nicht autopoietisch, sondern letztendlich Schulorganisation? Dies ist nicht anzunehmen. Es ist eher davon auszugehen, dass auch eine Ersatzvornahme Unterricht im systemtheoretischen Sinne wäre, da die Herausforderungen der Interaktion durch Kommunikation mit den damit verbundenen Rationalitäts- und Kausalitätsproblemen und dem Technologiedefizit weiterhin bestünden und es keineswegs gesichert wäre, dass die Ersatzvornahme nach Plan gelingt. Ein unvorhersehbares Ereignis wie zum Beispiel ein zu schlichtender Streit in der Klassengemeinschaft könnte beispielsweise dazu führen, dass die Stundenziele nicht erreicht würden.

Deutlich ist in den vorangegangen Ausführungen geworden, dass die organisatorische Rahmung erstens sehr umfassend und kleinschrittig ausfällt. Es sei zu befürchten, dass „durch exzessive Regelungen“ ein „bürokratisches Klima“ erzeugt werde, mahnen Avenarius und Füssel (2008, S. 19) an. Zweitens ermöglichen die weitreichenden Befugnisse der Schulaufsicht einen unmittelbaren Durchgriff bis auf die Ebene des einzelnen Unterrichts.

Die Schulorganisation, die die Rahmung des Unterrichts als Konzentration und Regierung (vgl. Abschnitt 2.1.4) vornimmt, scheint dabei zwar primär am Erziehungssystem ausgerichtet, wird aber stark durch die Bildungspolitik gesteuert. Dies wurde schon anhand der Beispiele von Beziehungen zwischen dem politischen System und dem Erziehungssystem in Abschnitt 2.1.4 deutlich.

Zur Bildungsgesetzgebungskompetenz kommt die Ernennung der Bildungsmi-
nister_innen, die zugleich Politiker_innen und Behördenleitung sind, und des
hochrangigen Verwaltungspersonals hinzu. Es stellt sich davon ausgehend die
Frage, ob sich die Schulorganisation wirklich vornehmlich an Erfordernissen des
Unterrichts und Wünschen der Praxis ausrichtet oder nicht doch vornehmlich an
den Erfordernissen und Wünschen der Politik. Dies wird auch im Vergleich des
Schulunterrichts mit universitären Lehrveranstaltungen, in denen trotz aller Einschränkungen durch jüngere Reformen (Münch, 2009, S. 77), immer noch das
Prinzip der Freiheit der Lehre vorherrscht.

Autonomie als Instrument der Schulentwicklung
Die zweite Perspektive sieht Autonomie als Instrument der Schulentwicklung.
In der aktuellen Bildungsdiskussion wird Autonomie vor allem als institutionelle
Autonomie verstanden und postuliert (s. ausführlich Abschnitt 2.2.3.1).[29]
   So wird die Fachaufsicht, die die Schulaufsicht neben der Dienst- und Rechtsaufsicht innehat, in einigen Bundesländern im Rahmen der „neuen Steuerung"
(vgl. Abschnitt 2.2.3.1) eingeschränkt, indem die Verantwortung für die zweck-
mäßige Wahrnehmung der schulischen Aufgaben den Schulen übertragen wird.
Dies ist in einige Ländern wie in Berlin allerdings zwar intendiert, aber nicht
rechtlich abgesichert (Hanschmann, 2017, S. 292; Müller, 2006, S. 881). So
formuliert auch Berka (2003, S. 125) für Österreich:

> „Der [von] den schulautonomen Gestaltungsmöglichkeiten gezogene Rahmen hängt
> […] von der Bereitschaft der Schulbehörden ab, tatsächliche Entscheidungsspiel-
> räume zuzulassen; sie können die fraglichen Entscheidungen zumeist auch jederzeit

---

[29] Die personale Autonomie wird nach Dedering und Wischer (2014) und Schuck (2014)
vornehmlich angesichts von Forderungen nach einer stärkeren Individualisierung im Unterricht als personale *Verantwortung* verstanden. Die Bildungspolitik sehe in der Individualisierung eine Lösung für die Verbesserung schulischer Lernprozesse und für das erfolgreichere
Abschneiden in den internationalen Vergleichsstudien, so Wischer und Trautmann (2014,
S. 107). Es ist unstrittig, dass die Schülerschaft heterogen ist, andererseits ist die Standardisierung von Unterricht ein organisatorisches und praktisches Erfordernis, zugleich würden
die Ziele des schulischen Lernens aber divergieren, merken Dedering und Wischer (2014,
S. 101) an: „auf der einen Seite – z. B. für das programmatisch sehr weit gefasste pädagogische Anliegen, Schülerinnen und Schüler als einzigartige Subjekte und Persönlichkeiten
wahr- und ernst zu nehmen und Bildungsprozesse mit dem Ziel anzulegen, Individualität zu
bewahren und das Recht auf individuelle Entfaltung gegen gesellschaftliche Verwertungsin-
teressen und Normvorgaben zu verteidigen. Dem stehen auf der anderen Seite gesellschaftliche Qualifikationsansprüche bzw. ein gesellschaftliches (und ökonomisches) Interesse daran,
die Vermittlung von verwertbaren Kompetenzen und von Leistungsfähigkeit in der Schule
sicherzustellen, entgegen."

wieder an sich ziehen oder durch Weisungen im Einzelfall beeinflussen. Natürlich kann es sein, dass in der Praxis von solchen Zugriffsmöglichkeiten kein Gebrauch gemacht wird; [...]. Von einer wirklichen Autonomie wird man aber nicht sprechen können, wenn die Gestaltungsspielräume nicht rechtlich wirksam abgesichert sind." (Berka, 2003, S. 125)

Eine teilweise rechtlich verbindliche Einschränkung der Fachaufsicht der Schulverwaltung gibt es als abstrakte Anordnung (z. B. in Brandenburg, Hamburg, Bremen) oder unter der Festlegung konkreter Eingriffsvoraussetzungen (z. B. Mecklenburg-Vorpommern, Niedersachsen, Hessen) (Müller, 2006, S. 881).[30]

Die als Instrument der Schulentwicklung verstandene pädagogische Autonomie wird durch Schulgesetze (Müller, 2006, S. 882) und damit durch das Funktionssystem Politik veranlasst und richtet sich an die Schule als Organisationssystem, nicht wie in der ersten Perspektive beschrieben auf den einzelnen Unterricht als Interaktionssystem. Wird der Einzelschule – rechtlich abgesichert oder nicht – eine größere Autonomie eingeräumt, muss dies also keine größere Autonomie für die einzelne Lehrkraft bedeuten. Im Rahmen der aktuellen bildungspolitischen Autonomiedebatte zeichne es sich für Österreich ab, dass die individuelle Autonomie eher eingeschränkt werde, da sich die Lehrkraft aus ihrer „isolierten Rolle heraus begeben und stärker als Teil der mit Entscheidungsmacht ausgestatteten Schule agieren" müsse (Berka, 2003, S. 133). Dies kann zum Beispiel der Fall sein, wenn ein den Kernlehrplan ergänzendes Schulcurriculum engere Vorgaben macht, als vormals der behördenseits vorgegebene Lehrplan.

Autonomie als Verschiebung von Verantwortung (Dekonzentration)

Statt von Autonomie kann angesichts der oben genannten Einschränkungen besser von „Dekonzentration" (Berka, 2003, S. 125) oder „Dezentralisierung" (Böttcher, Dicke & Ziegler, 2009, S. 7) von Verwaltungsaufgaben gesprochen werden. Da es zu einer Übertragung von Verantwortung von Institutionen auf Individuen kommt (Lehner & Gryl, 2019, S. 13), kann dies als Beispiel einer neoliberalen Politik herangezogen werden. Damit ändert sich die Sichtweise:

---

[30] So schreibt Müller (2006, S. 881): „So legt § 93 Abs. 3 SchulG Hessen fest, dass die Schulaufsicht in ihrer Rolle als Fachaufsicht Maßnahmen im Hinblick auf pädagogische Bewertungen sowie unterrichtliche und erzieherische Entscheidungen und Maßnahmen der Schule bzw. der Lehrer nur dann ergreifen kann, wenn 1. wesentliche Verfahrens- und Rechtsvorschriften verletzt wurden, 2. von unrichtigen Voraussetzungen oder sachfremden Erwägungen ausgegangen wurde oder 3. gegen allgemein anerkannte pädagogische Grundsätze oder Bewertungsmaßstäbe oder den Grundsatz der Gleichbehandlung der Schülerinnen und Schüler verstoßen wurde. Mit dieser Festlegung ist zwar nicht die Fachaufsicht insgesamt beschränkt worden, wohl aber ein wesentlicher Teil."

„Lehrkräften/Schulen werden Aufgaben übertragen" statt *„Lehrkräfte/Schulen erhalten Rechte/Autonomie"*. Zumal mit den neuen „Freiheiten" Zieldefinitionen und Kontrollen der Zielerreichung (Böttcher et al., 2009, S. 7) wie standardisierte Leistungstests, Vergleichsarbeiten und zentrale Abschlussprüfungen, verbunden sind. Dies ist dann die dritte Perspektive auf Autonomie: Autonomie als Verschiebung von Verantwortung. Diese lässt sich sowohl auf der institutionellen Ebene als auch der personalen Ebene verorten, da Unterricht nicht durch Schulen, sondern durch Lehrkräfte durchgeführt wird, die dann gegenüber der Schule Rechenschaft ablegen müssen.

Im zweiten Teil des Kapitels werden nun *Einflüsse von Politik, Recht, Wirtschaft und Wissenschaft* in den Blick genommen.

Die zunehmende Verrechtlichung seit den 1960er Jahren führte einerseits zur Durchsetzung rechtsstaatlicher Prinzipien, andererseits wurden Schulfragen zunehmend politisch und in der Öffentlichkeit diskutiert (Weishaupt, 2009, S. 220). Die Politik hat außerdem die Rolle, die Ansprüche anderer an das Erziehungssystem zur Kenntnis zu nehmen, zu bewerten und gegebenenfalls aufzugreifen. Sie muss für ihr eigenes (Nicht-)Handeln Rechenschaft ablegen. Dazu gehört auch, dass sie als Mehrheit in einem Parlament bzw. die Regierung den Status quo des Erziehungssystems verantwortet. Dabei werden zunehmend Bewertungskriterien durch Dritte festgelegt und internationale Vergleiche angestellt, die Konkurrenz erzeugen und die Politik unter Druck setzen.

Werron (2010, S. 305) definiert Konkurrenz ausgehend von Simmel (2018) als Konkurrenz von Rivalen mit gleichen Interessen um die Gunst Dritter, von der die Vergabe von knappen Vorteilen abhängt und entwickelt zunächst ein „Modell öffentlicher Konkurrenzen" (2012a, S. 170), bei dem diese knappen Güter „Aufmerksamkeit, Legitimität und Prestige" sind. Im globalen Kontext ergäben sich öffentliche Vergleichskommunikationen, die nicht nur „bestehende globale Konkurrenzen abbilden oder symbolisieren, sondern globale Konkurrenz überhaupt erst ermöglichen und produzieren" (Werron, 2012a, S. 182). Beobachter wie internationale Organisationen, Wissenschaftler oder Journalisten als universalisierte Dritte zögen in universalistischen Vergleichsprozessen universale Vergleichskategorien und Indikatoren (Bormann, 2008; Werron, 2012a, S. 181–182) wie „wirtschaftliches Wachstum, Schuldenniveau, [...] Nobelpreise, künstlerische und sportliche Spitzenleistungen" (Werron, 2012b, S. 344) oder „Lebensqualität, Korruptionsbekämpfung, Umweltschutz, Bildungsniveau" (Werron, 2012b, S. 345) heran. Die Verglichenen würden hierdurch vor den Augen globaler Publika zu

Konkurrent_innen. Die Indikatoren setzten *Standards*, die eine normierende Wirkung erzielen können. Dies sei verstärkt dann der Fall, wenn sie nicht zu den bestehenden nationalen Maßstäben passen.

Im Falle der Bildung gehören zu den beobachtenden, international agierenden Dritten die EU, private Institutionen wie die International Association for the Evaluation of Educational Achievement (IEA) sowie internationale Organisationen wie die Weltbank, der Internationale Währungsfond, die United Nations Educational, Scientific and Cultural Organization (UNESCO) oder die Organisation for Economic Cooperation and Development (OECD) (Hanschmann, 2017, S. 221; Raidt, 2009, S. 45–46).

Tabelle 2.5 Internationale Konkurrenz durch Vergleichsstudien Dritter am Beispiel ICILS 2013, TIMSS 2015 und PISA 2015. (Quelle: Eigene Zusammenstellung auf der Basis von Bos et al. (2014), Institut für Schulentwicklungsforschung der TU Dortmund (o. J.), OECD (2016b))

	Wer? Initiatorin	Wer? Konkurrenten	Was? Indikator
ICILS 2013 (International Computer and Information Literacy Study)	IEA	20 Länder	informations- und computerbezogene Kompetenzen von Jugendlichen als fächerübergreifende Kompetenz von Schülerinnen und Schülern in der 8. Jahrgangsstufe
TIMSS 2015 (Trends in International Mathematics and Science Study)	IEA	47 Länder und Regionen	mathematische und naturwissenschaftliche Kompetenzen von Schülerinnen und Schülern unterschiedlicher Jahrgangsstufen (in Deutschland von Kindern der vierten Jahrgangsstufe), die unter Berücksichtigung zentraler Rahmenbedingungen schulischer Lernumgebungen betrachtet werden.
PISA 2015 (Programme for International Student Assessment)	OECD	72 Länder	naturwissenschaftliche (Schwerpunkt) und mathematische Kompetenzen sowie Lesekompetenz und kollaboratives Problemlösen

Tabelle 2.5 zeigt die Anwendung des Konkurrenzmodells auf drei exem-
plarische Schulleistungsstudien. So verglich beispielsweise die OECD bei der
PISA-Studie aus dem Jahr 2015 72 Länder unter anderem bezogen auf die
Lesekompetenz der getesteten Schüler_innen.

Im Bildungsbereich zum Beispiel tritt die oben beschriebene Normierungswirkung insbesondere dann auf, wenn die Indikatoren nicht an die jeweiligen
Lehrpläne angepasst werden (Raidt, 2009, S. 73). Zu Indikatoren gehören beispielsweise „Lesekompetenz" oder „Leistungen in Mathematik" (OECD, 2016a)
aber auch „Wohlergehen" mit Teilindikatoren wie „Essgewohnheiten" der Schü-
ler_innen oder „sportliche Aktivitäten in der Freizeit" der Schüler_innen (OECD,
2017). Die von den Dritten vorgegebenen Indikatoren bilden die jeweilige Perspektive der beobachtenden Institution ab. PISA und EaG der OECD zum
Beispiel implizieren aufgrund der sich verändernden Arbeitswelt ein lebenslanges
Lernen und überprüfen die „Passung" der Bildungssysteme „zum internationalen
Wirtschaftssystem" (Raidt, 2009, S. 73). Die Öffentlichkeit interessiert sich dabei
für das „Abschneiden" bezüglich der unterschiedlichen Kategorien.[31]

Fuchs (2003) konstatiert, dass sich durch die normierende Wirkung letztend-
lich ein Weltcurriculum installiere. Dieses umfasst aber nicht alle Aspekte von
Schule. So konstatiert Schützmeister (2018, S. 59), dass die Indikatoren aus den
Bildungsbereichen des „Literacy-Kanons" zwar auch in anderen Fächern als den
Kernfächern relevant seien, diese aber nicht vollständig abdeckten. So führt er
anhand des Beispiels des Unterrichtsfachs Pädagogik aus:

> „Dennoch muss klar gesehen werden, dass eben jene *anderen* Bildungsbereiche, wie
> z. B. die pädagogische Bildung, welche ihrerseits zuerst mit anderen Unterrichtsfä-
> chern als mit den Kernfächern korrespondieren, wie z. B. pädagogische Bildung mit
> dem Pädagogikunterricht, eben gerade nicht Gegenstand jener Studie gewesen sind,
> die den Anstoß für die Bildungsreformen nach 2000 gegeben hat. Wäre etwa pädago-
> gische Bildung Gegenstand einer groß angelegten Schülerleistungsvergleichsstudie
> gewesen, hätte für jene These nahe liegend erscheinen/ können, dass gerade die Schü-
> ler/innen aus NRW vergleichsweise gut abschneiden, wenn eben für diese These ins
> Feld geführt worden wäre, dass der Pädagogikunterricht in der Sekundarstufe kaum

---

[31] So schreibt Vitzhum (2017) in der Zeitung „Welt": „Mit einem Gesamtwert von 71,4 Prozent Frühstückern liegt Deutschland unter dem OECD-Durchschnitt. Dass fast 30 Prozent
der Schüler mit leerem Magen das Haus verlassen, ist sicherlich bedenklich. Zum Vergleich:
Länder mit Frühstückerwerten weit jenseits der 80-Prozent-Marke gibt es vor allem in Skan-
dinavien. Tatsächlich führen sie unter den Europäern auch die Pisa-Leistungsranglisten an."
Er ergänzt dann zwar: „Diesen Erfolg aber auf die gute Ernährung zurückführen, wäre aber
zu einfach.", jedoch zeigt diese Beispiel deutlich, wie nicht nur das insgesamte „Abschneiden" zwischen den Ländern verglichen wird, sondern auch das „Abschneiden" bezüglich
einzelner Indikatoren rezipiert wird.

anderswo so gut etabliert ist wie eben in NRW. Auf eine ausreichende empirische Forschung zu Schüler/innenleistungen im Bereich pädagogischer Bildung kann man sich
allerdings bis heute nicht beziehen, um eben diese These zu prüfen, aber auch nicht,
um die Entwicklung von Bildungsstandards sowie die Etablierung neuer Steuerungs-
mechanismen für den Pädagogikunterricht in NRW zu rechtfertigen." (Schützmeister,
2018, S. 59–60)

Die Indikatoren, Parameter, Kennzahlen sind aber nicht nur Vergleichsmomente,
sondern sie treten an die „Stelle der autonomen Entscheidung des Experten [hier
u. a.: Lehrer_in]" (Münch, 2009, S. 75): „Statt der verwaltungsrechtlichen Aufsicht über die Einhaltung der Gesetze erfolgt dann eine Erfolgskontrolle anhand
der erreichten Ziele" (Münch, 2009, S. 76).

Die beobachteten, verglichenen, evaluierten Länder können auch, wenn ihre
Mitwirkung nicht erforderlich ist, sich einem Vergleich nicht entziehen. Ist eine
Mitwirkung erforderlich, ist zwar eine Nicht-Teilnahme möglich (Radisch, 2008,
S. 184), aber nicht ohne Konsequenzen, da öffentlicher Druck aufgebaut wird.[32]
Bei einer Teilnahme wird zwischen Politik, Bildungsforschung und Medien um
die Deutungshoheit der Ergebnisse in der Öffentlichkeit gerungen.[33] Die Interpretation der Ergebnisse gestaltet sich vor allem deswegen als schwierig, da es sich
bei den Vergleichsstudien in der Regel um sehr komplex angelegte Studien handelt. Die Ergebnisse werden deshalb in der Öffentlichkeit meist nur ausschnitthaft
rezipiert. So wurden bei PISA 2001 und den Folgestudien vor allem die Mittelwerte der Schülerleistungen und die Darstellung in Ranglisten diskutiert (Klemm,
2016, S. 167).

Da es sich bei den internationalen Schulleistungsvergleichen um Querschnittsstudien mit nur *einem* Messzeitpunkt handelt, können vor allem deskriptive
Aussagen getroffen werden (Baumert, Stanat & Demmerich, 2001, S. 33; Pekrun,
2002, S. 112). Es ist aber schwierig, herauszufinden, warum und wie die Testergebnisse zustande gekommen sind (Becker, 2007, S. 16). Es können zwar
Zusammenhänge zwischen Variablen als Korrelationen nachgewiesen werden,

---

[32] So rügte der Generalsekretär der OECD Deutschland in einem Zeitungsinterview mit Kaiser (2017) für die Nicht-Teilnahme an der Studie „Finanz-PISA" und dies wurde von den
Medien breit aufgegriffen.

[33] So monierte die Präsidentin der Kultusministerkonferenz die Darstellung des Abschneidens Deutschlands bei PISA 2003 in den Medien – Wochen vor dem offiziellen Veröffentli-
chungstermin der Ergebnisse – sei unvollständig. Außerdem zweifelte sie die Aussagekraft
der Ergebnisse an: „Größere Veränderungen sind in einem so komplexen System wie der
Schule innerhalb eines eineinhalbjährigen Zeitraumes nicht erwartbar, vielmehr würden sie
eine mangelnde Aussagekraft eines Testes wie PISA nahe legen." vgl. Sekretariat der Ständigen Konferenz der Kultusminister der Länder in der Bundesrepublik Deutschland (2004).

dabei können aber keine Aussagen über die Richtung des Zusammenhangs getroffen werden. Außerdem besteht stets die Möglichkeit, dass ein Zusammenhang durch eine oder mehrere andere Variablen entsteht, die aber nicht erfasst worden ist/sind. Korrelierend bedeutet eben nicht kausal (Pekrun, 2002, S. 113). Auch die Wiederholung einer Studie ergebe noch keine Längsschnittuntersuchung, kritisiert Becker (2007, S. 25). So stellt er infrage, dass sich auf diese Weise eine Entwicklung des Bildungssystems feststellen lasse, da sich die Wiederholungsstudien auf andere Stichproben bezögen und Veränderungen von Mittelwerten auch „zufällige Stichprobeneffekte" sein könnten. „Zudem werden Einflüsse von allgemeinen Programmen oder gezielten Maßnahmen nicht erhoben, und somit kann auch ihre Wirksamkeit nicht beurteilt werden" (Becker, 2007, S. 25). Daraus ergeben sich Probleme bei der Interpretation der Ergebnisse. Klemm (2016, S. 168) zeigt dies anhand einer Gegenüberstellung verschiedener Interpretationen der gestiegenen Leistungen deutscher Schüler_innen bei den PISA-Studien auf:

> Es „konkurrieren oder ergänzen sich wechselseitig drei Ansätze: Verbesserung in Folge der Optimierung des Unterrichts, als Folge einer verstärkten Outputorientierung bei der Steuerung des Schulsystems (durch Zentralprüfungen), als Konsequenz struktureller Verschiebungen, die allenfalls marginal als bildungspolitisch induziert eingeschätzt werden können."

Dennoch etablieren die internationalen Vergleiche Forschungsmethoden und Messinstrumente sowie eine Konkurrenz der Wissenschaft. Ein Ziel der Gründung des Zentrums für Internationale Bildungsvergleichsstudien (ZIB) in München, eine gemeinsame wissenschaftliche Einrichtung der Bundesländer, vertreten durch das Bundesministerium für Bildung und Forschung, das seit 2012 PISA in Deutschland betreut, ist: „die internationale Reputation und Präsenz der deutschen Bildungsforschung im Kontext internationaler Bildungsvergleichsstudien aufrechtzuerhalten und zu verbessern" (Sekretariat der Ständigen Konferenz der Kultusminister der Länder in der Bundesrepublik Deutschland, o. J.c). Münch (2018, S. 10) spricht angesichts der zunehmenden Konkurrenz sehr drastisch von Schule als „Kampfplatz des internationalen Wettbewerbs".

Die Idee der globalen Konkurrenz durch Vergleich wird im Rahmen von Vergleichen zwischen den Bundesländern auch auf die nationale Ebene übertragen. So veröffentlicht die Kultusministerkonferenz beispielsweise jährlich einen bundesweiten Vergleich der Abiturnoten:

> „Die Auswertung beinhaltet für alle Länder die Zahl der bestandenen Prüfungen, die Gesamtdurchschnittsnote und die Häufigkeiten der einzelnen erzielten Notendurchschnitte bei den bestandenen Prüfungen sowie die Anzahl der nichtbestandenen

Prüfungen. Einbezogen sind die Prüfungen zum Erwerb der allgemeinen Hochschulreife an Gymnasien, integrierten Gesamtschulen, Fachgymnasien, Fachoberschulen
und Berufsoberschulen." (Sekretariat der Ständigen Konferenz der Kultusminister der
Länder in der Bundesrepublik Deutschland, 2017)

In Bayern wird der Vergleich bis auf die Schulebene gebracht, indem seit dem
Schuljahr 2005/2006 „die jeweils 10 % besten Grund- und Mittelschulen sowie
die jeweils 25 % besten Realschulen, Gymnasien und Wirtschaftsschulen bei
den Orientierungsarbeiten bzw. Jahrgangsstufenarbeiten nach Fächern getrennt
im Internet" veröffentlicht werden (Bayerische Staatsministerium für Unterricht
und Kultus, 2019).

Die beschriebenen Prozesse sind nach Peetz (2014, S. 161) als „Mechanism[en] der Quantifizierung" zu bezeichnen. Während Peetz diese in seiner
systemtheoretischen Betrachtung nur vorsichtig als Mechanismen einer Ökonomisierung einordnet, da „direkte Referenzen auf die Ökonomie […] und nur über die
Zuschreibung ökonomischer Erwartungen an die Eltern (Sorge um den Arbeitsmarkt, die wirtschaftliche Zukunft der Kinder) hergestellt werden können" (2014,
S. 173), zeigt sich nun, dass über das Herstellen von Konkurrenz durch Dritte,
die teilweise wie die OECD explizit wirtschaftliche Interessen vertreten, eine
ökonomische Sicht auf das Erziehungssystem an die Politik herangetragen wird.

Auch darüber hinaus prägt die *Wirtschaft* mit ihren Sichtweisen und Maßstäben die politische und öffentliche Bewertung des Erziehungssystems, beispielsweise nach der Kunden-, Leistungs- und Kostenorientierung (Weishaupt, 2009,
S. 219)[34] oder den Prinzipien der Effektivität (Grad der Zielerreichung), Effizi-
enz (Verhältnis von Kosten und Aufwand), Evidenz (Zusammenhang von Inputs
und Ergebnissen) und Erfolgsorientierung (Böttcher et al., 2009, S. 7). Im Bericht
„Bildung in Deutschland 2018 – ein indikatorengestützter Bericht mit einer
Analyse zu Wirkungen und Erträgen von Bildung" an denen mit ihrer Expertise zahlreiche Wissenschaftler_innen aus der Wirtschaftsforschung mitgewirkt
haben, geht es unter anderem um die „Kosten und Erträge von Bildungsinvestitionen" (Autorengruppe Bildungsberichterstattung, 2018, S. 210). Dabei warnen
die Autor_innen, dass „Einschränkungen mit Blick auf die entstehenden Kosten"
zu machen seien:

---

[34] Dazu Weishaupt (2009, S. 219): „Mit der Aufhebung der Schulbezirke, dem Ausbau von
Ganztagsschulen und anderen Maßnahmen der einzelschulischen Profilierung wurde eine
erhöhte Wahlmöglichkeit der Eltern – und damit Kundenorientierung – angestrebt. Mit dem
Aufbau eines Systems der Leistungsüberprüfung in allen Ländern über Bildungsstandards,
Lernstandserhebungen und Schulinspektionen und Ansätze der Kosten-Leistungsrechnung
sind auch die anderen Komponenten dieser neuen Steuerungsphilosophie bereits in allen
Ländern weitgehend umgesetzt."

„Nicht bei allen Erträgen von Bildungsinvestitionen ist es möglich, diese in Beziehung zu deren Kosten zu setzen. Dies ist grundsätzlich bei monetären Kosten und Erträgen möglich, individuelle und fiskalische Bildungserträge und renditen können in diesem Fall abgeschätzt werden. Je höher eine Bildungsrendite ist, desto vorteilhafter ist eine Investition aus wirtschaftlicher Sicht, da die Erträge mit höherer Rendite zunehmend die Kosten übersteigen. Bei Erträgen nichtmonetärer Art, wie bei der Gesundheit oder der Zufriedenheit, ist es sehr viel schwieriger, die Erträge zu monetarisieren und entsprechenden Kosten gegenüberzustellen. Für die Bildungsberichterstattung werden solche Analysen nicht aufbereitet." (Autorengruppe Bildungsberichterstattung, 2018, S. 195)

Die Idee des New Public Managements, das auf „Verhaltenssteuerung durch Märkte, Quasimärkte, Wettbewerb und Anreize setzt", wird von der Wirtschaft auf das Erziehungssystem übertragen (Münch, 2009, S. 74). Damit einher geht die bereits oben genannte Steuerung über Kennzahlen (Münch, 2018, S. 16).

Die Wirtschaft ist darüber hinaus Teil der von Werron (2012a) identifizierten globalen Öffentlichkeit, nimmt Stellung zu internationalen Vergleichen oder beauftragt Gutachten etwa zu einem bundesweiten „Kernabitur" (Blossfeld et al., 2011). Die Wirtschaft geriert sich als Garant für allgemeines gesellschaftliches und persönliches Wohlergehen der Schüler_innen und legitimiert damit ihre Einflussversuche auf das Erziehungssystem:

„Wir brauchen in Deutschland neue Anstrengungen, um das Niveau der Schulbildung deutlich anzuheben. Das erklärte Ziel muss es sein, bei den nächsten internationalen Tests mit den Schulleistungen einen Spitzenplatz zu erreichen. […] Wir sind überzeugt, dass nur hochwertige Bildungssysteme wirtschaftliches Wachstum, Fortschritt und soziale Sicherheit garantieren können. Die Fähigkeiten und Fertigkeiten der Einzelnen werden in Zukunft der Hauptfaktor für die Wettbewerbsfähigkeit und den Wohlstand ihrer Länder wie für die individuelle Beschäftigungsfähigkeit und die Teilhabechancen an der Gesellschaft sein." (Bundesvereinigung der Deutschen Arbeitgeberverbände, 2002, S. 6),

Zudem wird Druck auf die Politik ausgeübt:

„Gerade in Deutschland wäre ein Impuls für die gesellschaftliche Debatte über eine bessere Wirtschafts- und Finanzbildung von Jugendlichen dringend nötig." (Hauptgeschäftsführer des Bundesverbandes deutscher Banken mit Bezug auf die Nicht-Teilnahme am „Finanz-PISA" gegenüber Maaß (2014) von der Zeitung „Welt").

Das Erziehungssystem steht über die Wissensvermittlung mit dem Wirtschaftssystem in Verbindung, indem das Wissen verwendet wird und das über Zeugnisse und Zertifikate an das Erziehungssystem gekoppelt ist (Herzog, 2011, S. 165). Die

Wissensproduktion finde sich dann im Wissenschaftssystem. Hier werden sowohl über die Fachdisziplinen die Unterrichtsfächer mitdefiniert, als auch Themen für den Unterricht generiert.

Dies ist aber nicht die einzige Beziehung, die *Wissenschaft* ist mehrfach an das Erziehungssystem gekoppelt.[35] Vertreter_innen der Bildungsforschung übernehmen beispielsweise die Durchführung von internationalen Vergleichsstudien. Einige Beispiele sind: das Konsortium unter Federführung des Max-Planck-Instituts für Bildungsforschung (MPI) in Berlin (PISA 2000), das Konsortium unter Federführung des Instituts für die Pädagogik der Naturwissenschaften und Mathematik (IPN) in Kiel (PISA 2003 und PISA 2006), das Konsortium unter Federführung des Deutschen Instituts für Internationale Pädagogische Forschung (DIPF) in Frankfurt am Main (PISA 2009), das Zentrum für internationale Bildungsvergleichsstudien (ZIB) in München (PISA 2012, 2015) und das Institut für Schulentwicklungsforschung (IfS) in Dortmund (TIMSS 2007, 2011, 2015). Andere Wissenschaftler_innen erstellen Sekundäranalysen oder beziehen sich wiederum mit ihrer Forschung auf die internationalen Vergleichsstudien, indem sie sich daraus ergebenden Fragen nachgehen.[36] Wissenschaftler_innen sind in diesem Kontext nicht einfach Forscher_innen, sondern fungieren als Expert_innen (vgl. Abschnitt 2.1.4 zu Expert_innen als struktureller Kopplung zwischen den Funktionssystemen Wissenschaft und Politik).

Ohne der konkreten, unmittelbaren Interaktion im Unterricht ihre Autonomie abzusprechen, wurde in diesem Kapitel deutlich, dass diese durch staatliche Regulierung – und dies lässt sich mit dem Grundgesetz begründen – gesteuert und damit letztendlich auch eingeschränkt wird. Lehrer_innen agieren in einem hierarchischen Behördensystem und können sich gegen Anordnungen und Maßnahmen

---

[35] Hier einige Beispiele: Es gibt die auf das Erziehungssystem bezogene Wissenschaft (als Pädagogik, Erziehungswissenschaft, Bildungsforschung, Unterrichtswissenschaft, Allgemeiner Didaktik, Fachdidaktiken u.v.m.). Das Verhältnis der auf das Erziehungssystem bezogenen Wissenschaft (nicht nur der empirischen Bildungsforschung) zum Erziehungssystem sei nicht ungetrübt, konstatieren Böttcher, Dicke und Ziegler (2009, S. 9): „Während die Wissenschaftler sich häufiger darüber mokieren, dass Pädagogen wissenschaftliche Publikationen nicht lesen, versäumen sie zu fragen, welche Informationen Nutzer benötigen." Daneben, darauf weisen Bellenberg (2008, S. 232) und Friebertshäuser (2008) hin, fungiert die Wissenschaft als Institution Hochschule als Ausbildungsstätte, die auf die Studierfähigkeit der Abiturient_innen angewiesen ist, und auch als Arbeitgeberin.

[36] Dabei ist eine Dominanz quantitativer Forschungsmethoden festzustellen. So moniert Helsper (2016, S. 89) die fehlende Rezeption qualitativer empirischer Bildungsforschung durch die quantitative Bildungsforschung. Es sei die Frage zu stellen, „ob die Pluralität der empirischen und theoretischen Zugänge im Rahmen der empirischen Bildungsforschung nach PISA zu verloren gehen droht."

auch rechtlich nicht wehren. Die Reformen der letzten Jahre suggerieren eine
größere pädagogische Handlungsfreiheit durch „Schulautonomie". Es handelt sich
aber um eine gestattete Autonomie, die jederzeit durch Eingriffe der Schulaufsicht
aufgehoben werden kann und die durch die Festsetzung zu erreichender Ziele
und deren wissenschaftlicher oder wissenschaftsorientierter Überprüfung diese
neuen „Freiheiten" eingeschränkt wird. Solche Reformen werden von Akteuren
außerhalb des Erziehungssystems und der Schulorganisation angeregt. Münch
(2009, S. 24) deutet dies als Umkehr des alten Prinzips, bei dem Politik und
Verwaltung eine übergeordnete und Experten und Akteure der Wirtschaft eine
untergeordnete Position hatten, hin zu einer Dominanz von Wissenschaft und
Wirtschaft. Neben der Praxis und der Schulorganisation treten so noch Dritte als
Akteure auf, die auf internationaler Ebene Konkurrenzsituationen herstellen, mit
der Wahl der Indikatoren Standards vorgeben und mit deren Überprüfung Erhe-
bungsmethoden etablieren. „Die Wissenschaft wird nun selbst zur Herrscherin
über Politik […]. Die legitime Form demokratischer Herrschaft im Nationalstaat
wird so von nichtlegitimer, wissenschaftlich angeleiteter Governance dominiert"
(Münch, 2009, S. 24). Hanschmann (2017, S. 220–240) sieht den im Grundgesetz
verankerten staatlichen Bildungs- und Erziehungsauftrag durch die Eingriffe von
außen gefährdet.

> „Während schließlich die Bundesländer gerade in Bezug auf das Schulwesen ihre Kul-
> turhoheit reklamieren und energisch gegenüber Ingerenzen des Bundes verteidigen,
> beschließen sie bundesweit geltende Bildungsstandards und Evaluationsinstrumente,
> registrieren ebenso wie der um Möglichkeiten der Einflussnahme auf das Schulwesen
> ringende Bund jedoch kaum, dass jenseits des Nationalstaates längst Akteure handeln,
> deren Begriffe, Instrumente und bildungspolitischen Parameter von der nationalen
> Bildungspolitik teilweise nur noch nachvollzogen werden und deren normativen Ori-
> entierungspunkte nicht die in deutschen Verfassungen und Schulgesetzen enthaltenen
> Bildungs- und Erziehungsziele bilden, sondern stattdessen ein abstrakt bleibendes
> ‚demokratisches Wertesystem', ‚globale Grundwerte' oder völkerrechtliche Kodifika-
> tionen." (Hanschmann, 2017, S. 364)

Während die EU noch Kompetenzen im Bildungsbereich habe, ließe sich dies bei
der OECD und ihrem Ziel „Wirtschaftswachstum" nur durch eine Konstruktion
der Zusammenhänge zur Bildung inhaltlich herleiten, aber nicht rechtlich begründen (Hanschmann, 2017, S. 222–223). Dennoch entstehe ein Handlungsdruck auf
die nationale Bildungspolitik (Hanschmann, 2017, S. 224) (vgl. Abschnitt 2.2.3.2
zur Rezeption von PISA 2000 und 2006 und Befragung der PISA Teilnehmer-
länder zur Beeinflussung der „Politikfindung" (OECD, o. J.)). Er verweist auf

völkerrechtliche Arbeiten, die sich dafür aussprächen, „die von der OECD verant-
wortete Durchführung von Schulleistungsuntersuchungen sowie die Verbreitung
der hieraus gewonnenen Informationen als Ausübung internationaler öffentlicher Gewalt zu verstehen, die prinzipiell legitimationsbedürftig ist und die es
mit einem öffentlich-rechtlichen Instrumentarium einzuhegen gilt" (Hanschmann,
2017, S. 225).

2.2.2.2   Die Einführung des Zentralabiturs als staatliche Steuerung

Abschnitt 2.1.5 endete mit Luhmanns Feststellung (1996b, S. 289), dass Selektion
ebenso zum Erziehungssystem gehört wie Vermittlung und Aneignung, dass aber
die der Selektion zugrunde liegenden „Ziele und Kriterien" externen Einflüssen
unterliegen und damit die pädagogische Autonomie eingeschränkt wird. Diese
sind neben anderen Einflüssen zuvorderst Einflüsse der Schulorganisation.

Dieses Kapitel soll mit einem Beispiel beginnen: In Schleswig-Holstein wird
Geographie als schriftliches Prüfungsfach unter anderem durch die Landes-
verordnung über die Gestaltung der Oberstufe und der Abiturprüfung in den
Gymnasien und Gemeinschaftsschulen (Ministerium für Schule und Berufsbildung des Landes Schleswig-Holstein, 2018a), den Runderlass zu Zahl und
Umfang der Klassenarbeiten in der gymnasialen Oberstufe (Ministerium für
Bildung und Frauen des Landes Schleswig-Holstein, 2009 mit Änderungen
vom 2010), die Fachanforderungen Geographie (Ministerium für Schule und
Berufsbildung des Landes Schleswig-Holstein, 2015) und die Regelungen für
die schriftliche Abiturprüfung im Fach Geographie (Ministerium für Schule
und Berufsbildung des Landes Schleswig-Holstein, 2018b) geregelt. Im Folgenden wird von diesen Bestimmungen ausgehend das Verhältnis von Unterricht,
unterrichtlichen Prüfungen und Abiturprüfungen beschrieben.

Das gesamte Prüfungswesen in der gymnasialen Oberstufe ist durch Verwaltungsvorschriften und Erlasse geregelt. Erst einmal wird vorgegeben, *dass* geprüft
wird. Darüber hinaus ist geregelt, wie häufig insgesamt, wie häufig in spezifischen Kursen, wie lange geprüft wird, welcher Art die Prüfungen sind, welche
Funktion sie haben, wie sie bewertet werden und vieles mehr. Dies gilt für
die unterrichtlichen Prüfungen ebenso wie für die Abiturprüfungen, wobei letztere unter besonders detaillierten Vorgaben stattfinden. Dies gilt für dezentrale
Abiturprüfungen genauso wie für Zentralabitur.

Die Leistungen der Schüler_innen werden in der Oberstufe im Unterricht,
in schriftlichen Prüfungen im Unterricht und im Rahmen der Abiturprüfungen erfasst. In Schleswig-Holstein – als Beispiel für ein Abitur mit dezentraler

Aufgabenstellung – stehen die Leistungen der vier Schulhalbjahre der Qualifikationsphase und die Leistungen der Abiturprüfung im Verhältnis 2:1. Die
Leistungen der vier Schulhalbjahre setzen sich aus 36 Schulhalbjahresergeb-
nissen zusammen, die Abiturprüfung aus vier oder fünf Einzelprüfungen. Die
Leistungen der vier Schulhalbjahre setzen sich aus Unterrichtsbeiträgen und Klassenarbeiten (bzw. gleichwertigen Leistungsnachweisen) zusammen. Dabei haben
die Unterrichtsbeiträge wie die mündliche Teilnahme am Unterrichtsgespräch,
Unterrichtsdokumentationen wie Portfolios, schriftlichen Ausarbeitungen, schriftlichen Tests ein stärkeres Gewicht als die Klassenarbeiten. Das genaue Vorgehen
legt die jeweilige Fachschaft einheitlich fest. Für die Gesamtqualifikation im
Abitur bedeutet dies, dass das generelle Verhältnis zwischen Unterrichtbeiträgen,
Klausuren (bzw. gleichwertigen Leistungen) und Abiturprüfungen etwa > 33,3 %,
< 33,3 % und 33,3 % entspricht.[37] In den Bundesländern mit Zentralabitur beträgt
der Anteil *zentraler* Prüfungen – die mündlichen Prüfungen werden dezentral
gestellt – an der Gesamtabiturnote nach Klein, Kühn, van Ackeren und Block
(2009, S. 608) je nach Bundesland 14,5 % bis 23 %.

Gemeinhin wird die Unterscheidung „Zentralabitur" versus „dezentrales
Abitur" daran festgemacht, ob die Prüfungsaufgaben von den Lehrer_innen für
ihre eigenen Kurse erstellt, ausgewählt und gestellt werden oder ob dies von Seiten des Schulministeriums erfolgt. Die Unterschiede sind aber noch vielfältiger.
Klein et al. (2009) identifizieren folgende weitere Merkmale. Erstens unterscheidet sich die *Prüfungsorganisation* mit der Art und Anzahl der Prüfungsfächer,
der Reichweite der Zentralität (werden die Aufgaben für alle oder nur manche
Fächer zentral gestellt), den inhaltlichen Vorgaben und der Aufgabenentwicklung
(top-down oder bottom up) (Klein et al., 2009, S. 602–603). Hinzu kommen
die Unterschiede in der *Durchführung der Prüfung* mit der Anzahl der schriftlichen Prüfungen, der Aufgabenauswahl (durch die Lehrkraft und/oder durch

---

[37] Dieses Verhältnis, dass der Abiturprüfung eine untergeordnete Stellung im Verhältnis zum
Unterricht zuweist, könnte in der Praxis anders empfunden werden. Dies liegt daran, dass
die Zweiteilung Qualifikationsphase – Abiturprüfung zwar formal besteht, aber die Abiturprüfungen natürlich in Fächern abgelegt werden, die schon vorher in der Qualifikationsphase belegt worden sind. Ist ein Fach Prüfungsfach im Abitur, steigt damit die rechnerische
Bedeutung der Abiturprüfung *aus Sicht des Fachs*. Belegt eine Schülerin/ein Schüler das Fach
Geographie in der Qualifikationsphase, machen ihre/seine vier Halbjahresergebnisse 4/36
des Gesamtergebnisses der Qualifikationsphase und damit 7,3 % der Gesamtqualifikation
aus. Ist die Geographie-Abiturprüfung eine von vier (eine von fünf) Abiturprüfungen, macht
diese rd. 8,3 % (rd. 6,7 %) der Gesamtqualifikation aus. Damit bekommen beide Teile – die
Ergebnisse der Qualifikationsphase und die Ergebnisse der Abiturprüfung – eine rechnerisch
gleichwertige Stellung aus Sicht des Fachs. Die große Bedeutung, die die Abiturprüfung im
Vergleich zum Unterricht und den unterrichtlichen Prüfungen hat, wird deutlich.

die Schüler_innen) und der zeitliche Umfang der Prüfungen (Klein et al., 2009, S. 603–604). Als drittes unterscheiden sich die *Prüfungskorrektur* hinsichtlich der Erwartungshorizonte und Bewertungsmuster, des Korrekturverfahrens (wer übernimmt die Erst, Zweit- und ggf. Drittkorrektur?) und die Anonymität der Prüflinge (keine, vollständig, je nach Korrekturebene) (Klein et al., 2009, S. 604–605). Schließlich divergiert der *Umgang mit den Prüfungsergebnissen* hinsichtlich der Anteile der zentralen, schriftlichen Abiturprüfungen an der Gesamtqualifikation und der Rückmeldung und Ergebnisverwendung (z. B. für Landesberichte) (Klein et al., 2009, S. 608–609). Es ließen sich „keine klaren Ländertypen" erkennen, charakterisiert auch Kühn (2012, S. 40) die zwischen den Bundesländern differierende Prüfungsorganisation des Abiturs.[38]

Die Kultusminister_innen der Bundesländer haben als Konsequenzen auf die Ergebnisse der Teilnahme an internationalen Schulleistungsvergleichen am Ende der 1990er Jahre unter anderem die Teilnahme an weiteren internationalen Vergleichen, Etablierung von Vergleichsarbeiten, Bildungsberichterstattung und Einführung zentraler Abschlussprüfungen beschlossen. Dabei konzentrierte man sich bei den „Grundsätzlichen Überlegungen zu Leistungsvergleichen innerhalb der Bundesrepublik Deutschland" (Konstanzer Beschluss) zunächst auf die Sekundarstufe I, da mit den Einheitlichen Prüfungsanforderungen für die Abiturprüfung (EPA) bereits bundesweite Vorgaben existierten, und weitete die Überlegungen erst später bei der „Gesamtstrategie der Kultusministerkonferenz zum Bildungsmonitoring" auf die Sekundarstufe II aus: die Bildungsstandards für die Allgemeine Hochschulreife der Fächer Deutsch, Mathematik, Englisch und Französisch sollten die für diese Fächer geltenden EPAs ablösen und durch Pools an Abiturprüfungsaufgaben überprüfbar gemacht werden (Ständige Konferenz der Kultusminister der Länder in der Bundesrepublik Deutschland, 1997, 2006).

Parallel zu den bundesländerübergreifenden Standardisierungsbemühungen haben – mit Ausnahme von Rheinland-Pfalz – „nach PISA" nun alle Bundesländer zentrale Abiturprüfungen eingeführt.

> „Als Reaktion auf das mäßige Abschneiden beim Schülerleistungstest PISA wird
> Niedersachsen das Zentralabitur einführen. Zudem werde es künftig an den Schulen

---

[38] Für die spezifische Situation einzelner Bundesländer sei auf die detaillierten Übersichten und Zusammenstellungen von Klein, Kühn, van Ackeren und Block (2009, S. 606–608), Kühn (2012, S. 29–41) und Kahnert (2014, S. 49–53) sowie die regelmäßigen Veröffentlichungen der Bundesländer verwiesen. Eine detaillierte Zusammenstellung der Schulsysteme der Bundesländer und ihres Wandels liefern Helbig und Nikolai (2015) unter dem sehr passenden Titel „Die Unvergleichbaren".

in den Klassen 4, 6 und 8 standardisierte Leistungsvergleichstests geben, kündigte Ministerpräsident Sigmar Gabriel (SPD) am Donnerstag in Hannover an. ‚Das Ziel Niedersachsens muss es sein, dass wir in den nächsten Jahren in die Spitzengruppe kommen.' (Dpa, 2002)

Neben Niedersachsen folgten auch Hamburg, Brandenburg, Berlin, Bremen, Hessen, Nordrhein-Westfalen und Schleswig-Holstein den anderen Ländern, die ein Zentralabitur bereits in der Nachkriegszeit (Saarland, Bayern, Baden-Württemberg) oder zur Zeit der DDR beziehungsweise nach der Wende (Thüringen, Mecklenburg-Vorpommern, Sachsen, Sachsen-Anhalt) eingeführt hatten (Kühn, 2010, S. 42). Die Bundesländer greifen damit einen internationalen Trend auf (Klein et al., 2009), die Hintergründe der Umstellung und deren theoretische Einordnung werden in Abschnitt 2.2.3 dargelegt. Die Forschungs-lage bescheinigt den zentralen Abschlussprüfungen allerdings keine eindeutig positiven Effekte (Klemm, 2016, S. 168; Maag Merki, 2012a, S. 263–267).[39] Da die meisten Studien auch hier nur Vergleiche im Querschnitt anstellten, sei es zudem schwierig, Zusammenhänge zwischen Ursachen und Wirkungen herzustellen, da Unterschiede in Leistungen auch mit anderen Faktoren zusam-menhängen könnten (Maag Merki, 2012a, S. 267). In einer längsschnittlichen Analyse der Mathematik- und Englischleistungen in Bremen und Hessen im Jahr vor (2007) und in den zwei Jahren nach der Einführung des Zentralabi-turs (2008 und 2009) konnte eine höhere durchschnittliche Leistungsfähigkeit der Schüler_innen weder eindeutig nachgewiesen, noch klar widerlegt werden, da die Ergebnisse sowohl fach- als auch kurs- und landesspezifisch variierten (Maag Merki, 2012a). Gleichzeitig werden vielfältige negative Auswirkungen diskutiert, die mit zentralen Abschlussprüfungen einhergehen können (vgl. hierzu ausführlich Abschnitt 2.2.4).

Es gibt seitens der Kultusministerkonferenz Bemühungen, das Abitur länder-übergreifend zu normieren. Zum einen soll die Organisation der gymnasialen Oberstufe insgesamt vereinheitlicht werden (Ständige Konferenz der Kultusmi-nister der Länder in der Bundesrepublik Deutschland, 2018). Zweitens gibt es Standardisierungsbestrebungen auf der Ebene der Prüfungen. Spätestens ab dem Schuljahr 2016/17 mussten die in den Abiturprüfungen der Länder eingesetzten Aufgaben sich in den Fächern Deutsch, Mathematik, Englisch und Französisch auf die Bildungsstandards beziehen, dabei *kann* auf Aufgaben aus den Aufga-benpools zurückgegriffen werden (Ständige Konferenz der Kultusminister der Länder in der Bundesrepublik Deutschland, 2013, S. 9). Dies ist seit 2017

---

[39] Hierzu völlig gegensätzlich die Darstellung von Blossfeld et al. (2011, S. 43–48) („Akti-onsrats Bildung") im Auftrag der Vereinigung der Bayerischen Wirtschaft e. V.

in allen Bundesländern – auch im „dezentral" prüfenden Rheinland-Pfalz der Fall (Hessisches Kultusministerium, 2017; Kelch, 2017; Ministerium für Bildung Rheinland-Pfalz, 2017). Der Grad der Abstimmung untereinander variiert dabei: von identischen Aufgaben in Bayern, Brandenburg, Bremen, Hamburg, Mecklenburg-Vorpommern, Niedersachsen, Sachsen und Schleswig-Holstein – diese setzten bereits seit 2014 gemeinsame Aufgaben in Deutsch, Mathematik und Englisch ein – bis zu einzelnen Aufgaben aus den Aufgabenpools, die ergänzend zu zentral oder dezentral gestellten Aufgaben herangezogen werden (Kelch, 2017).

2.2.2.3 Das Zentralabitur im Fach Geographie als Eingriff in die pädagogische Autonomie

Das vorangegangene Kapitel hat die behördliche Regulierung des Prüfungswesens in der Oberstufe dargelegt. In diesem Kapitel soll im Detail betrachtet werden, inwiefern das Prüfen im Fach Geographie in der Oberstufe Regeln unterworfen ist, die nicht von den Lehrenden selbst festgelegt werden und damit die pädagogische Autonomie einschränken.

Die Leistungserfassung im Unterricht und in den unterrichtlichen Prüfungen wird durch detaillierte Vorschriften geregelt. In der bayerischen Oberstufe beispielsweise werden die Halbjahresleistungen im Fach Geographie mittels (mindestens) eines „großen Leistungsnachweises" (= Schulaufgabe = Klausur) und mehrerer „kleiner Leistungsnachweise", die die sonstige Mitarbeit erfassen, im Verhältnis 1:1 ermittelt (Bayrisches Staatsministerium für Bildung und Kultus, Wissenschaft und Kunst, 2014, S. 21). In der Schulordnung für Gymnasien in Bayern gibt es zu großen Leistungsnachweisen unter anderem folgende Vorschriften:

„§ 22 Große Leistungsnachweise: [...] (4) Schulaufgaben werden spätestens eine Woche vorher angekündigt. An einem Tag darf nicht mehr als eine Schulaufgabe, in einer Kalenderwoche sollen nicht mehr als zwei Schulaufgaben abgehalten werden. [...] (5) Die Bearbeitungszeit für eine Schulaufgabe in den Jahrgangsstufen 5 bis 11 beträgt höchstens 60 Minuten, in den Jahrgangsstufen 12 und 13 höchstens 90 Minuten. In der Jahrgangsstufe 13 kann in den Fächern der Abiturprüfung je eine Schulaufgabe im Umfang einer Prüfungsaufgabe gehalten werden. [...] (6) Welche Hilfsmittel bei der Anfertigung von Schulaufgaben verwendet werden dürfen, legt das Staatsministerium gesondert fest. (7) Die Schulleiterin oder der Schulleiter kann nach Rücksprache mit der Lehrkraft und der Fachbetreuerin oder dem Fachbetreuer einen großen Leistungsnachweis für ungültig erklären und die Erhebung eines neuen anordnen, insbesondere wenn die Anforderungen für die Jahrgangsstufe nicht angemessen waren oder der Lehrstoff nicht genügend vorbereitet war." (Bayerisches Staatsministerium für Unterricht und Kultus, 2007, zuletzt geändert 2018)

Die kleinen Leistungsnachweise werden in der bayerischen Gymnasialschulordnung als mündliche Leistungsnachweise (wie Rechenschaftsablagen[40], Unterrichtsbeiträge und Referate) und schriftliche Leistungsnachweise (wie „Kurzarbeiten"[41], „Stehgreifaufgaben"[42], „fachliche Leistungstests"[43], Praktikumsbe-
richte) sowie im Rahmen von Projekten weitere mündliche, schriftliche und
praktische Leistungen definiert (Bayerisches Staatsministerium für Unterricht und
Kultus, 2007, zuletzt geändert 2018, § 23).

Auch die Abiturprüfung – hier wieder das Beispiel Bayern – ist dezidiert geregelt. So gibt es unter anderem Vorschriften zu den Prüfungsterminen und deren
Bekanntmachung (§ 43), zur Zulassung zu den Prüfungen (§ 44), zum Verfahren
(§ 47), zu den Prüfungsfächern (§48), zu schriftlichen und mündlichen Prüfungen (§ 49 und § 50) und zur Bewertung der Prüfungsleistung (§ 51) (Bayerisches
Staatsministerium für Unterricht und Kultus, 2007, zuletzt geändert 2018).

Zu diesen allgemeinen Vorschriften, die fächerübergreifend gelten, kommen
fachspezifische Anforderungen an das Formulieren der Klausuraufgaben im
Abitur. Die KMK hat seit 1989 in den „Einheitlichen Prüfungsanforderungen
in der Abiturprüfung – Geographie" (EPA) vorgegeben, dass die Aufgabenart im Geographie-Abitur bundesweit die „materialgebundene Problemerörterung
mit Raumbezug" ist (Ständige Konferenz der Kultusminister der Länder in der
Bundesrepublik Deutschland, 2005, S. 7).

„Eine Problemerörterung erfordert den Nachweis von Fähigkeiten zum Erfassen von
Problemsituationen, zur Analyse des damit verbundenen komplexen Sachverhaltes bis

---

[40] In der Gymnasialschulordnung sind diese nicht genauer spezifiziert. Es handelt sich dabei
um kleinere mündliche Prüfungen, die im Rahmen des Unterrichts durchgeführt werden.

[41] So regelt das Bayerisches Staatsministerium für Unterricht und Kultus (2007, zuletzt geändert 2018): „Kurzarbeiten werden spätestens eine Woche vorher angekündigt, beziehen sich
auf höchstens zehn unmittelbar vorangegangene Unterrichtsstunden. Die Bearbeitungszeit
soll höchstens 30 Minuten betragen."

[42] Nochmals das Bayerisches Staatsministerium für Unterricht und Kultus (2007, zuletzt
geändert 2018): „Stegreifaufgaben werden nicht angekündigt, beziehen sich auf höchstens
zwei unmittelbar vorangegangene Unterrichtsstunden. Die Bearbeitungszeit soll höchstens
20 Minuten betragen."

[43] Nochmals das Bayerisches Staatsministerium für Unterricht und Kultus (2007, zuletzt
geändert 2018): „Fachliche Leistungstests, die in den Jahrgangsstufen 5 bis 11 zentral oder
schulintern gehalten werden können, werden spätestens eine Woche vorher angekündigt. Die
Bearbeitungszeit soll höchstens 45 Minuten betragen."

hin zur kritischen Reflexion, zur Stellungnahme oder zur Entwicklung von Lösungs-
ansätzen. Die Materialien sind im Zusammenhang mit den unterrichtlichen Vorkennt-
nissen Grundlage für eine Vernetzung von Einzelinformationen zu einer problembe-
zogenen Gesamtdarstellung." (Ständige Konferenz der Kultusminister der Länder in
der Bundesrepublik Deutschland, 2005, S. 7)

Diese Art der Aufgabe, das Erörtern eines geographischen Problems anhand
eines (oder mehrerer) Raumbeispiele unter Hinzunahme von Materialien wie
Karten, Texten und Diagrammen ist als Aufgabenformat seitdem persistent.[44]
Neben der Aufgabenart sind unter anderem noch fachliche Inhalte und Kompe-
tenzen, Anforderungsbereiche, die die Schwierigkeit der Aufgaben definieren,
sowie die Aufgabenformulierung mittels Handlungsanweisungen (Operatoren)
(Ständige Konferenz der Kultusminister der Länder in der Bundesrepublik
Deutschland, 2005) vorgegeben. Außerdem ist eine Differenzierung nach Grund-
und Leistungskurs unter anderem mittels eines unterschiedlichen Umfangs der
Prüfungsthemen, einer unterschiedlichen Komplexität der Raumbeispiele und
Unterschieden hinsichtlich des Umfangs, der Art und der Vielfalt der Materia-
lien (Ständige Konferenz der Kultusminister der Länder in der Bundesrepublik
Deutschland, 2005, S. 5) vorgegeben. Die Vorgaben werden durch Aufgabenbei-
spiele am Ende des Dokuments veranschaulicht.

Die EPA sind ein Steuerungsinstrument, das eine bundesländerübergreifende
Standardisierung zum Ziel hat. Die Umsetzung erfolgt in den Bundesländern
mittels dezidierter Verfahrensvorschriften. So gibt es beispielsweise im das
Abitur dezentral prüfenden Schleswig-Holstein Vorgaben zur Konstruktion der
Abiturprüfungsaufgaben, die vom Aufbau des Aufgabenblatts, über die Formu-
lierung der Aufgabenstellung und die Zusammenstellung der Materialien bis
zum Erwartungshorizont reichen. Die Vorgaben für die Aufgabenstellung im
Genehmigungsbogen für Aufgabenvorschläge für das schriftliche Abitur im Fach
Geographie lauten beispielsweise:

---

[44] Die Bundesländer setzen die Vorgaben durchaus unterschiedlich um und es werden von
den Kultusministerien auch immer wieder Reformen des Prüfungswesens – wie beispielsweise die Umstellung des Prüfungsformats von der Bearbeitung mehrerer hin zur Bearbeitung einer Klausuraufgabe zu einem übergeordneten Thema in Baden-Württemberg –
durchgeführt. Als weitere Neuerung sind die Öffnung der Antwortformate für Alternativen
zur textlichen Darstellung (z. B. in Nordrhein-Westfalen) wie das Zeichnen von Schemata,
Profilen, Kartenskizzen oder ein teilweises Abweichen von den Grundsätzen (einzelne Teilaufgaben ohne Materialbezug z. B. in Bayern) zu nennen. An dem grundlegenden Aufgabenformat materialgebundene Problemerörterung mit Raumbezug als Klausuraufgabe wird
aber behördenseits festgehalten.

„Die Aufgabenstellung jedes Aufgabenvorschlags [...]: ist eine konkrete Problemerörterung und bildet eine thematische Einheit, enthält ein konkretes Raumbeispiel, betrachtet räumliche Strukturen und raumwirksame Prozesse in Verbindung mit wirtsch. / polit. / ökolog. / soziolog. Problemen, ist erkennbar dem Unterricht der Oberstufe erwachsen und in ihrer Art und Form den Schülern vertraut [...], entstammt nicht nur den Halbjahren Q 2.1 und Q 2.2, weist über das Thema eines Halbjahres hinaus, enthält keine Hinweise auf das zur Bearbeitung notwendige Material, erfordert Leistungen aus den Anforderungsbereichen I bis III, hat ihren Schwerpunkt im Anforderungsbereich II, ist kompetenzorientiert und dabei so präzise, dass für die Schüler Art und Umfang der erwarteten Leistung klar erkennbar sind, umfasst maximal vier Operatoren [...], enthält Angaben zur Gewichtung der Aufgaben in % oder Rohpunkten, berücksichtigt die geographischen Kompetenzbereiche Fachwissen, Räumliche Orientierung, Methoden, Beurteilung und ggf. Handlung, ist keine bloße Übernahme / ‚Anpassung' von Aufgaben z. B. aus Lehrwerken, von Verlagen, aus Vorjahren, anderen Bundesländern usw. und die Klausur insgesamt ist ein eigenständiges und auf den Unterricht der Klasse bezogenes Werk." (Ministerium für Schule und Berufsbildung des Landes Schleswig-Holstein, 2017, S. 12)

Die Vorgaben für den Materialienapparat lauten:

„Die Materialien [...]: sind hinreichend komplex, ergiebig und aktuell (zum Prüfungszeitpunkt maximal fünf Jahre alt, dies gilt auch für den verwendeten Atlas), enthalten mindestens eine Kartendarstellung oder Atlasnutzung [...], sind nicht selbsterklärend, enthalten keine vereinfachenden Überschriften oder Erläuterungen, umfassen maximal drei A4-Seiten bei guter Lesbarkeit und Druckqualität [...], umfassen maximal 600 Wörter (ohne Tabellen), enthalten notwendige bibliografische Angaben (auch Onlinequellen), verfügen über eine Zeilenzählung (jedes Material separat), sind nur zurückhaltend gekürzt, Kürzungen werden kenntlich gemacht, entsprechen wissenschaftlichen / redaktionellen Kriterien und sind voll zitierfähig (keine Eigentexte oder Textkonglomerate), stellen keine (nahezu) vollständige oder überwiegende Übernahme z. B. aus Lehrwerken, von Verlagen, aus Vorjahren, anderen Bundesländern usw. dar, sind klar benannt und durchgängig nummeriert." (Ministerium für Schule und Berufsbildung des Landes Schleswig-Holstein, 2017, S. 12–13)

Es wird anhand dieser beiden Regelungsbeispiele deutlich, wie detailliert und umfangreich die Vorgaben für die dezentralen Abiturprüfungsaufgaben sind, die eingehalten werden müssen, damit ein Prüfungsvorschlag genehmigungsfähig ist. Da die von den Lehrer_innen zu erstellenden schriftlichen Abiturprüfungsaufgaben „in der Art der Aufgabenstellung den Schülerinnen und Schülern aus dem vorangegangenen Unterricht vertraut" sein müssen (Ministerium für Schule und Berufsbildung des Landes Schleswig-Holstein, 2017, S. 12), ergibt sich eine stark normierende Funktion derselben auch für die unterrichtlichen, schriftlichen Prüfungen. Damit wird deutlich, wie stark die Schulorganisation hier in das unterrichtliche Geschehen eingreift.

Andererseits müssen die Prüfungsaufgaben „aus dem Unterricht der Oberstufe erwachsen sein und sich in ihrer Breite insgesamt mindestens auf die Ziele, Problemstellungen, Inhalte und Methoden der Oberstufe beziehen" (Ministerium für Schule und Berufsbildung des Landes Schleswig-Holstein, 2015, S. 52). Diese starken Bezüge zwischen Unterricht und Abiturprüfung, die im dezentralen Abitur dadurch gewährleistet werden können, dass die Lehrkraft selbst Prüfungsaufgaben für ihren spezifischen Kurs entwirft (und genehmigen lässt), entfallen beim zentralen Abitur. Hier gibt es neben fächerübergreifenden Verfahrensvorschriften für das Prüfen in der Oberstufe fachspezifische Hinweise wie Hinweise in Lehrplänen, die Klausuraufgaben der vergangenen Abiturjahrgänge, Muster-Prüfungsaufgaben, weitergehende Erläuterungen zu den Abiturprüfungen, veröffentlichte Konstruktionsvorgaben für die Aufgabenersteller_innen der Ministerien oder Hinweise zu prüfungsrelevanten Themenschwerpunkten, die den Lehrer_innen zur Verfügung gestellt werden. Dabei ist auch hier eine normierende Funktion für das schriftliche Prüfen im Unterricht nicht nur naheliegend, sondern sogar gefordert, wie das Beispiel Nordrhein-Westfalen zeigt:

> „Über ihre unmittelbare Funktion als Instrument der Leistungsbewertung hinaus sollen Klausuren im Laufe der gymnasialen Oberstufe auch zunehmend auf die inhaltlichen und formalen Anforderungen des schriftlichen Teils der Abiturprüfungen vorbereiten. Dazu gehört u.a. auch die Schaffung angemessener Transparenz im Zusammenhang mit einer kriteriengeleiteten Bewertung. Beispiele für Prüfungsaufgaben und Auswertungskriterien sowie Konstruktionsvorgaben und Operatorenübersichten können im Internet auf den Seiten des Schulministeriums abgerufen werden." (Ministerium für Schule und Weiterbildung des Landes Nordrhein-Westfalen, 2014, S. 46)

Es zeigt sich hier also ebenso wie zuvor beim Beispiel aus einem dezentralen Abitur, dass eine stark normierende Funktion von den Vorgaben der Abiturprüfung für das unterrichtliche Prüfen ausgeht. So werden diese von den Schulbuchverlagen aufgegriffen und möglichst eins zu eins in Musterklausuren umgesetzt. Spielräume, die die Verfahrensvorschriften für die unterrichtlichen Prüfungen eigentlich einräumen, werden so letztendlich doch wieder eingeschränkt. In Nordrhein-Westfalen, um beim Beispiel zu bleiben, ist die unterrichtliche Prüfungsorganisation nämlich ebenso wie im obigen Beispiel Bayern dezidiert geregelt, die konkrete Formulierung der Prüfungsaufgaben lässt aber Gestaltungsspielraum. So werden im Kernlehrplan für die Sekundarstufe II zwar die

Überprüfungsformen „Darstellungsaufgabe", „Analyseaufgabe", „Erörterungsaufgabe" und „Handlungsaufgabe" genannt und anhand von Beispielen konkretisiert und es wird angegeben, dass jede Klausuraufgabe aus „einem Thema, den darauf bezogenen Teilaufgaben und den für die Bearbeitung notwendigen Materialien besteht" und dass es einen Raumbezug geben muss, diese Vorgaben können allerdings von den Lehrkräften ausgestaltet werden (Ministerium für Schule und Weiterbildung des Landes Nordrhein-Westfalen, 2014, S. 46–50). Diese müssen aber eben gleichzeitig darauf achten, die Schüler_innen an das Aufgabenformat des Abiturs heranzuführen. Daraus lässt sich die Frage ableiten, inwiefern die Lehrer_innen vom Format der Abiturklausuraufgaben abweichende Formate in den unterrichtlichen Prüfungen zum Einsatz bringen.

Wenn wir nun nochmal auf das Verhältnis von Unterricht, unterrichtlichen Prüfungen und Abiturprüfungen kommen, besteht der wesentliche Unterschied zwischen dezentralen und zentralen Vorgehensweisen darin, dass nur im dezentralen Abitur von der Lehrkraft gewährleistet werden kann, dass Abiturprüfung und Unterricht (inkl. Prüfungen im Unterricht) harmonisieren. Im Falle einer externen, zentralen Aufgabenstellung, kann dies die Lehrkraft nur dann zumindest weitestgehend sicherstellen, wenn sie einerseits alle Vorgaben genauestens kennt und einhält und andererseits die zentral gestellten Klausuraufgaben ihren Erwartungen entsprechen.

Die Situation in den einzelnen Bundesländern ist wie folgt: Geographie ist (2019) in allen Bundesländern außer Sachsen-Anhalt schriftliches Prüfungsfach im Abitur. Dabei werden die Aufgaben in Schleswig-Holstein, Bremen und Rheinland-Pfalz dezentral gestellt, in allen anderen Bundesländern zentral (s. Abbildung 2.4).

„Zentral" sind die Prüfungen jedoch nur auf der Ebene des einzelnen Bundeslandes, zwischen den Bundesländern gibt es schon bei der Prüfungsorganisation Unterschiede, die in Tabelle 2.6 und Tabelle 2.7 für schriftliche Prüfungen auf Leistungskurs- und Grundkursniveau dargestellt sind. In den Ländern Berlin, Hamburg, Hessen, Mecklenburg-Vorpommern, Niedersachsen und Nordrhein-Westfalen werden Prüfungen im Jahr 2019 auf erhöhtem Anforderungsniveau bzw. Leistungskursniveau angeboten. In Baden-Württemberg, Brandenburg und Thüringen gibt es im selben Jahr nur Prüfungen auf erhöhtem Anforderungsniveau und in Bayern und im Saarland nur auf grundlegendem Anforderungsniveau.

Bei den Prüfungen auf erhöhtem Niveau liegt die Bearbeitungszeit zwischen 240 und 300 Minuten, wobei in der Mehrheit der Bundesländer eine zusätzliche Bearbeitungszeit von 20–30 Minuten gewährt wird. Es gibt hier in allen Bundesländern für die Schüler_innen die Möglichkeit, eine Klausuraufgabe aus

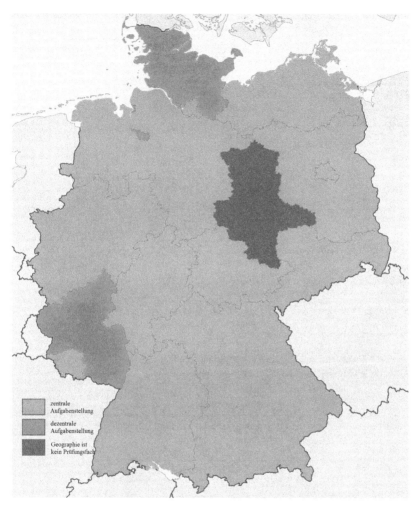

Abbildung 2.4 Geographie als Prüfungsfach 2019. (Quelle: Eigene Abbildung[45])

---

[45] Grundkarte von https://upload.wikimedia.org/wikipedia/commons/thumb/0/0d/
Germany_location_map.svg/2000px-Germany_location_map.svg.png.

Tabelle 2.6 Regelungen für Kurse mit erhöhtem Anforderungsniveau im Geographiezentralabitur (2019). (Quelle: Eigene Zusammenstellung)

Bundesland	Bearbeitungszeit in Minuten	Auswahlmöglichkeit für die Schüler_innen	Schwerpunktthemen benannt
Baden-Württemberg	270 incl. Auswahlzeit	1 aus 2	ja
Berlin	240 zzgl. 30 Auswahlzeit	1 aus 3	ja
Brandenburg	270 incl. Auswahlzeit	1 aus 3	ja
Hamburg	300 zzgl. 30 Auswahlzeit	1 aus 3	ja
Hessen	300 incl. Auswahlzeit	1 aus 3	ja
Mecklenburg-Vorpommern	300 zzgl. 30 Auswahlzeit	1 aus 2	ja
Niedersachsen	300 zzgl. 20 Auswahlzeit	1 aus 2	ja
Nordrhein-Westfalen	255 zzgl. 30 Auswahlzeit	1 aus 3	ja

Tabelle 2.7 Regelungen für Kurse mit grundlegendem Anforderungsniveau im Geographiezentralabitur (2019). (Quelle: Eigene Zusammenstellung)

Thüringen	270 incl. Auswahlzeit	1 aus 2	nein
Bundesland	Bearbeitungszeit in Minuten	Auswahlmöglichkeit für die Schüler_innen	Schwerpunktthemen benannt
Bayern	210 incl. Auswahlzeit	2 aus 4	nein
Berlin	180 zzgl. 30 Minuten Auswahlzeit	1 aus 3	ja

(Fortsetzung)

Tabelle 2.7   (Fortsetzung)

Thüringen	270 incl. Auswahlzeit	1 aus 2	nein
Hamburg	240 zzgl. 30 Minuten Auswahlzeit	1 aus 3	ja
Hessen	255 incl. Auswahlzeit	1 aus 3	ja
Mecklenburg-Vorpommern	240 zzgl. 30 Minuten Auswahlzeit	1 aus 2	ja
Niedersachsen	220 zzgl. 20 Minuten Auswahlzeit	1 aus 2	ja
Nordrhein-Westfalen	180 zzgl. 30 Minuten Auswahlzeit	1 aus 3	ja
Saarland	180 incl. Auswahlzeit	keine	nein
Sachsen	240 incl. Auswahlzeit	1 aus 2	nein

zwei oder drei Vorschlägen auszuwählen. In allen Bundesländern außer Thüringen werden Schwerpunktthemen für die Abiturprüfung benannt.

Bei den Prüfungen auf grundlegendem Anforderungsniveau liegt die Bearbeitungszeit zwischen 180 und 255 Minuten, meist wird eine zusätzliche Auswahlzeit von 20 oder 30 Minuten gewährt. Meist werden auch hier Schwerpunktthemen für die Prüfungen vorab bekannt gegeben.

Diese Zusammenstellungen einiger Prüfungsformalia legen schon erste Unterschiede zwischen den Bundesländern offen. Es stellt sich davon ausgehend die Frage, welche weiteren Merkmale auf welcher Analyseebene vergleichend herangezogen werden können, um einen detaillierteren, auch inhaltlichen Vergleich anzustellen.

Ausgehend von den Spezifika geographischer Prüfungsaufgaben und bestehenden Analyserastern von Maier, Kleinknecht, Metz, Schymala und Bohl (2010) und Kühn (2010) lassen sich weitere Merkmalen identifizieren, die für eine vertiefte Analyse herangezogen werden könnten.

So könnte auf der Ebene der Prüfungen untersucht werden, inwiefern eine Zentrierung vorliegt, ob die Klausur inhaltlich zusammenhängt (dies schließt

Unterthemen nicht aus) oder ob sie mehrere Themen (ggf. unter einer losen Überschrift) umfasst. Außerdem sind beim Raumbezug verschiedene Möglichkeiten
von einem dominierenden Raumbeispiel über mehrere Raumbeispiele, Raumvergleiche oder auch Aufgaben ohne Raumbezug denkbar. Teilaufgaben können
additiv aufgelistet sein, sich aufeinander beziehen oder nur in einer bestimmten
Reihenfolge sinnvoll beantwortbar sein. Des Weiteren sind Art und Anzahl der
Teilaufgaben und Materialien wichtige Unterscheidungsmerkmale.

Bei den einzelnen Arbeitsaufträgen bietet sich aufgrund verschiedener Unter-
gliederungsmöglichkeiten an, als kleinste Analyseeinheit eine Aufgabe (oder
Teilaufgabe) zu nehmen, die durch eine Handlungsanweisung (sogenannter „Operator") eingeleitet wird. Hier ist es neben der Frage nach den Prüfungsthemen
beziehungsweise deren Zuordnung zur Fachwissenschaft interessant, welche Operatoren zum Einsatz kommen und ob diese einen Bezug zum Material (explizit
oder implizit) aufweisen oder ob sie ohne Materialien aus dem Materialienset
auskommen. Operatoraufgaben können durch eine einleitende Passage eingebettet werden. Außerdem könnte der Frage nachgegangen werden, ob ein Bezug zur
Lebenswelt der Schüler_innen hergestellt wird, indem etwa ein fiktives Szena-
rio („Sie möchten mit Ihren Freund_innen eine nachhaltige Urlaubsreise planen.
Diskutieren Sie …").

Bei den Materialien sind verschiedene Materialarten wie Karten, Texte,
Diagramme, Zahlentabellen und Grafiken denkbar, die wiederum genauer spezifiziert werden können. So kann eine Karte hinsichtlich ihrer Art (analytische
Karte, komplexe Karte, synthetische Karte usw.), ihres Maßstabs, ihres Zeit-
bezug (statisch d. h. Zustandsdarstellung zu einem Zeitpunkt oder dynamische
Darstellungen raum-zeitlicher Veränderungen), ihres Sachbezugs (nur Qualitäten
oder auch Quantitäten dargestellt) beschrieben werden. Außerdem können Kar-
ten alleine stehen oder Teil einer Serie (z. B. historische Zeitschnitte) sein. Bei
Texten ist es insbesondere interessant, ob es sich um Fließtexte oder Stichpunkt-
Texte handelt und aus welchen Quellen sie stammen. Bei Diagrammen und
Zahlentabellen kann sich die Art und Komplexität unterscheiden, so können Dia-
gramme mehrschichtig sein (zum Beispiel ein Kurvendiagramm mit mehreren
Kurven oder eine Kombination aus einer Kurven- und einer Säulendarstellung)
und Zahlentabellen können wenige oder viele Parameter umfassen. Zu grafischen
Medien können Darstellungen wie Karikaturen, Luft- und Satellitenbilder, Fotos,
Zeichnungen, Schemata, Blockbilder, Profile oder Modelle gehören.

Will man analysieren, was in Summe in einer Prüfung den Schüler_innen
abverlangt wird, benötigt man einheitlich definierte Analyseeinheiten. Zwar liegt
es nahe, zwischen der Prüfung „als Ganzes", einzelnen Aufgaben und Teilaufgaben und dem Materialienapparat zu unterscheiden, dies ist aber aufgrund

der unterschiedlichen Auswahlprozedere (s. Tabelle 2.6 und Tabelle 2.7) nicht ohne weiteres möglich. Wenn Schüler_innen mehrere inhaltlich und konzeptionell abgeschlossene Klausuraufgaben auswählen und sich so ihre Prüfung zusammenstellen wie im hier dargestellten Jahr 2019 in Bayern, sind Klausuraufgabe und Prüfung als Ganzes nicht identisch. Müssen die Schüler_innen nur eine Klausuraufgabe auswählen, entspricht diese der Prüfung als Ganzes. Dies ist im Methodenkapitel in Abbildung 3.1 auf Seite 140 anhand von Symbolbildern schematisch dargestellt. Daraus ergibt sich, dass als Ebenen der Analyse die zu rekonstruierende Prüfung als Ganzes, die jeweils inhaltlich abgeschlossenen Klausuraufgaben, die einzelnen, durch Operatoren abgegrenzten Aufgaben und die einzelnen Materialien in Frage kommen.

2.2.2.4 Zwischenfazit

Zusammenfassend ist folgende Tendenz festzustellen: Die Implementation neuer Beurteilungsformen wird seitens der Schulbehörden – wie schon für die Geographiedidaktik in Abschnitt 2.2.1 festgestellt – vor allem für die „sonstige Mitarbeit" erwogen. Die schriftlichen Klausuren – insbesondere des Abiturs – bleiben unangetastet. Es ist davon auszugehen, dass dies in der Praxis ebenso gehandhabt wird, obwohl die fachspezifischen Vorschriften für im Unterricht eingesetzte Klausuraufgaben durchaus Gestaltungsspielräume bieten. Dies mag daran liegen, dass das Prüfen an sich stark durch Verwaltungsvorschriften organisiert und reglementiert wird. Außerdem sind die fachspezifischen Vorschriften für die Aufgabenkonstruktion für das schriftliche Abitur strikt. Beim dezentralen Abitur müssen sie von den Lehrer_innen, die Klausuren für ihre Kurse konzipieren und genehmigen lassen, eingehalten werden. Beim zentralen Abitur werden die Konstruktionsprinzipien der Aufgaben, die die behördlichen Aufgabenersteller_innen einhalten müssen, Musteraufgaben und/oder Aufgaben alter Jahrgänge veröffentlicht. In beiden Fällen wird von den Lehrer_innen erwartet, dass sie die Schüler_innen auf die Aufgabenformate des Abiturs im Rahmen ihres Unterrichts vorbereiten. Somit stellt sich die Frage, inwiefern die Lehrer_innen überhaupt Spielräume bei der Gestaltung von schriftlichen Prüfungen für den Unterricht sehen und nutzen.

Aus der Sicht der Systemtheorie nach Luhmann sind Erziehung und Selektion miteinander verbunden (vgl. Abschnitt 2.1.5). Es soll an dieser Stelle deshalb nicht infrage gestellt werden, dass es nötig ist, das Erreichen der Ziele des Unterrichts zu überprüfen. Die vorangegangenen Überlegungen haben aber deutlich gezeigt, wie Luhmanns allgemeine Feststellung, dass „externe Einflüsse" sich auf „Ziele und Kriterien" der Selektion auswirken (1996b, S. 289) im Falle

des Prüfens in der Oberstufe überhaupt und im Fach Geographie im Besonderen konkretisiert werden kann. Dezidierte Verfahrensvorschriften regeln alles,
von der Frage, dass geprüft wird, über die Fragen wann und wie oft geprüft
wird und welcher Art die Prüfungen sind. Bei den unterrichtlichen Prüfungen
werden den Lehrer_innen bei der Formulierung der Klausuraufgaben einige Spielräume gelassen. Bei den Abiturprüfungen sind die Vorgaben im dezentralen
Abitur für die Lehrer_innen noch spezifischer, im Fach Geographie etwa wird
ihnen unter anderem die Anzahl, Art und Umfang der Klausuraufgaben, Teilaufgaben und Materialien vorgegeben. Beim Zentralabitur hingegen sind zwar
die Konstruktionskriterien, die behördenseits bei der Formulierung der Klausuraufgaben angewendet werden, den Lehrer_innen zugänglich, die tatsächliche
Umsetzung wird ihnen aber nur kurz bevor die Schüler_innen mit der Prüfung
beginnen, bekannt. Auf die Prüfungsformate, die für das Abitur vorgegeben sind,
soll sowohl beim dezentralen als auch beim zentralen Abitur, im Unterricht und
den unterrichtlichen Prüfungen vorbereitet werden, sodass die Spielräume, die
zunächst eingeräumt werden, doch wieder eingeschränkt werden. Es entsteht
darüber hinaus auch ein Druck auf die Kommissionen, die die Aufgabenstellungen für das Zentralabitur entwickeln, da diese wiederum die Erwartungen der
Lehrer_innen antizipieren müssen, damit Überraschungen vermieden werden.

   Die Verfahrensvorschriften werden von der Schulorganisation erlassen. Die
„Fragen der Autonomie" (Luhmann, 1996b, S. 289) sind also zunächst vor allem
angesichts der engen organisatorischen Rahmung des pädagogischen Handelns
durch die Schulorganisation zu stellen. Was sind die Folgen aus der starken Einschränkung des Interaktionssystems Unterrichts durch das Organisationssystem?

   Die Verfahrensvorschriften sind Ergebnisse von schulorganisatorischen Entscheidungen. Da Organisationssysteme sich nur vordergründig auf ein spezifisches Funktionssystem beziehen, vielfältige Beziehungen zu ihrer Umwelt
pflegen und auch die „Sprachen" anderer Funktionssysteme sprechen, erreichen
die Fremderwartungen, die von außen an das Erziehungssystem herangetragen
werden vornehmlich die Schulorganisation. Da diese die pädagogischen Programme wie das Abitur oder die Lehrpläne erlässt, können Fremderwartungen
zu Re-Programmierungen führen und so letztendlich bis zum Interaktionssystem
Unterricht vordringen. Im folgenden Abschnitt 2.2.3 und seinen Teilkapiteln wird
dies genauer in den Blick genommen.

2.2.3   Das Zentralabitur und seine vorgelagerten organisatorischen Regularien als pädagogische Programme – Scheintechnologie als Technologieersatz?

In Abschnitt 2.1.2 wurde deutlich, dass der Unterricht aus der luhmannschen systemtheoretischen Perspektive ein *autopoietisches Interaktionssystem* ist, das sich selbst erzeugt, aufrecht erhält und entwickelt. Es ist so komplex, dass ein Technologiedefizit vorliegt und die Frage „Wie unterrichte ich (richtig)?" unbeantwortbar erscheint (Scheunpflug, 2004; Schorr & Luhmann, 1981). Die folgende Zusammenfassung der wesentlichen Erkenntnisse aus Abschnitt 2.1 (Kasper, 1990; Kuper, 2004; Luhmann, 1978; Luhmann & Schorr, 1988; Luhmann, 1996a, 2002; Vanderstraeten, 2004) soll die Folie für die weiteren Betrachtungen der folgenden drei Abschnitt 2.2.3.1 bis 2.2.3.3 bilden.

Das Erziehungssystem ist prinzipiell unabhängig und kann mit den anderen Systemen der Gesellschaft wie der Wirtschaft, dem Rechtssystem, der Politik oder der Wissenschaft aufgrund der grundsätzlichen Unterschiedlichkeit der Kommunikation (bzgl. der Medien, Präferenzcodes und Programme) nicht selbst kommunizieren. Durch die Schulorganisation (vgl. Abschnitt 2.1.3) ist es *strukturell* an andere Gesellschaftssysteme (vgl. Abschnitt 2.1.4) *gekoppelt*, da die Schulorganisation auch andere „Sprachen" als die des Erziehungssystems spricht. Im vorangegangenen Abschnitt 2.2.2 wurden die Erwartungen anderer Gesellschaftssysteme an Schule und Unterricht thematisiert. In diesem Kapitel wird nun betrachtet, wie die Fremderwartungen durch *schulorganisatorische Entscheidungen als pädagogische Programme* Eingang finden.

Die *Schulorganisation* hat zwei Typen von Systemgrenzen: zum einen die Grenze zum Interaktionssystem Unterricht und zum anderen die Grenze zu den anderen Gesellschaftssystemen. Die Organisation reguliert den Unterricht, indem sie die Rahmenbedingungen vorgibt, ohne dass sie unmittelbar in das unterrichtliche Geschehen eingreifen kann. Sie übernimmt dabei die Aufgaben der Konzentration (insbesondere der Vereinheitlichung) und der Regierung (also der Organisation). An der Systemgrenze zur sonstigen Gesellschaft übernimmt die Schulorganisation in Auseinandersetzung mit den Fremderwartungen an das Erziehungssystem die Funktion der Rechtfertigung. Dabei werden (auch) Maßstäbe an den Unterricht angelegt, die dem Unterricht selbst fremd sind. Ausgehend von den vielfältigen Erwartungen – des Erziehungssystems und der anderen Gesellschaftssysteme – entwickelt und implementiert die Schulorganisation *pädagogische Programme als positiv intendierte Innovationen* und trifft dabei *Entscheidungen*. Sie kann dabei die *Systemgrenzen* zum Unterricht und zur Gesellschaft *verschieben*, sie kann expandieren, sich aber auch aus ihnen zurückziehen.

Für die Lehrer_innen bedeutet dies, dass sie einerseits jeden Unterricht als komplexe Interaktionssituation bewältigen müssen und dabei *unmittelbar* keinen äußeren Einflüssen ausgesetzt sind. Über die strukturellen Rahmenbedingungen aber, die durch die Schulorganisation vorgegeben werden, werden auch die Fremderwartungen an sie herangetragen, die wiederum einem Wandel unterliegen. Außerdem haben sich seit der Nachkriegszeit die Implementations*strategien* der Schulorganisation geändert. Durch die „neue Steuerung" im Schulsystem, die neben einer Output-Kontrolle eine Teilautonomie der Schulen vorsieht, wächst der Kontroll- und Innovationsdruck bei den Lehrer_innen.

Die Problematik des Kontrasts zwischen Autopoiesis und Fremdsteuerung zeigt sich besonders bei der Frage, welcher Präferenzcode im Unterricht dominiert. Steht mit dem Präferenzcode „besser/schlechter" das von der Gesellschaft an das Erziehungssystem herangetragene Selektionsbedürfnis im Zentrum des Unterrichts? Oder setzt sich sogar angesichts der Neuausrichtung des Erziehungssystems an Kompetenzen der Code „kompetent/inkompetent" als „Variation des Bildungscodes" durch (Peetz, 2014, S. 105)? Oder geht es mit dem Code „vermittelbar/nicht vermittelbar" doch vornehmlich um Vermittlung und Aneignung?

2.2.3.1 Innovationen als positiv intendierte Veränderungen von Schule und Unterricht durch Entscheidungen

Nach Aregger (1976, S. 101) sind „Offenheit, Änderungstendenz […], Regenerations- und Lernfähigkeit" notwendige Systemeigenschaften eines Systems in einer sich verändernden Umwelt. Einerseits muss ein System dabei für seinen Fortbestand stabil sein, andererseits muss es dynamisch sein, um sich anpassen und verbessern zu können (Aregger, 1976, S. 21). Soziale Systeme müssen also prinzipiell innovationsfähig sein. Es ist im Kontext des Erziehungssystems dabei „von Bedeutung, dass Schulen sich als autonome und selbstreferentiell operierende Organisationen nur selektiv mit ihrer Umwelt auseinandersetzen" (Koch, 2011, S. 37). Die gilt in besonderem Maß für den Unterricht selbst. Es ist deshalb davon auszugehen, dass Veränderungsprozesse prinzipiell eher aus dem System heraus und für das jeweils spezifische System entwickelt werden und Transfer dadurch erschwert wird.

Da im Rahmen dieser Arbeit auf verschiedene Veränderungen im Kontext des Erziehungssystems Bezug genommen wird und verschiedene Forschungsperspektiven der Erziehungswissenschaft und der Geographiedidaktik aufgegriffen werden, wird der Begriff der Innovation als übergeordneter Begriff bevorzugt. Die in der Erziehungswissenschaft stärker verbreiteten Begriffe der Schulreform und Schulentwicklung (Rürup, 2011, S. 13–15) werden dem Begriff der Innovation subsumiert.

Sind die Begriffe Veränderung und Innovation gleichzusetzen? Zunächst soll der Begriff aus soziologischer Perspektive definiert werden.

> „Die *Innovation* ist eine *signifikante Änderung* im Status quo eines sozialen Systems, welche, gestützt auf neue Erkenntnisse, soziale Verhaltensweisen, Materialien und Maschinen, eine direkte und/ oder indirekte *Verbesserung* innerhalb und/ oder außerhalb des Systems zum Ziele hat. Die Systemziele können auch Gegenstand der Innovation sein." (Aregger, 1976, S. 118)

Dies bedeutet allerdings nicht, dass sie auch tatsächlich eine Verbesserung bewirkt bzw. aus wessen *Blickwinkel* dies der Fall ist:

> „Als Innovationen werden materielle oder symbolische Artefakte bezeichnet, welche Beobachterinnen und Beobachter als neuartig wahrnehmen und als Verbesserung gegenüber dem Bestehenden erleben." (Braun-Thürmann, 2005, S. 6)

Außerdem können Innovationen nicht beabsichtigte Nebenfolgen haben (Gryl, 2013, S. 18). Die Definitionen greifen als Merkmale die Verbesserung und Veränderung auf, einmal jedoch aus der Perspektive der Initiator_innen und einmal aus der Perspektive von Beobachter_innen. Als dritte Möglichkeit könnte die Perspektive der Betroffenen eingenommen werden: Eine Innovation ist einer Veränderung, die aus der Perspektive der Betroffenen eine Verbesserung darstellt.

Da im Kontext von Schul- und Unterrichtsinnovationen die Frage, aus wessen Perspektive eine Veränderung und Verbesserung vorliegen muss, zu sehr heterogenen Antworten führen würde, und eine abschließende Entscheidung, ob es sich um eine Innovation handelt oder nicht, unmöglich wäre, wird im Rahmen dieser Arbeit die *Intention* der Initiator_innen als maßgebliches Kriterium und damit die oben wiedergegebene Definition nach Aregger (1976, S. 118) herangezogen. Dieses Verständnis von Innovationen entspricht nach Altrichter (2009) und Altrichter und Maag Merki (2016, S. 3–6) einem „erweiterten Steuerungsbegriff", der in der neueren Schulentwicklungsforschung unter dem Begriff der „Governance" zusammengefasst wird (Altrichter, 2009; Altrichter & Maag Merki, 2016, S. 8).

„1. Viele Steuerungsakteure mit multiplen Interessen. [...] 2. Akteure und Systeme mit Eigenlogiken und Eigendynamiken. [...] ‚Verselbständigung und Verschrän-
kung' – keine direkte Steuerung, aber indirekte Beeinflussung durch ‚aktive Über-
zeugungsvorgänge [...]. 4. Intentionale Gestaltung mit teilweise transintentionalen
Ergebnissen: Steuerungsakteure handeln intentional und ‚rational' in dem Sinn, dass
sie ihre Handlungen so setzen, dass sie Entwicklungen im Sinne ihrer Intentionen zu
‚steuern' versuchen. Allerdings haben wir in ‚normal komplexen' Situationen eine
Vielzahl solcher Steuerungsakteure mit mehr oder weniger divergierenden Intentionen: Die Möglichkeit ihrer ‚Rationalität' ist begrenzt. Die Akteure sind ‚nicht in der
Lage (...), alles Geschehen reflexiv zu erfassen und zu steuern." (Altrichter & Maag
Merki, 2016, S. 3–6)

Es werden verschiedene Innovationsarten in sozialen Systemen unterschieden:
Produkt- oder Angebotsinnovationen, Verfahrensinnovation, Strukturinnovation,
personelle Innovation (Aregger, 1976, S. 136–137). Am Beispiel des Zentralabiturs kann allerdings aufgezeigt werden, dass diese Gliederung nicht trennscharf
ist: Es kann als Produktinnovation verstanden werden, da es das Abitur als Ergebnis des Schulbesuchs (Produkt) verändert. Dies ist für Akteur_innen, die das
Abitur als Selektionsinstrument verwenden (Wirtschaft, Universität) relevant. Als
Verfahrensinnovation verändert das Zentralabitur die Prüfungsabläufe und das
Zustandekommen der Abiturnoten. Als Strukturinnovation ändert sich die Auf-
gabenverteilung, das Ministerium stellt die Klausuraufgaben und Lösungsskizzen
bzw. Korrekturhinweise zur Verfügung, die Lehrer_innen erstellen diese nicht
mehr selbst.

Im Schulsystem können sich Innovationen auf die Schule (Organisationsent-
wicklung), auf den Unterricht (Unterrichtsentwicklung) oder auf die Lehrkräfte
(Personalentwicklung) beziehen (Dedering, 2012, S. 26; Koch, 2011, S. 42; Rolff,
Buhren, Lindau-Bank & Müller, 2011, S. 16). Die Steuerungsinstrumente der
*Schul*entwicklung lassen sich nach der Art der Steuerung gliedern: Steuerung über
Orientierungsgrößen (Lehrpläne, nationale Bildungsstandards, Schulprogramme),
Steuerung über Analyse und Feedback (Leistungstests, zentrale Abschlussprüfun-
gen, Schulinspektionen) und Steuerung über Koordination und Begleitung (schuli-
sche Steuergruppen, schulische Netzwerke, externe Beratungen) (Dedering, 2012,
S. 65–108).

Der *Innovationsprozess* umfasst die „Gewinnung neuer Erkenntnisse", die
„Verarbeitung" dieser bis zur „Anwendung" und wird von der *Innovationsstrategie* gesteuert (Aregger, 1976, S. 118).

An der Entstehung und Rezeption von Innovationen im Kontext von Schule und Unterricht sind die Bildungsadministration (Bildungspolitik und Bildungsverwaltung), die Forschung zur Schul- und Unterrichtsentwicklung (Schulentwicklungsforschung, Lehr-Lern-Forschung, Didaktiken) und die schulische Praxis beteiligt (K.-J. Tillmann & Vollstädt, 2001). Der Aufbau der Verwaltung der Schulorganisation variiert je nach Bundesland: in Baden-Württemberg, Bayern und Nordrhein-Westfalen ist er dreistufig (Ministerium, Bezirksregierungen, Schulämter), in vielen Bundesländern zweistufig und in den Stadtstaaten einstufig (Dedering, 2012, S. 53).

Innovationsgeber können im Kontext von Schule und Unterricht ganz generell „die Schulen selbst, Landesinstitute [...], Universitäten, Versuchsschulen, Reformschulen, selbständige Träger und Forschungs- und Entwicklungseinrichtungen" sein (Koch, 2011, S. 21).

Maag Merki (2008a) hat die an der Schulentwicklung beteiligten Akteur_innen und Prozesse sowie die Handlungskoordination zwischen diesen in einem *Mehrebenenmodell* abgebildet: Auf der Makroebene kontextualisieren Ministerium und Schulaufsicht durch Gesetze und Vorgaben die Schulentwicklung. Auf der Mesoebene verortet sie Einzelschulen und individuelle Netzwerke. Dazwischen liegen die institutionalisierten Netzwerke der Bildungsregionen (Intermediäre Ebene). In diesem Modell ist die Mikroebene, der Unterricht mit den einzelnen Lehrer_innen und Schüler_innen, nicht abgebildet. Hier wäre auch der Übergang von der Schul- zur Unterrichtsentwicklung zu verorten (Bastian, 2007).

Wie die verschiedenen beteiligten Ebenen an Innovationsprozessen beteiligt sind, unterliegt einem historischen Wandel der Innovationsstrategien. Es können verschiedene *historische Phasen* der Implementationsstrategien abgegrenzt werden (Altrichter & Maag Merki, 2016, S. 2–3; Koch, 2011, S. 15–16, 35–40; Wacker, Maier & Wissinger, 2012, S. 11–16).

In der Nachkriegszeit scheiterten die Bemühungen der Alliierten, insbesondere der Amerikaner, das „System einer nach sozialen Klassen organisierten Schulstruktur", das mit für die Durchsetzung des Nationalsozialismus verantwortlich gemacht wurde, durch ein „horizontal gegliedertes Schulwesen [...] (Einführung von Orientierungsstufen, Verlängerung der Grundschulzeit, zwölfjährige Einheitsschule)" zu ersetzen, das die Demokratisierung fördern sollte (Wacker et al., 2012, S. 11). Es wurde das aus der Weimarer Zeit bekannte System einer vierjährigen Grundschule und eines dann gegliederten Schulsystems wieder aufgegriffen, zudem umfassten die Reformen das „Auswechseln des Lehrpersonals" und die „Revision der Inhalte" und hatten das Ziel, größtmögliche Chancengleichheit herzustellen (Wacker et al., 2012, S. 12). In der DDR wurde ab den 1950er Jahren aber ein Einheitsschulsystem aufgebaut (Wacker et al., 2012, S. 12). Wacker

et al. (2012, S. 12) betonen, dass die Reformen der Nachkriegszeit mit geringen Ressourcen und durch verschiedene Akteur_innen wie vormals unterdrückte
Organisationen und vor allem durch die Lehrer_innen selbst getragen wurden.

Seit den 1960er bis Mitte der 1970er/Anfang der 1980er Jahre herrschten zentralistische Steuerungsstrategien vor. Man ging davon aus, Bildung planen zu
können (Weishaupt & Horst, 2009, S. 218). „Politische Planung verstand sich als
geschickte Manipulation der richtigen Stellgrößen in den verschiedenen gesellschaftlichen Teilbereichen" (Schimank, 2009, S. 233). Die Forschung entwickelte
Innovationen und evaluierte deren Implementation, die Bildungsadministration
ordnete die Integration in das Schulsystem an und die Schule hatte die Innovation
zu implementieren (Koch, 2011, S. 15–16). Hauptziel der Strukturreformen war
angesichts der steigenden Geburtenzahlen ein Ausbau der weiterführenden Schulen (Wacker et al., 2012, S. 13). 1969 beschloss die Kultusministerkonferenz,
Schulversuche zur Gesamtschule zu etablieren (Wacker et al., 2012, S. 14).

In den 1980er Jahren kamen die Reformbemühungen zum Erliegen, da die
Schüler_innenzahlen sanken und die Bestands- und Qualitätssicherung der Schu-
len – gerade im ländlichen Raum – im Zentrum stand (Wacker et al., 2012,
S. 14–15). Zudem ebbte die „Reformeuphorie" (Wacker et al., 2012, S. 14) ab.
„Je nach Perspektive war die Wissensbasis für die vorsorgliche Gestaltung des
‚Masterplans' […] zu schmal oder die Akteur_innen, die die Reformen umset-
zen sollten, erwiesen sich als ‚unkooperativ', ‚unqualifiziert' oder auf andere
Weise ‚widerständig'" (Altrichter & Maag Merki, 2016, S. 2). Es kam zudem
zu einem Wechsel der Innovationsstrategie der Bildungsadministration und zum
Verständnis der Schule als teilautonom (Koch, 2011, S. 36).

„Die Kultusminister mussten erkennen, dass die zentral geplanten Schulstrukturre-
formen nicht fortgeführt werden konnten, weil bei sinkenden oder konstanten Schülerzahlen Innovationen nicht mehr über Schulneubauten umsetzbar waren, sondern
bestehende Einrichtungen für Reformen gewonnen werden mussten." (Weishaupt &
Horst, 2009, S. 218)

Statt von Bildungsplanung sprach man nun von Bildungssteuerung (Altrichter &
Maag Merki, 2016, S. 3; Schimank, 2009, S. 234). Die zentralistische Steuerung
sollte ab Mitte der 1990er Jahre durch eine Selbststeuerung der einzelnen Schulen
durch Schulprogramme und Selbstevaluation ergänzt werden (Wacker et al., 2012,
S. 15):

„Die Schulen setzen sich im Rahmen ihres Schulprogramms Entwicklungsziele, die sich an vorgegebenen Standards orientieren und welche dann umgesetzt die Innovationen sein sollen. Mit der Selbstevaluation wird einerseits ermittelt, welche innerschulischen Problembereiche als zu bearbeitende Zielsetzungen vorrangig behandelt werden sollen. Andererseits wird dieses Verfahren eingesetzt, um zu überprüfen, ob die Ziele auch erreicht werden. Dabei ist auch denkbar, dass Schulen sich eine Innovation von außen holen oder/und als Projektschulen an Forschungsprogrammen teilnehmen." (Koch, 2011, S. 37)

Die „neue Steuerung" (Dedering, 2012, S. 56) orientierte sich am Output: „Kunden-, Leistungs- und Kostenorientierung" wurden zu „bestimmenden Kriterien der Schulentwicklung", die mit einer Verpflichtung der Schulen zur Rechenschaftslegung einherging (Weishaupt & Horst, 2009, S. 219). Ins Zentrum rückten nun Reformen, die die Bildungsorganisation betrafen, statt inhaltliche Vorgaben zu fokussieren (Wacker et al., 2012, S. 16). Die für die Outputkontrolle von Schule und Unterricht erforderlichen Datengrundlagen werden durch Evaluation auf internationaler, Bundes-, Länder- und Schulebene gewonnen. Die Daten dienen der Rechtfertigung des Erziehungssystems als Ganzes vor der Gesellschaft, der Initiierung von Innovationsprozessen (vgl. „Gewinnung neuer Erkenntnisse", „Verarbeitung" dieser und „Anwendung" nach Aregger (1976, S. 118)) und der Legitimation von Innovationen (Böttcher & Hense, 2016; Niemann, 2015; Posch, 2009; Schulte, Fickermann & Lücken, 2016).

„Evaluation ist – erstens – ein wissenschaftsbasiertes empirisches Verfahren; sie definiert die Indikatoren, die die Messung qualifizieren. Insofern also ist Evaluation empirische Sozialwissenschaft. Alle Verfahren, die diesem Anspruch nicht genügen (wollen), wären demnach nicht Evaluation. Das zweite Kriterium stellt auf Handlungsfolgen als Resultat von Evaluation ab. Die Informationen, die empirisch gewonnen werden, sollen Entscheidungen fundieren. Evaluation hilft also programmatisch, Urteile und sich daran anschließende Konsequenzen empirisch stützen zu können." (Böttcher & Hense, 2016, S. 120)

Seit der Jahrtausendwende wird die Kombination aus Fremd- und Selbststeuerung der „neuen Steuerung" kritisch diskutiert, da die Wirksamkeit unklar ist, die datenbasierte Schulentwicklung mit vielen Unwägbarkeiten zurechtkommen muss[46] und kaum zu einer Verbesserung der Unterrichtsqualität führt, zahlreiche nicht-intendierte Effekte auftreten und die Innovationslast bei den Lehrer_innen liegt (Altrichter, Rürup & Schuchart, 2016; Bellmann & Weiß, 2009; Dedering,

---

[46] Siehe zum Beispiel bei Sacher (2012, S. 24): „Geeignete Konsequenzen aufzuzeigen wäre einfacher, wenn man die Ursachen des deutschen PISA-Debakels präzise benennen könnte. Leider jedoch erlauben die PISA-Ergebnisse einen Rückschluss auf Ursachen nur bedingt.

2012; Koch, 2011; Kopp, 2008; Kotthoff, Böttcher & Nikel, 2016; Maag Merki, 2016; Posch, 2009).

> „In der bis heute gültigen Steuerungsvariante sollen Lehrer weitgehend selbstgesteuert die Entwicklung der Einzelschule vorantreiben. Dies beinhaltet die Herausforderung, dass Lehrer fast vollständig die Last der Entwicklung von Innovationen tragen müssen. Sie entwickeln, erproben, evaluieren und verändern innerschulische Strukturen und das pädagogische Handeln, und zwar in allen schulischen Aufgabenfeldern, und sie scheitern auch oft damit." (Koch, 2011, S. 20)

Diskutiert werden deshalb in jüngster Zeit als alternative Strategien der Innovationssteuerung eine Regionalisierung der Schulentwicklung und das Bilden von Netzwerken, die auch Maag Merki (2008a) im oben skizzierten Mehrebenenmodell der Schulentwicklung als intermediäre Ebene identifiziert hat, die aber das vorherrschende Steuerungsparadigma bislang nicht abgelöst haben (Emmerich & Maag Merki, 2009; Emmerich, 2016; Koch, 2011, S. 38; Manitius, Jungermann, Berkemeyer & Bos, 2013).

Die bis in die 1980er Jahre ausschließlich und bis heute teilweise eingesetzten *Top-down-Strategien* sind als „Makrosteuerung" ausgerichtet, die sich auf das Gesamtsystem, nicht auf die Einzelschulen (oder gar den einzelnen Unterricht) beziehen (Dedering, 2012, S. 54). Die zugehörigen Instrumente werden als Regeln und Vorschriften durchgesetzt (Dedering, 2012, S. 56). Die Top-down-Strategien bringen nach Gräsel und Parchmann (2004, S. 198–205) einige Probleme mit sich. Zunächst ist die Festlegung der Ziele und Inhalte der Innovation damit belastet, dass normative Probleme auftauchen. Zudem muss geklärt sein, ob und – wenn ja – auf welcher Basis wissenschaftliches Wissen herangezogen wird. Es liegt eine Trennung der Innovationsentwicklung (durch die Bildungsadministration, ggf. unter der Beteiligung von Expert_innen) von der Implementation der Innovation (in der Schulpraxis) vor. Die Implementation kann aus Sicht der Top-down-Strategie dann als erfolgreich angesehen werden, wenn die Innovation umgesetzt und dabei möglichst wenig verändert wird. Beispiele für Top-down Innovationen sind die Einführung neuer Lehrpläne, die Einführung von Bildungsstandards oder – dies ist Gegenstand des folgenden Kapitels – die Einführung des Zentralabiturs. Während die Implementationsforschung zunächst v. a. den Erfolg der Implementation überprüfte, hat sie sich in jüngerer Zeit

---

Da kein experimentelles Design mit Versuchs- und Kontrollgruppe und auch keine Längsschnittuntersuchung vorliegt, sondern nur eine punktuelle Erhebung bei allen 15-Jährigen, können lediglich korrelative Zusammenhänge aufgezeigt werden."

stärker der Frage zugewandt, „wie die Beteiligten die Innovationen ihrem institutionellen Kontext anpassen" (Gräsel & Parchmann, 2004, S. 201). Die Forschung
hält Top-down-Strategien für wenig erfolgreich.

> „Eine zentrale Innovationssteuerung würde ein Wissen über die Ausgangsbedingun-
> gen einzelner Schulen voraussetzen; standardisierte Lösungen können solche Voraus-
> setzungen nicht berücksichtigen und sind deshalb zum Scheitern verurteilt. Darüber
> hinaus übernehmen Schulen in der Regel vorgefertigte Lösungen nicht; sie haben
> komplexe Wirklichkeiten zu bewältigen und adaptieren von außen zielgerichtet ange-
> tragene Innovationen nur bedingt." (Rahm, 2005, S. 128)

> „Die Planung ‚von oben herab' [...] funktioniert offensichtlich nicht, weil das jewei-
> lige Planungsobjekt eben nicht bloß ein passiver, seine Formung durch staatliche
> Politik willig über sich ergehen lassender Gegenstand ist, sondern eigenwillig und
> eigensinnig agiert. Es handelt sich in der [...] Schulpolitik um komplexe Konstella-
> tionen individueller und korporativer Akteure mit je eigenen Interessen und Einfluss-
> potenzialen. Lehrer z. B. lassen sich in ihrem tagtäglichen schulischen Handeln nicht
> einfach planen. Sie haben ein pädagogisches Ethos; sie sind mit vielen Bezugsgrup-
> pen (u.a. Schüler/inne/n, Eltern, Kolleg/inn/en) konfrontiert, die ganz unterschiedli-
> che Erwartungen an sie hegen; sie müssen den je besonderen Umständen an ihrer
> Schule Rechnung tragen – und all das geht in keiner einheitlichen Planung auf."
> (Schimank, 2009, S. 233–234)

Steuerungsstrategien, die in Abgrenzung zu Top-down-Strategien vorsehen, dass
verschiedene Akteure an der Implementation einer Innovation beteiligt sind,
nennen Gräsel und Parchmann (2004, S. 205–210) „symbiotische" Implementationsstrategien. Ausgangspunkt sei hier ein konkretes Problem in der Schulpraxis,
aufgrund dessen eine Lösung gesucht, etabliert und evaluiert werde. Als erfolgreich könne ein Innovationsprozess dann angesehen werden, wenn die Kooperation gelinge, das Ausgangsproblem behoben sei und der Transfer der Innovation
gelinge. Als zentral sehen die Autorinnen die „Integration der Innovation in
allgemeine Bildungsreformen" an (Gräsel & Parchmann, 2004, S. 209).

> „Die zahlreichen Implementationsstudien machen deutlich, dass es unrealistisch ist,
> den Unterricht dadurch verändern zu wollen, indem man Schulen und Lehrkräften
> neue Materialien zur Verfügung stellt und drauf hofft, dass sie wie geplant umgesetzt
> werden. [...] Eine Verbreitung ist umso wahrscheinlicher, je relevanter und nützlicher
> die Innovation von Lehrkräften wahrgenommen wird, je mehr sie sich also an den
> Bedürfnissen der Praxis orientiert. " (Gräsel & Parchmann, 2004, S. 204–205)

Nach Gräsel und Parchmann (2004, S. 204–205) ist es wichtig, dass Innovationen tatsächlich etwas Neues bieten, aber dennoch mit der bestehenden Praxis
vereinbar sind. Außerdem sollten sie an die spezifischen Situationen adaptierbar

sein. Die Implementation der Innovationen sollte durch Fortbildungsmaßnah-
men unterstützt werden, die sich an ganze Schulen, nicht einzelne Lehrer_innen
richten.

Als drittes sind *Bottom-up-Strategien* der Implementation zu identifizieren, bei
denen Innovationen auf Schulebene, teilweise unter Beteiligung von Erziehungs-
wissenschaftler_innen (Gräsel & Parchmann, 2004, S. 198) entwickelt werden.
Ein Beispiel ist das von Rolff (1999) entwickelte „Handlungskonzept zur pädagogischen Schulentwicklungsberatung (SchuB)". Im Zuge der „neuen Steuerung"
gewinnen Bottom-up-Strategien an Bedeutung für die Entwicklung der einzelnen
Schulen. Dabei ist der interne Transfer als „Verstetigung einer Innovation am
Innovationsort" eine große Herausforderung und erst recht der interne „Transfer
in andere Bereiche der gleichen Schule" oder der externe „Transfer in andere
Schulen" (Koch, 2011, S. 57–59).

Wiechmann (2003, S. 690–691) hat fünf Formen des Wissenstransfers von
Innovationen identifiziert: persönliche Begegnungen unter Lehrer_innen zum
Beispiel im Rahmen von Zusammenarbeit oder über Lehrerverbände, Informatio-
nen der Bildungsadministration und staatliche Lehrerfortbildungen, Fachliteratur
sowie vielfältige Quellen wie Tagungen, neue Medien oder Printmedien sowie
Beratung. Die ersten vier Formen und ihre Nutzung hat er in einer quantitativen
Fragebogenstudie untersucht.

Die Nutzung von Kommunikations- und Informationsforen der Lehrerschaft
kann zu 17 % durch einen pädagogischen Gestaltungswillen und ein fachwissenschaftliches Aktualitätsstreben erklärt werden (Wiechmann, 2003, S. 686–687).
Dies gilt ebenso für die Information durch Fachliteratur (hier Erklärung von 24 %
der Varianz) (Wiechmann, 2003, S. 688–689). Die Nutzung von behördlichen
Informationen und staatliche Fortbildungen kann zu 21 % durch das Vorliegen
eines äußeren Handlungsdrucks erklärt werden (Wiechmann, 2003, S. 687–688).
Vielfältige Informationsquellen werden bei einem fachwissenschaftlichen Aktualitätsstreben, einem institutionellen Umweltdruck sowie einem hohen Frauenanteil
des Kollegiums genutzt (Klärung der Varianz zu 18 %) (Wiechmann, 2003,
S. 689–690).

Die externe Beratung von Schulen – bei symbiotischen oder Bottom-up-
Strategien – kann nach Schein (2000, S. 25–39) zum einen als Expertenberatung,
die je nach Machtposition der Berater_innen als „Einkauf von Informationen"
oder „Arzt-Patient-Modell", das auch die Problemdiagnose umfasst, erfolgen oder
als „Prozessberatung", die die Diagnose und Lösungsfindung durch die Institution
selbst begleitet. Goecke (2017) hat am Beispiel Nordrhein-Westfalens im Rahmen
einer Befragung von Schulleiter_innen festgestellt, dass diese eine Schulentwicklungsberatung jenseits der Schuladministration schätzen und diese „in Zeiten

höherer Schulautonomie und stärkerer Outputsteuerung" (2017, S. 170) häufiger in Anspruch nehmen.

Die Implementation von Innovationen kann sich als schwierig erweisen, wenn diese sich nicht in die bestehenden Strukturen einpassen lassen. Altrichter (2009, S. 247–248) nennt als Beispiele: „das Unvermögen von Schulleitungen, die Regelungen zur Schulpflicht in vollem Umfang zu administrieren […], eine Unterrichtsinnovation passt nicht zur existierenden rechtlichen Regelung der Leistungsbeurteilung […], [es bestehen] Interessensunterschiede zwischen verschiedenen Gruppen im Kollegium oder zwischen Land und Schulträger".

In diesem Kapitel wurde herausgestellt, dass als Innovation eine positiv intendierte Veränderung verstanden werden kann, die mithilfe einer Innovationsstrategie durch einen Innovationsprozess etabliert wird. Dabei können verschiedene Arten von Innovationen unterschieden werden, die in den folgenden beiden Kapiteln aufgegriffen werden. Sie können sich auf die Schulorganisation, die Unterrichtsentwicklung und die personelle Entwicklung beziehen.

Das Mehrebenensystem bedingt eine hohe Komplexität der Schulentwicklung. Der Wandel der Steuerung der Innovationsprozesse in der Geschichte mit der Reformeuphorie der 1960er und 1970er Jahre, der Reformmüdigkeit der 1980er Jahre und dem Wandel hin zur aktuell herrschenden „neuen Steuerung" und damit das Oszillieren zwischen Top-down-Strategien, symbiotischen Strategien und Bottom-up-Strategien zeigt, wie die Schulorganisation die Systemgrenzen zum Unterricht und zur Gesellschaft verschieben kann, wie sie expandieren, sich aber auch aus ihnen zurückziehen kann. Oder beides zugleich: wenn bei der „neuen Steuerung" eine verstärkte Outputkontrolle mit einer größeren Autonomie der Einzelschule kombiniert wird. Die Schulorganisation erlebt dabei auch einen Wandel des Rechtfertigungsdrucks: mal geht es um die inhaltlichen und personellen Neuanfang, dann den quantitativen Schulausbau, dann um den Bestandserhalt, dann die Schul- und Unterrichtsqualität.

Die Darstellung der Problematik der Daten- und Evidenzbasierung der Steuerung durch Innovationen, die in den folgenden beiden Kapiteln anhand des Zentralabiturs und der Standards und Kompetenzen als geographiedidaktischen Innovationen näher erläutert werden soll, hat anschaulich gezeigt, wie sich die in der Systemtheorie problematisierte Gründung von Innovationen auf Entscheidungen – die immer ein Rationalitätsdefizit aufweisen (vgl. Abschnitt 2.1.4) – im Bereich der Entwicklung von Schule und Unterricht offenbart. Die in Abschnitt 2.2.2 besprochene strukturelle Kopplung des Erziehungssystems durch Schulorganisation an die anderen Gesellschaftssysteme bedingt Friktionen. Neben innovationshemmenden konnten aber auch innovationsfördernde Faktoren identifiziert werden.

2.2.3.2 Kompetenz- und standardorientierte Lehrpläne und das Zentralabitur als Reprogrammierung

Das vorangegangene Kapitel hat gezeigt, dass die Schulorganisation maßgebliche Akteurin bei der Veranlassung von Innovationen im Schulsystem ist. Hinzu kommen im Rahmen der „neuen Steuerung" die Schulen selbst. Das dominierende Programm, das die Kommunikation im Erziehungssystem steuert, ist aus Sicht der Systemtheorie der Lehrplan (Luhmann & Schorr, 1988, S. 94–102; Luhmann, 2002, S. 195). Aus diesem Grund werden zwei Reprogrammierungen, die das Ergebnis von äußeren Einflüssen sind, vorgestellt: die jüngsten Lehrplanreformen und die Einführung bzw. funktionelle Umdeutung des Zentralabiturs als Programm zur Quantifizierung von Systemleistungen.

Kompetenz- und standardorientierte Lehrpläne als Reprogrammierung
Programme können sich in der Systemtheorie Luhmanns – im Gegensatz zu Medium und Präferenzcode – ändern. Dies gilt somit auch für den Lehrplan[47], den Luhmann als zentrales Programm des Erziehungssystems identifiziert. In Deutschland wurden die traditionell inhaltlich ausgerichteten Lehrpläne in den letzten Jahren sukzessive durch Kernlehrpläne ersetzt.[48] Diese umfassen Erwartungen an „Kompetenzen", die die Schüler_innen erwerben sollen, und machen nur noch grobe inhaltliche Vorgaben. Die Kompetenzen werden als „Standards" auf Überprüfbares herunter gebrochen. Es handelt sich bei den neuen Lehrplänen weiterhin um top-down implementierte Innovationen. Ergänzt werden die Kernlehrpläne aber durch schulinterne Lehrpläne[49] (Schulcurricula, schulinterne Lehr- und Lernpläne, schulinterne Lehr- und Arbeitspläne), die die Inhalte (und Kompetenzen) spezifizieren. Dies entspricht den Prinzipien der im Abschnitt 2.2.3.1 beschriebenen „neuen Steuerung", da den Schulen in der Frage der Unterrichtsinhalte eine größere Autonomie eingeräumt wird. Interessant ist nun im Rahmen dieses Kapitels, wie die Entscheidungen der Bildungsadministration die Steuerung mittels Lehrplänen (als Steuerung über Orientierungsgrößen vgl. Abschnitt 2.2.3.1) zu verändern, begründet werden. Als Beispiel werden die jüngsten Reformen der baden-württembergischen Lehrpläne herangezogen.

Nach den Bildungsplänen von 2001 wurden 2004 neue kompetenzorientierte Bildungspläne eingeführt. Als Anlässe werden im Einführungskapitel des Bildungsplans von Hentig der wissenschaftliche und technische Fortschritt sowie das „wirtschaftliche und politische Zusammenwachsen der Welt" genannt (2004,

---

[47] oder Kernlehrplan, Kerncurriculum, Rahmenplan, Bildungsplan, Fachanforderung usw.
[48] nicht in Sachsen und Bayern.
[49] nicht in Sachsen und Bayern.

S. 10). Der Bildungsplan für das Gymnasium umfasst zum Beispiel nach einer allgemeinen Einleitung (u. a. Grundsätze der Kompetenzorientierung, grundlegende Einstellungen, Fähigkeiten, Interessen), Bildungsstandards der Fächer und Fächerverbünde. Zugehörig zu den Bildungsstandards wurden verbindliche Niveaukonkretisierungen und unverbindliche Umsetzungsbeispiele veröffentlicht.

„Während frühere Bildungsplangenerationen vorrangig ausweisen, was zu unterrichten ist, schreiben die neuen Bildungspläne vor, welche Kompetenzen Kinder und Jugendliche erwerben müssen. Hiermit wird ein Wechsel von einer Input- zu einer Outputsteuerung vollzogen. Die Etappen werden in den unterschiedlichen Schularten durch die Ausweisung von Bildungsstandards – überwiegend im Zweijahresrhythmus – gekennzeichnet. Diese beschreiben fachliche, personale, soziale und methodische Kompetenzen der Schülerinnen und Schüler. Diesen Kompetenzen sind in Form eines Kerncurriculums Inhalte zugeordnet, die so ausgewählt sind, dass sie in rund zwei Dritteln der verfügbaren Unterrichtszeit erarbeitet werden können." (Ministerium für Kultus, Jugend und Sport Baden-Württemberg, 2017)

Damit war der Schritt von der Input- zur Outputorientierung getan.

Die Ziele des Bildungsplans 2004 werden im Vorwort der damaligen Bildungsministerin mit erstens einer „anregenden und motivierenden Lernkultur" und andererseits mit einer Weiterentwicklung der „Qualität schulischer Arbeit" begründet (Schawan, 2004, S. 7). Die Einführung von Bildungsstandards erleichtere die „Vergleichbarkeit der Ergebnisse" und biete „eine bessere Orientierung im Blick auf die Ergebnisse schulischer Bildung und Abschlüsse" (Schawan, 2004, S. 7–8). Die Kombination aus Kerncurriculum und Schulcurriculum solle die „pädagogische Selbstständigkeit der Gestaltung der Lernkultur" stärken, es ergäben sich „größere pädagogische Handlungsspielräume" für die Lehrer_innen (Schawan, 2004, S. 7–8). Neben dem „Baustein" der Bildungsstandards werde „ein System der Qualitätsentwicklung" die „Evaluation von Unterricht" ermöglichen:

„Damit werden erstmals Instrumente entwickelt, die Schulische Arbeit für die Betroffenen und die interessierte Öffentlichkeit durchschaubar machen und Hilfestellung zur Weiterentwicklung der jeweiligen Unterrichts- und Schulkultur geben." (Schawan, 2004, S. 8)

Explizit verweist die Ministerin auf die Umstellung auf die „neue" Steuerung, „für die es im internationalen Vergleich viele gute Beispiele" gebe und nennt zentrale Abschlussprüfungen „die konsequente Fortsetzung dieser Steuerung" (Schawan, 2004, S. 8).

2016 wurde in Baden-Württemberg erneut ein neuer Bildungsplan verabschiedet. Als Anlässe werden der demographische Wandel mit sinkenden
Schülerzahlen, eine größere Multikulturalität, aber auch der vom „baden-
württembergische[n] Industrie- und Handelskammertag prognostizierte[n] [...]
flächendeckende[n] Fachkräftemangel" und die von der „Kultusministerkonferenz" prognostizierte sinkende „Zahl der Studienanfänger" sowie die durch die
„im Zuge der Umsetzung der UN-Behindertenrechtskonvention von 2006" im
„Schulgesetz" verankerte Inklusion genannt (Ministerium für Kultus, Jugend und
Sport Baden-Württemberg, 2016). Zudem habe man 2004 noch nicht auf die
„bildungstheoretischen, pädagogischen und fachdidaktischen Diskussionen des
Kompetenzverständnisses sowie die schulpraktischen Erfahrungen zurückgreifen
[können], die in den Jahren nach Einführung der KMK-Bildungsstandards gesam-
melt wurden" (Ministerium für Kultus, Jugend und Sport Baden-Württemberg,
2016).

Der Bildungsplan ist nun grundsätzlich kompetenzorientiert aufgebaut und
orientiert sich an den bundesweiten Bildungsstandards (Ministerium für Kultus,
Jugend und Sport Baden-Württemberg, 2016). Neben sechs übergeordneten „Leitperspektiven" (Bildung für nachhaltige Entwicklung, Bildung für Toleranz und
Akzeptanz von Vielfalt, Prävention und Gesundheitsförderung, berufliche Orientierung, Medienbildung und Verbraucherbildung) gibt es fachbezogene Bildungspläne (Ministerium für Kultus, Jugend und Sport Baden-Württemberg, 2016).
Diese weisen „prozessbezogene Kompetenzen" auf, die bis zum Ende des Bildungsganges erworben werden sollen und „inhaltsbezogene Kompetenzen", die
die Schüler_innen zu bestimmten Zeitpunkten (Ende einer Klassenstufe) beherrschen sollen (Ministerium für Kultus, Jugend und Sport Baden-Württemberg,
2016). Mit dem Bildungsplan 2016 gehen auch strukturelle Änderungen einher, so werden beispielsweise die schulartspezifischen Fächerverbünde aufgelöst
und ein neues Fach „Wirtschaft / Berufs- und Studienorientierung" eingeführt
(Ministerium für Kultus, Jugend und Sport Baden-Württemberg, 2016). Wiederum wird auf die „neue Steuerung" verwiesen und nun explizit die PISA-Studie
als Auslöser genannt:

> „Die Bildungssysteme der Länder wurden durch die Ergebnisse der internationalen
> Schulleistungsvergleiche wie PISA oder TIMMS um das Jahr 2000 kalt erwischt. [...]
> Durch diese für Deutschland ernüchternden Ergebnisse hat sich die staatliche Sicht
> auf die Frage grundlegend gewandelt, wie die Qualität des Schulsystems am besten
> gesteuert werden kann. Die Aufmerksamkeit richtete sich nicht mehr allein auf die
> Frage, welche fachlichen Inhalte, welcher ‚Stoff' also in der Schule beigebracht wer-
> den soll, sondern stärker auch auf die Frage, was Schülerinnen und Schüler am Ende
> bestimmter Bildungsabschnitte wirklich wissen und können (sollen)." (Ministerium
> für Kultus, Jugend und Sport Baden-Württemberg, 2016)

Die angeführten Strategien und Begründungen zur Einführung neuer Lehrpläne sind auch in den anderen Bundesländern in ähnlicher Form zu finden. Als Gründe für den Wechsel zur „neuen Steuerung" werden Schulleistungsstudien[50] angeführt. Als Ziele werden bessere individuelle Zukunftschancen der Schüler_innen insbesondere in Studium und Beruf[51] zum Wohle der Gesellschaft[52] genannt. Mit dem Wechsel zu outputorientierten Lehrplänen sind Maßnahmen wie Standardisierung[53], Individualisierung[54], Kompetenzorientierung[55], zentrale Abschlussprüfungen[56], schulinterne Lehrpläne[57] und eine größere Schulautonomie[58] verbunden. Als Akteure, die die Entscheidung maßgeblich beeinflusst haben, werden die

---

[50] Siehe zum Beispiel bei Löhrmann (2014, S. 3) für NRW: „Vor dem Hintergrund der Ergebnisse internationaler und nationaler Schulleistungsstudien […]."

[51] Siehe zum Beispiel Hessische Lehrkräfteakademie (2015, S. 3) für Hessen: „Das Kerncurriculum Erdkunde […] beschreibt die Ziele des Lernens […] ausgerichtet auf Anforderungen in Studium und Berufsausbildung."

[52] Z. B. Schleswig-Holstein: „Ziele sind: Schülerinnen und Schüler zur Mitwirkung an den gemeinsamen Aufgaben in Schule, Beruf und Gesellschaft zu befähigen und allen zur Entfaltung ihrer individuellen geistigen, seelischen und körperlichen Fähigkeiten, Neigungen und Begabungen zu verhelfen", so das Ministerium für Bildung, Wissenschaft und Kultur [Schleswig-Holstein] (2017).

[53] Z. B. Hamburg: „Der Bildungsplan orientiert sich an allgemeinen und fachspezifischen Bildungsstandards, die kompetenzorientiert formuliert sind", so die Freie und Hansestadt Hamburg (2009, S. 4).

[54] Z. B. Sachsen-Anhalt: „im Mittelpunkt der neuen Lehrplangeneration [steht] die Weiterentwicklung der Qualität des Unterrichts in Richtung Kompetenzorientierung und Individualisierung von Lernprozessen", so das Landesinstitut für Schulqualität und Lehrerbildung Sachsen-Anhalt (2014, S. 1).

[55] Z. B. Bremen: „In den Standards werden die Lernergebnisse durch fachbezogene Kompetenzen beschrieben, denen fachdidaktisch begründete Kompetenzbereiche zugeordnet sind", so dieFreie Hansestadt Bremen (2008, S. 4).

[56] Z. B. NRW: „Instrumenten der Standardüberprüfung wie Vergleichsarbeiten, Zentrale. Prüfungen am Ende der Klasse 10, Zentralabitur", so Löhrmann (2014, S. 3).

[57] Z. B. Brandenburg: „Das Kerncurriculum ist die verbindliche Basis für die Gestaltung des schulinternen. Curriculums, in dem der Bildungs- und Erziehungsauftrag von Schule standortspezifisch konkretisiert wird. Dazu werden fachbezogene, fachübergreifende und fächerverbindende Entwicklungsschwerpunkte sowie profilbildende Maßnahmen festgelegt", so das Ministerium für Bildung, Jugend und Sport Land Brandenburg (2011, S. 6).

[58] Z. B. Sachsen-Anhalt: „Dieser Rahmen ermöglicht es, dass die Schulen ihre spezifischen Bedingungen berücksichtigen. Als Handlungsgrundlage für den Unterricht in allen Fächern und Schuljahrgängen ist dazu eine schulinterne Planung notwendig, deren Gestaltung die Schulen eigenständig vornehmen", so das Landesinstitut für Schulqualität und Lehrerbildung Sachsen-Anhalt (2014, S. 2).

OECD[59], die KMK[60], Bildungsforschung[61] und andere Bundesländer[62] genannt. Als von den Innovationen Betroffene[63] werden Lehrer_innen, Schüler_innen und Eltern, aber auch die Schulaufsicht sowie Schulbuchverlage angeführt.

Es stellt sich nun die Frage, ob der Lehrplan als *das* Programm des Erziehungssystems durch die „neue Steuerung" an Bedeutung gewonnen oder verloren hat. Für den Gewinn spräche, dass eine Reduzierung auf den Kern eines Fachs, sozusagen das Wichtigste, die Bedeutung erhöht. Für den Verlust spräche die Übertragung der Verantwortung für die Inhalte des Unterrichts auf die Schulen, die die schulinternen Lehrpläne selbst entwickeln und verabschieden.

Hier muss einschränkend festgestellt werden, dass Beispiele für schulinterne Lehrpläne seitens der Schulorganisation – also als Top-down-Empfehlungen – veröffentlicht werden. Hier ein Beispiel aus Nordrhein-Westfalen:

---

[59] Z. B. NRW:„„Klare Ergebnisorientierung in Verbindung mit erweiterter Schulautonomie und konsequenter Rechenschaftslegung begünstigt gute Leistungen. (OECD, 2002)'", so in Löhrmann (2014, S. 3).

[60] Z. B. Mecklenburg-Vorpommern: „Die Kultusministerkonferenz hat bundesweit geltende Bildungsstandards für wichtige Fächer für alle Schularten entwickelt und eingeführt. Alle Länder sind verpflichtet, die Bildungsstandards in ihren Rahmenplänen zu implementieren und in den Schulen umzusetzen", so das Ministerium für Bildung, Wissenschaft und Kultur des Landes Mecklenburg-Vorpommern (o. J.) oder Hamburg: „Der Bildungsplan für die gymnasiale Oberstufe berücksichtigt die in der „Vereinbarung zur Gestaltung der gymnasialen Oberstufe in der Sekundarstufe II" festgelegten Rahmenvorgaben sowie die von der Kultusministerkonferenz (KMK) festgelegten „Einheitlichen Prüfungsanforderungen in der Abiturprüfung" (EPA) in der jeweils gültigen Fassung", so in Freie und Hansestadt Hamburg (2009, S. 4).

[61] Z. B. NRW: „durch umfassende Bildungsforschung gestützte Qualitätsdiskussion", so in Löhrmann (2014, S. 3).

[62] Z. B. Niedersachsen: „Die Mitarbeiter des Kultusministeriums achten darauf, dass die Kerninhalte und die fachlichen Kompetenzen sich im Bereich dessen halten, was auch in anderen Bundesländern für erforderlich gehalten wird", so Niedersächsisches Kultusministerium (2015a).

[63] Z. B. Niedersachsen: „Die Lehrpläne haben mehrere Funktionen. Den Lehrkräften bieten sie einen verbindlichen Rahmen für die Unterrichtstätigkeit und Orientierungen für eigene Entscheidungen. Den Schülerinnen und Schülern sowie den Eltern geben sie Informationen darüber, welche Kompetenzen am Ende von bestimmten Schuljahrgängen erwartet werden. Für die Schulaufsicht bieten die Lehrpläne Anhaltspunkte für die Wahrnehmung der Fachaufsicht. Die Schulbuchverlage orientieren sich bei der Herstellung der Schulbücher recht genau an den geltenden Lehrplänen, weil sie damit die Chancen verbessern können, dass die Bücher für den Einsatz im Unterricht genehmigt werden", so Niedersächsisches Kultusministerium (2015a).

„Als Beispiel für einen schulinternen Lehrplan auf der Grundlage des Kernlehrplans Geographie für die Gymnasiale Oberstufe steht hier der schulinterne Lehrplan eines fiktiven Gymnasium im Norden Kölns zur Verfügung. Neben der Online-Fassung wird dieser auch zum Download angeboten." (Qualitäts- und UnterstützungsAgentur – Landesinstitut für Schule [NRW], 2013)

Eine erste online-Recherche, die keine systematische Untersuchung darstellt, zeigt beispielhaft für die schulinternen Lehrpläne für das Fach Geographie der Oberstufe in Nordrhein-Westfalen, dass viele Schulen sich stark am Beispielcurriculum orientieren und weite Teile wortgleich übernehmen.[64] Ergänzt werden die Vorschläge seitens der Schulen dann durch Hinweise auf zu verwendende Unterrichtsmaterialien, insbesondere auf Seiten im verwendeten Schulbuch, oder Methoden.

Des Weiteren werden in Bundesländern mit Zentralabitur für die Fächer, die zentral geprüft werden, oftmals verbindliche Unterrichtsinhalte vorgegeben, die im Unterricht als Prüfungsvorbereitung zu behandeln sind.[65] Außerdem wird den Lehrer_innen durch die Veröffentlichung der alten Zentralabiturklausuren auf den Internetseiten der Schulorganisation, im Intranet oder durch Schulbuchverlage vor allem ein *Themen*kanon zur Kenntnis gegeben.[66]

Neben dieser vielfältigen Einflussnahme auf Inhalte „von oben" durch Musterlehrpläne, Themenkanons für das Zentralabitur und die Zentralabiturklausuren selbst, die der postulierten größeren Autonomie der Schulen bei der inhaltlichen Ausgestaltung des Unterrichts widerspricht, wurde der teilweise (oder scheinbare?) Verlust an Inputsteuerung durch eine stärkere Outputsteuerung durch Vergleichsarbeiten, zentrale Abschlussprüfungen und Evaluationen wett gemacht (vgl. Abschnitt 2.2.2).

---

[64] Bei der Suche nach dem im Beispiellehrplan vorgeschlagenen Unterrichtsvorhaben IV der Einführungsphase „Förderung und Nutzung fossiler Energieträger im Spannungsfeld von Ökonomie und Ökologie" gibt es über 300 Dokumente mit wortgleicher Formulierung (bei 959 Gymnasien und Gesamtschulen im Schuljahr 2017/18 laut Ministerium für Schule und Bildung des Landes Nordrhein-Westfalen (2018, S. 11)).

[65] so in: Baden-Württemberg, Berlin, Brandenburg, Bremen, Hamburg, Hessen, Mecklenburg-Vorpommern, Niedersachsen, Nordrhein-Westfalen, Schleswig-Holstein.

[66] Die Aufgabenformate im Zentralabitur sind wenig innovativ, wie eine Studie von Kühn (2011) für die Prüfungsfächer Biologie, Chemie und Physik festgestellt hat, sodass der Informationsgehalt für die Lehrer_innen vor allem bei den Themen liegen müsste. Oerke, Maag Merki, Maué und Jäger (2013, S. 39) haben eine tendenzielle Einschränkung der Themenvarianz beim Vergleich von zentral und dezentral geprüften Kursen in Bremen festgestellt. Mehr zu Teaching-to-the-Test-Effekten s. Abschnitt 2.2.4.2.

Das Zentralabitur als Reprogrammierung
Welche Art von Innovation ist das Zentralabitur (vgl. Abschnitt 2.2.3.1)? Es
ist fraglich, ob das Zentralabitur eine *Produktinnovation*, also eine Innovation
des „deutschen Abiturs an sich", ist. Wenn überhaupt im Bundesland bzw.
Unterrichtsfach vorhanden (vgl. Abschnitt 2.2.2.2), macht es nur einen Teil
der Abiturnote aus. Dieser Anteil entsteht aber in jedem Bundesland und von
Schüler_in zu Schüler_in anders[67], daran können die Bemühungen der bundesländerübergreifenden Angleichung einiger Bundesländer, die in einzelnen Fächern
auf Aufgaben aus einem vergleichbaren Aufgabenpool zurückgreifen, auch nur
eingeschränkt etwas ändern.

Es ist eine *Strukturinnovation*, da die Schulorganisation die Aufgabe der Konzeption der Prüfungen an sich gezogen hat und die Lehrer_innen diese nicht mehr
selbst zugeschnitten auf die Lerngruppe entwerfen (und genehmigen lassen).

Das Zentralabitur ist eine *Verfahrensinnovation*, da die unterrichtenden Leh-
rer_innen die Prüfungen vorab nicht mehr kennen und somit nicht mehr nur die
Schüler_innen, sondern indirekt auch die Lehrer_innen und ihr Unterricht auf
die Leistungsfähigkeit hin geprüft werden. Einschränkend muss aber angeführt
werden, dass sich das Zentralabitur mit den Kernmerkmalen „fremdgestellte, wis-
sensakzentuierte Fragen, gleiche Aufgaben für alle, kurze Bearbeitungszeit, keine
oder wenig Hilfsmittel, individuelles Arbeiten, geringer Grad an Selbstforderung"
(Winter, 2012, S. 60) nicht von Klassenarbeiten der Unter- und Mittelstufe sowie
Klausuren im Unterricht der Oberstufe und ehemals dezentralen Prüfungen unterscheidet. Es gibt darüber hinaus auch erste Hinweise, dass im Zentralabitur die
im jeweiligen Bundesland vorherrschende Prüfungskultur noch stärker abgebildet
wird (vgl. Kühn (2011) zur Kritik des Zentralabiturs als Innovationsbremse sowie
Holmeier (2012b), Holmeier (2013) und Marko Neumann, Nagy, Trautwein und
Lüdtke (2009)).

Gerade bei den Bundesländern, die in jüngerer Zeit vom dezentralen zum
zentralen Abitur umgestellt haben, lässt sich die *intendierte Verbesserung* als
vorgebliche Entscheidungsgrundlage dokumentieren. So wird in Nordrhein-
Westfalen vor allem das Ziel der Vergleichbarkeit angeführt, dass zu mehr
Bildungsgerechtigkeit führe:

---

[67] Etwa: Anzahl Prüfungen auf grundlegendem und erhöhtem Anforderungsniveau, Aus-
wahlmöglichkeiten und -restriktionen bei der Wahl der Fächer, Art der Prüfungen, alle oder
manche Prüfungsfächer zentral geprüft, Möglichkeit der Auswahl von Klausuraufgaben,
Anteil der zentralen Prüfungen an der Gesamtnote usw. Bellenberg (2008, S. 224) schlägt
deshalb den Begriff der „teilzentralen Prüfungselemente[n]" vor.

„Zentrale Prüfungen sichern die Vergleichbarkeit der Anforderungen und damit auch die Vergleichbarkeit der Ergebnisse. Sie dienen der Feststellung des tatsächlich erreichten Leistungsstandes und der Einhaltung vorgegebener Standards. Zentrale Prüfungen schaffen zugleich mehr Transparenz und sorgen für mehr Bildungsgerechtigkeit." (Ministerium für Schule und Bildung des Landes Nordrhein-Westfalen, 2011)

In Hessen werden die Vorteile des Zentralabiturs im einheitlichen Format der Prüfungsaufgaben, einer gesteigerten Objektivität der Prüfungen und der besseren Vergleichbarkeit der Abiturzeugnisse aus Sicht Dritter als Argumente angeführt:

„Welchen Vorteil bietet ein Landesabitur mit zentralen Prüfungen?

Alle Schülerinnen und Schüler erhalten zeitgleich in den schriftlichen Prüfungsfächern einheitliche Abituraufgaben zur Wahl. Dies bedeutet größtmögliche Objektivität für alle Schülerinnen und Schüler.

Leistungen in zentral geregelten Abschlussprüfungen sind transparent und berechenbar für Hochschule und Wirtschaft. Schule schafft auf diese Weise Verlässlichkeit. Das Landesabitur wertet den Abschluss außerdem auf. Schlussendlich steigen damit auch die Aus- und Weiterbildungschancen für Abiturientinnen und Abiturienten.

Zentrale Prüfungsaufgaben mit einem einheitlichen Format (Erscheinungsbild, Aufbau, inhaltliche Strukturierung etc.) tragen zu einer weiteren formalen Qualitätsverbesserung im Landesabitur bei." (Hessisches Kultusministerium, 2017, S. 2–3)

In Schleswig-Holstein wird besonders die Evaluationsfunktion des Zentralabiturs herausgestellt, die zu einer Qualitätsverbesserung führen soll:

„Zur Sicherung der Vergleichbarkeit und Qualität aller schulischen Abschlüsse hat die Landesregierung schrittweise zentrale Abschlussprüfungen in Schleswig-Holstein eingeführt. Sie dienen der Überprüfung der Standarderreichung am Ende eines Bildungsganges. [...] Durch identische Aufgabenstellungen, die sich an den Bildungsstandards der KMK orientieren, und durch das angestrebte standardisierte Vorgehen bei der Durchführung und Korrektur der Prüfungsarbeiten sowie deren Bewertung werden direkte Vergleiche zwischen verschiedenen Schülern, Klassen und Schulen sowie Vergleiche mit dem Landesergebnis möglich. Hieraus können sich wertvolle Impulse für die Unterrichtsentwicklung ergeben.[...] Entscheidend ist, dass es in der Schule ein Konzept für die systematische Befassung mit den Ergebnissen der zentralen Abschlussprüfungen gibt und Schlussfolgerungen für die Unterrichtspraxis gezogen werden [...]." (Ministerium für Bildung und Kultur des Landes Schleswig-Holstein, 2011, S. 7)

Es werden, dies wird aus den drei Beispielen aus Nordrhein-Westfalen, Hessen und Schleswig-Holstein ersichtlich, vor allem zwei Ziele des Zentralabiturs formuliert: *Selektion und Evaluation*. Die Selektionsfunktion ist die ureigenste Funktion des Abiturs und somit keine Neuerung im Kontext des Zentralabiturs. Als *Selektionsinstrument* ist das Zentralabitur aber in jenen Bundesländern, die in jüngerer Zeit von dezentralen auf zentrale Abschlussprüfungen umgestellt haben, eine Innovation. Die Begründung der Entscheidung pro Zentralabitur als Instrument der Standardsicherung nach PISA wurde allerdings früh kritisiert und die Evidenzbasierung in Frage gestellt:

> „Die Tendenzen [Rekanonisierung, Schulzeitverkürzung, Zentralabitur] scheinen sich unter der Hand bzw. in stillschweigendem Einverständnis darüber, was jetzt zu tun sei, durchzusetzen! Von einer expliziten und stichhaltigen bildungstheoretischen Begründung kann jedenfalls nicht die Rede sein." (L. Huber, 2004, S. 25)

Das Zentralabitur als Selektionsinstrument richtet sich auf eine Verbesserung *außerhalb* des Systems (vgl. Grunddefinition von Innovation nach Aregger (1976, S. 118) in Abschnitt 2.2.3.1): bessere Absolvent_innen, mehr Absolvent_innen und damit mehr Studierende, „Vergleichbarkeit" der Abschlüsse, letztendlich: mehr Wirtschaftskraft. Allerdings vervielfältigen sich die Möglichkeiten ein Studium aufzunehmen und auch die Lebensläufe (Meisterstudium, Fachabitur und Fachhochschulen, erst Ausbildung, dann Studium etc.), sodass das Abitur damit als Voraussetzung für ein Studium an Bedeutung verliert (Friebertshäuser, 2008). Die prädikative Validität durchschnittlicher Schulabschlussnoten in Deutschland ist trotz aller Kritik auch an der Leistungserfassung grundsätzlich gegeben, in jüngerer Zeit berichten Studien sogar von steigenden Validitäten, was sowohl an einer Verbesserung der universitären Leistungserfassung als auch an verändertem Unterricht und veränderter schulischer Leistungserfassung liegen kann (Trapmann, Hell, Benedikt, Weigand, Sonja & Schuler, 2007).

Als *Evaluationsinstrument* im Rahmen der „neuen Steuerung" „nach PISA" ist das Zentralabitur in allen Bundesländern eine Innovation (vgl. „gestützt auf neue Erkenntnisse" nach Aregger (1976, S. 118)). Zwar wurden sicherlich seit jeher Schlüsse aus dem Abschneiden der Schüler_innen gezogen, egal ob dezentral oder zentral geprüft wurde, der Einsatz als zentrales Steuerungsinstrument auf Systemebene ist allerdings neu. Im Sinne der Grunddefinition einer Innovation aus Abschnitt 2.2.3.1 nach Aregger (1976, S. 118) ist hier das *Systemziel* Gegenstand der Innovation. Das Zentralabitur als Evaluationsinstrument richtet sich im Gegensatz zur Funktion als Selektionsinstrument auf eine Verbesserung *innerhalb* des Systems (vgl. wiederum Aregger (1976, S. 118)). Das Zentralabitur dient damit (neben anderen Evaluationsinstrumenten) der Fundierung von Entscheidungen der Schulorganisation:

„Unabhängig von den verwendeten Begriffen und den dahinterstehenden Vorstellungen haben die Akteure in Bildungspolitik und Bildungsadministration (ebenso wie Akteure auf den anderen Ebenen des Bildungswesens) Entscheidungen zu treffen. Dem Wissen der Entscheidungsträger über ihren Entscheidungsbereich kam dabei seit jeher eine große Bedeutung zu. In den letzten Jahren wird hier in zunehmendem Maße die Relevanz einer möglichst exakten Datenbasis hervorgehoben." (Dedering, 2016, S. 54)

Wie ausgehend von der Output-Kontrolle (Lernstandserhebungen, zentrale Abschlussprüfungen, Vergleichsstudien) eine solche evidenzbasierte Entscheidungsfindung und Maßnahmenplanung in der Theorie zu einer Verbesserung schulischer Prozesse und damit letztendlich zu einem besseren Output führen soll, zeigt das „Wirkungsmodell" einer evidenzbasierten Entscheidungsfindung von Maag Merki (2016, S. 154). Die Output-Kontrolle und ist Kernbestandteil des Wirkungsmodells. Durch einen Ist-Soll-Vergleich und dessen Rezeption und Reflexion könnten schulische Prozesse unmittelbar, aber auch durch Maßnahmen der Schulentwicklung, die durch Unterstützungssysteme, Anreizsysteme und/oder Konsequenzen flankiert werden können, beeinflusst werden. Damit fußt es auf der Grundidee der Evaluation:

„Evaluation ist – erstens – ein wissenschaftsbasiertes empirisches Verfahren; sie definiert die Indikatoren, die die Messung qualifizieren. [...] Das zweite Kriterium stellt auf Handlungsfolgen als Resultat von Evaluation ab. Die Informationen, die empirisch gewonnen werden, sollen Entscheidungen fundieren." (Böttcher & Hense, 2016, S. 120)

Die Forderung nach einer Wissenschaftlichkeit von Evaluationen wird auch von der Deutschen Gesellschaft für Evaluation gefordert:

„Evaluation ist datengestützt und arbeitet mit einer Bandbreite empirisch-wissenschaftlicher Methoden. Dies sind insbesondere die quantitativen und qualitativen Methoden der empirischen Sozialforschung. Evaluationen sollen in ihren Zwecken, den angewandten Methoden, der Datenbasis, ihrer Auswertung und ihren Bewertungsgrundlagen nachvollziehbar und kritisierbar sein." (2008, S. 16)

Beim Zentralabitur wird diese allerdings nicht erfüllt. Dies gilt auch für viele
der „fachlichen Standards", die sich auf die Qualitätsmerkmale „Nützlichkeit", „Durchführbarkeit", „Fairness" und „Genauigkeit" beziehen (Deutsche
Gesellschaft für Evaluation, 2008, S. 23–38).[68]

Im Folgenden wird das Zentralabitur als Evaluation anhand der Merkmale:
1) Evaluationsgegenstand, 2) Zweck der Evaluation, 3) Leistungsschwerpunkt,
4) Nutzer_innen und Adressat_innen und Beteiligte, 5) zugrunde liegende Werte
und 6) Methodik (Deutsche Gesellschaft für Evaluation, 2008, S. 17) vorgestellt.

1) Je nach Sichtweise wird das Schulsystem des Bundeslandes (z. B. Bildungsorganisation, Politik, Öffentlichkeit, KMK), das Unterrichtsfach (z. B.
   Fachverbände), die Schule (Schulleitung, Kollegium), der Kurs (z. B. Schulleitung, Lehrende, Schüler_innen), die/der einzelne Schüler_in (z. B. Lehrende,
   Schüler_in) als Evaluationsgegenstand angesehen.

2) Als übergeordneter Zweck der Evaluation kann beim Zentralabitur die „Opti-
   mierung der Programmsteuerung" (Stockmann & Meyer, 2014, S. 80) angesehen werden. Diese hat vier Funktionen: „Gewinnung von Erkenntnissen",
   „Ausübung von Kontrolle", „Auslösung von Entwicklungs- und Lernprozessen" und „Legitimation der durchgeführten Maßnahmen, Projekte oder
   Programme" und als „pathologische Seite" die „taktische Funktion", wenn
   politische Entscheidungen (nachträglich) legitimiert werden sollen (Stockmann & Meyer, 2014, S. 81–83). Alle Funktionen (mit Ausnahme der
   taktischen) sind immer Bestandteil einer Evaluation, es solle aber immer eine
   „prioritäre Funktion" festgelegt werden, die „die Herangehensweise und [...]
   das Design und die Durchführung" bestimmt (Stockmann & Meyer, 2014,
   S. 83). Da die Evaluationsfunktion eine dem (Zentral)abitur neu zugeschrie-
   bene Funktion bei gleichbleibender Methodik ist, kann eine hauptsächliche
   und gezielte Ausrichtung auf eine der Funktionen ausgeschlossen werden.

---

[68] So sind die Evaluationszwecke widersprüchlich, da Individual- und Systemevaluation
zugleich erfolgen sollen (Standard „N 2 Klärung der Evaluationszwecke"). Das Zentralabitur genügt nicht den Ansprüchen an ein wissenschaftliches Erhebungsinstrument (Standard
„D 1 Angemessene Verfahren", Standards „G 5 Valide und reliable Informationen"). Das
Zentralabitur wird nicht von externen Dritten entwickelt, durchgeführt, ausgewertet und in
einem Bericht zusammengefasst, sondern Akteur_innen aus der Schulorganisation und Leh-
rer_innen sind teilweise unter Mitwirkung Dritter involviert (Standard „F 4 Unparteiische
Durchführung und Berichterstattung"). Der Kontext der Schüler_innenleistung wird nicht
in die Untersuchung einbezogen (Standard „G 2 Kontextanalyse"). Es wird nicht systematisch nach methodischen Fehlern gesucht (Standard „G 6 Systematische Fehlerprüfung"). Es
fehlen begründete Schlussfolgerungen (Standard „G 8 Begründete Schlussfolgerungen").

Als Funktionen von Evaluationen im Schulkontext werden die Rechenschaftslegung[69], Qualitätsentwicklung, Inklusion sowie Bildungsgerechtigkeit thematisiert (Kopp, 2008, S. 13). Hinzu kommt beim Zentralabitur das Ziel, die Prüfungsaufgaben selbst zu evaluieren, damit „datengestützte Erkenntnisse zur Qualität der gestellten Prüfungsaufgaben" generiert und eine Qualitätsentwicklung der Prüfungen angeregt werden (Behrendt-Genilke & Laag, 2018, S. 7). Wenn die Hauptfunktion der Evaluation mittels Zentralabitur nicht genau bestimmbar ist, gilt dies ebenso für den „Entwicklungsmodus" (Böttger-Beer & Koch, 2008, S. 254–255). Mögliche Modi sind die Entwicklung über Einsicht, über Wettbewerb, über Sanktionen oder über Unterstützung (Böttger-Beer & Koch, 2008, S. 254).

3) Auch der Leistungsschwerpunkt kann aus verschiedenen Perspektiven unterschiedlich sein (Kühn, 2010, S. 44). Aus Sicht der Schüler_innen ist es eine summative Evaluation am Ende der Schullaufbahn. Als fortwährende Überprüfung des Schulsystems, Unterrichts und der Prüfungsaufgaben im Reformprozess ist es eine formative Evaluation.

4) Zu den Nutzer_innen und Adressat_innen zählen Politiker_innen, die Schulorganisation, die Lehrer_innen und auch die Schüler_innen, auch wenn diese als Akteur_innen oft wenig beachtet würden (Altrichter, Moosbrugger & Zuber, 2016, S. 267). Die Betroffenen sind alle am System Schule Beteiligten, vor allem die Lehrer_innen und Schüler_innen. Kopp (2008, 24) moniert „eine beachtliche Divergenz zwischen Rhetorik und Realität": „Die weitgehend homogene Rhetorik der neuen Bildungssteuerungsphilosophie suggeriert eine einheitliche Interessenlage aller Beteiligten, die diese Rhetorik verwenden. Tatsächlich sind die Interessen der beteiligten Akteure zum Teil sehr verschieden […]."

---

[69] Vgl. den Begriff der „Wertschöpfungskette Bildung" z. B. bei Reuter, Doyé und Pechlaner (2011, S. 157) oder der Begriff der „Bildungserträge" als „Erträge auf dem Arbeitsmarkt", „monetäre Erträge" und „nicht-monetäre Erträge außerhalb des Arbeitsmarktes (z. B. Gesundheit)" im nationalen Bildungsbericht der Autorengruppe Bildungsberichterstattung (2018). Kopp (2008, S. 13, 21) resümiert: „Zwar gibt es unterschiedliche Auffassungen von der Hauptaufgabe der Schule, aber ein Aspekt, der für die heutige Bildungspolitik zentrale Bedeutung hat, ist die Effektivität der eingesetzten Finanzmittel." und „Die Evaluationspraxis hat in Deutschland erst vor relativ kurzer Zeit Eingang gefunden. Bisher praktizierte Evaluationen dienten nicht selten vorrangig der Legitimierung bildungs- und finanzpolitischer Vorgaben und lassen vom wissenschaftlichen Standpunkt aus noch wesentliche Desiderate offen."

Trotz dieser zahlreichen Unklarheiten und methodischen Schwächen gilt das Zentralabitur neben Vergleichsarbeiten als nationale „Schulleistungsmessung", so auch im Methoden-Lexikon für die Sozialwissenschaften:

> „[…] als Antwort auf die internationalen Vergleichsstudien setzte sich in Deutschland durch die Allianz von Bildungspolitik und Schulforschung das Konzept der Messung der Kompetenzen der Schülerinnen und Schüler durch. […] Mithilfe des Zentralabiturs lassen sich […] Aussagen über die Leistungsfähigkeit des Schulsystems treffen (Systemmonitoring)." (Böttcher, 2015, S. 359)

5) Neben der Frage, ob das Zentralabitur als Evaluationsinstrument überhaupt tauglich ist, gibt es neuere Erkenntnisse, die die Schlüssigkeit des Wirkungsmodells der evidenzbasierten Entscheidungsfindung in Frage stellen. So zeigt Dedering (2008, 2009a, 2009b, 2016) am Beispiel der Rezeption der ersten PISA Studie 2000 und der dritten PISA Studie 2006 auf, dass das Wirkungsmodell der evidenzbasierten Entscheidungsfindung zur Qualitätsverbesserung auf der Ebene der Schulorganisation nur eine eingeschränkte Gültigkeit besitzt. Die Rezeption der Ergebnisse sei gegeben[70], es hapere aber an den „sach- und problemorientierten Entscheidungen für die notwendigen Entwicklungsmaßnahmen" (Dedering, 2016, S. 61):

> „Die Nutzung der PISA-Ergebnisse wird also oftmals nicht von einer wissenschaftlich angeleiteten Evaluationslogik bestimmt. Vielmehr konnte empirisch nachgezeichnet werden, dass die Ergebnisse von PISA vielfach politisch-taktisch verarbeitet werden. Sie werden erstens zur nachträglichen Bestärkung bzw. Legitimierung bereits getroffener Entscheidungen (durch die Entscheidungsträger bzw. Entscheidungsträgerinnen) herangezogen. […] Damit in engem Zusammenhang steht zweitens die Verwendung der PISA-Ergebnisse zum Zwecke eines Erhalts oder Gewinns von politischer Macht der Entscheidungspersonen: Entscheidungen werden für solche Maßnahmen getroffen, die zugleich die öffentliche Akzeptanz der Regierungspolitik und die Legitimationsbasis des Ministeriums stärken. […] Drittens werden die PISA-Ergebnisse von allen bildungspolitischen Akteuren zur Untermauerung politischer Forderungen bzw. Interessen genutzt, die

---

[70] Die Evidenzverarbeitung könne bejaht werden. Es gebe zwei unterschiedliche Herangehensweisen der Nutzung: eine Strategie sei es, von einem Problem ausgehend Daten zu analysieren, eine andere Möglichkeit sei es, die Daten selbst als Ausgangspunkt zu nehmen. Die Tiefe der Rezeption der Ergebnisse nehme aber mit der Zeit ab und die Zahl der in die Maßnahmenplanung eingebundenen Personen sinke. Dafür gebe es zunehmend Austausch mit Akteuren aus der Wissenschaft, so Dedering (2009a, S. 491–492, 2016, S. 59–61).

schließlich auch zur Durchsetzung längerfristig verfolgter Ziele führen können."
(Dedering, 2016, S. 62)[71]

Die Maßnahmen würden zudem top-down, so bei der Einführung von Vergleichsarbeiten in Thüringen, oder top-down mit teilweiser Beteiligung anderer Akteure,
so bei der Weiterentwicklung des Ganztagsschulangebots in Bremen, implementiert (Dedering, 2008, S. 885). Die große mediale Aufmerksamkeit, die die PISA
Studie in Deutschland bekommen hat[72], hat also einerseits Druck auf die Politik
und Schulorganisation ausgeübt, etwas zu tun, andererseits wurden die Entscheidungen nicht auf der Basis von Evidenzen, sondern auf der Basis anderer Motive
getroffen. Bellmann (2016, S. 151) verweist darauf, dass das „Narrativ evidenzbasierter Politik unverkennbar *normative* Züge" habe, was nicht verwunderlich
sei. Er kritisiert aber, dass dies nicht offengelegt werde.

6) Neben der Vorgabe von „Eckpfeilern" durch die Schulorganisation sieht die
   „neue Steuerung" ein „‚nachrangiges' Steuerungshandeln" der teilautono-
   men Schulen vor (Dedering, 2008, S. 885). Die Bildungspolitik sieht die
   „an extern formulierten Standards orientierte zentrale Leistungsüberprüfungen
   zum Abschluss von Schullaufbahnen" als „geeignete evaluative Verfahren"
   zur Steuerung der Schulentwicklung und zur Qualitätsverbesserung an (Kühn,
   2010, S. 47). Auch bei den Lehrer_innen wird davon ausgegangen, dass sie
   im Sinne des Wirkungsmodells evidenzbasierte Entscheidungen treffen und
   geeignete Maßnahmen umsetzen. Allerdings zeigt sich, dass es kaum Belege
   für einen „rationalisierenden Durchgriff der wissenschaftlichen Forschung auf
   die Praxis" gibt (Kuper, 2006, S. 9). Der Nutzen der Ergebnisrückmeldung
   wird von Lehrer_innen zwar hoch eingeschätzt, es werden aber daraus keine
   geeigneten Maßnahmen abgeleitet (Dedering, 2011, S. 78–79). Altrichter,
   Moosbrugger und Zuber (2016, S. 265) nennen die „Rückmeldung von Daten

---

[71] Vgl. zur Legitimationsfunktion auch, Böttcher et al. (2009, S. 15), die annehmen, dass
„das Wissen um Wirkungen von politisch initiierten Maßnahmen [Anm. d. Verf.: durch die
Politik] nur dann akzeptiert werden dürfe, wenn sie sich mit den Intentionen decken."

[72] „Public reactions to PISA in diverse national contexts reveal differing degrees of saliency
of the topic of education: the media coverage in the countries participating in PISA is as
diverse as the results. In some countries, such as the US, Canada, Poland and Great Britain,
the media has paid comparatively little attention to the OECD study and the respective coun-
try's performance in it. In other countries, such as Germany, Spain, Mexico and Austria, by
contrast, PISA has been the subject of broad media coverage [...], and the publication of the
results has been accompanied by an extensive public discourse on education." s. Martens und
Niemann (2013, S. 320).

und deren innerschulische Nutzung" „zweierlei Welten", van Ackeren et al.
(2011, S. 179) sprechen von einem „weiten" „Weg des Wissens".

> „Insgesamt entsteht der Eindruck, dass häufig überzogene Erwartungen an das
> Instrument Datenfeedback und sein Potential zur Rationalisierung und Steue-
> rung der Entwicklung von Schule und Unterricht vorliegen. Datenfeedback ist als
> Steuerungsinstrument ausgesprochen voraussetzungsvoll. Rückgemeldete Daten
> über Prozesse, Bedingungen und Ergebnisse von Unterricht und Schule ‚steuern'
> nicht direkt, sondern können eine etwaige Steuerungswirkung nur über vielfa-
> che Vermittlungsprozesse entfalten – Vermittlungsprozesse, die aus rezeptiven
> und konstruktiven Aktivitäten verschiedener Akteure auf der Basis bestehender
> Einstellungen und Kompetenzen sowie in bestimmten strukturellen Bedingungen
> bestehen." (Altrichter, Moosbrugger & Zuber, 2016, S. 268)

Auch ist zu bedenken, dass die erfassten Leistungen immer nur einem „Ausschnitt
der empirisch darstellbaren Realität des Bildungssystems" entsprechen (Kuper,
2006, S. 10).

Die geschilderten Problemlagen betreffen die daten- oder evidenzbasierte
Schulentwicklung im Allgemeinen. Bei zentralen Abiturprüfungen bestehen z. B.
im Gegensatz zu den internationalen Vergleichsstudien bezüglich der Wissenschaftlichkeit der „Evaluation" zudem die oben genannten Einschränkungen,
sodass angenommen werden kann, dass die aus den Zentralabiturergebnissen
abgeleiteten Evidenzen nicht die erforderlichen Qualitätskriterien erfüllen und
die Relevanz der Informationen für das Problemlösen gering ist (Dedering, 2016,
S. 56).[73]

Bislang steht auch noch in Frage, ob das Zentralabitur zu einer Qualitätsver-
besserung durch Rezeption der Ergebnisse auf der Ebene der Einzelschulen führt
(Demski, 2017, S. 101). Appius (2012, S. 115) hat aus ihren Untersuchungen der
Kooperation von Lehrer_innen im Zusammenhang mit dem Abitur in Bremen

---

[73] „Die Evidenz muss bestimmten Qualitätskriterien genügen. Insbesondere müssen die
Informationen aussagekräftig sein. Die Entscheidungsträger und Entscheidungsträgerinnen
als Nutzer müssen die zur Verfügung gestellte Evidenz zunächst einmal zur Kenntnis nehmen. Sie müssen dann über die erforderliche Kompetenz zu ihrer Rezeption und Verarbeitung
verfügen. Ferner müssen sie den Informationen eine hinreichende Relevanz für die Lösung
von Problemen zugestehen. Die Entscheidungsträger und Entscheidungsträgerinnen müssen
sich sodann durch eine Sach-, Problem-, Bedarfs- und Adressatenorientierung auszeichnen: Ihre Zielausrichtung muss die Verbesserung der Schulqualität sein. Die von den Ent-
scheidungsträgern und Entscheidungsträgerinnen auf den Weg gebrachten Maßnahmenpro-
gramme müssen sich durch eine angemessene Problemlösungskapazität und Bedarfsdeckung
auszeichnen. Darüber hinaus müssen sie positive Auswirkungen auf die Schülerleistungen
bzw. die Qualität des Bildungssystems insgesamt haben", so Dedering (2016, S. 56).

und Hessen erste Hinweise dafür, dass die Kooperation durch die Einführung des Zentralabiturs „nur bedingt" beeinflusst wurde.

Die Funktionen des Zentralabiturs
Die in diesem Kapitel aufgezeigten Zusammenhänge sind in Abbildung 2.5 zusammengefasst. Lehrplan und Abitur sind die dominierenden Programme des Erziehungssystems in der Oberstufe. Sie richten sich auf das Angebot (Lehrplan, indirekt Abitur) sowie auf den Ertrag (Abitur) des Unterrichts (Angebots-Nutzungsmodell s. Abschnitt 2.2.1). Damit bleiben weite Teile des Modells, die die Komplexität des Unterrichts ausmachen, ausgespart. Die Steuerungsbemühungen der beiden Programme wirken nicht unmittelbar auf die Interaktionssituation Unterricht und nicht auf die individuellen Lernprozesse der Schüler_innen. Sie sind aber Rahmenbedingung im Umfeld des Unterrichts. Die Lernprozesse werden zudem nicht nur durch die schulischen Prozesse beeinflusst.

Die Entscheidungen, die zum Wandel der beiden Programme geführt haben, werden mit der „neuen Steuerung" begründet. Die Lehrpläne wurden inhaltlich reduziert. Die inhaltliche Ausgestaltung liegt nun in der Verantwortung der Einzelschulen, die die schulinternen Lehrpläne erstellen und implementieren. Bei der Inputsteuerung gibt es also auf den ersten Blick eine größere Autonomie der Schulen. Allerdings haben die seitens der Schulorganisation zur Verfügung gestellten Entwürfe schulinterner Lehrpläne gleichwohl eine Steuerungswirkung, ebenso die Themenvorgaben für das Abitur und die Abiturklausuren vergangener Jahre. So kann in Frage gestellt werden, ob die Schulautonomie wirklich größer geworden ist oder ob die Einflüsse der Schulorganisation nicht geringer, sondern vielfältiger geworden sind. Womöglich übertreffen Themenkanon und Zentralabitur die Bedeutung der Lehrpläne in der Oberstufe. Das Zentralabitur als Programm rückt die *Selektion* ins Zentrum des Unterrichts (der Oberstufe) und wirkt zugleich indirekt auch auf Vermittlung und Aneignung. Die in dieser Arbeit aufgeworfene Frage, ob nun der Präferenzcode besser/schlechter oder der Präferenzcode vermittelbar/nicht vermittelbar der dominierende Steuerungscode ist, stellt sich vor diesem Hintergrund als die falsche Frage heraus. Es drängt sich vielmehr die Frage auf, *inwiefern auch Vermittlung und Aneignung letztendlich auf die Selektionsinteressen ausgerichtet werden.*

Das Zentralabitur wurde in acht Bundesländern vor dem Hintergrund des „PISA-Schocks" eingeführt (vgl. Abschnitt 2.2.2) und die Entscheidung neben der Verbesserung der Selektion mit der *Evaluationsfunktion* begründet. In den anderen sieben Bundesländern, die auf eine längere Zentralabiturtradition zurückblicken können, erfolgte seitdem eine nachträgliche Funktionszuschreibung bzw. Betonung der Evaluationsfunktion. Die Evaluation durch das Zentralabitur soll

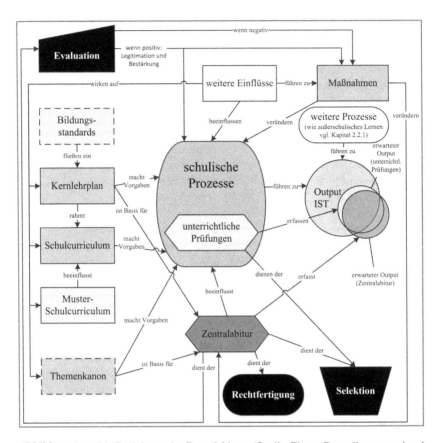

Abbildung 2.5   Die Funktionen des Zentralabiturs. (Quelle: Eigene Darstellung ausgehend vom Wirkungsmodell von Maag Merki (2016, S. 154))

Akteur_innen in Bildungspolitik und Schulorganisation sowie den Lehrer_innen vor Ort als Basis für evidenzbasierte Entscheidungen dienen. Zuletzt erfüllt das Zentralabitur auch eine *Rechtfertigungsfunktion*, indem es Entscheidungen von Politik und Schulorganisation legitimiert.

Es zeigt sich an dieser Stelle, dass die Kombination der drei Funktionen des Zentralabiturs Selektion *und* Evaluation *und* Legitimation widersprüchlich ist. Das Zentralabitur entscheidet in Kombination mit den unterrichtlichen Prüfungen über die Zukunftschancen der Schüler_innen. Dabei kann es nur einen Ausschnitt des tatsächlichen Outputs erfassen. Gleichzeitig soll es als Evaluationsinstrument

Probleme des Systems aufdecken, sodass die Grundannahme ist, dass es kein individuelles Scheitern, kein individueller Erfolg ist, sondern auch Scheitern und Erfolg des ganzen Systems. Zudem evaluiert es sich als Erhebungsinstrument auch selbst. Als Mittel zur Rechtfertigung – etwa von verausgabten Mitteln oder durchgeführten Reformen – soll das Zentralabitur allerdings auch ein gutes Licht auf das System werfen.

2.2.3.3 Geographiedidaktische Innovationen und Vermittlung/Aneignung – Scheintechnologie als Technologieersatz?

Das vorangegangene Kapitel hat gezeigt, wie die strukturelle Kopplung des Erziehungssystems an andere Gesellschaftssysteme über die Schulorganisation zu Entscheidungen führt, die die Rahmenbedingungen des Unterrichts betreffen. So soll den Einzelschulen durch Kernlehrpläne als „Steuerung über Orientierungsgrößen" eine größere Autonomie eingeräumt werden (Dedering, 2012, S. 65–108). Die Schulorganisation zieht sich also teilweise aus dem Erziehungssystem zurück und verschiebt die Grenzen des Erziehungssystems nach außen. Andererseits wird die Schulautonomie durch Musterentwürfe für schulinterne Lehrpläne, Themenkanons für das Zentralabitur und alte Abiturklausuren wieder eingeschränkt. Zudem führen verstärkte Kontrollen der Leistungen des Systems (u. a. durch das Zentralabitur) zu einem größeren Leistungsdruck auf allen Ebenen und zu einer Expansion der Schulorganisation in das Erziehungssystem. Die Evaluationsfunktion des Zentralabiturs als „Steuerung über Analyse und Feedback" (Dedering, 2012, S. 65–108) ist eine Innovation, die eine evidenzbasierte Qualitätsentwicklung in Gang bringen soll, aber voller Widersprüche ist.

Die skizzierten schulorganisatorischen Entscheidungen weisen trotz zunächst plausibel erscheinender Entscheidungsgründe allesamt Rationalitätsdefizite auf. Es stellt sich die Frage, aus wessen Perspektive die Maßnahmen „gestützt auf neue Erkenntnisse" eine „direkte Verbesserung innerhalb oder außerhalb des Systems" (Aregger, 1976, S. 118) erzielen soll (vgl. Abschnitt 2.2.3.1). Nachdem mit den Ergebnissen von Dedering (2008, 2009a, 2009b, 2016) im Vorkapitel der teilweise Vorrang von politischen Interessen bei bildungspolitischen Entscheidungen aufgeworfen wurde, werden in diesem Kapitel darüber hinaus die wissenschaftlichen Interessen stärker beleuchtet werden.

Mit den standard- und kompetenzorientierten neuen Lehrplänen liegen Verfahrensinnovationen vor, die sich auf den Unterricht und dessen Entwicklung beziehen. Sie wurden top-down implementiert, sodass die Innovationsentwicklung durch die Schulorganisation (unter Beteiligung von Expert_innen) von der Implementation in der Schulpraxis getrennt ist (Gräsel & Parchmann, 2004,

S. 198–205). Sie basieren, wo möglich, auf den „nationalen Bildungsstandards"
(Sekretariat der Ständigen Konferenz der Kultusminister der Länder in der Bundesrepublik Deutschland, o. J.a). In Abbildung 2.5 auf Seite 100 ist der Einfluss
dieser Bildungsstandards allerdings bewusst nur angedeutet, da bislang nicht für
alle Fächer (und alle Abschlüsse) nationale Bildungsstandards vorliegen, so auch
nicht für die Geographie.[74] Hier gelten als Vorgabe der Kultusministerkonferenz für die Oberstufe weiterhin die „Einheitlichen Prüfungsanforderungen in
der Abiturprüfung Geographie", die in den Fächern Deutsch, Mathematik, Englisch und Französisch durch die Bildungsstandards abgelöst wurden (Sekretariat
der Ständigen Konferenz der Kultusminister der Länder in der Bundesrepublik
Deutschland, o. J.b).

Die Kultusministerkonferenz empfahl 2005 „Vertreterinnen und Vertreter[n]
anderer Fachbereiche", die sich Bildungsstandards als „Markenzeichen für die
Qualitätsentwicklung im Schulwesen" wünschten, sie könnten diese selbst entwickeln und die einzelnen Bundesländer könnten diese dann unter Umständen in
„länderspezifische Qualitätsentwicklungen" einbeziehen (Sekretariat der Ständigen Konferenz der Kultusminister der Länder in der Bundesrepublik Deutschland,
2005, S. 14). Diese Vorgehensweise wurde im Falle der Geographie seit Mitte der
2000er Jahre gewählt, da ein „hoher Bedarf zur Erarbeitung dieser Standards"
ausgemacht wurde: „Bildungsstandards im Fach Geographie für den Mittleren
Schulabschluss" wurden entwickelt (Deutsche Gesellschaft für Geographie, 2017,
S. 1). Begründet wurde die Entscheidung ganz im Sinne der „neuen Steuerung"
mit der Qualitätsentwicklung, aber auch mit der Vereinheitlichung von Lehrplänen (Deutsche Gesellschaft für Geographie, 2017, S. 1). Die Entscheidungsgründe
wurden also aus der allgemeinen wirtschaftlichen (OECD und ihre Mitgliedslän-
der), wissenschaftlichen (Bildungsforschung) und politischen (Kultusministerien)
Argumentation pro „neue Steuerung" übernommen.

Bei der *Einführung von Bildungsstandards* vermischen sich normative, administrative und wissenschaftliche Anforderungen (Klieme et al., 2007, S. 119–130;

---

[74] „Bundesweit geltende Bildungsstandards, die von der Kultusministerkonferenz in den
Jahren 2003, 2004 bzw. 2012 verabschiedet wurden, gibt es derzeit für den Primarbe-
reich (Jahrgangsstufe 4) für die Fächer Deutsch und Mathematik, für den Hauptschulab-
schluss (Jahrgangsstufe 9) für die Fächer Deutsch, Mathematik und Erste Fremdsprache
(Englisch/Französisch), für den Mittleren Schulabschluss (Jahrgangsstufe 10) für die Fächer
Deutsch, Mathematik, Erste Fremdsprache (Englisch/Französisch), Biologie, Chemie und
Physik, für die Allgemeine Hochschulreife für die Fächer Deutsch, Mathematik und die
fortgeführte Fremdsprache (Englisch/Französisch)", listet das Sekretariat der Ständigen Konferenz der Kultusminister der Länder in der Bundesrepublik Deutschland (o. J.a) auf.

Oelkers & Reusser, 2008, S. 511). Es werden verschiedene Phasen empfoh-
len: Entwicklung, rechtliches Festschreiben, Implementation, Operationalisie-
rung, Bildungsmonitoring und Schulevaluationen. Diese werden im Folgenden
zunächst beschrieben und dann mit dem tatsächlichen Vorgehen bei der Einführung der nationalen Bildungsstandards der Kultusministerkonferenz und der
Geographiestandards der Deutschen Gesellschaft für Geographie verglichen.

Bei der *Entwicklung* der Bildungsstandards sollten zunächst die fachlichen
Bildungsziele festgelegt sowie Kompetenzstrukturmodelle entwickelt werden
(Klieme et al., 2007, S. 122–123; Vollmer, 2008, S. 36–37). Daraufhin sollten
Kompetenzstufenmodelle entwickelt und eine bestimmte Stufe als Standard fest-
geschrieben werden (Vollmer, 2008, S. 37). Beispielaufgaben sollten dann die
Standards veranschaulichen (Vollmer, 2008, S. 37). Auf die Entwicklung der
Standards sollte nach Klieme et al. (2007, S. 122–124) die schulrechtlich *verbind-
liche Festsetzung* und die *Implementation in Schulen und Unterstützungssystemen*
folgen. Schließlich gelte es, die *Kompetenzmodelle zu operationalisieren* und Tests
zur Überprüfung der Standards zu entwickeln:

> „Aufgabenentwürfe werden informell in einzelnen Klassen vorerprobt [...] und dann
> einer systematischen Erprobungsstudie (,Pilotierung') unterzogen, um ihre Messqua-
> lität abzusichern. [...] jede einzelne Aufgabe sollte von mehreren Hundert Schüle-
> rinnen und Schülern bearbeitet werden. Ergebnis der Pilotierung ist (a) eine empi-
> rische Überprüfung und ggf. Modifikation des Kompetenzmodells, (b) die Möglich-
> keit, Kompetenzstufen mit Beispielen zu illustrieren, die nicht einfach am Schreib-
> tisch konstruiert, sondern empirisch validiert wurden, und (c) ein Testinstrument,
> das anschließend für Bildungsmonitoring, Evaluation usw. genutzt werden kann."
> (Klieme et al., 2007, S. 125)

Die Tests sollten dann zu Zwecken des *Bildungsmonitorings* eingesetzt werden,
die durch die *Evaluation von Schulen* ergänzt werden sollten (Klieme et al., 2007,
S. 124–128).

Sowohl die Kultusministerkonferenz als auch die Deutsche Gesellschaft für
Geographie sind entgegen diesen empfohlenen Phasen anders vorgegangen (Deutsche Gesellschaft für Geographie, 2017, S. 1–2; Sekretariat der Ständigen
Konferenz der Kultusminister der Länder in der Bundesrepublik Deutschland,
2005, S. 15):

Die Standards wurden in Arbeitsgruppen *entwickelt*, die aus Fachdidakti-
ker_innen (KMK zzgl. Schulpraktiker_innen) bestanden. Diese nutzten verfüg-
bare Dokumente, Richtlinien, Empfehlungen, bestehende Standardformulierungen
und Kompetenzmodelle. Die Entwürfe wurden dann mit Wissenschaftler_innen
und Praktiker_innen diskutiert, bevor sie (mehrfach) überarbeitet und schließlich von der Kultusministerkonferenz (nationale Bildungsstandards) bzw. den

Verbänden (Geographiestandards) beschlossen wurden. Es wurden vor der Verabschiedung also keine Kompetenzstruktur- und Kompetenzstufenmodelle entwickelt. Sowohl bei den von der Kultusministerkonferenz in Auftrag gegebenen nationalen Bildungsstandards als auch bei den Bildungsstandards der Deutschen Gesellschaft für Geographie handelt es sich deshalb – wie schon bei den Einheitlichen Prüfungsanforderungen in der Abiturprüfung Geographie der Kultusministerkonferenz und den Standards in Lehrplänen – um normative Standards, die empirisch nicht abgesichert sind (Deutsche Gesellschaft für Geographie, 2017, S. 2; Sekretariat der Ständigen Konferenz der Kultusminister der Länder in der Bundesrepublik Deutschland, 2005; Vollmer, 2008, S. 36–37). Sie definieren einen wünschenswerten, anzustrebenden Zielzustand. Es wurden aber gemäß den Empfehlungen Beispiele für Lernaufgaben entwickelt (Deutsche Gesellschaft für Geographie, 2017, S. 30–93; Institut zur Qualitätsentwicklung im Bildungswesen, o. J.b, o. J.c)

Während sich das Vorgehen bei der Entwicklung der nationalen und der geographischen Standards ähnelt, unterscheidet sich das weitere Vorgehen nach Beschluss deutlich:

Die Implementation der *nationalen Bildungsstandards* über Lehrpläne wurde beschlossen, sodass hier die geforderte Verbindlichkeit gegeben ist. Die Validierung, Präzisierung und Normierung der Standards erfolgt dann nachgelagert und auch nur sukzessive durch das von den Bundesländern gegründete „Institut zur Qualitätsentwicklung im Bildungswesen" (Sekretariat der Ständigen Konferenz der Kultusminister der Länder in der Bundesrepublik Deutschland, 2005, S. 20–21). Dies wird damit begründet, dass „nach Bekanntwerden der Ergebnisse der internationalen Schulleistungsstudien" „möglichst rasch" Standards als Maßnahmen auf den Weg gebracht werden mussten (Sekretariat der Ständigen Konferenz der Kultusminister der Länder in der Bundesrepublik Deutschland, 2005, S. 20–21). Darüber hinaus entwickelt das Institut im Auftrag der Kultusministerkonferenz sukzessive Kompetenzstufenmodelle für die nationalen Bildungsstandards:

„Um die in großen Schulleistungsstudien erzielten Ergebnisse anschaulich darstellen zu können, werden die Testergebnisse der Schülerinnen und Schüler zumeist nicht allein anhand einer kontinuierlichen Kompetenzskala in Form von Punktwerten, sondern zusätzlich in Bezug auf Kompetenzstufenmodelle (KSM) dargestellt. Bei der Entwicklung solcher Modelle wird die kontinuierliche Kompetenzskala durch Fachexpertinnen und -experten in mehrere, inhaltlich sinnvoll voneinander abgrenzbare Abschnitte eingeteilt, die als Kompetenzstufen oder Kompetenzniveaus bezeichnet werden („Standard-Setting"). Dies erfolgt durch die systematische Analyse der kognitiven Anforderungen von Aufgaben, die Schülerinnen und Schüler mit bestimmten

Testwerten mit einiger Sicherheit gelöst haben. In den Stufenbeschreibungen wird dargestellt, welche kognitiven Anforderungen Schülerinnen und Schüler bewältigen können, wenn sie das jeweilige Kompetenzniveau erreicht haben. Auf diese Weise wird es möglich, die erzielten Schülerkompetenzen qualitativ zu beschreiben und darzustellen, welcher Anteil von Schülerinnen und Schülern bestimmte Anforderungen bereits mit hoher Sicherheit erfüllt bzw. noch nicht erfüllt." (Institut zur Qualitätsentwicklung im Bildungswesen, o.J.a)

Außerdem entwickelt das IQB Testinstrumente für die „Bildungstrends" (Institut zur Qualitätsentwicklung im Bildungswesen, o. J.a): geschulte Lehrer_innen entwickeln in Zusammenarbeit mit Fachdidaktiker_innen Aufgaben, die zur Überprüfung der Verständlichkeit an Schüler_innen getestet und, falls nötig, überarbeitet werden; in einer Pilotierungsstudie wird dann die Validität überprüft und gegebenenfalls optimiert; die Schwierigkeit der Testaufgaben wird an einer repräsentativen Stichprobe bestimmt.

Nach der Entwicklung der *Standards der Deutschen Gesellschaft für Geographie* wurde eine Implementation über die Lehrpläne der Bundesländer und damit auch eine verbindliche Festsetzung angestrebt. So wurden trotz des Mangels an verbindlichen, nationalen Bildungsstandards für das Fach Geographie[75] die Lehrpläne des Fachs sukzessive auf eine Kompetenz- und Standardorientierung umgestellt (vgl. Abschnitt 2.2.3.2), wobei die Bedeutung der Geographiestandards der deutschen Gesellschaft für Geographie bei der Neukonzeption von Lehrplänen noch nicht umfassend erforscht ist. Schöps (2017b) hat die Steuerungswirkung am Beispiel der jüngsten Lehrplanreform in Bayern hin zu einem kompetenzorientierten Lehrplan untersucht und festgestellt, dass die übergeordneten Kompetenzen weitgehend aufgenommen sind, allerdings auf der Ebene der Teilkompetenzen und einzelnen Standards die Übereinstimmung geringer ausfällt. Mit zunehmendem Detailgrad sei die Wiederaufnahme „deutlich zurückgegangen" (Schöps, 2017b, S. 20). Da sie als Bildungsstandards der DGfG für den Mittleren Schulabschluss entwickelt wurden, steht jedenfalls fest, dass sie für die Lehrpläne der Sekundarstufe II wenn dann nur als Ausgangspunkt genommen

---

[75] Auch wenn dies nicht transparent kommuniziert wird, wie am Beispiel Nordrhein-Westfalens zu sehen ist. So wird im Vorwort zum Kernlehrplan *Geographie* für die Sekundarstufe II Gymnasium/Gesamtschule von Löhrmann (2014, S. 3) auf „kompetenzorientierte Kernlehrpläne, die in Nordrhein-Westfalen die Bildungsstandards der Kultusministerkonferenz aufgreifen und konkretisieren" verwiesen und in den Vorbemerkungen heißt es „Darüber hinaus setzen die neuen Kernlehrpläne die inzwischen auf KMK-Ebene vorgenommenen Standardsetzungsprozesse (Bildungsstandards, Einheitliche Prüfungsanforderungen für das Abitur) für das Land Nordrhein-Westfalen um", obwohl es keine nationalen Bildungsstandards der KMK für das Fach gibt.

werden können. Dies zeigt sich beim Beispiel Bayern etwa an der eher impliziten Übernahme der Formulierungen (Schöps, 2017b, S. 29).

Tabelle 2.8 Bildungsstandards der DGfG, KMK und Lehrpläne in NRW im Vergleich: Das Beispiel der räumlichen Orientierung mit Karten. (Eigene Zusammenstellung aus: Deutsche Gesellschaft für Geographie (2017, S. 17), Ministerium für Schule und Weiterbildung des Landes Nordrhein-Westfalen (2011, S. 142; 2008, S. 46, 2014, 20, 26), Ständige Konferenz der Kultusminister der Länder in der Bundesrepublik Deutschland (2005, S. 4))

	Kompetenz(bereich)	Standard(s)
Bildungsstandards der Deutschen Gesellschaft für Geographie	Räumliche Orientierung (O): O3 Fähigkeit zu einem angemessenen Umgang mit Karten (Kartenkompetenz), O4 Fähigkeit zur Orientierung in Realräumen	Schülerinnen und Schüler können S6 topographische, physische, thematische und andere alltagsübliche Karten lesen und unter einer zielführenden Fragestellung auswerten, S11 mit Hilfe einer Karte und anderer Orientierungshilfen (z. B. Landmarken, Straßennamen, Himmelsrichtungen, GPS) ihren Standort im Realraum bestimmen, S12 anhand einer Karte eine Wegstrecke im Realraum beschreiben, S13 sich mit Hilfe von Karten und anderen Orientierungshilfen (z. B. Landmarken, Piktogrammen, Kompass) im Realraum bewegen, S14 schematische Darstellungen von Verkehrsnetzen anwenden.

(Fortsetzung)

Tabelle 2.8 (Fortsetzung)

	Kompetenz(bereich)	Standard(s)
Einheitliche Prüfungsanforderungen in der Abiturprüfung Geographie	Orientierungskompetenz	Die Orientierungskompetenz zeigt sich in der Fähigkeit zur Orientierung im Raum und [...]. Die Prüflinge verfügen über räumliche Orientierungsraster auf lokaler, regionaler und globaler Maßstabsebene und in unterschiedlichen thematischen Anbindungen, können topographisches Orientierungswissen zur Erfassung gegenwärtiger räumlicher Strukturen und zukünftiger Entwicklungen nutzen, können unterschiedliche Verfahren zur räumlichen Orientierung anwenden,
Lehrplan Sachunterricht Grundschule, Kompetenzerwartungen am Ende der Klasse 4	Bereich: Raum, Umwelt und Mobilität Schwerpunkt: Schule und Umgebung	Die Schülerinnen und Schüler nutzen Karten und Hilfsmittel als Orientierungshilfen (z. B. Stadtpläne, Landkarten, Kompass, Sonnenstand)
Kernlehrplan Gesellschaftslehre (Erdkunde, Geschichte/Politik) Gesamtschule (fächerintegriert und fachspezifisch) Jahrgangsstufen 5/6	Methodenkompetenz, Verfahren der Aufbereitung, Strukturierung, Analyse und Interpretation	Die Schülerinnen und Schüler nutzen den Stadtplan zur unmittelbaren Orientierung im Realraum und einfache Atlaskarten zur mittelbaren Orientierung

(Fortsetzung)

Tabelle 2.8 (Fortsetzung)

	Kompetenz(bereich)	Standard(s)
Kernlehrplan Gesellschaftslehre (Erdkunde, Geschichte/Politik) Gesamtschule (fächerintegriert und fachspezifisch) Jahrgangsstufen 7–10, erste Stufe bzw. zweite Stufe in Klammern	Methodenkompetenz, Verfahren der Aufbereitung, Strukturierung, Analyse und Interpretation	Die Schülerinnen und Schüler orientieren sich (selbständig) mit Hilfe von Karten unterschiedlichen Maßstabes und unterschiedlicher Thematik sowie weiteren Hilfsmitteln unmittelbar vor Ort und mittelbar
Kernlehrplan für die Sekundarstufe II Gymnasium/Gesamtschule Geographie, Kompetenzerwartungen Grundkurs bis zum Ende der Einführungsphase bzw. bis zum Ende der Qualifikationsphase in Klammern	Methodenkompetenz	Die Schülerinnen und Schüler orientieren sich unmittelbar vor Ort und mittelbar mithilfe von physischen und thematischen Karten (sowie digitalen Kartendiensten)

Exemplarisch für eine *mögliche* Implementation von Standards im Fach Geographie sollen die Standards der Deutschen Gesellschaft für Geographie, der Einheitlichen Prüfungsanforderungen der Kultusministerkonferenz und der nordrhein-westfälischen Lehrpläne für Sachunterricht in der Grundschule, Gesellschaftslehre (inklusive Erdkunde) an Gesamtschulen und Geographie in der Oberstufe anhand der Fähigkeit, sich mithilfe von Karten zu orientieren, verglichen werden (Tabelle 2.8).

Während in den Bildungsstandards und den Einheitlichen Prüfungsanforderungen eine eigenständige „Orientierungskompetenz" ausgewiesen wird, werden ähnliche Fähigkeiten in den Lehrplänen der „Methodenkompetenz" zugeordnet. Dabei fehlt in den Einheitlichen Prüfungsanforderungen der explizite Bezug zur Orientierung mithilfe von Karten. In den Lehrplänen wird die Kompetenzprogression vor allem über das Medium Karte ausgewiesen: vom Stadtplan, zum Atlas, zu physischen und thematischen Karten zu digitalen Kartendiensten. Weitere Hilfsmittel wie der Kompass werden nur in der Grundschule und den Jahrgangsstufen 5/6 thematisiert.

Die Entwicklung und Implementation der geographischen Bildungsstandards für den Mittleren Schulabschluss sind also durch die Deutsche Gesellschaft und Geographie erfolgt bzw. angestoßen worden. Auch die weiteren, oben beschriebenen Schritte der Einführung von Standards: Modellierung der Kompetenzen, Überprüfung der Standards, Entwicklung von Tests, Bildungsmonitoring und Evaluation der Schulen sind im Falle der Geographie nicht durch eine übergeordnete Instanz wie die Kultusministerkonferenz oder die einzelnen Kultusministerien der Länder in die Wege geleitet worden. Deshalb hat sich die geographiedidaktische Forschung auf den Weg gemacht, einige der oben skizzierten ausstehenden Schritte in Eigenregie zu gehen. Die Forschungsaktivitäten konzentrieren sich vor allem auf die Modellierung von Kompetenzen und die Entwicklung von Instrumenten zur Erhebung von Kompetenzen (als „Tests" im allerweitesten Sinne).

Der *Entwicklung von Kompetenzmodellen* und deren (teilweise) empirische Überprüfung ist ein Schwerpunkt der geographiedidaktischen Forschung der letzten zehn Jahre gewesen. Dabei wurden die in den Geographiestandards benannten „Kompetenzbereiche" für das Fach Geographie – Fachwissen, räumliche Orientierung, Erkenntnisgewinnung/Methoden, Kommunikation, Beurteilung/Bewertung und Handlung (Deutsche Gesellschaft für Geographie, 2017) – aufgegriffen. Einige Beispiele sind Modelle für „Systemkompetenz" (R. Mehren, Rempfler, Ulrich-Riedhammer, Buchholz & Hartig, 2015a; R. Mehren, Rempfler, Ullrich-Riedhammer, Buchholz & Hartig, 2016), „Orientierungskompetenz" (I. Hemmer & Hemmer, 2009) bzw. Teilkompetenzen wie „reflexive Kartenarbeit" (Gryl & Kanwischer, 2011), „Kartenauswertekompetenz" (I. Hemmer, Hemmer, Hüttermann & Mark, 2010; M. Hemmer, Hemmer, Hüttermann & Ullrich, 2012) und „Kompetenz des Kartenzeichnens" (Obermaier, Frank & Raschke, 2010), „Argumentationskompetenz" (Budke, Schiefele & Uhlenwinkel, 2010; Kuckuck, 2014), „Urteilskompetenz" (Chritiane Meyer & Felzmann, 2010) und „Handlungskompetenz" (Flath & Schockemöhle, 2010).

Als Beispiele für *Instrumente zur Erhebung von Kompetenzen* sei auf „Bewertungsbögen" (Budke, Kuckuck & Schäbitz, 2015), „Bewertungskriterien" (Kuckuck, 2015), Klausuraufgaben und Klassenarbeiten (Felzmann, 2013; Hieber, Lenz & Stengelin, 2011), Diagnoseinstrumente (M. Mehren & Ohl, 2016; A. Tillmann, 2011) verwiesen. Das einzige Instrument zur Kompetenz*messung* im engeren Sinne wurde zur Systemkompetenz entwickelt (R. Mehren, Rempfler, Ulrich-Riedhammer, Buchholz & Hartig, 2015b).

Die Phasen Überprüfung der Standards, Bildungsmonitoring und Evaluation von Schulen haben demgegenüber keine Rolle gespielt. Dementsprechend gibt es für die Geographie auch keine aus der Testung von (empirisch abgesicherten,

nationalen) Standards gewonnene Daten zum „Aufbau eines datengestützten Ent-
wicklungskreislaufs an einer Schule" (Sekretariat der Ständigen Konferenz der
Kultusminister der Länder in der Bundesrepublik Deutschland, 2010, S. 17). Das
in Abschnitt 2.2.3.2 zitierte Wirkungsmodell nach Maag Merki (2016, S. 154)
in auf Seite 96 muss deshalb für den Fall der Standards im Fach Geographie
drastisch reduziert werden (s. Abbildung 2.6).

Abbildung 2.6 „Wirkungsmodell" der Geographiestandards (in Anlehnung an Maag
Merki (2016, S. 154))

Dies bedeutet nicht automatisch, dass das von der Deutschen Gesellschaft
für Geographie angestrebte Ziel der *Qualitätsentwicklung* nicht erreicht werden
könnte, es ist im Gegenteil mit impliziten Wirkungen zu rechnen, allerdings
wird es *nicht über die Wirkungsmechanismen der datenbasierten Schulentwicklung*
erreicht, die doch Grundannahme der Befürworter_innen von Bildungsstandards
sind. Die Bildungsstandards der Deutschen Gesellschaft für Geographie als Versuch einer Einflussnahme des Wissenschaftssystems auf die Politik waren in
dieser Hinsicht nicht erfolgreich, da die Initiative weder durch die Kultusministerkonferenz noch die Bundesländer aufgegriffen wurde. Vor dem Hintergrund
der Erkenntnisse aus dem Vorkapitel kann die Frage gestellt werden, ob dieses
Vorhaben nicht von vornherein aussichtslos war. In den internationalen Vergleichsstudien, die Politik und Bildungsadministration unter Druck gesetzt haben,
geht es nämlich nicht um geographische Kompetenzen. Dass nun nicht das Schulsystem als Ganzes durch nationale Bildungsstandards für alle Unterrichtsfächer
weiterentwickelt werden soll, verwundert deshalb nicht, wenn das Ziel nicht eine
insgesamt bessere Bildung, sondern ein besseres Abschneiden im internationalen
Wettbewerb ist, oder wenn es darum geht, politische (teilweise längst getroffene)
Entscheidungen zu legitimieren.

Ein drittes Ziel der Geographiestandards wurde in diesem Kapitel bislang nicht
thematisiert: begründet wurde die Entscheidung zur Entwicklung auch mit dem
Ziel, „die Geographie *fachpolitisch zu positionieren*" (Deutsche Gesellschaft für
Geographie, 2017, S. 1, Hervorhebung nicht im Original). Dies kann so gelesen werden, dass man sich um das Fach Geographie an der Schule und dessen

Bedeutung sorgte, aber vielleicht auch, dass man die eigene Stellung gefährdet sah, bezieht sich die Geographiedidaktik als Wissenschaft, doch vornehmlich auf genau dieses. Andererseits erhoffte man sich vielleicht auch Forschungsgelder und stünde damit nicht allein:

> „Eine wesentliche strukturelle Voraussetzung für Bildungsreformen ist die Stärkung der Forschung und die Förderung des wissenschaftlichen Nachwuchs [...]. Insbesondere die Fachdidaktiken und die empirische, interdisziplinär angelegte Bildungsforschung bedürfen des weiteren Ausbaus." (Klieme et al., 2007, S. 129)

Zuletzt soll in diesem Kapitel noch eine zusätzliche vierte Funktion vorgestellt werden, die Funktion der Bildungsstandards und Kompetenzen als *Technologie(ersatz) beziehungsweise als Scheintechnologie*.

Abschnitt 2.1.2 hat gezeigt, dass aus systemtheoretischer Sicht das Unterrichten durch das Fehlen einer Technologie erschwert wird. Dies liegt an den Kausalitäts- und Rationalitätsdefiziten sowie der doppelten Kontingenz. Modelle der Unterrichtsplanung „als Theorie des Lehrens" setzen aber Kausalität voraus und suggerieren „eine Nichtbeliebigkeit des Unterrichtsarrangements" (Scheunpflug, 2004, S. 69):

> „Die unterstellte Nichtbeliebigkeit wird durch die häufig rezeptologische Anwendung in der zweiten Phase der Lehrerbildung sogar zum Teil in die Erwartung einer strengen Kausalität überführt (etwa in der Beurteilung von Lehrproben)." (Scheunpflug, 2004, S. 69)

Die Frage „Wie unterrichte ich?" wird unter Missachtung dieser Problematik seit der Ausrichtung der Schul- und Unterrichtsentwicklung an den Prinzipien der „neuen Steuerung" häufig mit der Antwort: „kompetenz- und standardorientiert!" beantwortet. Die „6 Schritte zum kompetenzorientierten Unterricht" der Landesakademie für Fortbildung und Personalentwicklung an Schulen Baden-Württemberg (2016) umfassen zum Beispiel: 1 Bildungsplananalyse, 2 Kompetenzanalyse, 3 Materialanalyse, 4 Methodenanalyse, 5 Unterrichtsplanung, 6 Kompetenzkontrolle. Anhand eines Fragenkatalogs sollen die Lehrer_innen ihren Unterricht kompetenzorientiert ausrichten.

Dies spiegelt sich auch in der Fülle an unterrichtspraktischen Beiträgen zu den geographischen Standards und Kompetenzen (Krautter, 2018) wider, die trotz der oben skizzierten Forschungsdesiderate im Bereich der geographiedidaktischen Kompetenzforschung und ohne den Versuch, Evidenzen nachzuweisen, Empfehlungen für eine Neuausrichtung des Geographieunterrichts aussprechen. Es entsteht der Eindruck, dass sowohl die Unterrichtspraxis, als auch die auf sie

ausgerichtete Wissenschaft, die Geographiedidaktik, glaubt (oder vorgibt), mit der
Standard- und Kompetenzorientierung eine Technologie gefunden zu haben, die
„richtigen" Geographieunterricht ermöglicht.

Fraglich ist dies aber aus mehreren Gründen. Schon bezüglich der Grundan-
nahmen der Innovationsfähigkeit des Erziehungssystems und dem Funktionieren
der „neuen Steuerung" (vgl. Abschnitt 2.2.3.1 und 2.2.3.2) müssen Einschränkungen gemacht werden. Die Umsetzung der Idee der evidenzbasierten Schulentwicklung durch Bildungsstandards ist im Falle der nationalen Bildungsstandards
noch mitten in der Umsetzung. Für das Unterrichtsfach Geographie ergibt sich
zudem die Situation, dass Bildungspolitik und Schulverwaltung mit Ausnahme
der Formulierung von Standards in den bundesländerspezifischen Lehrplänen
keine weiteren Maßnahmen zur Entwicklung und Implementation von nationalen
Bildungsstandards für das Fach Geographie, geschweige denn zur perspekti-
vischen Nutzung für Evaluationszwecke ergriffen haben. Bei der Überführung
der Annahmen der Wirkungsmechanismen der „neuen Steuerung" auf das Fach
Geographie ergibt sich deshalb ein stark verkürztes Wirkungsmodell (s. Abbildung 2.6) und selbst das kann in Frage gestellt werden, da bei der Implementation
der Standards über Lehrpläne zudem die in Abschnitt 2.2.3.1 dargelegten
Probleme der Top-down-Implementation bestehen. Schließlich bleibt das Paradox, dem basalen Technologiedefizit des Unterrichts mit der Scheintechnologie
„Standard- und Kompetenztechnologie" begegnen zu wollen.

„Die Politik[76] sollte beim Unternehmen ,Bildungsstandards' sowohl ihre eigenen
Grenzen als auch jene der empirischen Forschung mit in Rechnung stellen. Das in
einem analytisch nur schwer auflösbaren Bedingungs-, Ursachen- und Wirkungszu-
sammenhang stehende Bildungssystem lässt sich weder durch Bildungspolitik beherrschen noch durch Wissenschaft einfach kalibrieren. Das Gegenteil zu meinen ent-
spräche einer Kontrollillusion. Auf die Ebene des pädagogischen Handelns bezogen:
Schulisches Lernen lässt sich immer nur sehr begrenzt steuern. Lehrkräfte stellen
durch professionellen Unterricht und gute Lernbedingungen ein Angebot bereit; ob
dies ertragreich genutzt wird, hängt jedoch nicht allein von ihnen, sondern auch von
den Lernenden und einem ganzen Kranz von Kontext- und Systemvariablen ab."
(Oelkers & Reusser, 2008, S. 516–517, Hervorhebungen im Original)

Auch die Geographiedidaktik sieht in der Standard- und Kompetenzorientierung nicht nur eine Chance zur Reform von Geographieunterricht. So wird ihre
politische Dimension hinterfragt (Dickel, 2011; Hoffmann, Dickel, Gryl & Hemmer, 2012). Das Lernen werde in der Praxis bestenfalls vage an Kompetenzen

---

[76] Diese Empfehlung könnte auch an die Geographiedidaktik als empirische Wissenschaft
gerichtet werden.

ausgerichtet, eine angemessene Kompetenzerfassung sei nicht möglich (Pichler, 2012, S. 14). Dickel (2011, S. 18) verweist auf das Erfordernis eines „offenen, ereignisreichen, zeitraubenden und risikoreichen Erfahrungsprozess[es]" als Lehr-Lern-Arrangement. Donert (2010, S. 73) fordert Lehrpläne, die nicht rigide Standards formulieren, sondern Raum für Exploration der Schüler_innen und Gestaltung von Lernumgebungen durch die Lehrer_innen ermöglichen. Müssen diese Erkenntnisse nun zu Problemen führen? Aus systemtheoretischer Sicht unter Umständen nicht:

> „Für unseren Fall heißt Autopoiesis: daß das Erziehungssystem nur pädagogisch relevante Operationen verwenden kann und diese in einem rekursiven Netzwerk solcher Operationen selbst erzeugt. Das ist mit rechtlichen Regulierungen und finanziellen Abhängigkeiten durchaus vereinbar, solange diese nicht als Machtquelle benutzt werden, um pädagogische Absichten zu unterdrücken und durch etwas anderes zu ersetzen. Autonomie ermöglicht es deshalb durchaus, sich thematisch an Wissenschaft und organisatorisch an den Staat des politischen Systems anzulehnen und daraus entstehende Spannungen systemintern auszugleichen." (Luhmann, 2002, S. 114)

Es stellt sich allerdings die Frage, wie dies konkret möglich ist. Inwiefern Spannungen auftreten und gegebenenfalls ausgeglichen werden können, wird anhand der auf den Geographieunterricht bezogenen Innovationen „Zentralabitur" sowie „Standard- und Kompetenzorientierung" und ihren Auswirkungen auf den Geographieunterricht im Rahmen dieser Arbeit untersucht.

2.2.3.4 Zwischenfazit

Die Reprogrammierungen a) Neuausrichtung der Lehrpläne im Zuge der Einführung von Bildungsstandards und b) Einführung beziehungsweise Neuzuschreibung der Funktionen des Zentralabiturs sind „Mechanism[en] der Quantifizierung" (Peetz, 2014, S. 161). Sie sind nicht auf Ideen oder Bedarfe der Praxis zurückzuführen, sondern wurden von „außen" ausgelöst. In der Schulorganisation, die im Falle des Erziehungssystems die Programme erlässt, laufen die äußeren Einflüsse auf und werden nach Abwägung und Bewertung gegebenenfalls als neue Programme oder Veränderung von Programmen umgesetzt. Im Abschnitt 2.2.3 wurde erläutert, wie eine wirtschaftliche Denkweise durch die Politik Beachtung erfährt und mithilfe der Wissenschaft umgesetzt wird; das Erziehungssystem wird Veränderungen unterworfen, die mit den Begriffen Ökonomisierung, Politisierung und Verwissenschaftlichung bezeichnet werden können. Diese wirken dann einerseits indirekt als organisatorische Rahmung und direkt als Steuerung der Interaktion, indem sie festschreiben welcher Seite der

Codes die Kommunikation zugeordnet werden kann. Ihre summative Perspektive führt dazu, dass von „vermittelbar/nicht vermittelbar" nur „vermittelt/nicht vermittelt" bleibt was gleichbedeutend mit „besser/schlechter" ist.

Es hat sich außerdem gezeigt, dass die Entscheidungen der Schulorganisation zum Wandel der Programme die von Luhmann als typisch für Entscheidungen in Organisationsystemen identifizierten Rationalitätsdefizite aufweisen. Diese sind ausgehend von den bisherigen Überlegungen Gegenstand von Abschnitt 2.2.4.

2.2.4   Entscheidungen der Schulorganisation und ihr Rationalitätsdefizit

„Wohl kein Ereignis hat die Beziehung zwischen Schülerinnen und Schülern, Eltern und Lehrkräften in den letzten Jahren so nachhaltig verändert wie die Einführung zentraler Prüfungen (mit allen Vor- und Nachteilen, die ein solches Instrument hat). Eltern achten verstärkt darauf, was im Unterricht thematisiert wird, und Lehrkräfte treffen viele unterrichtliche Entscheidungen vor dem Hintergrund zentraler Prüfungen. Zugleich bilden die Lehrkräfte gemeinsam mit den Schülerinnen und Schülern bei der Vorbereitung auf die zentralen Prüfungen ein Team, da sie anders als beim Unterricht im Vorfeld selbst gestellter Klassenarbeiten nicht wissen, welche Aufgaben ‚dran kommen'. Lehrkräfte orientieren sich dabei stark an den Prüfungsarbeiten der vergangenen Jahre, sodass die zentralen Prüfungen erhebliche inhaltliche Auswirkungen auf den Unterricht haben." (Büchter & Pallack, 2012, S. 81)

Dieses Kapitel widmet sich den Konsequenzen, die sich aus dem Phänomen Unterrichten und Prüfen vor dem Hintergrund des Zentralabiturs ergeben. Die systemtheoretische Perspektive auf Unterricht (vgl. Abschnitt 2.1.3) hat gezeigt, dass die formalen Regularien, durch die er organisatorisch gerahmt wird, auf Entscheidungen beruhen. Entscheidungen, die ein Rationalitätsdefizit aufweisen, weil die Rahmenbedingungen in der Schulorganisation es nicht anders hergeben. Diese Entscheidungen können reformiert werden, wobei Luhmann auch den Reformen keine großen Erfolgsaussichten einräumt. In jedem Fall müssen sich die Akteur_innen im Unterricht, die Schüler_innen und Lehrer_innen, mit den Vorgaben und daraus resultierenden Folgen arrangieren. Dies kann dazu führen, dass Unsicherheiten, Dilemmas und Stress auftreten.

In diesem Kapitel wird ausgehend von der systemtheoretischen Perspektive zunächst die Rolle von Unsicherheiten, Dilemmas und Stress beschrieben, bevor dann die spezifische Situation angesichts des Zentralabiturs in den Blick genommen wird. Zuletzt werden einige Überlegungen zum Unterrichtsfach Geographie angestellt.

2.2.4.1 Unsicherheiten und Stress im Kontext von Unterricht

Die vorangegangen Kapitel haben gezeigt, wie die Komplexität von Unterrichten und Prüfen, die Beschränkungen der pädagogischen Autonomie und die Herausforderungen im Kontext von Innovationen zahlreiche *Unsicherheiten* bedingen. Unsicherheit ist dabei ein „konstitutives Element des konkreten alltäglichen LehrerInnenhandelns" (Lüsebrink, 2002, S. 44). Wenn Lehrer_innen Klausuren für den eigenen Unterricht entwerfen, stellen, beurteilen und bewerten, fallen viele Unsicherheiten wie in einem Brennpunkt zusammen:

"Classroom tests are a means for ranking students and assigning grades. But because no test is perfectly reliable and valid, any non-trivial inference people draw from performance is open to error. A mistake may stem from carelessness or fatigue rather than a lack of knowledge. A correct answer may be no more than a lucky guess or fortunate misunderstanding of the question. Test results might also depend more on vocabulary than on students' knowledge of American history." (Floden & Buchmann, 1993, S. 374)

Insbesondere unerfahrene Lehrer_innen sehen sich mit kritischen Entscheidungssituationen konfrontiert:

"Uncertainties in testing and grading can surprise and trouble novices. Their own teachers appeared firm and confident-even inflexible-about the grades they assigned; but when these beginners give tests or read essays, they see that the common assessing understanding are far from fool-proof. The impersonality, importance and finality of grading make teachers feel especially uncomfortable about this source of their uncertainty." (Floden & Buchmann, 1993, S. 374–375)

Floden und Buchmann (1993, S. 375–376) identifizieren drei zentrale Unsicherheiten. Erstens gebe es Unsicherheiten in Bezug auf die Leistungserfassung und Effekte von Unterricht:

"Even if teachers had a good idea of how much students know, they would remain uncertain about links between teaching and learning. The belief that students will grasp focal concepts if teachers provide clear explanations and engage students in tasks closely tied to the content is often disappointed. Students' behavioral, emotional and cognitive responses are affected by the contexts in which they live, of which school is only one (albeit, for some, an important one). The child whose creative writing suddenly improves may have been inspired by a parent's comment, not by the teacher's language arts unit. The student who has never completed her homework can turn in a carefully composed essay. The lesson that has always excited students can miscarry with this year's class. Although experienced teachers have some sense

of how students will react to a lesson or assignment, some uncertainty remains."
(Floden & Buchmann, 1993, S. 375)

Dies verweist auf das Kausalitätsdefizit des Unterrichtens. Zweitens gebe es Unsicherheiten im Zusammenhang mit den Unterrichtsgegenständen, die die Auswahl
der Inhalte für die Stunden-, Reihen- und Jahresplanung und die beschränkten
eigenen Fachkenntnisse betreffen. Drittens gebe es Unsicherheiten bezogen auf
die eigene Autorität als Lehrkraft. Dazu zählten die Unsicherheit, Schüler_innen
und deren Interpretationen zu widersprechen, die Unsicherheit der Unterrichtsplanung und -durchführung, die Unsicherheit, die Autonomie der Schüler_innen
zu wahren und gleichzeitig die Klasse zu führen und schließlich die Unsicherheit, wie man gleichzeitig als Autorität anerkannt und von den Schüler_innen
gemocht werden kann: „Novice teachers want students to like them and may even
feel more affinity with students than with colleagues. Yet they have to maintain
discipline and assign grades" (Floden & Buchmann, 1993, S. 376).

Im Gegensatz zu „einfachen" Unsicherheiten zeichnen sich *Dilemmas* dadurch
aus, dass sich zwei komplementäre Pole (z. B. Werte, Normen) entgegenstehen.
Es gibt demgemäß keine vermittelnde Lösung, sondern es muss eine Entscheidung für eine Seite – und damit gegen die andere Seite – fallen. Dazu gehört etwa
die Entscheidung zwischen Nähe und Distanz im Verhältnis zu den Schüler_innen
oder die Entscheidung zwischen Förderung und Selektion der Schüler_innen
(Lüsebrink, 2002, S. 44).

Scager, Akkerman, Pilot und Wubbels (2017, S. 324–329) haben beispielsweise in einer qualitativen Interviewstudie zu Dilemmas in der US-
amerikanischen Hochschullehre Dilemmas zwischen dem Ziel, anspruchsvoll
zu unterrichten und (1) Studierende zu „vergraulen" („caring for students
planning"), (2) die Studierenden nicht zu belasten („psychological saftey"),
(3) ein positives Verhältnis zu den Studierenden zu pflegen („maintaining a
positive relation with studens"), (4) nicht über die Köpfe der Studierenden
hinweg zu unterrichten („keeping all students on board"), (5) die Lust der
Studierenden zu erhalten („maintaining student enthusiam"), (6) dem eigenen
Selbstverständnis als Lehrende_r zu entsprechen („acting in line with the teacher's self-understanding") und (7) externen Erwartungen etwa von Studierenden,
Kolleg_innen, Vorschriften („complying with perceived external expectations")
identifiziert. Shapira-Lishchinsky (2011) hat im Rahmen einer qualitativen Interviewstudie mit israelischen Lehrer_innen Dilemma-Kategorien entdeckt, die sich
aus der Kollision von formalen Standards, Regeln und Normen mit persönlichen
oder sozialen Einstellungen und Normen ergeben.

Helsing (2007) gibt einen Überblick über die divergierenden Ansichten der Forschung zu Auswirkungen von Unsicherheiten und Dilemmas (siehe Tabelle 3.2). Einerseits würden Unsicherheiten und Dilemmas als Ursache für Angst, Frustration, Burnout und schlechten Unterricht gesehen, andererseits würden diese als natürlicher, positiver Bestandteil einer reflektierten, professionellen Praxis gesehen (Helsing, 2007, S. 1318–1319).

Erstere ist die Perspektive der Forschung, die sich mit der Situation der Lehrer_innen insbesondere im Kontext von Schulreformen beschäftigt: Lehrer_innen, die unsicher sind oder in einer Dilemmasituation stecken, reagieren, indem sie Standards senken, sich auf Routinen zurückziehen, Dienst nach Vorschrift machen oder unflexibel und rigide handeln. Die zweite ist die Perspektive der Forschung, die sich mit Reflexion und Reflexivität von Lehrer_innen auseinandersetzt: Lehrer_innen können an Unsicherheiten und Dilemmas wachsen, indem sie neues Wissen erwerben, eine kreative Haltung entwickeln, sich immer wieder ausprobieren und evaluieren.

Auch Floden und Buchmann (1993, S. 376–377) sehen die Ambivalenz von Unsicherheiten. Sicherheit habe zwar ihre Vorteile, das Streben nach ihr könne jedoch zur Auswahl von Unterrichtszielen, -gegenständen und -methoden führen, bei denen die größte Gewissheit bestehe. Dies lenke die Aufmerksamkeit auf das Unmittelbare und Offensichtliche und verhinderte langfristige Pläne. Rigorismus und eine beschränkte Sicht auf Unterricht seien das Ergebnis einer Suche nach Gewissheit. "A teacher in quest for certainty may favour content that can be tested by traditional objective examinations, rather than making decisions in light of worthwhileness" (Floden & Buchmann, 1993, S. 377). Zwar könne zu viel Unsicherheit hinderlich sein, zu viel Sicherheit aber ebenfalls, wenn Einfallslosigkeit, Stagnation und ein technisches Verständnis vom Unterrichten vorlägen. Die negative Konnotation verdecke die Vorteile von Unsicherheiten: „In part, teaching is an art whose impact comes through interweaving the expected and surprising. An artistic work of depth continues to reveal new facts" (Floden & Buchmann, 1993, S. 377).

Es sei zwar möglich, dass Routinen Unsicherheiten mindern könnten, dies habe aber nicht zur Folge, dass der Unterricht besser werde, etwa wenn Unterrichtsplanung auf das Blättern im Schulbuch verkürzt werde (Floden & Buchmann, 1993, S. 379). Es sei also möglich, dass eine größere Unsicherheit der Verwendung von Routinen vorzuziehen sei (Floden & Buchmann, 1993, S. 377).

Vereint man die Perspektive auf Unsicherheiten und Dilemmas, die diese als schädlich einstuft, mit der Perspektive, die diese als hilfreich oder sogar als erforderlich einstuft, wird deutlich, dass die Frage, ob sich Unsicherheiten und Dilemmas positiv oder negativ auswirken, zu kurz greift (Helsing, 2007, S. 1329).

Anstelle dessen müssten andere Fragen gestellt werden, schlägt Helsing (2007, S. 1329) vor: Wann, wie, für wen und unter welchen Bedingungen treten positive oder negative Effekte auf? Welche Arten von Unsicherheiten haben eher positive, welche eher negative Effekte, unter welchen Bedingungen beides zugleich? Welche Rolle spielt das Ausmaß an Unsicherheiten? Wie ändern sich die Wirkungen im Laufe einer Berufsbiographie? Welche Maßnahmen führen dazu, dass Unsicherheiten positiv empfunden werden?

An diesen Fragenkatalog lassen sich die Fragen anschließen, was genau negativen Stress auslöst und wie dem entgegen gewirkt werden kann. Es gibt verschiedene Ansätze, die versuchen, das Zustandekommen von Stress zu erklären. Eine jüngere Theorie, die bereits mehrfach für Forschung im Kontext von Schule angewendet worden ist (Buchwald & Ringeisen, 2005; Gilad-Hai & Somech, 2016; Morgenroth, 2015; Schüle, Besa, Denger, Feßler & Arnold, 2014), ist die Theorie der Ressourcenerhaltung (Conservation of Resources-Theorie, kurz COR-Theorie) von Hobfoll (2004) und den daraus abgeleiteten Strategien der Stressbewältigung.

Hobfoll (2004, S. 55) definiert *Stress als drohenden oder tatsächlichen Ressourcenverlust oder als ausbleibenden Erfolg nach einer Investition von Ressourcen.* Ressourcen sind dabei „objects, conditions, personal characteristics, and energies that are either themselves valued for survival, directly or indirectly, or that serve as a means of achieving these ends" (Hobfoll, 2004, S. 54). Hobfoll unterscheidet also vier *Typen von Ressourcen* (2004, S. 58–59)[77]. Übertragen auf die Situation von Lehrer_innen (Morgenroth, 2015, S. 34–35) können Objekte („objects") zum Beispiel Arbeitsmaterialien sein. Zu Bedingungen („conditions") gehören Ressourcen, die eng mit anderen Ressourcen in Verbindung stehen, etwa wenn mit dem Arbeitsplatz Freundschaften im Kollegium verbunden sind. Zu den persönlichen Charakteristika („personal characteristics") gehören die persönlichen Kompetenzen, zum Beispiel die diagnostische Kompetenz. Zuletzt sind Ressourcen wie Zeit, Geld oder Wissen zu nennen („energies"), mithilfe derer weitere

---

[77] Nicht alle Ressourcen sind von gleicher Bedeutung. Hobfoll (2004, 54–60) schlägt deshalb eine hierarchische, dreigliedrige Ressourcenklassifikation vor. Zu den überlebenswichtigen, primären Ressourcen zählt er beispielsweise Unterkunft, Nahrung oder berufliche Kompetenzen. Sekundäre Ressourcen, die dem Erhalt der primären Ressourcen dienen, seien zum Beispiel soziale Zugehörigkeit und Unterstützung, wie Erfolgserlebnisse und Optimismus, aber auch Verkehrsmittel oder Krankenversicherung. Die tertiären Ressourcen schließlich seien nicht überlebenswichtig, sondern sie hätten eine symbolische Funktion und vermittelten ein Gefühl von Sicherheit wie etwa Statusobjekte wie Schmuck oder eine repäsentative Wohnung. Hierzu zählten aber auch Bedingungen am Arbeitsplatz oder soziale Bedingungen, die einen Zugang zu sekundären Ressourcen mit sich bringen wie Freundschaften oder Mitgliedschaften.

Ressourcen erworben werden können. „Hat eine Lehrkraft genug Geld zur Verfügung, um Unterrichtsmaterialien zu kaufen, gewinnt sie mehr Anerkennung bei ihren Schülern und deren Eltern" (Morgenroth, 2015, S. 35).

Zu den *Strategien der Stressbewältigung* gehören nach Hobfoll (2004, S. 89–118) (1) Strategien der Ressourcenanpassung („fitting") wie Anpassung an oder Veränderung von Umweltbedingungen, Bemessung des Ressourcenverlusts, Klärung des Ressourcenbedarfs oder Überprüfung der Leistungsfähigkeit der Ressourcen, (2) Anpassung der eigenen Einstellung etwa zur Stresssituation oder zu spezifischen Ressourcen vor, während und nach dem Stressereignis („adaption"), (3) Anerkennung von Grenzen des Zugriffs auf Ressourcen aufgrund sozialer Strukturen („limitations") und (4) ein zwangloser Umgang mit Gesetzen und Regeln zur Steigerung des Zugriffs auf Ressourcen („leniency"). Übertragen auf die Situation von Lehrer_innen wäre eine Strategie der Ressourcenanpassung die Aufgabe eines Hobbys zum Gewinnen von Zeit, eine Veränderung der Umweltbedingung wäre Reduzierung der Arbeitszeit durch eine Teilzeitbeschäftigung. Eine Anpassung der eigenen Einschätzung könnte ein Herunterspielen eines Stressereignisses wie einer Rüge durch die Schulleitung oder eine Umbewertung einer Ressource wie die Aufgabe der Erstellung eigener Arbeitsmaterialien und die ausschließliche Nutzung des Schulbuchs sein. Die Anerkennung von Grenzen wäre zum Beispiel die Einsicht, dass angestellte Lehrer_innen unter anderen Bedingungen arbeiten als verbeamtete Kolleg_innen. Ein nachgiebiger Umgang mit Vorschriften könnte das Ignorieren eines neuen Lehrplans sein. Gerade die Strategie der Anpassung der eigenen Sichtweise erscheint ein Ausweg zu sein:

> „Größere Transparenz könnte [...] den Ausgangspunkt für die Etablierung eines spezifischen, professionellen Selbstverständnisses bilden. Sie eröffnet die Möglichkeit, berufliche Anforderungen auf eine bestimmte Weise zu deuten. Während diese aktuell angesichts des Fehlens von Rezepten und Handlungsanweisungen häufig als Zumutungen interpretiert werden, könnten die [...] Strukturmerkmale des LehrerInnenhandelns einen Ausgangspunkt bilden für die (Um-)Deutung der beruflichen Anforderung als professionelle Herausforderungen. Damit wird Reduzierung von Unsicherheit nicht durch die – prinzipiell unmögliche – Beseitigung derselben erreicht, sondern durch einen anderen Umgang auf der Basis eines anderen beruflichen Selbstverständnisses." (Lüsebrink, 2002, S. 47)

Möchte man die Folgen der Belastung von Lehrer_innen untersuchen, gilt es allerdings darauf zu achten, nicht nur personenbezogene Folgen in den Blick zu nehmen, sondern auch die Folgen für das „unterrichtliche Handeln der Lehrer, vor allem [...] auf das Lernen der Schüler" zu berücksichtigen (Rothland, 2009, S. 120). Es sei keine Lösung, allein verhaltensorientierte Maßnahmen zu veranlassen, um die Lehrer_innen zu stärken, es gelte auch, die „relevanten strukturellen und potentiell belastenden Arbeits- und Rahmenbedingungen der Berufsausübung" zu hinterfragen. Die Resilienz der Lehrer_innen setze sich eben aus den personenbezogenen Merkmalen *und* den äußeren Rahmenbedingungen zusammen, fassen auch Gu und Day (2007, S. 1314) zusammen. Wie belastbar eine Person sei, variiere zudem über die Zeit und von Situation zu Situation.

Ebenso wie die Lehrer_innen müssen auch die Schüler_innen mit Unsicherheiten und Dilemmas im Kontext von Unterricht zurechtkommen, sind Stress ausgesetzt und unterscheiden sich hinsichtlich ihrer Belastbarkeit. Da der Fokus dieser Arbeit auf den Lehrer_innen liegt, ist die Situation der Schüler_innen vor allem dahingehend von Relevanz, als dass die Lehrer_innen mit den Reaktionen der Schüler_innen konfrontiert werden. Zu den Schulängsten gehören neben Trennungs- und sozialen Ängsten auch Leistungs- und Prüfungsängste zu den häufiger auftretenden Reaktionen (Bilz, 2017). Letztere werden im folgenden Kapitel aufgegriffen, sodass deutlich wird, welche Herausforderungen sich daraus für die Lehrer_innen ergeben.

2.2.4.2 Folgen zentraler Prüfungen

Aus dem vorangegangenen Kapitel gehen multiple Gründe hervor, die nahelegen, dass im Kontext des Zentralabiturs und dem ihm vorgelagerten Unterricht Unsicherheiten und Dilemmas sowie Stress auftreten können: aufgrund der Komplexität von Unterricht und Prüfungen (s. Abschnitt 2.2.1), aufgrund des Verlusts an Autonomie (s. Abschnitt 2.2.2) und aufgrund von Inkonsistenzen der Innovationen Kompetenz- und Standardorientierung und Zentralabitur (s. Abschnitt 2.2.3). Bislang liegen hierzu allerdings keine vertieften Studien vor, sodass die oben aufgeworfenen Fragen nach den Kontextbedingungen und Auswirkungen von Unsicherheiten und Dilemmas sowie der Frage, wann diese hemmend, wann fördernd wirken (Helsing, 2007, S. 1329) unbeantwortet sind. Außerdem ist unklar, ob beziehungsweise unter welchen Bedingungen das Zentralabitur für die Lehrer_innen Stress im oben definierten Sinn darstellt, also einen Ressourcenverlust oder einen ausbleibenden Erfolg nach einer Investition von Ressourcen mit sich bringt (Hobfoll, 2004, S. 54) oder ob dieses nicht auch im Gegenteil einen Ressourcengewinn oder Erfolg nach einer Investition von Ressourcen für sie bedeuten kann. Schließlich ist unklar, welche der oben angeführten Strategien der Stressbewältigung gegebenenfalls eingesetzt werden. Im Folgenden sollen die bislang vorliegenden Ergebnisse zu Auswirkungen des Zentralabiturs im Allgemeinen vorgestellt werden, um sich den offenen Fragen anzunähern.

International gesehen scheint sich ein Bild abzuzeichnen, dass Schüler_innen in Ländern mit zentralen Abschlussprüfungen bessere Leistungen erzielen (Wößmann, 2008). Allerdings ist unklar, aus welchen Zusammenhängen sich diese Korrelation ergibt, sodass Querschnittsstudien hier keine Erklärungen liefern können. Die Forschungslage in Deutschland deutet darauf hin, dass mögliche positive Effekte auf Lernergebnisse vor allem fach- und kursspezifisch ausfallen und nicht verallgemeinert werden können (Maag Merki, 2016, S. 165). Ob zentrale Abschlussprüfungen dazu führen, dass die Qualität von Schule und Unterricht verbessert werden, ist unklar (Jürges & Schneider, 2008, S. 243). Vielmehr kann vermutet werden, dass bessere Leistungen daher rühren, dass sich die Schüler_innen mehr anstrengen und die Lehrkräfte einen größeren Leistungsdruck aufbauen (Demski, 2017, S. 101; Jürges & Schneider, 2008, S. 243).

Zentrale Abschlussprüfung ist auch nicht gleich zentrale Abschlussprüfung. Das in Abschnitt 2.2.3.2 vorgestellte Wirkungsmodell basiert auf der Annahme des Einsatzes von so genannten high-stakes Tests, die mit „bedeutsamen Konsequenzen für die beteiligten Lehrpersonen, Schülerinnen und Schüler oder Schulleitungen (z. B. kein Vorrücken in die nächsthöhere Stufe, Personalentlassungen)" verbunden sind (Maag Merki, 2016b, S. 162). Insbesondere aus wissenschaftlich gut dokumentierten Erfahrungen in den USA ist bekannt, dass high-stakes Tests neben einigen Vorteilen erhebliche Nachteile mit sich bringen. So können Lehrer_innen einerseits motivierter sein und effektiver arbeiten, andererseits kann es zu Effekten wie einer Steigerung des Leistungsdrucks und einer Deprofessionalisierung kommen (Maag Merki, 2016, S. 158). Lehrer_innen können verstärkt zu anspruchsvollen Unterrichtsmethoden greifen, Schüler_innen besonders fördern oder auf die Einhaltung der Curricula achten, sodass es zu positiven Effekten auf der Unterrichtsebene kommen kann (Maag Merki, 2016, S. 158).

Demgegenüber können auf der Ebene des Unterrichts als negative Effekte die „Rellocation" von Ressourcen, „Aligning" und „negative Coaching" sowie „Cheating" auftreten (Maag Merki, 2016, S. 158). Bei der Rellocation können verschiedene Phänomene unterschieden werden: die Verlagerung von Ressourcen zwischen oder innerhalb von Leistungsdomänen oder die Umverteilung individueller Förderung (Bellmann & Weiß, 2009, S. 293). Beim Aligning können die Vorbereitung auf das Format, auf spezifische Inhalte oder auf einen konkreten bevorstehenden Test unterschieden werden (Bellmann & Weiß, 2009, S. 293). Kommen aufgrund dessen Unterrichtsinhalte zu kurz, spricht man vom „negative Coaching" (Maag Merki, 2016, S. 158). Beim Cheating können spezielle Vorbereitungen, Hilfen während der Durchführung und die nachträgliche Manipulation von Testbögen unterschieden werden (Bellmann & Weiß, 2009, S. 293).

Zu den nicht-intendierten Effekten auf der Unterrichtsebene kommen weitere auf der Ebene der Schule und des Schulsystems hinzu (Bellmann & Weiß, 2009, S. 293).

Im Gegensatz dazu wird angenommen, dass low-stakes Tests vor allem positive Effekte haben können, bei Ausbleiben der Probleme, die im Kontext von high-stakes Tests auftreten.

Das Zentralabitur kann bezüglich der Varianten high-stakes versus low-stakes Tests folgendermaßen eingeordnet werden: Das Zentralabitur ist „für die Schulen und Lehrpersonen ohne gravierende Konsequenzen eingeführt worden" (Maag Merki, 2016, S. 166). Allerdings hat sich das System von einem no-stakes zur einem low-stakes System entwickelt, es gibt nun mehr Kontrolle von außen und einen erhöhten Druck auf die Lehrer_innen (Jäger, 2012, S. 184). Hinzu kommt, dass das Abitur – zentral ebenso wie dezentral – für die Schüler_innen ein high-stakes Verfahren ist, da es für sie mit weitreichenden Konsequenzen verbunden ist (Maag Merki, 2016, S. 160).

Zentrale Abschlussprüfungen werden auch in Deutschland kontrovers diskutiert. Einen Überblick gibt Kühn (2010, S. 47). Pro-Argumente wie Qualitätssicherung, Vergleichbarkeit, Transparenz, Innovationsförderung, Sicherung von Basis- und Metakompetenzen, Professionalisierung der Lehrenden, Förderung des Lehr-Lernklimas stünden Contra-Argumenten wie Orientierung am Mittelmaß, Wissensorientierung, Innovationshemmung, Ignoranz der strukturellen Rahmenbedingungen der individuellen Leistungserbringung, Engführung von Unterricht sowie Deprofessionalisierung der Lehrenden gegenüber. Diese Diskussion beziehe sich vor allem auf die zentralen Abschlussprüfungen am Ende der Sekundarstufe II – das Zentralabitur – und habe lange einen normativen Charakter gehabt (Kühn, 2010, S. 43).

Mittlerweile gibt es erste empirische Forschungsergebnisse zu Folgen zentraler Abiturprüfungen, die im Folgenden vorgestellt werden. Dabei soll der Fokus auf Effekten auf der persönlichen Ebene der Lehrer_innen, der Unterrichtsebene und auch der Ebene der Schüler_innen gerichtet sein. Zwar stehen die Schüler_innen nicht im Fokus dieser Arbeit, da die Lehrer_innen jedoch unmittelbar mit der Situation der Schüler_innen konfrontiert sind, ist doch eine Relevanz für die Lehrer_innen gegeben, sodass auch hier ein Überblick über wesentliche Erkenntnisse lohnt. Die bisher vorliegenden Forschungsergebnisse liefern allerdings kein umfassendes Bild von generellen Wirkungen des Zentralabiturs, sondern geben erste Hinweise auf *Wirkungen in spezifischen Kontexten*. Die Stichproben sind eher klein, die Zeitschnitte eher kurz, außerdem erschwert das föderale System die Analysen: es konnten jeweils nur spezifische Bundesländer in den Blick genommen werden. Aus diesen Gründen können die Forschungsergebnisse an dieser

Stelle nicht sinnvoll zusammengefasst werden, sondern werden im Folgenden Studie für Studie vorgestellt.

Maag Merki (2008b) hat in einer qualitativen Studie in Fokusgruppengesprächen in Bremen vor (2005) und nach (2007) der Einführung des Zentralabiturs *Unterschiede zwischen beiden Verfahren* identifiziert. Die Ergebnisse können wie folgt zusammengefasst werden (Maag Merki, 2008b, S. 362–366): Die Lehrer_innen geben an, beim dezentralen Abitur die große Autonomie zu schätzen. So berücksichtigten sie in der Vorbereitung auf das dezentrale Abitur bei der Wahl der Unterrichtsthemen die Interessen der Schüler_innen ebenso wie die eigenen Interessen. Außerdem gebe auch fächerübergreifende Projekte. Allerdings nehme der Druck, die Abiturthemen zu unterrichten, mit dem Fortschreiten der Oberstufe zu. So stünden Unterricht und unterrichtliche Prüfungen besonders im Jahr vor der Abiturprüfung unter deren Einfluss. Die Lehrer_innen geben an, sich angesichts des Zentralabiturs bei der Auswahl der Unterrichtsthemen stärker an den Vorgaben zu orientieren. Zudem bleibe teilweise kein Raum für Vertiefungen oder Spezialisierungen. Während die Schüler_innen im dezentralen Abitur darauf vertrauten, dass nur im Unterricht Behandeltes auch im Abitur geprüft werde, scheine das Interesse der Schüler_innen angesichts des Zentralabiturs von der vermuteten Prüfungsrelevanz im Zentralabitur abzuhängen. Hier tritt also bei der Lernorientierung verstärkt der von Winter (2016, S. 61) als „Anpassungsorientierung" bezeichnete Effekt auf: „Die Energie der Schülerinnen und Schüler ist darauf gerichtet, herauszufinden, was geprüft wird und gelernt werden soll." Dies ist ein Hinweis darauf, dass der „Wunsch zu *ver*stehen" „in den Hintergrund gegenüber dem Wunsch zu *be*stehen" tritt (Winter, 2012, S. 61). Andererseits entlaste das Zentralabitur das Schüler_innen-Lehrer_in-Verhältnis, da die Aufgaben extern gestellt würden. Beim dezentralen Abitur wird die enge Verzahnung zwischen Unterricht und Prüfung hervorgehoben, aber auch angemerkt, dass es aufgrund dessen auch sehr spezielle Prüfungsthemen gebe. Der Zeitaufwand für die Erstellung der Abiturprüfungsaufgaben wird als sehr hoch angegeben. So wird auch das Zentralabitur in dieser Hinsicht als arbeitsentlastend empfunden, wobei die intensive Vorbereitung des Unterrichts die Zeitersparnis teilweise wieder aufzehre.

In einer quantitativen Studie der Jahre 2007–2009 in Bremen und Hessen wurden erste *Auswirkungen des Zentralabiturs nach dessen Einführung* untersucht (Maag Merki, 2012b). Die Teilergebnisse der Studie, die in unterschiedlichen Publikationen veröffentlicht wurden, werden im Folgenden wiedergegeben.

Wie gehen Lehrer_innen emotional mit dem Zentralabitur um? Zum Eingang in dieses Kapitel wurde die Rolle von Unsicherheiten für das Handeln von Lehrer_innen aufgezeigt. Welche Rolle spielt hier das Zentralabitur? Bei

Oerke (2012b, S. 145) gaben Lehrpersonen in einer quantitativen Studie an, sich durch das Zentralabitur eher nicht unsicher zu fühlen (Oerke, 2012b, S. 135). Der Befragung liegt allerdings der Unsicherheitsbegriff in einem negativen Verständnis zugrunde. Als Beispielitem gibt Oerke (2012b, S. 130) an: „Ich habe Angst, dass ein Thema kommt, in dem die Schüler/-innen nicht gut vorbereitet sind.". Dies bedeutet, dass hier nicht die oben geschilderte Bandbreite der möglichen Folgen von Unsicherheit (und auch Sicherheit) berücksichtigt wurde.

Lehrpersonen fühlen sich durch das Zentralabitur auch eher nicht entlastet (Oerke, 2012b, S. 145). Der Leistungsdruck wird hingegen etwas stärker empfunden, in Hessen etwas stärker als in Bremen (Oerke, 2012b, S. 135). Die Unsicherheit der Lehrkräfte – und in Hessen auch der Leistungsdruck – nimmt nach Einführung des Zentralabiturs mit der Zeit ab und die Entlastung nimmt zu (Oerke, 2012b, S. 145).

Die in der Studie befragten Lehrer_innen geben an, die Umstellung auf das Zentralabitur weitgehend zu akzeptieren, machen sich aber Sorgen um Probleme und Leistungen der Schüler_innen (Oerke, 2012a, S. 232). Der Wunsch nach einer Verbesserung des eigenen Unterrichts sinkt mit der Zeit (Oerke, 2012a, S. 232). Die Lehrer_innen unterscheiden sich hinsichtlich des Interesses und des Grades der Auseinandersetzung. In Bremen konnten drei Gruppen unterschieden werden: Interessierte mit abnehmender Auseinandersetzung, Geringinteressierte mit zunehmender Auseinandersetzung und konstant Hochinteressierte (Oerke, 2012a, S. 233). In Hessen konnten nicht Interessierte, und konstant Hochinteressierte sowie Hoch- und Geringinteressierte mit abnehmendem Interesse unterschieden werden (Oerke, 2012a, S. 234).

Eine Ressource, die Unsicherheit reduzieren könnte, ist die Zusammenarbeit von Lehrer_innen. Es konnte allerdings kein Zusammenhang zwischen der Einführung des Zentralabiturs und der Kooperation von Lehrkräften nachgewiesen werden (Appius, 2012, S. 116). Dies bedeutet, dass das mit der Einführung des Zentralabiturs verbundene Ziel der Qualitätsentwicklung nicht erreicht wird.

Die Einführung des Zentralabiturs hat keine größeren Auswirkungen auf die Bezugsnormierung im Unterricht (Holmeier, 2012a, S. 258). Alle Bezugsnormen werden verwendet, wobei die kriteriale Bezugsnorm sowohl in dezentral geprüften Kursen als auch in zentral geprüften Kursen dominiert (Holmeier, 2012a, S. 258).

Jäger (2012) hat mit der Themenvarianz im Unterricht angesichts des Zentralabiturs und der Kongruenz zwischen Unterricht und Zentralabitur zwei Zusammenhänge zwischen dem Zentralabitur und Unterricht untersucht. Als Themenvarianz wurde hier das Ausmaß verstanden, „in dem die Interessen der

Schüler/-innen und aktuelle Themen im Sachfach bei der inhaltlichen Auswahl der Unterrichtsthemen berücksichtigt werden" (Jäger, 2012, S. 184).

Es konnte festgestellt werden, dass ein Teaching-to-the-Test-Effekt auftritt: die Themenvarianz im Unterricht wird angesichts des Zentralabiturs eingeschränkt (Jäger, 2012, S. 199). Dies ändere sich auch nicht mit einer zunehmenden Erfahrung mit dem Zentralabitur, was daran liege, dass „die Einschränkung der Themenvarianz durch die Verdrängung der intrinsischen Motivation durch externe Anreize auftritt" (Jäger, 2012, S. 200). Die Themenvarianz nimmt über die Jahre leicht zu (Jäger, 2012, S. 202). Förderlich sind – allerdings mit geringen Effekten – „hohe kollektive Selbstwirksamkeitsüberzeugungen, niedrige Unsicherheit und Kooperation zum Curriculum", während die Erfahrungen mit zentralen Prüfungen keine Auswirkungen in dieser Hinsicht haben (Jäger, 2012, S. 201).

Jäger (2012, S. 201) stellt fest, dass es eine Herausforderung für die Lehrer_innen darstellt, eine Kongruenz zwischen dem Unterricht und der zentralen Prüfung herzustellen, obschon diese angeben, dass dies letztendlich „eher" gelinge. Interessant ist, dass sich eine größere Erfahrung mit dem Zentralabitur negativ auf die Kongruenz auswirkt, während „ein geringes Unsicherheitsempfinden", „die Wahrnehmung des Kollegiums als Selbstwirksam" und Unterstützungsmaßnahmen wie die Vorgabe von Schwerpunktthemen, Fortbildungen und die Operatorenliste einen positiven Effekt haben (Jäger, 2012, S. 201–202).

In einer Folgestudie (Oerke, Maag Merki, Maué & Jäger, 2013) im Bundesland Bremen, die sich auf die Jahre 2007, 2009 und 2011 bezieht, wurden die Ergebnisse zur Einschränkung der Themenvarianz in Kursen mit zentraler Abschlussprüfung bestätigt. Die Lehrkräfte berücksichtigten weniger „Tagesaktualitäten, eigene oder Interessen der Schülerinnen und Schüler sowie nicht im Abitur geprüfte Themen" als Kolleg_innen, deren Kurse nur dezentral geprüft wurden (Oerke et al., 2013, S. 45). Die darauf aufbauende Frage, ob sich diese Einschränkung der Themen lohnt, konnte hingegen verneint werden, im Gegenteil besteht „ein deutlich negativer Zusammenhang zwischen Themenvarianz und Abiturpunktzahl" (Oerke et al., 2013, S. 46). Einige Schüler_innen profitieren sogar davon (Oerke et al., 2013, S. 42). Außerdem konnte aufgezeigt werden, dass das Fachinteresse der Schüler_innen bei einer größeren Themenvarianz in zentral geprüften Kursen größer ist als bei einer geringen Themenvarianz (Oerke et al., 2013, S. 44).

In einer Analyse des Abiturjahres 2007 in Bremen und Hessen haben Maag Merki, Klieme und Holmeier (2008) unter anderem nachgewiesen, dass sich die Schulen eines Bundeslandes hinsichtlich der *Unterrichtsgestaltung* in den Dimensionen Elaboration, Motivierungsfähigkeit, Autonomieunterstützung und Kompetenzunterstützung in den zentral geprüften Kursen unterscheiden. Es bestehe ein Forschungsdesiderat hinsichtlich fachspezifischer Unterschiede (Maag Merki et al., 2008, S. 805).

Kühn (2014) zeigt anhand der Analyse von Daten einer Befragung von Lehrer_innen an Gymnasien in Nordrhein-Westfalen der Fächer Mathematik und Deutsch auf, wie sich die *Unterrichtspraxis nach der Einführung des Zentralabiturs* verändert hat. Hinsichtlich der abgefragten Unterrichtsmerkmale gibt die Mehrheit der Befragten an, den Unterricht nicht verändert zu haben (Maag Merki, 2012b, S. 129–130). Die Ergebnisse unterscheiden sich auch hinsichtlich der beiden Unterrichtsfächer. Auch zeigen die Ergebnisse, dass Lehrer_innen unterschiedliche Handlungsstrategien einsetzen. So gibt es jeweils sowohl Lehrer_innen, die eine Handlungsstrategie stärker einsetzten als auch Lehrer_innen, die eine Strategie seltener einsetzten. Dies zeigt, dass aus der Einführung des Zentralabiturs nicht deutlich wird, welche Konsequenzen sinnvollerweise gezogen werden sollten. Im Fach Deutsch haben beispielsweise bei denjenigen, die ihre Unterrichtspraxis nach der Einführung des Zentralabiturs geändert haben, das Vortragen von Fachinhalten, das Abfragen von Inhalten, das Abschreiben von Medien, Aufgaben in Einzelarbeit und Gruppenarbeit mehr zu- als abgenommen und individuelle Arbeitspläne, Freiarbeit, Projektarbeit, Lernen an Stationen und Portfolioarbeit mehr ab- als zugenommen (Kühn, 2014, S. 127). Im Fach Mathematik haben beispielsweise Diskussionen im Unterrichtsgespräch, Aufgaben in Einzelarbeit, differenzierte Arbeitsblätter und Gruppenarbeit mehr zu- als abgenommen, während fragend-entwickelnde Unterrichtsgespräche, Projektarbeit und Portfolioarbeit mehr ab- als zugenommen haben (Kühn, 2014, S. 127).

Im Folgenden soll nun ausgehend von den Ebenen der Lehrer_innen und des Unterrichts die *Perspektive auf die Schüler_innen* gerichtet werden.

Schüler_innen in zentral geprüften Kursen sehen die Verantwortung für den eigenen Erfolg in einer Studie von Oerke und Maag Merki (2009) stärker bei den Lehrer_innen, als in dezentral geprüften Kursen. Einen Monat vor dem Abitur gaben diese in der Studie an, dass sie einen Erfolg in größerem Maße auf die Lehrkraft und ihre Erklärungen zurückführten. Dies bedeutet, dass ein größerer Druck auf den Lehrer_innen lastet.

Bei einer Untersuchung der Abiturjahre 2007, 2008 und 2009 in Bremen und Hessen gaben insgesamt 40 % der Schüler_innen an, sich angesichts des Abiturs unsicher zu fühlen (Oerke, 2012b, S. 139). Dabei stieg das Unsicherheitsempfinden mit der Einführung des Zentralabiturs (Oerke, 2012b, S. 140).

Es ist bislang nicht eindeutig, welche Effekte zentrale Abiturprüfungen auf die motivationalen und emotionalen Dimensionen des Lernens haben (Maag Merki, 2012c, S. 272). Erste Ergebnisse zeigen vor allem fach- und kursspezifische Effekte, keinen „generellen Zentralabitureffekt" (Maag Merki, 2012c, S. 272).

Da Prüfungsangst nicht nur als Übel, sondern als „Mittel sekundärer Lernmotivierung" angesehen wird, das von Lehrer_innen gezielt eingesetzt wird (Schnabel, 1998, S. 6) und komplexe Zusammenhänge zwischen Prüfungsangst, Schulleistungen und Lebensqualität der Schüler_innen bestehen (Pixner & Kaufmann, 2013), soll diese im Folgenden beleuchtet werden.

Thomas, Cassady und Heller (2017) haben bei Studierenden nachgewiesen, dass Prüfungsangst als Kurz- und Langzeitfolge schlechtere Leistungen mit sich bringt. Die betroffenen Studierenden wählen nämlich vor allem Angstvermeidungsstrategien. In einer Vorläuferstudie hatte Cassady (2004) bereits festgestellt, dass Studierende, die unter Prüfungsangst leiden, geringere Lernkompetenzen aufweisen und schlechtere Vorbereitungsunterlagen erstellen.

Schumacher (2016) hat die Auswirkungen *zentraler* Prüfungen am Beispiel der zentralen Mathematikprüfung der 10. Jahrgangsstufe in Nordrhein-Westfalen an Gesamtschulen untersucht. Dabei konnte besonders in der Vorbereitungsphase eine signifikant höhere Prüfungsangst nachgewiesen werden als bei herkömmlichen unterrichtlichen Prüfungen (Schumacher, 2016, S. 289). Die Schüler_innen bewerten die zentrale Mathematikprüfung auch als „besonders wichtige Leistungsmessung" (Schumacher, 2016, S. 289). Fast ein Fünftel der Befragten leidet unter Prüfungsangst (Schumacher, 2016, S. 289). Besonders von Prüfungsangst betroffen sind Mädchen (Schumacher, 2016, S. 290).

> „Hohe Prüfungsangst geht theoriekonform mit dem vermehrten Einsatz aller Copingstrategien einher [...], wobei der direkte Effekt auf die *Emotionsorientierung* am stärksten ausfällt, gefolgt von Effekten auf das *Wunschdenken* und die *Problemorientierung*. Schülerinnen und Schüler, die im Zeitraum vor der ZP Mathematik Prüfungsangst haben, setzen sich demnach intensiv mit der Prüfungssituation und ihrer Angst auseinander. Sie versuchen, sich zu beruhigen und ihre Gefühle in den Griff zu bekommen, sie versuchen, sich gezielt auf die Prüfung vorzubereiten und zu lernen und sie hängen Wunschgedanken nach (etwa dass ein Wunder geschehe oder die Prüfung schon vorbei sei)." (Schumacher, 2016, S. 263–264) [Hervorhebungen im Original]

Prüfungsangst und Wunschdenken erklären 15,3 % der Gesamtvarianz der Note in der zentralen Mathematikprüfung und damit fast so viel wie die mathematikspezifische Leistungsfähigkeit (24,3 %) (Schumacher, 2016, S. 283–284). „Bei gleicher Leistungsfähigkeit erzielen demnach diejenigen Schülerinnen und Schüler, die während der Prüfungssituation größere Prüfungsangst haben und / oder sich häufiger von Wunschgedanken ablenken lassen, signifikant schlechtere Noten in der zentralen Abschlussprüfung" (Schumacher, 2016, S. 284).

„Da die Effekte von Prüfungsangst und Wunschdenken insgesamt gut 15 Prozent
der Gesamtvarianz der Note der ZP Mathematik verantwortlich sind, ist davon auszugehen, dass bei gleicher Leistungsfähigkeit diejenigen Schülerinnen und Schüler,
die während der ZP Mathematik größere Prüfungsangst haben und / oder sich häufiger von Wunschgedanken ablenken lassen, signifikant schlechtere Noten in ihrer
Abschlussprüfung erzielen. Somit ist zu bezweifeln, dass die ZP Mathematik tatsächlich als valides Messinstrument zur Erfassung der mathematischen Kompetenzen am
Ende der Sekundarstufe bezeichnet werden kann." (Schumacher, 2016, S. 302)

Die Leistungsängstlichkeit unterscheidet sich je nach Schulfächern, in Mathematik ist sie höher als in Deutsch (Sparfeldt, Schneider & Rost, 2016, S. 267).

2.2.4.3 Auswirkungen des Zentralabiturs auf den Geographieunterricht

Bislang liegen keine Studien zu Auswirkungen des Zentralabiturs auf den Geographieunterricht vor. Einerseits geben die oben skizzierten Forschungsergebnisse
Hinweise darauf, dass Effekte zu erwarten sind, andererseits wird immer wieder betont, dass die Ergebnisse fachspezifisch sind. Demzufolge liegt hier ein
Forschungsdesiderat vor.

Hinzu kommt, dass die bislang vorliegenden Ergebnisse auch zwischen den
Bundesländern divergieren und kursspezifisch ausfallen, sodass bei einer Unter-
suchung für das Fach Geographie Bundesländer mit Zentralabitur im Fach
Geographie im Untersuchungszeitraum in Frage kommen und hier bestenfalls
Kurse auf grund- und erhöhtem Anforderungsniveau zentral geprüft werden.
Darüber hinaus ist noch hinsichtlich etwaiger Teaching-to-the-Test-Effekte einzu-
beziehen, ob ein Themenkanon veröffentlicht wird oder der gesamte Lehrplan zur
Prüfungsvorbereitung genutzt wird. So wurden beispielsweise für die Zentrala-
biturprüfung in Niedersachsen 2018 zwar alle Fachmodule und Kompetenzen,
aber nur drei der elf Raummodule („Deutschland und Europa", „Angloamerika"
und „Nordafrika und Vorderasien (Orient)") für die Abiturprüfung vorgegeben
(Niedersächsisches Kultusministerium, 2015b).

2.2.4.4 Zwischenfazit

Die vorangegangenen Erläuterungen haben gezeigt, dass die Auswirkungen des
Zentralabiturs bislang nicht umfassend erforscht sind und die Effekte zudem kurs-
und fächerspezifisch ausfallen. Es liegen bislang keine Ergebnisse zum Fach Geographie vor. Es zeigt sich aber, dass sich in den vorliegenden Studien einige
Effekte abzeichnen, die kritisch zu hinterfragen sind. Maag Merki (2016) kommt
bezüglich des von ihr vorgestellten Wirkmodells, das in Abschnitt 2.2.2.3 Gegenstand war, und den darin abgebildeten Wirkungshoffnungen zum Fazit, dass eine

Diskrepanz „zwischen dem, was beabsichtigt und theoretisch erwartet wird, und dem, was konkret in der Umsetzung beobachtet werden kann", besteht (Maag Merki, 2016, S. 164). Hier wird deutlich, dass die vom Organisationssystem getroffenen Entscheidungen zur Gestaltung der Selektion durch zentrale Abiturprüfungen Rationalitätsdefizite aufweisen. An dieser Stelle sei nochmals darauf hingewiesen, dass diese – aus systemtheoretischer Sicht – in der Natur der Sache liegen, da es die Strukturen der Entscheidungsfindungen nicht hergeben, alle möglichen Erwägungen anzustellen, bevor eine Entscheidung gefällt wird. Das Ergebnis ist aber, dass im Interaktionssystem Unterricht mit den Konsequenzen umgegangen werden muss.

2.3   Synthese: Das Zentralabitur im Fach Geographie und seine Auswirkungen als Forschungsgegenstände

Im Abschnitt 2.1 wurden die theoretischen Grundlagen dieser Arbeit dargelegt und davon ausgehend vier systemtheoretische Leitperspektiven entwickelt, um den Blickwinkel auf die forschungsleitende Frage „Wie ist Geographieunterricht angesichts des Zentralabiturs möglich?" auszuweiten und die Analyse zu systematisieren: 1) Unterricht als komplexe Interaktionssituation und Prüfungen, 2) Die „falsche Sprache"? – Einflüsse von außen, 3) Das Zentralabitur und seine vorgelagerten organisatorischen Regularien als pädagogische Programme – Scheintechnologie als Technologiersatz? und 4) Entscheidungen der Schulorganisation und ihr Rationalitätsdefizit. Im Abschnitt 2.2 wurde dann der Stand der theoretischen Diskussion und empirischen Forschung anhand dieser vier Perspektiven strukturiert. Dabei ist deutlich geworden, dass die Trias Unterricht, unterrichtliche Prüfungen und Zentralabitur in der Bildungsforschung ein breites Interesse hervorgerufen hat, aber dennoch Leerstellen und Widersprüche bestehen. In der Geographiedidaktik stellt das Zentralabitur als Forschungsgegenstand zudem ein weitgehendes Desiderat dar, obwohl fachspezifische Effekte und weitreichende Konsequenzen für die Unterrichtspraxis zu erwarten sind. Die Ergebnisse der vorangegangenen Kapitel bilden die Grundlage für die beiden empirischen Studien, die im Anschluss vorgestellt werden, und werden hier nun als Synthese vereinigt.

Gegenstand dieser Arbeit sind *zwei Prozesse der Reprogrammierung* (siehe Abschnitt 2.2.3.2 und 2.2.3.3, zu den Konsequenzen Abschnitt 2.2.4, zur Rolle der Daten Abschnitt 2.2.2.1)). Im Zentrum steht das Zentralabitur beziehungsweise

dessen funktionale Umdeutung. Nachgelagert sind es die jüngeren Lehrplanreformen, die nun eine Orientierung an Kompetenzen und Standards mit sich
bringen.

Mit dem Abitur als Zentralabitur werden im Wesentlichen drei Funktionen
verbunden.

(1) Zuvorderst ist es die Selektion, die hier durch das Zentralabitur reformiert
    wird, sei es durch dessen Einführung, sei es durch dessen Reform in Rich-
    tung „Deutschlandabitur". Dabei ist die Bedeutung des Zentralabiturs für
    die Abiturgesamtnote gering. Für die Schüler_innen bedeutet das Zentrala-
    bitur dennoch ein so genanntes high-stakes Prüfungssystem, weil (nur) für
    sie weitreichende Konsequenzen damit verbunden sind.

(2) Als zweite Funktion wird dem Zentralabitur eine Evaluationsfunktion zuge-
    schrieben. Durch das Zentralabitur sollen Erkenntnisse gewonnen werden, die
    dann Entwicklungs- und Lernprozesse auslösen sollen. Außerdem dient die
    Evaluation durch das Zentralabitur auch der Ausübung von Kontrolle, da nun
    die Leistungen der Schüler_innen und somit auch indirekt die Leistung der
    Lehrenden von außen vermeintlich objektiv erfasst werden. Das System hat
    sich damit für die Lehrer_innen von einem no-stakes System zu einem low-
    stakes System entwickelt, was einen erhöhten Druck auf die Lehrer_innen
    bedingt.

(3) Als Drittes dient das Zentralabitur der Legitimation. Ganz allgemein dient
    es der Rechtfertigung des Erziehungssystems vor der Gesellschaft, im Spe-
    ziellen dient es der Legitimation von schulpolitischen Maßnahmen. Zur
    Legitimationsfunktion kann auch die taktische Funktion gezählt werden.
    Bildungspolitische Diskurse – vor allen Dingen unmittelbar nach dem so
    genannten „PISA-Schock" – führen zu einem Handlungsdruck der Politik,
    (irgendwie) zu reagieren.

Diese drei zentralen Funktionen des Zentralabiturs – die Selektionsfunktion,
die Evaluationsfunktion und die Legitimationsfunktion – sind in Teilen widersprüchlich. So kann ein- und dasselbe Ergebnis schwerlich *gleichzeitig* für eine
Auslese der Schüler_innen herhalten, als Evaluation aufdecken, wo Probleme im
Erziehungssystem bestehen, und dann als Grundlage für Entscheidungsprozesse
dienen und zusätzlich die gute Leistung des Schulsystems und den Erfolg von
bildungspolitischen Maßnahmen dokumentieren.

Eine besondere Rolle im Zusammenhang mit der Evaluations- und der Legitimationsfunktion spielen Daten. Dies ist so zu erklären, dass vor dem Hintergrund

inter- und intranationaler Konkurrenz universale Vergleichskategorien als Indikatoren für Erfolg dienen. Dabei werden die Vergleiche durch Dritte angestellt und öffentlich diskutiert. Um Vergleiche hinsichtlich dieser Standards anstellen zu können, werden Daten benötigt, die im Erziehungssystem neben den großen Leistungsvergleichsstudien wie PISA nun auch das Abitur als Zentralabitur liefern soll. Durch die Bedeutung, die diesen Vergleichen beigemessen wird, können die Vergleichskategorien eine Normierungswirkung entfalten.

Eng verbunden mit diesen Phänomenen ist auch die zweite im Rahmen dieser Arbeit relevante Reprogrammierung, nämlich die jüngeren Lehrplanreformen. Die neuen Lehrpläne sind kompetenzorientiert und weisen Standards aus, die anzustreben sind. Beim Unterrichtsfach Geographie liegt die Besonderheit darin, dass keine nationalen Bildungsstandards vorliegen. Die geographiedidaktische Forschung hat sich des Themas angenommen, allerdings liegen noch zahlreiche Forschungsdesiderata vor. Als Gründe für die Einführung dieser neuen Lehrpläne werden vor allem die internationalen Schulleistungsstudien genannt. Mit den neuen Lehrplänen sollen dann Maßnahmen wie Standardisierung, Individualisierung, Kompetenzorientierung, zentrale Abschlussprüfungen, schulinterne Lehrpläne und eine größere Schulautonomie verbunden sein. Als Akteure, die die Lehrplanreformen mit ausgelöst haben sollen, werden unter anderem die OECD, die Kultusministerkonferenz, die Bildungsforschung und andere Bundesländer genannt. In den meisten Bundesländern ist neben dieser inhaltlichen Neuausrichtung auch eine Übertragung fachlicher Verantwortung auf die Schulen verbunden. Die neuen Lehrpläne verstehen sich dann als so genannte Kernlehrpläne, die einer Ergänzung durch schulinterne Lehrpläne bedürfen. Dies kann einerseits als das Gewähren einer größeren Schulautonomie gelesen werden, andererseits als die Konzentration von Verwaltungsaufgaben und drittens auch als Verschiebung von Verantwortung.

Was ist nun das Besondere an diesen beiden Reformpaketen Zentralabitur, beziehungsweise dessen Umdeutung, und Lehrplanreformen? Sie werden im Rahmen dieser Arbeit als Reprogrammierungen verstanden, also als Änderung von Programmen, die aus systemtheoretischer Sicht das gesamte Erziehungssystem steuern, indem sie ermöglichen, das entschieden werden kann, welcher Seite eines Steuerungscodes eine Kommunikation zuzuordnen ist. Das Ändern von Programmen ist die einzige Möglichkeit, Funktionssysteme substanziell zu verändern. Durch neue oder geänderte Programme kann nämlich die Ausdeutung von Codes verändert werden. Die Codes selbst sind aus systemtheoretischer Sicht unveränderbar. Das Besondere am Erziehungssystem ist nun, dass die Programme und ihre Änderungen nicht durch den Unterricht selbst, der den Kern des Erziehungssystems darstellt, sondern durch die Schulorganisation erlassen werden.

Die Schulorganisation hat im Wesentlichen aus zwei Gründen die Aufgabe, den Unterricht organisatorisch zu rahmen (siehe Abschnitt 2.2.2.1, 2.2.2.2 und 2.2.2.3). Erstens hat das soziale System Unterricht Steuerungsprobleme und zweitens legt die Verfassung die staatliche Schulaufsicht fest. Konkret führt dies dazu, dass einerseits die Landesparlamente das Schulrecht bestimmen und andererseits die Schulverwaltung durch Rechtsverordnungen und Verwaltungsvorschriften dies konkretisiert. Darüber hinaus werden die Vorschriften durch die Schulaufsicht überwacht. Aus diesen gesetzlichen und behördlichen Regelungen ergeben sich die Rechte und Pflichten der Lehrer_innen. Es ist daher eine grundsätzliche Verfahrensorientierung des Bildungswesens festzustellen. Dies zeigt sich auch in den dezidierten Vorschriften für das Prüfen im Geographieunterricht.

Pädagogische Programme werden im Rahmen dieser Arbeit grundsätzlich als positiv intendierte Innovationen verstanden (siehe Abschnitt 2.2.3.1). Allerdings muss dies nicht bedeuten, dass dies dann aus dem Blickwinkel aller auch tatsächlich der Fall ist. Die Steuerungsinstrumente, die der Schulentwicklung zur Verfügung stehen, können nach der Art der Steuerung unterschieden werden. Für unsere beiden Fälle sind dies Steuerung über Orientierungsgrößen bei den Lehrplänen und Steuerung über Analyse und Feedback bei den zentralen Abiturprüfungen.

Das Ergebnis schulorganisatorischen Handelns sind immer Ereignisse, die sich selbst als kontingent thematisieren: Entscheidungen. Organisationssysteme und damit auch die Schulorganisation haben eine Eigenschaft: Sie sind Multireferenten. Das bedeutet, dass sie mit anderen sozialen Systemen in direkten Austausch treten können. Da nun festzustellen ist, dass andere Funktionssysteme der Gesellschaft in das Erziehungssystem hinein zu expandieren versuchen, ist ein erhöhter Druck von außen auf das Erziehungssystem und die es steuernde Schulorganisation festzustellen (siehe Abschnitt 2.2.2.1, 2.2.2.2 und 2.2.2.3). Dies ist insbesondere seit dem „PISA-Schock" der Fall. Es sind Tendenzen der Politisierung, Ökonomisierung, Verwissenschaftlichung und Verrechtlichung feststellbar. Weil die Politik über die Gesetzgebungskompetenz der Landesparlamente und Personal – Ministerposten sowie politisch eingesetztes Verwaltungspersonal in der Schulorganisation – schon organisatorisch besonders eng mit dem Erziehungssystem verknüpft ist, sind besonders der Politik Einflussmöglichkeiten gegeben.

Innovationen im Erziehungssystem können nur dann wirksam werden, wenn geeignete Implementationsstrategien gewählt werden und der Wissenstransfer funktioniert (2.2.3.2). Die Zentralabitureinführung, Zentralabiturreformen und Lehrplanreformen sind top-down implementierte Innovationen. Im Falle des Prüfens im Fach Geographie erfolgt der Wissenstransfer möglicherweise insbesondere über die geographiedidaktische Fachliteratur, die in unterrichtspraktischen Handreichungen bislang für das Erstellen von Klausuren für den Geographieunterricht vor allem traditionelle Vorgehensweisen vorschlägt.

Schaut man sich nun die Umsetzung der Reprogrammierung Zentralabitur im Lichte der Verfahrensorientierung des Erziehungssystems an, fällt auf, dass die Verwaltungsvorschriften für die unterrichtlichen Prüfungen, das heißt die mündlichen und die schriftlichen Prüfungen während der Oberstufe, sowie für die finalen Abiturprüfungen sehr dezidiert ausfallen (siehe Abschnitt 2.2.2.2 und 2.2.2.3). Es bestehen allerdings Handlungsspielräume, die im Bereich der so genannten „sonstigen Mitarbeit" recht groß, im Bereich der schriftlichen Klausuren etwas geringer und im Abitur noch geringer ausfallen. Darüber hinaus ist mit dem Zentralabitur in den meisten Bundesländern ein Themenkanon verbunden, das heißt, es werden Schwerpunktthemen für die Abiturprüfung, die verbindlich zu behandeln sind, behördenseits vorgegeben. Hinzu kommen auch indirekte Impulse durch alte Zentralabiturklausuren. Die Verwaltungsvorschriften zum schriftlichen Prüfen im Fach Geographie basieren in allen Bundesländern auf den „Einheitlichen Prüfungsanforderungen in der Abiturprüfung Geographie" der Kultusministerkonferenz und schreiben als grundlegende Aufgabenstellung die materialgebundene Problemerörterung mit Raumbezug vor. Die Auslegung dieser Vorgaben in den konkreten Aufgabenstellungen der Bundesländer können sich hinsichtlich verschiedener Merkmale unterscheiden.

Die von der Schulorganisation als Multireferent auf den Weg gebrachten, auf Entscheidungen basierenden Reprogrammierungen treffen nun auf den Unterricht als soziales System und seine beiden Hauptfunktionen: einmal die Erziehung (im Sinne von Vermittlung und Aneignung) und zum anderen die Selektion. Beide, Vermittlung und Aneignung und Selektion, sind komplex.

Die Komplexität von Unterricht kann in multiple Komplexitätsdimensionen gegliedert werden (siehe Abschnitt 2.2.1). Die Dimensionen ergeben sich vor allem aus der doppelten Kontingenz der unterrichtlichen Kommunikation und den Eigenschaften, die der Unterricht als soziales System mit sich bringt. Es ist aufgrund dieser Komplexität schwierig, Merkmale zu identifizieren, die das Gelingen von Unterricht bedingen. Das Angebot-Nutzungs-Modell von Helmke (2017) benennt solche Merkmale. Es greift mit der Mediation auch das von der Systemtheorie identifizierte Kausalitätsproblem und das Rationalitätsproblem auf, welches sich daraus ergibt, dass Lernen als ein Auslösen einer Selbständerung verstanden wird. Wie nun die Merkmale ausgeprägt sein müssen, damit

dies positive Auswirkungen auf den Lernerfolg hat, darauf gibt die Wissen-
schaft divergierende Antworten. Es ist deshalb die Frage zu stellen: „Wer kann
wofür Rechenschaft ablegen?" (Maag Merki, 2016, S. 168). Aufgrund der Kom-
plexität von Unterricht ist es problematisch, dass beim Zentralabitur „auf der
Basis der Lernergebnisse der Schüler/innen direkt Verantwortlichkeiten für die
Lehrpersonen und Schüler/innen abgeleitet werden sollen" (Maag Merki, 2016,
S. 165). So kann kritisiert werden, dass das Zentralabitur, das die bundesweite
Vergleichbarkeit gewährleisten soll, die Probleme der Accountability und des
Zustandekommens der Beurteilungen und Benotungen nicht löst (Berkemeyer,
2010, S. 105).

Unterricht unterliegt einem ständigen Wandel. Verbunden mit der eben
erwähnten Kompetenzorientierung der neuen Lehrpläne und mit einem (mode-
rat) konstruktivistischen Lernverständnis ist eine neue Lernkultur (siehe
Abschnitt 2.2.1). Der damit verbundene erweiterte Leistungsbegriff zieht die
Frage nach sich, wie eine adäquate Abbildung in einer Leistungserfassung aussehen kann – egal, ob diese der Lernförderung im Sinne einer Förderdiagnostik mit
darauf abgestimmtem pädagogisch-didaktischem Handeln oder der Bewertung
zwecks Selektion dienen soll.

Die Selektion im Erziehungssystem erfolgt vor allem durch Prüfungen. Die
Komplexität des Prüfens (siehe Abschnitt 2.2.1) besteht darin, dass es bislang keine aus Lehrer_innensicht praktikablen und aus wissenschaftlicher Sicht
leistungsfähigen Erfassungsinstrumente für den Unterricht gibt. Fest steht, dass
wissenschaftliche Gütekriterien der Leistungsmessung bei der schulischen Leistungserfassung nicht eingehalten werden. Hinzu kommen Probleme bei der
Beurteilung und Bewertung. Zuvorderst ist nicht eindeutig klar, welche Bezugsnormen im Unterricht herangezogen werden sollen und dürfen. Lehrer_innen
müssen dennoch entscheiden, mit Bezug auf welche Vergleichsnorm sie die
Schüler_innen beurteilen. Im schulischen Kontext mündet die Bewertung von
Leistungen in der Regel in Ziffernnoten, die ebenso wie die ihnen zugeschriebenen Funktionen in der Kritik stehen. Zusätzlich stellt sich die grundsätzliche
Frage, wie Unterricht überhaupt adäquat abgeprüft werden kann. Hier gilt es, zwei
Grundsätze des Prüfens zu berücksichtigen (Sacher, 2000, S. 63): den Grundsatz
der proportionalen Abbildung und den Grundsatz der Variabilität. Anders kann
nicht gewährleistet werden, dass die Prüfung das abprüft, was vorher unterrichtet
wurde. Und dies ist sowohl für die Förderdiagnostik als auch die faire Leis-
tungsauslese essentiell. Egal, ob sie sich mit den Problematiken rund um das
Prüfen bereits vertieft auseinandergesetzt haben oder nicht, Lehrer_innen müssen damit im Unterrichtsalltag umgehen. Für die Lehrer_innen bedeuten diese

Herausforderungen, dass sie sowohl über förderdiagnostische als auch die Selektion betreffende Kompetenzen verfügen müssen. Diese Kompetenzen müssen außerdem ständig ausgebaut werden. Wandelt sich der Unterricht, müssten sich konsequenterweise auch die Prüfungen ändern. Aktuell kann aber ein Spannungsverhältnis zwischen neuer Lernkultur und herkömmlicher Leistungsbeurteilung ausgemacht werden.

Die große Komplexität, die angesichts von Unterricht und Prüfen offenbar wird, fordert von den Lehrer_innen, dass diese aus multiplen Handlungsoptionen auswählen und damit kontingente Entscheidungen treffen (siehe Abschnitt 2.2.4). Dabei bedeutet eine Entscheidung für eine Handlungsalternative gleichzeitig stets das Ablehnen anderer Möglichkeiten. Zwei Beispiele für Entscheidungssituationen (siehe Abschnitt 2.2.1):

(1) Wie sind Förderdiagnostik und Selektionsfunktion miteinander vereinbar? Einerseits besteht die Möglichkeit, die herkömmliche Leistungserfassung förderdiagnostisch umzudeuten, andererseits können Förderdiagnostik und Selektion getrennt werden, indem getrennte Leistungserfassungsinstrumente für die Lernförderung und die Leistungsbewertung zur Selektion eingesetzt werden (Winter, 2018).

(2) Wie ist eine neue Lernkultur mit Kompetenzorientierung mit herkömmlichen Prüfungen vereinbar? In der Oberstufe müssen die Lehrer_innen konkret entscheiden, ob sie die Prüfungen im Unterricht stärker am Unterricht oder am Zentralabitur orientieren.

Bei solchen Entscheidungssituationen können Dilemmas auftauchen (siehe Abschnitt 2.2.4), zum Beispiel zwischen der Frage der Förderung und der Selektion oder zwischen pädagogischen und formal-administrativen Normen.

Am Beispiel der Frage der Autonomie des Handelns von Lehrer_innen (siehe Abschnitt 2.2.2.1) konnte aufgezeigt werden, dass diese je nach Ausdeutung unterschiedlich verstanden und verortet werden kann (siehe Tabelle 2.4). Lehrer_innen nehmen im Erziehungssystem unterschiedliche und sich wandelnde Rollen ein (siehe Abschnitt 2.2.1). Zum einen sind sie Pädagog_innen, die sich pädagogischen Zielen verpflichtet fühlen, andererseits stehen sie im Dienste des staatlichen Bildungsauftrags und übernehmen auch administrative Aufgaben. Konkret bedeutet dies für Beurteilungssituationen, dass Lehrer_innen von der Rolle als Lernbegleiter_innen zur Rolle der Beurteiler_innen wechseln. Diese ändert sich angesichts des Zentralabiturs, wenn die Aufgaben extern gestellt werden.

Angesichts der Komplexität des Themas Leistungserfassung ist es erforderlich, dass die Lehrer_innen über diagnostische Kompetenz und Selektionskompetenz verfügen, ausreichende pädagogische und fachliche Fähigkeiten und Fertigkeiten mitbringen und eine motivationale und soziale Haltung mitbringen, die davon zeugt, dass sie mit der Notwendigkeit, kontingente Entscheidungen zu treffen, zurecht kommen können (siehe Abschnitt 2.2.1).

Der Wandel im Zuge der Reprogrammierung, die Komplexität von Unterrichten und Prüfen, die Notwendigkeit des Treffens von kontingenten Entscheidungen und die vielfältigen und sich wandelnden Rollen der Lehrer_innen führen dazu, dass Unsicherheiten und Dilemmas auftauchen können (siehe Abschnitt 2.2.4). Es stellt sich die Frage, ob diese schädlich oder förderlich sind. Nach Helsing (2007) gibt es zwei wissenschaftliche Perspektiven auf diese Frage: Einmal werden Sicherheiten und Dilemmas als Ursache für Angst, Frustration, Burn-out und schlechten Unterricht angesehen. Lehrer_innen senkten Standards, entwickelten Routinen, machten „Dienst nach Vorschrift", würden unflexibel und handelten rigide. Die zweite Perspektive sieht Unsicherheiten und Dilemmas als natürliche und positive Bestandteile einer reflektierten pädagogischen Praxis an, die dazu führten, dass Lehrer_innen an Unsicherheiten wüchsen, neues Wissen erwürben und eine kreative, forschende Haltung entwickelten. Es wird darüber hinaus diskutiert, dass sowohl zu viel Unsicherheit als auch zu viel Sicherheit hinderlich sein können. Auch zu viel Sicherheit könne zu Einfallslosigkeit, Stagnation, einem technischen Verständnis vom Unterrichten und einer Dominanz von Routinen führen.

Zuletzt stellt sich die Frage, welche Konsequenzen sich aus dem bislang Erläuterten für die Aufgabenkultur und das Handeln von Lehrer_innen im Fach Geographie ergeben. Während internationale high-stakes Prüfungssysteme sehr gut erforscht sind, gibt es zur spezifischen low-stakes Situation in Deutschland nur wenige Forschungsergebnisse, die zudem auf spezifische Situationen in Bundesländern, Fächern und Kursen hindeuten. Im Zentrum dieser Arbeit steht die Inkonsistenz der teils widersprüchlichen Anforderungen einer Standardisierung von Output (und Input) durch das Zentralabitur auf der einen und die pädagogischen und fachlichen Anforderungen an einen kompetenzorientierten Unterricht im Sinne der neuen Lernkultur auf der anderen Seite. Dabei sollen beide Begriffe „Kompetenzorientierung" und „neue Lernkultur" im weiteren Verlauf dieser Arbeit nicht im Sinne enger bildungspolitischer Implikationen, sondern als Leitbegriffe für eine stärkere Öffnung von Unterricht verstanden werden.

Die aus den theoretischen Überlegungen und dem Forschungsstand resultierenden Fragen, wie: Wie gehen Geographielehrer_innen mit dem Spannungsverhältnis zwischen Unterrichten und Prüfen um? Inwiefern sehen sie angesichts des organisatorischen Rahmens Gestaltungsspielräume? Welche Auswirkungen haben die Reprogrammierungen aus Sicht der Geographielehrer_innen? Wie wirken sich die bildungspolitischen Standardisierungsbemühungen auf die Aufgabenkultur im Geographiezentralabitur aus? Inwiefern wird diese Kultur von Geographielehrer_innen in unterrichtliche Klausuren überführt? Werden Kompetenzorientierung oder Zentralabitur von ihnen als Technologieersatz verstanden? Inwiefern richten sie Vermittlung und Aneignung in der Oberstufe angesichts des Zentralabiturs letztendlich auf die Selektionsinteressen der Gesellschaft aus? Welche Rolle nehmen sie selbst wann ein? Inwiefern treten Unsicherheiten und Stress im Kontext von Unterricht und Prüfungen auf? All diese und weitere Fragen lassen sich in der Frage zusammenfassen:

„Wie ist Geographieunterricht angesichts des Zentralabiturs möglich?",

die die forschungsleitende Frage dieser Arbeit ist.

Forschungsdesign 3

Zu Beginn dieser Forschungsarbeit standen erste Überlegungen zur Rolle von Standardisierung, die sich aus der Analyse von Zentralabituraufgaben aus den zehn Bundesländern mit Zentralabitur im Fach Geographie im Jahr 2010 (vgl. Mäsgen, 2011) und aus ersten Forschungsarbeiten zum Umgang der Schüler_innen mit dem Zentralabitur (vgl. Gohrbandt et al., 2013) ergaben. Daraufhin wurde ausgehend vom Forschungsstand zu intendierten und nicht intendierten Effekten zentraler Abschlussprüfungen eine erste Forschungsidee entwickelt, die in einem zirkulären Prozess zu einem Forschungsdesign weiterentwickelt wurde. In diesem Kapitel soll dieses vorgestellt werden. Zunächst werden die wissenschaftstheoretische Position und die Forschungsziele offengelegt, bevor die angewendeten Forschungsmethoden beschrieben werden.

3.1 Wissenschaftstheoretische Position, Forschungsziele und Forschungsfragen

Die dieser Arbeit zugrunde liegende systemtheoretische Perspektive geht mit einem konstruktivistischen Wissenschaftsverständnis einher (vgl. Kleve, 2005). Ziel ist nicht die Beschreibung einer vermeintlich objektiven Realität, sondern die Analyse der Selbstbeschreibung der handelnden Lehrer_innen. In diesem Sinne soll die Komplexität der in den Blick genommenen Phänomene anhand vielfältiger Selbstbeschreibungen erfasst werden. Diese wissenschaftstheoretische

---

Ergänzende Information Die elektronische Version dieses Kapitels enthält Zusatzmaterial, auf das über folgenden Link zugegriffen werden kann https://doi.org/10.1007/978-3-658-40663-9_3.

J. Mäsgen, *Auswirkungen von Standardisierung auf Zentralabitur und Unterricht*, Empirische Forschung in den gesellschaftswissenschaftlichen Fachdidaktiken, https://doi.org/10.1007/978-3-658-40663-9_3

Position mündet in Fragen wie: „Wie kommt es, dass Beobachter so beobachten, wie sie eben beobachten? Welche Handlungen mussten sie tätigen, um das zu sehen, was sie sehen und das zu übersehen, was sie nicht sehen? Was müssen sie Anderes tun, wie könnten sie anders handeln, um auch Anderes, bisher nicht Sichtbares in den Blick zu bringen?" (Kleve, 2005, S. 82). Ebenso wie die Systemtheorie Luhmanns die Reflexion der Pädagogik anregen wollte, ohne selbst praktische Konsequenzen zu ziehen, setzt sich diese Arbeit das Ziel, einen Impuls zur Reflexion aus Wissenschafts-, Organisations-, Praxis- sowie aus bildungspolitischer Perspektive zu leisten, ohne rezeptologische Antworten auf die aufgeworfenen Fragen und Handlungsempfehlungen zu den identifizierten Problemlagen zu liefern.

Das Forschungsfeld wurde zunächst über die theoretischen und empirischen Erkenntnisse zur Komplexität von Unterrichten und Prüfen (im Allgemeinen und im Fach Geographie) und zu Effekten zentraler Abiturprüfungen im Besonderen erschlossen. So konnte eine Annäherung an das in der Einleitung genannte erste Bündel an Untersuchungsfragen erfolgen:

(1) Welche theoretischen und empirischen Erkenntnisse zum Unterrichten und Prüfen angesichts des Zentralabiturs und der mit ihm verbundenen Regularien liegen vor? Was sind Einflussfaktoren, was Auswirkungen? Wie ist die spezifische Situation im Fach Geographie?

Als zentrales Phänomen wurde daraufhin das Zusammenspiel der drei Faktoren Unterricht in der Oberstufe, Klausuren im Unterricht und Zentralabitur identifiziert. Die Forschungslage zum Zusammenspiel der drei Faktoren ist dünn und nicht eindeutig, für das Fach Geographie stellt es ein völliges Forschungsdesiderat dar. So fußt die in dieser Arbeit vorgestellte Forschung einerseits auf einer breiten theoretischen und vielfältigen empirischen Basis, letztendlich hat sie aber dennoch einen explorativen Charakter, da es sich um die erste Studie zu diesem Phänomen aus geographiedidaktischer Sicht handelt.

Für die eigene empirische Arbeit wurden zwei weitere Fragenbündel geschnürt:

(2) Welche Merkmale weist die Aufgabenkultur im Geographiezentralabitur als Ergebnis von politischem Steuerungshandeln auf? Inwiefern lassen sich Standardisierungstendenzen feststellen?

(3) Wie beschreiben Geographielehrer_innen die Situation angesichts des Zentralabiturs und seiner Aufgabenkultur? Wie beschreiben und begründen sie ihr eigenes Handeln? Inwiefern lassen sich die Ergebnisse systematisieren?

Diesen Untersuchungsfragen wurde in einer zweiteiligen Studie nachgegangen. In der ersten Teilstudie wurde die Prüfungskultur im Zentralabitur untersucht (Fragenbündel 2). In der zweiten Teilstudie wurden Unterricht und unterrichtliche Klausuren in der Oberstufe sowie das gesamte Bedingungsgefüge in den Blick genommen (Fragenbündel 3). Die Untersuchungsfragen stellen unterschiedliche Anforderungen an die Methodik.

Um die Prüfungskultur im Zentralabitur zu untersuchen, ist es erforderlich Abiturprüfungsaufgaben zu analysieren. Dabei gilt es, zwei Herausforderungen zu begegnen: einerseits der Heterogenität aufgrund des Föderalismus und zweitens dem Erfordernis eines Zeitschnitts, damit die Prüfungskultur und nicht Einmaleffekte erfasst werden.

Da das auf das Dreierverhältnis bezogene Handeln der Lehrer_innen sich auf weite Teile des Unterrichts und dessen Kontext erstrecken kann und auch die zugrundeliegenden Motive Gegenstand der zweiten Untersuchung sein sollten, wurde in der zweiten Teilstudie die Methode der Datenerfassung mittels qualitativer Interviews gewählt. Nur bei diesem Vorgehen war es möglich, relevante Phänomene und Kontextbedingungen zu identifizieren und die Selbstbeschreibungen der Lehrer_innen zu erfassen.

Die ersten Analysen der erhobenen Daten lieferten interessante Ergebnisse, die in Forschungskolloquien und auf Fachtagungen präsentiert und diskutiert wurden und ein positives Feedback hervorgerufen haben. Dennoch wurde bei der weiteren Analyse der qualitativen Daten deutlich, dass die in der Vorbereitung gesichteten, vor allem auf einem quantitativen Forschungsparadigma fußenden Erkenntnisse zu den drei Bedingungsfaktoren und ihrem Zusammenspiel als alleinige Ausgangsbasis nicht ausreichten. Daraufhin wurde nochmals die grundlagentheoretische Einbettung der Forschung kritisch hinterfragt. Insbesondere die Beziehungen zwischen dem Unterricht, der administrativen Rahmung und der Gesellschaft konnten nicht ausreichend systematisch in Beziehung gesetzt werden, da eine Metatheorie fehlte. In einem zirkulären Prozess wurde deshalb die theoretische Basis um die systemtheoretische Perspektive erweitert, sodass sowohl die bis dato gesichtete Fachliteratur als auch die eigene Datenauswertung neu strukturiert werden konnten. Als übergeordnete forschungsleitende Frage, die die Betrachtung des Beziehungsgefüges stärker reflexiv ausrichten sollte, wurde schließlich die Frage: *„Wie ist Geographieunterricht angesichts des Zentralabiturs möglich?"* ausgewählt (Abbildung 3.1).

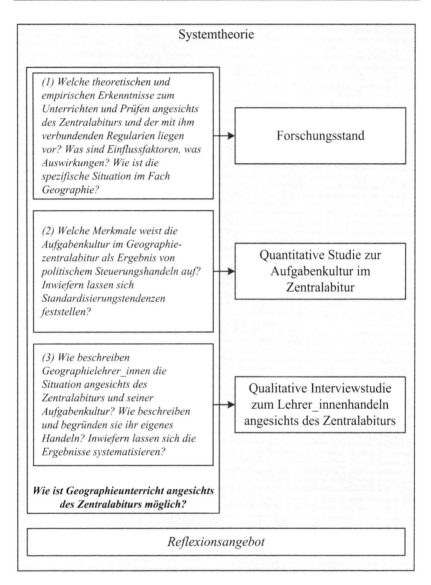

Abbildung 3.1   Forschungsdesign. (Quelle: Eigener Entwurf)

3.2 Forschungsmethodik

3.2.1 Quantitative Studie zur Aufgabenkultur im Zentralabitur

Im Rahmen einer quantitativen Aufgabenanaylse konnten die Untersuchungsfragen: „Welche Merkmale weist die Aufgabenkultur im Geographiezentralabitur als Ergebnis von politischem Steuerungshandeln auf? Inwiefern lassen sich Standardisierungstendenzen feststellen?" beantwortet werden. Unter Aufgabenanalyse soll nach Kühn (2010, S. 137) eine „empirisch abgesicherte, theoretisch fundierte Erfassung, Beschreibung und Analyse bestimmter und eindeutig definierter formaler und inhaltlicher Merkmale der Aufgabenstellung" verstanden werden. Hierzu wurden zunächst Kategorien gebildet und daraufhin Merkmalsausprägungen festgelegt (Brosius, Haas & Koschel, 2016, S. 153).

3.2.1.1 Datenerhebung

Stichprobe
Die Einheitlichen Prüfungsanforderungen in der Abiturprüfung der Kultusministerkonferenz, die das Ziel haben, die Abiturprüfungen zu vereinheitlichen, gelten seit dem Jahr 2008. Aus diesem Grund wurde als erstes Jahr des Zeitschnittes das Jahr 2009 ausgewählt. Zunächst wurde der Zeitschnitt auf fünf Jahre festgesetzt, später im Rahmen einer Nacherhebung auf sieben Jahre ausgeweitet, sodass letztendlich Aufgaben der Jahre 2009–2015 analysiert wurden. Zum Zweiten musste ein Weg gefunden werden, mit dem Bildungsföderalismus umzugehen. Grundvoraussetzung für die Auswahl der Bundesländer war das Vorhandensein von Geographie als schriftlichem Prüfungsfach. Außerdem sollten Prüfungen auf erhöhtem und bestenfalls auch auf grundlegendem Anforderungsniveau angeboten werden. Zuletzt wurde zu Beginn des Forschungsprojektes erwogen, an die Aufgabenanalyse eine quantitative Befragung von Lehrkräften anzuschließen. Aus diesem Grund wurde als weiteres Kriterium die prognostizierte Anzahl der Absolvent_innen mit Hochschulreife 2013 herangezogen, um später eine möglichst große Grundgesamtheit, aus der zu schöpfen wäre, zu haben. Die Idee der quantitativen Befragung wurde allerdings später verworfen. Letztendlich wurden die fünf in Tabelle 3.1 hervorgehobenen Bundesländer ausgewählt. Die Klausuraufgaben wurden von den Bildungsministerien zur wissenschaftlichen Analyse zur Verfügung gestellt oder lagen publiziert im STARK Verlag vor (Bayerisches Staatsministerium für Unterricht und Kultus, 2009–2013, 2014–2015; Hessisches Kultusministerium, 2009–2015; Ministerium für Kultus,

Tabelle 3.1 Auswahlkriterien und ausgewählte Bundesländer (grau) (Bezugsjahr 2013). (Quelle: Eigene Zusammenstellung basierend auf Sekretariat der Ständigen Konferenz der Kultusminister der Länder in der Bundesrepublik Deutschland (2007, S. 98))

Bundesland	Auswahlkriterien		Prognostizierte Zahl der Absolvent_innen mit Hochschulreife
	Zentrale Prüfung in Geographie-Kursen mit erhöhtem Anforderungsniveau	Zentrale Prüfung in Geographie-Kursen mit grundlegendem Anforderungsniveau	
BW	x		**37.800**
BY	x	x	**36.000**
BE			10.900
BB	x	x	5.600
HB			2.700
HH			5.700
HE	x	x	**27.580**
MV	x	x	**2.900**
NI	x	x	**27.800**
NW	x	x	**128.700 (doppelter Abiturjahrgang)**
RP			14.100
SL		x	3.100
SN		x	8.900
ST			3.900
SH			12.200
TH	x	x	4.830

Jugend und Sport Baden-Württemberg, 2009–2013, 2014–2015; Ministerium für Schule und Bildung des Landes Nordrhein-Westfalen, 2009–2013, 2014–2015; Niedersächsisches Kultusministerium, 2009–2015).

Für die fünf Bundesländer und die sieben Jahre kann von einer Vollerhebung der Daten für alle Prüfungen im ersten Prüfungsversuch gesprochen werden. Nachprüfungen wurden nicht berücksichtigt.

Im Rahmen der Datenerfassung wurden Merkmale auf der Ebene der Klausuraufgaben, Operatoraufgaben und Materialien erhoben und einige Merkmale den Prüfungen zugeordnet (vgl. Tabelle 3.2). Diese Ebenen werden im Folgenden vorgestellt.

Eine Klausuraufgabe wird verstanden als die Zusammenstellung von zu bearbeitenden Aufgaben und zugehörigem Materialienapparat zu einem übergeordneten Thema in einem Dokument. Eine Prüfung ist demgegenüber die gesamte absolvierte Leistungserfassung innerhalb der zeitlichen Vorgaben. Nun gibt es bei den fünf ausgewählten Bundesländern zwei grundsätzlich verschiedene Praktiken, von den Klausuraufgaben zur Prüfung zu kommen (vgl. Abbildung 3.2).

Bei Variante 1 wählen die Schüler_innen aus mehreren Klausuraufgaben mehrere aus und stellen sich so ihre Prüfung zusammen. In Baden-Württemberg (bis einschl. 2014) und Bayern musste pro Prüfung mehr als eine Klausuraufgabe bearbeitet werden: in Bayern 2 von 4, in Baden-Württemberg (bis 2014) 3 von 4 Klausuraufgaben. Bei der zweiten Variante wählen sich die Schüler_innen eine Klausuraufgabe aus mehreren als Prüfung aus. In den Bundesländern Baden-Württemberg (ab 2015), Hessen, Niedersachsen und Nordrhein-Westfalen entspricht eine Klausuraufgabe der Prüfungsleistung, wobei die Prüflinge die Möglichkeit haben, sich eine Klausuraufgabe auszuwählen: in Baden-Württemberg (ab 2015) und Niedersachsen 1 aus 2, in Hessen und Nordrhein-Westfalen 1 aus 3 Klausuraufgaben.

Für die Datenanalyse bedeutet dies, dass zum Vergleich der Prüfungen nicht die Klausuraufgaben untereinander verglichen werden können. Bei Variante 1 müssen die jeweiligen Möglichkeiten der Kombination von Klausuraufgaben berücksichtigt und somit die möglichen Prüfungen konstruiert werden. Bei 4 Klausuraufgaben in Bayern ergeben sich 6 mögliche Prüfungsvarianten, bei 4 Klausuraufgaben in Baden-Württemberg ergeben sich 4 Prüfungsvarianten. Konstruiert man auf diese Weise alle Prüfungsvarianten, ergeben sich bezogen auf den gesamten Datensatz 204 Prüfungen (vgl. Tabelle 3.2).

Neben den Merkmalen der Klausuraufgaben wurden bei der Datenerfassung Merkmale der einzelnen zu bearbeitenden Aufgaben erfasst. Da die Praxis der Strukturierung, Untergliederung und Nummerierung der Aufgaben je nach Bundesland und Jahrgang variiert, wurde jede Handlungsaufforderung einzeln erfasst.

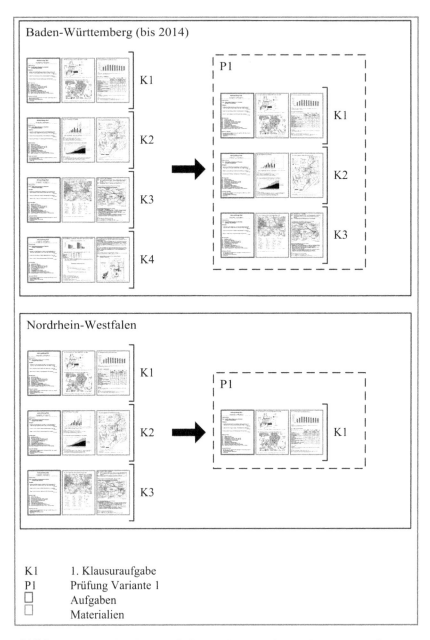

Abbildung 3.2 Von den Klausuraufgaben zur Prüfung. (Quelle: Eigener Entwurf)

Tabelle 3.2 Überblick über die Datengrundlage (jeweils Anzahl der Fälle im Datenset). (Quelle: Eigener Entwurf)

	Baden-Württemberg	Bayern	Hessen	Niedersachsen	Nordrhein-Westfalen	Gesamt
Klausuraufgaben	26	44	42	28	42	182
Prüfungen	26	66	42	28	42	204
Operatoraufgaben	95	346	254	89	162	946
Materialien	117	272	448	151	665	1653

Eine Handlungsaufforderung wird mit einem so genannten Operator – zum Beispiel „beschreibe", „erläutere" oder „beurteile" – eingeleitet. Im Folgenden werden die Handlungsaufforderungen deshalb als Operatoraufgaben bezeichnet. Als drittes wurden die Merkmale der Materialien auf der Ebene jedes Einzelmaterials erfasst. Dabei wurden die Materialien neu durchgezählt, da sich unter einer Bezeichnung – zum Beispiel „M 1" – oft mehrere Materialien verbergen, beispielsweise drei Klimadiagramme oder ein Text, ein Säulendiagramm und eine Karte. Insgesamt ergibt sich damit die in Tabelle 3.2 dargestellte Datengrundlage.

Neben der Gliederung der Datengrundlage in Klausuraufgaben, Prüfungen und Materialien bieten sich noch zwei weitere Strukturierungsmöglichkeiten an. Erstens kann zwischen dem erhöhten Anforderungsniveau (Leistungskurs) und dem grundlegenden Anforderungsniveau (Grundkurs) unterschieden werden und zweitens zwischen den sieben erfassten Jahrgängen (vgl. Tabelle 3.3).

Tabelle 3.3 Differenzierung der Datengrundlage nach Jahren und Anforderungsniveaus (erhöhtes Anforderungsniveau = EA, grundlegendes Anforderungsniveau = GA). (Quelle: Eigener Entwurf)

		2009	2010	2011	2012	2013	2014	2015	Gesamt
Baden-Württemberg	EA	4	4	4	4	4	4	2	26
	GA	0	0	0	0	0	0	0	0
Bayern	EA	6	6	6	0	0	0	0	18
	GA	6	6	12	6	6	6	6	48
Hessen	EA	3	3	3	3	3	3	3	21
	GA	3	3	3	3	3	3	3	21
Niedersachsen	EA	2	2	2	2	2	2	2	14
	GA	2	2	2	2	2	2	2	14
Nordrhein-Westfalen	EA	3	3	3	3	3	3	3	21
	GA	3	3	3	3	3	3	3	21

Während es in Hessen, Niedersachsen und Nordrhein-Westfalen Prüfungen auf grundlegendem und erhöhtem Anforderungsniveau gab, waren es in Baden-Württemberg nur Prüfungen auf erhöhtem Anforderungsniveau. In Bayern gab es bis einschließlich 2011 Prüfungen auf beiden Niveaustufen, 2011 dann einen doppelten Abiturjahrgang und von 2012–2015 nur noch Prüfungen auf grundlegendem Anforderungsniveau.

Die Erhebungsinstrumente

Es wurden drei Erhebungsinstrumente entwickelt: eines für die Ebene der Klausuraufgaben, eins für die Ebene der Operatoraufgaben und eines für die Ebene der Materialien. Somit entstanden drei unabhängige Datentabellen. Alle Datentabellen konnten durch die jeweilige Klausurnummer, die als Schlüsselvariable fungiert, jederzeit in Beziehung gesetzt werden. Die Datentabelle für die Ebene der Prüfungsaufgaben wurde aus den drei Datentabellen nachträglich zusammen gefügt. Alle erhobenen Variablen sind im Anhang im elektronischen Zusatzmaterial zu finden.

Auf der Ebene der Klausuraufgaben wurden neben formalen Merkmalen (Klausurnummer, Bundesland, Anforderungsniveau, Jahr, Anzahl der Aufgaben/Teilaufgaben/Operatoraufgaben, Anzahl der Materialien, Hilfsmittel, Bearbeitungszeit und Gewichtungshilfe) auch Merkmale zum Inhalt (Zentrierung, Raumbezug) sowie zur Struktur der Aufgaben (Verknüpfung der Teilaufgaben) erfasst.

Auf der Ebene der Operatoraufgaben wurden neben formalen Merkmalen (Nummer der Operatoraufgabe, Klausurnummer, Bundesland, Jahr, Anforderungsniveau) die jeweilige Aufgabengestaltung (Operator, ggf. Erläuterung des Operators, Antwortformat, Materialbezug, ggf. Einbettung der Operatoraufgabe) und die thematische Zuordnung zu einem Teilbereich der Geographie erhoben. Darüber hinaus wurde die Rolle des Fachwissens sowie ggf. der Lebensweltbezug festgestellt.

Mithilfe der dritten Datenmaske wurden die Merkmale der Materialien erfasst, darunter wiederum formale Merkmale (Nummer des Materials, Bundesland, Jahr, Klausurnummer), die Materialart samt jeweils weiterer zugehöriger Merkmale (z. B. bei der Materialart Karte: Art der Karte, Verknüpfung, Maßstab, Zeitbezug, Sachbezug) sowie die Komplexität des Materials (der Darstellung, des Inhalts, des Bezugs zu einer Aufgabe sowie das Maß an Hilfen). Außerdem wurde erfasst, ob eine Materialkritik gefordert ist und welchem Thema bzw. welchen Themen das Material zuzuordnen ist.

Die Daten auf der Ebene der Prüfungen wurden wie oben erläutert im Nachhinein aus bestehenden Daten rekonstruiert. Neben den eingeflossenen Klausuraufgaben und weiteren formalen Merkmalen wurden die Anzahl der Materialien und Operatoraufgaben aus der Datentabelle der Klausuraufgaben übertragen bzw. bei Bundesländern mit mehreren Klausuraufgaben pro Prüfung aus der jeweiligen Klausuraufgaben-Kombination berechnet. Weitere Variablen wurden aus der Kombination anderer Materialien nachträglich berechnet, etwa die durchschnittliche zur Verfügung stehende Bearbeitungszeit pro Operatoraufgabe.

Zur Vorbereitung der Datenerhebung wurden die Klausuraufgaben sowie die Materialien fortlaufend nummeriert. Die einzelnen Operatoraufgaben wurden farblich hervorgehoben und mit einer individuellen Kennung – einer Zahlenkombination aus der Klausurnummer und einer pro Klausuraufgabe fortlaufenden Nummerierung – versehen.

Zur Verbesserung der Datenqualität wurden für die Datenerhebung im Programm IBM SPSS Data Collection 6 drei Dateneingabemasken erstellt. Dieses Vorgehen hatte folgende Vorteile: Es konnte neben dem Variablennamen jeweils eine Beschreibung der zu erhebenden Variable angelegt werden. Es konnte das Antwortformat (Einfachauswahl, Mehrfachauswahl, Freitext) vorab festgelegt werden. Es konnten bei kategorialen Variablen die möglichen Merkmalsausprägungen angelegt werden, sodass diese nur noch per Mausklick ausgewählt werden mussten. Bei metrischen Variablen konnte das Zahlenformat (Anzahl der Vor- und Nachkommastellen) festgelegt werden. Prinzipiell mussten stets alle abgefragten Variablen bearbeitet werden und konnten nur bewusst – nicht zufällig – übersprungen werden. Die Daten konnten dann in SPSS-Datentabellen transformiert werden. Durch die Dateneingabe mittels Eingabemaske konnten übliche Probleme, die bei der manuellen Dateneingabe unmittelbar in einer Datentabelle auftreten können, umgangen werden. So bestand nicht die Gefahr, aus Versehen in eine falsche Tabellenzelle zu geraten und Daten falsch einzutragen oder schlimmstenfalls zu überschreiben. Außerdem bestand nicht die Gefahr, bei kategorialen Variablen aus Versehen eine falsche Ziffer einzugeben.

Insgesamt wurde die Dateneingabe so standardisiert, dass sehr große Datenmengen erfasst werden konnten. Außerdem konnte die Datenbereinigung im Anschluss an die Datenerhebung aufgrund der sehr guten Datenqualität zügig erledigt werden. Zuletzt konnte nach einer ersten Datenerfassung, die die Jahre 2009–2013 abgedeckt hatte, mit vertretbarem Aufwand eine Erweiterung des Datenbestands in einer Nacherhebung der Jahre 2014 und 2015 vorgenommen werden.

Die Datenerfassung wurde von zwei Personen durchgeführt, der Autorin dieser Arbeit sowie ein Teil ergänzend von einer studentischen Hilfskraft. Zu Beginn der Erfassung stand eine Trainingsphase, bei der die Anwendbarkeit des Kategoriensystems überprüft und Konkretisierungen in den Erfassungshinweisen vorgenommen wurden. Schließlich wurden zehn Klausuraufgaben samt Operatoraufgaben und Materialien parallel von beiden Personen erfasst (5,5 % der Datengrundlage). Die Beurteilerübereinstimmung lag bei 93 % und kann als gut eingeschätzt werden. Einige Unterschiede ergaben sich bei der Zuordnung von

Aufgaben und Materialien zu Themenkomplexen und beim Merkmal Fachwissen. In der Konsequenz wurden die Themen im Nachhinein zusammengefasst, die Variable Fachwissen wurde letztlich nicht in die Analysen einbezogen.

3.2.1.2 Datenauswertung

Die Auswertung der Daten erfolgte mit uni-, bi- und multivariaten Verfahren mithilfe des Datenauswerteprogramms SPSS. Zunächst wurden Häufigkeitsanalysen als Methoden der deskriptiven Statistik durchgeführt. Dann wurden Kontingenzanalysen in Form von bi-variaten Kreuztabellen mit anschließendem Chi-Quadrat-Test durchgeführt (Bahrenberg, Giese, Mevenkamp & Nipper, 2017, S. 243–251). Um die für die Analysen erforderlichen Fallzahlen pro Tabellenzelle zu erreichen, wurden Merkmalsausprägungen gegebenenfalls zusammengefasst. Damit die Kontingenzkoeffizienten vergleichbar sind, wurden diese als korrigierte Kontingenzkoeffizienten normiert. Um die identifizierten Zusammenhänge näher beschreiben zu können, wurden außerdem die korrigierten standardisierten Residuen berechnet.

Zuletzt wurde eine hierarchische Clusteranalyse (z-transformierte Variablen, Ward-Methode, quadrierte Euklidische Distanz) durchgeführt (Backhaus, Erichson, Plinke & Weiber, 2018, S. 424), um den Grad der Standardisierung der Prüfungsaufgaben zu bestimmen. Die Anzahl der Cluster wurde mithilfe des Elbow-Kriteriums bestimmt (Backhaus et al., 2018, S. 430–431). Die Beobachtungen aus der Clusteranalyse wurden durch eine Analyse der Verteilung der Häufigkeiten untermauert.

Zur Erhöhung der Nachvollziehbarkeit der einzelnen angewendeten Verfahren werden diese in den Ergebniskapiteln jeweils nochmals benannt und beschrieben. Aus diesem Grund kann an dieser Stelle auf eine detailliertere Auflistung verzichtet werden.

Die Ergebnisse der Datenauswertung wurden mehrfach auf Tagungen und in Kolloquien zur Diskussion gestellt und nach der Erweiterung der Datenbasis in Gänze wiederholt, beziehungsweise aktualisiert und um weitere Analysen ergänzt.

3.2.2 Qualitative Interviewstudie zum Lehrer_innenhandeln angesichts des Zentralabiturs

3.2.2.1 Datenerhebung
Zur Fallauswahl
Die Fallauswahl erfolgte mittels einer systematischen Kontrastierung von Fällen anhand von Vergleichskategorien (Kelle & Kluge, 2010, S. 43). Diese wurden

ausgehend von der forschungsleitenden Frage anhand von theoretischem Vorwissen ausgewählt und in einer qualitativen Stichprobenmatrix (Kelle & Kluge, 2010, S. 50) festgehalten, die der initialen Fallauswahl im Oktober und November 2014 diente. Diese berücksichtigte als Auswahlkategorien: Größe der Gemeinde/Stadt, Schulart, Schule sowohl mit Sekundarstufe I als auch II oder reine Oberstufenschule, staatliche oder private Trägerschaft und Berufserfahrung sowie besondere Merkmale der Lehrkraft oder der Schule und zuletzt das Bundesland. Es wurden die fünf in der quantitativen Studie untersuchten Bundesländer wieder aufgegriffen, da nur hier eine vertiefte Kenntnis der Prüfungskultur im Zentralabitur vorlag. Da die Interviewstudie aber nicht einen Bundesländervergleich zum Ziel hat, wurde das Bundesland lediglich als nachrangige Auswahlkategorie herangezogen. Es war nicht das Ziel, eine gleiche Anzahl an Interviews in jedem der fünf Bundesländer durchzuführen. Vielmehr wurde eine größere Anzahl in Bayern durchgeführt, um die Spannbreite an Handlungsstrategien von Geographielehrer_innen innerhalb eines Bundeslandes (und damit unter gleichen rechtlichen Rahmenbedingungen) aufzudecken.

Weitere Interviewpartner_innen wurden nach der initialen Fallauswahl sukzessive während der Erhebungsphase anhand von im Forschungsprozess generierten Annahmen und Überlegungen, die als Postskripte in einem Forschungstagebuch festgehalten wurden, ausgewählt. Hierbei wurden insbesondere Fälle ergänzt, die Veränderungen und Entwicklungen im Handeln und der Interaktion der Lehrer_innen – etwa bei einer Schule im Umbruch, einem Kollegium im Umbruch oder einem persönlichen Umbruch – zu identifizieren und spezifizieren vermochten. Somit konnte auch dem Prozessaspekt Rechnung getragen werden (Strauss & Corbin, 2010, S. 220).

Insgesamt wurden sowohl Fälle mit großen Ähnlichkeiten (z. B. gleiche Schule, ähnliche Stellung des Fachs Geographie an der Schule, ähnliche Funktion der Lehrperson) ausgewählt, um die Relevanz der zugrunde gelegten Konstrukte zu überprüfen, als auch möglichst abweichende Fälle gesucht, um die Heterogenität und Varianz im Untersuchungsfeld (Kelle & Kluge, 2010, S. 48) abzubilden.

Alles in allem wurden 34 Lehrer_innen kontaktiert und letztendlich zwischen November 2014 und Februar 2016 Interviews mit 28 Lehrer_innen durchgeführt (s. Tabelle 3.4). Davon wurden drei Gruppeninterviews durchgeführt: ein Interview mit zwei, eines mit drei und eines mit zwei plus drei hinzukommenden Teilnehmenden. Alle anderen Interviews waren Einzelinterviews. Die Interviews dauerten zwischen 30 und 100 Minuten (Durchschnitt 55 Minuten). Die Interviews wurden in der Regel an der jeweiligen Schule durchgeführt, ein Interview wurde in einem Café durchgeführt und eins an der Universität zu Köln.

Tabelle 3.4 Initiale Stichprobenmatrix mit Teilnehmenden der Interviews. (Quelle: Eigene Darstellung)

Größe der Gemeinde/Stadt	Schul-art	nur Sek II	Träger	Ge-schl	Dienstalter	Besonderheit(en)	Bl
10.000–<20.000	Gy		staatl	m	älter	preisgekrönte Schule	Ba
10.000–<20.000	Gy		staatl	w	älter	preisgekrönte Schule	Ba
10.000–<20.000	Gy		staatl	m	älter	Schulleiter, Geographieschwerpunkt	BW
10.000–<20.000	Gy		staatl	m	älter	Geographieschwerpunkt	BW
10.000–<20.000	Gy		staatl	w	jünger	Geographieschwerpunkt	BW
20.000–<50.000	Gy		privat	m	älter	preisgekrönte Schule, konfessionell	BW
20.000–<50.000	Gy		privat	m	jünger	Konfessionell, Jungenschule	NRW
20.000–<50.000	Gy		privat	m	älter	Konfessionell, Jungenschule	NRW
20.000–<50.000	Gy		privat	m	älter	Konfessionell, Jungenschule	NRW
20.000–<50.000	Gy		privat	m	älter	Konfessionell, Jungenschule	NRW
20.000–<50.000	Gy		privat	m	älter	Konfessionell, Jungenschule	NRW
20.000–<50.000	Gy		staatl	w	jünger	Fachvorsitzende Erdkunde	NRW
20.000–<50.000	Gy		staatl	w	jünger		NRW
50.000–<100.000	Gy		staatl	m	jünger		NRW
100.000–<200.000	Gy		staatl	m	älter	Referendarsausbildung	Ba
100.000–<200.000	Gy		staatl	m	jünger		Ba

(Fortsetzung)

Tabelle 3.4 (Fortsetzung)

Größe der Gemeinde/Stadt	Schul-art	nur Sek II	Träger	Ge-schl	Dienstalter	Besonderheit(en)	Bl
100.000–<200.000	Gy		staatl	w	Referend		Ba
100.000–<200.000	Gy		staatl	w	älter		Ni
200.000–500.000	Gy		staatl	m	älter	LMZ	BW
200.000–500.000	Gy		staatl	m	jünger	Fachberater Geographie, Geographie-schwerpunkt	BW
200.000–500.000	Gy		staatl	m	jünger	LMZ, Fachberater Geographie, Geographieschwerpunkt	BW
>500.000	Gy		staatl	w	jünger		Ba
>500.000	Gy	X	staatl	m	jünger	Fachbetreuer	Ba
>500.000	Ges		privat	m	älter	Waldorfschule	Ba
>500.000	Ges		staatl	m	älter	Fachsprecher Erdkunde	He
>500.000	**Gy**	**X**	**staatl**	**m**	**älter**	**war an Schulen im Ausland**	**He**
>500.000	**Gy**	**X**	**staatl**	**m**	**älter**		**He**
>500.000	**Gy**	**X**	**staatl**	**m**	**älter**	**Fortbildungen**	**He**

Zum Erhebungsinstrument

Ziel der zweiten Studie sollte es sein, das Verhältnis von Unterricht, unterrichtlichem Prüfen (als Klausuren) und Zentralabitur zu ergründen. Es sollte dabei das Denken der Lehrer_innen mit ihrem Handeln in Beziehung gesetzt werden. Als Kristallisationspunkt wurde das Erstellen von Klausuren für den Unterricht bestimmt.

Um den Schwerpunkt auf das Beschreiben und Erklären von Handlungen legen zu können, wurde die Methode des Recall-Interviews ausgewählt. Dieses hat zum Ziel, durch nachträgliches Lautes Denken (Weidle & Wagner, 1994), Selbstaussagen über interne mentale Vorgänge zu erfassen und damit Einblicke in affektive und kognitive Prozesse zu bekommen.

Hierbei musste aufgrund der oben genannten Situationsvielfalt eine Variante gewählt werden, die sich auf den Kristallisationspunkt Klausurkonzeption konzentriert. Da das Erstellen einer Klausur in die Unterrichtsvorbereitung fällt und meist am heimischen Schreibtisch stattfindet, wurde die Idee verworfen, hier eine Videoaufzeichnung anzustreben. Stattdessen wurden nach den positiven Erfahrungen mit der Kombination aus Lautem Denken und Interview bei Remesal (2011) die Interviewpartner_innen gebeten, eine in der jüngeren Vergangenheit erstellte Klausur mitzubringen, anhand derer das konkrete Handeln beschrieben und erläutert werden sollte. Davon ausgehend wurden dann Bezüge zum eigenen Unterricht und zum Zentralabitur meist schon von den Interviewten selbst oder durch Interviewfragen hergestellt.

Es gibt nach Calderhead (1981, S. 213) drei Gruppen an Bedingungen, die die Datenerhebung (und die Validität der Daten) beim nachträglichen Lauten Denken beeinflussen können: Erstens könne die Frage, inwieweit sich Lehrer_innen an ihr Denken erinnern können und inwieweit sie darüber berichten, von der Beziehung zur/zum Forschenden abhängen. Das Ziel, Handlungsmuster zu rekonstruieren, könne gefährdet werden, wenn Lehrer_innen unter Rechtfertigungsdruck stehen. Dem wurde versucht, durch eine vertrauensvolle Atmosphäre und Transparenz zum Ablauf der Datenerhebung entgegen zu wirken. Zweitens gelte es zu hinterfragen, wie weit das Denken überhaupt geäußert werden könne. Es bestehe die Gefahr, dass Erinnerungslücken durch nachträgliche Rekonstruktionen gefüllt würden. Aus diesem Grund wurden die Lehrer_innen dazu angehalten, eine Klausur zum Gespräch mitzubringen, die *kürzlich* gestellt worden war. Drittens stelle sich die Frage, inwiefern die Interviewten durch das Ziel der Forschung beeinflusst würden (Erwünschtheitseffekt). Es wurde versucht, dem durch eine große Offenheit der Fragen entgegen zu wirken. Das Bedingungsgefüge wurde erst am Ende des Gesprächs explizit angesprochen.

Eingebettet wurde das nachträgliche Laute Denken in die Struktur eines episodischen Interviews nach Flick (2011). Ziel war es, durch eine „Kombination von
offener Befragung und Erzählung" zusätzlich zur Rekonstruktion vom Handeln
in einer spezifischen Klausursituation mithilfe der Methode des nachträglichen
Lauten Denkens sowohl subjektives Wissen als auch subjektive Erfahrungen
zu erfassen (Flick, 2011, S. 273). Die Struktur eines möglichen Gesprächsver-
laufs (vgl. Anhang im elektronischen Zusatzmaterial) wurde ausgehend von den
Forschungsfragen, dem theoretischen Hintergrund und dem Forschungsstand entworfen, in mehreren Gesprächen und Kolloquien mit Fachkolleg_innen erörtert
und in einem Probeinterview ausprobiert. Diese Grundstruktur wurde während
des Forschungsprozesses fortwährend angepasst: jeweils in Vorbereitung auf die
spezifische Interviewsituation und ad hoc in der Gesprächssituation. Insgesamt
hatten die Interviews eine offene Struktur mit wenigen zentralen, erzählge-
nerierenden Gesprächsaufforderungen sowie Fragen nach Begriffen und ihren
Beziehungen untereinander (Flick, 2016, S. 239). Es wurden damit sowohl Fragen, die episodisches Wissen („Ich habe Sie gebeten, eine von Ihnen erstellte
Klausur mitzubringen. Erzählen Sie mir doch mal etwas dazu."), als auch Fragen die semantisches Wissen („Ich möchte mich mit Ihnen heute über Prüfungen
im Geographieunterricht unterhalten. Welche Funktion haben sie?") erfassen sollten, gestellt. Aufgrund der Anpassungen unterschied sich die Gesprächsstruktur
je nach Interview. Einen zentralen Gesprächsanlass bildete allerdings immer die
von den Lehrer_innen mitgebrachte Klausur. Dieses Vorgehen bot die Möglichkeit, den komplexen und prozessualen Kontextcharakter des Forschungsgegen-
stands mithilfe eines situationsadäquaten und flexiblen Erhebungsinstruments zu
erfassen, das die Konkretisierung fördert.

Konkret richteten sich die Interviews an vier Themenblöcken aus, die sich aus
der Notwendigkeit ergaben, das dreigliedrige Verhältnis von Unterricht, unterrichtlichen Prüfungen und Zentralabitur in der spezifischen jeweiligen Situation
zu thematisieren. Die Gesprächsverläufe variierten also, hatten aber stets die
vier Themenblöcke als Gesprächsgegenstand, die im Folgenden anhand von
Beispielformulierungen vorgestellt werden.

(1) Zum Einstieg wurde das Gespräch auf die Berufsbiographie („Vielleicht kön-
    nen wir anfangen, dass Sie ein bisschen erzählen, wie Sie an die Schule
    gekommen sind."), die jeweilige Schule („Vielleicht fangen wir zum Einstieg
    an, dass Sie vielleicht ein bisschen berichten, was Ihre Schule so ausmacht.")
    und/oder auf Spezifika der Schule („Mich würde zunächst interessieren, wie
    es dazu gekommen ist, dass …") und davon ausgehend die Stellung des

Fachs Geographie gerichtet. Darauf folgten je nach Gesprächsverlauf in loser Reihenfolge zwei thematische Blöcke zum Prüfen und zum Unterricht.

(2) Im Block zum Thema Prüfungen wurde die mitgebrachte Klausur zum zentralen Gesprächsanlass. Die oben genannte erzählgenerierende Frage wurde durch die oben genannte Frage zur Funktion von Prüfungen ergänzt.

(3) Im Block zum Thema Unterricht wurde allgemein über den eigenen Unterricht gesprochen („Und, was würden Sie sagen, wie ist so ihr Geographieunterricht ausgerichtet?") und/oder ausgehend von der mitgebrachten Klausur der vorangegangene Unterricht thematisiert („Vielleicht ein bisschen zur Einordnung: In welcher Unterrichtssituation haben Sie die Klausur eingesetzt?").

(4) Im vierten und letzten Block wurde dann das Zusammenspiel von Unterricht, unterrichtlichen Prüfungen und Zentralabitur thematisiert („Und, wie beurteilen Sie das Zusammenspiel von vorangegangenem Unterricht, der Klausur und dem Zentralabitur?").

3.2.2.2 Datenauswertung

Die Interviews wurden mit einer Ausnahme als Tonaufnahmen aufgezeichnet. Ein Gruppen-Interview mit drei Teilnehmern wurde während des Gesprächs summarisch protokolliert, konnte aber deshalb nur als Hintergrundinformation in die Auswertung einfließen, die entsprechenden Zeilen sind in Tabelle 3.4 grau unterlegt. Die Tonaufnahmen wurden anhand von folgenden Transkriptionsregeln verschriftlicht: Dialekte wurden möglichst wortgetreu ins Hochdeutsche übersetzt, Wortverschleifungen an das Schriftdeutsch angeglichen. Wort- und Satzabbrüche sowie Stottern wurden geglättet bzw. ausgelassen, Halbsätze mit einem Abbruchzeichen (/) gekennzeichnet. Füllwörter wurden weggelassen, es sei denn, sie entsprachen einer bejahenden oder verneinenden Antwort. Wortwiederholungen, die den Sinn der Aussage nicht verändern, wurden nicht transkribiert. Versprecher wurden nicht transkribiert, sondern korrigiert. Die Satzstellungen wurden beibehalten. Unverständliche Wörter wurden mit Zeitmarken gekennzeichnet.

Zu Beginn der Datenanalyse, die parallel zur fortlaufenden Datenerhebung begann, wurden die Audiodateien der Interviews wiederholt angehört und die Postskripte im Forschungstagebuch durch Zusammenfassungen, Kommentare und erste Auswertungsideen ergänzt. Danach erfolgte dann die Datenanalyse anhand der Transkripte mithilfe der Software MAXQDA 10 und MAXQDA Analytics Pro 2018.

Ziel der Datenauswertung war es, Unterrichte als „Phänomene der komplexen sozialen Wirklichkeit" im Sinne einer geographiedidaktischen Handlungsforschung (Wieser, 2010, S. 12) zu analysieren, indem Handlungsstrukturen rekonstruiert werden. Dabei sollte einerseits die Komplexität von Unterricht und die damit verbundenen Herausforderungen des Unterrichtens in den Blick genommen, andererseits die Analyse durch Konzeptualisierung entlastet werden (Wieser, 2010, 4, 11).

Eingangs bestand bei der Interviewstudie bereits ein theoretisches Vorwissen größeren Umfangs. Diese theoretische Basis kann dabei nach Kelle und Kluge (2010, 62) wie folgt nach Wissensarten gegliedert werden. Mit dem Alltagswissen zum Prüfen und zu den administrativen Vorgaben lag „empirisch gehaltvolles Alltagswissen" vor (Kelle & Kluge, 2010, S. 62). Mit dem aktuellen Forschungsstand zum Zentralabitur und seinem Kontext lag „empirisch gehaltvolles Theoriewissen" (Kelle & Kluge, 2010, S. 62) vor. Da es aber hinsichtlich der *spezifischen* forschungsleitenden Frage zur Möglichkeit des Unterrichtens angesichts des Zentralabiturs im Fach Geographie *keine* Wissensbasis gab, galt es, dennoch eine induktive Methode der Datenauswertung anzuwenden. Die Literaturbasis wurde aber genutzt, um erstens die theoretische Sensibilität anzuregen und zweitens als ergänzender Gültikeitsnachweis zu fungieren, um die Angemessenheit der Ergebnisse – wo möglich – zu vailidieren (Strauss & Corbin, 2010, S. 33–35). Mit der soziologischen Systemtheorie kam zum Ende dieses Projekts „empirisch nicht gehaltvolles Theoriewissen" (Kelle & Kluge, 2010, S. 62) hinzu. Dieses wurde für die Dateninterpretation herangezogen.

Die Analyse der Interviews erfolgte deshalb angelehnt an die Grounded Theory Methodologie nach Strauss und Corbin (2010). Dabei wurden zunächst mittels des Verfahrens des offenen Codierens Konzepte abgeleitet.

„Mit Aufbrechen und Konzeptualisieren meinen wir das Herausgreifen einer Beobachtung, eines Satzes, eines Abschnitts und das Vergeben von Namen für jeden einzelnen darin enthaltenen Vorfall, jede Idee oder jedes Ereignis – für etwas, das für ein Phänomen steht oder es repräsentiert." (Strauss & Corbin, 2010, S. 45)

Das Datenmaterial wurde dabei mehrfach Satz für Satz durchgegangen. Sehr häufig wurden ausgehend von einer Interviewpassage, einem Satz oder einem Ausdruck mehrere Konzepte entwickelt. Zwei Arten wurden bei dieser Konzeptualisierung genutzt: In-vivo-Konzepte und nachträglich konstruierte Konzepte. Aus der Interviewpassage aus Interview 19 Absatz 28:

„Also ja, spielt eine Rolle, und ich glaube, was bei mir auch Zeit gebraucht hat, was einem so im Referendariat dann vermittelt wurde, am Anfang habe ich auch dazu geneigt, dass man sozusagen von dieser Kompetenzglocke ein bisschen erschlagen oder erdrückt ist, weil man denkt, man müsste alle Kompetenzen irgendwie abdecken. Aber diese Fokussierung, heute dies, morgen das, das ist so der grobe Rahmen."

wurde beispielsweise erstens das Konzept „19.56 ‚von der Kompetenzglocke ein bisschen erschlagen oder erdrückt'" (In-vivo-Konzept) und zweitens das Konzept „19.10 Vorgaben als Last" (nachträglich konstruiertes Konzept) abgeleitet.

Die Konzepte wurden durch Vergleiche zu abstrakteren Kategorien zusammengefasst (Strauss & Corbin, 2010, S. 43–55). Um bei dem oben zitierten Beispiel zu bleiben: das Konzept 19.56 wurde der Kategorie „19.III Kompetenzorientierung: Lehrplan, Referendariat: macht Umsetzungsdruck" und das Konzept 19.10 der Kategorie „19.XXXII Einschränkung der Autonomie durch die organisatorische Rahmung" zugeordnet. Das Entdecken von Kategorien wurde durch einen Prozess des Vergleichens und Gruppierens von Konzepten mitilfe der Anwendung MAXMaps angestoßen (Strauss & Corbin, 2010, S. 47).

Um die theoretische Sensibilität zu erhalten, wurden immer wieder Fragen an das Datenmaterial gerichtet: „Wer? Wann? Was? Wie? Warum?" (Strauss & Corbin, 2010, S. 58) und spezieller: Welche Rolle messen die Interviewten unterschiedlichen Akteuren bei? Welche Ressourcen werden thematisiert? Welche Strategien werden angewandt? Welche Aspekte werden betont? Welche Begründungen werden gegeben?

Insgesamt wurden 1211 Textstellen zu 945 Konzepten und 453 Kategorien zusammengefasst. Um das Verfahren möglichst transparent zu machen, wurden Konzepte und Kategorien nicht nur benannt, sondern mit einer eindeutigen Kennziffer versehen: die Konzepte jeweils mit der Interviewnummer und der Konzeptnummer (beides als arabische Zahlen), die Kategorien mit der Interviewnummer (arabische Zahl) und der Kategorienummer (römische Zahl). Diese wurden in der Ergebnisdarstellung und -diskussion zusammen mit der Absatznummer zur Zitation herangezogen. Ein Beispiel:

„B: Ja, also ich muss mir mehr und mehr selbst eingestehen, dass man ungewollt dazu neigt, das ist Teaching-to-the-Test, das ich immer wieder auch erwähne, ja, für die Prüfung ist das und das wichtig, oder jetzt mein Grundkurs in der Zwölften, der jetzt eben Ostern ins Abitur geht, dass man dann schon viel einfach auf die Prüfung hinarbeitet und auf die Prüfung hin reduziert." (**19.XVIII, 19.15, 36**)

Diese Textstelle ist also in Absatz 36 im Interview 19 zu finden. Sie ist Bestandteil vom Konzept 15 im Interview 19 „Bewusstes und unbewusstes

Teaching-to-the-Test" und von der Kategorie XVIII im Interview 19 „nun mehr
Teaching-to-the-Test". Die Zuordnungstabellen können in der digitalen Ausgabe
dieser Arbeit eingesehen werden.

Zur Bestimmung der Beziehungen der entwickelten Kategorien wurden daraufhin angelehnt an das axiale Kodieren nach Strauss und Corbin (2010,
S. 44–93) Phänomenanalysen durchgeführt (vgl. hierzu Abschnitt 4.2.2.3 sowie
ergänzend die Abbildungen Anhang im elektronischen Zusatzmaterial). Diese
fokussieren sich auf das Entwickeln und In-Beziehung-Setzen von Kategorien
durch das Anstellen von Vergleichen und das Stellen von Fragen (Strauss &
Corbin, 2010, S. 92). So konnten Strukturen aus zeitlichen und räumlichen
Beziehungen, Ursache-Wirkungs-Beziehungen, Mittel-Zweck-Beziehungen und
motivationalen Zusammenhängen als Beziehungsnetze dargestellt werden. Diese
werden im Ergebniskapitel 4.2.2.3 sowie im Anhang im elektronischen Zusatzmaterial dargestellt.

Die Phänomenanalysen auf Interviewebene wurden als Ausgangspunkt für
eine Typenbildung genutzt. Hierfür wurden „Bedingungsebenen", „Handlungen"
und „Kontingenzen" (Strauss & Corbin, 2010, S. 133–134) identifiziert. Dabei
wurde darauf geachtet, stets auch dem Prozessaspekt Rechnung zu tragen. Es
wurden zwei Basisdimensionen identifiziert, die in einer Matrix dargestellt wurden. Die Kombination der Merkmalsausprägungen ergab sechs mögliche Typen,
wobei zwei Typen zusammengefasst und letztendlich fünf Typen entwickelt werden konnten (vgl. Tabelle 29). Wiederum wurde dem Prozessaspekt eine große
Bedeutung beigemessen. Die weiteren identifizierten Bedingungsebenen wurden
zum Vergleich der gebildeten Typen herangezogen. Dabei wurden die zur Charakterisierung der Typen erforderlichen Aussagen immer wieder an den Daten
validiert (Strauss & Corbin, 2010, S. 114).

3.3   Methodenkritik

3.3.1   Reflexion des Vorgehens im Rahmen der Studie zur
        Aufgabenkultur

Die Forschungsfrage erwies sich als ausreichend offen formuliert, um nachgelagerte Forschungsfragen, Thesen und Hypothesen zu entwickeln.

Die Stichprobe war ausreichend groß, um der Frage nach der bundeslän-
derübergreifenden und der bundesländerspezifischen Standardisierung sowie der
Charakteristika der Prüfungen auf erhöhtem Anforderungsniveau nachzugehen.
Es wäre wünschenswert, den im Rahmen dieser Forschungsarbeit angelegten

Datensatz weiter zu pflegen und die Aktualisierung zu verstetigen, um zukünftig auch Entwicklungen über die Zeit analysieren zu können, die im Rahmen dieser Arbeit aufgrund der wenigen Klausuraufgaben pro Jahr und Bundesland nicht realisiert werden konnten. Außerdem wäre es wünschenswert, den Datensatz auf alle Bundesländer auszuweiten. Hier hat sich aber bereits bei anderen, ähnlich gelagerten Studien (vgl. Kühn, 2010) gezeigt, dass dies aufgrund des notwendigen Ressourceneinsatzes für kleinere Forschungsvorhaben wie Dissertationsprojekte nicht zu leisten ist. Es ist auch nicht zu erwarten, dass sich beim Einbeziehen weiterer Bundesländer grundsätzlich andere Tendenzen zeigen würden. Es ist im Gegenteil zu erwarten, dass auch bei den Prüfungsaufgaben anderer Bundesländer ein hoher Grad der Standardisierung auf Bundeslandebene vorliegt. Kritisch hinterfragt werden kann aus der Perspektive der Ressourcenökonomie die Ausweitung der Datenbasis, die auch die Notwenigkeit der Wiederholung der gesamten Datenauswertung mit sich brachte. Andererseits war es so möglich, umfangreiche und aktuelle Analysen durchzuführen. Dies war insbesondere beim Bundesland Baden-Württemberg von Relevanz, da hier das Prüfungsformat im Jahr 2015 deutlich verändert wurde.

Das Erhebungsinstrument erwies sich als praktikabel, sodass zusammen mit der Umsetzung als Erhebungsmasken trotz geringer Ressourcen eine breite und zugleich auch tiefgehende Datenbasis erhoben werden konnte. Es stellt sich die Frage, ob durch das Erheben weiterer, *andersartiger* Daten zusätzliche Erkenntnisse hätten generiert werden können. So wäre es denkbar gewesen, statistische Daten wie die Anzahl der Prüflinge, die einen Prüfungsvorschlag gewählt haben, oder das erreichte Leistungsniveau der Prüflinge mit einzubeziehen. Grundsätzlich wäre es auch erkenntnisreich gewesen, die drei Erhebungsinstrumente auch bei einer größeren Stichprobe von *unterrichtlichen* Klausuren anzuwenden (vgl. Kühn, 2010). Letztendlich erwies es sich als zielführender, die unterrichtlichen Klausuren über die Methode des nachträglichen Lauten Denkens einzubeziehen, da nur das Beschreiben und Erklären von Handlungen durch die Lehrer_innen im Fokus stehen konnte.

Bei der Datenauswertung zeigte sich, dass die Vollerhebung auf der Ebene der ausgewählten Bundesländer und der lange Zeitschnitt fundierte Analysen ermöglichten. So gab es grundsätzlich keine Probleme, Kreuztabellen mit ausreichend großen Fallzahlen pro Zelle zu erstellen. Bei einigen Variablen mussten die sehr differenzierten Merkmalsausprägungen zusammengefasst werden, was aber problemlos und ohne großen Informationsverlust umgesetzt werden konnte. Erfreulich ist, dass die zunächst gar nicht geplante Clusteranalyse so anschauliche Ergebnisse liefern konnte.

Insgesamt konnte erstmalig für das Fach Geographie ein Überblick über die Prüfungskultur im Abitur geliefert werden. Dies ist einmal im Rahmen des weiteren Forschungsprozesses von großer Relevanz gewesen, als dass deutlich wurde, auf welch standardisiertes Prüfungsformat die Lehrer_innen die Schüler_innen der Oberstufe vorbereiten und was die typischen Charakteristika sind.

Zum anderen ist auch losgelöst von dieser Zielsetzung ein Forschungsdesiderat gefüllt worden.[1] Die Studie zur Aufgabenkultur kann damit als Ausgangspunkt für weitere Forschungen in anders ausgerichteten Forschungsprojekten genutzt werden.

3.3.2 Reflexion des Vorgehens im Rahmen der Studie zum Lehrer_innenhandeln

Die Forschungsfragen erwiesen sich insofern als geeignet, als dass sie gut zu den Alltagskonzepten der Praxis passten. So konnten Forschungsfragen und Erhebungsinstrumente gut aufeinander abgestimmt werden. Außerdem bestätigte sich, dass die Forschungsfragen trotz der umfangreichen Vorüberlegungen ausreichend offen formuliert waren und die Interviewten nicht mit einer tendenziösen Erwartungshaltung konfrontiert wurden. Andererseits wäre es rückblickend günstig gewesen, die Frage nach der Komplexität des untersuchten Phänomens, die in der nachträglich entwickelten übergeordneten Forschungsfrage Niederschlag gefunden hat, von vornherein explizit in das Forschungsdesign aufzunehmen.

In das Sample der Interviewstudie wurden zunächst überwiegend Lehrer_innen aufgenommen, bei denen davon ausgegangen wurde, dass das zu untersuchende Beziehungsgefüge in dem Sinne von Relevanz war, als dass es (bis zu einem bestimmten Punkt) bereits als komplexe Handlungssituation wahrgenommen wurde, etwa weil sie eher innovativ unterrichten. Dennoch finden sich letztendlich einige Fälle im Sample, bei denen dies nicht der Fall ist oder bei denen die administrativen Vorgaben als Technologieersatz für das Handeln in kontingenten Situationen herangezogen werden. Hierzu gehört ein Fall, der nach einigem Suchen gefunden werden konnte, bei dem die Handlungsstrategie nach einer ersten Zentralabiturerfahrung völlig verändert wurde, in dem nun entgegengesetzt zum professionellen Verständnis vornehmlich Teaching-to-the-Test-Strategien eingesetzt werden. Dennoch umfasst das Sample nur Fälle,

---

[1] Für für die Fächer Biologie, Physik und Chemie hingegen liegen Ergebnisse von Kühn (2010) vor.

in denen Lehrer_innen eine *aus ihrer Sicht adäquate* Handlungsstrategie entwickelt haben. Dazu gehört auch ein Fall, bei dem die administrativen Vorgaben
nicht beachtet werden (vgl. Abschnitt 2.2.4), der lange gesucht werden musste.
Allerdings unterrichtet die interviewte Person an einer *freien* Waldorfschule.
Die Schüler_innen werden jedoch später in einem speziellen Vorbereitungsjahr
anhand der administrativen Regularien auf das zentrale, externe Nichtschüle-
rabitur vorbereitet. Obwohl bei der Zusammenstellung großer Wert auf die
Erfassung der „Vielfalt der in einem Untersuchungsfeld vorhandenen Konstel-
lationen" (Przyborski & Wohlrab-Sahr, 2014, S. 127) gelegt wurde, fehlen zwei
denkbare Fallkonstellationen: zum einen, dass Lehrer_innen trotz rechtlicher Verpflichtung entgegen den Vorgaben handeln und zum anderen, dass eine völlige
Handlungsunfähigkeit vorliegt, die dazu führt, dass Lehrer_innen nicht mehr in
der Oberstufe unterrichten (dürfen). Es muss deshalb diskutiert werden, ob tatsächlich das Ziel einer theoretischen „Sättigung" (Akremi, 2014, S. 277) erreicht
wurde.

Auch das Erhebungsinstrument der Interviewstudie kann hinterfragt werden.
Die Fragen, die in den Interviews gestellt wurden, hätten in einigen Fällen noch
offener formuliert und damit stärker zu Erzählungen anregen können. Andererseits hätte in einigen Gesprächssituationen wiederum die Offenheit im Dienste
des Forschungsinteresses stärker eingeschränkt (vgl. Helfferich, 2014, S. 562)
und der Fokus stärker auf das Beziehungsgefüge Unterricht – unterrichtliche
Klausuren – Zentralabitur gelenkt werden können. Aus der Befürchtung heraus, zu starke Interviewereffekte auszulösen, wurden die Gespräche teilweise zu
unstrukturiert geführt. Dabei kann die Involviertheit der/des Forschenden beim
qualitativen Forschungsparadigma als „notwendige Bedingung des Forschungsprozesses" angesehen werden (Lamnek, 2000b, S. 309) und die Effekte hätten
durch die Reflexion der „Kontextgebundenheit der Textgenerierung" (Helfferich,
2014, S. 573) gegebenenfalls aufgegriffen werden können.

Es stellt sich davon ausgehend die Frage, wie sich Kommunikation im Interview möglichst an den Regeln der alltagsweltlichen Kommunikation orientieren
kann, obwohl die „Interviewsituation […] in der Regel ein asymmetrisches
und komplementäres Rollenverhältnis ‚Interviewende-Interviewte' [konstituiert]"
(Helfferich, 2014, S. 560). Insgesamt gelang es bei den Interviews eine neutrale,
vertrauliche Gesprächsatmosphäre zu etablieren. Dadurch, dass die Interviews –
mit zwei Ausnahmen – an den Schulen der Interviewten stattfanden, konnten
diese in einer vertrauten Atmosphäre stattfinden. Gerade zu Beginn des Gesprächs
ist die „Unsicherheit am größten und die Rollenaushandlung am wichtigsten"
(Helfferich, 2014, S. 564). Deshalb wurde zur Vereinfachung der Rollenaushandlung und zur Vermeidung von Unsicherheitsreaktionen ein alltagsnaher Einstieg

über die Beschreibung der Situation an der Schule gewählt. Der dadurch erreichte „Erzählfluss" bedingte zusammen mit der „situativen Resonanz" der Interviewenden eine entspannte und sich zunehmend öffnende Gesprächssituation (Helfferich, 2014, S. 564).

Interviewte und Interviewende wiesen scheinbar keinen gemeinsamen „Erfahrungshintergrund" (Helfferich, 2014, S. 564) auf, da die Interviewerin selbst keine Lehrerin ist und in den meisten Fällen weniger vertraut mit der spezifischen Situation im Bundesland war. Dies kann förderlich sein, wenn die Interviewten sich zu ausführlicheren Ausführungen angehalten fühlen (Helfferich, 2014, S. 564). Dieser Effekt konnte oft beobachtet werden. Es kann aber auch dazu führen, dass bestimmte Aspekte nicht angesprochen werden, da kein Verständnis erwartet wird (Helfferich, 2014, S. 564). Um dies zu vermeiden, beschrieb die Interviewerin im Gespräch, falls passend, kurz ähnliche Erfahrungen aus der universitären Lehre, um die „Dimension Fremdheit" (Helfferich, 2014, S. 564) zu reduzieren. Auch am Ende der Gespräche, wenn die Interviewerin ihre eigene Haltung offenbarte, entwickelten sich oftmals besonders offene Gesprächssituationen. In einigen Fällen ergab sich schon im Gespräch vor dem eigentlichen Interview eine so freundliche Atmosphäre, dass als gegenseitige Anrede im Interview trotz der Tatsache, dass man sich völlig unbekannt war, das „Du" gewählt wurde. Trotzdem kann nicht ausgeschlossen werden, dass Aspekte ausgespart wurden.

Es ist davon auszugehen, dass Effekte der sozialen Erwünschtheit aufgetreten sind (Lamnek, 2000a, S. 152). An einigen Stellen wurde dies offensichtlich und konnte bei der Analyse berücksichtigt werden. Ein Interviewter brachte zum Interview zum Beispiel nicht eine Klausur mit, die kürzlich konzipiert und gestellt worden war, sondern eine eigens für das Interview konzipierte Klausur, die so gestellt werden *könnte*. Aber auch solche Passagen haben ihren Gehalt, schließlich offenbarte sich hier, dass der Interviewte davon ausging, dass die ideale Klausur möglichst der formalen Struktur der Zentralabituraufgaben entspricht. In einem anderen Fall kontrastierten die Aussagen eines Kollegen, der die Kompetenzorientierung als für den eigenen Unterricht besonders maßgeblich herausstellte, mit der Darstellung einer anderen interviewten Person aus dem Kollegium, die dies vehement infrage stellte. Sicherlich gibt es aber auch Erwünschtheitseffekte, die bei der Auswertung nicht aufgefallen sind.

Das aus der quantitativen Sozialforschung bekannte Phänomen der „Meinungslosigkeit" (Reuband, 1990) kann aufgrund der Auswahl relevanter Fälle bei qualitativer Vorgehensweise nicht ganze Fälle betreffen. Aber dennoch muss mit ihr gerechnet werden.

„Man mag sich schon einmal Gedanken darüber gemacht, aber noch nicht voll reflektiert haben. Man mag zu Teilaspekten Informationen haben, aber nicht zum angesprochenen Gesamtkomplex. Und man mag viele Dinge, die in der Frage angesprochen sind, zum Teil schon längst wieder aus dem Bewusstsein gedrängt haben. In
der Situation des Interviews erinnert man sich ihrer, man aktiviert verlorengegan-
gene Informationen und Anschauungen als Ressourcen der Meinungsbildung und
treibt die Artikulation soweit voran, wie sie der jeweiligen Interviewsituation gemäß
erforderlich scheint." (Reuband, 1990, S. 430)

Es ist möglich, dass Personen einem Thema ambivalent gegenüberstehen oder
indifferent (Reuband, 1990, S. 431), wie im folgenden Beispiel:

„I: Und denken Sie, dass die Klausuren die man dann eben noch in der E-Phase hat,
dass die (...) auch nötig sind? Oder? #00:23:08-8#

B: Wie ‚nötig‘? Das muss man sowieso ja machen. Ich muss ja eine machen.
#00:23:13-8#

I: Genau, Sie müssen eine machen. Aber wenn Sie die Wahl hätten, ob Sie eine
schreiben oder nicht und wie die aussieht, würde das dann ähnlich enden, oder?
#00:23:21-5#

B: Wenn ich die Wahl hätte? Wie soll denn das sein? [...]" (Interview 14)

Es ist möglich, dass Meinungslosigkeit überdeckt wird, indem etwa fremde
Meinungen (zum Beispiel der Mehrheit, der offiziellen Position) wiedergegeben werden (Reuband, 1990, S. 434). Aufgrund der vielfältigen Möglichkeiten
der Kommunikation im qualitativen Interview ist es hier einfacher möglich,
Meinungslosigkeit zu identifizieren, als in quantitativen Studien, gänzlich aus-
schließen lässt es sich aber nicht, dass diese unentdeckt bleibt.
      Die Datenauswertung der Interviews verlief zirkulär. Insgesamt konnte
dadurch eine vertiefte Auseinandersetzung erzielt werden. Durch die späte
Einbeziehung der Systemtheorie als Metatheorie ist allerdings ein erheblicher
Mehraufwand erzeugt worden und der Forschungsprozess wurde deutlich in die
Länge gezogen (Przyborski & Wohlrab-Sahr, 2014, S. 130).
      Stellt man abschließend insgesamt die Frage nach der Eignung der gewählten
Methoden, soll an dieser Stelle auf die zwei angewendeten „Strategien der Gel-
tungsbegründung" (Flick, 2014, S. 417) eingegangen werden. Ziel war es, durch
Triangulation „der Vielschichtigkeit des Untersuchten durch die Erweiterung der
methodischen und theoretischen Perspektiven umfassender gerecht zu werden"
(Flick, 2014, S. 419) und „weniger [...], Konvergenzen im Sinne der Bestätigung
des bereits Gefundenen zu erhalten" (Flick, 2012, S. 318). Zum einen beruht die
Untersuchung auf einer „Theorie-Triangulation" (Flick, 2014, S. 418), da sich

die Arbeit dem Forschungsgegenstand aus metatheoretischer, theoretischer und empirischer Perspektive (vgl. Gliederung des Kapitels 2) annähert. Zum anderen erfolgte im Rahmen der episodischen Interviews mit nachträglichem lauten Denken eine „Within-Method-Triangulation" (Flick, 2012, S. 312). So wurde versucht, die Stärken dreier methodischer Zugänge zu verbinden: der Leitfaden Interviews und der Erzählung (Flick, 2012, S. 313) sowie der Rekonstruktion von Handlungen. Somit wurde einer Grenze der Methode des episodischen Interviews, keinen „Zugang zum Handeln in konkreten Situationen" (Flick, 2016, S. 245) zu ermöglichen, begegnet.

Eigene empirische Perspektiven auf die forschungsleitende Frage: *Wie ist Geographieunterricht angesichts des Zentralabiturs möglich?*

4

Nachdem in Abschnitt 2.2 eine erste Annäherung an die forschungsleitende Frage erfolgt ist, indem theoretische und empirische Perspektiven der Forschung auf die forschungsleitende Frage aufgezeigt wurden, sollen in diesem Kapitel die eigenen empirischen Ergebnisse vorgestellt werden. In Abschnitt 4.1 werden demgemäß die nachgelagerten Untersuchungsfragen des zweiten Blocks beantwortet: Welche Merkmale weist die Aufgabenkultur im Geographiezentralabitur als Ergebnis von politischem Steuerungshandeln auf? Inwiefern lassen sich Standardisierungstendenzen feststellen? In Abschnitt 4.2 werden sodann die nachgelagerten Untersuchungsfragen des zweiten Blocks beantwortet: Wie beschreiben Geographielehrer_innen die Situation angesichts des Zentralabiturs und seiner Aufgabenkultur? Wie beschreiben und begründen sie ihr eigenes Handeln? Inwiefern lassen sich die Ergebnisse systematisieren?

4.1 Die standardisierte Aufgabenkultur im Geographie-Zentralabitur

In Abschnitt 2.2 wurde deutlich, dass das Zentralabitur ein staatliches Steuerungsinstrument ist, das als Innovation dazu führen soll, dass das Erziehungssystem bessere Leistungen erzielt. Es wurde als Top-down-Maßnahme eingeführt und ist durch dezidierte Verfahrensvorschriften reglementiert. Es ist davon auszugehen,

---

Ergänzende Information Die elektronische Version dieses Kapitels enthält Zusatzmaterial, auf das über folgenden Link zugegriffen werden kann https://doi.org/10.1007/978-3-658-40663-9_4.

J. Mäsgen, *Auswirkungen von Standardisierung auf Zentralabitur und Unterricht*, Empirische Forschung in den gesellschaftswissenschaftlichen Fachdidaktiken, https://doi.org/10.1007/978-3-658-40663-9_4

dass diese intendierte Normierungswirkung zu einer Standardisierung der Aufgabenkultur führt. Hierbei sind zwei Ebenen denkbar: Zum Ersten gibt es auf Bundesebene Bemühungen, das Abitur zu vereinheitlichen. Dieser Ebene wird sich in Abschnitt 4.1.1 gewidmet. Zum Zweiten sind die Bundesländer bemüht, Standards zu setzen, um das Abitur von Klausuraufgabe zu Klausuraufgabe, von Prüfung zu Prüfung und von Jahr zu Jahr vergleichbar zu gestalten. Diese Ebene wird in Abschnitt 4.1.2 untersucht.

Alle zitierten Beispiele entstammen Klausuraufgaben, die auch öffentlich verfügbar sind.

4.1.1 Standardisierung auf Bundesebene

Mit den Einheitlichen Prüfungsanforderungen in der Abiturprüfung gibt es bundesweite Standards für die Prüfungen im Fach Geographie (Ständige Konferenz der Kultusminister der Länder in der Bundesrepublik Deutschland, 2005). Daraus ergibt sich die Frage, inwieweit die Prüfungen im Dataset den Standards entsprechen. Im Detail ergeben sich folgende Fragen und zugehörige zu überprüfende Tatsachenbehauptungen:

Inwiefern werden die Vorgaben zu den fachlichen Kompetenzen berücksichtigt?

Mensch-Umwelt-Themen kommen häufig vor.

Ökologie kommt oft vor.

Die Themen haben eine globale Ausrichtung.

Bei Karten kommen unterschiedliche Maßstabsebenen vor.

Thematische Karten kommen vor.

Aufgaben haben Lebensweltbezug.

Das Antwortformat ist nicht immer ein Aufsatz.

Es kommen vielfältige Materialien zum Einsatz.

Operatoren, die (Sach- und Wert-)Urteile verlangen, kommen vor.

Inwiefern wird zwischen Grund- und Leistungskursfach differenziert?

Die Prüfungsdauer unterscheidet sich je nach Anforderungsniveau.

In Prüfungen auf EA müssen mehr Aufgaben bearbeitet werden als in Prüfungen auf GA.

Die Anzahl der Operatoraufgaben und Materialien hängt vom Anforderungsniveau ab.

In Prüfungen auf EA gibt es weniger Hilfen beim Material als in Prüfungen auf GA.

Materialien in Prüfungen auf EA sind komplexer als Materialien auf GA (Diagrammart, Text-Quelle, Art der Zahlentabelle).

Inwiefern handelt es sich bei den Aufgaben um „materialgebundene Problemerörterungen mit Raumbezug"?

Alle Aufgaben haben Materialbezug.

Alle Prüfungen haben Raumbezug.

Jede Problemerörterung umfasst AFB I bis III.

Die Aufgaben jeder Prüfung bilden eine thematische Einheit, können aber mehrere „in sich schlüssige Bereiche" haben.

Die Prüfungen sind nicht zu stark untergliedert.

Die Anzahl der Materialien ist nicht „zu hoch".

Es gibt keine ausdrückliche Zuordnung von Materialien und Aufgaben.

(Text-)Quellen werden präzise angegeben.

In diesem Kapitel werden zentrale Ergebnisse vorgestellt, die Hinweise auf die Steuerungswirkung der Einheitlichen Prüfungsanforderungen in der Abiturprüfung (EPA) geben können. Es werden deshalb nur die Analysen derjenigen Aufgabenmerkmale vorgestellt, die Bezüge zu den EPA zulassen. Dabei wird, da es zunächst um die Frage der bundesländerübergreifenden Standardisierung geht, nicht zwischen den einzelnen Bundesländern differenziert.

Zunächst werden die Befunde zu den fachlichen Kompetenzen vorgestellt, bevor der in den EPA geforderte Differenzierung zwischen den Anforderungsniveaus in Grund- und Leistungskursen nachgegangen wird. Schließlich wird geprüft, ob es sich bei den Prüfungsaufgaben in allen Fällen tatsächlich um „materialgebundene Problemerörterungen mit Raumbezug" (EPA, S. 7) handelt.

4.1.1.1 Berücksichtigung der Vorgaben zu den fachlichen Kompetenzen

In diesem Abschnitt soll die Frage beantwortet werden, inwiefern die Vorgaben zu den fachlichen Kompetenzen berücksichtigt werden. Die Vorgaben der EPA zu den fachlichen Kompetenzen werden nur teilweise oder in geringem Umfang umgesetzt.

Bei der Sachkompetenz werden inhaltliche Anforderungen an die Abituraufgaben formuliert. Themen aus dem Mensch-Umwelt-Bereich, die die Erde „als komplexes Gefüge der Teilsysteme der Natur- und Anthroposphäre" (EPA, S. 4) aufgreifen, kommen nur selten vor (7,1 % der Operatoraufgaben, n = 946). Dies gilt noch stärker für Aufgaben zum Thema Ökologie (2,9 %, n = 946). Die globale Ausrichtung der Themen wird in den EPA an verschiedenen Stellen betont (EPA, S. 4), allerdings greifen nur wenige Operatoraufgaben (11, 4 %, n = 946) globale Beziehungen oder Vernetzungen auf oder thematisieren die Globalisierung.

Als Indikator für die Berücksichtigung von Räumen „unterschiedlicher Maßstabsebenen" (EPA, S. 4) zur Überprüfung der Orientierungskompetenz (EPA, S. 4), wurden die Maßstabsebenen der Karten in den Materialiensets herangezogen. Hier dominieren Karten mit mittleren Maßstäben zwischen > 1: 75 000 und < 1: 5 000 000 (38,6 %, n = 334) und kleinen Maßstäben zwischen 1: 5 000 000 und 1: 30 000 000 (27,8 %, n = 334).

Die in den EPA genannten „unterschiedlichen thematischen Anbindungen" (EPA, S. 4) spiegeln sich gut in der Art der Karten in den Materialiensets wider, die überwiegend thematische Karten sind. Dabei handelt es sich vornehmlich (50 %, n = 334) um komplexe Karten, hinzu kommen die weniger komplexen analytischen Karten (38,6 %, n = 334).

Als Teil der Orientierungskompetenz wird in den Vorgaben die Fähigkeit, „die mit unterschiedlichen Raumwahrnehmungen verbundenen Bewertungen reflektieren und zum eigenen Handeln in Beziehung" zu setzen genannt (EPA, S. 4). Die untersuchten Operatoraufgaben weisen allerdings keinen Lebensweltbezug auf (100 %, n = 946), noch nicht einmal einen konstruierten.

Als Teil sowohl der Methodenkompetenz als auch der Darstellungskompetenz werden in den bundesweiten Vorgaben „unterschiedliche Arbeitsmethoden der Geographie" unter anderem zur Darstellung von Informationen verstanden. Dabei werden besonders die „graphische[n] Darstellungen als besondere Form der fachlichen Kommunikation" (EPA, S. 4) betont. Bei den untersuchten Operatoraufgaben dominiert allerdings der Aufsatz als Antwortformat (97,3 %, n = 946) und nur in Einzelfällen gibt es Zuordnungsaufgaben (7) oder Ergänzungsaufgaben (1) oder werden andere Darstellungsformen wie Kurztext/Stichworte (2), eine (verbalisierte) Rechnung (2) oder die Zeichnung eines Schemas (4), eines Profils (5), einer Kartenskizze (2) oder eines Diagramms (3) verlangt.

In den Vorgaben wird gefordert, dass die Prüflinge Aussagen unterschiedlicher Materialien verknüpfen können sollen (EPA, S. 4). Die Analyse der untersuchten Materialien nach Materialart (vgl. Abbildung 4.1) zeigt eine große Bandbreite und relative Ausgewogenheit. Karten, Texte, Diagramme und Zahltabellen kommen mit jeweils rund 20 % etwa gleichhäufig vor. Grafische Medien fallen demgegenüber ab (5,7 %). Einen Sonderfall bilden die recht häufigen Kommentare beim Material (10,0 %), die über Hilfestellungen hinausgehende zusätzliche Informationen enthalten. Materialien in Materialkombinationen wurden nach Möglichkeit einzeln erfasst, als Restkategorie ergeben sich 2,7 % der Fälle an „untrennbaren" Materialkombinationen.

Ein Aspekt der in den EPA ausgewiesenen Sozialkompetenz ist die Fähigkeit „begründete Sach- und Werturteile" zu fällen (S. 5). Die Operatoren „beurteilen" und „bewerten" kommen insgesamt in 6,9 % der Fälle (n = 946) vor.

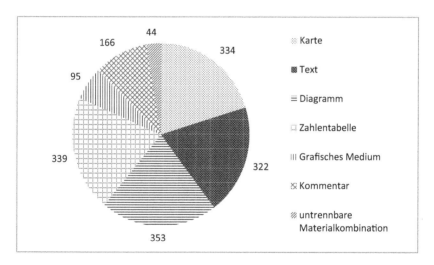

Abbildung 4.1 Materialarten im Datenset (2009–2015) (n = 1653). (Quelle: Eigene Erhebung)

4.1.1.2 Differenzierung zwischen Grund- und Leistungskursfach

In diesem Abschnitt soll die Frage beantwortet werden, inwiefern zwischen Grund- und Leistungskurs differenziert wird. In den EPA ist festgelegt, dass sich die Anforderungen in Kursen auf grundlegendem und erhöhten Anforderungsniveau „deutlich voneinander unterscheiden" sollen (EPA, S. 5).

Die statistische Analyse (vgl. Tabelle 4.1) zeigt, dass in einigen Fällen Zusammenhänge (Chi-Quadrattest) zwischen Merkmalen von Prüfungen, Aufgaben und Materialien bestehen. Die Stärke der Zusammenhänge fällt allerdings mit einer Ausnahme nur sehr gering bis mittel aus. In vielen Fällen gibt es gar keinen Zusammenhang.

Der einzige sehr starke Zusammenhang besteht zwischen der Bearbeitungszeit und dem Anforderungsniveau. Prüfungen auf grundlegendem Anforderungsniveau sind kürzer als auf erhöhtem Anforderungsniveau. Dies mag auf den ersten Blick nicht verwundern. Auf den zweiten Blick stellt sich die Frage, weshalb man für eine Prüfung auf niedrigerem Anforderungsniveau weniger (und nicht mehr) Bearbeitungszeit vorsieht als für eine Prüfung auf höherem Anforderungsniveau. Während eine Differenzierung über den Schwierigkeitsgrad sofort einleuchtet, ist der Zusammenhang zwischen Prüfungsdauer und Anforderungsniveau unklar.

Wie viele Handlungsaufforderungen (Operatoraufgaben) und Materialien es pro Prüfung gibt, hängt nur wenig mit dem Anforderungsniveau der Prüfung ab (C = 0,386 bzw. 0,362), ebenso ist es bei der (rechnerischen) Anzahl der Materialien pro Operatoraufgabe (C = 0,386). Sehr schwach ist der Zusammenhang zwischen Hilfen, die beim Material gegeben werden, und dem Anforderungsniveau (C = 0,071). Weitere Analysen zu Eigenschaften des Materials (hier exemplarisch die Art und Komplexität der Diagramme, die Quellen der Texte und die Art und Komplexität der Zahlentabellen) hängen nicht vom Anforderungsniveau der Prüfungen ab.

Tabelle 4.1 Der Zusammenhang zwischen den Anforderungsniveaus und einzelnen Variablen (Kontingenzanalysen). (Quelle: Eigene Erhebung)

Variable	χ^2	Kontingenzkoeffizient C (korrigiert)	Stärke des Zusammenhangs[1]	n
Bearbeitungszeit	204,000***	1,000	sehr hoch	204
Anzahl der Operatoraufgaben pro Prüfung (klassiert)	16,428**	0,386	gering	204
Materialien pro Prüfung (klassiert)	14,261**	0,362	gering	204

(Fortsetzung)

Tabelle 4.1 (Fortsetzung)

Variable	χ^2	Kontingenzkoeffizient C (korrigiert)	Stärke des Zusammenhangs[1]	n
Materialien pro Operatoraufgabe	16,384***	0,386	gering	204
Maß an Hilfen (beim Material)	4,201*	0,071	sehr gering	1653
Art/Komplexität Diagramme	2,111⁻	kein Zusammenhang	kein Zusammenhang	354
Textquelle	1,407⁻	kein Zusammenhang	kein Zusammenhang	338
Art/Komplexität Zahlentabellen	5,484⁻	kein Zusammenhang	kein Zusammenhang	358

⁻nicht signifikant
* signifikant (p < 0,05)
** sehr signifikant (p < 0,01)
***hoch signifikant (p < 0,001)
[1]in Anlehnung an Bühl (2006):
$0,0 < C \leq 0,2$ sehr gering
$0,2 < C \leq 0,5$ gering
$0,5 < C \leq 0,7$ mittel
$0,7 < C \leq 0,9$ hoch
$0,9 < C \leq 1,0$ sehr hoch

4.1.1.3 Aufgaben als „materialgebundene Problemerörterungen mit Raumbezug"

In diesem Abschnitt soll die Frage beantwortet werden, inwiefern es sich bei den Aufgaben um „materialgebundene Problemerörterungen mit Raumbezug" handelt.

Der Anteil der Aufgaben ohne jeden Bezug zum Materialienset liegt bei 14,1 %. Dabei muss allerdings darauf hingewiesen werden, dass unter Umständen impliziert sein könnte, dass (nur) der Atlas herangezogen werden soll. Andernfalls muss dieser hohe Anteil kritisch hinterfragt werden.

Die Operatoraufgaben haben durchweg (97,8 %) einen Raumbezug. Nur vier Aufgaben sind überwiegend allgemeingeographisch-thematisch. Meist überwiegt ein Raumbeispiel (51,6 %), Teilweise werden mehrere Raumbeispiele innerhalb einer Operatoraufgabe behandelt oder die Aufgabe ist raumübergreifend-vergleichend (zusammen 36,2 %), eher selten (9,9 %) ist eine Kombination aus raumbezogenen und allgemeingeographisch-thematischen Anteilen.

In den EPAs wird vorgegeben, dass jede Problemerörterung die Anforderungsbereiche I bis III umfassen soll. Für jede Prüfung gilt dies. Allerdings werden oftmals mehrere Klausuraufgaben pro Prüfung bearbeitet (Bayern, Baden-Württemberg bis einschließlich 2014).

In den EPA heißt es recht ungenau, die Prüfungen sollten nicht zu stark untergliedert sein.

Tabelle 4.2 Anzahl der Operatoraufgaben pro Prüfung. (Quelle: Eigene Erhebung)

Anzahl	Häufigkeit	Prozent
3	30	14,7
4	46	22,5
5	16	7,8
6	8	3,9
7	5	2,5
8	5	2,5
9	8	3,9
10	11	5,4
11	6	2,9
12	5	2,5
13	8	3,9
14	7	3,4
15	8	3,9
16	22	10,8
17	8	3,9
18	4	2,0
19	3	1,5
20	2	1,0
21	2	1,0
Gesamt	204	100,0

Die Anzahl der Operatoraufgaben pro Prüfung kann hier herangezogen werden (vgl. Tabelle 4.2). Es stellt sich allerdings die Frage, ab wann von einer (zu) starken Untergliederung die Rede sein müsste. Tabelle 4.2 zeigt die Häufigkeiten und Prozent der Anzahl der Operatoraufgaben pro Prüfung, die zwischen 3 (14,7 %) und 21 (1,0 %) liegt.

Der Median beträgt 7, das heißt in 50 % der Prüfungen müssen mindestens 7 Operatoraufgaben bearbeitet werden, was als Indiz dafür gewertet werden kann, dass eine starke Untergliederung üblich ist. Dies gilt insbesondere für die Bundesländer Baden-Württemberg (Mittelwert 9,8, Minimum 6, Maximum 12) und Bayern (Mittelwert 15,8, Minimum 12, Maximum 21). In Hessen gibt es Prüfungen, deren Anzahl an Operatoraufgaben unter und über dem Median liegen (Mittelwert 6,0, Minimum 3, Maximum 11). In Niedersachsen und Nordrhein-Westfalen liegen alle Prüfungen unterhalb des Medians (Niedersachsen: Mittelwert, 3,2, Minimum 2, Maximum 4; Nordrhein-Westfalen: Mittelwert 3,9, Minimum 3, Maximum 4).

In den EPA wird vorgegeben, dass die Anzahl der Materialien pro Prüfung nicht zu hoch liegen und der Arbeitszeit angemessen sein solle, damit intensiv mit ihnen gearbeitet werden könne. Die Anzahl der Materialien pro Prüfung liegt zwischen 3 und 28, der Mittelwert ist 11,71, wobei die Standardabweichung mit 4,563 hoch ist. Der Median liegt bei 11, sodass in 50 % der Prüfungen 11 Materialien oder mehr ausgewertet werden müssen.

Zieht man die sehr variierende Anzahl an Operatoraufgaben pro Prüfung mit in die Überlegungen ein, werden die Unterschiede noch deutlicher. Das (rechnerische) Minimum liegt bei 0,41 Materialien pro Operatoraufgabe – tatsächlich konnte oben herausgestellt werden, dass es auch Operatoraufgaben ohne Bezug zum Materialienset gibt. Das (rechnerische) Maximum liegt bei 9,0 Materialien pro Operatoraufgabe. Der Mittelwert beträgt 1,913 bei einer Standardabweichung von 1,498.

Was als eine angemessene Bearbeitungszeit pro Material angesehen werden kann, ist unklar, und hängt auch von dem jeweiligen Umfang und der Komplexität des Materials ab. Dennoch zeigt ein Vergleich der rechnerischen Prüfungszeit pro Material einer große Breite der empirischen Verteilung: das Minimum liegt bei 10,18 Minuten pro Material, das Maximum bei 80,00. Dabei liegt der Median bei 21, sodass kürzere Bearbeitungszeiten (je nach Bewertung) bei mindestens der Hälfte der Fälle vorliegen.

Tabelle 4.3 Materialbezug der Operatoraufgaben. (Quelle: Eigene Erhebung)

		Häufigkeit	Prozent
Gültig	Aufgabe ohne Materialbezug	133	14,1
	materialgebundene Aufgabe (implizit)	286	30,2
	materialgebundene Aufgabe (explizit)	527	55,7
	Gesamt	946	100,0

Die Materialien sollen laut EPA nicht den Aufgaben, für die sie herangezogen werden sollen, erkennbar zugeordnet werden. Tabelle 4.3 zeigt, dass beide Vorgaben in erheblichem Umfang nicht eingehalten werden. Nur 30,2 % der Operatoraufgaben entsprechen dem Idealtyp einer implizit materialgebundenen Aufgabe.

Die Maßgabe, Quellen bzw. Fundstellen der Materialien präzise anzugeben, kann anhand der erhobenen Daten exemplarisch bei den Texten überprüft werden (vgl. Tabelle 4.4). Auf den ersten Blick erscheint diese Vorgabe erfüllt, nur bei 3,3 % der Texte fehlen die Quellenangaben. Beim genaueren Blick auf die Art der Texte bzw. Quellenangaben werden aber einige Einschränkungen sichtbar. Die größte Gruppe der Texte sind Klausurartefakte, bei denen aus einer größeren Anzahl an Quellen ein neuer Text zusammengestellt wurde, ohne dass kenntlich gemacht wurde, welche Information aus welcher Quelle stammt und ob alle Informationen aus den angegebenen Quellen stammen. Noch extremer ist dies bei Texten aus Schulmaterialien, bei denen dann zum Beispiel das Schulbuch als Quelle angegeben wird. Hier liegt nur scheinbar eine präzise Quellenangabe vor. Handelt es sich doch erstens um ein Sekundärzitat und zweitens sind die Quellen bei Texten in Schulmaterialien oft nicht angegeben oder eben nur so wie bei den oben genannten Klausurartefakten.

Tabelle 4.4   Quellenangaben bei Texten. (Quelle: Eigene Erhebung)

		Häufigkeit	Prozent
Keine oder unpräzise Quellenangabe	Quelle nicht angegeben	11	3,3
	Klausurartefakt	145	42,9
	Text aus Schulmaterial	8	2,4
	unspezifische (Internet-) Quelle	81	24,0
Präzise Quellenangabe	Zeitungsartikel (vollständig oder Auszug)	41	12,1
	wissenschaftlicher Text (-auszug)	24	7,1
	andere Quellentexte	28	8,3
	Gesamt	338	100,0

Auch sind Internetquellen oft unspezifisch, werden oft nur mit URL und Datum angegeben, Verfasser_in und Jahr der Veröffentlichung fehlen. Nur bei 27,5 % der Texte ist die Quelle präzise angegeben. Dabei machen die Zeitungsartikel und wissenschaftlichen Texte (bzw. jeweils Auszüge daraus) die beiden größten Gruppen aus.

Zuletzt soll noch der Hinweis gegeben werden, dass die Eigenschaften der in den EPAs abgedruckten Aufgabenbeispiele in den in Abschnitt 4.1.2.3 abgedruckten Tabellen jeweils in einer Randspalte aufgenommen worden sind, damit ein Vergleich mit den typischen Leistungskursprüfungen der Bundesländer möglich ist.

Zusammenfassend lässt sich sagen, dass die bundesweiten Standards, auf die sich die Kultusministerkonferenz der Länder verständigt hat, nicht vollumfänglich umgesetzt werden. Dies ist mit der Zuständigkeit der Bundesländer in Bildungsfragen zu erklären. Lehrpläne und Richtlinien werden auf dieser Ebene erlassen und haben einen stärkeren Steuerungseffekt als die Vereinbarungen der Kultusministerkonferenz. Nicht alle Vorgaben konnten dabei überprüft werden, aber schon die Häufigkeitsanalysen einiger weniger Variablen konnte zeigen, dass die Steuerungswirkung der nationalen Standards gering ist.

4.1.2 Standardisierung innerhalb der Bundesländer

Im Folgenden soll nun der Frage nachgegangen werden, inwiefern auf der Ebene der Bundesländer von einer Standardisierung gesprochen werden kann.

Zunächst werden in Abschnitt 4.1.2.1 eine Reihe von Kontingenzanalysen beschrieben, die den Zusammenhang zwischen der Variablen „Bundesland" und weiteren Variablen überprüfen. In Abschnitt 4.1.2.2 wird dann eine Clusteranalyse vorgestellt, die der Frage nachgeht, ob ausgehend von zwei exemplarischen Variablen natürliche Gruppen (Cluster) gebildet werden können und ob diese sich mit der Zugehörigkeit der Fälle zu den Bundesländern überschneiden. Das letzte Teilkapitel (4.1.2.3) widmet sich der bundesländervergleichenden Darstellung der wesentlichen Merkmale der Geographieprüfungen auf erhöhtem Anforderungsniveau.

4.1.2.1 Kontingenzanalysen

Im Folgenden soll anhand ausgewählter Merkmale von Operatoraufgaben und Materialien nachgeprüft werden, ob eine Standardisierung auf der Ebene der Bundesländer mittels einer statistischen Analyse der Zusammenhänge (Chi-Quadrattest) bestätigt werden kann und wie stark gegebenenfalls die Zusammenhänge (Grad der Assoziation) sind. Hierzu werden Kontingenzanalysen vorgestellt, die den Zusammenhang zwischen der Variable Bundesland und den anderen Variablen untersuchen.

Tabelle 4.5 zeigt die Ergebnisse der Analysen. Die Chi-Quadrattests ergeben unter Berücksichtigung der Freiheitsgrade, dass zwischen allen Variablen in
Tabelle 4.5 und der Variable Bundesland mit sehr hoher Wahrscheinlichkeit (p
immer < 0,001) ein Zusammenhang besteht, die Nullhypothesen also verworfen
werden können.

Der Vergleich der normierten Kontingenzkoeffizienten ($0 \leq C \leq 1$) ermöglicht
eine Aussage über die Stärke des Zusammenhangs (nicht aber über die Richtung).
Die Stärke des Zusammenhangs zwischen den ausgewählten Variablen und der
Variable Bundesland fällt gering bis sehr hoch aus.

Auf der Ebene der *Operatoraufgaben* besteht ein sehr starker Zusammenhang zwischen der Bearbeitungszeit pro Aufgabe und den Bundesländern sowie
den Materialien pro Operatoraufgabe und den Bundesländern. Hoch ist auch
die Stärke des Zusammenhangs zwischen der Art der Aufgaben (explizit oder
impliziter Materialbezug oder ohne Materialbezug) und den Bundesländern.
Ob Aufgaben zum Beispiel durch ein vorangestelltes Zitat oder eine Hypo-
these eingebettet sind, ist ebenfalls bundesländerspezifisch. Von geringerer Stärke
ist der Zusammenhang zwischen den Themen der Operatoraufgaben und den
Bundesländern (hier beispielhaft Stadtgeographie, Klima- und Hydrogeographie,
Geomorphologie und/oder Bodengeographie).

Auf der Ebene der *Materialien* ist die Stärke des Zusammenhangs zwi-
schen der Anzahl der Materialien pro Prüfung sowie der Zeit, die theoretisch
durchschnittlich zur Bearbeitung eines Materials zur Verfügung stünde, und den
Bundesländern hoch (C = 0,805 bzw. C = 0,806). Dies gilt auch für die Variable
Textart. Die Bundesländer unterscheiden sich also signifikant in der Frage, ob
Fließtexte oder Stichpunktlisten zum Einsatz kommen. Die Textquellen variieren
je nach Bundesland (mittel starker Zusammenhang). Geringer ist die Stärke des
Zusammenhangs zwischen der Art der eingesetzten Materialien (C = 0,327), der
Themen der Materialien (C = 0,436), der Diagrammart (C = 0,437) sowie den
Kartenmaßstäben (C = 0,400) und den fünf Bundesländern.

Im Folgenden sollen nun die Kontingenzanalysen im Detail vorgestellt werden.

Zunächst die Ergebnisse zu den *Operatoraufgaben*: Die Analyse der Bearbeitungszeit, die zur Lösung einer Operatoraufgabe zur Verfügung steht – unter der
Prämisse, dass Schüler_innen gleich viel Zeit pro Aufgabe verwenden – ergibt
ein höchst signifikantes Ergebnis. In Baden-Württemberg sind dabei mittelkurze
Bearbeitungszeiten (>20–40 Minuten) deutlich überrepräsentiert, in Bayern sehr
kurze ($\leq$20 Minuten). In Hessen sind mittlere Bearbeitungszeiten (>40–60 Minuten) überrepräsentiert, wobei für einige Aufgaben (35,7 %) unter 40 Minuten zur
Verfügung stehen. In Niedersachsen hingegen stehen für alle Fälle (100 %) mehr
als 60 Minuten pro Operatoraufgabe zur Verfügung. In Nordrhein-Westfalen sind

Tabelle 4.5 Der Zusammenhang zwischen Bundesländern und einzelnen Variablen (Kontingenzanalysen). (Quelle: Eigene Erhebung)

	Variable	χ^2	Kontingenzkoeffizient C (korrigiert)	Stärke des Zusammenhangs[1]	n
Operatoraufgaben	Minuten pro Operatoraufgabe (klassiert)	400,111***	0,940	Sehr hoch	204
	Materialbezug der Operatoraufgaben	642,865***	0,779	Hoch	945
	Materialien pro Operatoraufgabe (klassiert)	253,951***	0,912	Sehr hoch	204
	Einbettung der Operatoraufgaben	173,700***	0,557	Mittel	945
	Stadtgeographie als Thema von Operatoraufgaben	50,206***	0,321	Gering	945
	Klima- und Hydrogeographie als Thema von Operatoraufgaben	67,297***	0,365	Gering	945
	Geomorphologie und/oder Bodengeographie als Thema von Operatoraufgaben	56,672***	0,337	Gering	945
Materialien	Materialien pro Prüfung (klassiert)[2]	154,620***	0,805	Hoch	204
	Materialart (klassiert, mit Materialkombination)[3]	167,416***	0,327	Gering	1653
	Minuten pro Material (klassiert)	155,961***	0,806	Hoch	204

(Fortsetzung)

Tabelle 4.5 (Fortsetzung)

Variable	χ^2	Kontingenzkoeffizient C (korrigiert)	Stärke des Zusammenhangs[1]	n
Thema des Materials (Teilbereich der Geographie ohne Sonst.)	166,996***	0,436	Gering	1588
Textart	158,694***	0,799	Hoch	338
Textquelle (klassiert)	130,510***	0,647	Mittel	338
Diagrammart (klassiert)	51,829***	0,437	Gering	354
Kartenmaßstab (klassiert ohne ohne Angabe)	25,317***	0,400	Gering	290

* signifikant (p<0,05)

** sehr signifikant (p<0,01)

***hoch signifikant (p<0,001)

[1]in Anlehnung an Bühl (2006):

0,0 < C ≤ 0,2 sehr gering

0,2 < C ≤ 0,5 gering

0,5 < C ≤ 0,7 mittel

0,7 < C ≤ 0,9 hoch

0,9 < C ≤ 1,0 sehr hoch

[2] 2 Zellen (13,3 %) haben eine erwartete Häufigkeit kleiner 5. Die minimale erwartete Häufigkeit ist 4,33.

[3] 2 Zellen (5,7 %) haben eine erwartete Häufigkeit kleiner 5. Die minimale erwartete Häufigkeit ist 3,11

die mittleren und langen Bearbeitungszeiten deutlich überrepräsentiert, wobei sich die dichotome Verteilung auf zwei Klassen durch die unterschiedliche Prüfungszeit von Kursen auf grundlegendem und erhöhtem Anforderungsniveau bei weitgehend konstanter Beschränkung der Operatoraufgaben auf drei pro Prüfung ergibt.

Ob Schüler_innen zur Bearbeitung einer Aufgabe Material heranziehen können, ob es einen expliziten Verweis auf zu verwendendes Material gibt oder ob sie sich relevante Materialien aus dem Materialienset auswählen müssen, hängt vom Bundesland ab. Das Ergebnis ist statistisch hoch signifikant, die Stärke der Assoziation der beiden Variablen ist hoch. Bayern ist das.

einzige der fünf Bundesländer in dem häufig (33,5 %, Residuum 13,1) Operatoraufgaben ohne Materialbezug zum Einsatz kommen. In den anderen Fällen wird explizit auf ein oder mehrere Materialien verwiesen, die die Schüler_innen für die Aufgabe verwenden sollen. Dies ist auch der Regelfall in Baden-Württemberg. Auch in Hessen sind Aufgaben mit explizitem Materialbezug überrepräsentiert, während in Niedersachsen aufgrund der unterschiedlichen Handhabe in Prüfungen auf grundlegendem (mit explizitem) und erhöhtem (mit implizitem) Anforderungsniveau zwei der drei Klassen dominieren. In Nordrhein-Westfalen kommen keine Aufgaben ohne Materialbezug vor, nur eine Aufgabe hat expliziten Materialbezug (Residuum −15,5), 99,4 % der Aufgaben haben impliziten Materialbezug.

Die Anzahl der Materialien, die rechnerisch im Durchschnitt pro Operatoraufgabe verwendet werden sollen, variiert zwischen den untersuchten Bundesländern stark (C = 0,912, d. h. die Stärke des Zusammenhangs ist sehr hoch). Eine sehr geringe Anzahl (<1) dominiert nur in Bayern (75,8 % der Fälle), eine mittlere Anzahl (1−>3) dominiert in Baden-Württemberg (80,8 % der Fälle), Hessen (85,7 % der Fälle) und Niedersachsen (100 % der Fälle). In Nordrhein-Westfalen müssen rechnerisch weit überwiegend (88,1 %) drei oder mehr Materialien pro Operatoraufgabe verwendet werden.

Operatoraufgaben können – etwa durch eine These oder eine Frage – eingebettet werden (z. B. Der Alpenraum Frankreichs wird oft als „Raum mit bedrohter Landwirtschaft" bezeichnet. Begründen Sie…). Ob diese Möglichkeit zum Tragen kommt ist bundesländerspezifisch (C = 0,557, mittelstarker Zusammenhang). In Baden-Württemberg und Bayern recht häufig vorkommend (41,1 bzw. 46,8 % der Fälle), tritt dieser Fall in Niedersachsen und Hessen selten (15,7 % bzw. 12,6 % der Fälle) und in Nordrhein-Westfalen nie auf.

Die Themen in den Abiturprüfungen decken in allen Bundesländern eine breite Spannweite an Themen sowohl aus der Humangeographie als auch aus der physischen Geographie ab. Bedingt durch die unterschiedlichen Schwerpunktsetzungen in den Lehrplänen lassen sich jedoch einige Unterschiede ausmachen. Betrachtet man exemplarisch die Themen Stadtgeographie, Klima- und Hydrogeographie und Geomorphologie und/oder Bodengeographie als Thema von Operatoraufgaben lässt sich ein schwacher Zusammenhang zwischen den Variablen und den Bundesländern nachweisen (C = 0,321 bzw. 0,365 und 0,337). Während in Baden-Württemberg und Bayern nahezu keine stadtgeographischen Aufgaben vorkommen (1,1 bzw. 4,3 % der Fälle), sind sie in Hessen (12,2 %) und Niedersachsen (16,9 %) häufiger anzutreffen. Am häufigsten sind Operatoraufgaben, die dem Thema Stadtgeographie zuzuordnen sind, in Nordrhein-Westfalen (21,7 %).

Etwa andersherum verhält es sich mit Operatoraufgaben zu Themen aus dem Bereich der Klima- und Hydrogeographie (Baden-Württemberg 35,8 %, Bayern 21,1 %, Hessen 9,8 %, Niedersachsen 3,4 %, Nordrhein-Westfalen 5,6 %).

Operatoraufgaben aus dem Themenbereich Geomorphologie/Böden sind nur in Baden-Württemberg häufig (22,1 %), kommen in Hessen gelegentlich (7,9 %) und in den anderen Bundesländern nur sehr selten vor (Bayern 2,9 %, Niedersachsen 2,2 %, Nordrhein-Westfalen 2,5 %).

Auf der Ebene der *Materialien* lassen sich ebenfalls Zusammenhänge zwischen den einzelnen Merkmalen und der Variable Bundesland nachweisen.

Die Anzahl der Materialien pro Prüfungen wurde in drei Klassen eingeteilt. Klasse 1 umfasst alle Prüfungen mit bis zu 7 Materialien, Klasse 2 alle Prüfungen mit bis zu 14 Materialien und Klasse 3 alle Prüfungen mit mehr als 14 Materialien. Die Analyse der Zusammenhänge zwischen dieser klassierten Variable und der Variable Bundesland ergibt einen hoch signifikanten Chi-Quadrat-Test (p>0,001) und einen straken Zusammenhang (C = 0,805). Dabei muss darauf hingewiesen werden, dass die Anzahl der erwarteten Häufigkeiten in zwei Fällen kleiner als 5 ist. Die minimale erwartete Häufigkeit ist 4,33. Wenige Materialien (Klasse 1) gibt es in Niedersächsischen Prüfungen (85,7 %), eine mittlere Anzahl in den meisten Prüfungen in Baden-Württemberg (76,9 %), Bayern (75,8 %) und Hessen (76,2 %), während die Anzahl der Materialien in Nordrhein-Westfalen in der Regel (64,3 %) über 14 liegt.

Neben der Anzahl der Materialien pro Prüfung wurde die Art der eingesetzten Materialien erfasst. Unterschieden wurden Diagramme, Zahlentabellen, Karten, Texte, grafische Medien, Kommentare und Materialkombinationen.

Bei der Analyse aller dieser Materialarten ist zu erwähnen, dass die erwartete Häufigkeit bei der Materialart „Materialkombination" in zwei Zellen (5,7 %) kleiner als 5 ist (die minimale erwartete Häufigkeit ist 3,11). Aufgrund der besonderen Bedeutung der Materialkombinationen in Nordrhein-Westfalen wurden diese dennoch in die Analyse mit einbezogen. Welche Materialarten häufiger oder seltener zum Einsatz kommen, ist abhängig vom jeweiligen Bundesland, die

Stärke des Zusammenhangs ist allerdings gering (C = 0,327). Die Bundesländer unterscheiden sich hier im Detail.

Diagramme, Zahlentabellen, Karten und Texte sind mit je rund einem Fünftel der Gesamtstichprobe am häufigsten vertreten (im Detail Diagramme 21,4 %, Zahlentabellen 20,5 %, Karten 20,2 %, Texte, 19,5 %). Dabei sei noch einmal daran erinnert, dass in allen Bundesländern zusätzlich ein Atlas verwendet werden kann, was die unerwartet geringe Bedeutung der Karte als Materialart erklären kann.

Diagramme kommen in Niedersachsen und Hessen seltener vor (13,9 %, Residuum −2,3 bzw. 14,1 −4,4), in allen Bundesländern häufiger, als zu vermuten. Besonders fällt hier Bayern auf (32,4 %, Residuum 4,8).

Bei den Karten ist auffällig, dass diese in Hessen häufiger als erwartet vorkommen (24,6 %, Residuum 2,7).

Texte kommen in Niedersachsen (32,5 %, Residuum 4,2), und Hessen (28,3 %, Residuum 5,6) überdurchschnittlich häufig zum Einsatz, wohingegen in den anderen Bundesländern weniger Texte als zu erwarten Bestandteil der Materialiensets sind. Besonders heraus stechen Bayern (8,8 %, Residuum −4,9) und Nordrhein-Westfalen (15,6 %, Residuum −3,2).

Kommentare, grafische Medien, und Materialkombinationen spielen gegenüber den anderen Materialarten insgesamt eine untergeordnete Rolle (10 %, 5,7 %, 2,7 %).

Auffallend sind hier die in Nordrhein-Westfalen sehr häufigen Kommentare (14,9 %, Residuum 5,4). Gleiches gilt für die Materialkombinationen (4,7 %, Residuum 4,1).

Die Zeit, die die Prüflinge rechnerisch pro Material aufwenden könnten, nähmen Sie sich hierfür gleichmäßig Zeit, unterscheidet sich zwischen den Bundesländern, der Chi-Quadrattest fällt hoch signifikant aus, die Stärke des Zusammenhangs zwischen dieser Variable und der Variable Bundesland ist hoch. In Bayern (57,6 %, Residuum 2,9) und Nordrhein-Westfalen (83,3 %, Residuum 5,9) haben die Schüler_innen weniger als 20 Minuten pro Material zur Verfügung, während es in Baden-Württemberg (50 %, Residuum 1,8) und Hessen (61,9 %, Residuum 4,2) zwischen 20 und unter 30 Minuten und in Niedersachsen (100 %, Residuum 10,6) 30 oder mehr Minuten sind.

Ebenso wie bei den Operatoraufgaben hängt es auch bei den Materialien vom Bundesland ab, welches Thema sie haben, ob die Materialien Bezug zur physischen Geographie oder zur Anthropogeographie haben (C = 0,436, d. h. die Stärke des Zusammenhangs ist gering). Der Anteil der physischen Geographie ist in Baden-Württemberg am höchsten (52,3 %), in Bayern noch hoch (32,1 %) und in Hessen (15,0 %), Nordrhein-Westfalen (10,8 %) und Niedersachsen (4,6 %) wesentlich geringer.

Auch die Art der Texte, ob Fließtexte oder Stichpunkte bevorzugt werden, hängt von der Variable Bundesland ab. Wiederum fällt der Chi-Quadrat-Test hoch signifikant aus, die Stärke des Zusammenhangs ist mit einem normierten Kontingenzkoeffizienten von 0,799 hoch. In Hessen (93,8 %) und Niedersachsen (89,6 %) sind Texte in der Regel Fließtexte, in Nordrhein-Westfalen Stichpunkt-listen (76,5 %) und teilweise Fließtexte (23,5 %) und in Baden-Württemberg und Bayern überwiegend Fließtexte und teilweise Stichpunkttexte (BW: 78,9 % und 21,1 %; B: 84,0 % und 16,0 %).

In den Bundesländern werden spezifische Textquellen bevorzugt (C = 0,647, d. h. die Stärke des Zusammenhangs ist mittel). Bei der Kontingenzanalyse wurde eine Klassierung der Merkmalsausprägungen durchgeführt, um die Anzahl der Fälle je Tabellenzelle ausreichend groß (5 oder mehr) zu halten: in einer Klasse wurden Texte ohne Quelle oder mit einer unspezifischen, d. h. nicht nachvoll-ziehbaren (meist Internet-)quelle zusammengefasst (Klasse 1). In einer zweiten Klasse die Klausurartefakte und Schulmaterialien (Klasse 2) und in einer dritten Klasse wissenschaftlichen Quellen, Zeitungsartikel und Quellentexte (Klasse 3). In Baden-Württemberg kommt die Klasse 1 am häufigsten vor (42,1 %), in Bay-ern dominieren Klasse 1 (36,0 %) und 2 (36,0 %), in Hessen hingegen Klasse 1 (47,7 %) und Klasse 3 (40,0, in Niedersachsen Klasse 2 (49,0 %) und 3 (32,7 %) und in Nordrhein-Westfallen dominiert Klasse 2 (83,5 %).

Bei den Diagrammarten mussten für die Kreuztabellierung ebenfalls Klassen gebildet werden, da andernfalls die vielen verschiedenen Merkmalsausprägungen (vgl. Kapitel zum Kategoriensystem) zu zu vielen Zellen und damit geringen Häufigkeiten in den Zellen geführt hätten. Es wurden wiederum drei Klassen (1: einfache Diagramme, 2: mehrschichtige Diagramme und Kombinationen aus Diagrammen und 3: sonstige Diagramme) gebildet. So lässt sich mit einem hoch signifikanten Chi-Quadrat-Test immerhin noch ein geringer Zusammenhang nach-weisen. Es gibt also gewisse Präferenzen bei der Auswahl der Diagramme in den Bundesländern. Diese sich aus der starken Zusammenfassung in Klassen erge-benden Ergebnisse zeigen, dass in Baden-Württemberg die meisten Diagramme (65,7 %) in die dritte Klasse „Sonstiges" fallen, in Bayern (50,6 %) und Nieder-sachsen (52,4 %) einfache Diagramme dominieren, in Hessen einfache (44,4 %) und „Sonstige" (38,1 %) und in Nordrhein-Westfalen einfache (37,7 %) und mehrschichtige Diagramme bzw. Kombinationen aus Diagrammen (45,2 %). Für dieses Kapitel soll der Nachweis eines Zusammenhangs ausreichend sein, wei-tere Details zu den dominierenden Diagrammformen sind in der Gesamtschau der typischen Prüfungsmerkmale nachzulesen.

Da Karten ohne Angabe eines Maßstabs (oder Leitermaßstabs) selten vorkommen (44 von 334 d. h. 13,2 %) führt dies in einer Kreuztabelle zu zwei Fällen mit erwarteten Häufigkeiten unter 5, sodass diese Karten von der Analyse ausgeschlossen wurden. Zudem wurden zwei Klassen (Klasse 1: Maßstab < 1: 5 000 000 und Klasse 2: 1: 5 000 000 und kleiner) gebildet. Die Analyse kann dennoch mit sehr hoher Wahrscheinlichkeit (p < 0,001) eine Kontingenz nachweisen, allerdings mit einem schwachen Zusammenhang (C = 0,400). Während in Baden-Württemberg, Hessen und Niedersachsen beide Klassen etwa gleich häufig vorkommen, hat die Mehrheit der Karten in Bayern (65,0 %) einen kleinen Maßstab (Klasse 2) und in Nordrhein-Westfalen (76,6 %) einen größeren Maßstab (Klasse 1).

4.1.2.2 Clusteranalyse

Zuletzt soll in diesem Kapitel der Frage nachgegangen werden, ob sich bei einer explorativen Analyse der Struktur der Daten die Zugehörigkeit der Fälle zu einem spezifischen Bundesland wieder durchpaust. Hierzu wurde eine Clusteranalyse zu den Fragestellungen durchgeführt: Können mittels der Anzahl der Operatoraufgaben und Anzahl der Materialien pro Prüfungen natürliche Gruppen (Cluster) gebildet werden? Decken diese sich mit der Zugehörigkeit der Fälle zu den Bundesländern?

Die Clusteranalyse hat ergeben, dass die Anzahl der Operatoraufgaben und die Anzahl der Materialien pro Prüfung acht Cluster bilden (z-transformierte Variablen, Ward-Methode, quadrierte Euklidische Distanz). Die Anzahl wurde mithilfe des Elbow-Kriteriums festgelegt (siehe Abbildung 4.2).

Zur Beschreibung der Cluster wurden die Mittelwerte der Variablen „Anzahl der Operatoraufgaben pro Prüfung" und „Anzahl der Materialien pro Prüfung" (vgl. Tabelle 4.6) in jeweils vier Klassen mit gleicher Klassenbreite eingeteilt und diese mit den Bezeichnungen, niedrig, mittel, hoch und sehr hoch versehen.

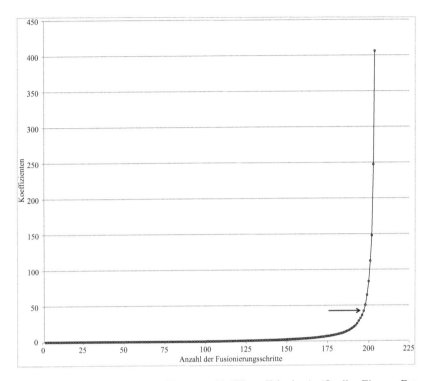

Abbildung 4.2 Ermittlung der Clusteranzahl (Elbow-Kriterium). (Quelle: Eigener Entwurf)

Die acht Cluster mit ihren Elementen sind in Abbildung 4.3 farblich dargestellt. Es gibt vier Cluster, in denen Prüfungen zusammengefasst sind, in denen die Anzahl der zu bearbeitenden Operatoraufgaben niedrig ist. Sie unterscheiden sich darin, dass einmal die Anzahl der Materialien ebenfalls niedrig ist (Cluster 7, hellblau), einmal ist sie mittel hoch (Cluster 5, gelb), einmal hoch (Cluster 6, rot) und in einem Cluster sehr hoch (Cluster 8, grau).

Tabelle 4.6 Mittelwerte der Variablen Anzahl der Materialien pro Prüfung und Anzahl der Operatoraufgaben pro Prüfung der Cluster. (Quelle: Eigene Erhebung)

Cluster			Anzahl der Materialien pro Prüfung	Anzahl der Operatoraufgaben pro Prüfung
1	N	Gültig	28	28
		Fehlend	0	0
	Mittelwert		9,86	17,14
	Standardabweichung		1,649	2,031
2	N	Gültig	25	25
		Fehlend	0	0
	Mittelwert		13,00	15,00
	Standardabweichung		1,190	1,155
3	N	Gültig	15	15
		Fehlend	0	0
	Mittelwert		18,07	13,27
	Standardabweichung		1,223	3,195
4	N	Gültig	28	28
		Fehlend	0	0
	Mittelwert		11,11	10,39
	Standardabweichung		2,079	1,315
5	N	Gültig	47	47
		Fehlend	0	0
	Mittelwert		9,81	4,98
	Standardabweichung		1,896	1,406
6	N	Gültig	29	29
		Fehlend	0	0
	Mittelwert		16,34	4,07
	Standardabweichung		1,838	0,593
7	N	Gültig	26	26
		Fehlend	0	0
	Mittelwert		4,88	3,38
	Standardabweichung		0,816	0,697
8	N	Gültig	6	6

(Fortsetzung)

Tabelle 4.6 (Fortsetzung)

Cluster		Anzahl der Materialien pro Prüfung	Anzahl der Operatoraufgaben pro Prüfung
	Fehlend	0	0
Mittelwert		24,00	3,50
Standardabweichung		2,828	0,548

Dann gibt es zwei Cluster mit einer hohen Anzahl an Operatoraufgaben: einmal mit einer mittleren Anzahl an Materialien (Cluster 4, lila) und einer hohen Anzahl an Materialien (Cluster 3, beige). Schließlich gibt es zwei Cluster mit einer sehr hohen Anzahl an Operatoraufgaben und einer mittleren Anzahl an Materialien, wobei einmal etwas mehr Aufgaben und weniger Materialien (Cluster 1, blau) als im anderen Cluster (Cluster 2, grün) vorherrschen.

In Abbildung 4.3 ist zu sehen, dass sich die Prüfungen einzelner Bundesländer in einzelnen Clustern häufen, dass sich also die Zugehörigkeit der Fälle zu den rechnerisch ermittelten acht Clustern und die Zugehörigkeit zum Bundesland, indem die Prüfung gestellt wurde, in großen Teilen decken.

Diese Beobachtung lässt sich auch mit Hilfe der Analyse der Verteilung der Häufigkeiten untermauern. Die Verteilung der Häufigkeiten der Bundesländer in den ermittelten Clustern ist in Tabelle 4.7 dargestellt. Zu den Clustern 1 und 2 mit einer sehr hohen Anzahl an Operatoraufgaben und einer mittleren Anzahl an Materialien gehören nur Prüfungen aus Bayern.

In Cluster 3 mit allen Fällen mit einer hohen Anzahl an Operatoraufgaben bei einer hohen Anzahl an Materialien finden sich dann sowohl Fälle aus Bayern als auch Fälle aus Baden-Württemberg. Die Fälle aus Hessen fallen überwiegend in Cluster 5, indem alle Fälle mit wenigen Operatoraufgaben und einer mittleren Anzahl an Materialien zusammengefasst sind. In Cluster 7 (Anzahl der Operatoraufgaben und Anzahl der Materialien niedrig) fallen fast alle Prüfungen Niedersachsens. Die Prüfungen aus Nordrhein-Westfalen fallen dann überwiegend in Cluster 6 (und Cluster 5): wenige Operatoraufgaben bei einer hohen (und mittleren) Anzahl an Materialien. In Cluster 8, dass nur 6 Fälle umfasst, die alle aus Nordrhein-Westfalen stammen, steigert es sich dann auf eine sehr hohe Anzahl an Materialien bei wenigen Aufgaben.

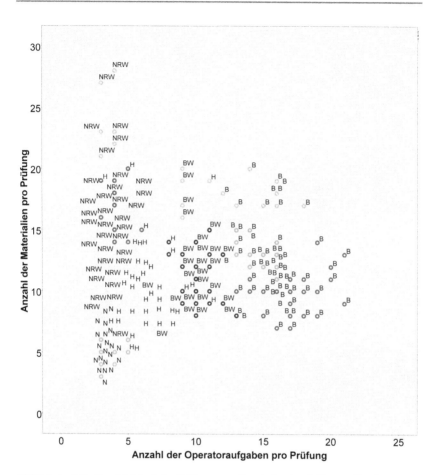

Abbildung 4.3 Zugehörigkeit der Prüfungen zu Bundesland und Cluster. (Quelle: Eigene Erhebung)

Tabelle 4.7 Zugehörigkeit der Prüfungen der Bundesländer zu den acht ermittelten Clustern. (Quelle: Eigene Erhebung)

		Bundesland									
		BW		B		H		N		NRW	
		Anzahl	(%)	Anzahl	(%)	Anzahl	(%)	Anzahl	(%)	Anzahl	(%)
Cluster	1	0	0,0	28	42,4	0	0,0	0	0,0	0	0,0
	2	0	0,0	25	37,9	0	0,0	0	0,0	0	0,0
	3	4	15,4	10	15,2	1	2,4	0	0,0	0	0,0
	4	20	76,9	3	4,5	5	11,9	0	0,0	0	0,0
	5	2	7,7	0	0,0	27	64,3	5	17,9	13	31,0
	6	0	0,0	0	0,0	6	14,3	0	0,0	23	54,8
	7	0	0,0	0	0,0	3	7,1	23	82,1	0	0,0
	8	0	0,0	0	0,0	0	0,0	0	0,0	6	14,3

4.1.2.3 Vergleich der Prüfungen auf erhöhtem Anforderungsniveau

Im vorangegangenen Kapitel konnte gezeigt werden, dass einerseits zwischen den Prüfungskulturen der Bundesländer deutliche Unterschiede bestehen, andererseits der Grad der Standardisierung innerhalb der Bundesländer sehr hoch ist. Im nächsten Abschnitt soll nun über die dort gegebenen ersten Hinweise zu den Spezifika der Prüfungskultur der Bundesländer hinaus ein Überblick über die bundesländerspezifischen Ausprägungen einer größeren Anzahl an Variablen gegeben werden. Zusätzlich veranschaulichen Beispiele aus Prüfungen die Besonderheiten der einzelnen Bundesländer. Alle Beispiele sind öffentlich verfügbar.

Da die Kontingenzanalysen im vorangegangenen Kapitel bei allgemeiner Betrachtung der Daten belastbar (χ^2-Test durchweg hoch signifikant) war, konnte dort auf eine Differenzierung zwischen Prüfungen auf grundlegendem und erhöhtem Anforderungsniveau verzichtet werden. Die Darstellung der unterschiedlichen Geographie-Prüfungen in den einzelnen Bundesländern ist nun aber nicht auf übergeordneter Ebene sinnvoll. Da nur Prüfungen auf erhöhtem Anforderungsniveau in allen Bundesländern vorkommen (vgl. Abschnitt 3.2.1.1 zur Stichprobe), werden im Folgenden diese Ergebnisse wiedergegeben. Einschränkend ist allerdings nochmals drauf hinzuweisen, dass die Prüfungen auf erhöhtem Anforderungsniveau in Bayern ab 2012 abgeschafft worden sind, sich die Angaben zu den bayerischen Prüfungen in den folgenden Tabellen also nur auf den Zeitraum 2009 bis 2011 erstrecken. Wegen der besseren Darstellbarkeit in den Ergebnistabellen wird in diesem Kapitel überwiegend ganzzahlig gerundet. Damit die Bundesländer besser miteinander verglichen werden können, werden die Angaben in den Ergebnistabellen in diesem Kapitel in Prozent angegeben.

In Tabelle 4.8 wird die Datengrundlage der folgenden Analysen dargestellt.

Tabelle 4.8 Datengrundlage des Bundesländervergleichs der Prüfungen auf erhöhtem Anforderungsniveau im Überblick (jeweils Anzahl der Fälle). (Quelle: Eigene Erhebung)

	BW	B	H	N	NRW	Gesamt
Prüfungen	26	18	21	14	21	100
Klausuraufgaben	26	12	21	14	21	94
Operatoraufgaben	95	94	133	47	80	449
Materialien	117	89	261	80	381	928

Die formale Struktur
Schon ein Blick auf die formale Struktur der Leistungskurs-Prüfungen zeigt,
dass die Bundesländer hier ihre eigenen Wege gehen. Tabelle 4.9 zeigt eine
Übersicht über die allgemeinen Merkmale der Leistungskurs-Prüfungen der fünf
Bundesländer.

Die Prüfungen in *Baden-Württemberg* zeichnen sich durch eine vergleichs-
weise kurze Bearbeitungszeit, bis einschließlich 2015 eine gewisse Auswahlmöglichkeit (eine Klausuraufgabe kann verworfen werden) und ab 2015 eine
Auswahlmöglichkeit aus zwei Klausurvorschlägen, aus. Die Anzahl der Operatoraufgaben pro Prüfung ist eher niedrig, wobei die Umstellung der Prüfungen im
Jahr 2015 die hohe Anzahl der Operatoraufgaben in den Jahren 2009–2014 ver-
wischt und zu einer hohen Standardabweichung führt. Die Anzahl der Materialien
liegt im Mittelfeld. Verschiedene Hilfsmittel sind zugelassen. Eine Gewichtungshilfe zur Einschätzung der Erwartungen an den Umfang der Bearbeitung ist
angegeben.

Die Bearbeitungszeit in *Bayern* ist ebenso kurz wie in Baden-Württemberg,
die Auswahlmöglichkeit recht groß. Als Folge der zwei zu bearbeitenden Klausuraufgaben samt Materialienapparat müssen viele Operatoraufgaben bearbeitet
werden, auch die Anzahl der Materialien ist groß. Als Hilfsmittel sind Atlas und
Taschenrechner zulässig. Eine Gewichtungshilfe ist angegeben.

Bei einer mittleren Bearbeitungszeit ist die Auswahlmöglichkeit in *Hessen*
groß. Die Anzahl der Operatoraufgaben pro Prüfung ist hoch, wobei diese
stärker schwankt. Die Anzahl der Materialien ist ähnlich hoch wie in baden-
württembergischen Prüfungen, allerdings schwankt auch diese stärker. Als Hilfsmittel sind Atlas und Duden erlaubt, ab 2011 auch eine Liste der fachspezifischen
Operatoren.

Die Prüfungen in *Niedersachsen* dauern am längsten. Eine von zwei Klausuraufgaben muss bearbeitet werden, die jeweils wenige Operatoraufgaben
umfassen. Die durchschnittliche Anzahl der Materialien im Materialienset ist
im Vergleich die niedrigste. Zugelassene Hilfsmittel sind Atlas, Taschenrechner
und teilweise ein Duden (von 2012–2014). Auf den Aufgabenblättern ist keine
Gewichtungshilfe abgedruckt.

Die *nordrhein-westfälischen* Prüfungen zeichnen sich durch eine mittlere
Bearbeitungszeit und eine große Auswahlmöglichkeit aus. Die durchschnittliche
Anzahl an zu bearbeitenden Operatoraufgaben ist konstant niedrig (Standardabweichung 0,35), die Anzahl der Materialien ist (mit einigen Schwankungen) sehr
hoch. Atlas, Duden und Taschenrechner dienen als Hilfsmittel. Eine Gewichtungshilfe ist angegeben.

Tabelle 4.9 Allgemeine Merkmale der schriftlichen Prüfungen auf erhöhtem Anforderungsniveau (2009–2015[1]). (Quelle: Eigene Erhebung)

Merkmal	EPA	BW	B	H	N	NRW
Bearbeitungszeit (incl. Auswahl- und Vorbereitungszeit)	300	270	270	285	320	285
Möglichkeit der Auswahl von Klausuraufgaben	Keine Angaben	ja: 3 aus 4 (ab 2015: 1 aus 2)	ja: 2 aus 4	ja: 1 aus 3	ja: 1 aus 2	ja: 1 aus 3
Durchschnittliche Anzahl der Operatoraufgaben pro Prüfung (n = 100)	3,5 (einmal 3, einmal 4)	3,62 (SD = 1,02)	7,93 (SD = 1,28)	6,05 (SD = 1,87)	3,18 (SD = 0,39)	3,86 (SD = 0,35)
Durchschnittliche Anzahl der Materialien pro Prüfung (n = 100)	7 (einmal 9, einmal 5)	12,19 (SD = 2,98)	14,83 (SD = 1,37)	12,43 (SD = 3,59)	5,71 (SD = 1,49)	18,19 (SD = 4,47)
Hilfsmittel	Atlas	Atlas, Duden, Taschenrechner, Millimeterpapier (ab 2011)	Atlas, Taschenrechner	Atlas, Duden, Operatorenliste (ab 2011)	Atlas, Duden (2012–2014), Taschenrechner	Atlas, Duden, Taschenrechner
Gewichtungshilfe	nein	ja	ja	ja	nein	ja

[1] Bayern 2009–2011.

Die thematische Struktur

Der folgende Abschnitt beleuchtet die thematische Struktur der schriftlichen Abiturprüfungen der ausgewählten Bundesländer, die in Tabelle 4.10 zusammenfassend dargestellt ist.

Die Pflicht (bis 2014), drei Klausuraufgaben zu bearbeiten, führt in *Baden-Württemberg* dazu, dass somit in diesen Jahren auch mehrere Themen ausgewählt und bearbeitet werden müssen. Schon auf der Ebene der einzelnen Klausuraufgaben kommen häufig mehrere Themen vor (46 % der Klausuraufgaben, darunter auch die beiden Fälle aus 2015), so auch in einer Klausuraufgabe aus dem Jahr 2011, deren Einleitung dies offenlegt: „Die Region Südostasien ist gekennzeichnet durch eine kleinräumige Differenzierung der klimatischen Verhältnisse. Gleichzeitig wird in dieser Region die Ambivalenz des Globalisierungsprozesses für die Menschen deutlich spürbar." (2011: II). Die Anzahl der Themen pro Prüfung ist demgemäß sehr hoch. Alle Arten an Raumbezügen kommen auf der Ebene der Klausuraufgaben vor (ein Raumbeispiel, mehrere Raumbeispiele, Raumvergleich, überwiegend allgemeingeographisch-thematisch und Kombination aus allgemeingeographischen und thematischen Anteilen) und treten dann in den Prüfungen je nach getroffener Auswahl an Klausuraufgaben kombiniert auf. Beide Prüfungen im Jahr 2015 hatten ein Raumbeispiel. Die Klausuraufgaben werden in der Regel durch einen kurzen Einleitungstext kontextualisiert wie beispielsweise (2012: III): „Galicien im Nordwesten Spaniens gilt als wirtschaftlich schwach entwickelte Region ‚am Ende der Welt' (Kap Finisterre). Trotzdem ist in dieser Region der Global Player Inditex aus der Textilbranche angesiedelt, der unter anderem durch die Marke Zara bekannt ist.". Betrachtet man die in den Operatoraufgaben angesprochenen Themenbereiche der Geographie wird die große Bedeutung der physischen Geographie im baden-württembergischen Zentralabitur deutlich. Die Aufgaben nehmen in der Regel keine globale Perspektive ein.

In den untersuchten *bayerischen* Prüfungen kommen stets mehrere Themen pro Prüfung vor. Da dies bereits für die ganz große Mehrheit der Klausuraufgaben gilt (11 von 12) und jeweils zwei Klausuraufgaben bearbeitet werden müssen, sind also im Regelfall mindestens vier Themen Prüfungsgegenstand.

Ein ähnliches Bild zeichnet sich bei den Raumbezügen: Schon auf der Ebene der Klausuraufgaben kommen überwiegend (10 von 12) mehrere Raumbeispiele vor, sodass dies verschärft für die Prüfungen als Ganzes gilt. So ist eine Klausuraufgabe (2010: I)– von denen *zwei* bearbeitet werden müssen – im Jahr 2010 mit der Überschrift „Südeuropa" überschrieben und behandelt dann als Räume und zugehörige Themen: Jahresniederschläge in Italien und Landwirtschaft in der

Tabelle 4.10 Thematische Struktur der schriftlichen Prüfungen auf erhöhtem Anforderungsniveau (2009–2015[2]). (Quelle: Eigene Erhebung)

Merkmal	BW	B	H	N	NRW	EPA
Zentrierung der Prüfungen (n = 100)	mehrere Themen	mehrere Themen	ein Thema	ein Thema	ein Thema	ein Thema
Raumbezug der Prüfungen (n = 100)	mehrere Raumbeispiele, divers	mehrere Raumbeispiele	ein Raumbeispiel oder raumübergreifend vergleichend	ein Raumbeispiel	ein Raumbeispiel	ein Raumbeispiel
Dominierende Kontextualisierung der Klausuraufgaben (n = 94)	Einleitungstext	Raum	allg. Überschrift	Frage	allg. Überschrift	Frage, allg. Überschrift
Häufigste drei Themenbereiche der Operatoraufgaben (n = 449) und Anteil dieser an den gesamten Operatoraufgaben	Klima- und Hydrogeographie (36 %), Wirtschaft (33 %), Geomorphologie (18 %) →86 %	Klima- und Hydrogeographie (33 %), Wirtschaft (21 %), ländlicher Raum/Agrargeographie (18 %) →72 %	Stadtgeographie (20 %), ländlicher Raum/Agrargeographie (20 %), Wirtschaft (19 %) → 59 %	Wirtschaft (51 %), ländlicher Raum/Agrargeographie (21 %), Stadtgeographie (15 %) →88 %	Stadtgeographie (26 %), Wirtschaft (23 %), ländlicher Raum/Agrargeographie (15 %) → 64 %	keine repräsentativen Themen
Globale Beziehungen, globale Vernetzungen, Globalisierung thematisiert (n = 449)	nein (91 %)	nein (98 %)	nein (88 %)	nein (72 %)	nein (85 %)	keine repräsentativen Themen

[2] Bayern 2009–2011.

Po-Ebene, Ökolandbau in Andalusien, Umweltmanagement in Varese Ligure (Italien), EU-Agrarpolitik und Baumwollanbau in Südeuropa, Standortverlagerung in der Automobilindustrie von Norditalien nach Polen. Bei den häufigsten drei Themen liegt mit der Klima- und Hydrogeographie ein Themenbereich der physischen Geographie an der Spitze. Globale Beziehungen, globale Vernetzungen, Globalisierung spielen keine große Rolle.

In den *hessischen* Prüfungen müssen die Prüflinge ein Thema anhand eines Raumbeispiels (43 %) oder eines raumübergreifenden Vergleichs (33 %) bearbeiten. Es dominieren anthropogeographische Themenfelder. Die Prüfungen werden in der Regel durch eine allgemeine Überschrift eingebettet. Eine globale Perspektive wird selten eingenommen.

In *Niedersachsen* und *Nordrhein-Westfalen* bestehen die Prüfungen aus einem Thema, das anhand eines Raumbeispiels bearbeitet werden muss. In beiden Bundesländern werden die Prüfungen durch eine Frage oder eine allgemeine Überschrift („Niedersachsen – ein attraktiver Wirtschaftsstandort?" in der Klausuraufgabe 2011: I in Niedersachsen) oder auch eine allgemeine Überschrift („Strukturen und Prozesse in Metropolen von Schwellenländern – Das Beispiel Rio de Janeiro" in der Klausuraufgabe 2014: A in NRW) eingeleitet, in Niedersachsen häufiger durch eine Frage, in Nordrhein-Westfalen häufiger durch eine allgemeine Überschrift. Die Operatoraufgaben sind überwiegend anthropogeographischen Themenbereichen zuzuordnen. In beiden Ländern werden immer wieder globale Bezüge aufgegriffen, so in der Aufgabe „2. Erläutern Sie, weshalb sich deutsche Unternehmen im Boom Belt der USA niederlassen." (Klausuraufgabe 2011: I).

Die Aufgabenstruktur
Die Struktur der Aufgaben in den fünf Bundesländern ist ähnlich, unterscheidet sich aber in einigen wesentlichen Punkten (vgl. Tabelle 4.12 und Tabelle 4.13).

Tabelle 4.11 Beispiele für alternative Antwortformate am Beispiel baden-württembergischer Operatoraufgaben

Antwortformat	Jahr	Wortlaut der Operatoraufgabe
Zuordnungsaufgabe	2012	„Der Water Poverty Index (WPI) beschreibt die Wassersituation eines Landes und setzt sich aus fünf Parametern (I-V) zusammen (M2) [Netzdiagramm: Water Poverty Index (WPI) der Länder A, B und C]. Der beste Wert pro Parameter ist 20, so dass der Maximalwert des WPI bei 100 liegt Ordnen Sie den WPI von Land A, B, und C (M2) den Ländern Norwegen, Vereinigte Arabische Emirate und Mali unter Berücksichtigung von jeweils zwei Parametern begründet zu."
Kurztext/Stichpunkte	2011	„1.a) Benennen Sie die in M1 [Blockbild: Steilküste in der Normandie nördlich von Le Havre] mit den Buchstaben a-f gekennzeichneten Oberflächenformen."
(verbalisierte) Rechnung	2009	„2. b) Arbeiten Sie rechnerisch mit Hilfe der Daten in M2 [Schematisches W–O-Profil durch die Rocky Mountains] und M3 [Diagramm Taupunktkurve] die Temperatur des in Calgary ankommenden Luftpakets heraus."
Schema	2014	„Stellen Sie ausgehend von M 1[Mehrdimensionale Zahlentabelle: Ausgewählte Strukturdaten von Katar, Kenia und Deutschland] und M 2 [Text: „Land Grabbing" im Tana-Delta] die möglichen ökonomischen, ökologischen und sozialen Folgen des „Land- Grabbing" für Kenia in einem Wirkungsgefüge dar."
Profilskizze	2015	„2.b) Das Thermoisoplethendiagramm von Dhaka lässt Temperaturänderungen innerhalb kurzer Zeit erkennen (M 3) Erstellen Sie eine kommentierte Profilskizze entlang der Schnittlinien A-B und C-D (die beiden Temperaturkurven sind in ein Diagramm zu zeichnen mit dem Maßstab 1 cm $\triangleq$ 2°C). Erklären Sie anschließend ausgehend von M 2 [Klimadiagramm von Dhaka, Bangladesch] die Unterschiede im Verlauf der beiden Temperaturkurven."

(Fortsetzung)

Tabelle 4.11 (Fortsetzung)

Antwortformat	Jahr	Wortlaut der Operatoraufgabe
Diagramm	2009	„1. a) Erstellen Sie anhand von M1 [Mehrdimensionale Zahlentabelle: Ökonomische Daten zum fiktiven Handymodell „X"] ein Diagramm, das sowohl die Entwicklung der Gesamtkosten als auch die Entwicklung des Umsatzes für das fiktive Handymodell „X" erfasst b) Erläutern Sie für das fiktive Handymodell „X" die Phasen des Produktlebenszyklus."

In *Baden-Württemberg* bauen die Teilaufgaben einer Prüfung nicht aufeinander auf, besonders deutlich wird dies natürlich in den Jahren bis 2014, in denen drei Klausuraufgaben, in welchen sich die Aufgaben auch schon jeweils ergänzen, ohne aufeinander aufzubauen, mit unterschiedlichen Themen bearbeitet werden müssen. Die Schüler_innen müssen überwiegend Texte verfassen, aber auch andere Antwortformate (vgl. Tabelle 4.11) werden gefordert.

Es wird explizit darauf hingewiesen, welches Material bei welcher Aufgabe herangezogen werden soll. Die drei häufigsten Operatoren kommen nur in einem Drittel der Operatoraufgaben vor, die Standardisierung ist hier also nicht so stark ausgeprägt wie in anderen Bundesländern. Die Einbettung von Aufgaben mithilfe einer Einleitung kommt häufig vor (vgl. Beispiel für eine Zuordnungsaufgabe in Tabelle 4.11). Wie in den anderen Bundesländern werden die Operatoraufgaben nicht näher erläutert. Genauso durchgängig ist der wie in den anderen Bundesländern fehlende Lebensweltbezug.

Die Teilaufgaben in den *bayerischen* schriftlichen Geographieprüfungen sind sowohl auf Klausuraufgaben- als auch auf Prüfungsebene unabhängig beantwortbar und ergänzen sich nur lose, Zwischenüberschriften dienen dabei als Orientierung. Als Beispiel sei hier der Fall angenommen, dass eine Schülerin sich im Jahr 2009 für die ersten beiden Klausuraufgaben als Prüfung entschieden hat. Sie bearbeitet daraufhin bei der Klausuraufgabe I zum Thema „Spanien" zum Thema „Naturraum und Geoökologie" zwei Operatoraufgaben, zum Thema „Asturien – Wirtschaftliche Entwicklung" zwei Operatoraufgaben und „Einwanderungsland Spanien" drei Operatoraufgaben sowie in der Klausuraufgabe II zum Thema „Zentralasien und die Schwarzmeerregion" zwei Operatoraufgaben zum Thema „Naturraum", drei zum Thema „Ressourcen" und vier zum Thema „Wirtschaft der Ukraine". Das Antwortformat ist in den drei hier betrachteten

Jahrgängen mit einer Ausnahme (Zeichen eines Profils) der Aufsatz. Eine Besonderheit der Prüfungen in Bayern sind die vielen Aufgaben ohne Bezug zum Materialienapparat wie: „Schätzungen gehen davon aus, dass etwa ein Fünftel der 14 Mio. Einwohner Ecuadors als Arbeitsmigranten im Ausland lebt, insbesondere in Spanien. Bewerten Sie die Auswirkungen dieser Migration auf die wirtschaftliche Entwicklung des Heimatlandes.", 2009: III) oder „Der in Norditаlien ansässige Automobilkonzern Fiat lagert einen großen Teil seiner Produktion aus den süditalienischen Werken ins südliche Polen aus. Erläutern Sie mögliche Gründe für diese Unternehmensentscheidung.", 2010: I). Die drei häufigsten Operatoren kommen in der Hälfte der Operatoraufgaben vor. Die Aufgaben sind – hier eine Parallele zu Baden-Württemberg – häufig in eine Kontextualisierung eingebettet, wie es die beiden gerade genannten Aufgabenbeispiele zeigen.

Die Teilaufgaben in den Prüfungen in *Hessen, Niedersachsen und Nordrhein-Westfalen* ergänzen sich und beziehen sich aufeinander. Insbesondere die dem Anforderungsbereich II zuzuordnenden Aufgaben bauen auf Ergebnissen der vorangehenden Aufgaben auf: „Nehmen Sie kritisch Stellung zu Chancen und Risiken dieser Entwicklung." (NRW, 2003: HT1). In Hessen kommt ebenso wie in Bayern einmal als Antwortformat ein Profil vor, sonst ist das gängige Format der Aufsatz. Unterschiede gibt es beim Materialbezug, der in Hessen oft explizit ist, in den anderen beiden Ländern implizit. Beim Blick auf die häufigsten Operatoren wird der besonders hohe Grad der Standardisierung in Nordrhein-Westfalen deutlich. Eine Besonderheit ist die große Bedeutung des Operators „lokalisieren". Dieser ist in der Regel der Operator der ersten Operatoraufgabe und wird sowohl in Kombination mit einer folgenden vor allem physisch-geographischen Aufgabe („Lokalisieren Sie Norilsk und kennzeichnen Sie die in der Region Norilsk gegebenen naturgeographischen Voraussetzungen für eine industrielle Entwicklung."; 2015: HT1) als auch bei einer anthropogeographischen Aufgabe („Lokalisieren Sie Bremen und kennzeichnen Sie die Entwicklung von Hafen, Stadt und Umland."; 2015: HT2) als auch bei einer Mensch-Umwelt-Aufgabe („Lokalisieren Sie den Galapagos-Archipel und kennzeichnen Sie das touristische Potenzial."; 2012: HT2) eingesetzt. In allen drei Bundesländern werden Operatoraufgaben in der Regel nicht eingebettet, in den niedersächsischen Prüfungen sind dennoch die Fälle, in denen zu einer Aussage kritisch Stellung genommen werden soll, interessant: „‚Technologieparks sind der Garant für wirtschaftliche Entwicklung.' Nehmen Sie ausgehend von den Beispielen Karlsruhe und Zhangjiang Stellung zu dieser These." (2010: HT2).

Tabelle 4.12 Struktur der Aufgaben in schriftlichen Prüfungen auf erhöhtem Anforderungsniveau Baden-Württemberg, Bayern, Hessen 2009–2015[3]. (Quelle: Eigene Erhebung)

Merkmal	BW	B	H
Verknüpfung der Aufgaben	unabhängig	unabhängig	aufbauend
Antwortformat (n = 449)	Aufsatz: 85 % *außerdem:* Zuordnungsaufgaben, Kurztext/Stichpunkte, (verbalisierte) Rechnung, Schema, Profil, Diagramm	Aufsatz: 99 % *außerdem:* einmal Profil	Aufsatz: 99 % *außerdem:* einmal Profil
Expliziter, impliziter, kein Materialbezug der Operatoraufgaben (n = 449)	82 % 8 % 10 %	64 % 9 % 28 %	76 % 22 % 2 %
Häufigste drei Operatoren und Anteil dieser an den gesamten Operatoraufgaben (n = 449)	erläutern: 13 % erklären: 11 % charakterisieren 11 % →34 %	erläutern: 23 % sonst. Operator: 15 % begründen: 12 % →50 %	beschreiben: 18 % vergleichen: 11 % erläutern: 9 % →38 %
Einbettung der Operatoraufgaben (n = 449)	überwiegend nein: 59 %	überwiegend ja: 54 %	selten: 91 %
Erläuterung der Operatoraufgaben (n = 449)	2 %	3 %	1 %
Lebensweltbezug (n = 449)	nein	nein	nein

---

[3] Bayern 2009–2011.

Tabelle 4.13 Struktur der Aufgaben in schriftlichen Prüfungen auf erhöhtem Anforderungsniveau Niedersachsen und Nordrhein-Westfalen 2009–2015, Einheitliche Prüfungsanforderungen in der Abiturprüfung der KMK. (Quelle: Eigene Erhebung)

Merkmal	N	NRW	EPA
Verknüpfung der Aufgaben	aufbauend	aufbauend	aufbauend
Antwortformat (n = 449)	nur Aufsatz	nur Aufsatz	Aufsatz
Expliziter, impliziter, kein Materialbezug der Operatoraufgaben (n = 449)	2 % 96 % 2 %	0 % 100 % 0 %	impliziter oder keiner (dann Atlas)
Häufigste drei Operatoren und Anteil dieser an den gesamten Operatoraufgaben (n = 449)	erläutern: 17,0 % charakterisieren: 17 % beschreiben: 15 % →49 %	erläutern: 25 % lokalisieren: 23 % kennzeichnen: 20 % →68 %	darstellen, beschreiben, erläutern (2x), analysieren, beurteilen, Stellung nehmen
Einbettung der Operatoraufgaben (n = 449)	selten: 85 %	nein	nein
Erläuterung der Operatoraufgaben (n = 449)	nein	nein	nein
Lebensweltbezug (n = 449)	nein	nein	nein

Die Materialien

Die in den schriftlichen Geographieprüfungen der Bundesländer eingesetzten Materialiensets unterscheiden sich im Detail deutlich (vgl. Tabelle 4.14, Tabelle 4.15 und Tabelle 4.16).

Die Materialien werden in den *baden-württembergischen* Aufgaben explizit den jeweiligen Aufgaben zugeordnet, in deren Kontext sie ausgewertet werden sollen. Ebenso wie in den anderen Bundesländern kommen gelegentlich Hilfen beim Material vor. Materialkritik wird mit einer Ausnahme („Beurteilen Sie anhand der gezeigten Verteilung der Messstationen die Aussagekraft einer derartigen Klimakarte.", 2010: I) nicht gefordert. Bei den Themen der Materialien ist der Themenbereich Klima/Wetter am häufigsten vertreten. Diagramme und Zahlentabellen machen mehr als die Hälfte (56 %) der Materialien aus. Aus den in Tabelle 4.13 dargestellten Eigenschaften der eingesetzten Materialien ist besonders die herausragende Bedeutung der Zeitungsartikel(-auszüge) bei den Texten und der Klimadiagramme bei der Gruppe der Diagramme hervorzuheben. Eine Besonderheit bei den Karten ist, dass der Maßstab oft nicht angegeben ist beziehungsweise nicht ermittelt werden kann.

Auch in *Bayern* (vgl. Tabelle 4.13) ist den Prüflingen auf den ersten Blick ersichtlich, welches Material bei welcher Aufgabe berücksichtigt werden soll. Einige Materialien werden durch Hilfen ergänzt (z. B. Hinweis zur Umrechnung von Barrel in Liter). In zwei Fällen wird eine Kritik am Material gefordert: einmal an einem Text und einmal an einem Diagramm. Das häufigste Thema von Materialien ist wie in Baden-Württemberg Klima/Wetter. Diagramme und Zahlentabellen machen den Großteil der Materialien aus (zusammen 70 %). Karten machen demgegenüber nur 12 % aus und hier dominieren quantitative Karten. So kann insgesamt die Ausrichtung der Materialien auf Zahlen festgestellt werden. Zu den vier häufigsten Materialarten gehören in Bayern grafische Medien wie Modell oder Zeichnung. Zu den Besonderheiten der Materialien zählt, dass bei den 4 Texten keine Quellen angegeben sind.

In *Hessen* (vgl. Tabelle 4.14) erfolgt – mit Ausnahme der schriftlichen Prüfungen im Jahr 2010 – eine explizite Zuordnung der Materialien zu einzelnen Aufgaben. In keinem Fall wird explizit eine Kritik am Material gefordert. Die häufigsten drei Themen der Materialien sind allesamt anthropogeographisch. Texte bilden mit 28 % die häufigste Materialart. So gehören beispielsweise in einer Klausuraufgabe (2012: A) drei Fließtexte und eine Auflistung an Stichpunkten zum Materialienapparat, sodass im Rahmen dieser Prüfung Texte mit einer Länge von insgesamt über 1500 Wörter bzw. 11.000 Zeichen (inklusive Leerzeichen) gelesen und einbezogen werden müssen. In einer Klausuraufgabe (2011: B) besteht der Materialienapparat neben einem Kommentar und zwei Zahlentabellen sogar aus 11 Texten. Dabei sind Texte oft unspezifische (Internet-)Texte, deren Einordnung und Beurteilung durch die Zitation ohne Autor_in erschwert wird. Karten bilden die zweithäufigste Materialgruppe (24 %). Es handelt sich oft um komplexe Karten und/oder quantitative Karten.

In *niedersächsischen* Aufgaben (vgl. Tabelle 4.14) werden die Materialien, so wie es auch die Vereinbarungen auf KMK-Ebene vorgeben, nicht explizit den Aufgaben, bei deren Bearbeitung sie berücksichtigt werden sollen, zugeordnet. Wie in Hessen spielen physisch-geographische Themen wie das in Baden-Württemberg und Bayern so häufig auftretende Thema Klima/Wetter bei den Materialien keine Rolle. Ein Drittel der Materialien sind Texte, die in der Regel Fließtexte und in der Hälfte der Fälle Klausurartefakte sind. Kein Materialienset kommt ohne Text aus. Als Beispiel mit einem hohen Anteil an Texten sei die Klausuraufgabe II 2010 angeführt, bei dem die Materialien zur Hälfte aus Texten (und zur anderen Hälfte aus Karten) bestehen: einem längeren Klausurartefakt, und zwei längeren Auszügen aus einem wissenschaftlichen Text. Bei den Karten, die das zweithäufigste Material sind, fällt der im Vergleich zu den anderen Bundesländern höhere Anteil der dynamischen Karten auf.

In *Nordrhein-Westfalen* (vgl. Tabelle 4.15) werden die Materialien nicht explizit einzelnen Operatoraufgaben zugeordnet, die Schüler_innen müssen diese Zuordnung selbst vornehmen. Die Sortierung der Materialien dient zwar durchaus als Orientierung, dennoch ist eine größere Zuordnungsleistung zu erbringen als in anderen Bundesländern, da im Durchschnitt 18 Materialien pro Prüfung (vgl. Tabelle 4.9) ausgewertet und zugeordnet werden müssen. Hilfen beim Material kommen vor. Materialkritik wird nicht gefordert. Bei den häufigsten Themen der Materialien fällt im Vergleich zu den anderen Bundesländern die besondere Bedeutung der Verkehrs- und Tourismusgeographie auf. Die vier dominierenden Materialarten Diagramm, Karte, Text und Zahlentabelle kommen nahezu gleichhäufig vor. Eine Besonderheit stellen die über eine einfache Hilfe hinausgehenden Erläuterungen in Form von Kommentaren dar (14 %), die im wortwörtlich Kleingedruckten weitere Sachinformationen liefern. Ein Beispiel ist ein Kreisdiagramm (2012: HT2), das die Verteilung der Einnahmen aus dem Galapagos-Tourismus 2006 zeigt: als zusätzliche Information wird angegeben, dass zu dem Tourismus vor- bzw. nachgelagerten Wirtschaftsbereichen „z. B. öffentliche und soziale Dienstleistungen, Banken, Telekommunikation, Handel, Landwirtschaft" zählen (= Hilfe), aber auch, dass von den 33 % der Einnahmen, die auf die Tourismuseinrichtungen fallen, „rund 60 % an Hotelschiffbesitzer, die im Ausland bzw. auf dem ecuadorianischen Festland leben" fließen (= Kommentar). Zudem gehören zu einem nummerierten Material oft mehrere Materialien (oft auch unterschiedlicher Materialart). Meist folgen diese aufeinander und ließen sich auch getrennt erheben, in 3 % der Fälle sind diese allerdings so zu Materialkombinationen verwoben, dass eine getrennte Erfassung aller Einzelmaterialien nicht sinnvoll ist. Bei den eingesetzten Karten fällt die im Vergleich zu anderen Bundesländern geringere Bedeutung der Kartogramme auf. Karten werden oft als Kartenserien von zwei oder mehr Karten zu unterschiedlichen Zeitschnitten angeordnet. Es dominieren mittlere Maßstäbe. Der Anteil der Karten ohne angegebenen bzw. bestimmbaren Maßstab ist eher niedrig. 10 % der Karten sind dynamische Karten.

Bei den Texten dominieren Stichpunkttexte, die oft aus verschiedenen Quellen zusammengestellt wurden, ohne dass im Detail nachvollziehbar wäre, welche Information aus welcher Quelle stammt.Die häufigste Diagrammart ist komplex: mehrschichtige Säulendiagramme. Der Anteil mit Zahlentabellen mit mehr als zwei Dimensionen ist im Vergleich der Bundesländer unterdurchschnittlich. Zu den seltenen vorkommenden grafischen Medien (4 % der Materialien) gehören Luftbild, Schema, Modell, Foto und Profil.

Tabelle 4.14 Struktur der Materialien in Prüfungen auf erhöhtem Anforderungsniveau Baden-Württemberg 2009–2015 und Bayern 2009–2011. (Quelle: Eigene Erhebung)

Merkmal	BW	B
Explizite Zuordnung der Materialien zu Aufgaben	ja	ja
Hilfen beim Material (n = 928)	14 %	23 %
Materialkritik (n = 928)	1 %	15 %
Häufigste drei Themen der Materialien (Mehrfachantworten) (n = 928)	Klima/Wetter: 32 % Wirtschaft allg.: 18 % Bergbau/Energie/Industr.: 10 %	Klima/Wetter: 27 % Bev./Mobilität/Soziales: 18 % Hydrologie: 11 %)
Häufigste Materialarten (n = 928)	Diagramm: 30 % Zahlentabelle: 26 % Karte: 17 % Text: 15 %	Diagramm: 48 % Zahlentabelle: 21 % Karte: 12 % grafisches Medium: 9 %
Häufigste drei Kartenarten (n = 183)	analytische Karte: 60 % komplexe Karte: 35 % Kartogramm: 5 %	analytische Karte: 73 % komplexe Karte: 18 %, Sonst. Karte: 9 %
Anteil an Karten, die zu Kartenserien gehören (n = 183)	25 %	9 %

(Fortsetzung)

Tabelle 4.14   (Fortsetzung)

Merkmal	BW	B
Häufigster Kartenmaßstab (n = 183)	klein (>1: 5 Mio. – 1: 30 Mio)	klein (>1: 5 Mio. – 1: 30 Mio.)
Maßstab nicht angegeben/bestimmbar (n = 183)	30 %	27 %
Anteil der dynamischen Karten (n = 183)	15 %	0 %
Anteil der quantitativen Karten (n = 183)	20 %	46 %
Häufigste 3 Textquellen (jeweils ggf. Auszug) (n = 187)	Klausurartefakt: 37 % Zeitungsartikel: 21 % unspezif. (Internet-)Quelle: 21 %	ohne Quellenangabe: 100 %
Häufigste Textart (n = 187)	Fließtext: 79 %	Fließtext: 100 %
Häufigste Diagrammart (n = 227)	Klimadiagramm: 34 %	einfaches Säulendiagr.: 33 %
Anteil der Zahlentabellen mit mehr als zwei Dimensionen (n = 181)	78 %	89 %
Art der verwendeten grafischen Medien (n = 55)	Zeichnung, Modell, Schema, Blockbild, Profil	Modell, Zeichnung

Tabelle 4.15   Struktur der Materialien in Prüfungen auf erhöhtem Anforderungsniveau Hessen und Niedersachsen 2009–2015. (Quelle: Eigene Erhebung)

Merkmal	H	N
Explizite Zuordnung der Materialien zu Aufgaben	ja *Ausnahme:* 2010	nein
Hilfen beim Material (n = 928)	12 %	18 %
Materialkritik (n = 928)	0 %	5 %

(Fortsetzung)

Tabelle 4.15 (Fortsetzung)

Merkmal	H	N
Häufigste drei Themen der Materialien (Mehrfachantworten) (n = 928)	Bev./Mobilität/Soziales: 25 % Siedlungsg./Raumordn.: 22,2 % Wirtschaft allg.: 13,8 %	Wirtschaft allg.: 44 % Siedlungsg./Raumordn.: 21 % Bev./Mobilität/Soziales: 16 %
Häufigste Materialarten (n = 928)	Text: 28 % Karte: 24 % Diagramm: 17 % Zahlentabelle: 16 %	Text: 33 % Karte: 25 % Zahlentabelle: 24 % Diagramm: 11 %
Häufigste drei Kartenarten (n = 183)	komplexe Karte: 47 % analytische Karte: 31 % Kartogramm: 16 %	komplexe Karte: 50 % analytische Karte: 35 % Kartogramm: 15 %
Anteil an Karten, die zu Kartenserien gehören (n = 183)	18 %	20 %
Häufigster Kartenmaßstab (n = 183)	mittel (>1: 75 Tsd. – 1: 5 Mio.)	mittel (>1: 75 Tsd. – 1: 5 Mio)
Maßstab nicht angegeben/bestimmbar (n = 183)	8 %	5 %
Anteil der dynamischen Karten (n = 183)	8 %	15 %
Anteil der quantitativen Karten (n = 183)	36 %	26 %
Häufigste 3 Textquellen (jeweils ggf. Auszug) (n = 187)	unspezif. (Intern.-)Quelle: 48 % Zeitungsartikel: 16 % wissenschaftlicher Text: 15 %	Klausurartefakt: 50 % Quellentext/unspezif. (Intern.-) Quelle/wissenschaftl. Text: je 15 %)
Häufigste Textart (n = 187)	Fließtext: 95 %	Fließtext: 84 %
Häufigste Diagrammart (n = 227)	Klimadiagramm: 27 %	einfaches Balkendiagramm: 44 %
Anteil der Zahlentabellen mit mehr als zwei Dimensionen (n = 181)	81 %	58 %
Art der verwendeten grafischen Medien (n = 55)	Profil, Foto, Modell, Schema, Zeichnung, Luftbild, Satellitenbild	Schema, Karikatur

Tabelle 4.16 Struktur der Materialien in Prüfungen auf erhöhtem Anforderungsniveau Nordrhein-Westfalen 2009–2015 und Einheitliche Prüfungsanforderungen in der Abiturprüfung der KMK. (Quelle: Eigene Erhebung)

Merkmal	NRW	EPA
Explizite Zuordnung der Materialien zu Aufgaben	nein	nein
Hilfen beim Material (n = 928)	17 %	teilweise
Materialkritik (n = 928)	0 %	nein
Häufigste drei Themen der Materialien (Mehrfachantworten) (n = 928)	Bev./Mobilität/Soziales: 21 % Siedlungsg./Raumordn.: 19 % Verkehr und Tourismus:16 %	entfällt
Häufigste Materialarten (n = 928)	Diagramm: 25 % Karte:18 % Text: 16 % Zahlentabelle: 19 %	Diagramme: 6 Texte: 3 thematische Karten: 2 Zahlent., Modell, sonst. Mat.: 1
Häufigste drei Kartenarten (n = 183)	komplexe Karte: 54 % analytische Karte: 39 % Kartogr./ phys. Atlask: je 3 %	entfällt
Anteil an Karten, die zu Kartenserien gehören (n = 183)	33 %	entfällt
Häufigster Kartenmaßstab (n = 183)	Mittel (> 1: 75 Tsd. – 1: 5 Mio.)	entfällt
Maßstab nicht angegeben/bestimmbar (n = 183)	14 %	entfällt
Anteil der dynamischen Karten (n = 183)	10 %	entfällt
Anteil der quantitativen Karten (n = 183)	13 %	entfällt

(Fortsetzung)

Tabelle 4.16 (Fortsetzung)

Merkmal	NRW	EPA
Häufigste 3 Textquellen (jeweils ggf. Auszug) (n = 187)	Klausurartefakt: 89 % Quellentext: 6 % unspezif. (Internet-)Quelle: 3 %	Klausurartefakte: 2 wissenschaftlicher Text: 1
Häufigste Textart (n = 187)	Stichpunkte: 82 %)	Stichpunkte: 2 (kurzer) Fließtext: 1
Häufigste Diagrammart (n = 227)	mehrschichtiges Säulendiagramm: 31 %	entfällt
Anteil der Zahlentabellen mit mehr als zwei Dimensionen (n = 181)	55 %	entfällt
Art der verwendeten grafischen Medien (n = 55)	Luftbild, Schema, Modell, Foto, Profil	Modell

4.1.3 Grenzen der Studie

Die offenkundigsten Limitationen der Studie sind, dass nicht alle Bundesländer mit Zentralabitur im Fach Geographie erfasst wurden und dass kein Vergleich zu dezentralen Prüfungen gezogen wurde. Außerdem wurde eine begrenzte Zeitspanne herausgegriffen. Außerdem konnten Entwicklungen nicht erfasst werden. Auch wenn die quantitative Aufgabenanalyse keine Momentaufnahme, sondern eine Zeitspanne von sieben Jahren abdeckt – aufgrund der geringen Fallzahlen pro Jahr und Bundesland müsste eine wesentlich längere Zeitspanne in den Blick genommen werden, um Längsschnittanalysen zu ermöglichen. Es kann sogar vermutet werden, dass diese generell nicht möglich sind. So wurde in Baden-Württemberg nur der erste Jahrgang nach der grundsätzlichen Umstellung des Prüfungsformats auf weniger kleinschrittige Aufgabenstellungen erfasst, aber diese mit allen vorhergehenden Prüfungsjahrgängen „in einen Topf" geworfen.

Die Analyse der erhobenen Daten unterlag aufgrund des niedrigen Skalenniveaus fast aller Variablen Beschränkungen. Zwar wurde bei der Konzeption der Studie erwogen, auch Variablen mit quasi-metrischer Ordinalskala zu erfassen (zum Beispiel der Komplexität von Materialien oder bezogen auf die Berücksichtigung von einzelnen Kompetenzen). Diese Idee musste jedoch trotz möglichst enger Definitionen der Merkmalsausprägungen aufgrund der Erfassungsungenauigkeit nach dem Testen des Erhebungsinstruments verworfen werden. Es wäre spannend gewesen, weitere Clusteranalysen durchführen zu können, um über Kontingenzanalysen hinaus die bundesländerspezifische Standardisierung nachzuweisen.

Trotz der zahlreichen erhobenen Variablen verbleibt zum Schluss der Eindruck, die Prüfungsaufgaben nicht in all ihren Charakteristika abgebildet zu haben. So wurden die spezifischen Prüfungsinhalte nur grob erfasst, außerdem konnte die Komplexität und letztlich der Schwierigkeitsgrad der Aufgaben nicht erfasst werden. So mussten Fragen wie, ob Leistungskursklausuren schwieriger sind als Grundkursklausuren, unbeantwortet bleiben. Es wurde zwar zunächst erwogen, auch die Beurteilungsbögen, die im Grunde als Musterlösung fungieren, in die Bewertung einzubeziehen. Aufgrund der Forschungslage zur Diskrepanz von Aufgaben und Erwartungshorizonten und später auch aufgrund der in der Interviewstudie geäußerten Kritik an den Erwartungshorizonten, wurde dieser Gedanke aber nicht weiterverfolgt.

Insgesamt machen die Ergebnisse der Kontingenzanalysen neugierig, wie groß die Unterschiede *im Detail* sind. Als Beispiel kann hier die Rolle von Texten im Materialienapparat herangezogen werden. Durch die Charakterisierung über die Eigenschaften Fließtext/Stichpunkte und Textart (vom Quellentext bis zum Klausurartefakt) konnten deutliche Unterschiede der Aufgabenkulturen der Bundesländer herausgearbeitet werden. Nun wäre es spannend gewesen, sich die Texte bezogen auf weitere Merkmale wie Länge oder Fachsprachlichkeit erneut anzusehen. Aufgrund der Entscheidung, eine größere Zeitspanne und fünf Bundesländer in die Studie aufzunehmen, schnellte aber die Anzahl der Materialien derart in die Höhe, dass dies ohne weitere Forschungsmittel und Zeit nicht umsetzbar war.

4.2 Das Handeln von Geographielehrer_innen angesichts des Zentralabiturs

In diesem Kapitel sollen die nachgelagerten Untersuchungsfragen aus dem dritten Block beantwortet werden: Wie beschreiben Geographielehrer_innen die Situation angesichts des Zentralabiturs und seiner Aufgabenkultur? Wie beschreiben und begründen sie ihr eigenes Handeln? Inwiefern lassen sich die Ergebnisse systematisieren?

Unabhängig davon, ob es zentral oder dezentral organisiert ist – der Kreislauf des in Abschnitt 2.2.1.1 vorgestellten heuristischen Modells der diagnostischen Urteilsbildung ist beim Abitur unterbrochen. Auf die Prüfung kann kein unmittelbares pädagogisches beziehungsweise didaktisches Handeln mehr folgen, da die

Schulzeit der Schüler_innen dann beendet ist. Das Zentralabitur hat auf dieser Ebene also nur eine reine Selektionsfunktion.

Darüber hinaus hat das Zentralabitur im Rahmen der Reprogrammierung eine Evaluationsfunktion zugewiesen bekommen, die in den Interviews aber nicht erwähnt wird. In Abschnitt 2.2.3.2 wurde ausgeführt, dass keine Haupt*funktion* der Evaluation durch das Zentralabitur ersichtlich ist. Die Interviewstudie deutet allerdings darauf hin, dass die Haupt*wirkung* auf Lehrende, das Erzeugen von Druck zwecks Disziplinierung sein könnte.

Von Seiten der Bildungspolitik wird davon ausgegangen, dass das Zentralabitur als Instrument der Schulentwicklung auch von Lehrer_innen dafür genutzt wird, evidenzbasierte Entscheidungen zu treffen. Die Ergebnisse der Interviewstudie deuten darauf hin, dass die interviewten Geographielehrer_innen eine Ausrichtung auf Unterrichtsinhalte und auf das Zentralabiturprüfungsformat ableiten. Diese Wirkung scheint vornehmlich auf die Ungewissheit, was geprüft werden wird, und auf das spezifische, standardisierte Prüfungsformat zurückzuführen zu sein. Damit hat das Zentralabitur, dessen Standardisierung auf der Ebene der Bundesländer in Abschnitt 4.1 festgestellt werden konnte, wiederum selbst eine standardisierende Wirkung auf den Geographieunterricht. Außerdem deuten die Ergebnisse der Interviewstudie darauf hin, dass die Reprogrammierung der Lehrpläne in Richtung Kompetenzorientierung durch die Steuerungswirkung des Zentralabiturs nicht in vollem Umfang wirksam werden kann.

Das Ausmaß der Steuerungswirkung des Zentralabiturs kann wegen des qualitativen methodischen Vorgehens nicht abgeschätzt werden. Allerdings ermöglicht dieses Vorgehen, dass die Bandbreite der Steuerungseffekte aufgedeckt werden kann. Festgestellt werden können außerdem weitere Bedingungsfaktoren, die sich zusätzlich auf das gestaltende Handeln von Geographielehrer_innen beziehungsweise dessen Intensität und Frequenz auswirken. Diese können die Wirkung des Zentralabiturs verstärken, aber auch stark abschwächen, sodass eine Spannweite von der gestaltungsarmen Routine bis zu einem über den eigenen Unterricht hinausgehenden gestaltenden Handeln festgestellt werden kann.

Zunächst wird im Abschnitt 4.2.1 die Bandbreite an Aussagen in den Interviews der Studie zum Zusammenspiel von Zentralabitur, Unterricht und unterrichtlichen Klausuren vorgestellt, bevor im Abschnitt 4.2.2 eine Typologie der aktualen Gestaltung angesichts des Zentralabiturs entwickelt und anhand von typischen Fällen illustriert wird. Da die Häufigkeit von Nennungen im Rahmen der qualitativen Methodik unerheblich ist und über 1200 Codings vorliegen, werden in diesem Kapitel nur ausgewählte Belege und Zitate angeführt, die die Bandbreite der Ergebnisse anschaulich demonstrieren sollen.

4.2.1   Das Zusammenspiel von Zentralabitur, Unterricht und unterrichtlichen Klausuren aus Sicht von Geographielehrer_innen und die Rolle von Akteur_innen

In diesem Kapitel wird zunächst die Sicht der Geographielehrer_innen im Sample auf das Zentralabitur beschrieben, bevor in den darauffolgenden Teilkapiteln der Steuerungswirkung des Zentralabiturs auf den Geographieunterricht sowie auf die Geographieklausuren im Unterricht nachgegangen wird. Dabei wird der Versuch unternommen, die Bandbreite der Ergebnisse möglichst wiederzugeben. Da ausschließlich die Sicht der interviewten Lehrkräfte wertungsfrei wiedergegeben wird, schließt die Darstellung entgegengesetzte und widersprüchliche Aussagen mit ein.

4.2.1.1   Das Zentralabitur aus Sicht von Geographielehrer_innen

In den Interviews äußern sich die Geographielehrer_innen – auch im Vergleich zu anderen Prüfungsformaten – dazu, inwiefern das Zentralabitur standardisiert ist. Es werden außerdem Vorschläge zu seiner Veränderung oder zu grundsätzlicheren Reformen des Prüfungswesens gemacht. Es wird deutlich, dass die von Befürwortern zentraler Abschlussprüfungen erhofften Wirkungen wie Transparenz der Leistungsanforderungen und die Sicherung der Vergleichbarkeit von Schulabschlüssen zumindest in Frage gestellt werden müssen (vgl. Abschnitt 2.2.4.2). Das Kapitel gliedert sich in drei Abschnitte, die die Standardisierung des Zentralabiturs, dessen Eigenschaften als Prüfung und die Beurteilung der von den Schüler_innen im Zentralabitur erbrachten Leistungen thematisieren sowie in zwei Abschnitte, die die in Interviews geäußerte Detailkritik von Operatoraufgaben und Materialien zusammenfassen.

Die Standardisierung des Zentralabiturs im Fach Geographie
In den Interviews wird die Standardisierung des Zentralabiturs thematisiert. Im Zentralabitur gebe es ein „starres Aufgabenkonzept", die Aufgaben seien „immer noch sehr stur und auch eintönig" (19.XXXIV, 19.16, 76 und 36), es wird der „korsettartige Charakter" der Abituraufgaben (8.III, 8.48, 454) thematisiert. Im gleichen sprachlichen Duktus werden Überlegungen angestellt, wie man die Formate „aufweichen" könne (19.XXXIV, 19.16, 54). Als Beispiel werden die Operatoren und die damit verbundenen Leistungserwartungen genannt (19.XXII, 19.26, 78). Als Lehrer_in sei man bei der Bewertung der Zentralabiturklausuren aufgrund der Vorgaben machtlos:

„Wenn ich da jetzt in meinem Unterricht einen Schwerpunkt draufgelegt habe, die aber vom Ausschuss sagen: Nein, interessiert uns aber nicht. Dann kann ich das nicht bepunkten, das sage ich den Schülern auch, dass ich da keine Macht habe. Aber wenn die sich nicht klar ausdrücken, dann interpretiere ich auch ein bisschen." (16.XXIX, 16.67, 92).

Wie „strikt" die Vorgaben für das Zentralabitur selbst seien, falle auf, wenn man als Lehrer_in aufgefordert sei, einen Vorschlag für eine Zentralabitur-Klausuraufgabe einzureichen (19.XXXI, 19.40, 140–146).

Das dezentrale mündliche Abitur wird kontrastierend in die Argumentation eingebunden. Hier gebe es trotz der Vorgaben „viel mehr Freiheit" als im schriftlichen Zentralabitur, weshalb man es „viel lieber" möge (19.XXXVI, 19.42, 152). Man könne jedem zum mündlichen Abitur raten, aber nicht jedem zum schriftlichen (13.XXIV, 13.26, 184).

Die mündlichen Prüfungen seien viel persönlicher (19.XXXVI, 19.42, 152) und man könne auf die Prüfungssituation eingehen:

„Ja, ich finde zum Beispiel mündliche Prüfungen auch immer spannend, weil [wenn] eine mündliche Prüfung im Endeffekt viel besser den Leistungsstand eines Schülers vermittelt als eine schriftliche Klausur.

I: Warum?

B: Weil ich Gedankengänge des Schülers in dem Moment, also ich kann sehen, wie er sich einem Prozess nähert, ich kann seiner logischen Strukturierung folgen und Darstellung spielt für mich auch ein Stück weit da mit rein. […]" (19.XXXIV, 19.16, 42)

Es gebe vielfältigere Gestaltungsmöglichkeiten:

„B: […] Also ich finde Geographie als mündliches Prüfungsfach eine ganz tolle Sache, weil da kann man zum Teil viel, viel mehr machen, was jetzt diese andere /

I: Als im Schriftlichen.

B: Als im Schriftlichen, ja. Also da kann ich tatsächlich was mitbringen oder mal einen Stein hinlegen oder wirklich einen Schüler mal was erklären lassen, wie er das denn jetzt machen würde und kann aber nachfragen, was ich im Schriftlichen ja nicht kann, und über das Nachfragen kriege ich dann schon relativ gut raus, wie stark ist die Kompetenz ausgeprägt, wie reflektiert steht der hinter der Sache?" (3.XI, 3.40, 258–260)

Dies gelte zum Beispiel für kreativere Aufgabenformate, zum Beispiel mit dem Operator „entwickeln Sie", die sich mehr für mündliche als für schriftliche Prüfungen eigneten, da sie schwer zu bewerten seien, insbesondere wenn man nicht nachfragen könne und die Schüler_innen nicht erkennen könnten, wieweit sie ins Detail gehen müssten (15.XX, 15.24, 147–149). Außerdem könne man die mündlichen Prüfungen an den Themen des Unterrichts und den unterrichtlichen Klausuren ausrichten (13.IX, 13.25, 164; 19.XXXVI, 19.42, 152).

Mündliche Prüfungen bereiteten hinsichtlich der Lebenslauforientierung von Schule zudem „authentischer auf das, was ihn oder sie danach erwartet" vor (19.XXXIV, 19.17, 42).

Es werden Ideen zur Veränderung geäußert. So wird der Vergleich zur Fremdsprache Englisch gezogen, bei der man die Prüfungsformate „massiv geändert" habe und mündliche Prüfungen nun obligatorisch seien (19.XXVI, 19.49, 36). Darüber hinausgehend wird in einem Gruppen-Interview die Spannbreite der Prüfungsmöglichkeiten von „Stadt-Land-Fluss" bis zu echtem Handeln diskutiert (8.I, 8.5 3, 478–488).

> „B2: Es gibt noch andere Formen von Prüfungen. Also ich hatte […] jahrelang Hochbegabte zu fördern und da haben wir nachmittags so ein Enrichment gemacht. Es gab da für die neben dem normalen Unterricht halt noch einmal zweimal die Woche nachmittags was und die haben nie Prüfungen bei uns gehabt, aber sie mussten dann, wenn sie in der Hochschule zusammengearbeitet haben, mussten sie auch in Vorträgen dann über einem Auditorium, dass sie nicht kannten, erwachsene Menschen, oft Eltern, aber darüber hinaus auch noch andere Hochschulangehörige. Mussten sie dann halbe Stunde lang über ihr Thema sprechen. Das ist erst recht Prüfung. Ob das jetzt im Naturkundemuseum war über Pollenanalyse, oder ob das jetzt über architektonische Elemente waren, astronomische Sachen.
>
> B1: Da kommt genau der Aspekt wieder herein. Sobald ich über ein Thema sprechen kann habe ich die Vertiefung.
>
> B2: Und da waren die völlig frei in der Themenwahl. Wurden von uns nur administrativ begleitet sagt man, dass alles da war, Material, Mittel und dann haben sie ein Zertifikat bekommen, aber das war keine Note. Das ist eine ganz andere Art von Prüfung gewesen.
>
> […] Ja das ist ein authentischer Ernstcharakter. Der lässt sich eigentlich nicht mehr steigern." (8.I, 8.5 3, 479–485)

In einem Interview wird als Alternative zu einer Reform des schriftlichen Zentralabiturs das Einräumen von mehr Möglichkeiten, die Schüler_innen im Unterricht zu bewerten, vorgeschlagen (19.XXXVIII, 19.45, 154).

Zusammenfassend führt die Standardisierung des Zentralabiturs im Fach Geo-
graphie gemäß den verschiedenen Äußerungen zu weniger Handlungs- und
Einflussmöglichkeiten der Lehrer_innen. Dies spiegelt sich insbesondere im
Gegensatz zu den mündlichen Prüfungen wieder, die als freier und kreativer
in der Aufgabenkonzeption angesehen werden. Gleichzeitig gibt es Ideen zur
Reform des bestehenden Systems, sei hinsichtlich der Prüfungsformate oder der
Bewertung.

Das Zentralabitur im Fach Geographie als Prüfung
Es wird kritisiert, dass die Einführung des Zentralabiturs die Situation für die
Schüler_innen nicht verbessert hätte: „[…] ich glaube, es ist nicht wirklich für
die Schüler fairer geworden, denn die Unterschiede zwischen den Bundesländern
sind ja immer noch da. Die sind ja ziemlich groß. Wir müssen nur einmal über
den Rand gucken nach NRW." (15.XXI, 15.44, 252).

Geographie gilt als schriftliches Prüfungsfach als „schwierig", die Noten seien
„doch eher schlechter", weswegen es von den Schüler_innen kaum gewählt
werde, heißt es in einem anderen Fall (13.XXIX, 13.4, 33).

Als Gelingensbedingung für das Bestehen der Prüfung im Zentralabitur im
Fach Geographie wird ein gewisses Maß an Intelligenz, die Fähigkeit zu strukturieren und mit Materialien umzugehen sowie die Fähigkeit zu schreiben genannt
(18.XXV, 18.32, 610–617).

Es wird kritisiert, dass das Zentralabitur das Leistungsspektrum der Schü-
ler_innen nicht gut abbilde; es sei zu schwierig sehr gute Noten zu erzielen,
aber leicht, zu bestehen (18.XXV, 18.39, 212 und 18.32, 523–554). Zwei
Interviewpassagen verdeutlichen dies:

> „Es ist relativ einfach bei den Zentralabi-Aufgaben auf 4, 5 Punkte zu kommen. Also
> die Basis ist da, die ist leicht. Es wird sehr schwer in die hohen Punktzahlen zu kom-
> men, weil oft sehr wenig klar ist oder transparent für die Schüler, was wird eigentlich
> genau noch erwartet. Ich habe ja alles geliefert. Aber wo verliere ich die Punkte Nr.
> 13, 14, 15? Das haben wir inzwischen öfter, dass gute Schüler irritiert sind und sagen:
> Was hätte ich denn machen sollen?" (15.XXI, 15.11, 56)

> „Also es ist, ich sage mal, sehr gute Schüler, also wer Medizin studieren möchte,
> sollte nicht in Geographie Abitur, weil es halt zu schwierig ist, eine sehr gute Note
> zu bekommen. Also Eins, das ist, finde ich, nahezu unmöglich. Bei den sehr, sehr
> schlechten Schülern, die haben das Problem, also dass es ja in der Regel keine Schüler
> sind, die nur in Geographie sehr, sehr schlecht sind. Sondern halt wirklich irgendwo
> letztendlich das Abitur machen müssen und da kann man dann Geographie schon auch
> wieder empfehlen. Weil, wenn man lernt und so weiter, denke ich mal, eine Vier drin
> ist." (13.X, 13.34, 186)

Als Ursache wird eine fehlende Transparenz bezüglich der Leistungserwartungen angegeben, die in anderen Fächern gegeben sei (15.XXXIV, 15.47, 256–258). Die Vorabdefinition der Operatoren gaukle eine „Pseudo-Objektivität" vor (15.XXI, 15.10, 58).

Als problematisch wird angesehen, dass man „guten Leuten eigentlich vielleicht nicht die Chance gibt, die sie eigentlich haben, weil sie […] sprachlich schwach sind" (8.XXII, 8.52, 473–478) oder weil nicht ersichtlich sei, was als Leistung erwartet werde. Dies gelte sogar für die Lehrer_innen selbst:

> „Und ganz oft gehen wir Kollegen auch ran und sagen: Hier, versucht es einfach mal selber zu lösen. Wir nehmen die Schülerperspektive, wir kennen ja auch nicht mehr, versuchen es, legen dann unsere Lösung gegen den Erwartungshorizont und stellen fest: Oh, wir hätten aber auch gerade mal 6 Punkte geschafft. Und dann sagen wir: Wie bescheuert ist denn die Aufgabe oder Vorgabe? Oder was setzt man voraus, ohne [dass] wir es wussten. Also wir sind sehr unzufrieden […]." (15.XXI, 15.43, 252)

Der „extreme[n]" Zeitdruck im Abitur sei „total bescheuert" und führe dazu, dass die Noten der Schüler_innen „nicht so berauschend" seien (12.II, 12.30, 198; 12.XXII, 12.36, 230).

Andererseits wird in einem anderen Interview argumentiert, aufgrund seiner Standardisierung sei das Zentralabitur „kalkulierbar" und damit schülerfreundlich (19.XXXVI, 19.49, 40). Ein Interviewter moniert, das Zentralabitur prüfe zu wenig im Unterricht erworbenes Wissen ab, es gebe zu viele Materialien (18.XXV, 18.32, 635). Er wünsche sich mehr Wissensabfragen insbesondere bei „natürlichen Voraussetzungen" im ersten Klausurteil (18.XXVI, 18.34, 560).

In einem anderen Interview werden vielfältigere Raumbezüge gefordert: von allgemeingeographischen Aufgaben mit Raumbeispiel, über ein Raumbeispiel, Raumvergleiche bis zu einer globalen Perspektive (5.XII, 5.35, 182).

Zusammenfassend wird die Ambivalenz des Fachs Geographie im Zentralabitur deutlich: Einerseits wird das Zentralabitur als nicht fairer für die Schüler angesehen, da weiterhin Unterschiede zwischen den Bundesländern bestünden, das Notenspektrum nicht gut abgebildet werde und es einen überflüssigen Zeitdruck gebe, andererseits sei die Prüfung durch die Standardisierung für die Schüler_innen einfacher vorherzusehen. Kritik an Konzeption und Inhalt der Prüfungen gibt es aus verschiedenen Perspektiven.

Die Beurteilung der Leistungen

Es wird Kritik an den Erwartungshorizonten formuliert, etwa am Niveau der geforderten Leistung (zum Umgang mit Autorentexten: „im Erwartungshorizont steht die Nacherzählung. [...] Das ist für mich zu wenig Leistung." 15.IV, 15.8, 50–52).

Es gibt Zweifel daran, dass Spielräume, die die Erwartungshorizonte bieten, durchgängig genutzt werden. Besteht etwa die Möglichkeit, für alternative Lösungswege Zusatzpunkte zu vergeben, werde dies „relativ selten" genutzt: „Also ich habe bis jetzt wenig Abituraufgaben gesehen, wo Zusatzpunkte im Bogen vermerkt waren. Kann natürlich auch an den Schülern liegen, aber ((lacht)) /" 3.XVI, 3.14, 67).

Als Lehrer_in müsse man trotz der Korrekturvorgaben zum Beispiel bei alternativen Antwortformaten wie einem Wirkungsgefüge „dann halt eine Entscheidung treffen" (5.XVI, 5.32, 150–152), sie seien „schwer [...] gut zu stellen" und es sei „sehr schwer, sie sauber zu korrigieren" (5.XVI, 5.31, 150). In Baden-Württemberg, wo es alternative Antwortformate schon seit längerer Zeit gebe, habe man aber „nicht so große Probleme" (3.XVI, 3.9, 58). Durch das „atomisieren" der Lösungshinweise, das kleinschrittige Vorgeben der Leistungserwartungen versuche man, Unterschiede in der Bewertung zu verhindern:

> „Wie viel ist zum Beispiel das Zeichnerische wert und wie viel ist dann das Inhaltliche wert? Weil da klafft es ja dann auseinander, dass der eine Kollege sagt: ‚Ich lege total viel Wert auf das Profil und gebe da jetzt mal fünfzehn Punkte dafür.' Und das darf natürlich nicht passieren." (3.XVI, 3.9, 61)

Es wird von Spielräumen berichtet, die genutzt werden könnten, um Einfluss auf die Noten zu nehmen: „Das hängt dann immer davon ab, wie gut ist der Schnitt, wie schlecht ist der Schnitt, brauche ich noch so ein BE, dass ich dann nicht Qualität optimieren kann. Im Endeffekt" (10.V, 10.24, 102). Problematisch sei es, wenn die Schüler_innen durch Folgefehler Nachteile hätten, etwa wenn sie bei einem Klimadiagramm „die Skalen falsch angelegt haben" (11.XXXI, 11.43, 202).

Die Erwartungshorizonte ließen weite Spielräume zu, sodass Lehrer_innen „wohl auch unterschiedlich" vorgingen und es bei der Punktvergabe „ein ungeheures Spektrum" gebe (18.XXV, 18.19, 227–235). Davon zeugen auch widersprüchliche Aussagen aus Interviews zum Umgang mit Passagen, die Schüler_innen unter der falschen Teilaufgabe nennen würden.

Es wird in einem Interview angegeben, man dürfe in Bayern Punkte für Aussagen nur vergeben, wenn diese unter der richtigen Teilaufgabe getroffen würden (10.XVII, 10.27, 121–122). Dies wird aber in einem anderen Interview kritisiert, es gebe mehr Freiheiten bei der Korrektur:

„B: Also wir bekommen in Bayern einen Erwartungshorizontvorschlag, den viele
Kollegen 1:1 so hernehmen, leider. Man ist angehalten und versucht es auch so zu
machen, dass man natürlich seinen Unterricht berücksichtigt. […] dass zu einer Aufgabe immer mindestens zwei Teilaufgaben gehören und die Punktzahl für die gesamte
Aufgabe vergeben wird. Das heißt, man kann die Punkte dann ein bisschen hin- und
herschieben. Und da kann man natürlich dann relativ, ja, relativ viel, ein bisschen was
zumindest steuern." (13.XXV, 13.27, 198–200)

Ein anderer Interviewter fühlt sich hingegen auch bei der Korrektur von unterrichtlichen Klausuren eigentlich an eine strikte Korrekturpraxis gebunden. Da im
Zentralabitur Punkte nur vergeben werden könnten, wenn die richtigen Aussagen
bei der richtigen Aufgabe genannt würden:

„B1: Konsequenterweise dürfte man das eigentlich nicht werten, muss ich ganz ehrlich sagen. Weil es im Abitur ja auch nicht gewertet wird zum Beispiel.
Wenn man das sagt, es ist jetzt eine schöne Frage, die passt zwar zur 1.3, du hast
mir jetzt aber hingeschrieben, das ist 1.2, hast du halt leider gelitten, ja. Ich muss
bekennen, wenn er es irgendwie deutlich macht, dass er es verstanden hat, dass es
zweimal das gleiche ist, dann lasse ich zumindest einen Teil davon werten. Also wenn
er irgendwie schreibt: Habe ich ja oben schon einmal beantwortet oder irgendwie so
etwas /" (10.XVII, 10.27, 122–123)

Außerdem gebe es Missverständnisse und Unsicherheiten hinsichtlich der Korrektur, etwa wenn im Erwartungshorizont Beispiele genannt würden. Es handele
sich dabei nicht um strikte Erwartungen, sondern es seien auch alternative Antworten zulässig: „Ich glaube, viele Kollegen inklusive mir, denen war das nicht
so klar. Ich dachte, das wäre auch mehr als Vorgabe" (19.XXVII, 19.19, 70).
Unterschiedliche Vorgehensweisen bei der Korrektur können dazu führen, dass
Erst- und Zweitkorrektur zu stark unterschiedlichen Ergebnissen kommen:

„Ich hatte am Ende bei der Bewertung der Klausuren, hatte ich intern, im Haus intern
die Zweitkorrektur mit einem Kollegen, der Fachleiter auch ist und eine sehr viel
strengere Herangehensweise hat in der Klausurbewertung. Und da lagen wir schon
sehr weit auseinander, obwohl wir auch privat gut befreundet sind, […] Also die
Frage ist immer, wo ist meine Skalierung, da gibt es ja auch verschiedene Ansätze
und ich war vielleicht aufgrund der Tatsache eben neu, erstes Jahr, netter Kurs, gutes
Kursklima, zu positiv. Vielleicht war auch der andere Kollege zu strikt in der Umsetzung." (19.VI, 19.59, 78)

Veränderungen in der Aufgabenkultur, wie in Baden-Württemberg, bringen Veränderungen der Korrekturerfordernisse mit sich, die von Geographielehrer_innen
als Herausforderungen angesehen werden können. Deshalb sei die „Akzeptanz

von Kollegen", die aufgrund naturwissenschaftlicher statt geisteswissenschaftlicher Zweitfächer „holistisches Korrigieren" bei umfangreicheren Erörterungen nicht gewöhnt seien, ein Problem (3.XVI, 3.9, 44–45). Dies führe zu Reibungspunkten zwischen Erst-, Zweit- und Drittkorrektur (5.XVI, 5.33, 154–164).

> „Also ich glaube das ist ein Prozess, der wird wahrscheinlich noch Jahrzehnte dauern, bis wir so weit sind dann wirklich auch vom Schüler aus zu denken und den Schülerweg erst mal im Kopf nachzuvollziehen. Und dann haben wir halt immer den Spagat, wo wird es dann fachlich wirklich falsch, also wo macht man dann Stopp?" (3.XVI, 3.18, 79)

Trotz der Standardisierung des Prüfungsverfahrens gibt es also insgesamt nach Ansicht der interviewten Lehrer_innen weiterhin Unterschiede und Spielräume in der Beurteilung der Leistungen im Zentralabitur.

Die Aufgabenstellungen im Geographiezentralabitur im Detail: die Operatoraufgaben
Über Operatoren werde das Anforderungsniveau von Prüfungsaufgaben gesteuert (5.XII, 5.20, 104). Ein Interviewter aus Baden-Württemberg schätzt die Reform des Zentralabiturs hinsichtlich der Reduktion der zu bearbeitenden Teilaufgaben vor diesem Hintergrund positiv ein:

> „Ich persönlich halte das für eine gute Sache, weil wir natürlich den Schülern bei diesen größeren Aufgaben einfach mehr Zeit geben müssen, um was zu bearbeiten. Wir hatten früher so Sachen wie: ‚Erörtern Sie…', und es gab dann acht Verrechnungspunkte, und acht Verrechnungspunkte sind ungefähr 32 Minuten. Kein Mensch kann in 32 Minuten schriftlich irgendwas nur halbwegs sinnvoll erörtern. Also wir haben jetzt tatsächlich durch das neue Format die Möglichkeit, den Dreieroperatoren, also wo es um Reflexion geht, deutlich mehr Raum zu geben." (3.XIII, 3.8, 36)

Er wünscht sich, dass die Anzahl und Art der Aufgaben im Prüfungsvorschlag sich noch weiter verändert: nur noch zwei Teilaufgaben, „die sehr, sehr groß" sind, „dass dieses Systemische auch in der Prüfungsaufgabe abgefordert werden kann" (3.XIII, 3.8, 40).

Es wird thematisiert, dass die Operatoren vorhersehbar seien: „Und wenn eine Tourismusklausur kommt, weiß ich ganz genau, Aufgabe eins ist so und so gestrickt und Aufgabe drei ist immer eine Bewertung der zukünftigen Entwicklung" (19.XXXVI, 19.49, 40).

Operatoren bedürften einer Definition, sie gelten als „abstrakt" (6.XX, 6.34, 117) und „nicht […] ganz so griffig" (5.XXIV, 5.34, 166):

„Also, wenn ich mir dann diese Operatorenliste in Chemie und Geographie angucke, denke ich manchmal auch so, ok, wie sollen sie es dann wissen, also am besten müssten die wirklich jedes Fach neben dran liegen haben, um zu gucken, was wird denn da jetzt eigentlich, genau, das ist schon schwierig, das stimmt." (6.XX, 6.34, 119)

Es wird kritisiert, dass Operatoren eine „Pseudo-Objektivität" suggerierten und „Interpretationsspielraum" böten (15.XXI, 15.10, 58). Operatoren seien nicht immer allgemeinverständlich oder entsprächen nicht der „natürlichen Auslegung dieses Wortes" (5.XXIV, 5.34, 166–170), außerdem sollte der Operatorenkatalog den Prüfungsunterlagen beigelegt werden: „Ich frage mich, warum so ein Schüler auswendig lernt, was die Abituraufgabenkommission unter vergleichen versteht." (5.XXIV, 5.34, 170). Der Operatorenkatalog führe nicht dazu, dass die Aufgabenstellungen klar würden, dies gelte sowohl für Schüler_innen als auch für die Lehrer_innen selbst:

„Das merke ich eigentlich sehr häufig, dass die Schüler mit der Aufgabenstellung große Probleme haben. Trotz Operatoren und trotz dieser Vereinheitlichung, dass der Schüler halt nicht weiß, was will ich von ihm. Was will der Abituraufgabensteller von mir? Das ist auch schwierig, muss ich ehrlich zugeben." (10.II, 10.31, 160–161)

Als Beispiel wird der Operator „erörtern" genannt, der den Schüler_innen zwar aus dem Deutschunterricht der Mittelstufe bekannt sei und auch im Geographieunterricht intensiv geübt werde, ihnen aber dennoch Probleme bereiteten: „Und das ist unheimlich schwer für die Schüler zu sehen, was wird alles erwartet. Erörtern, okay, ja. Aber inhaltlich, worauf sollen sie Bezug nehmen, was sollen sie aus dem Vorwissen einbringen, was dürfen sie .../" (15.XXI, 15.10, 60; ähnlich 18.XXVII, 18.20, 269–271 sowie 16.IX, 16.48, 16). Auch gebe es Fälle, in denen der Lösungsvorschlag im Erwartungshorizont nicht zur Definition des Operators passe (15.IV, 15.8, 50–52). Es wird angeführt, dass die Operatoren bei der Korrektur der unterrichtlichen Klausuren wenig Beachtung fänden (16.IX, 16.48, 16) und dies bei gleicher Handhabung im Abitur zu Divergenzen mit dem Zweitkorrektor geführt habe und deswegen nun bei der Korrektur unterrichtlicher Klausuren die Definitionen stärker beachtet würden (19.XXXII, 19.26, 78). Die „Auslegung" von Operatoren sei auch Diskussionspunkt beim Entwickeln von Abituraufgaben in (5.XXIV, 5.34, 168) und Testen von Abituraufgaben für die Aufgabenkommission gewesen (19.XXVII, 19.19, 66):

„B: [...] Wenn Sie den Operator ,charakterisieren' hernehmen, da jetzt also ihn in seinen wesentlichen Merkmalen beschreiben, glaube ich, und dann steht dabei ,in

Grundzügen bestimmen', so irgendwie, ja. Ja, wenn ich Sie jetzt charakterisieren soll, würde ich Ihre Merkmale zusammenstellen, fertig.

I: Genau.

B: Fertig, da wäre ich aber zu Ende, da würde ich nicht nochmal mit irgendwas anderem anfangen, ja. Und da haben wir uns gestritten in der Abituraufgabenkommission, wenn ich das Klima charakterisieren soll, so die wesentlichen, Temperatur, Höchst/Mittelwert und Schwankungen, und so weiter, Niederschlagsverteilung und so, und jetzt muss ich zum Schluss nochmal angeben, dass das der Klimatyp xy ist, das wäre ja quasi dieser Grundzug der Charakterisierung.

I: Ah, okay.

B: Und da sage ich für mich eigentlich nein, aber es hat sich quasi als Mode so eingebürgert. […]" (5.XXIV, 5.34, 166–170)

Es wird auch Kritik an einzelnen Operatoren geäußert. Der Operator „zusammenfassen" sei im Fach Geographie im Gegensatz zu anderen Fächern wie den Sprachen zu undefiniert und fordere zu wenig Leistung (15.IV, 15.8, 50–52). Es sei den Schüler_innen „oft nicht klar", was beim Operator „erörtern" verlangt werde, außerdem steuere hier das Material, in welche Richtung die Argumentation gehe (18.XV, 18.42, 269). Der Operator „lokalisieren" sei unklar und erklärungsbedürftig, Schüler_innen, Referendar_innen und man selbst habe das Problem (gehabt) (18.XXIV, 18.31, 574–592). Der Operator „entwickel[n]" sei für schriftliche Prüfungen wenig geeignet, da er schwer bewertbar sei (s. u., 15.XX, 15.24, 147–149). Mit dem Operator „bewerten" erziehe man die Schüler_innen „zur Arroganz", da sie dann glaubten, „sie könnten wirklich was bewerten" (18.XXVI, 18.34, 560), dies sei „vermessen", auch Lehrer_innen könnten letztendlich nicht adäquat beurteilen, da sie keine „Propheten" seien (18.XXVI, 18.34, 592–600). Der Operator „Stellung nehmen" sei zu schwer und lasse die meisten Schüler_innen scheitern (15.XXI, 15.57, 141–145; ähnlich: 14.XIV, 14.14, 96–100: „dann – krrrrrrrg (macht Geräusch ‚Halsumdrehen' nach, lacht) – kriegt es keiner mehr raus"), es sei sogar vorgekommen, dass dies die Lehrkräfte betreffe:

„In einem Thema war die These, zu der man Stellung nehmen sollte, so verdreht und kompliziert, meine Kollegin, die den Parallelkurs hatte, hat die These nicht kapiert. Ihr ganzer Kurs hat die These nicht kapiert. […] Das ist lustig, aber auch bitter, weil manche Schüler, die 12/13 Punkte haben, da auf einmal mit 5 Punkten rausgehen. Da habe ich gesagt: Was soll das? Die Aussage in sich ist nicht klar." (15.XXI, 15.57, 143–145)

Da es in allen Unterrichtsfächern Operatorenlisten gibt, führt dies laut den Interviewten zu zweierlei Problematiken. Einerseits sei eine solche Liste ein „Kompromiss" mit „ein paar Lücken und Schwächen", auf den sich verschiedene Unterrichtsfächer hätten einigen müssen (5.XII, 5.20, 102). Andererseits sei es für die Schüler_innen problematisch, dass Operatoren je nach Fach andere Leistungen verlangten (15.XXI, 15.10, 58). Für die Lehrer_innen sei es wiederum problematisch, dass je nach Bundesland Operatoren anders definiert würden und damit Lehrmaterialien aus anderen Bundesländern nicht zu verwenden seien (15.XXI, 15.10, 58).

Es wird als sinnvoll erachtet, dass sich die Operatoren in Klausuren vom Anforderungsniveau von Aufgabe zu Aufgabe steigern (3.IX, 3.35, 141). Dies wird bei unterrichtlichen Klausuren ebenso gehandhabt (8.XVII, 8.21, 225), wobei es auch Ausnahmen gibt (Fehlen eines Operators aus dem Anforderungsbereich III, 3.IX, 3.35, 142).

In den Interviews werden nicht nur bestehende Operatoren thematisiert, sondern auch über neue Aufgabenformate nachgedacht:

> „Wobei ich es trotzdem für richtig hielte, dass das Abitur, ich habe noch keine klare Idee, aber dass das Abitur da mehr in die Richtung geht, also dass dieses Denken, dieses geographische Denken, das man bei Exkursionen lernt, dass das auch im Abitur ein bisschen mehr noch kommen müsste.

> I: Mehr Anwendungsbezug?

> B: Ja. Also mehr Fallbeispiele, mal rätselhafte Aufgaben, wo was enträtselt werden muss. Es geht ja jetzt schon in die Richtung, dass es einfach kompetenzorientierter und offener wird, aber diese Problemlösungsfähigkeit, dieses ,Ich erkenne etwas oder ich überprüfe etwas', das sollte noch mehr im Zentrum stehen, […]." (3.XIII, 3.44, 224–226).

Operatoren steuern außerdem auch, ob ein Fließtext oder auch *alternative Antwortformate* von den Schüler_innen verlangt werden. Unterschiedliche Antwortformate werden aus fachlicher Sicht als adäquat und sinnvoll angesehen, insbesondere Wirkungsgefüge bildeten die „Komplexität des geographischen Schaffens gut" ab (5.IV, 5.43, 149–150). Es sei „einer der wirklich innovativen Schritte" (in Baden-Württemberg) gewesen, eine Kompetenzorientierung des Zentralabiturs anzustreben, um auch eine Kompetenzorientierung des Unterrichts zu erreichen (3.VII, 3.13, 49). Dies ermöglichten alternative Antwortformate wie Wirkungsgefüge, Analysespinne, thematische Karte und kommentiertes Profil und deren Einbindung in eine weitergehende Argumentation (3.VII, 3.13, 49–50; 8.XIII, 8.33, 277–328).

Alternative Antwortformate seien auch der Proportionalität von Unterricht und Prüfung zuträglich:

> „I: Nein. Natürlich, aber weil Sie eben gesagt haben, man muss dann die verschiedenen Formate auch trainieren. Könnte das dann sein, dass man denkt, ach Gott, jetzt muss ich wieder die thematische Karte [behandeln] oder machen Sie das so?
>
> B: Also offen gestanden ist es so, wenn ich jetzt einmal an meine Aktion vom Donnerstag denke und an das Protokoll, das der Kurs dann entwickelt, ist es so, im Protokoll ist Text drin, sind, da gibt es eine ganze Arbeitsgruppe, die beschäftigen sich nur mit dem Erstellen von neuen Grafiken, die dann ins Protokoll kommen, da gibt es eine Arbeitsgruppe, die macht Bilder und bearbeitet sie aber, schreibt was rein oder sowas, also ich finde, also das ist mein persönliches Bild.
>
> Gerade die Vielfalt zum Beispiel auch in einer Klausur ist in Geographie etwas Schönes.
>
> Es bringt mir auch was. Weil ich dann bestimmte Aspekte aus allen möglichen Sichtwinkeln betrachte.
>
> Ich mache Ihnen ein Beispiel. Neulich bin ich mit einer Gruppe von Orthopäden durch Staufen bei Freiburg gefahren, mit dem Rennrad. Staufen bei Freiburg, der typische Schadensfall von Geothermie. Die haben nämlich durch den Gipskalk gebohrt. Das wussten sie, aber sie waren unvorsichtig. Die Häuser haben alle Risse, die meisten sind unbewohnbar. Haben mich die Orthopäden gefragt, alles gestandene Orthopäden, kannst du uns das mal erklären?
>
> Ja, das kann ich natürlich mit einem Fließtext über 17 Seiten machen, ich kann aber auch einfach ein Bild machen, es kommentieren und schreiben, guck einmal da und dann mache ich ein Profil, ein geologisches Profil, stratigrafisch und da steht dann halt da irgendwie, die Deckenböden liegen ziemlich weit unten, da hat man durchgebohrt und schon ist es erklärt.
>
> Also das ist meine ehrliche Überzeugung.
>
> Wir brauchen viel. Glücklicherweise ist es bei uns so, dass es auch angefordert wird.
>
> Darüber bin ich froh. Vieles muss ich nicht beschreiben, das ist vielleicht auch eine Qualität, wenn man das kann, ich weiß es nicht, muss ich auch Text schreiben, aber manches erklärt sich an einer Zeichnung eben viel schneller.
>
> Was ist denn ein Fußball? Erklären Sie mal jemanden einen Fußball. Ich würde sagen, wir zeichnen und gut. Entschuldigen Sie, dass ich da so abgleite, aber so ist es, also deswegen bin ich auch froh über diese Vielfalt." (2.XVII, 2.36, 142–150)

Ein Interviewter bedauert, dass es in seinem Bundesland bislang keine alternativen Antwortformate im Zentralabitur gebe (19.XXXVI, 19.49, 40). Ein anderer bedauert, dass diese seit der Umstellung auf G8 nicht mehr im Zentralabitur vorgekommen seien (9.VII, 9.34, 139). Es wird vorgeschlagen „kreativere Aufgabenformate" im Abitur einzusetzen (19.XXXVIII, 19.45, 154). Diese könne man als Wahlpflichtaufgaben etablieren:

> „In Englisch ist es ja zum Beispiel so, dass man die dritte Aufgabe in der Klausur zur Wahl hat, A oder B, man kann kreativ Tagebucheinträge schreiben. Das wäre ja auch eine Idee, sowas so aufzuweichen. […] Ich könnte ja auch sagen, schreibe eine Broschüre für den Reiseanbieter, in dem er den nachhaltigen Tourismus in (unverst.) bewirbt." (19.XXXIV, 19.16, 54–56)

Außerdem werden Methoden des Thinking-Through-Geography wie z. B. „lebendige Karte" (3.XIII, 3.47, 242), praktische Anteile wie im NWT-Unterricht (3.XIII, 3.17, 75), zeichnerische Antwortformate wie „Croquis" (Kartenentwürfe) (19.XXXVI, 19.49, 36), mehr Kausalzusammenhänge (zum Beispiel komplexe Kausaldiagramme) als Antwortformat (11.XXXVI, 11.44. 196) genannt.

Die Aufgabenstellungen im Geographiezentralabitur im Detail: die Materialien
Die Materialbasiertheit der Zentralbiturklausuraufgaben wird nicht grundsätzlich infrage gestellt (18.XXVI, 18.34, 595). Die Prüfung sei durch das standardisierte Prüfungsformat, zudem auch die Materialien gehörten, „kalkulierbar" (19.XXXIV, 19.16, 40). Aufgrund der Materialien sei die Prüfung „fair", da so mehr Anwendung und Transfer gefordert seien (1.VI, 1.13, 64–66). Eine Kompetenzorientierung sei – im Gegensatz zur Wissensabfrage – nur auf der Basis von Materialien möglich: „Also wir müssen dem Schüler schon was vorlegen, mit dem er arbeiten muss. Nur dann sehe ich ja die Kompetenz. Ansonsten wäre es ja reines Auswendiglernen und das halte ich für schwierig." (3.VII, 3.37, 156–157). Dazu gehöre es auch, als alternative Antwortformate von den Schüler_innen selbst erstellte Materialien in Folgeaufgaben verwenden zu lassen (8.XIII, 8.33, 302). Quellenauswertung sei ein „elementarer Bestandteil", eine „Kernkompetenz" der Geographie (19.XXV, 19.39, 134). Ein Interviewter berichtet, er habe sich aufgrund seiner Seminarleitertätigkeit mit Kompetenzen und Bildungsstandards beschäftigt und habe daraufhin die Materialorientierung verstärkt (9.I, 9.48, 30).

Neben „Faktenwissen" würden in Klausuren vor allem „Kartelesekompetenzen, Materialauswertungskompetenzen" abgeprüft (9.XIII, 9.26, 101). Zur Kompetenzorientierung von Prüfungsaufgaben gehöre es zukünftig auch, mehr Materialien im Materialapparat zur Verfügung zu stellen als zur Bearbeitung der Aufgaben dringend erforderlich: „dass dann der Schüler, um die Nadel auf den

Kopf zu treffen, auch die richtigen Materialien nimmt für seine Argumentationen"
(8.V, 8.35, 347). Geographie sei zwar ein „materiallastiges Fach", dies werde aber
befürwortet (3.VII, 3.37, 157).

Außerdem geböte es die Lebenslauforientierung, dass Schüler_innen den
Umgang mit unterschiedlichen Materialien beherrschten (3.II, 3.36, 149; 9.X,
9.13, 133; 14.XIII, 14.21, 129). Früher hätten Schüler_innen im Zentralabitur (in
Bayern) auch die Aussagekraft von Materialien bewerten müssen, dies gebe es
nun nicht mehr:

> „B: […] Das war ja vorher, früher so, dass in G9, auch im Leistungskurs auch mal Fra-
> gen gestellt wurden, dass Schüler ein Material bekommen haben und die Aussagekraft
> des Materials bewerten mussten. Das ist auch weg, gibt es nicht mehr.
>
> I: Kritischer Materialumgang.
>
> B: Ja. Gibt es nicht mehr in G8. Und was ja wieder diesen Kompetenzen widerspricht.
> Weil das, Materialkompetenz man ja sagt, taugt es was, kann ich später mal, wenn
> ich den Stern in die Hand nehme oder den Spiegel und da ist die Grafik drin, ist die
> überhaupt aussagekräftig, taugt die was. Wo ist denn die Basis, ja, fängt das bei 200
> an und geht bis 220 und dann ist es so überhöht. Und das ist aufgrund der Stofffülle,
> aufgrund der Zweistündigkeit jetzt nicht mehr leistbar. Und früher konnte man das
> noch machen. Dann habe ich immer (unverständlich) gesagt, taugt das was. Ihr könnt
> das auslesen, ist das objektiv, ist es... Und dann sagen die, nö, weil, weil, aber das war
> in G9. Das ist schade." (9.XVIII, 9.53, 139–141).

Neben der Bedeutung von Materialien für schriftliche Prüfungen wird auch die
Bedeutung für mündliche Prüfungen hervorgehoben: anhand von Materialien
könne man die Schüler_innen „provoziere[n]", sodass sich überprüfen lasse, wie
„tief" sie „in die Materie" „eingedrungen" seien (8.I, 8.37, 385–394; ähnlich;
9.X, 9.15, 74).

Der Materialumfang wird als zu umfangreich angesehen („Unmengen von
Material" 18.XXV, 18.32, 635; „finde ich auch diskussionswürdig […]. Das
kann man […] kritisch hinterfragen." 19.XXX, 19.29, 94; „riesen Materialfundus" 19.XXXV, 19.38, 126). Es sei nicht nur die Anzahl an durchnummerierten
Materialien zu hoch, sondern auch die Anzahl der unter einer Ziffer angeordneten
Teilmaterialien: „Es ist ja häufig so, dass dann eine Quelle ‚M 6 Ökonomische Eckdaten' heißt und dann ist es eine Seite mit ökonomischen Daten und
das ist dann ‚M 6'." (19.XXX, 19.29, 94). Andererseits wird mit Blick auf
die Kompetenzorientierung vorgeschlagen, Materialien in den Materialienapparat
aufzunehmen, die nicht (unbedingt) zur Aufgabenbearbeitung gebraucht werden
(8.XIX, 8.59, 347–349).

Schüler_innen könnten auf Grund der Materialbasiertheit der Abiturklausuren selbst mit „Wissenslücken" noch sehr gute Noten erzielen (1.VI, 1.13, 64–66). Vieles könne „einfach nur mit gesundem Menschverstand" beantwortet werden (11.XII, 11.65, 184; ähnlich: 9.V, 9.24, 105; 18.XXV, 18.19, 130–139 und 212; 19.XXXV, 19.38, 130). Dies komme den Schülern zugute, die im Gegensatz zu den Schülerinnen nicht so viel auswendiglernten (9.V, 9.24, 105). Daraus resultiert die Frage des Eigenanteils der Schüler_innen an der Leistung (5.III, 5.24, 122). Wer „logisch kombinieren kann" werde wegen der Materialgrundlage zum Zentralabitur ermutigt (11.XII, 11.65, 54). Außerdem könne der Atlas als „Spickzettel" hinzugezogen werden (11.XXXIV, 11.10, 54).

Andererseits wird angegeben, dass viele Schüler_innen Probleme mit der Materialauswertung hätten, insbesondere damit, die relevanten Informationen aus der Fülle an Informationen im Material herauszulesen (16.XXVIII, 16.60, 64; 19.XXXV, 19.38, 122–132). Dies gelte zum Beispiel für komplexe thematische Karten, Diagramme oder Modelle (9.XIII, 9.20, 85–93; 19.XXXV, 19.38, 122–132). Zweitens hätten die Schüler_innen Probleme damit, die Materialien in der Argumentation zu verknüpfen (9.XX, 9.20, 85–93; 14.XV, 14.16, 111; 16.XIX, 16.8, 28; 16.XXVIII, 16.60, 64; 18.XV, 18.18, 212–226). Dies wirke dies auf die Noten aus:

„Aber so in der Oberstufe in Geo bekommt man selten eine Eins, durch dieses Verknüpfen. Und im Abi ist es auch so, es gibt ganz wenig Einser. Im Mündlichen schon, aber im Schriftlichen fast gar nicht, weil es einfach ein Wust an Material ist." (11.XXXVI, 11.28, 132; ähnlich: 7.II, 7.2, 29; 16.XXVIII, 16.60, 61–66)

Deshalb werde nur stärkeren Schüler_innen zum schriftlichen Abitur geraten (9.XXIII, 9.3, 16–17). Schüler_innen werden zudem dazu angehalten, die Klausuraufgabe nicht nur nach Thema, sondern nach Durchsicht aller Materialien als Prüfungsaufgabe auszuwählen (18.XV, 18.18, 223).

Texte werden als Materialien hinterfragt:

„Die Arbeiten, die zentralen Arbeiten, haben ja sehr hohe Textanteile. […] Eben weil was Neues kommen muss und weil die Schüler garantiert nix dazu wissen. Das kann man nicht voraussetzen. Aber diese Textlastigkeit, die verschenkt sehr viel, die verschenkt sehr viel echt geografische Methoden. Textanalyse ist für mich kein geografischer Schwerpunkt und intentionale Texte und so was. Ich würde lieber mit Karten, Diagrammen, abstrakten Darstellungen arbeiten. Wir müssen aber immer mehr auf diese Textarbeit hingehen." (15.IV, 15.7, 42–44)

Kritisiert werden insbesondere Autorentexte als Material, die sprachlich zu einfach verfasst sind, Fakten auflisten und auf vielen Quellen basieren (15.IV, 15.7,
45–50). Auch in unterrichtlichen Klausuren wird „typisch geographisches Material" Texten vorgezogen (16.XXII. 16.22, 103). Erläuternde Texte würden die
Schüler_innen sogar verwirren (16.XXII, 16.22, 104), außerdem sei es vorgekommen, dass ein Text im Materialapparat von den Schüler_innen nicht verwendet
worden sei, da diese andere Materialarten Texten vorzögen (16.XXII, 16.22, 112).

Stichpunktartige Auflistungen von Entwicklungen entlang von Jahreszah-
len seien „als Quelle sehr schwer greifbar […] für Schüler, weil die dann
natürlich einen sehr umfassenden Überblick haben, aber gar nicht so genau wissen, was sie damit anfangen sollen", diese verlangten von den Schüler_innen
Materialauswertekompetenz (19.XXIII, 19.53, 104):

> „Na ja, aber häufig besteht ja eigentlich auch mehr oder weniger die Kunst darin,
> was viele nicht wissen, zum Beispiel M 7 Beschäftigte Audi. Da habe ich jetzt Daten
> von 94 bis 2007, das ist interessant, aber mich interessiert ja eigentlich nur die Ker-
> nentwicklung. Und das fällt auch vielen schwer, da die Prozesse daraus abzulesen."
> (19.XXXV, 19.38, 126)

Problematisch sei es, wenn es im Zentralabitur nur schwarz-weiß Kopien gebe
und dadurch die Möglichkeiten der Materialart (z. B. Satellitenbilder) oder der
Qualität (z. B. komplexe Karten) eingeschränkt werde (5.III, 5.24, 118–122).

Die Materiallastigkeit des Faches Geographie im Zentralabitur wird insgesamt ambivalent beurteilt: Positiv wird gesehen, dass der Umgang mit Material
elementares Element der Geographie sei, was sich im Abitur widerspiegele.
Problematisch sei dabei jedoch die geringe notwendige Eigenleistung aber
andererseits auch die Überforderung der Schüler_innen.

4.2.1.2 Unterricht angesichts des Zentralabiturs aus Sicht von Geographielehrer_innen

Von den im Abschnitt 2.2.4.2 angeführten negativen Folgen zentraler Prüfungen
auf Unterricht lassen sich zahlreiche auch in der durchgeführten Interviewstudie
nachweisen. Darunter unter anderem, dass der Fokus auf der Wissensvermittlung
liegt und dass es zu einer Engführung des Unterrichts kommt. In allen Interviews werden Teaching-to-the-Test-Strategien genannt. Erhoffte Vorteile wie das
Schaffen neuer Zeitressourcen und die Förderung überfachlicher Kompetenzen
werden in den Interviews hingegen nicht oder nur eingeschränkt thematisiert.
Eines der Hauptthemen in den Interviews ist die zu große Stofffülle. Ein Kanon
an Prüfungsthemen hat nur dann einen entlastenden Effekt, wenn dieser nicht

ständig wechselt. Eine Handlungsstrategie, die auf den Zeitdruck reagiert, ist der lehrer_inzentrierte Unterricht. Die Umsetzung der Kompetenzorientierung als Innovation (vgl. Abschnitt 2.2.3.2 und Abschnitt 2.2.3.3) scheint durch das Zentralabitur nur bei den (Teil-)Kompetenzen zu gelingen, die von den Lehrer_innen als prüfungsrelevant erachtet werden. Bestätigt werden kann die Tendenz, dass sich Lehrer_innen bei der Auswahl der Unterrichtsthemen in der Oberstufe stark an den Vorgaben orientieren.

Im Folgenden werden die den Unterricht angesichts des Zentralabiturs betreffenden Aussagen aus den Interviews gegliedert nach der Frage nach der pädagogischen Autonomie und der Steuerungswirkung des Zentralabiturs auf den Unterricht wiedergegeben.

(Un-)Freiheit durch das und angesichts des Zentralabitur(s)
Das in Abschnitt 2.2.2 vorgestellte Spannungsverhältnis zwischen dem pädagogischen Autonomiepostulat und der durch die Verfassung geforderten Schulaufsicht des Staates findet sich auch in den Interviews wieder.

Das Zentralabitur habe zwar den Druck genommen, der beim dezentralen Abitur hinsichtlich der Konzeption der Prüfungsaufgaben bestanden habe, damals habe man aber „dann trotzdem mehr Freiheiten" gehabt, wohingegen man sich nun „fast nur an dem neuen Zentralabitur" orientiere (18.XII, 18.29, 506): „also weil ich natürlich relativ wenig Einflussmöglichkeiten auf die Prüfungsformate habe, bestimmen meiner Meinung nach natürlich die Prüfungsformate eher meinen Unterricht" (19.XXXI, 19.40, 139).

Da das Zentralabitur „sehr viel starr" vorgebe, stehe es im Widerspruch zu einem individualisierten Unterricht, der „auf verschiedenen Wegen" ermögliche, dass Schüler_innen eine „allgemeine Reife" erreichten (15.XXIII, 15.46, 254).

Es sei aber eine Frage der Erfahrung, wie man mit der Situation umgehe (2.II, 2.27, 160–161). Man könne es lernen, mit dem „Umstand" der geringeren Freiheiten an Regelschulen im Vergleich zu freien Schulen „umzugehen" (2.II, 2.27, 160). „Möglicherweise" gebe es dort „einen schöneren Unterricht oder einen anderen, vielleicht auch spannenderen", man könne aber auch als Regelschullehrer_in lernen, „freizügig" zu sein (2.II, 2.27, 160–161).

Im Unterricht der Unter- und Mittelstufe, in Vorkursen für ehemalige Realschüler_innen oder in Wahlpflichtkursen gebe es Freiheiten, die man sich auch für die Oberstufe wünsche (8.XX, 8.41, 403–406; 13.XIII, 13.5, 37; 19.XXXVIII, 19.45, 154). Es sei wichtig, „dass es im Bildungsraum Freiräume gibt, ein bisschen Freiräume gibt, ja, dass ich wirklich nicht jetzt nur auf das Zentralabitur hin lernen muss" (5.VI, 5.37, 192).

Der Lehrplan wird als strikt („Da steht ja fest, was man unterreichten soll.",
14.VII, 14.31, 66) bezeichnet. Dies gilt sowohl für die Inhalte („dass ich die
Obligatorik, die von mir inhaltlich verlangt wird, irgendwie schaffe", 18.IV,
18.46, 182) als auch für die formulierten Kompetenzerwartungen („am Anfang
habe ich auch dazu geneigt, dass man sozusagen von dieser Kompetenzglocke
ein bisschen erschlagen oder erdrückt ist, weil man denkt, man müsste alle
Kompetenzen irgendwie abdecken", 19.XXXII, 19.10, 28). Gleiches gelte für
Schulbücher (12.IV, 12.15, 64), weil diese sich „in Abstimmung mit den Lehrplänen, in Abstimmung mit den Kultusministerien natürlich darauf [Anm.: auf das
Zentralabitur] beziehen" und es deshalb nicht möglich sei „ignorant" zu unterrichten und seinen „Stiefel durch[zu]ziehen" (19.XXXI, 19.40, 140). Andererseits
werden die Lehrwerke aber auch als arbeitsentlastend (18.VI, 18.15, 161–162
und 18.24, 331–345, 368–389, 406–444) angesehen. Die Materialfülle im Zentralabitur habe sich auch auf Lehrwerke ausgewirkt, die nunmehr unstrukturiert
als „Materialpool" gestaltet seien und Schüler_innen „komplett […] alleine" ließen und so die Schüler_innen gut auf das Prüfungsformat vorbereiteten (19.XXV,
19.39, 134).

In den Interviews wird die Stofffülle im Lehrplan kritisiert (7.XI, 7.32, 52–53;
15.IV, 15.6, 42). In einem Doppelinterview vergleichen die beiden Interviewten
ihr erreichtes Pensum stundengenau – auch mit der eigenen Performanz ein Jahr
zuvor:

> „I: Trotzdem sind es ja sozusagen besondere Situationen sicher im Schuljahr, wenn
> man mal raus geht und einen Unterrichtsgang macht. Im normalen Unterricht was ist
> Ihnen da vielleicht wichtig oder was macht Ihnen da selber Freude? Es gibt ja so viele
> Möglichkeiten, wenn man die ganzen didaktischen Zeitschriften durchsieht. Ständig
> gibt es irgendwas Neues, aber man findet ja oft was, ja so seinen eigenen Stil vielleicht
> im Fach.
>
> B1: Also in der Oberstufe hat man da leider nicht so viel Spielraum. So erlebe ich das.
> Also man ist sehr unter Zeitdruck und man muss sich genau überlegen. Also ich bin
> jetzt zum Beispiel in der Q12 bei Bevölkerung, bei Migration.
>
> B2: Seit wann? Diese Woche.
>
> B1: Diese Woche.
>
> B2: Ich fange morgen an. Ich habe nämlich meine Aufzeichnungen letztes Jahr gese-
> hen und da war ich schon eine Woche weiter.
>
> B1: Ja, genau. Und ich hätte jetzt/ Man könnte da ja ganz viele Diskussionen auch
> haben oder so eine Bevölkerungskonferenz machen. Das kann man eigentlich nicht.
>
> B2: Nein, das geht nicht.

B1: Also so eine ganze Stunde für so etwas opfern und man bräuchte das, wenn die sich einlesen sollen und sollen da eine Meinung vertreten. Ich weiß gar nicht, ja man schaut vielleicht mal kleinen Film¬ausschnitt. Das ist schon das Höchste." (1.I, 1.12, 37–44)

In einem Interview wird der Zeitdruck bundesländervergleichend dargelegt, im Land Brandenburg habe man mehr Unterrichtszeit zur Verfügung gehabt, nun – in Hessen – seien die Inhalte zu gedrängt: „Da ausführlich zu Gange zu kommen, geht schon mal nicht" (14.XI, 14.12, 79). Dabei gebe es auch „unnötigen Stoff" (14.V, 14.24, 140).

Der Zeitdruck behindere die Gestaltung des Unterrichts, kritisiert eine Interviewte:

„B: […] Ich glaube, ja, das Problem ist eher, dass man die Zeit nicht hat. Wenn man mehr Zeit hätte, gerade auch zum Unterrichten, weniger Stoff im Lehrplan drinstehen würde, dann könnte man ganz andere Sachen machen. Da könnte man Projekte machen, mehr Freiarbeit machen, auch wirklich differenzieren nach Leistungsniveau. Aber leider geht das nicht. Das funktioniert einfach nicht. Es ist leider immer noch eine Art Frontalunterricht mit Elementen, die halt dann mal schöner sind. Aber es ist immer lehrerzentriert und man gibt wirklich wenig in Schülerhand raus. Also es ist kein richtig entdeckendes Lernen. Es ist immer sehr geleitet. Das finde ich schade, weil da ganz viel Potential verloren geht, aber es ist einfach im System nicht anders machbar." (7.XI, 7.32, 51)

Mit weniger Stoff bei gleicher Unterrichtszeit könnte man „ganz andere Sachen" wie Projektunterricht, Freiarbeit, differenzierenden Unterricht oder Exkursionen machen (7.XI, 7.32, 51 und 75), deshalb müsse man „den Stoff reduzieren im Lehrplan. Einfach rausschmeißen, radikal raus kürzen […] oder einfach Sachen auf optional setzen" (7.XI, 7.9, 75). Da der „Stoff" so „geballt" sei, führt ein Interviewter eine im Lehrplan obligatorisch vorgesehene Exkursion nicht durch (9.XIV, 9.29, 37) und verzichtet auf die im Lehrplan geforderten Referate der Schüler_innen (9.XIV, 9.10, 125), obwohl er selbst Fachbetreuer an seiner Schule ist und als Seminarleiter Referendar_innen ausbildet. In einem anderen Interview wird moniert, der Zeitdruck würde sich kumulieren, wenn ein Thema mehr Zeit im eigenen Unterricht beanspruchen würde als vorgesehen und auch noch Unterricht von Kolleg_innen ausfiele. Deshalb sei man eingeschränkt:

„B: Also so frei ist man in dem Unterricht leider nicht. Also wir machen auch am Anfang des Schuljahres immer einen Plan, was wir in jeder Stunde dann auch machen, und der steht relativ fix. Man sollte dann schon alles abdecken und, ja, dann ist es wieder die Zeit da. Wenn man eine Stunde, oder mit einer Stunde reicht es ja gar nicht,

eine Doppelstunde, eine kleine Erkundung in der Umgebung macht, dann fällt einem
Kollegen eine Stunde aus, die er dringend braucht und man kommt mit dem Stoff
nicht weiter, zweifelsfrei, weil man sich ja vorbereiten muss, durchführen muss, nach-
bereiten muss. Wenn man es ordentlich macht, dann dauert es schon seine Zeit." (7.I,
7.14, 73)

Werden für das Zentralabitur relevante Schwerpunktthemen festgelegt, ergäben
sich Freiräume, da nicht der gesamte Lehrplan durchgenommen werden müsse
(5.VI, 5.37, 192). Es wird ein reduzierter (z. B. 18.XXVII, 18.33, 556) nicht
ständig wechselnder Themenkanon gefordert, der mehr Freiheiten bietet, auf
Aktuelles einzugehen und damit „die sich verändernde Erde in den Blick" zu
nehmen (15.XXXIX, 15.45, 254).

Der ständige Wechsel der Themen und Räume des Abiturkanons wird nämlich auch als Belastung empfunden (z. B.: „Zentralabi-Themen-Hip-Hop", 15.IX,
15.54, 224; 15.III, 15.52, 180–190), da man sich ständig neu vorbereiten müsse
und auch oft an seine fachlichen Grenzen komme:

„Und ich habe jetzt versucht, diesen einen Kurs zu kriegen, wo ich eben die Räume
gerne mag, gut kann. Ich war selber zumindest in Japan. Nee, den Kurs hat leider
organisatorisch ein Kollege gekriegt. Okay, in fünf Jahren gibt es das Thema wieder. Na super! Und das ist einfach ärgerlich. Man wird so Spezialist für eine Sache
und es gibt ganz wenig Kollegen, die in der Breite alle Themen wirklich unterrichten
und können und dann sitzt man am Protokoll beim Abitur, bei mündlichen Prüfungen, und sagt sich: Das ist aber schön, was habt ihr denn da für Themen gemacht. Ja,
wie soll ich das Wort schreiben, kenne ich nicht. Das finde ich nicht nötig. Aber das
ist ja nun kein erdkundespezifisches Problem, das ist ein Niedersachsen-Problem für
alle Fächer, wo zentrale Vorgaben jährlich wechseln. Der Rhythmus ist zu schnell. Ich
weiß, dass Baden-Württemberg das, glaube ich, drei Jahre stehen lässt, ein Thema."
(15.VIII, 15.40, 226).

Die Wechsel im Abiturkanon führten dazu, dass sich Unterricht seltener wieder-
hole, aber nur dann bestehe „die Chance" sich „zu verbessern und es das nächste
Mal anders zu machen" (15.IX, 15.54, 224). Dies führe dazu, dass man den
Arbeitsaufwand bei der Unterrichtsvorbereitung begrenzen müsse (15.IX, 15.45,
224), dies betreffe auch Exkursionen (15.IX, 15.62, 102–129). Hinzu komme,
dass sich „die Entwicklungen in der Welt […] ja auch alle sehr beschleunigt"
hätten (15.VIII, 15.34, 212).

Steuerungswirkung auf den Unterricht
Ganz allgemein wird angeführt, dass das Zentralabitur nicht den einzelnen Unterricht berücksichtige und es somit Brüche zwischen Unterricht und Abschlussprüfung gebe: „B: […] also klar ist der Unterricht Grundlage des Abiturs. Aber er weicht, also das, was im Abitur erforderlich ist, weicht zum Teil davon ab, was im Unterricht geschieht." (13.IX, 13.24, 156).

Das Zentralabitur kann nur das abprüfen „was alle verlässlich gemacht haben und im Bildungsplan steht", somit werde das, was im Unterricht über den Lehrplan hinausgehend unterrichtet werde, nicht Prüfungsgegenstand (Beispiel Experimente im Geographieunterricht 3.XVII, 3.58, 192). „Echter Transfer" sei unmöglich, da das „Unterrichtswissen" der geprüften Schüler_innen divergiere (15.XXI, 15.10, 62). Auch seien Individualisierung im Unterricht und Zentralabitur nicht miteinander vereinbar (z. B. 15.XXIII, 15.46, 254). Es wird auch der Vergleich zum früheren dezentralen Abitur gezogen, bei dem die Prüfung „präziser zu dem, was die Schüler hatten", gepasst habe, „Transfer sehr viel konkreter" (15.V, 15.38, 224) und Vorwissen „spezieller" hätte eingefordert werden können, sodass man sich „so eine einfache ‚Fassen-Sie-Text-zusammen-Aufgabe' sparen" konnte (15.V, 15.9, 56).

Neben diesem Problem der *einen* Prüfung für *alle* Schüler_innen wird kritisiert, dass das Zentralabitur es nicht leisten könne, den sich wandelnden, kompetenzorientierten Geographieunterricht proportional abzubilden:

„Also ich glaube, wenn wir bei dem Thema Prüfungen jetzt sind, vor allem schriftliche, das ist natürlich nach wie vor ein Problem, dass wir das, was wir im Unterricht machen sollten und auch aus meiner Sicht machen, viele Kollegen in Geographie, nämlich beispielsweise Öffnung nach außen, Anbindung von multimedialen Möglichkeiten in unserem Fach, auch didaktische Öffnung des Unterrichts in neue Formen, auch diese Variante Thinking-Through-Geography, moderater Konstruktivismus, dass es eben beispielsweise keine eindeutigen Lösungen mehr gibt, sondern dass der Schüler nachher begründen muss, warum er jetzt diese Sache gewählt hat. Das jetzt in ein sehr starres Prüfungskorsett zu bringen, das ist eigentlich die große Kunst. […] Und ich kann natürlich nach wie vor, und das wird auch immer so sein, ganz viele wichtige Dinge in der Geographie in der Klausur eigentlich nicht prüfen. Also eine Landschaft zu lesen, was ich auf einer Exkursion mache, oder Hypothesen zu stellen und zu prüfen, oder auch die ganzen praktischen Dinge, eine Bodenprobe zu ziehen und zu analysieren, das ist in einer Klausur natürlich unglaublich schwierig." (3.I, 3.16, 73–75)

„ […]eine Exkursion können Sie nicht im Abitur abfragen und damit hat sie natürlich einen Status, man weiß nicht genau, wie es geht. […] Ich weiß auch ganz genau, warum, also im Allgemeinen vielleicht nicht so gemacht, weil es ein wahnsinniger Aufwand ist. […] das Neuerfinden verhindert natürlich auch die, wenn sie es neu erfinden müssen und es ist nicht prüfungsrelevant, dann sind sie ganz schnell dabei und sagen, dann mache ich es halt auch nicht. [...] Deswegen dürfen wir auch nicht jetzt denken, dass alles gut ist, wenn es im Bildungsplan steht." (2.XI, 2.15, 42–46)

Es wird moniert, dass vormals übliche Prüfungsbestandteile wie das Bewerten von Materialien nicht mehr in den zentralen Klausuraufgaben vorkämen und es wegen der Zeitknappheit aufgrund der Stofffülle im Unterricht auch nicht mehr gemacht werde, obwohl es aufgrund der Zukunftsbedeutung für die Schüler_innen relevant sei (9.II, 9.49, 139–141).

Neben der Problematik, dass Kompetenzen kaum abzuprüfen seien (z. B. Orientierung im Raum), verderbe Leistungserfassung den Spaß am Unterricht: „[...] alles, was ich abprüfe, ist [...] für Schüler eben eine Prüfungssituation und stresst sie. Und wenn es immer Spaß macht vorher, ja, ich könnte natürlich sagen, hier ist ein GPS-Gerät, jetzt laufen wir mal den Weg ab. Dann mache ich eine Note. Aber dann hat der keinen Spaß mehr dran, sondern ist verkrampft" (9.VII, 9.23, 98–101).

Sollten Kompetenzen verstärkt abgeprüft werden, wird zudem angezweifelt, dass das inhaltliche Pensum aufrechterhalten werden könne (9.II, 9.49, 125); es sei bereits jetzt so, dass man das Kartieren im Gelände wegen der Stofffülle nicht umsetzen könne (9.II, 9.49, 38–40). In einem Interview wird deshalb gefordert, dass das Zentralabitur stärker kompetenzorientiert ausgerichtet wird, damit dies die Kompetenzorientierung des Unterrichts fördere:

„I: Das heißt, da denken Sie schon, dass das Zentralabitur eine Steuerungsfunktion hat?

B: Auf jeden Fall.

I: Am Anfang haben Sie ja auch gesagt, dass sich das Format wandelt.

B: Das ist eine ganz traurige Geschichte, die wir in allen Bereichen haben, aber so tickt der Mensch. So ticken wir auch alle. Wenn ich das Ziel nicht verändere, werde ich den Weg auch nicht ändern.

Also wie soll ich einem Lehrer… Das kann ich dann schon verstehen, dass ein Lehrer sagt: ‚Warum soll ich kompetenzorientiert unterrichten, wenn es nachher reine Instruktionen sind im Abitur?' Ganz klar.

Also da müssen wir überlegen: ‚Wie ändern wir das Ziel?' Und dann werden wir die Kollegen natürlich auch dazu kriegen, entweder intrinsisch oder extrinsisch, das ist ja mal egal wenn man überzeugt ist. Wollen wir, dass es sich ändert? Dann müssen wir natürlich dann, und so ändert man dann auch den Weg." 3.IV, 3.7, 227–232)

Da das Zentralabitur sich nicht über den Lehrplan hinausgehend auf einzelnen Unterricht beziehen kann, hat es dahingehend eine Steuerungswirkung, dass versucht wird, die Beziehung dadurch zu harmonisieren, dass der Unterricht am Zentralabitur ausgerichtet wird. Diese Steuerungswirkung, die sich bezogen auf die Ausrichtung des Unterrichts, die konkreten Unterrichtsgegenstände und die Kompetenzorientierung nachweisen lässt, wird im Folgenden vorgestellt.

Angesichts des Zentralabiturs werde der Schwerpunkt des Unterrichts auf Inhalte – nicht Kompetenzen – gelegt:

> „Es ist klar. Der Fokus liegt ganz klar auf den Inhalten […]. […] wir sind also auf diese Themen hinaus fixiert. Wir wissen in der Zwischenzeit was die so schwerpunktmäßig haben wollen, wo die Hauptthemen liegen und da konzentrieren wir uns dann auch darauf." (18.III, 18.38, 509–521)

In den Interviews fallen außerdem Begriffe wie „Fachwissen", „Grundwissen" oder „Fachbegriffe" (7.V, 7.35, 59–61; 10.IV, 10.41, 22–27 und 10.11, 39–43). Ein Interviewpartner berichtet davon, dass er immer versuche seinen „Stoff durchzukriegen" (9.VI, 9.59, 121). Entspannung stelle sich nur dann ein, wenn sich keiner der Schüler_innen eines Kurses für das schriftliche zentrale Abitur im Fach Geographie entscheide: „weil, dann kann ich zum Schluss auch was weglassen" (9.VI, 9.59, 121).

Kompetenzen würden bei der Fokussierung auf Inhalte *nebenbei* mit erworben (16.IX, 16.48, 16; 18.IV, 18.46, 178–198), sie werden sogar nicht als Neuerung empfunden: „Also Kompetenzen haben wir schon immer vermittelt und gestärkt. Punkt. Das ist nichts Neues. Wirklich, es ist nichts Neues." (8.VI, 8.12, 142). Es fehle auch das Wissen darüber, führt ein Fachbetreuer und Seminarleiter an:

> „B: Also von Kompetenzorientierung halte ich viel. Ich habe versucht, das auch mit meinen Referendaren ja immer zu machen. […] Und das mache ich auch mit meinen Schülern jetzt ausführlicher als vorher. Nachdem ich mich damit beschäftigt habe. Aber ich habe mich nur damit beschäftigt, weil ich dies Seminar habe. Ja, also der normale Lehrer beschäftigt sich mit dem Zeug in der Regel eigentlich nicht. Der macht seinen Unterricht und fertig. Aber ich halte das schon für sehr wichtig." (9.XV, 9.6, 30–31)

Es werden in den Interviews auch kaum Kompetenzen genannt, die für Oberstufe und Abitur als relevant erachtet werden. Die Orientierungskompetenz sei etwa nicht in der Oberstufe, sondern in der Sekundarstufe I relevant (16.IX, 16.51, 22). Als ein übergeordnetes Ziel im Sinne der Lebenslauforientierung wird die Handlungskompetenz benannt (5.VII, 5.40, 194–196; 16.IX, 16.52, 24–33; 19.XXVIII,

19.11, 30–32). Als für das Zentralabitur relevante (Teil-)Kompetenzen werden das Auswerten und Beurteilen von Materialien (16.IX, 16.49, 21–23) sowie die Atlasarbeit angesehen:

> „Das ist auch so ein Fachschaftsbeschluss, hat man seit zwei Jahren überlegt, weil wir gesagt haben, im Abitur kennen viele den Atlas gar nicht. Die wissen nicht, wie gesagt, wo ist eine gute Karte drin. Und deswegen versuchen wir seit der fünften jetzt, eigentlich mindestens einmal alle zwei Wochen im Atlas zu arbeiten." (11.XII, 11.65, 156; ähnlich: 1.XII, 1.14, 67)

Der Umgang mit Materialien („Materiallesekompetenz", 9.XIII, 9.26, 99) wird aufgrund der Aufgabenkultur im Zentralabitur verstärkt im Unterricht geübt. Außerdem werden den Schüler_innen ab der Mittelstufe und verstärkt in der Oberstufe schriftliche Ausarbeitungen als Arbeitsaufträge im Unterricht erteilt, damit sie den Umgang mit Materialien lernen (16.XVIII, 16.61, 66; 18.XV, 18.42, 256). Zusätzlich wird ein planvolles Vorgehen als Bewältigungsstrategie einge-führt („Methodenblatt") und eingeübt (16.XVIII, 16.31, 152–157, 167; ähnlich: 18.XV, 18.18, 212 und 223).

Es werden dabei zwei Herausforderungen thematisiert. Zum einen müssten die Schüler_innen lernen, mit „fachspezifische[m] Material" im Allgemeinen (16.XXII, 16.22, 103) und spezifischem abiturrelevanten Materialarten im Beson-deren umzugehen: „Und neu ist ja auch in G8 dieses Farbbild, dass das dabei ist. Ein Foto, ein Satellitenbild, ein Luftbild oder Sonstiges, das jetzt auch interpre-tiert werden muss. Das heißt, das muss man auch immer irgendwann mal üben" (9.XIII, 9.25, 105). Zum anderen müssten die Schüler_innen das Auswerten von einer großen Anzahl an Materialien lernen (9.XIII, 9.21, 93). Eine Strategie sei es deshalb, im Unterricht „viel mit Materialien" zu arbeiten, zum Beispiel Karten zu interpretieren oder den Atlas zu verwenden (1.XII, 1.14, 67; ebenso: 11.XXVI, 11.28, 132 und 208).

Diese Handlungsstrategien haben zwei Ziele. Zum einen gelte es, den Schü-ler_innen aufzuzeigen, „dass sie eigentlich alles sich logisch erschließen können, anhand von Material und dann halt vom Atlas. Also die müssen gar nicht so viel auswendig lernen." (11.XXIV, 11.10, 54). Zum anderen versuche man, die Schü-ler_innen dazu anzuhalten, sich kritisch mit Materialien auseinanderzusetzen und Schlüsse daraus zu ziehen, anstatt diese nachzuerzählen:

> „B: […] Oder die sind ja auch wirklich materialkritisch. (unverst. 00:04:29) dann denke ich auch mal: Mein Gott, darüber habe ich überhaupt nicht nachgedacht. Und darum ist das für die ja dann auch/

I: Ja, was wäre materialkritisch?

B: Ja, die nehmen die Zahlen nicht einfach so dahin, wie sie kommen, sondern sagen: Nein, kann doch gar nicht sein, also und was soll das und was sagt das überhaupt aus? Das ist schon schön dann auch. Ja aber, das üben wir auch. Wir haben jetzt auch wieder Sahelzone, von Mali Strukturdaten bekommen, habe ich dann einfach die Strukturdaten auf der linken Seite notiert und dann rechts sollten die sich einfach mal zehn Minuten Gedanken machen, was sagt das überhaupt aus, wenn der Anteil der unter 15-jährigen bei 50 % liegt?. Und da war ich – ging das Erdkundeherz auch wieder auf – weil die das wirklich schön gemacht haben. Die haben das mit diesem demographischen Thema so vernetzt, warum haben die viele Kinder und so weiter. Und da habe ich gesagt: Genau da will ich hin, Leute. Dass ihr nicht einfach nur Zahlen nehmt, die aufschreibt, sondern überlegt, was steckt dahinter. Ja und darum, weil so was würden die da nämlich auch fragen: Hä, was soll denn das jetzt hier, was ist denn das für ein Quatsch oder das finden wir gut." (16.VI, 16.46, 10–12)

Die vornehmliche Ausrichtung auf Inhalte und die Stofffülle im Lehrplan führen dazu, dass in der Oberstufe verstärkt frontal unterrichtet wird: lehrer_inzentriert etwa als Unterrichtsgespräch (12.XIV, 13.8, 66) oder zentrale Ergebnissicherung (19.XVII, 19.61, 88), die mitunter auch von Schüler_innen frontal moderiert werde (19.XVII, 19.61, 90).

Als Gründe werden genannt: erstens müssten Inhalte fehlerfrei vermittelt werden:

„Ich gebe zu, dass ich in der Oberstufe sehr viel lehrerzentrierter auch unterrichte und sehr viel frontal. Zumindest bei den Sachen, wo ich sage, die sind für das Abitur wichtig und da lege ich auch Wert drauf, dass die vom Inhaltlichen her hundert Prozent stimmen müssen" (10.IV, 10.41, 25).

Zweitens führt eine Lehrerin den Zeitdruck bei gleichzeitiger Inhaltsfülle als Grund an:

„[…] Weil sonst, man hat wirklich nicht viel Zeit. Also in der Oberstufe, da muss ich regelmäßig ein Kapitel komplett als Lehrervortrag machen mit Skript. Das mache ich ja immer so bei Themen, die eigentlich relativ leicht sind, wo es nur darum geht, denen mal so bestimmte Begriffe noch beizubringen. Genau. […] Ja, man schafft es einfach schneller." (11.XXIII, 11.55, 204–206).

Es wird aber auch dem Image, am Gymnasium werde nur Frontalunterricht erteilt, widersprochen (3.V, 3.24, 93). In einem Interview wird bekräftigt, dass man bei „Diskussionsthemen" auch auf „offene Arbeitsformen und Gruppenarbeitsformen" zurückgreife (10.IV, 10.41, 25). Ein anderer Geographielehrer betont die

Leistungsfähigkeit von Anschauungsunterricht an außerschulischen Lernorten zur Abiturvorbereitung:

> „Ich bin ganz stark davon überzeugt, je mehr Exkursionen wir machen, natürlich zu den Schwerpunktthemen, umso besser werden die im Abitur abschneiden.[…] Ja, weil sie das gesehen haben, weil sie die Sachen angefasst haben, weil sie das durchdrungen haben und nicht einfach nur auswendig gelernt haben.
>
> Wenn ich mit denen einmal ein Bodenprofil, wirklich den Pürckhauer reinschlage und das rausziehe und von mir aus die Korngrößen siebe und mal Salzsäure drauf kippe und den pH-Wert messe, dann haben die das parat. Dann können die mir nachher viel mehr über Bodenfruchtbarkeit sagen, wie wenn ich achtzehn Texte mit denen lese.
>
> Oder wir waren in Berchtesgaden und sind in St. Bartholomä auf dem Schwemmfächer rumgelaufen, hochgelaufen. Die haben gemerkt, dass das gar nicht so steil hoch geht. Wir haben die Karte verglichen, wir haben geologisch, wir haben Steine verglichen. Also ich glaube, dass die da viel, viel mehr lernen wie im Unterricht und dass es denen auch für das Abitur auf jeden Fall was bringt." (3.III, 3.55, 218–222)

Da der Druck, das Pensum an Inhalten zu schaffen, auf allen Fächern lastet, wird berichtet, dass die Möglichkeiten, den Unterricht zu gestalten, wegen Bedenken aus dem Kollegium eingeschränkt würden: „Bei uns ist es halt, von Kollegenseite ist es so, dass wir Exkursionen möglichst nicht machen sollen. Weil eben so viel Stoff nachzuholen ist und jede Stunde, die dann ausfällt, ist, tut dann weh." (13.XV, 13.6, 39; ähnlich: 16.XVII, 16.45, 6). In der Folge würden Genehmigungen seitens der Schulleitung „nicht gern" erteilt (15.XVI, 15.70, 121–123). Vor dem Hintergrund des großen Lernpensums wird in den Interviews die Funktion der unterrichtlichen Leistungserfassung als Druck- und Disziplinierungsmittel betont: Ja, ich gebe sogar folgendes zu. Ist ja anonym. Und zwar, dass ich manchmal Klausuren benutze oder […] den Druck einer Klausur dazu nutze, dass sie durch die Klausur in diesem Thema weiterkommen" (18.XX, 18.21, 277; ähnlich: 9.X, 9.13, 62 und 133; 10.X, 10.15, 54–57; 10.X, 10.36, 188–189; 11.XXX, 11.23, 116). Diese Funktion sei auch wichtig, weil die Schüler_innen im Nebenfach Geographie ansonsten nicht bereit wären, an anspruchsvollerem Unterricht aktiv teilzunehmen (4.II, 4.24, 60).

Das Zentralabitur bewirkt nicht nur, dass Geographielehrer_innen die obligatorischen Unterrichtsinhalte möglichst vollständig umsetzen, es gibt auch selbst Themen und Schwerpunkte für den Unterricht vor: „Aber das Wichtigste, was wir uns eigentlich immer nehmen, ist: Okay, Zentralabitur 2016, was sind die Themen?" (16.IX, 16.48, 16).

Die in den meisten Bundesländern gebräuchliche Festsetzung von Schwerpunktthemen für die Abiturprüfung ermöglicht dabei Freiräume, sodass man

„wirklich jetzt nicht nur auf das Zentralabitur hin lernen muss" (5.VI, 5.37, 192). Allerdings müsse der Unterricht ständig entsprechend angepasst werden. Dies gelte zum Beispiel für Exkursionen: „dieses Jahr ist bei uns ja wieder Glazialmorphologien Abi-Schwerpunktthema. Hier [Anm.: vor Ort] ist nichts, logischerweise. Wir haben das jetzt als Studienfahrt angeboten" (6.III, 6.27, 123). Auch müsste die thematische Ausrichtung von Angeboten, die Geographielehrer_innen für Kolleg_innen und fremde Geographiekurse anbieten, stetig an die Schwerpunktthemen angepasst werden: „Verwitterung, Boden, […] Karst, […] Wetter. Schichtstufen gab es mal, als [das] Schwerpunktthema war […]", (6.VII, 6.33, 20–30). Dies müsse jedoch keine hemmende Wirkung haben (6.VIII, 6.28, 124–125).

Gibt es im Bundesland keine festgesetzten Schwerpunktthemen, entfallen die inhaltlichen Neuausrichtungen des Unterrichts oder von Angeboten für andere. Allerdings gebe es dann wegen der Inhaltsfülle keine zeitlichen Spielräume, wird in einem Interview einschränkend angemerkt (7.I, 7.14, 73).

Zusätzlich zu einer Fokussierung auf Inhalte des Lehrplans und der Abiturschwerpunktthemen haben die alten Zentralabiturklausuraufgaben eine Steuerungswirkung auf die Unterrichtsgegenstände: „Es gibt ja so das offene Geheimnis, dass die Abituraufgaben der letzten Jahre der heimliche Bildungsplan sind. […] sprich der Fundus der letzten Jahre dient ganz klar steuernd in dieser Hinsicht" (8.XVII, 8.19, 160–167), das Format „prägt sich im Unterricht ganz klar auch durch" und diene auch als Orientierungspunkt bei der Entwicklung von Lernmitteln (8.XVI, 8.49, 454–462).

Die Erfolgsaussichten des Orientierens an Zentralabiturklausuren vergangener Jahre wird in einem Interview als „im Wesentlichen zielbringend und erfolgversprechend" bezeichnet, da sie „eine gewisse Verlässlichkeit auch transportieren" (8.XVII, 8.42, 409). In einem anderen Interview formuliert es ein Lehrer vorsichtiger: „Das heißt also, man geht halt natürlich am besten die alten Abituraufgaben durch. Auch wenn man natürlich nicht sagen kann, ob das irgendwie weiterhilft" (13.VIII, 13.32, 162).

Als konkrete Handlungsstrategie wird erstens das Schreibenlassen von Aufgaben aus Abiturklausur im Unterricht (12.XX, 12.28, 192–194), zweitens das Schreibenlassen als Hausaufgabe samt anschließender Besprechung im Unterricht genannt (1.XII, 1.24, 117). Drittens wird das gemeinsame Durcharbeiten alter Abiturklausuren in zusätzlichen Vorbereitungsstunden angeführt, bei dem man gemeinsam mit den Schüler_innen überlege was (11.XXVI, 11.45, 204) oder was und wie viel man in den Fällen hätte schreiben sollen (13.VIII, 13.32, 159–164). Viertens wird die Einbindung von Materialien aus alten Abiturklausuren in den Unterricht beschrieben (16.XIV, 16.14, 54). Eine fünfte Strategie ist das systematische Auswerten hinsichtlich der Frage, wie oft welches Thema in der Vergangenheit Gegenstand des Zentralabiturs war (18.III, 18.38, 509–531). Es sei dabei aufgefallen und es sei bedauerlich, wenn „gewisse naturgeographische Dinge immer mehr wegfallen", „überhaupt nicht mehr gefragt" seien (18.XIII, 18.6, 88–102).

Eine zentrale Rolle bei der Ausrichtung des Unterrichts an alten Abiturklausuren spielen Verlagsangebote (1.XII, 1.24, 117; 8.XVII, 8.19, 160–167; 12.XX, 12.28, 192; 16.XIV, 16.14, 53–54).

Ein Interviewter kritisiert, dass es vorkomme, dass Lehrer_innen die Steuerungswirkung als zu stark empfänden und ihren Unterricht allein am Zentralabitur ausrichteten (5.VII, 5.36, 185–192). Die Verantwortung als Geograph_in verbiete aber alleiniges Teaching-to-the-Test.

4.2.1.3 Unterrichtliche Klausuren angesichts des Zentralabiturs aus Sicht von Geographielehrer_innen

Die in den vorangegangenen Kapiteln bereits dargestellte beschränkende Wirkung der Vorgaben wird von den interviewten Lehrer_innen auch bei den unterrichtlichen Klausuren thematisiert. Insgesamt wird deutlich, dass das Zentralabitur eine starke Steuerungswirkung hat. Es führt zu einer Kanonisierung des Aufgabenformats (vgl. Abschnitt 2.2.4.2). Gleichzeitig müssen die Lehrer_innen dieses für die unterrichtlichen Klausuren aufgrund der kürzeren Prüfungszeit anpassen, was als Herausforderung angesehen wird. In diesem Kapitel werden die Aussagen der Interviewten ebenso wie im vorangegangenen Kapitel gegliedert nach der Frage nach der pädagogischen Autonomie und der Steuerungswirkung des Zentralabiturs wiedergegeben.

(Un-)Freiheit durch Vorgaben
Die Klausuren als Bestandteil des Unterrichts unterliegen Regularien, die es einzuhalten gilt. Ob diese das Handeln der Lehrer_innen lediglich organisatorisch rahmen oder ob es zu einer weitreichenden Einschränkung der pädagogischen Autonomie kommt, soll im Folgenden anhand der Interviews beleuchtet werden.

Zunächst gibt es Interviewpassagen, die Beschränkungen thematisieren. Ebenso wie beim Zentralabitur sei auch bei den unterrichtlichen Klausuren alles „standardisiert oder vorgeschrieben" (15.I, 15.27, 159; ähnlich: 15.XXXVI, 15.2, 30; 19.XII, 19.43, 152). Man sei als Lehrer_in „natürlich schon in einem ganz klaren Korsett" (19.XXXII, 19.41, 152). Die Vorgaben werden in einem Fall als so bindend und strikt wahrgenommen, dass sich Gedanken zu Alternativen erübrigten:

„I: Und denken Sie, dass die Klausuren die man dann eben noch in der E-Phase hat, dass die (...) auch nötig sind? Oder?

B: Wie ‚nötig‘? Das muss man sowieso ja machen. Ich muss ja eine machen.

I: Genau, Sie müssen eine machen. Aber wenn Sie die Wahl hätten, ob Sie eine schreiben oder nicht und wie die aussieht, würde das dann ähnlich enden, oder?

B: Wenn ich die Wahl hätte? Wie soll denn das sein? (lacht)" (14.VII, 14.18, 119–122)

Es gebe aber bei unterrichtlichen Klausuren dennoch mehr Freiheiten als im Zentralabitur. Zwar müsse man bestimmte Aufgabenformate obligatorisch einsetzen, darüber hinaus sei man aber frei (2.XXII, 2.34, 134–138), berichtet ein Interviewter. Auf Fortbildungen würde er nicht vermitteln, wie Klausuren gestellt werden *müssten*, sondern wie sie gestellt werden *könnten* (2.XXII, 2.34, 134).

Ein Interviewter meint sogar, dass weder überhaupt Klausuren geschrieben werden müssten, noch das Format vorgegeben sei: zwar müsse man die Schüler_innen mit dem Prüfungsformat vertraut machen, man sei aber sonst „vollkommen frei", könne prinzipiell sogar Multiple-Choice-Aufgaben einsetzen (4.V, 4.37, 100–102). Als Beispiel berichtet er, dass er in Klausuren schon mal stumme Karten eingesetzt habe („Oberstufe, Kontinente" 4.V, 4.37, 108–110). In einem anderen Interview wird von Freiheit berichtet, die dann bestehe, wenn sich niemand im Grundkurs für das schriftliche (Zentral-)Abitur im Fach Geographie entscheide (9.XXIII, 9.52, 121).

Die oben genannten Freiheiten bei der Korrektur von Zentralabiturklausuren, würden auch für die unterrichtlichen Klausuren gelten (19.XXX, 19.20, 70). Es gebe durchaus die Möglichkeit auch alternative Antworten von Schüler_innen zuzulassen, man müsse um die bestehenden Freiheiten wissen, sonst korrigiere man „zu strikt" (19.XXX, 19.20, 74):

„Und da wurde mir auch nochmal bewusst, wenn ich selbst Erwartungshorizonte stricke, dass ich ja durchaus noch ein bisschen die Möglichkeit habe, Dinge zu steuern, oder auch Schülern einen Freiraum zu geben. Weil im Vorfeld habe ich häufig dadurch zu strikt korrigiert. Ja.

I: Das heißt, es kamen Schülerantworten, mit denen du nicht gerechnet hast und dann ist die Frage, wie man damit umgeht.

B: Ja, richtig. Genau. Weil das ist wieder Thema ‚starres Aufgabenkonzept‘, also eine alternative Herangehensweise von Schülern macht es eben schwer. Natürlich sind die Aufgaben auch so formuliert und so gewollt, dass gar nicht so viele alternative Möglichkeiten da sind. Also es ist ja ein recht starres Konstrukt." (19.XXX, 19.20, 74–76)

Auch bei der Bewertung der sonstigen Mitarbeit in mündlichen Noten gebe es
Freiheiten (13.V, 13.30, 234; 19.XXXVIII, 19.45, 154). Es sei aber „ein Graus",
diese zu geben, man habe „ein schlechtes Gewissen", sie mit den Schüler_innen
besprechen zu müssen sei „das Schlimmste" (16.X, 16.34, 201–204).
Werden im Bundesland im Zentralabitur Durchschnittsnoten als Qualitätskri-
terium angewendet, erzeugt dies allerdings auch Druck auf die unterrichtliche
(schriftliche wie mündliche) Leistungserfassung:

> „B1: Das heißt es werden die […] Halbjahresschnitte der ersten drei Halbjahre für
> den Kurs im Prinzip berechnet und dann geht es zum Beispiel um so einen Geo-
> graphiekurs. Es schreiben ja nicht alle in Geo Abi, aber dann geht es um einen
> Geographiekurs meinetwegen mit, ich sage jetzt einmal, mit einem Schnitt von neun
> Komma fünf Punkten von 15 in die Prüfung und da wird im Prinzip das Ergebnis
> der schriftlichen Abiturprüfung daran gemessen und sprich der Abiturschnitt in der
> Erstkorrektur kommt zurück, den ich selbst korrigiert habe. Der mag jetzt dann mei-
> netwegen, wenn ich für meinen Geschmack gut vorbereitet habe, dann ganz ähnlich
> sein. Neun Komma Null bis zehn Komma null irgendwo im gleichen Bezugssystem.
> Dann kommt der Zweitkorrektor, der eben auch korrigiert mit der Blindenbrille. Der
> kennt die Schüler natürlich nicht.
>
> I: Aber der sieht Ihre Korrekturen?
>
> B1: Der sieht meine Korrektur, aber nicht das Ergebnis der Korrektur. Also es sind
> nur die Korrekturzeichen und dann geht es eben noch einmal in die Drittkorrektur
> und die vermittelt dann entsprechend dazwischen oder korrigiert selbst noch einmal
> wenn es eklatante Abweichungen gibt und das Ergebnis dieses Prozesses ist dann im
> Prinzip der erreichte Schnitt letztlich und an dem muss man sich dann auch wieder
> messen, wobei in den drei Einreichungshalbjahren natürlich auch mündliche Noten
> drinnen sind, die in der Abiturprüfung keine Rolle spielen und ja das setzt einen selbst
> natürlich schon so ein bisschen auch unter Druck. Werde ich diesen /
>
> I: Weil Abweichungen nicht gerne gesehen sind oder was ist das Problem?
>
> B1: Ja, das führt natürlich schon zu einem gewissen Unwohlsein und auch zu einer
> gewissen Erwartungshaltung, dass man so unterrichten sollte, dass das ungefähr dazu
> passt.
>
> I: Okay, aber wenn Sie besser sind, dann/
>
> B1: Wenn es besser ist, dann muss man sich natürlich fragen: Okay, war ich vorher
> zu hart?
>
> I: Zu streng oder so, ja.
>
> B1: Zu streng oder habe ich den Schülerinnen und Schülern im Prinzip im Vorfeld
> Chancen genommen punktemäßig auf ihren Abitur /
>
> […]

B1: Genau. Also das ist in der Vorbereitung und in der Erstellung der Klausuren auf jeden Fall ein Aspekt, dass man sich als Kollege da auch keine Blöße geben will.

B2: Aber es ist ein sauberes Verfahren finde ich trotzdem." (8.XII, 8.44, 411–437)

Steuerungswirkung des Zentralabiturs auf die Klausuren im Unterricht

Das Zentralabitur mache Klausuren in der Oberstufe nötig: „Nicht desto trotz bin ich ein Verfechter der klassischen Leistungsmessung. Solche Projekte, ja, gerne, aber trotzdem noch eine Klausur. Weil, im Abitur, schriftliches Abitur ist das so. Ist das einfach so" (4.III, 4.60, 137). Teaching-to-the-Test-Strategien betreffen damit nicht nur den Unterricht, sondern auch die unterrichtlichen Klausuren: „Also sprich, das wäre im Prinzip ein Punkt schon zu sagen: Okay, wie sehen die Prüfungen aus? Möglichst nahe an dem, was sie später erwartet. […] Und das ist eine ganz starke Steuerungsfunktion" (8.XVII, 8.19, 158; ähnlich: 15.XXXI, 15.23 und 15.25; 16.XVIII, 16.61 sowie 26.28, 16.26, 16.22, 16.21, 16.20, 16.19 und 16.15). Selbst wenn sich *keine* Schüler_innen im Kurs für das schriftliche Abitur entschieden und er „frei" entscheiden könne, was er in der unterrichtlichen Klausur prüfen wolle, weiche er dennoch *nicht* vom Format der Zentralabiturklausuraufgaben ab, da die Schüler_innen ja in anderen Fächern dann die zentrale Prüfung ablegen würden, berichtet ein Interviewter (9.XIII, 9.28, 118–121). Das Format der Zentralabituraufgaben setzt also Standards: „ich habe das ganz *normal* gemacht" (9.XIII, 9.28, 121).

Es gibt dabei zwei Handlungsstrategien. Einmal gibt es das Nachbilden des Formats:

„Ne, dass sie da die üblichen Aufgaben, wie sie eben immer sind, vier Stück: ‚Beschreiben Sie eine Sache'[…]. ‚Stellen Sie die Probleme dar', […] „Erläutern Sie die Ursachen der Probleme". […] Und das Letzte: ‚Nehmen Sie Stellung zu einer Aussage' – ich habe das mal so konstruiert, wie es im Abi immer ist, das sind fiktive Aussagen und da sollen sie Stellung nehmen, dass sie das einfach mal trainieren." (15.XXX, 15.19, 135–137)

„Und (...) Naja dann ist es das Übliche. Dann ‚Beschreiben Sie', ‚Begründen Sie', ‚Erläutern Sie'. Einfach bei eins, zwei und drei. Wobei drei natürlich kurz kommen muss. Weil es nur so 17 Prozent ausmachen soll und dann macht der Hauptteil 55 Prozent ungefähr/ist Anforderungsbereich zwei. Wie das eigentlich deutschlandweit üblich ist." (14.XV, 14.13, 86)

Zum anderen gibt es die Weiterverwendung von Klausuraufgaben aus den Zentralabituren vergangener Jahre. Alte Abiturklausuren würden – als Alternative zu von Verlagen konzipierten Klausuraufgaben – modifiziert oder unverändert als unterrichtliche Klausur eingesetzt: „Entweder nehme ich eine Klausur, die im Abitur gelaufen ist, die freigegeben sind, ändere sie ab, modifiziere sie, füge aktuellere Daten hinzu, oder wenn es ideal ist, spricht auch nichts dagegen, oder ist es, soweit ich weiß, auch nicht verboten, diese Klausur zu verwenden" (19.XXIII, 19.54, 96 und ähnlich: 19.34, 98–112). Die alten Zentralabiturklausuraufgaben dienen außerdem auch als Materialfundus für unterrichtliche Klausuren. Die Klausuren der Nachtermine hätten dabei den Vorteil, dass die Schüler_innen diese nicht kennen könnten, da sie „im Handel" nicht erhältlich seien (8.XVII, 8.27, 239–244). Es gibt dabei aber auch Anpassungen: „Also ich habe Texte selten dazu muss ich gestehen. Im Abitur kommen häufiger Texte vor [...]" (8.XVII, 8.32, 271–274). In einem Interview wird allerdings eine konkrete Orientierung an alten Zentralabituraufgaben – wegen der geringen Stellung des Fachs im Bundesland und an der Schule – auch verneint:

> „Aber zum Beispiel die Abiturklausuren und Abituraufgaben von Geographie, die kennt niemand. Die guckt niemand an. Das ignoriert/Das ignorieren alle. Selbst ich [Anm.: als Fachvorsitzender] habe mir das nicht angeguckt, weil ich kümmere mich nur um Mathe. Gibt es eh nicht. Und ich kann schon froh sein, wenn ich mal in der E-Phase das kriege. Die hatte ich jetzt zwei Mal in meinem Leben bis jetzt." (14.XII, 14.22, 138)

In einigen Punkten ist es unproblematisch in den unterrichtlichen Klausuren ebenso zu verfahren wie im Zentralabitur. Wenn Teilaufgaben im Zentralabitur nicht aufeinander aufbauen, dann wird dies bei unterrichtlichen Klausuren ebenso gehandhabt (10.XVII, 10.28, 126–130). Auch die Bewertungsrichtlinien – etwa keine Punkte zu vergeben, wenn die Antwort unter der falschen Teilaufgabe genannt wird (10.XVII, 10.27, 116–125) – werden aus dem Zentralabitur übernommen.

Die Prüfungsdauer von unterrichtlichen Klausuren – nur in manchen Bundesländern gibt es einzelne Ausnahmen – ist aber wesentlich kürzer ist als die Prüfungsdauer im Zentralabitur, sodass man das „nie eins zu eins vorher mal abbilden kann" (3.IX, 3.35, 187). Es müssen in der Regel Anpassungen vorgenommen werden. Dies wird als Herausforderung angesehen (3.IX, 3.35, 183–187).

> „B2: [...] diese Zeitproblematik ist furchtbar, die schaffen es eigentlich nicht in 90 Minuten [...]. Aber man hat ja immer das Problem, es muss eine Problemstellung drin sein, und das muss Material sein, was viel hergibt.
>
> B1: Und wenig Textmaterial.

B2: Und das ist eine Katastrophe, das finden wir wirklich richtig schwer." (16.XIII, 16.9, 29–31)

„Das ist immer ein Problem. Wir müssen ja in einer korrekten Form arbeiten. Wir müssen eigentlich auf der Qualifikationsstufe, auch in der Elf jetzt, müssten wir eigentlich das volle Programm hineinschieben, aber das ist immer ein Problem. Die kommt mit den zwei Stunden dann nicht hin. Da muss man dann ein bisschen kürzen und irgendwie so ein bisschen herum lavieren da. Das ist immer ein Problem, ja." (18.XVI, 18.27, 455)

Es wird auch an anderer Stelle deutlich, dass die Sorge besteht, man gehe nicht regelkonform vor („wobei das eigentlich auch gemogelt ist" 3.IX, 3.35, 131–132; „ist zwar nur eine mündliche Auskunft der Abiturkommission und auch immer wieder Streitpunkt bei mir in der Fachgruppe" 15.I, 15.27, 159–162; „was ja eigentlich auch gar nicht so regulär ist" 16.XIII, 16.9, 29;." „was für das Abitur und sonst ja nicht zulässig ist." 18.XVI, 18.27, 450, „Da tricksen wir so ein bisschen." 18.XVI, 18.27, 459).

Es könne auftreten, dass Lehrer_innen sich vor der Klausurkonzeption „ängstigen" und sich sorgten „bekomme ich eine zusammen", er selbst erstelle aber gerne Klausuren, berichtet ein erfahrener Lehrer (2.XXVII, 2.25, 78–79). In den Interviews werden angesichts der kürzeren Prüfungszeit bei unterrichtlichen Klausuren fünf Handlungsstrategien bezüglich der Klausur*konzeption* benannt. Diese werden im Folgenden genauer vorgestellt.

(1) Bei der Klausurkonzeption ist eine erste Herangehensweise, diese vom Format her dem Zentralabitur ähnlich, aber für die Prüflinge „irgendwo leichter" (5.XX, 5.26, 128), zu gestalten. Ein Interviewter berichtet davon, die Erwartungen zu senken: „In nur zwei Stunden schreiben ist das reduziert und dann kriegt man nicht alle Teile der Aufgabenstellung da hinein." (18.XVI, 18.27, 445). Entsprechend müssten die Erwartungshorizonte angepasst und weniger Punkte insgesamt und für die Teilaufgaben vergeben werden. Während dies in einem Interview als unausweichlich aber problematisch angesehen wird, man komme „nicht drum herum mit halben Punkten zu arbeiten, was für das Abitur und sonst ja nicht zulässig ist" (18.XVI, 18.27, 445), wird dies in einem anderen als „kein Problem" und gute Lösung angesehen, die die Kolleg_innen auch unterschiedlich ausgestalten könnten, indem sie mit unterschiedlichen Prüfungsdauern und Bewertungseinheiten arbeiteten (9.XVI, 9.17, 83; ähnlich: 11.X, 11.38, 168).

Wenn die Erwartungen reduziert werden, stellt sich die Frage danach, welcher Anspruch bleibt. Wird das Zentralabiturformat nicht genügend reduziert – damit die Schüler_innen mit ihm vertraut werden – und kann die erwartete Leistung gar nicht in der gegebenen Zeit erbracht werden, habe es negative Folgen: „Und eigentlich erzieht man sie zur Oberflächlichkeit, indem man sagt, so, 90 Minuten, ihr müsst aber jetzt sechs Materialien mal haben, und beeilt euch jetzt mal" (16.XIII, 16.9, 29–33 und ähnlich: 16.27, 136). Man habe daraus lernen müssen, berichten die interviewten Lehrerinnen, „auch nochmal Sachen rauszunehmen" 16.XIII, 16.9, 29). Die prüfenden Lehrer_innen müssen festlegen, was ihnen selbst wichtig erscheint: „Also wir müssen ganz, ganz stark reduzieren in den Klausuren im Vergleich zum Abitur. Ich versuche trotzdem aber dieses Systemische und Raumübergreifende einigermaßen reinzubringen" (3.IX, 3.35, 131–132). Es gebe Kompromisslösungen, die man in Fortbildungen vermittele, erläutert ein Geographielehrer:

> „Und die Frage kommt in Fortbildungen auch immer wieder, wie wir denn jetzt diese Darstellungsformen in eine normale Klausur packen, weil die Schüler die Zeit ja gar nicht haben. Und das ist eine berechtigte Frage.
>
> Es gibt da Lösungen, dass man es eben atomisiert, dass man bei Wirkungsgefügen schon bestimmte Stränge vorgibt. Da sind wir wieder beim moderat konstruktivistischen, also nicht ein leeres Blatt hinlegen bei der Analysespinne, dass bestimmte Dinge schon vorgegeben sind.
>
> Also es gibt da Kompromisse, aber definitiv ist eine Diskrepanz da, dass die Schüler dieses Zeitfenster, dass sie im Abitur haben, vorher eigentlich nie haben oder nur in Ausnahmefällen." (3.IX, 3.35, 175–177)

(2) Eine zweite Strategie ist es, im Vergleich zum Zentralabitur weniger Aufgaben in der unterrichtlichen Klausur zu stellen (18.XVI, 18.27, 448–449).

(3) Als dritte Möglichkeit wird die Reduktion der Anzahl der Materialien im Materialienapparat benannt (5.XX, 5.26, 127–128). Die begrenze Prüfungszeit limitiere die Anzahl der Materialien, dennoch beschribt ein Interviewter die Anzahl der Materialien in seiner zum Interview mitgebrachten Klausur als „grenzwertig für die 90 Minuten" (8.XVII, 8.22, 345–346). In einem anderen Interview erläutert ein Lehrer, dass er eine alte Abiturklausur durch Reduktion der Materialien von „zehn oder elf" auf „acht" an die kürzere Prüfungszeit angepasst habe (19.XIX, 19.36, 104–109). Andererseits habe er den Erwartungshorizont erweitert, um ihn an den der Klausur vorangegangenen Unterricht anzupassen.

(4) Als vierte Möglichkeit wird das Nichteinsetzen alternativer Antwortformate in unterrichtlichen Klausuren benannt. Es wird angesichts der im Vergleich zur zentralen Abschlussprüfung im Abitur kürzeren Prüfungszeit als schwierig angesehen, alternative Antwortformate in unterrichtlichen Klausuren zu fordern, dies sei besser im Unterricht umsetzbar (1.XI, 1.15, 69–73; 11.XXXI, 11.43, 196–198). Andererseits gebe es auch hier Zeitdruck, weswegen sich nicht der Unterricht, sondern Hausaufgaben besser eigneten (11.XXXI, 11.43, 198).

(5) Als fünfte Herangehensweise wird das Aufteilen des Pensums im Umfang einer Zentralabiturklausur auf mehrere Klausuren angewendet:

> „Also wenn der Schüler jetzt nachher die Klausuren aus 11.2 und 12.1 zusammenbaut, die ich mit ihm geschrieben habe, dann hat er eigentlich auch eine Abiklausur. Aber er hat es natürlich mit einem Abstand von einem halben Jahr hat er die zwei Teile geschrieben. Das lässt sich natürlich nicht so ganz vergleichen." (3.IX, 3.35, 186)

Neben diesen Handlungsstrategien bezüglich der Klausurkonzeption werden in den Interviews angesichts der kürzeren Prüfungszeit bei unterrichtlichen Klausuren zwei Handlungsstrategien bezüglich der Klausur*durchführung* benannt. Trotz der unterschiedlichen Bemühungen das Zentralabiturprüfungsformat für die unterrichtlichen Prüfungen anzupassen, gelingt dies nicht immer wie beabsichtigt. Ist die Klausur „zu umfangreich", werden die Schüler_innen „nicht fertig" (13.XIII, 13.21, 130). Dies sei ein Verschulden der Lehrkraft und mehr Routine bei der Klausurkonzeption sei erforderlich, heißt es in einem Interview (13.XIII, 13.21, 130). Für dieses Zeitproblem der Prüflinge werden zwei Handlungsstrategien angewendet.

(1) Einmal wird auf die Schreiborganisation eingewirkt, damit diese effizienter wird, zum Beispiel durch die Vermittlung von Klausurbearbeitungsstrategien. In einem Fall schildern die interviewten Lehrerinnen, wie sie vorab zu vermitteln versuchen, nicht sofort mit dem Schreiben zu beginnen. Da die Schüler_innen aber „halt immer wieder diese Zeit im Nacken haben", sei dies aber „echt schwierig": „Die kriegen die Aufgaben, huschen schnell mal darüber und legen los" (16.XIII, 16.27, 156–157). Es sei für die Schüler_innen nicht leistbar:

> „B2: Und dann geben wir denen vorher noch Material rein, wie die Vorbereitung aussehen muss, das üben wir wirklich mit denen, die Klausuren schreiben.

Und es ist trotzdem nicht machbar. Ein Schüler hat bei der ersten Klausur jetzt in der Q1, hätte nur eine Vier geschrieben, war ziemlich unzufrieden, dann habe ich gesagt, jetzt setze dich nochmal da ran und berichtige das. Und er kam, Frau [Name der Lehrerin B2], ohne, dass ich jetzt an Ihnen rummeckern möchte, aber alleine um diesen Erwartungshorizont, mit den Materialien auszuformulieren, habe ich die 90 Minuten gebraucht. Wie soll ich das leisten?" (16.XIII, 16.9, 34)

Ein Lehrer in einem anderen Interview erläutert, dass er den Schüler_innen in der Klausursituation sogar verbietet, sofort mit dem Schreiben zu beginnen, um unstrukturierte Texte mit Einschüben und Tilgungen zu unterbinden: „Ich verbiete meinen Schülern die erste halbe Stunde irgendeinen Satz auf ihren Klausurbogen zu schreiben. Ich sage echt, dass: ‚Wer das macht, der... Nein, durchstreichen. Gibt es nicht'"(18.XV, 18.18, 226).

(2) Als zweites wird die Dauer der Prüfung verlängert, indem den Schüler_innen mehr Schreibzeit eingeräumt wird, etwa in dem die Klausur für eine kürzere Zeit als zur Verfügung steht konzipiert wird und dann gegebenenfalls noch Zeit dazugegeben wird (9.XVI, 9.17, 147; 10.XV, 10.20, 78) oder indem die Schreibzeit in die Pause ausgedehnt wird (8.XVII, 8.22, 198–200; 16.XIII, 16.9, 29).

Die genannten Strategien werden auch in Kombination eingesetzt:

„I: Und wo kürzt man dann? Beim Material oder beim?

B5: Ja, man muss auch Material ein bisschen kürzen und an der Aufgabenstellung.

B1: An der Erwartung musst du vor allem kürzen.

B5: Ja, ja. Also das ist dann immer ein bisschen schwierig. Ja. Also so, die Schü-ler_innen haben ja nicht, machen halt immer so, dass wir in der Klausur ein bisschen kürzen, mit Materialien oder auch von der Aufgabenstellung so Teile her und dann von der Bewertung her. Und dann aber auch von der Zeit geben wir dann dazu. Das heißt wir lassen in der Pause schreiben oder noch in der nächsten Stunde hinein und so weiter oder fangen ein bisschen früher an oder so. Da tricksen wir so ein bisschen." (18.XVI, 18.27, 445–459)

Bei einem näheren Blick darauf, wie die interviewten Geographielehrer_innen die Konzeption von unterrichtlichen Klausuren beschreiben, wird die Steuerungs-wirkung des Zentralabiturs auch im Detail sichtbar und lässt sich vornehmlich anhand dreier Phänomene nachweisen: (1) der Operatoren, (2) der Materialien und (3) der verstärkten Ausrichtung auf Inhalte. Diese werden in den folgenden Abschnitten beschrieben.

(1) Operatoren und Anforderungsbereiche werden bereits ab der Unter- und Mittelstufe bei der schriftlichen Leistungserfassung eingesetzt (6.XIX, 6.25, 115; 9.XIII, 9.36, 143; 9.XIII, 9.36, 143–145). Einerseits wird berichtet, dass „erörtern" als „einer von den Hauptoperatoren im Abi" besondere Berücksichtigung im Unterricht finde (15.XXI, 15.10, 60), andererseits wird gleichzeitig die Strategie angewendet, jeden Operator einmal in einer unterrichtlichen Klausur zu verwenden (genannt wird als Ausnahme der Operator „Entwickeln Sie Lösungspläne", 15.XXX, 15.28, 163).

Bei der Verwendung von Operatoren in unterrichtlichen Klausuren trete – ebenso wie oben für das Zentralabitur ausgeführt – die Problematik des Verständnisses der Operatoren und ihrer Definition auf (14.XV, 14.20, 128). Hier werden als Handlungsstrategien das Fettdrucken der Operatoren (13.XXI, 13.18, 117; 4.V, 4.37, 100; 16.XVIII, 16.31, 168), das Angeben der zur erreichenden Punktzahl und das mündliche Erläutern dessen, was von den Schüler_innen erwartet wird (13.XXI, 13.18, 117), das Bekanntgeben der in der Klausur verwendeten Operatoren vorab (15.XXXI, 15.23, 147) sowie das Beifügen der Operatorenliste samt Definitionen zu den unterrichtlichen Klausuren (2.XIII, 2.32, 114; 4.V, 4.37, 100; 8.XVII, 8.22, 202–208; 16.XVIII, 16.31, 167) genannt. Zudem würden die Operatoren im Unterricht bei mündlichen Arbeitsaufträgen verwendet (4.V, 4.37, 101; 19.XVIII, 19.15, 92).

(2) Es wird von Teaching-to-the-Test-Strategien mittels des Materialienapparats in unterrichtlichen Klausuren berichtet: „also bei mir gibt es immer Materialien, weil es im Abitur auch, also in Bayern ja auch ganz massiv mit Materialien bestückt ist" (13.XXIII, 13.17, 110; ähnlich: 8.XVII, 8.22, 200–202; 14.XV, 14.13, 80–82; 15.XXX, 15.19, 135; 16.IX, 16.49, 23). Die oben geschilderte Notwendigkeit von Farbkopien gilt ebenso für die unterrichtlichen Klausuren. Hier wird als eine Strategie das Abdrucken in schwarz-weiß im Materialapparat, während gleichzeitig das Material in Farbe mit einem Beamer an die Wand projiziert wird, vorgestellt (8.XVIII, 8.25, 230–235).

Das Format der Materialienapparate im Zentralabitur wird in den unterrichtlichen Klausuren aber nicht eins zu eins kopiert. Während im Abitur (hier: in Bayern) Prüfungsteilaufgaben ohne Materialbasierung seltener vorkämen, komme dies in unterrichtlichen Klausuren öfter, „weil in der Klausur weiß man, das hat man abgehandelt" (1.IX, 1.19, 97) oder auch nur in Ausnahmefällen (13.XX, 13.16, 110) vor. Aber auch sonst (hier: in Nordrhein-Westfalen) wird Unterrichtswissen vorausgesetzt und auch ohne entsprechende Materialien in unterrichtlichen Klausuren abgeprüft, zwar nicht als ausgewiesene Teilaufgaben, sondern als Teilaspekt

(16.XIX, 16.24, 118). In einem anderen Fall wird berichtet, dies komme nur in der Unter- und Mittelstufe in Frage, da es die Kompetenzorientierung verbiete:

> „Also ich würde auch nie eine Aufgabe stellen, wo ich ein Bodenprofil abfrage, also eine Horizontierung. Ich bringe vielleicht ein Bodenprofil, wo dann außen die Horizonte stehen, und dann soll der Schüler erklären, wie es denn dazu kommt. Oder was denn dieses Ae heißt, aber jetzt rein das auswendig zu lernen, ganz ehrlich gesagt, wenn Sie mich jetzt nach der Horizontfolge einer was weiß ich was, eines Pseudogleys fragen, komme ich ins Straucheln. Halte ich aber auch nicht für wichtig.

> Also wir haben in der Unterstufe ja immer die typischen Schüler, die Hauptstädte und so weiter auswendig lernen. Das ist eine tolle gedankliche Leistung, aber geographisch ist das nicht. Ich meine ich kann mittlerweile auch viele Hauptstädte der Welt auswendig, aber ich würde gegen den einen oder anderen Unterstufenschüler verlieren.

> Das sage ich denen aber auch immer. Also das hat nichts mit Kompetenz zu tun, wenn ich Dinge auswendig kann." (3.VII, 3.37, 163–166)

Aufgaben ohne Materialien seien auch Kritikpunkte bei Respizienzen – also bei der Überprüfung der Korrektur einer unterrichtlichen Klausur durch den/die Fachbetreuer_in: aufgrund der Prüfungsaufgaben mit Materialbezug im Zentralabitur müssten auch die Prüfungsaufgaben in unterrichtlichen Klausuren materialbasiert sein, woran sich aber nicht alle Kolleg_innen – insbesondere ältere – immer halten würden (9.II, 9.50, 24).

Außerdem sei es nicht möglich, alle Aufgaben auf Materialien basieren zu lassen, zum Beispiel bei Aufgaben mit dem Operator ‚nennen‘ und wenn man kein geeignetes Material finde (10.XV, 10.21, 80–83). Die Materialsuche gestalte sich nämlich oft schwierig (16.XIII, 16.9, 29–31; 16.XXII, 16.19, 73–77; 18.VI, 18.24, 382), als Geographielehrer_in sei man „immer Jäger und Sammler" und halte einige Materialien für die Klausuren zurück (2.XXV, 2.29, 91; ähnlich: 9.XIII, 9.35, 143), weswegen sie nicht nur für Aufgaben herangezogen, sondern auch als Ausgangspunkt zur Aufgabenkonstruktion verwendet würden (8.XI, 8.30, 263–264; 10.XV, 10.22, 87; 13.XIII, 13.21, 134; 18.VI, 18.24, 439). Lehrbücher wären dabei oft nicht hilfreich (16.II, 16.40, 224) und Materialien darin zu veraltet (15.XIV, 15.15, 98). Es würden bei der Materialsuche auch Internetangebote zum Beispiel der Landesvermessungsämter genutzt (8.XVIII, 8.29, 262). Wichtig sei die Aktualität von Materialien (8.XI, 8.26, 265). Aufgaben ohne Bezug zum Materialapparat müssen aber keine Wissensabfragen sein, wenn man vorsehe, dass die Schüler_innen den Atlas heranziehen (4.XII, 4.32, 89).

Es werde darauf geachtet, unterschiedliche Materialtypen in den Materialapparat aufzunehmen, da dies im Zentralabitur auch so sei (3.II, 3.36, 144–151;

8.XI, 8.31, 276; 9.XV, 9.12, 83 und 93). Dazu gehörten auch längere Texte („zur Verstädterung habe ich auch schon eineinhalbseitige Texte mit drinnen gehabt" 8.XI, 8.31, 276), ein anderer Interviewpartner gibt an, er verwende Texte selten, obschon diese im Zentralabitur vorkämen („ich habe Texte selten dazu muss ich gestehen" 8.XVII, 8.32, 271). Über die Anzahl und die Komplexität der Materialien ließe sich das Anforderungsniveau von Klausuren steuern (5.XX, 5.26, 128; 9.XIII, 9.18, 83). Man könne auch einen Transfer mithilfe der Materialien einfordern, wenn man eine unbekannte Materialart in den Materialapparat aufnehme (8.XV, 8.23, 374–378). Außerdem hätten Materialien die Funktion, Folgefehler der Schüler_innen zu verhindern: wenn in einer vorangegangenen Aufgabe zum Beispiel ein alternatives Antwortformat gefordert sei, reiche man ein Material, mit dem die nächste Aufgabe auch gelöst werden könne (8.XI, 8.24, 226–227). Materialien würden in unterrichtlichen Klausuren gerade dann eingesetzt, wenn der Unterricht weniger wissensorientiert gewesen sei und man ein Thema im Unterricht vor allem diskutiert habe (10.III, 10.12, 40). Es wird von Bemühungen berichtet, den Materialumfang in Klausuren zu reduzieren, da die Schüler_innen in der Prüfungssituation sonst den Atlas zu wenig nutzten (19.XXII, 19.63, 94).

(3) Die oben für den Unterricht festgestellte Fokussierung auf Unterrichts*inhalte* spiegelt sich auch in der Konzeption von unterrichtlichen Klausuren wieder. Unterrichtliche Klausuren dienten der „Stoffwiederholung" und der „Hinführung auf das schriftliche Abitur" (13.XXII, 13.12, 96). Die „Passung zum Unterricht" werde dadurch hergestellt, dass der „behandelte[m] Stoff" „vorabgebildet" werde (8.XV, 8.23, 210). „[T]hematisch sollte es [Anm.: in der unterrichtlichen Klausur] halt schon irgendwas sein, was mit dem durchgenommenen Stoff irgendwie übereinstimmt" (18.VIII, 18.17, 212; ähnlich: 4.VII, 4.24, 59).

So zählen die Interviewten, wenn sie die zum Interview mitgebrachte Klausur erläutern, stets die Themen als Prüfungsgegenstände auf. Im folgenden Beispiel werden darüber hinaus noch Medien („Methoden") angeführt:

> „Die erste Schulaufgabe, wir machen in der, in dem Halbjahr ist physische Geographie dominierend ganz stark. Es geht um Klima. Es geht um Klima und atmosphärische Zirkulation. Um Einfluss von Meeresströmungen, Klimadiagramme als Methode nochmal und halt komplexere Klimadiagramme auch. So, das ist so im Prinzip der Stoff, um den es geht." (13.XXII. 13.12, 98)

Die Ausrichtung auf Inhalte bedeute aber nicht, warnt ein interviewter Fach-
berater, dass Unterrichtsinhalte lediglich zu reproduzieren seien, dazu würden
nur Berufsanfänger_innen aus Unsicherheit neigen, sondern es gelte Transferauf-
gaben zu stellen: „Also bin ich als Anfänger auch gerudert. Am Anfang. Die
Versuchung ist groß, es nur über Reproduktion zu machen. Und das sollte man
nicht tun" (5.XX, 5.26, 128).

Das am Zentralabitur ausgerichtete Klausurformat beschränke die Möglichkeiten zu prüfen, sodass die proportionale Abbildung des vorangegangenen
Unterrichts herausfordernd sei und nicht immer hergestellt werden könne, zeigen
die folgenden beiden Interviewpassagen.

„Die Wechselwirkung zwischen Exkursion oder sagen wir mal geographischem
Unterricht und der Klausur, die sind natürlich auch da, aber die haben gerade in den
praktischen Teilen ihre Grenzen. Wobei ich habe auch schon in Klausuren dann Korn-
größen in ein Dreiecksdiagramm einzeichnen lassen, was sie auf der Exkursion dann
praktisch machen mussten mit einem Sieb und dann mussten sie es halt. Aber ich kann
natürlich in einer Klausur kein Experiment durchführen lassen." (3.I, 3.16, 190–191).

„B1: Also wenn wir gerade die schriftliche Prüfung sehen, wir haben viele Methoden auch und methodische Zugänge, die sich schlichtweg nicht abprüfen lassen in der
schriftlichen Prüfung. Die könnte man eher in der mündlichen Prüfung am Werkzeug
zeugen.

I: Ein Beispiel.

B1: Also gerade wenn es jetzt, ich sage jetzt einmal, eine Analyse mit einem GIS
zum Beispiel geht. Da könnte ich so etwas im Prinzip vorbereiten, dass der Schüler
entsprechende Schritte in einer Präsentation dann händisch selbst noch machen soll.
Einfach einmal zwei, drei Stück.

B2: Methodischer Ablauf.

B1: Genau.

B2: Standortfindung oder so.

B1: Das macht in der schriftlichen Prüfung wenig Sinn, dass ich ihn theoretisch abfragen oder sich äußern lassen soll zu so einer Entscheidung. Man könnte natürlich so
auf Grundlage einer Karte was einzeichnen lassen. Wo könnte es denn hingehen?
Also welches Ergebnis würde so eine GIS-Analyse liefern? Aber das ist dann schon
also offenbar wieder begrenzt. Das wäre eher so ein ganz klassisches Element für
eine mündliche Prüfung, wo man tatsächlich diese Kompetenz mit einbeziehen kann."
(8.IX, 8.46, 44–45)

In schriftlichen Klausuren könne man hingegen nur den „Erkenntnisgewinn", nicht „die Methode selbst oder den Unterrichtszugang selbst" abbilden (8.IX, 8.47, 454; ähnlich: 1.XVII, 1.26, 134–152).

4.2.1.4 Die eigene Rolle und die Rolle anderer Akteur_innen aus Sicht von Geographielehrer_innen

Im folgenden Kapitel werden die Aussagen der Interviewten hinsichtlich der eigenen Rolle angesichts des Zentralabiturs sowie die Rolle anderer Akteure zusammengefasst und systematisiert. Auch wenn diese nicht explizit in den Interviews erfragt wurden, kommen einige der Beziehungen, die in den Abschnitten 2.1.3, 2.1.4 und 2.2.2 diskutiert wurden, zur Sprache. Das Kapitel gliedert sich in die Abschnitte die eigene Rolle aus Sicht der Geographielehrer_innen, die Rolle der Schulorganisation sowie die Rolle anderer Gesellschaftssysteme.

Die eigene Rolle aus Sicht von Geographielehrer_innen

Man wisse „halt wirklich gar nicht, was auf einen zukommt" (6.IX, 6.29, 129; ähnlich: 10.II, 10.31, 144–152; 15.IV, 15.6, 40–42; 18.IX, 18.47, 506), beschreiben Geographielehrer_innen die Situation angesichts des Zentralabiturs. Kolleg_innen träfen deshalb auch unterschiedliche Entscheidungen:

> „Es bleibt bei mir die Verantwortung, die richtigen Schwerpunkte auszuwählen. Und da kann ich völlig anders entscheiden als der parallel unterrichtende Kollege und die Schüler fragen sich: Wieso machen die zwei Kollegen ganz was anderes? Die Verantwortung, das Richtige zu treffen, die ist ziemlich hart." (15.XXII, 15.37, 224)

Insbesondere am Berufsanfang sei es „der Horror" gewesen, mit wenig Erfahrung einen Kurs zum Abitur zu führen (15.XXII, 15.37, 224; 16.XIV, 16.6, 23). Mit Erfahrung könne man aber auch gut vorhersehen, was Prüfungsthemen im Zentralabitur sind (18.III, 18.38, 509–531; 18.III, 18.10, 140–148) und gelassener sein, beziehungsweise dies vorgeben:

> „B: Auch da kenne ich nie etwas anderes, man hat immer etwas Bauchkribbeln. Passt das? […]
>
> I: Also Sie meinen Bauchschmerzen bei Ihren Prüfungen dann oder kurz vor dem Zentralabi?
>
> B: Nein, also ich habe auch immer, ich denke immer, das ist für mich, aber das darf ich den Schülern nicht sagen oder nein, das sage ich ihnen echt nicht, ich muss auch Profi sein. Der Arzt fürchtet ja auch, dass er jetzt was Dummes macht und lässt es bei

den Patienten aber nicht durch, sonst spielt der nicht mit, dann fehlt die Compliance und ich habe auch immer die Bedenken, schaffe ich es.

Nun, ich weiß, ich schaffe es, ich habe Erfahrung, beim ersten Mal wusste ich es aber gar nicht und diese Situation führt natürlich darauf, dazu, dass man im Unterricht sehr genau immer wieder auf das hinaus arbeitet, was man danach auch erwartet." (2.III, 2.37, 152–155)

Auf den Lehrer_innen lastet der Druck der Verantwortung für den Erfolg der Schüler_innen im Zentralabitur. Sie müssen es schaffen, „an dem Tag X […] diese olympische Disziplin, in diesem Fall das Abitur, meistern zu können" (4.XVIII, 4.40, 129–130). Zwei Lehrerinnen sprechen sogar von Angst:

„B2: Das Zentralabitur ist sehr spannend, weil man nicht weiß, was kommt, und nicht weiß, wie bewertet wird.

B1: Ja, wir bibbern jedes Mal am Abend vorher. Haben wir alles gemacht? Haben wir die gut genug vorbereitet? Und wir sind schon Leute, sage ich mal, die sich an Vorgaben halten, und das versuchen einzuhalten, und das auch wirklich sorgfältig machen, uns immer wieder einlesen, und trotzdem hat man jedes Mal wieder Angst, haben wir es *richtig* gemacht. Haben wir die gut genug vorbereitet?" (16.XXIX, 13.36, 214–215)

Ein Geographielehrer an einer Waldorfschule wünscht sich angesichts des Erfolgsdrucks, der angesichts des Zentralabiturs sowohl auf den Lehrer_innen als auch den Schüler_innen laste, die Anerkennung alternativer Abschlüsse, damit die Unfreiheit, die in der Jahrgangsstufe 13, in der man die Schüler_innen auf das Abitur vorbereite, entfalle (12.XI, 12.25, 148–150). Die Hochschulzugangsberechtigung könne man besser mittels Auswahltest an der Universität erteilen:

„Ich finde das nämlich eigentlich viel richtiger, was nützt mir ein Einser-Kandidat im Abi, ein Abi-Einser, das heißt noch lange nicht, dass er ein guter Arzt wird oder ein guter Lehrer, ja? Also, sondern das muss man doch anders herausfinden. Also, dass er eine Befähigung hat, klar, und dann die Unis hin kommt und die Zeit hat und nicht sagen die, irgendwann zu einem sagen, ja, dich nehmen wir, du bist der Künftige, du bist ein guter Arzt, weil das sind doch die Fachleute. Also ich würde mir das ganz anders, also wenn ich mir jetzt beschreibe, ein ganz anderes Bildungssystem." (12.XXIII, 12.34, 220)

Die zentralen Abiturprüfungen verändern durch den Erfolgsdruck, den sie ausüben, die Rolle der Lehrer_innen in zweierlei Hinsicht. Einerseits können sie sich mit den Schüler_innen solidarisieren: „Der Vorteil ist, ich habe es mir nicht ausgesucht, ich darf es wie die Schüler genauso blöd finden und kann ihnen auch sagen: Wir finden das jetzt alle blöd und machen es trotzdem" (15.XXII, 15.37, 224; ähnlich: 18.XXIV, 18.30, 508). Andererseits wird die Frage, ob die *Schüler_innen* die Prüfung erfolgreich absolvieren, zur Frage, ob die *Lehrer_innen selbst* die Prüfung erfolgreich bestreiten.

> „Nein, entschuldigen Sie, wenn ich jetzt aus einem Sport ein Beispiel mache, wenn Sie jetzt zur Rad-WM antreten, ja? Sie starten im Teilnehmerfeld der Frauen und die Rad-WM ist in Amsterdam, dann brauchen Sie nicht in Amsterdam zu trainieren, Sie können auch in Köln trainieren oder sonst wo. Sie müssen in Amsterdam halt Weltklasse sein, sonst gewinnen Sie nicht.
>
> Und der Lehrer, wir haben hoffentlich genug Erfahrung, den Unterricht so zu gestalten, *dass wir das Abi schaffen*, das ist das, *was wir beim Zentralabi brauchen*. Und andere Bundesländer haben kein Zentralabi. Da läuft das anders und *die Erfahrung habe ich, ich schaffe das Abi*, das weiß ich jetzt schon. Woher weiß ich es? Ich habe Erfahrung. 100-prozentig statistisch weiß ich es nicht, aber ich nehme mal an, es geht." (2.III, 2.35, 132–133)
>
> „Ich weiß, wer die Schüler sind, und ich gucke mir ihr Ergebnis an und sage: ,Jawohl, die sind besser, als ich erwartet habe!' Und dann freue ich mich. Oder sie sind schlechter, als ich jetzt von Ihnen erwartet habe, dann sage ich: ,Naja, dann habe ich wohl etwas falsch gemacht. Dann habe ich die nicht genug auf das Abitur noch einmal speziell vorbereitet.'" (10.XVIII, 10.13, 42–52)

Auch im Vorlauf des Abiturs wird die Einheit der Rolle als Lehrende_r und Prüfende_r aufgebrochen, nicht erst bei den Zentralabiturprüfungen („Mit den [klimatologischen] Betrachtungen habe *ich* zum Teil schlechte Ergebnisse erzielt in den Klausuren" 1.XVIII, 1.22, 109).

Eine Strategie mit dem Erfolgsdruck umzugehen, ist es, Verantwortung auf die Schüler_innen zu übertragen, etwa indem diese Hinweise für die eigene Vorbereitung erhalten:

> „Die Verantwortung kann ich wegschieben. […] Ich versuche dann einen Teil an die Schüler weiterzureichen und sage: Hier, ihr kriegt den Katalog der Sachthemen, die wir machen müssen, ihr kriegt die Räume. Schaut für euch selber, wo sagt ihr, ihr fühlt euch unsicher. Wo fehlt euch was? Dann machen wir da noch was im 4. Semester." (15.XXII, 15.37, 224; ähnlich: 18.III, 18.38, 515).

Wenn man den Schüler_innen „alle Möglichkeiten geboten" habe, brauche man nicht nervös sein, da es an den Schüler_innen sei, das Angebot zu nutzen (oder nicht) (13.XXVII, 13.29, 216).

Die Schulorganisation aus Sicht von Geographielehrer_innen
In den Interviews taucht die Frage nach den Konsequenzen auf, die sich aus der
organisatorischen Rahmung durch Vorgaben der Schulorganisation ergeben: „[…]
wie viel Macht, oder wie viel Einflussnahme habe ich überhaupt noch als Lehrer
oder führe ich strikt aus, was mir vorgegeben wird" (19.XXXII, 19.41, 152) und
„[…] wie viel Freiraum habe ich eigentlich noch als Lehrer, wie starr ist dieses
System, wie wohlwollend kann ich überhaupt noch korrigieren" (13.XIII, 13.5,
37; 19.XXII, 19.27, 80). Ein Interviewpartner, der an einer Freien Waldorfschule
unterrichtet, kritisiert, dass man an staatlichen Schulen seine „Eigenständigkeit
völlig abgibt", es sei denn, man wende sich explizit dagegen: „ich weiß, viele
Lehrer machen ja noch was draus, weil sie eben so sagen, ihr könnt mich mal,
ja?" (12.IV, 12.10, 38). Da der „Staat […] das Geld hat" gelte das Sprichwort
‚Wes Brot ich ess', des Lied ich sing'", dies sei zu kritisieren (12.IV, 12.10, 40).
An der Freien Waldorfschule hingegen bedinge die Freiheit, dass man als Leh-
rer_in selbst entscheiden könne was unterrichtet werde, sodass man eine große
Verantwortung habe und an sich „die höchsten Ansprüche" stelle (12.XIV, 12.48,
24). Lehrer_innen, die selbst an der Schulorganisation beteiligt waren oder sind,
entwickeln ein Wir-Gefühl (8.XIX, 8.59, 347–349) und fühlen sich frei: nicht
nur bezogen auf die organisatorischen Aufgaben, sondern auch darüber hinaus
für weitere schulische Gestaltungen (8.XX, 8.41, 403–408).
       Kritik wird neben den schulorganisatorischen Vorgaben auch an deren ständi-
gen Veränderungen (4.XIX, 4.18, 40; 14.V, 14.4, 15–17; 15.VIII, 15.3, 30 und
15.34, 210–212) wie wechselnden Vorschriften bei Kursen (Geographie bilingual
nicht mehr als mündliches Abiturprüfungsfach, 15.IX, 15.49, 20–22) oder der
Leistungserfassung (z. B. Facharbeiten: 15.III, 15.18, 133–134) und „alle drei,
vier Jahre neues Curriculum, neueres Buch" (15.IX, 15.68, 84) geübt, die zu
Unwägbarkeiten führten: „Es ist also viel mehr, dass ich, ja, auf Zufälle auch
angewiesen [bin]. Auch werden Reformen als „Unruhe" (15.VIII, 15.34, 212), zu
kurzfristig und „total über das Knie gebrochen" (6.X, 6.30, 141) oder als „Experiment" (14.V, 14.2, 13) empfunden. In einem Interview wird berichtet, dass
man sich nur für Fortbildungen zum Thema Reform des Zentralabiturs anmelden
könne, wenn man schon einen Kurs habe und damit unmittelbar betroffen sei
(6.X, 6.30, 131).
       Weitere Veränderungen, die nicht konkret Oberstufe und Abitur betreffen,
verschärften zusätzlich die Situation. So sei es neben den wechselnden Prü-
fungsgegenständen „in Zeiten von Internet und WhatsApp" erschwerend, dass
Schüler_innen Klausuren sehr einfach weitergeben könnten, sodass diese nicht
zwei Mal in identischer Form gestellt werden könnten (15.VI, 15.67, 180–190).
Außerdem führe die größere Verfügbarkeit von Informationen und Materialien im

Internet (15.VI, 15.12, 77–84; 15.VII, 15.5, 38–39) und „ständig neue Bücher" (15.VII, 15.5, 38–39) dazu, dass mehr gesucht werden könne und müsse. Die organisatorischen und sonstigen Veränderungen führten zu einer Unplanbarkeit von Unterricht, berichtet eine Lehrerin:

> „Es ist also viel mehr, dass ich, ja, auf Zufälle auch angewiesen bin. Was servieren die mir? Wie gehe ich damit um? Ich muss sehr viel wacher sein. Unterrichtsplanung ist bei mir dann auch weniger präzise. Also ich kann nicht sagen: 10 Minuten das, 5 Minuten das und das Stundenende wird heute unbedingt da sein. Nee, überhaupt nicht." (15.XIII, 15.14, 86).

Neben den allgemeinen schulorganisatorischen Rahmenbedingungen wird auch konkret das Zentralabitur als Steuerungsinstrument thematisiert. Die Steuerung über das Zentralabitur wird dabei als „Top-down-Prozess" beschrieben: die Prüfungsformate bestimmten den Unterricht und nicht andersherum, da man „relativ wenig Einflussmöglichkeiten auf die Prüfungsformate" habe (19.XXXI, 19.40, 140).

Bezogen auf das Prüfungswesen gebe es keine grundlegenden Reformansätze: „Aber soweit ich weiß, gibt es da, glaube ich, keine massiv großen Bestrebungen, das komplett zu hinterfragen, also ohne da die entscheidenden Leute zu kennen." (19.XXXIII, 19.18, 42).

Als Lehrer_in sei man selbst „ein Bindeglied zwischen Lehrwerk, den Vorstellungen des Kultusministeriums und den Klausuren" (19.XXXI, 19.40, 140) und damit „ein Ausführer sozusagen. Aber so ist ja auch das Prinzip Schule gedacht. Kultusministerium gibt vor, Lehrer führt aus. Also es ist ja nicht so, dass ich das Rad neu erfinden soll" (19.XXXII, 19.41, 152).

Man wisse auch nicht genau, „wer sozusagen die entscheidende Stellschraube dreht", das Kultusministerium oder die Aufgabenkommission (19.XXXI, 19.40, 140). Es werden Zweifel an der fachlichen Kompetenz der Entscheidungsträger_innen geäußert, außerdem würden diese fernab der konkreten, unterrichtlichen Situation Entscheidungen treffen:

> „B: […] ist es einfach so, das zählt nur irgendwas, wenn irgendwer im Kultusministerium sich ausdenkt und das sind ja gar nicht die Fachleute, dann denken die sich irgendwas aus und das müssen jetzt tausende von Lehrern umsetzen und das widerstrebt mir, ja. Und das widerstrebt mir so gnadenlos, weil ich stehe immer vor den Schülern und ich weiß doch, eigentlich müssten die im Moment was anderes machen und das weiß keiner außer mir, weil niemand steht vor denen […]" (12.IV, 12.10, 38)

Es wird auch konkret über die Arbeit der Aufgabenkommission des Bundeslandes, die die Zentralabiturprüfungsaufgaben entwickelt, gesprochen (15.I, 15.21, 141; 18.III, 18.38, 509–531). Dabei wird im Rahmen der oben angesprochenen Solidarisierung mit den Schüler_innen eine Dichotomie – *die* versus *wir* – aufgemacht:

> „B5: […] so wie die in Köln ticken. […] Dann wissen wir, wie die ticken, in welche Richtung das geht. Ich habe jetzt im Leistungskurs, im letzten Leistungskurs, den ich hatte, sind wir zum Schluss sogar so hingegangen und haben also so Themenschwerpunkte geschaut: Welche Themen greifen die am ehesten heraus? […] ‚Aber gibt es dann vielleicht irgendwelche Schwerpunkte, die die von Köln dann so haben‘ […]
>
> B1: Was man den Kindern halt irgendwie nicht beibringen kann, ist, finde ich oder was man denen nicht natürlich sagen kann ist, wie derjenige, diejenige oder die Kommission, wer auch immer die Klausuren erstellt, tickt und was der in den Erwartungshorizont da hineinschreibt." (18.III, 18.38, 509–522; die Formulierung „von Köln" s. auch bei 18.XVI, 18.27, 445)

Es gibt zum einen inhaltliche Kritik an der Arbeit der Aufgabenkommission, etwa dass die Thesen in Prüfungsaufgaben „oft so komisch handgestrickt" seien „[…], dass die Schüler das nicht erfassen" (15.I, 15.21, 141) oder dass diese qualitativ fragliche Autorentexte verfasse: „Das sieht man ja auch an den Quellen, wie viel Quellen verarbeitet wurden, um diesen Einführungstext in sehr schlichter, deutscher Sprache da zusammenzustoppeln." (15.IV, 15.7, 48). Zum anderen gibt es regelrechte Häme, wenn „oben" Fehler gemacht werden:

> „B: […] Die Nerven liegen blank. Weil, dadurch, dass es von oben kommt, hat es ja einen höheren Weisheitsgrad, ne. Die sind ja cleverer, die sind ja höher bezahlt. Und natürlich amüsieren wir uns köstlich und das kriegen sie auch postwendend zurück, wenn sie dann Fehler da drin machen, die sie uns ja früher auch um die Ohren gehauen haben, ne.
>
> I: Klar, natürlich.
>
> B: Wenn ich meine zwei Exemplare zu einer Frist, ich weiß nicht, im Januar oder wann, immer einliefern musste und dann hatte ich die Zeilenzählung vergessen. Das kam prompt zurück und grinsend kam der Schulleiter an: Da fehlt wohl was.
>
> I: Ja.
>
> B: Also sind wir jetzt genauso schadenfroh. He Leute, Ibbenbüren liegt gar nicht in Niedersachsen, habt ihr euch wohl vertan. Es ist diese Häme, die da rüberkommt." (15.I, 15.51, 248–252)

Sind Lehrer_innen selbst an der Aufgabenentwicklung beteiligt, wird der „geheimnisvolle Charakter" betont und von divergierenden Ansichten – unter anderem zur Auslegung der Operatoren – der die Aufgaben testenden Lehrer_innen und der Aufgabenkommission, deren „Denken sehr starr" sei, berichtet (19.XXVII, 19.19, 66). Ein Ärgernis stelle der Umstand dar, dass Lehrer_innen, die sich an der Konzeption der Zentralabiturklausuraufgaben beteiligen, die Rechte daran verlieren (8.V, 8.28, 240–261).

Angesichts der organisatorischen Rahmung stellt sich die Frage, wie Lehrer_innen darauf reagieren sollten. Die Sicht der Schüler_innen wird in einem Interview so wiedergegeben, dass diese das Zentralabitur als „notwendiges Übel" ansähen und deshalb auch keine alleinige Ausrichtung des Unterrichts darauf erwarteten (3.XVII, 3.58, 190–196). Es liege in der Verantwortung der Lehrer_innen, mit der Situation verantwortungsvoll umzugehen und die Persönlichkeitsbildung ins Zentrum des Handelns zu stellen, fordert ein Schulleiter (5.VII, 5.40, 192–194). Er verweist auf die Lebenslauforientierung von Schule und die Verantwortung für die Gesellschaft (5.VII, 5.40, 194).

Kolleg_innen als Teil der Schulorganisation

Kolleg_innen als Teil der Schulorganisation auf der Ebene der Einzelschule werden als wichtige Kooperationspartner_innen benannt (2.XX, 2.13, 38; 11.IV, 11.3, 10 und 240), etwa als Verbündete in der Umbruchsarbeit (16.XIX, 16.5, 19–29), beim Austausch von Unterrichts- bzw. Prüfungsmaterialien (19.XXIII, 19.33, 98), im fächerübergreifenden Unterricht (7.XV, 7.11, 61). Außerdem wird von fruchtbaren schulübergreifenden Kooperationen berichtet (2.XXI, 2.40, 168; 6.XVII, 6.5, 22). Die Altersmischung im Kollegium wird als wichtig bezeichnet (11.IV, 11.5, 12). Allerdings werden auch Einschränkungen gemacht.

Es wird von Problemen berichtet, die durch Vergleiche entstehen. Kolleg_innen hätten sich gegen Ausbildungsunterricht „gesperrt", da den Schüler_innen dann der Kontrast zwischen „revolutionären Methoden" und „alte[m] Unterricht" hätte auffallen können (16.I, 16.2, 16). Es entstehe Verantwortungsdruck, da die Schüler_innen den auf das Zentralabitur vorbereitenden Unterricht von Parallelkursen vergleichen würden (15.XXII, 15.37, 224). Man prüfe im mündlichen Abitur unterschiedlich, das Niveau habe sich „jetzt […] so langsam auf ein Niveau" eingependelt (10.XVIII, 10.32, 171).

Ein Austausch mit Kolleg_innen kann schwierig sein. In einem Interview wird berichtet, dass unterschiedliche Unterrichtsstile einen Austausch sinnlos machten (13.XVI, 13.23, 136), in einem anderen Interview, dass die Sicht von verschiedenen Unterrichtsfächern auf Themen zu einer Beendigung einer fächerübergreifenden Kooperation geführt hätten (9.XIX, 9.9, 37). Die wechselnden

Themen im Abiturkanon führten dazu, dass man niemanden an der Schule habe „mit dem man reden kann", man könne sich nicht mehr austauschen, jeder sei „in eigenen Gefilden unterwegs", es komme zu einer „Vereinzelung" (15.XXXVI, 15.4, 31–36).

Es werden Vergleiche der Handlungsstrategien angestellt, etwa bei der Korrektur und der Handhabung des Erwartungshorizontes im Zentralabitur (18.XXV, 18.19, 227–235), der Aufgabenstellung in Klausuren (2.XXII, 2.34, 127–128), der Rückgabe von korrigierten Heften (12.XVIII, 12.18, 70), dem Zeitpunkt des Einsetzens von Teaching-to-the-Test-Maßnahmen (12.XIV, 11.55, 212). Es wird von Streit unter Kolleg_innen hinsichtlich der Regularien zur Klausurerstellung berichtet (15.I, 15.27, 159).

Außerdem werden Kolleg_innen in ihrer Funktion als Teil der Schulorganisation wahrgenommen, etwa als Zweitkorrektor_innen im Zentralabitur (19.VII, 19.22, 77–94), als Gegner_innen von Exkursionen wegen Unterrichtsausfall (1.VII, 1.11, 34–36; 3.VIII, 3.39, 204; 9.XIX, 9.11, 37; 13.XV, 13.6, 39; 16.XVII, 16.45, 6) oder auch als Duldende (6.V, 6.11, 36) sowie im Rahmen von Respizienzen beziehungsweise der Aufsicht der Schulleitung über Durchschnittsnoten von Klausuren (9.XI, 9.5, 26–28).

Andersherum berichten Interviewte, die selbst verstärkt Aufgaben der Schulorganisation übernehmen von Problemen, die durch die Überforderung von Kolleg_innen entstünden. So würden Angebote wie aufbereitete Geoinformationssysteme nicht genutzt (8.V, 8.7, 43–49), Exkursionen wegen (fachlicher) Unsicherheit nicht durchgeführt (2.XI, 2.15, 42; 3.VIII, 3.39, 215–216), es bestehe Skepsis bei neuen Zugängen wie Thinking-through-Geography (3.XVI, 3.10, 237), Kompetenzorientierung würde nicht beachtet (19.XXVI, 19.7, 28).

Es wird die Vermutung geäußert, Umbrüche auf Schulebene seien nur schwerlich umsetzbar:

„Aber ich denke, dass das Kollegium mitziehen muss. Und ich denke mal, hier sind sehr viele Kollegen, die schon lange den Job machen und aus diesem Stiefel gar nicht mehr raus könnten. Selbst wenn sie das jetzt wollten, oder die meisten wollen wahrscheinlich gar nicht, das ist halt schon eine große Umstellung, man muss im Team miteinander arbeiten und das sind ja doch alle Einzelkämpfer dann, wenn wir fertig sind." (7.VII, 7.27, 137)

Ein Innovieren des Unterrichts sei nur durch Innovationen im Zentralabitur erreichbar:

„Dann ist natürlich immer wieder ganz viel, ja Umbruchsarbeit. Das Abitur hat sich jetzt ganz stark verändert in Richtung Kompetenzorientierung, weil wir gesehen haben, dass Kompetenzorientierung an den Schulen letztlich wahrscheinlich nur ankommt, wenn wir auch das Ziel kompetenzorientierend machen. Wenn die Prüfung ganz weit weg von Kompetenzorientierung ist, dann sehen die Kollegen natürlich auch keine Notwendigkeit, warum sie ihren Unterricht ändern sollten." (3.IV, 3.7, 28)

Andere Gesellschaftssysteme aus Sicht von Geographielehrer_innen

Es werden Recht, Politik, Wirtschaft als andere Gesellschaftssysteme thematisiert.

Immer wieder wird die Frage der *Rechtssicherheit* von unterrichtlichen Prüfungen thematisiert und das Bestreben formuliert, sich abzusichern (9.VI, 9.57, 69–70; 10.I, 10.29, 131–137; 12.II,12.31, 202; 19.XII, 19.43, 151). Eine Schnittstellenfunktion übernehmen in Bayern Fachbereichsleiter, wie im folgenden Beispiel ersichtlich:

„B1: […] wie rechtssicher ist die ganze Geschichte? Ich muss ja dann irgendwann mal, wenn es hart auf hart geht, irgendwie rechtfertigen, dass das jetzt nach objektiven Kriterien genauso zu bewerten gewesen wäre und nicht anders und dem irgendwie kein Nachteil dadurch erstanden ist, dass er die eine Aufgabe nicht konnte. Die der andere vielleicht durch Zufall abgeschrieben hat und die lösen konnte. Und das, ist man schon sehr damit beschäftigt, sich auch damit abzusichern irgendwo, dass das wenig angreifbar ist. Weil der Trend ja auch immer dazu geht, dass die Eltern doch wesentlich deutlicher dahinter sind, auch mal zu kritisieren, ob diese Aufgabenstellung jetzt so angemessen wäre. Kenne ich aus meiner Schulzeit nicht, dass meine Eltern mal gesagt haben: ‚Oh das lag am Lehrer und die Aufgabenstellung (unv. 00:28:27).‘ […] Hatte ich bittere Erfahrungen gemacht, wie ich dieses halbe Jahr an der Realschule unterrichtet habe.

I: Weil?

B1: Sich mein Fachbereichsleiter teilweise aufgeregt hat, dass ich zu anspruchsvolle Prüfungen stellen würde. […]." (10.I, 10.29, 131–137)

Die *Politik* wird als Akteur benannt („Aber dann müsste man an die Landesregierung dran sozusagen. Bildungsministerium.", 14.V, 14.24, 140). Zum einen ist auf die weiter oben bereits ausführlicher besprochenen, durch die Politik initiierten organisatorischen Rahmenbedingungen und deren Reformen, die Unsicherheit bedingen würden, zu verweisen. An dieser Stelle soll deshalb nur ein Beispiel aus einem Interview angeführt werden:

„B: […] das neue G8-Abitur in Bayern ist noch nicht besonders alt. Und der Eindruck von mir und auch von vielen Kollegen ist, dass es da noch keine richtige Linie gibt vonseiten des Kultusministeriums, wie das Abitur letztendlich aussehen soll. Und deswegen mache ich das so, dass eigentlich mein Unterricht natürlich jetzt, also klar ist der Unterricht Grundlage des Abiturs. Aber er weicht, also das, was im Abitur erforderlich ist, weicht zum Teil davon ab, was im Unterricht geschieht. [...]

I: Und was heißt, noch keine richtige Linie (unverständlich)

B: Ja, das ist einfach so, meiner Meinung nach, nicht so ist, dass ganz klar ist, was so abgeprüft wird." (13.VIII, 13.32, 156–158)

Als zweites wird das politische Bestreben nach einer guten Leistungsperformanz in den Interviews aus verschiedenen Perspektiven beleuchtet, das an dieser Stelle ausführlicher dargestellt werden soll. So wird das Verhältnis der mündlichen und schriftlichen Leistungserfassung im Unterricht angesprochen, das sich zugunsten der mündlichen Leistungserfassung verschoben habe, da dies die „Durchfaller-zahlen" senke, „weil es ja vom Ministerium gewünscht ist" (9.X, 9.33, 133). In anderen Interviews wird die Praxis des Vergleichs von Durchschnittsnoten kri-tisiert (mündlicher versus schriftlicher Notendurchschnitt, Notendurschnitt einer Klausur versus schriftlicher Notendurchschnitt anderer Kurse, Notendurchschnitt im Zentralabitur versus Notendurschnitt des vorangegangenen Unterrichts, Noten-durchschnitt im Zentralabitur versus landesweiter Durchschnitt im Zentralabitur) (10.XVIII, 10.13, 44; 12.II, 12.31, 200).

Diese politisch motivierte Leistungsoptimierung und die damit verbundene „Erwartungshaltung" führe „zu einem gewissen Unwohlsein" und es entstehe ein Leistungs- und Handlungsdruck (8.XII, 8.44, 413–415). Dies kann dazu führen, dass dies die Art zu unterrichten beeinflusst:

„Aber ja, ich denke, wenn ich das Abitur nicht hätte, würde ich mehr offen arbeiten, offene Arbeitsformen, ja. Weil ich mich selber nicht unter den Druck setzte, dass ich sage, mein Abiturergebnis muss stimmen, das ist ja das, was bei uns, also mit die-ser Qualitätsoptimierung, es wird schon auf die Abiturschnitte geguckt." (10.XVIII, 10.13, 42)

Dabei sei der Vergleich von Durchschnittswerten bei den wenigen Schüler_innen in einem Kurs oder erst recht bei den wenigen Schüler_innen im Kurs, die Geo-graphie als schriftliches Prüfungsfach wählten, methodisch zweifelhaft (10.XVIII, 10.13, 47–52; 12.II, 12.31, 198–208). Außerdem bewerte jede Lehrkraft anders und variiere gegebenenfalls je nach Leistungsdruck:

„Ist klar, wenn ich jetzt einen Chef habe, der mir Druck macht, und sagt, die Schnitte müssen besser werden, korrigieren wir halt das nächste Mal das Abitur so, dass wir halt gnädiger sind einfach irgendwo, wenn wir sagen, ja, wir wollen das ja irgendwie da hinkriegen. Und dann führt das Zentralabitur dazu, dass es überhaupt keinen Sinn macht, Zentralabitur zu machen, wenn eh jeder so korrigiert, dass der Schnitt hinkommt." (10.XVIII, 10.32, 176)

Man müsse sich entscheiden, ob es im Zentralabitur um „Selbstbeweihräucherung" gehe oder das Abprüfen von „Mindeststandards" (10.XVIII, 10.33, 177–178). Und andersherum berichtet ein Interviewter, man habe ihn angehalten, den Notendurchschnitt seines Kurses in unterrichtlichen Klausuren zu senken, da dieser im innerschulischen Vergleich zu gut sei (12.II, 12.31, 200). In der Konsequenz wird das Abschaffen des Vergleichs von Durchschnittsnoten oder das Abschaffen der Noten selbst (stattdessen Bestehen versus Nichtbestehen) gefordert (10.XVIII, 10.33, 177–179 und 10.13, 52).

Das Anforderungsniveau von Zentralbituraufgaben wird in einem Interview vor dem Hintergrund politischer Zielsetzungen hinterfragt:

„Also im letzten Jahr zum Beispiel waren viele Aufgaben drin, die hatten mit dem normalen Lehrplan überhaupt nichts zu tun. Und es war sehr weit weg. Das waren Sachen, die konnten Leute auf der Straße beantworten. Also nicht im Geographieunterricht sein müssen. Also Vor- und Nachteile einer Pkw-Maut. Also das steht in keinster Stelle im Lehrplan, solche Sachen. Ja, also ich denke mal, gut, ist ja anonym. Wie es in Bayern halt, das G8 muss halt ein politischer Erfolg sein. Das heißt, die Noten müssen gut sein und das Niveau halt dann dementsprechend langsam, aber stetig sinken." (13.VIII, 13.32, 158)

In einem anderen Interview berichtet eine Geographielehrerin, wie Leistungsdruck bei gleichzeitiger schwieriger Aufgabenstellung zu Widersprüchen geführt hätte:

„B: Und 11 war Doppelabi, das war ein Ausnahmejahr. Wir hatten die ganz klare Ansage, es darf keiner durchfallen. Die Aufgaben waren anders als sonst, einfacher. Und da war in dem einen Thema, das eine war USA, das andere weiß ich nicht mehr – Niedersachsen glaube ich. In einem Thema war die These, zu der man Stellung nehmen sollte, so verdreht und kompliziert, meine Kollegin, die den Parallelkurs hatte, hat die These nicht kapiert. Ihr ganzer Kurs hat die These nicht kapiert.

I: Ich muss da nochmal reingucken.

B: Ja, gucken Sie nochmal rein. Das ist lustig, aber auch bitter, weil manche Schüler, die 12/13 Punkte haben, da auf einmal mit 5 Punkten rausgehen. Da habe ich gesagt: Was soll das? Die Aussage in sich ist nicht klar." (15.I, 15.21, 143–145)

Es wird Kritik am Einfluss der *Wirtschaft* auf schulorganisatorische Entscheidungen geübt. Die Wirtschaft habe durch „Lobbyismus" Einfluss auf den Fächerkanon genommen und bewirkt, dass das Neigungsfach Wirtschaft eingeführt worden sei (4.VI, 4.22, 50). Der Lehrplan im Fach Geographie enthalte immer mehr Wirtschaftsthemen, auch weil man sich als Fach angeboten habe (4.VI, 4.22, 51). Das Thema Globalisierung begegne den Schüler_innen außerdem in vielen weiteren Fächern (Englisch, Gemeinschaftskunde, Geschichte), sodass sie „es nicht mehr hören" könnten (4.VI, 4.22, 51).

Ebenso wenig wie der Staat vorgeben solle „ich brauche jetzt gute Staatsdiener", sollte die Wirtschaft vorgeben „wir brauchen die und die Fähigkeiten", sondern Lehrer_innen sollten sich überlegen, welche Fähigkeiten für bestimmte Berufe von Nöten seien (12.VII, 12.40, 232).

Die PISA-Studie(n) der OECD werden als Referenzpunkt („was PISA von uns fordert", 5.III, 5.24, 122) und als Auslöser für zu kritisierende Reformen angesehen, da die verglichenen Länder nicht vergleichbar seien:

> „B: Das ist ja klar, wenn ein neuer pädagogischer Zug durch das Dorf fährt, dass man immer drauf aufspringen muss. Und wenn in zwei Jahren irgendwie was anderes modern ist, dann muss man das auch umsetzen. Und wenn man irgendwann mal feststellt, dass in Burkina Faso die pädagogische Kompetenz der Lehrer und die Unterrichtsausrichtung dort gerade auf dem neusten Stand ist und die was Neues erfunden [haben], dann muss man das in Deutschland auch ganz schnell umsetzen.
>
> Natürlich. Aber die Voraussetzungen sind natürlich immer grundlegend verschieden. Wenn Sie die PISA-Studie angucken und die skandinavischen Länder angucken und gucken sich den Klassenteiler in Finnland an und das dort teilweise Team-Teaching stattfindet und gucken sich den herkömmlichen Klassenteiler sagen wir mal bei uns oder an staatlichen Schulen an, dann ist das schon ein gravierender Unterschied." (4.XIX, 4.18 und 4.20, 40–41)

4.2.2 Eine Typologie der aktualen Gestaltung im Fach Geographie durch Geographielehrer_innen angesichts des Zentralabiturs

Angesichts der in Abschnitt 4.2.1 dargestellten Ergebnisse stellt sich die Frage, wie die von den interviewten Geographielehrer_innen beschriebenen Ursachen, Kontexte, Phänomene, Bedingungen, Strategien und Konsequenzen zusammenhängen. Zwar konnte ein Überblick über die vielgestaltigen, weitreichenden Steuerungswirkungen des Zentralabiturs gewonnen werden, jedoch mangelt es an einer Überblick verschaffenden Systematisierung und einem Runterbrechen auf die Ebene der einzelnen Interviews. Diese Leerstellen sollen im Folgenden behoben werden: zum einen durch eine Typologie der Gestaltung von Geographieunterricht und zum zweiten durch einen Abgleich der in der Typologie identifizierten, idealen Merkmale und Bedingungsfaktoren mit den einzelnen, realen, komplexen Phänomenen im Sample.

4.2.2.1 Dimensionen, Merkmale und Bedingungsfaktoren der aktualen Gestaltung

Alle Interviewten unterrichten Geographie, in unterschiedlichem Umfang und auf ihre eigene Art und Weise. In Abschnitt 4.2.1 wurde aber deutlich, dass die Interviewten ihr unterrichtliches Handeln nicht als frei von Einflüssen beschreiben. Alle Lehrer_innen berichten davon, dass sie ihre Schüler_innen gezielt auf das Zentralabitur vorbereiten.

An dieser Stelle ist es nicht beabsichtigt, der Frage nachzugehen, inwiefern die Interviewten faktisch Freiräume *haben* und *potentiell* gestalten *könnten*. Vielmehr soll der Frage nachgegangen werden, inwiefern sie Freiräume *wahrnehmen* und inwiefern sie in ihren eigenen Augen *tatsächlich* gestalten. Deshalb wird im Folgenden eine Typologie der *aktualen* Gestaltung entwickelt.

Der Begriff der *Gestaltung* richtet sich dabei nicht aus einer Beobachterperspektive auf den Unterricht. Vielmehr greift er die Innensicht der Handelnden auf die Frage auf, inwiefern diese von der organisatorischen Rahmung offen gelassene Freiräume sehen und ausfüllen. Ausschlaggebend ist es also, wenn in den Interviews Aktivitäten besonders hervorgehoben werden („[d]a machen wir GIS, da machen wir GPS" (6.XVI, 6.18, 56), „Fortbildungen anbieten" (6.XIII, 6.3, 22), „über den normalen Unterricht hinaus, dass ich mich mit Geo beschäftigt habe" (6.III, 6.2, 16), „ausprobiert" (8.8.XXIII, 8.14, 147; 11.I, 11.12, 78), „optimiert, […] noch einmal anders stricken" (16.XIX, 16.62, 79), „koordiniere" (2.X, 2.45, 25)) und wenn damit positive Gefühle verbunden sind („was Tolles […] es war wirklich spannend" (1.XIV, 1.8, 29), „das sind halt echt die Sachen, die am meisten Spaß machen" (11.X, 11.61, 36)). Es ist hingegen für die Beantwortung der forschungsleitenden Frage nicht relevant und aufgrund der gewählten Forschungsmethode auch nicht nachprüfbar, ob die Handlungen wirklich einen abwechslungsreichen oder spannenden Unterricht bedingen.

Die von den Interviewpartner_innen empfundene *Intensität* der Gestaltung kann variieren. Sie kann gering ausfallen, wenn es aus Sicht der Interviewten an Möglichkeiten, anders zu handeln, mangelt („man schaut vielleicht mal [einen] kleinen Filmausschnitt. Das ist schon das Höchste." 1.I, 1.12, 44; „Den Aufwand, da Arbeitsblätter zu machen, betreibe ich sowieso nicht." 15.XXVII, 15.60, 131). Sie kann stark ausfallen, wenn mehr Handlungsspielräume gesehen werden („Abwechslung", „nicht nur dieser normale Schulalltag", „interessanter gestaltet" 6.III, 6.2, 16). Darüber hinaus kann die *Frequenz*, in der gestalterisches Handeln stattfindet, variieren. Gibt es im einen Fall nur seltene Gelegenheiten („ab und an" 13.XIV, 13.8, 64; „nicht so oft" 15.XXVIII, 15.16, 121) sind es im anderen häufige: („das ist viel zu häufig" 2.XIX, 2.47, 57; „ganz oft, klar, das ist für mich ganz normal" 6.XVI, 6.18, 70). Hinzu kommen Fälle, in denen die miteinander verknüpften Handlungssequenzen durch einen einmaligen Wechsel unterbrochen werden oder ständig zwischen mehreren Handlungsstrategien oszillieren, die Gestaltung also gewechselt hat („also ich habe vorher nicht [...]" 19.XVIII, 19.15, 92) oder laufend wechselt („unterschiedlich" 10.XX, 10.42, 25).

Die beiden Dimensionen der Gestaltung, die Intensität und die Frequenz spannen einen Merkmalsraum auf, in dem sich typische Eigenschaften und Bedingungsfaktoren anordnen lassen. So unterscheiden sich die Interviews darin, ob eigene Ideen zu gestalten geäußert werden, wie die eigene Art zu unterrichten beschrieben wird, inwiefern das Gestalten organisiert ist, in welchem Umfang persönliche Ressourcen investiert werden, wie die Gefühle zum eigenen Handeln beschrieben werden, was als Ziel des Geographieunterrichts formuliert wird, wem die Verantwortung für das Erreichen des Ziels zugeschrieben wird und ob verstärkt Wissen und/oder Kompetenzen für das Erreichen des Ziels gefördert werden. Als zweites werden in den Interviews als Faktoren, die die Gestaltung beeinflussen, die Resonanz auf das eigene Handeln, die Stellung des Fachs Geographie, die eigene Haltung zur organisatorischen Rahmung, die Verfügbarkeit zusätzlicher Ressourcen und hier insbesondere die kollegiale Unterstützung, die Definition der eigenen Rolle und der Grad der Erfahrung herausgestellt. Diese acht Eigenschaften und sieben Bedingungsfaktoren werden im Folgenden herangezogen, um die identifizierten Typen der Gestaltung näher zu charakterisieren. Dabei werden aber die Relevanzstrukturen aus dem Datenmaterial übernommen, sodass zwar alle Merkmale von typenübergreifender, nicht aber von ausnahmsloser Relevanz sind.

4.2.2.2 Typen der aktualen Gestaltung auf Basis der Dimensionen Gestaltungsintensität und Gestaltungsfrequenz

Durch die Kombination der Dimensionen Intensität und Frequenz lassen sich theoretisch sechs Typen bilden. Da der Handlungstypus 5 sich vornehmlich durch seinen Prozesscharakter auszeichnet und die Intensität wechselt, sind aber letztendlich nur fünf Typen empirisch begründbar (vgl. Tabelle 4.17). Im Folgenden sollen die identifizierten Typen und die Spezifika ihrer Eigenschaften und Bedingungsfaktoren vorgestellt werden. Zur Illustration werden hierbei jeweils Belege aus dem Datenmaterial herangezogen.

Tabelle 4.17 Dimensionalisierung einer Typologie der aktualen Gestaltung. (Quelle: Eigene Abbildung)

		Frequenz		
		selten	*gewechselt/wechselnd*	*häufig*
Intensität	*gering*	Typus 1	Typus 5	Typus 2
	stark	Typus 3		Typus 4

Typus 1: Gestaltungsarme Routine
Der erste Typus zeichnet sich dadurch aus, dass den eigenen Angaben der Interviewten nach weder mit einer größeren Intensität noch häufig Unterricht besonders gestaltet wird. Hauptursachen sind eine Handlungssicherheit und hemmende Rahmenbedingungen. Versuche zu gestalten werden immer wieder durch ungünstige Bedingungsfaktoren konterkariert.

Der Fokus des Unterrichts liegt auf der Vermittlung von Wissen (14.XIII, 14.11, 65–78) bzw. der „inhaltlichen Obligatorik" (18.IV, 18.46, 182; ähnlich: 18.IX, 18.47, 509). Kompetenzen werden als Beiwerk verstanden: „Die Kompetenzen sind dann hoffentlich zum Schluss da, wenn wir das inhaltlich orientiert unterrichten" (18.IV, 18.46, 183). Zwar sei der schüler_innenzentrierte Unterricht aus dem Referendariat bekannt, der Unterricht sei dennoch vornehmlich lehrer_inzentriert (18.VII, 18.16, 466–468). Schüler_innenzentrierter Unterricht gehe „ganz gut", er sei „interessant für die Schüler", sie machten das „relativ gerne", nur sei dies zu zeitraubend (18.V, 18.45, 481–503). Außerdem bräuchten Schüler_innen mehr Anleitung. Ein Geographielehrer berichtet etwa, dass es auch in der Oberstufe erforderlich sei, die Schüler_innen Texte laut vorlesen zu lassen, sonst markierten sie zu viele Textstellen und erfassten die Kernaussagen nicht (18.V, 18.45, 468–476).

Die organisatorische Rahmung wird als handlungsbeschränkend empfunden („Das steht ja fest, was man unterreichten soll." 14.VII, 14.31, 66; „Das muss man sowieso ja machen." 14.VII, 14.18, 120; „Wenn ich die Wahl hätte? Wie soll denn das sein?" 14.VII, 14.27, 122). Die Ausstattung an der Schule wird als durchaus gut bezeichnet (Erdkundefachraum 18.II, 18.44, 67; Landkarten, Bücher, Lehrwerke, Zeitschriften, Atlanten 18.II, 18.44, 67–69), auch

wenn Hemmnisse bestehen (Unterrichtsmaterialien veraltet 18.II, 18.44, 67–69).
Weitere Ressourcen werden nicht genannt.
Dazu kann eine schlechte Stellung des Fachs kommen. Dies kann für die
Situation im Bundesland gelten: „Und Geographie ist sowieso in Hessen das
Allerletzte (lacht)." (14.II, 14.7, 29–34; weniger drastisch: 14.II, 14.28, 136–139;
14.XIII, 14.11, 93).

> „[…] wobei die in Hessen das total altmodisch Erdkunde nennen – ich bringe meinen
> das immer bei, dass ich Geographie studiert habe, dass das Fach Geographie heißt, in
> Klammern Erdkunde, steht nachher auf dem Zeugnis. Aber da sind wir so dermaßen
> rückständig, dass wir schon fast die letzten sind im ganzen, im ganzen Deutschland
> von den 16 Bundesländern, die das immer noch Erdkunde nennen wie vor hundert
> Jahren." (14.III, 14.8, 38)

Außerdem kann dies für die Situation an der Schule (Fächerkonkurrenz bezüglich Stundentafel 14.III, 14.8, 35–47; aus Tradition keine Leistungskurse im Fach
Geographie 14.III, 14.10, 50–61; unterrichtet kaum Geographie 14.I, 14.1, 10
und 14.9, 47; Schule wird geschlossen 18.X, 18.1, 10–16) gelten. Hinzu kann
ein Gefühl der Geringschätzung kommen (schlechte Bezahlung im Vergleich der
Bundesländer 14.VI, 14.29, 122–127). Kategorien wie „Anpassung und Resignation" (14.VII), „Tragischer Umbruch: […] Schule schließt" (18.X) zeugen von
persönlichen Belastungen.
    Sicherheit im Handeln tritt auf, wenn eine große Erfahrung besteht und deswe-
gen langjährig gleichförmig unterrichtet wird (18.VI, 18.15. 161–162) oder wenn
auf bestehende Materialien wie Lehrwerke zurückgegriffen wird:

> „Es gibt einen neuen Lehrplan, aber dann ist es ja nicht so, dass wir Lehrer uns da
> daran halten. Ich glaube die meisten Kollegen, ich schließe mich da ein, unterrichten
> so wie die Bücher es vorgeben. Wenn wir neue Bücher kriegen, dann unterrichten wir
> nach diesen Büchern […]." (18.VI, 18.15, 161)

Ebenso wie für den Unterricht gilt dies für Klausuren:

> „B5: Es ist ja auch heute meistens so, wenn man Klausuren entwickelt, dann oder
> selber entwickeln.
>
> B1: Ja.
>
> B5: Tun sie ja seltenst.
>
> B1: Stimmt.
>
> B5: Sondern man nimmt irgendwelche fertigen Klausuren.

B2: Genau.

B1: Ja.

B5: Wo auch schon ein Erwartungshorizont dabei ist.

B1: Ja, stimmt.

B5: Insofern ist das relativ einfach auch.

B1: Ja." (18.VI, 18.24, 331–341)

Eine weitere Handlungsstrategie ist der Versuch, persönliche Ressourcen zu sparen (s. o. Rückgriff auf Verlagsmaterialien). Diesem Typus wurde außerdem das Abgeben von Verantwortung zugeordnet (18.IX, 18.47, 515).

Da diesem Typus zwar kaum gestaltenden Handlungen zugeordnet werden können, dies aber *nicht* aus einer destruktiven Haltung heraus geschieht, sondern aus einem Sicherheitsgefühl und einer Fülle hemmender Bedingungen, soll dieser Typus als „Gestaltungsarme Routine" bezeichnet werden.

Typus 2: Sich arrangieren
Der zweite Typus ähnelt dem ersten, zeichnet sich aber dadurch aus, dass ungünstigen Bedingungsfaktoren zum Trotz häufig in kleinerem Umfang gestaltet wird.

Die organisatorische Rahmung wird als beschränkend wahrgenommen (s. Kategorie 4.VI: „Mängel der Vorgaben" incl. u. a. den Konzepten 4.21: „Zeitknappheit/Stofffülle – Kompetenzen eher hinten an" und 4.22: „Einfluss Unternehmerlobby"; 7.I: „Vorgaben und Kontrolle; fehlende Freiheit" incl. *u. a.* den Konzepten 7.14: „so frei ist man im Unterricht leider nicht", 7.18: „in Bayern ist alles bestimmt" und 7.21: „Schnitte von Klausuren: dann gibt es Ärger mit der Schulleitung" und 7.II: „Geringer Status und hoher Leistungsdruck im Referendariat" incl. u. a. den Konzepten 7.5: „Hierarchie an Schule: man steht als Referendar_in ganz unten" und 7.6: „Recht und Freiheiten abgeben"; 15.I, 15.21: „Wir hatten die ganz klare Ansage, es darf keiner durchfallen", 15.51: „Die sind ja cleverer, die sind ja höher bezahlt: Häme" und 15.27: „Das ist alles standardisiert oder vorgeschrieben"). Die organisatorische Rahmung wird als ungünstig angesehen. Dies zeigt beispielhaft die folgende Interviewpassage, die sich auf den verbindlichen Themenkanon für das Zentralabitur bezieht:

„Und ich habe jetzt versucht, diesen einen Kurs zu kriegen, wo ich eben die Räume gerne mag, gut kann. Ich war selber zumindest in Japan. Nee, den Kurs hat leider organisatorisch ein Kollege gekriegt. Okay, in fünf Jahren gibt es das Thema wieder. Na super! Und das ist einfach ärgerlich. Man wird so Spezialist für eine Sache und es gibt ganz wenig Kollegen, die in der Breite alle Themen wirklich unterrichten und können und dann sitzt man am Protokoll beim Abitur, bei mündlichen Prüfungen, und sagt sich: ‚Das ist aber schön, was habt ihr denn da für Themen gemacht. Ja, wie soll ich das Wort schreiben, kenne ich nicht.' Das finde ich nicht nötig. Aber das ist ja nun kein erdkundespezifisches Problem, das ist ein Niedersachsen-Problem für alle Fächer, wo zentrale Vorgaben jährlich wechseln. Der Rhythmus ist zu schnell. Ich weiß, dass Baden-Württemberg das, glaube ich, drei Jahre stehen lässt, ein Thema." (15.VIII, 15.40, 226)

Die organisatorische Rahmung biete nur geringe Spielräume: „Das finde ich schade, weil da ganz viel Potential verloren geht, aber es ist einfach im System nicht anders machbar" (7.IV, 7.36, 51).

Interviewte, deren Handeln diesem Typus zugeordnet werden kann, monieren eine fehlende (7.I, 7.38, 47) oder eine negative oder ausbleibende Resonanz auf ihr Handeln (15.XIII), etwa durch die fehlende Nachhaltigkeit von Unterricht (4.VII) oder durch ein negatives Feedback durch fragwürdige Notenvergabe im Referendariat (7.II, 7.2, 16–31). Die Stellung des Fachs sei wegen des Status als Nebenfach schlecht. Die Lernenden seien deshalb wenig motiviert (4.X), obwohl zwischen Lehrer_innen und Schüler_innen eine gute Beziehung bestehe (4.IX) und die Schülerschaft als angenehm empfunden wird (7.IX).

Geographielehrende, deren Handlungen diesem Typus zugeordnet werden, äußern dennoch stärker als der erste Typus eigene Ideen und Umsetzungswillen, davon zeugen Kategorien wie „Kritik und Gedankenspiele" (7.VI), „Kennt Handlungsalternativen" (7.VIII) oder „Motivierter Blick in die Zukunft" (7.VII). Als persönliches Gefühl dominiert Bedauern („Aber leider geht das nicht. Das funktioniert einfach nicht. Es ist leider […]" 7.V, 7.34, 51; „Was hier an der Schule leider nicht so gesehen wird und hier in der Ausbildung auch nicht." 7.V, 7.35, 59; „Das rentiert sich nicht." 15.XXXVI, 15.41, 131).

Im Rahmen der gesehenen Möglichkeiten werden immer wieder besondere Unterrichtsgestaltungen initiiert, die in den Kategorien „unter anderem aktuelle Themen, GIS, fächerübergreifendes forschendes Lernen" (4.IV), „Versuch der Schülerorientierung" (7.XIII) oder „Schüler_innen recherchieren Videos zu Abiturthemen" (15.XXV) zusammengefasst werden konnten. Dabei werden diese aber nicht systematisch beziehungsweise mittels einer festen Organisationsstruktur durchgeführt: „Es ist leider immer noch eine Art Unterricht mit Elementen, die halt dann mal schöner sind. Aber es ist immer lehrer_inzentriert und man gibt wirklich wenig in Schülerhand raus. Also es ist kein richtig entdeckendes Lernen. Es ist immer sehr geleitet" (7.XII, 7.7, 51). Der Fokus des Unterrichtens liege auf der Vermittlung von Wissen (7.XII, 7.10, 59–61), dass von den Schüler_innen wiedergegeben, angewendet und transferiert werden müsse (4.XVII, 4.44, 95).

Das Abitur wird als Bewährungsprobe angesehen, die es hinter sich zu lassen gilt:

> „Natürlich ist es so, ich vergleich das immer, wenn wir das Abitur ran ziehen, mit den Olympischen Spielen. Es gab mal einen Zehnkämpfer, Jürgen Hingsen, der hat sich vier Jahre lang auf die Olympischen Spiele vorbereitet. Und hat trainiert ohne Ende. Und dann kam die erste Disziplin, das war der 110 m Hürdenlauf, ja, das war 1988 in Seoul, und der hat drei Mal einen Fehlstart gemacht. Dann waren vier Jahre für die Katz, ja. Das heißt, an dem Tag X müssen die Schüler eigentlich so weit sein, um diese Olympische Disziplin, in diesem Fall das Abitur, meistern zu können." (4.XVIII, 4.40, 129)

> „Und der Spaß ist komplett raus, die sind alle froh, glaube ich, wenn sie ihr Abi haben und aus der Schule raus sind und dass der Stress endlich mal ein Ende hat. Und das ist halt schade, weil es für Lehrer Stress ist, für Schüler Stress bedeutet und da hat keiner so richtig was von und es könnte viel schöner sein, denke ich, könnte viel einfacher sein. Ich bin noch jung, ich habe noch Ambitionen (lacht)." (7.XX, 7.43 bzw. 7.XXI, 7.30 jeweils 141)

Es werden sowohl die eigene (4.XVIII, 4.40, 130) als auch die Verantwortung der Schüler_innen für den Lernerfolg festgestellt: sie müssten das Angebot auch nutzen (4.X, 4.51, 131–137). Damit verbunden ist die Handlungsstrategie der Übertragung von Verantwortung (15.XXXV).

Eine Handlungsstrategie ist es, sich Unterstützungs- und Kooperationsmöglichkeiten (7.XV) –auch außerhalb der eigenen Schule (4.XIII) – zu suchen. Allerdings müsse es stets ein Geben und Nehmen sein (15.XXXIII). Außerdem wird vom Einsatz persönlicher Ressourcen berichtet. So habe sie zu Hause „kisten- und bergeweise Material inzwischen" (7.XIV, 7.53, 63) und müsse „wirklich gucken, dass man sich zuhause von der Freizeit die Zeit eben abknappst, um das [Anm.: Lernzirkel] dann zu machen" (7.XIV, 7.12, 67), berichtet eine Lehrende.

Dieser Typus zeichnet sich insgesamt dadurch aus, dass die als hemmend wahrgenommenen Bedingungen auch kritisch hinterfragt werden, ohne dass daraus unmittelbare Konsequenzen gezogen werden. Er zeichnet sich durch häufige gestaltende Aktivitäten aus, die angesichts der Rahmenbedingungen aber eine geringe Intensität aufweisen. So kann dieser Typus unter der Überschrift „Sich arrangieren" zusammengefasst werden.

Typus 3: Festtage gestalten
Bei der organisatorischen Rahmung werden bei Typus 3 vor allem die Fülle an Inhalten im Lehrplan, die bis zum Zentralabitur behandelt worden sein müssen,

und die darauf abgestimmte Organisation auf Schulebene, die Unterrichtsausfall vermeidet, als beschränkend empfunden (zur Inhaltsfülle: 1.I, 1.12, 38–44; zur Organisation: „von Kollegenseite ist es so, dass wir Exkursionen möglichst nicht machen sollen. Weil eben so viel Stoff nachzuholen ist und jede Stunde, die dann ausfällt, tut dann weh." 13.XV, 13.6, 39). Hemmend wirkt zusätzlich die Stellung des Fachs, Schüler_innen müssten erst mal für das Nebenfach Geographie begeistert werden (13.III, 13.39, 34–37 sowie 13.40, 212, 13.41, 241–244 und 13.42, 68).

Geographielehrer_innen, die entsprechend dieses Typus handeln, weisen eigene Ideen auf, greifen aber dennoch vornehmlich auf „klassischen" Unterricht zurück. So stellt der Interviewte im Interview 13 heraus, dass er Unterricht und Klausuren selbst konzipiert und kaum auf das Lehrwerk zurückgreift („es gibt auch so viele Filmausschnitte, so viel Arbeitsmaterial und das Buch schränkt einen so ein", „Tätigkeit [Anm.: Klausurerstellen], die mir Spaß macht", „da [Anm.: Klausurerstellen] kann man auch kreativ [sein]", 13.XIII, 13.22, 144, 142). Das „Unterrichtsgespräch" wird aber als Methode der Wahl bezeichnet, mit offenen Unterrichtsformen sei man in der Ausbildung „getriezt worden", in der Realität seien beispielsweise Gruppenarbeiten bei den Schüler_innen nicht beliebt (13.XIV, 13.8, 64–66).

Gestaltung findet vornehmlich in Nischen statt, sie ist deshalb selten, fällt dafür aber umso intensiver aus. So wird im Interview 13 eine „Radtour an der Isar entlang von der Quelle bis zur Mündung" in einem Projektseminar erwähnt und Exkursionen in der Projektwoche vor den Ferien nach „Hamburg, [...] Berlin. London" (13.XV, 13.6, 39). Die Gestaltung dieses Typus ist dauerhaft implementiert und regelmäßig wiederkehrend („immer wieder", „pflege ich den Fortbestand" 13.XV, 13.6, 39; außerdem: 1.IV, 1.31, 11–14; 1.VII, 1.9, 23). Als Motor wirkt hier die eigene Begeisterung für das Fach Geographie (1.III, 1.20, 34–37). Fördernd wirken tragfähige externe Ressourcen (1.IV, 1.31, 18–20).

Die Funktion des Geographieunterrichts, der auf das Aneignen von Wissen und Methoden ausgerichtet ist (13.XXII, 13.12, 74 und 98), wird im Abitur gesehen: „wir bilden junge Erwachsene vornehmlich aus, das Abitur zu machen. Das ist das Ziel" (13.II, 13.1, 4). Die Verantwortung für den Erfolg wird dabei zwar auf der Seite der Lehrenden gesehen, die ein Lernangebot machen, letztendlich hätten die Schüler_innen die Verantwortung, dies auch zu nutzen (1.I, 1.12, 62–64; 1.XV, 1.30, 16–18; 1.XVIII, 1.22, 109; 13.XXVII, 13.29, 215–216). Hinzu kämen auch persönliche Stärken und Schwächen der Schüler_innen (1.XVII, 1.26, 134–152) und äußere Umstände (wie psychische Probleme, schwierige Lebensläufe, Elternschaft, Zeitmangel) (13.VII, 13.2, 8;

13.XXII, 13.12, 74). Es wird deshalb als in der eigenen Verantwortung liegend gesehen, die Schüler_innen hinsichtlich der Frage, ob sie Geographie als schriftliches Fach im Zentralabitur wählen, zu beraten (1.XVII, 1.26, 134–152; 13.XXIV, 13.26, 186). Das Gefühl, erfahren zu sein, mag dazu führen, dass keine Handlungsunsicherheiten geäußert werden (1.II, 1.4, 11–12).

Aufgrund des Bemühens, die wahrgenommenen Freiräume – gleichsam Nischen – bestmöglich auszugestalten, dies aber nur in einzelnen, besonderen Situationen gelingt, kann man von „Festtagen" sprechen, die gestaltet werden.

Typus 4: Das Gestalten gestalten

Gestaltung vom Typus 4 zeichnet sich sowohl durch eine starke Intensität als auch eine häufige Frequenz aus. Vornehmlich förderliche Bedingungsfaktoren führen hier zu einer umfassenden Gestaltung, die weit über die Gestaltung des eigenen Unterrichts hinausgeht.

Als besonders gestaltete Elemente des eigenen Unterrichts werden in den Interviews unter anderem eine App zu einem lokalen Dolinen-Pfad in Kooperation mit der Stadt (6.XI, 6.23, 97), die Arbeit mit GIS und GPS (6.XVI, 6.12, 56–58), „Experimente […] auch ganz oft, klar, das ist […] ganz normal" (6.XVI, 6.18, 70), eine im fächerübergreifenden Unterricht mit dem Fach Kunst gestaltete „Leiste durch die Erdgeschichte mit verschiedenen Tafeln" in einer Höhle und in einem Flur der Schule (6.XVI, 6.18, 66), „die Simpsons gezeigt und irgendwelche Filme auf Englisch gezeigt und Experimente auf Englisch gemacht" in einem Wahlpflichtkurs (11.XVI, 11.8, 26), eine mehrtägige „Übersichtsexkursion" im Nahraum (5.XVII, 5.15, 88), Thinking-through-Geography (11.XX, 11.11, 54–77), Gestalten von Postern (11.XXII, 11.22, 113), kooperatives Lernen (16.VIII, 16.13, 52), student teacher (16.X, 16.43, 179). Eine wichtige Funktion neben dem normalen Geographieunterricht haben dabei Wahlpflichtkurse und Arbeitsgemeinschaften. Kennzeichnend für diesen Typus sind auch international ausgerichtete Aktivitäten wie ein EU-Austauschprojekt (6.XV) oder „Model United Nations" (11.XIX, 11.61, 30).

Es geht nicht nur um die Gestaltung des eigenen Unterrichts, sondern auch um die Gestaltung des Geographieunterrichts für andere Schulen beziehungsweise von Fortbildungen (2.X, 2.45; 3.X; 5.XVII; 6.XIII) sowie die Ausbildung von Referendar_innen (2.X, 2.45). Dabei geht es um das Fortführen und Weiterentwickeln bestehender, aber auch das Neukonzipieren von Angeboten (2.XVIII; 16.XIX).

Man könnte etwas salopp formulieren, dass Gestaltungen dieses Typus zu einer besonderen Mission gehören, die entweder selbst entwickelt oder mit entworfen und institutionalisiert ist. So bezeichnen zwei junge Lehrer_innen, die „den alten

Unterricht" (16.I, 16.2, 16) der ehemaligen Kollegen mit „relativ veralteten Vorstellungen […], halt nur Frontalunterricht" (16.I, 16.3, 17) an ihrer Schule radikal verändert haben, ihr Handeln als „Revolution" (16.V, 16.72, 46) mit „revolutionären", „neuen" Methoden (16.V, 16.71, 15–19) und sich selbst als „Revoluzzer" (16.V, 16.73, 240). Ihre Mission habe Erfolg, die Zahl der Geographieschüler_innen in der Jahrgangsstufe 10 habe sich verdreifacht (16.XXXI, 16.10, 43). Außerdem betrieben sie Werbung für ihren Unterricht: „Wir gehen auch wirklich in die neunten Klassen rein und stellen das vor." (16.XXXI, 16.10, 45) und versuchten Geographie-Leistungskurse an der Schule zu etablieren (Unterschriftenlisten, Gespräche mit Oberstufenkoordinator und Schulleitung 16.XXXI, 16.10, 46–48).

An einer anderen Schule wurde Geographie als Schwerpunkt etabliert (2.XXIII; 2.VII; 2.VIII; 2.IX; 2.X; 6.II, 3.I; 3.XVII; 6.XIII, 6.XVI, 6.XVII, 6.XVIII): Zunächst sei die Stadt auf die Geographielehrer_innen der Schule zugekommen, um diese als Geograph_innen für ein Engagement für die Initiierung eines UNESCO-Geoparks zu gewinnen. Aus dieser Kooperation ergab sich dann nicht nur die Idee, den Geopark auch für die eigene Schule fruchtbar zu machen, sondern durch ein Engagement für Auswärtige auch Geographie als Schulfach zu stärken und die Expertise am Standort in die Fläche zu tragen.

Lehrende, die dem vierten Gestaltungstypus zugeordnet werden können, sehen eine über das Abitur weit hinausgehende Funktion des Geographieunterrichts für die Lebenswelt und den weiteren Lebenslauf der Schüler_innen (11.XXI; 16.VII), die Stellung des Fachs Geographie in der Gesellschaft (5.X) und die Gesellschaft (5.VII). Ein Lehrer erläutert, wie Schüler_innen zu Multiplikator_innen werden:

> „Genau, wir bilden quasi im Rahmen dieser Zusammenarbeit Geopark, und quasi auch der Stadt [Ort der Schule], die ja Teil dieses Geoparks ist, Höhlenführer an der Schule aus, haben wir schon über 40 Kinder zu Höhlenführern ausgebildet." (5.X, 5.10, 64)

> „[…] dann haben wir ein Geoparkprojekt, einmal Klasse fünf, da haben wir auch den außerschulischen Lernort, wo es um zwei Tage geht, wir zwei Tage in der fünf im Gelände sind, und da spüren sie auch die Kraft dahinter. Alle Fünftklässler sind zwei Tage draußen. Und das seit zehn Jahren, also das sind jetzt 100 Kinder pro Jahr, 140 dieses Jahr, manchmal haben wir drei Klassen, manchmal fünf, momentan haben wir fünf Klassen pro Jahrgang. Also fünf, 140 Kinder, das sind 280 Eltern, sind praktisch 500 Großeltern, bei denen zu Hause über Geographie im Geopark gesprochen, und das machen wir zehn Jahre, das sind 5.000 Großeltern, ja. Und so kommt allmählich diese Geo-Idee in die Köpfe hier rein, es wird tatsächlich doch zum Schwerpunkt. Wir haben da schon Eltern, die kommen auf uns zu, und bringen uns Steine vom Urlaub als Anschauungsmaterial, oder sind selbst geologisch interessiert, und so, also es wächst dann so eine Community heran." (5.X, 5.16, 88)

Der Geographieunterricht ist als Konsequenz dieses Gestaltungstypus grundsätzlich kompetenzorientiert ausgerichtet (3.XIV; 11.XX), auch wenn er in *der Oberstufe* angesichts des Zentralabiturs zunehmend inhalts-, themen- und wissensorientiert ausgerichtet wird (11.XXIII; 16.IX).

Die organisatorische Rahmung wird als prinzipiell geeignet (2.XVII; 2.XXVI; 5.IV; 5.VI), mit einigen Limitationen (2.XIII; 3.I; 3.IV; 3.VII, 3.IX; 16.XVI; 16.XVII) oder als notwendiges Übel mit Ausgestaltungsmöglichkeiten angesehen (8.III; 11.XIX). Charakteristisch für Interviewte, deren Handeln diesem Typus zugeordnet werden kann, ist, dass sie zur organisatorischen Rahmung in der Oberstufe differenziert Stellung nehmen, sodass von einer vertieften gedanklichen Auseinandersetzung und einer Problematisierung auszugehen ist (3.I; 3.IV; 3.IX; 3.XIII; 5.XII; 5.XX; 5.XXIV; 8.XII; 8.XXII; 11.XII, 11.XIII, 11.XVII; 11.XXXV; 16.XV; 16.XIII; 16.XVI; 16.XVII; 16.XXVII; 16.XXVIII). Dies führt nicht nur zu Ideen, wie die organisatorische Rahmung weiterentwickelt werden kann (3.XIII; 5.XXIV; 8.I; 11.XXXVI), sondern überdies dazu, dass man sich an der Weiterentwicklung auch selbst beteiligt (5.II; 8.V). Dies führt zu einem Zugehörigkeitsgefühl zur Schulorganisation (3.XV; 8.XIX) und zu einem Gefühl von Freiheit (8.XX). Dazu gehört auch, dass durchaus einzelne Vorschriften missachtet werden, allerdings nehme dies mit dem nahenden Abitur in der Oberstufe ab (11.XXXI; 16.XXI). Die Unterstützung durch Schulleitung, Fachgruppe, Kollegium und Eltern (6.V; 2.XX, 2.13; 5.XV; 11.III; 11.IV; 11.V; 16.III) sowie engagierte (und leistungsstarke) Schüler_innen als „Wahnsinnsansporn" (2.IV, 2.30, 86; ähnlich: 5.XIV; 8.X; 11.V; 16.XII) führen zusammen mit einer guten Ausstattung (2.XII; 2.XVI; 11.VI) zu insgesamt sehr guten Arbeitsbedingungen. Dabei muss besonders viel Verständnis aufgebracht werden, wenn das Engagement fremde Schulen betrifft (6.V, 6.11, 36). Außerdem werden auch Schüler_innen vom Unterricht freigestellt, um selbst zu Lehrenden zu werden und auswärtige Kurse als Höhlenführer zu betreuen: „Das ist dann durchaus ein Gewinn, wenn ein Schüler anderen Schülern etwas sagt. Das ist gut" (2.IX, 2.11, 37–38).

Die Kooperation mit Kolleg_innen wird als selbstverständlich und sehr fruchtbar angesehen:

> „B1: […] Ja, und ich will echt mal sagen, richtig Erdkunde unterrichten habe ich gelernt, als ich jetzt fertig war. Vor allem finde ich, als du kamst, wo wir uns zusammen tun konnten, wo wir das zusammen aufbauen konnten. […]
>
> B2: […] Und dann/also ich war auch total froh, dass wir das parallel machen konnten. […] Ja, und dann haben wir uns wirklich getroffen, und wirklich jede einzelne Reihe zusammengestrickt. Haben jetzt/also wir haben jetzt unseren dritten Q1-Durchgang,

und haben im letzten Jahr uns auch nochmal getroffen, das überarbeitet, nachdem wir gesehen haben, okay, hier hakt es, das schaffen die nicht, […]." (16.XIX, 16.5, 19–28)

„Und dann kam irgendwann, ja, jetzt kommt was Neues zum Thema Boden, was ja so doch für ganz viele dann immer so ein rotes Tuch ist, weil Boden ganz viele nicht so mögen und dann haben wir halt gesagt, ok, dann machen wir eben nicht nur Aktionstage für Schüler, auch für Schüler, aber auch für die Lehrer. […] Es war zwar wirklich viel Arbeit, gerade mit Exkursionen, […] aber das haben wir dann noch mit einer dritten Kollegin aus [Name eines Ortes] gemacht, die hat Diplomarbeit damals zum Thema Boden geschrieben und ist dann in den Schuldienst, von daher hat es sich angeboten. Die hat da mitgemacht und die kommt jetzt noch zu den Schüleraktionen bei mir zu mir dazu, also das ist so eine Kooperation, ihre Kollegin und Chefin ist auch damit einverstanden und beurlaubt sie dann, dass sie zu mir kommen kann an den Tagen, wenn Schulen kommen und dass wir dann so Bodenaktionen und sowas machen." (6.XVII, 6.5, 22)

Hinzu kommt die Verfügbarkeit umfassender externer Ressourcen wie Kooperationen mit außerschulischen Partner_innen (zum Beispiel: UNESCO 6.XVIII, 6.19; Stadt 6.XVIII, 6.24 und 2.XX, 2.14, 6–7; Landwirt 6.XVIII, 6.9; Geologe 2.XX, 2.14, 29; Landesmedienzentrum 2.XX, 2.14, 38) oder privaten Kontakten (Ehefrau 2.XX, 2.22).

Die diesem Gestaltungstypus zugeordneten Lehrer_innen zeichnen sich dadurch aus, dass sie sich selbst nicht nur als Geographielehrer_innen, sondern auch (oder vor allem) als begeisterte Geograph_innen sehen (2.I; 5.VIII; 6.III; 11.X; 11.VII). Sie bezeichnen sich als neugierig, offen für Neuerungen und stets Lernende (3.III; 6.I; 6.III; 11.IX; 16.V), die sich ständig verbessern möchten:

„[…] und da habe ich auch wirklich den Anspruch an mich selbst, dass man da auch einen guten Unterricht macht. Wenn ich da gerade aus dem Kurs rausgehe und denke: Nicht gelaufen, das ärgert mich so sehr, dass ich mich direkt am Nachmittag da dran setze und dann die nächsten Stunden bis aufs kleinste Detail wirklich plane." (16.XXXI, 16.63, 79)

Es besteht die Bereitschaft, auch massiv persönliche Ressourcen, vor allem eigene Freizeit einzusetzen (2.XIX; 5.XVIII; 6.IV; 8.XVIII; 11.XVIII; 16.XXX). Im folgenden Beispiel wird dies deutlich:

„I: Und wie oft ist das so?

B: Ja, das ist viel zu häufig. Ja, also ich habe jetzt, in diesem Schuljahr haben wir eine Bodenaktion laufen gehabt, morgen ist die Karst-Aktion, dann hatte ich zwei Fortbildungen in der Exkursionsdidaktik, alles dieses Schuljahr, also ich, das ist bis jetzt gelaufen, ja, aber das Schuljahr ist noch nicht lang und da kann ja auch noch kommen.

I: Und das mit der Geo-Park-AG, da sind Sie...?

B: Ja, das sind immer die Samstage, das habe ich ganz vergessen zu sagen, die sind am Samstag. Selbstverständlich, denn wir haben nur am Samstag Zeit, die war auch schon zweimal jetzt, ja, ja. Und ich habe dann jetzt noch Ende November noch, nochmal und Anfang Dezember, das sind dann allerdings dann Höhlenführungen, die mache ich oder jemand von uns für die Stadt. Da meldet jemand bei der Stadt an, er möchte das endlich mal richtig geologisch erklärt haben, das kann man über die Homepage der Tropfsteinhöhle und das können halt wir Lehrer nur." (2.XXIII, 2.7, 56–59)

Die Lehrer_innen stehen an der Grenze zur Verausgabung (5.XXII; 11.XXXII), empfinden den Stress aber als überwiegend positiv und berichten von einer großen Arbeitszufriedenheit (6.XXI; 11.X; 16.XXV). Dies rührt auch von der positiven Resonanz her (2.V; 5.XXIII; 16.XXXI), welche die Handelnden stolz macht (2.XXIII; 2.XXIV; 16.XXX). Dies zeigt das folgende Beispiel:

„I: Wie kann ich mir das [Anm.: sogenannte „Aktionstage"] vorstellen?

B: Ja, also das ist jetzt am kommenden Donnerstag, das ist dann so, da kommen, da kommt das [Name einer Schule] Gymnasium von [Ort der Schule], man kann uns fragen, ob wir das machen, das kostet auch nichts. Ich schaue dann, ich koordiniere das Ganze. Ich schaue dann, dass da nicht so viel ausfällt. Mit anderen Worten, Sie ahnen es schon, das machen wir halt, weil es uns gefällt. Wir machen es praktisch in unserer unterrichtsfreien Zeit. Auf der anderen Seite ist es aber auch ein Gewinn, denn die Arbeitszufriedenheit steigt dadurch, ich war am Samstag, den letzten Samstag den ganzen Tag, den Vormittag war ich mit unserer Begabten-AG, wir haben auch eine Begabten-AG-Geo-Park laufen.

I: Ah ja, das habe ich auf der Homepage gesehen.

B: Sehr nachgefragt, sehr nachgefragt, da habe ich den ganzen Samstagvormittag im Steinbruch gestanden mit einem Geologen aus dem Geo-Park, da kommen die freiwillig, das gefällt denen. […] Das gefällt denen und Nachmittag war ich auch mit den Geologen in der Höhle und der Samstag war futsch, aber ich habe halt etwas gelernt. Und die Schüler bei uns, die wissen das schon. Ich habe jetzt auch, am Donnerstag gehen wir natürlich in die Tropfsteinhöhle. Die ist 600 Meter lang, also das ist schon was Imposantes. Neun meiner Schüler im Kurs von Elf sind Höhlenführer. Wir bilden auch Höhlenführer aus, das machen Herr [Name des Schulleiters] und ich. Wir bilden auch Erwachsene zum Höhenführer aus, wir haben genug Resonanz, also das wird nachgefragt […] Wir machen auch noch Lehrerfortbildungen." (2.I, 2.6, 25–32)

Negativer Stress entsteht dann, wenn ein Ressourceneinsatz keine positive Resonanz nach sich zieht (6.XXIII; 8.XIV).

Die große persönliche Erfahrung (2.II), die unabhängig vom Dienstalter ist, sowie die längere Tradition am Standort (2.II, 2.27, 20 und 43–44; 3.V; 6.II) und der hohe Organisationsgrad der Gestaltung (6.II) führen zu sowohl einer hohen Gestaltungsintensität als auch -frequenz. Trotz der Erfahrung werden von jüngeren Lehrenden beziehungsweise älteren (bezogen auf die Vergangenheit) Unsicherheiten geäußert, zum Beispiel bezüglich des Umfangs des eigenen Fachwissens (11.XIV), der Konzeption von unterrichtlichen Klausuren oder des Zentralabiturs (2.III, 2.37; 16.XXIX).

Da die Gestaltung dieses Typus weit über den eigenen Unterricht hinausgeht, soll er als „Das Gestalten gestalten" bezeichnet werden.

Typus 5: Sich reiben
Grundsätzlich mangelt es bei diesem Typus nicht an Gestaltungsideen, als Anregung wird neben Fachliteratur zum Beispiel der Unterricht von Referendar_innen herangezogen (in Interview 9 u. a.: „zwei Hausarbeiten zu Mystery vergeben", „Das [Anm.: Lernzirkel] habe ich jetzt auch bestellt als Hausarbeit.", „Da gibt es, haben Referendare von mir auch schöne Sachen mir zusammengestellt." 9.XVII, 9.54). Es wird aber als unmöglich angesehen, dauerhaft und mit größerer Intensität zu gestalten:

> „Also ich teste alles gerne mal aus. Also ich lasse mir, hole mir auch mal eine Anregung aus der Praxis Geographie viel. Wenn was Vernünftiges angeboten wird. Aber vieles von dem lässt sich ja auch nicht unbedingt umsetzen. Gerade die Zeitvorgaben sind illusorisch, fünf bis sechs Stunden für ein Thema. Keine Chance." (9.II, 9.49, 56)

Es wird eine über das Abitur hinausgehende Funktion des Geographieunterrichts für den Lebenslauf der Schüler_innen gesehen (mündlicher und schriftlicher Ausdruck 9.X, 19.13, 133; Referate 10.XI, 10.9; Tilgungsplan 12.XVII, 12.24, 132; Erörterung 12.XIX, 12.32, 214; raumbezogene Handlungskompetenz 19.II, 19.4, 26 und 30–35) und die Fokussierung auf Noten und deren zweifelhaftes Zustandekommen moniert (zum Beispiel 10.XI, 10.14; 12.XXII, 12.36; 12.II, 12.31). Andererseits hätten diese eine Disziplinierungsfunktion und gehörten zum System (10.IX, 10.16, 57–62), sodass sie als „notwenige[s] Übel" angesehen werden (9.VI, 9.55, 64).

> „Ich denke mal, wir werden um Prüfungen grundsätzlich nicht rumkommen. Weil Prüfungen einfach, wie gesagt, was ich vorhin gesagt habe, a) eine Rückmeldung sind und b) auch ein Mittel, die Schüler zum Lernen zu zwingen. [...] Und man muss die Schüler irgendwie auch zu ihrem Glück zwingen, manchmal. Das kann ich über Noten machen." (9.X, 9.13, 133)

Kommt es zu besonderen gestalterischen Aktivitäten, sind diese nicht fest etabliert und verstetigt, sondern kommen in wechselnder Intensität und Frequenz vor. So wird beispielsweise im Interview 9 davon berichtet, Exkursionen spielten „am Rande, also an Wandertagen" eine Rolle und seien auch nicht klausurrelevant, während man Experimente „jederzeit machen" könne. In der Regel würden die Schüler_innen in der Oberstufe Inhalte anhand von Materialien erarbeiten und dann vorstellen (9.I, 9.48, 97). Es gebe keine „Showeffekte" (9.I, 9.48, 97).

Typisch ist der *Prozesscharakter* der Handlungsstrategien. Auch wenn die Gestaltungsintensität und -frequenz variieren, haben die Handlungen dieses Typus eine Gemeinsamkeit: Charakteristisch ist ein Wechsel der Gestaltung, der wiederholt oder einmalig auftreten kann. Hier konnten in den Daten vier Varianten identifiziert werden.

(1) Die erste Variante ist der Wechsel im Unterricht eines Kurses je nach Unterrichtenden sowie eine Unterscheidung zwischen normalem und besonderem Unterricht. So wird im Interview 9 davon berichtet, dass Referendar_innen im eigenen, sonst vor allem inhaltsorientiert, frontal ausgerichteten Unterricht unter der eigenen Anleitung kompetenzorientiert und mit wechselnden Methoden und Sozialformen unterrichten (9.I). Im Interview 19 wird von Externen gesprochen (Vertreter_innen einer Fairtrade-Organisation), die einen handlungsorientierten Unterricht mit außerschulischem Lernen durchgeführt hätten (19.II).

(2) Eine zweite Möglichkeit ist die unterschiedliche Vorgehensweise im Unterricht der Oberstufe angesichts des Zentralabiturs. Im Interview 10 wird die eigene Rolle in der Oberstufe – im Gegensatz zur Unter- und Mittelstufe – als Wissensvermittler charakterisiert:

> „[…] Also ich muss zugeben, dass ich das von Jahrgangsstufe zu Jahrgangsstufe unterschiedlich angehe, was jetzt so die Sozialformen anbelangt. Ich gebe zu, dass ich in der Oberstufe sehr viel lehrerzentrierter auch unterrichte und sehr viel frontal. Zumindest bei den Sachen, wo ich sage, die sind für das Abitur wichtig und da lege ich auch Wert drauf, dass die vom Inhaltlichen her hundert Prozent stimmen müssen. Ich meine, wenn das jetzt so Themen sind, die jetzt nicht als Grundwissen definiert sind oder so Diskussionsthemen, dann schon sehr offene Arbeitsformen und Gruppenarbeitsformen.
>
> In der 10. Klasse, die ich jetzt auch wieder habe, ist es halt so, dass ich mir suche, was brauche ich für die Oberstufe als Grundwissen, was kommt da wieder definitiv dran für das Abitur, da muss ich zugeben, bin ich doch derjenige, der das dann gerne sehr lehrerzentriert macht." (10.XII, 10.5, 25–26)

(3) Ähnlich ist eine dritte Variante, bei der an einer freien Schule nach dem Erreichen des alternativen Abschlusses in einem Vorbereitungsjahr auf das Zentralabitur hingearbeitet wird, der Wechsel also schulorganisatorisch vorgesehen ist. Zuvor sei man als Lehrer_in völlig frei: es gebe keinen verbindlichen Lehrplan, keine Noten, keine Pflicht zur Leistungserfassung, keine Respizienz, kein Geographieschulbuch (12.IV). Folge sei eine große Verantwortung, diese Freiheiten auszugestalten (12.I; 12.IV; 12.XIV), insbesondere da es das Ziel von Schule sei, dass die Schüler_innen sich als Individuen entfalten könnten (12.V, 12.37, 234) und sich später als Einzelne „in Höhe [ihrer] Fähigkeiten" in die Gesellschaft einbrächten (12.III, 12.42, 51–56). In der Jahrgangsstufe 13 ändere sich dann alles: Es sei „extrem", die Schüler_innen hätten „über 40 h pro Woche" und „da fragt man sich auch, wie halten die das dann aus" (12.XXI, 12.27, 161–165). Es gebe einen „völlig andere[n] Unterricht" (12.XX, 12.26, 152): „vom rein Pädagogischen her ist es eigentlich quasi das Gegenbild von dem, was wir [Anm.: vorher] machen, weil das ist ja nur 40 h Intellektualität sozusagen und die Schüler können ja einem fast leid tun" (12.III, 12.33, 220).

(4) Zuletzt gibt es als eine Variante den kompletten Bruch mit den eigenen Handlungsstrategien und einen zunächst auf Dauer angelegten Wechsel der Gestaltung hin zu einer starken Ausrichtung auf Leistungserfassung nach einem Misserfolgserlebnis im Zentralabitur (19.VII).

Gestaltung dieses Typus üben solche Geographielehrer_innen aus, die sich intensiv mit organisatorischen Rahmung auseinandersetzen (9.II; 9.VII; 10.II; 10.X; 10.IX; 10.XVIII; 10.XIX; 12.II; 12.IV; 12.VII; 12.XXI; 12.XXII; 12.XXIII; 19.XXI bis 19.XXXVIII). Neben dieser Reflexion („ich frage mich halt, oft stellt man sich halt auch Fragen, also man stellt sich eigentlich viel mehr Fragen und gibt sich nicht mit Antworten zufrieden" 12.I, 12.9, 36) ist für diesen Typus auch eine (Selbst-)Reflexion charakteristisch: er sei derzeit „im Prozess der Reflexion" und es sei möglich, dass er in einigen Jahren eine andere Sicht auf die Dinge und das eigene Handeln habe, berichtet Fall 19 (19.VIII, 19.48, 80). Diese Unstetigkeit der Gestaltung beschäftigt die betroffenen Lehrenden:

> „[…] Ja, also ich mische auch in der Oberstufe, so ist es jetzt nicht, dass ich jetzt da rein lehrerzentrierten Unterricht mache. […] Aber ja, ich denke, wenn ich das Abitur nicht hätte, würde ich mehr offen arbeiten, offene Arbeitsformen, ja. Weil ich mich selber nicht unter den Druck setzte, dass ich sage, mein Abiturergebnis muss stimmen, das ist ja das, was bei uns, also mit dieser Qualitätsoptimierung, es wird schon auf die Abiturschnitte geguckt." (10.XXXI, 10.43, 40–43)

Im konkreten Umgang mit der organisatorischen Rahmung schwankt dieser Typus zwischen Einhalten und sogar Durchsetzen sowie Anzweifeln und womöglich Widersetzen. Besonders deutlich wird dies im Fall 9, wo die organisatorische Rahmung zugleich erstens beachtet wird (9.X) und zweitens das eigene Handeln daran ausgerichtet wird (9.XIII), drittens kontrolliert wird, ob andere sich konform verhalten (9.XI), viertens die Rahmung im Rahmen des eigenen Einflusses auch mitgestaltet wird (9.XII) und fünftens auch einzelne Richtlinien aus Zeitnot missachtet werden (9.XIV). Letzteres ist das Ergebnis von Dilemmasituationen, die sich aus der (zu) großen Stofffülle im Lehrplan und deren Bewältigung sowie anderen, obligatorischen, ebenfalls zeitintensiven Maßgaben ergeben. Dieser Geographielehrer, der Fachschaftsleiter an der eigenen Schule und darüber hinaus Seminarleiter ist, berichtet, dass man eine im Lehrplan verbindlich für die Oberstufe vorgesehene Exkursion nicht durchführe, weil man dies in der Zwölf nicht „schafft […], keine Chance" (9.XIV, 9.10, 37–40). Die „Stofffülle" sei zu groß, es falle ohnehin zu viel Geographieunterricht wegen Klausuren in anderen Fächern aus (9.XIV, 9.10, 37–40). Auch verzichte man auf obligatorische Referate:

> „Auch in der zwölf, elf, da steht eigentlich drin, dass man, dass Schülerreferate gehalten werden sollen. Kann ich nicht, ich habe das einmal gesehen bei jemanden, bei meinem Kollegen. Die Schüler stellen sich dahin, wochenlang, halten Referate. Die sind von der Qualität her mittelmäßig bis schlecht, der Lehrer müsste eigentlich alles nochmal aufbereiten, kann das aber nicht. Das heißt, dass, was die Leute schriftlich machen, bleibt stehen, dass ein Quatsch da gesagt wurde. Und dann im Abitur schreiben sie dann diesen Quatsch hin. Und, nee. Also wir haben einfach die Zeit nicht." (9.XIV, 9.31, 125)

Dem Gestaltungstyp fünf wurden die Handlungen solcher Lehrenden zugeordnet, die (intrinsisch oder extrinsisch) motiviert, aber unsicher sind. Motivierend ist das eigene Verantwortungsgefühl (9.IV; 9.V; 12.I), aber auch Druck von außen. Dieser kann beispielsweise im Rahmen von Verpflichtungen bei der Ausbildung von Referendar_innen (9.XV, 9.6, 30; 9.II, 9.50, 37), durch Fragen der Rechtssicherheit des eigenen Handelns (10.I), durch Erfolgsdruck durch Vergleich von Notendurchschnitten (10.XVIII) oder durch die Zweitkorrektur im Zentralabitur (19.V) entstehen.

Bei der Gestaltung des fünften Typus wird neben dem Zurückgreifen auf Frontalunterricht (10.IV, 10.41; 12.XIV, 12.49; 19.XVII, 19.61) der Ergebnissicherung als Maßnahme der Absicherung anhand einer durch die Lehrkraft vorbereiteten Musterlösung eine große Bedeutung beigemessen. Die Ergebnisse müssten „schon irgendwie fixiert worden sein im Heft" und es müsse „klar sein, was sie zu

lernen haben" (9.I, 9.48, 97). Dies sei insbesondere dann wichtig, wenn die Schü-
ler_innen selbst etwas erarbeiteten, da die Ergebnisse dann „nicht einheitlich und
nicht standardisiert" seien; dies müsste dann die Lehrkraft gewährleisten: „Was
ich ins Heft schreibe und ins Heft diktiere oder anschreibe, das kann ich auch
dann abfragen." (10.III, 10.7, 28; außerdem: 9.I, 9.48, 95; 19.XVI, 19.60, 88–90).
Damit verbunden ist das Verständnis der/des Lehrenden als Expert_in und Wis-
sensvermittler_in: „Also ich selber bin doch hoffentlich Fachmann genug, dass
das, was ich darstelle, richtig ist, sonst kann ich es gleich bleiben lassen. Und
dann tragen die das in ihr Epochenheft" (12.XVIII, 12.16, 64; außerdem: 10.XII).

Da sich dieser Typus durch seinen Prozesscharakter und seine Auseinandersetzung mit den Gegebenheiten auszeichnet, soll er als Typus „Sich reiben"
bezeichnet werden.

Die charakterisierten Typen finden sich in der Typologie wie in Tabelle 4.18
dargestellt wieder.

Tabelle 4.18 Identifizierte Typen der aktualen Gestaltung. (Quelle: Eigene Abbildung)

		Frequenz		
		selten	*gewechselt/wechselnd*	*häufig*
Intensität	*gering*	Typus 1 **„Gestaltungsarme Routine"**	Typus 5 **„Sich reiben"**	Typus 2 **„Sich arrangieren"**
	stark	Typus 3 **„Festtage gestalten"**		Typus 4 **„Das Gestalten gestalten"**

4.2.2.3 Einordnung der analysierten Phänomene in die Idealtypologie

Die in Abschnitt 4.2.1 vorgestellte Analyse nach Themen konnte weitreichende
und vielfältige Steuerungseffekte des Zentralabiturs nachweisen. Teaching-to-
the-Test-Strategien werden dabei in allen untersuchten Fällen genannt. Die
im vorangegangenen Kapitel vorgestellte Typologie basiert auf Mustern, die
im Datensatz aufgedeckt werden konnten. Unterschiede der Dimensionen von
Gestaltung und die zugrunde liegenden Zusammenhänge konnten abgegrenzt
werden. Dieser Typologie liegen paradigmatische Modelle – im Folgenden Phänomenanalysen genannt – zugrunde. Sie wurden auf der Basis der einzelnen
Fälle erstellt und zeigen die Beziehungen der induktiv gebildeten Kategorien auf.

So treten eine jeweils einzigartige Zusammenhangsstruktur zwischen ursächlichen Bedingungen, dem identifizierten Phänomen und dessen Kontext, daraus abgeleitete Handlungs- und interaktionale Strategien und darauf wirkende hemmende oder fördernde intervenierende Bedingungen sowie sich aus dem Handeln ergebende Konsequenzen zu Tage. Die Phänomenanalysen zeigen die gesamte Komplexität jedes einzelnen Falls auf, können aber dennoch eindeutig den gebildeten Typen zugeordnet werden (Tabelle 4.19). Um zum Schluss der Ergebnisdarstellung bis auf die individuelle Ebene herunter zu gelangen, werden im Folgenden fünf Phänomenanalysen vorgestellt, die einerseits als prototypische Fälle die zuvor vorgestellten Typen weiter charakterisieren, andererseits aber deutlich machen, dass die Komplexität auf Einzelfallebene über die Verallgemeinerungen einer Typologie weit hinaus reicht. Alle weiteren Phänomenanalysen sind im Anhang im elektronischen Zusatzmaterial zu finden.

Tabelle 4.19 Einordnung der Phänomenanalysen in die Typologie der aktualen Gestaltung. (Quelle: Eigene Abbildung)

		Frequenz		
		selten	*gewechselt/wechselnd*	*häufig*
Intensität	*gering*	14, 18	9, 10, 12, 19	4, 7, 15
	stark	1, 13		2, 3, 5, 6, 8, 11, 16

Phänomenanalyse 14 „Anpassung und Resignation" als Beispiel für Typus 1 „Gestaltungsarme Routine"
Der Geographielehrer im 14. Interview (s. Abbildung 4.4) unterrichtet nach fünf Jahren Tätigkeit im Land Brandenburg seit 2000 an einer Gesamtschule in Hessen. Das Fach heiße hier „total altmodisch", „wie vor hundert Jahren" Erdkunde (14.VIII, 14.31, 38). Es habe einen sehr schlechten Stand (14.II), es sei „das Allerletzte" (14.II, 14.7, 29). Außerdem habe es an seiner Schule eine „unglaublich geringe Bedeutung" (14.III, 14.10, 139). Bei der Stundentafel würden alle Gesellschaftswissenschaften bevorzugt (14.III, 14.8, 35–47) und es liege nicht am Interesse der Schüler_innen und deren Wahlverhalten, welche Leistungskurse eingerichtet würden, sondern dies stehe in „langer Tradition seit 20, 25, 30 Jahren" fest (14.III, 14.10, 50–61). Geographie sei nicht dabei. Er selbst sei sogar Fachbereichsleiter, unterrichte jedoch kaum Geographie, in der Oberstufe nahezu

nie (14.I). Die durch die Politik veranlassten organisatorischen Rahmenbedingungen verursachten Probleme (14.V). Die schlechtere Bezahlung der Lehrkräfte im Vergleich zu anderen Bundesländern wird als negative Resonanz wahrgenommen (14.V). In Folge dieser ursächlichen Bedingungen kommt es im Fall 14 zum Phänomen der Anpassung und Resignation: „Und dann wurde mir das klar, dass man hier ganz gemächlich auch ruhige Kugel schieben kann und muss, im Endeffekt muss man sich anpassen" (14.VII, 14.27, 119–122).

Der Kontext ist hier von Vergleichen geprägt, die immer wieder zwischen der vormaligen Situation im Land Brandenburg und der jetzigen Situation in Hessen gezogen werden (14.IX). Darüber hinaus werden Vergleiche zu anderen Bundesländern gezogen (14.VIII). Hessen kommt jeweils schlecht weg, ein Beispiel: „Und ich hatte mal Mathematik und Geographie studiert und wollte da auch gerne Lehrer werden für Sekundarstufe I und II. Und in meiner ehemaligen Schule im Land Brandenburg gab es das wie gesagt Grundkurs, Leistungskurs – *massig*. Hier *nicht*." (14.IX, 14.30, 10).

Als intervenierende Bedingungen, die sich unmittelbar auf das eigene Handeln auswirken, wird eine zu große Stofffülle im Lehrplan (14.XI) sowie einen auf der geringen Stundenzahl basierenden Mangel an Gelegenheiten, den Schüler_innen etwas beizubringen (14.X), angeführt. Konkret gibt es dann neben den fallübergreifend bedeutsamen Teaching-to-the-Test-Effekten (hier: 14.XV) das Vermitteln wichtigen Basiswissens für das Leben als Haupthandlungsstrategie (14.XIII). Dennoch sei es letztendlich so, dass die Schüler_innen in dem wenigen Geographieunterricht zu wenig lernten:

> „Das hat hier unglaublich geringe Bedeutung. Und Auswirkung wird es schon haben. Die Leute kennen sich nicht gut aus mit Sachen, die eigentlich wichtig sind, ja. Weil die in Geschichte oder so, die können ja nicht so komplexe Sachen/Wenn man so eine Raumanalyse macht, muss man ja viele Sachen gleichzeitig verarbeiten. Das fehlt dann irgendwie. Das ist schade.
>
> Aber dann müsste man an die Landesregierung dran sozusagen. Bildungsministerium. Die müssten das anders basteln." (14.XVI, 14.23, 139–140)

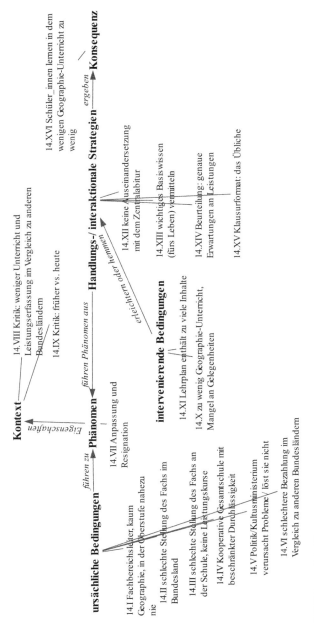

Abbildung 4.4 Phänomenanalyse 14: Anpassung und Resignation. (Quelle: Eigene Abbildung)

Phänomenanalyse 15 „Der Rhythmus der Veränderungen ist zu schnell" als Beispiel
für Typus 2 „Sich arrangieren"
Im Fall 15 werden die organisatorischen Rahmenbedingungen (hier: in Niedersachsen) als Ergebnisse von Top-down-Prozessen wahrgenommen (15.I). Besonders an diesem Fall ist, dass vor allem auf die Änderungen in den Vorschriften (Lehrplan, Schulbücher, Leistungserfassung, Abitur 15.II bis 15.V) und zusätzlich der Wandel durch die Digitalisierung (15.VI) sowie die wachsende Zahl an Verlagsangeboten (15.VII) abgestellt wird. Häufige Neuerungen werden thematisiert („Eine Zeit lang war es mal so […]. Das ist jetzt auch schon wieder abgeschafft." 15.VIII, 15.3, 30; „Der Rhythmus ist zu schnell." 15.VIII, 15.40 226; „Das ist, glaube ich, das vierte oder fünfte Curriculum, das ich habe, bestimmt das fünfte Buch […]." 15.VIII, 15.35. 220). Dadurch entstehe ein Anpassungsdruck:

> „Also das Zentralabi ist die Orientierung. Da wollen wir hin oder müssen wir hin in der gerade gültigen Reform, Reformnummer weiß ich nicht wie viel. Da müssen wir hin. […] Durch diese mehreren Neujustierungen des Zentralabis muss ich dann immer wieder meinen Stil anpassen […]. […] Und da gibt es schon wieder Unruhe. Wir kriegen schon wieder ein neues Curriculum. Da frag ich mich, warum muss das sein? Was nützt denn das? Also insofern sind diese zentralen Vorgaben, die ja von außen kommen, haben die schon durchschlagende Wirkung für den Unterricht." (15.VIII, 15.35, 210–112)

Dieses Phänomen der Wahrnehmung von zu schnellem Wandel des organisatorischen Rahmens entsteht im Kontext des ständigen Vergleichens verschiedener Zeitpunkte sowie die negative Beurteilung von Veränderungen (15.IX).
Eine Fülle an ungünstigen Bedingungen von einer fehlenden Unterstützung durch die Schulleitung (15.XVI) bis zu einer variierenden Resonanz seitens der Schüler_innen und der Unplanbarkeit von Unterricht (15.XIII) hemmen die gestalterischen Aktivitäten (s. Abbildung 4.5). Demgemäß haben gestalterische Aktivitäten eine geringe Intensität. Die Planung des Schuljahres geschieht mithilfe von Themenplanung entlang des Klausurenterminplans (15.XXIV). Unterrichtsvorschläge werden nicht aus Schulbüchern übernommen, sondern ergänzt und modifiziert (15.XXVI). Als „sehr elegante Methode" wird das Recherchieren von Video-Kurzbeiträgen im Internet zu obligatorischen Abiturthemen, die dann im Unterricht diskutiert werden, vorgestellt (15.XXV, 15.71, 113). Exkursionen würden nur gelegentlich durchgeführt (15.XXVIII).
Neben den fallübergreifend vorherrschenden Teaching-to-the-Test-Strategien (15.XXX, 15.XXXI) wird auf den durch das Zentralabitur ausgeübten Druck mit zwei Handlungsstrategien reagiert: zum einen erfolgt zusammen mit einer

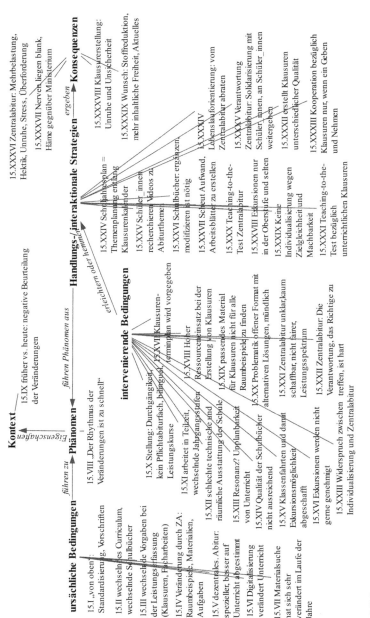

Abbildung 4.5 Phänomenanalyse 15: „Der Rhythmus der Veränderungen ist zu schnell". (Quelle: Eigene Abbildung)

Solidarisierung mit den Schüler_innen eine Übertragung der Verantwortung für den Erfolg im Zentralabitur auf die Schüler_innen (15.XXXV) und es wird den Schüler_innen vom schriftlichen Abitur im Fach Geographie abgeraten (15.XXXIV).

Konsequenzen, die sich aus den Handlungsstrategien ergeben, sind Gefühle von Belastung, Hektik, Unruhe und Stress (15.XXXVI), der Häme (15.XXXVII) und der Unsicherheit (15.XXXVIII). Darüber hinaus erwächst der Wunsch nach mehr inhaltlichen Freiheiten durch eine Verstetigung und Reduktion des Abiturpflichtstoffs (15.XXXIX).

Phänomenanalyse 1 „Nischen besetzen" als Beispiel für Typus 3 „Festtage gestalten"

Im Doppelinterview 1 (s. Abbildung 4.6) mit einer Geographielehrerin und einem Geographielehrer an einem Gymnasium in Bayern werden als ursächliche Bedingungen Zeitdruck im Unterricht der Oberstufe angesichts des Zentralabiturs (1.I), der nicht viel Spielraum biete, und schulorganisatorische Bedingungen (1.VII) auf der einen und Erfahrung und Kontinuität (1.II) sowie eine große Begeisterung für das Fach Geographie (1.III), die sich in zahlreichen, ausführlichen fachlichen Einlassungen im Rahmen des Interviews zeigen, auf der anderen Seite angeführt. Diese bedingen, dass die Gestaltung selten, aber dafür umso intensiver ausfällt. Konkret werden Exkursionen in den fünften und achten Klassen sowie in der Oberstufe durchgeführt (1.IV). Dabei wird eine Nische, die die organisatorische Rahmung lässt, genutzt: Exkursionen lassen sich mit alltäglichem, wissensorientiertem Unterricht mit Teaching-to-the-Test-Elementen, der versucht, mit dem durch die Stofffülle bedingten Zeitdruck umzugehen, vereinbaren (1.IX; 1.XIII; 1.XI, 1.XII). Außerdem werden Subnischen genutzt: zwei Projektwochen vor den Sommerferien in der Jahrgangsstufe 8, ein W-Seminar in der Oberstufe, Mehrtagesexkursion „Mittwoch bis Freitag […], weil dann Freitagnachmittag eh kein Unterricht ist und dann können wir auch Freitag auch später zurückkommen" (1.IV, 1.31, 11–29). Es wird das Potential von Anschauungsunterricht im Gelände betont (1.IV, 1.34). Die Exkursionen sind strukturell eingebunden (1.V), die Gestaltung ist vielfältig (sowohl zu Fuß als auch mit dem Fahrrad; Bauernhof-, Stadt-, Wald-, Weinbau-, Moränen-, Wasserstraßen-, Gletscherexkursion) und persistent („immer", „eigentlich immer", „Das machen wir immer so." 1.IV, 1.31, 23). Am Beispiel der Gletscherexkursion:

„B2: […]was haben wir Besonderes, was so beständig ist? […] Und da pflege ich den Fortbestand unserer Gletscherexkursion. […] Also, ich bin bei der ersten Gletscherexkursion reingerutscht. […] Und seitdem habe ich keine verpasst, egal ob ich jetzt einen Kurs hatte in Q11 oder nicht. […] ich weiß jetzt gar nicht, ob wir sechs- oder sieben- oder achtmal schon da waren, […]." (1.IV, 1.31, 12–14)

Als förderlich wird die angenehme Schülerschaft sowie die angenehme, sich entwickelnde Situation an der Schule (1.VIII) angesehen („Vorreiter […] auf bestimmten Gebieten. Und auch einen deutschen Schulpreis bekommen hat" 1.VIII, 1.3, 8). Außerdem sei das Zentralabitur wegen der Materialbasis fair (1.VI).

Als Konsequenzen aus dem eigenen Handeln werden einerseits die Exkursionen als Bereicherung für sowohl Lehrkräfte als auch Lernende gesehen (1.XIV). Die wahrgenommene Resonanz als gemeinsames Erleben und Begeistern spiegelt sich im folgenden Zitat wieder:

„B2: […] Und von vor zwei Jahren, bei mir hängt noch drüben das Bild an der Pinnwand da, wo wir am Gletscher, am Gipfelkreuz ein Foto gemacht haben. Das ragt da drei, vier Meter hoch raus. Also das sind schon Erlebnisse, wo die auch was wissen wollen. Nicht im Unterricht so auf Aufnahme nur sind, sondern da wirklich auch geben, was senden, ne, Signale." (1.XIV, 1.28, 170)

Andererseits gilt das Zentralabitur als unbeliebt (1.XVI), die Lehrenden werden angesichts des Abiturs zu strategischen Beratern, welche Prüfungsform für wen geeignet ist (1.XVII). Schließlich bleiben Probleme, die sich im Rahmen von Selektion ergeben, die nicht gänzlich zu lösen sind (1.XVIII).

Phänomenanalyse 11: „Geography is everywhere" als Beispiel für Typus 4 „Das Gestalten gestalten"
Die Geographielehrerin im Interview elf hat eine kreative, experimentelle Grundhaltung (11.I). Zwei typische Aussagen sind: „Aber wenn ich irgendwas Neues sehe, wenn ich auf Fortbildung irgendwas Neues höre, probiere ich das eigentlich immer gleich aus." (11.I, 11.12, 78) und „Genauso wie man im Unterricht ja alle sieben Minuten eigentlich was anderes machen soll, schaue ich auch, dass ich in jeder Stunde so ein bisschen was anderes habe […]" (11.I, 11.12, 190). Diese Grundhaltung trifft auf förderliche Rahmenbedingungen: sie arbeitet an ihrer Wunschschule, die Schulleitung gewährt Freiräume, das Kollegium ist jung und es herrscht eine gute Stimmung, man tauscht sich aus, die Eltern- und die Schülerschaft ist angenehm und die Ausstattung ist gut und außerdem wurden kürzlich neue Lehrmittel wie eine Wetterstation, ein Tellurium, ein Sandkasten angeschafft (11.II bis 11.VI). Diese Ursachen führen zum Phänomen, dass die eigene Begeisterung für das Fach (und den Geographieunterricht) geteilt wird:

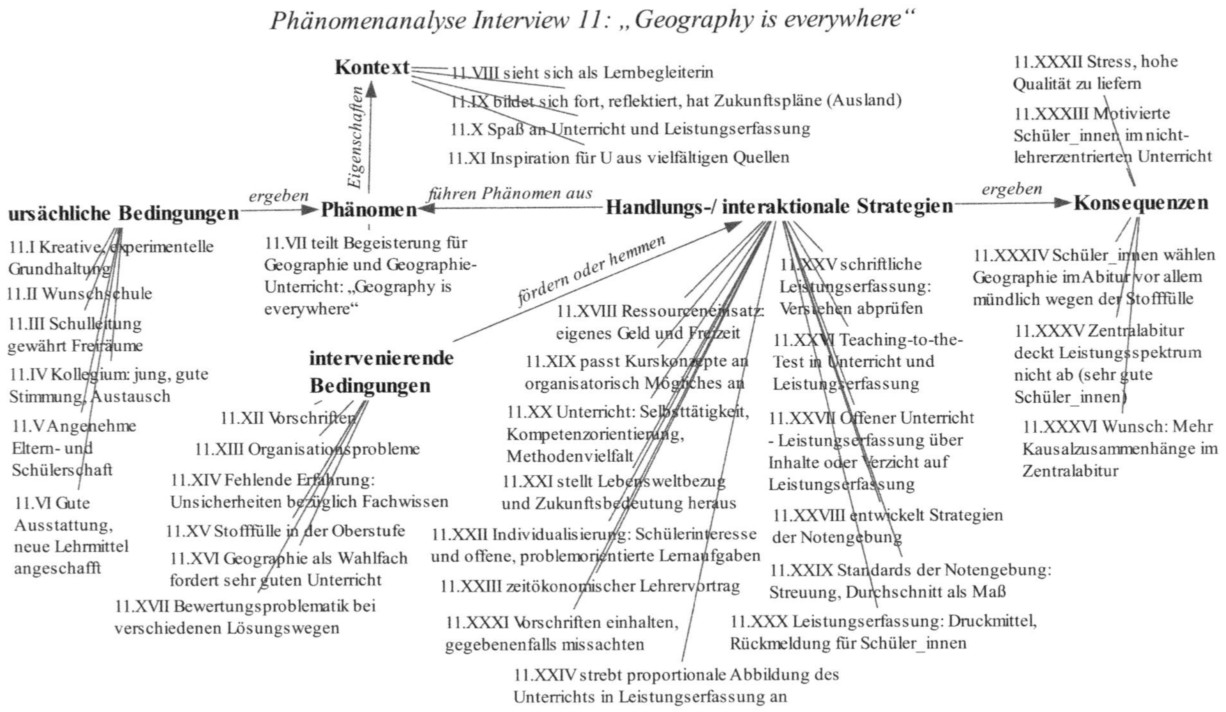

Phänomenanalyse Interview 11: „ „Geography is everywhere"

Kontext
- 11.VIII sieht sich als Lernbegleiterin
- 11.IX bildet sich fort, reflektiert, hat Zukunftspläne (Ausland)
- 11.X Spaß am Unterricht und Leistungserfassung
- 11.XI Inspiration für U aus vielfältigen Quellen

ergeben → **Konsequenzen**
- 11.XXXII Stress, hohe Qualität zu liefern
- 11.XXXIII Motivierte Schüler_innen im nicht-lehrerzentrierten Unterricht
- 11.XXXIV Schüler_innen wählen Geographie im Abitur vor allem mündlich wegen der Stofffülle
- 11.XXXV Zentralabitur deckt Leistungsspektrum nicht ab (sehr gute Schüler_innen)
- 11.XXXVI Wunsch: Mehr Kausalzusammenhänge im Zentralabitur

Handlungs-/interaktionale Strategien
- 11.XXV schriftliche Leistungserfassung: Verstehen abprüfen
- 11.XXVI Teaching-to-the-Test in Unterricht und Leistungserfassung
- 11.XXVII Offener Unterricht - Leistungserfassung über Inhalte oder Verzicht auf Leistungserfassung
- 11.XXVIII entwickelt Strategien der Notengebung
- 11.XXIX Standards der Notengebung: Streuung, Durchschnitt als Maß
- 11.XXX Leistungserfassung: Druckmittel, Rückmeldung für Schüler_innen

fördern oder hemmen

führen Phänomen aus

Phänomen
- 11.VII teilt Begeisterung für Geographie und Geographie-Unterricht: „Geography is everywhere"

- 11.XVIII Ressourceneinsatz: eigenes Geld und Freizeit
- 11.XIX passt Kurskonzepte an organisatorisch Mögliches an
- 11.XX Unterricht: Selbsttätigkeit, Kompetenzorientierung, Methodenvielfalt
- 11.XXI stellt Lebensweltbezug und Zukunftsbedeutung heraus
- 11.XXII Individualisierung: Schülerinteresse und offene, problemorientierte Lernaufgaben
- 11.XXIII zeitökonomischer Lehrervortrag
- 11.XXXI Vorschriften einhalten, gegebenenfalls missachten
- 11.XXIV strebt proportionale Abbildung des Unterrichts in Leistungserfassung an

Eigenschaften

ergeben → **Phänomen**

ursächliche Bedingungen
- 11.I Kreative, experimentelle Grundhaltung
- 11.II Wunsch: Schule
- 11.III Schulleitung gewährt Freiräume
- 11.IV Kollegium: jung, gute Stimmung, Austausch
- 11.V Angenehme Eltern- und Schülerschaft
- 11.VI Gute Ausstattung, neue Lehrmittel angeschafft

intervenierende Bedingungen
- 11.XII Vorschriften
- 11.XIII Organisationsprobleme
- 11.XIV Fehlende Erfahrung: Unsicherheiten bezüglich Fachwissen
- 11.XV Stofffülle in der Oberstufe
- 11.XVI Geographie als Wahlfach fördert sehr guten Unterricht
- 11.XVII Bewertungsproblematik bei verschiedenen Lösungswegen

Abbildung 4.6 Phänomenanalyse 1: Nischen besetzen. (Quelle: Eigene Abbildung)

„Ja, es ist an sich ein cooles Fach, also ich finde es total spannend und wenn ich Zeitung lese, den Spiegel lese, den habe ich abonniert, ich finde mindestens immer drei Artikel, ‚das muss ich der Klasse kopieren' und ‚das wollte ich der Klasse erzählen' und jetzt wieder das mit der Sonde, die auf dem Kometen landet. ‚Und das muss ich meiner Fünften zeigen.' Dann suche ich ein YouTube-Video. Was ich natürlich eigentlich nicht darf. Ich sehe ständig überall was, was mit dem Unterricht auch zu tun hat. Manchmal nervt das auch. Ich will einfach nur den Spiegel lesen und sofort denke ich: Wie kann ich das jetzt einbauen? Ich will einfach nur lesen, für mich, und nicht, um wieder zu sehen, wie, was hat das gerade mit meinem Unterricht zu tun. Das nervt manchmal tierisch. Aber andererseits ist es auch cool, weil es zeigt, wie wichtig das Fach eigentlich ist." (11.VII, 11.53, 230)

„Und dann sage ich immer, ich steige dann immer ein mit diesem Bild: Geography is everywhere. Oder: Everything has to do with Geography. Irgendwie gibt es da so einen Spruch von so einem US-Politiker. Und es ist ja tatsächlich so. Egal was wir uns anschauen, es hat alles damit zu tun." (11.VII, 11.14, 82)

„Und ich habe in Südamerika wirklich an vielen Stellen Fotos gemacht und habe dann in der allerersten Stunde nach den Ferien gesagt: Ja, ihr seid ja bestimmt auch noch in Ferienstimmung, so wie ich, ich zeige euch jetzt ein paar Fotos von meiner Südamerikareise und wir versuchen, daran nochmal das letzte Jahr zu rekonstruieren. Und dann zeige ich erst einmal die Flugstrecke. Ja, hier hatte ich Rückenwind. Warum? [...]" (11.VII, 11.13, 82)

Den Kontext bilden hier das Verständnis der eigenen Rolle als das einer Lernbegleiterin (11.VII), Reflektion des eigenen Handelns und Selbstreflexion (11.IX, 11.54), Spaß an Unterricht und Leistungserfassung (11.X) sowie die Inspiration aus vielfältigen Quellen wie Arbeit mit Referendar_innen, Fortbildungen, Medien (11.XI).

Auch wenn die konkret auf das eigene Handeln einwirkenden intervenierenden Bedingungen wie Vorschriften (11.XII), Organisationsprobleme auf Schulebene (11.XIII) und insbesondere die große Stofffülle in der Oberstufe (11.XV) einen hemmenden Charakter haben, wird deutlich, dass in einer großen Vielfalt, Intensität und Frequenz Unterricht gestaltet wird. Dafür wird viel Zeit (frühmorgens, freitagnachmittags, samstags, in den Ferien) und eigenes Geld eingesetzt (11.XVIII). Als Medien, die zum Einsatz kommen, werden unter anderem PowerPoint, Filme, GIS, Animationen, Satellitenfilme genannt (11.I, 11.12, 212 und 11.VII, 11.14, 84), als Methoden werden Mystery, Karten im Kopf, lebendige Diagramme und Experimente erläutert (11.XX, 11.11, 54–77). Hinzu kommen Exkursionen und außerschulische Projekte (11.III, 11.6, 14), zum Beispiel „Model United Nations" mit Auslandsfahrten (11.X, 11.61, 30–36). Es wird Wert auf die Selbsttätigkeit der Lernenden gelegt (11.XX), offene, problemorientierte

Lernaufgaben werden eingesetzt, das Interesse der Schüler_innen wird berücksichtigt (11.XXII). Dabei wird betont, dass als Lebenslauforientierung nur eine Kompetenzorientierung Sinn mache, da Wissen flüchtig sei:

> „Aber es gibt viele so von der alten Schule, die sagen, ja, sie legen da Wert drauf, mögliches Wissen zu vermitteln, auch viel Wissen zu vermitteln und auch in die Tiefe zu gehen. Aber wenn ich mich selbst erinnere, ich weiß fast nichts mehr von der Schule. Ich weiß natürlich vieles unbewusst aus der Schule, aber ich kann mich an keine einzige Stunde erinnern, oder? Und deswegen glaube ich, geht es nicht um die Inhalte, sondern um das bringt mir das was für später? Wie komme ich später damit im Leben zurecht? Und dann denke ich an die Geographie. Wenn sie wissen, sie haben einen Atlas und bevor sie in Urlaub fahren, gucken sie mal nach, was es da für eine Vegetation, wer der Kolonialherr war, oder was auch immer, habe ich mein Ziel erreicht. Und das ist für mich so Kompetenzorientierung." (11.XXI, 11.57, 92)

Ergänzend wird – gleichsam als Strategie der Kompensation – der frontale Vortrag anhand eines Skripts eingesetzt (zuzüglich „ein paar Filme, ein paar nette Bilder, […] Atlas" 11.XXIII, 11.55, 206), um den Pflichtstoff bewältigen zu können („Das muss man am Ende einfach oft machen, weil man zeitlich nicht hinkommt." 11.XXIII, 11.55, 206). Hinzu kommen neben den typübergreifend vorherrschenden Teaching-to-the-Test-Strategien (11.XXVI) zahlreiche weitere Handlungsstrategien (s. Abbildung 4.7). Die Lehrerin ist Fachbetreuerin an ihrer Schule, bildet Referendar_innen aus und betreut auch Student_innen, die sie zum „ausprobieren" anhält (11.XXIX, 11.40, 176–180 und 11.XI, 11.60, 77–78). Dass die Lehrer_in in geringerem Umfang als andere Fälle vom Typus 4 über den eigenen Unterricht hinaus gestaltet, liegt vermutlich an ihrem jungen Dienstalter. Es wird im Interview deutlich, dass sie Zukunftspläne hat: „Ich lerne jetzt auch noch DaF nebenbei, weil ich ja vielleicht mal in das Ausland gehen will. […] Ach ja, stimmt, man sollte immer Ziele haben. Was ist eigentlich mein Ziel an dieser Schule" (11.IX, 11.54, 238).

Konsequenzen aus den eigenen Handlungsstrategien seien Stress durch den Anspruch, ständig eine hohe Qualität zu liefern (11.XXXII), aber auch motivierte Schüler_innen (11.XXXIII). Schüler_innen bevorzugten Geographie als mündliches Prüfungsfach im Abitur (11.XXXIV), das Zentralabitur decke das Leistungsspektrum nicht gut ab (11.XXXV). Die Lehrerin wünscht sich, dass im Zentralabitur mehr Kausalzusammenhänge abgeprüft werden (11.XXXVI).

Phänomenanalyse Interview 11: „Geography is everywhere"

Kontext

11.VIII sieht sich als Lernbegleiterin

11.IX bildet sich fort, reflektiert, hat Zukunftspläne (Ausland)

11.X Spaß am Unterricht und Leistungserfassung

11.XI Inspiration für U aus vielfältigen Quellen

ergeben

Konsequenzen

11.XXXII Stress, hohe Qualität zu liefern

11.XXXIII Motivierte Schüler_innen im nicht-lehrerzentrierten Unterricht

11.XXXIV Schüler_innen wählen Geographie im Abitur vor allem mündlich wegen der Stofffülle

11.XXXV Zentralabitur deckt Leistungsspektrum nicht ab (sehr gute Schüler_innen)

11.XXXVI Wunsch: Mehr Kausalzusammenhänge im Zentralabitur

führen Phänomen aus

Phänomen   *Eigenschaften*

11.VII teilt Begeisterung für Geographie und Geographie-Unterricht: „Geography is everywhere"

ergeben

ursächliche Bedingungen

11.I Kreative, experimentelle Grundhaltung

11.II Wunschschule

11.III Schulleitung gewährt Freiräume

11.IV Kollegium: jung, gute Stimmung, Austausch

11.V Angenehme Eltern- und Schülerschaft

11.VI Gute Ausstattung, neue Lehrmittel angeschafft

Handlungs-/ interaktionale Strategien

fördern oder hemmen

11.XVIII Ressourcenersatz eigenes Geld und Freizeit

11.XIX passt Kurskonzepte an organisatorisch Mögliches an

11.XX Unterricht: Selbsttätigkeit, Kompetenzorientierung, Methodenvielfalt

11.XXI stellt Lebensweltbezug und Zukunftsbedeutung heraus

11.XXII Individualisierung: Schülerinteresse und offene, problemorientierte Lernaufgaben

11.XXIII zeitökonomischer Lehrervortrag

11.XXIV strebt proportionale Abbildung des Unterrichts in Leistungserfassung an

11.XXV schriftliche Leistungserfassung: Verstehen abprüfen

11.XXVI Teaching-to-the-Test in Unterricht und Leistungserfassung

11.XXVII Offener Unterricht - Leistungserfassung über Inhalte oder verzicht auf Leistungserfassung

11.XXVIII entwickelt Strategien der Notengebung

11.XXIX Standards der Notengebung: Streuung, Durchschnitt als Maß

11.XXX Leistungserfassung: Druckmittel, Rückmeldung für Schüler_innen

11.XXXI Vorschriften einhalten, gegebenenfalls missachten

intervenierende Bedingungen

11.XII Vorschriften

11.XIII Organisationsprobleme

11.XIV Fehlende Erfahrung: Unsicherheiten bezüglich Fachwissen

11.XV Stofffülle in der Oberstufe

11.XVI Geographie als Wahlfach fördert sehr guten Unterricht

11.XVII Bewertungsproblematik bei verschiedenen Lösungswegen

Abbildung 4.7   Phänomenanalyse 11: „Geography is everywhere". (Quelle: Eigene Abbildung)

Phänomenanalyse 19 „Umbruch im Handeln nach Ersterfahrung mit einem Leistungskurs im Zentralabitur" als Beispiel für Typus 5 „Sich reiben"
Der Geographielehrer im Interview 19 (s. Abbildung 4.8) unterrichtet an einem Gymnasium in Nordrhein-Westfalen. Er hat sein Referendariat an der Schule gemacht, an der er zum Zeitpunkt des Interviews seit vier Jahren arbeitet. Er unterrichtet schwerpunktmäßig Geographie, auch bilingual (19.I). Grundsätzlich sieht er eine über das Abitur hinausgehende Funktion des Geographieunterrichts:

> „Ja, dass Geographie zum einen zentrale Probleme unserer Welt aufgreift […] und es schafft, Schüler zumindest dahingehend zu motivieren, diese Probleme zu erkennen, sich damit auseinanderzusetzen und im Idealfall, das geht bei den wenigsten Dingen ganz konkret zu handeln, oder zumindest Handlungsoptionen aufzuzeigen und dass, oder was ich an dem Fach mag, […] dass es aktuelle Probleme sind. Also ich finde es spannend einfach, dass man mit den verschiedenen Herangehensweisen der Geographie viele Probleme der Welt, also in jedem kann man, wenn man will, einen geographischen Aspekt entdecken, sei es im Tourismus oder wo auch immer. Und das finde ich eigentlich das Spannende an dem Fach, dass es in vielen Fällen schülermotivierend ist, […]." (19.II, 19.4, 26)

Seine Handlungsstrategie war es, Freiräume im Lehrplan dahingehend zu nutzen, eigene thematische Schwerpunkte zu setzen und Kompetenzen zu fördern (19.IV, 19.58, 78). Dieses erste Bündel an ursächlichen Bedingungen bedingte den Unterricht seines ersten Leistungskurses. Als zweites Bündel an ursächlichen Bedingungen kam dann aber ein negatives Feedback bei der Korrektur der geschriebenen Zentralabiturklausuren durch den internen, mit ihm befreundeten Zweitkorrektor, der auch Fachleiter ist, gesehen werden: die Bewertungen lagen „schon sehr weit auseinander" (19.VI, 19.59, 78).

Dieses Erlebnis führte zu einem Umdenken und einem Umbruch im Handeln (19.VII). Er hinterfragte die Unterscheidung von Grund- und Leistungskurs, sein Aufgabenverständnis, sein Vorgehen bei der Klausurkorrektur, sein Verhältnis zu den Schüler_innen, seinen Unterricht (19.VII, 19.22, 77–94).

> „I: Aber du hast dir doch vorher sicher auch Mühe gegeben. Was, ja /
>
> B: Natürlich habe ich mir /. Ja. Vielleicht bewerte ich das, was ich jetzt gerade sage, in fünf Jahren auch total anders, wenn ich vier neue Erfahrungen, oder zwei neue Erfahrungen gemacht habe, aber, ja, ich bin noch ein bisschen im Prozess der Reflektion, wie du vielleicht auch merkst. Vielleicht hätte ein anderer Kollege das Ganze ganz anders in der Zweitkorrektur extern bewertet und ich hätte mir nie diese Fragen gestellt und, ja. Aber das ist immer so ein bisschen die Frage, also wie viel Freiraum habe ich eigentlich noch als Lehrer, wie starr ist dieses System, wie wohlwollend kann ich überhaupt noch korrigieren." (19.VIII, 19.48, 79–80)

Das Phänomen des Umbruchs zeigt sich in geänderten Handlungsstrategien: *nun* mehr zentrale Ergebnissicherungen (19.XVI), *nun* mehr Frontalunterricht (19.XVII), *nun* mehr Teaching-to-the-Test (19.XVIII) auch mittels modifizierter alter Zentralabiturklausuren als unterrichtliche Klausuren (19.XIX), *nun* mehr Zeit für eine intensivere Klausurkorrektur (19.XX), *nun* soziale Bezugsnorm bei der Klausurkorrektur (19.XXI). Er achtet nun verstärkt darauf, sich an Vorgaben zu halten (19.XXVI). Außerdem hat er sich an einem Testlauf von Zentralabiturklausuren im Vorlauf der Prüfungen für die Aufgabenkommission beteiligt (19.XXVII).

Intervenierende Bedingungen, die auf die Handlungsstrategien einwirken, sind unter anderem Feedback von Schüler_innen (19.X), Fragen der Rechtssicherheit des eigenen Handelns (19.XII) und die neue Rolle als Fachvorsitzender für das Fach Geographie an der Schule (19.XIV).

Die meisten im Rahmen der Phänomenanalyse identifizierten Konsequenzen lassen sich unter der Überschrift des fünften Typus zusammenfassen: „sich reiben". Der Lehrer übt Kritik an Top-down-Prozessen in der Schulorganisation (19.XXXI) und an der Einschränkung der Autonomie durch die organisatorische Rahmung (19.XXXII). Während er sich im Handeln unerfahren und unsicher fühlt (19.XXX), hat er den Eindruck, dass die Akteur_innen ihr Handeln nicht hinterfragen (19.XXXIII). Er betont die Vorzüge mündlicher Abiturprüfungen (19.XXXVI), übt Kritik an den schriftlichen (19.XXXIV; 19.XXXV) und äußert den Wunsch nach alternativen Aufgabenformaten (19.XXXVIII). Im Folgenden wird deutlich, wie er die Standardisierung des Zentralabiturs bewertet:

> „Ja, das ist ein bisschen die Gretchenfrage: ‚Brauchen wir Prüfungen?' Also ich finde, wir brauchen schon Situationen im Unterricht, wo der Schüler agieren muss und Vermitteltes, vermittelte Inhalte in irgendeiner Form darstellen oder wiedergeben muss. Ob das eine schriftliche Form ist, also wenn man das ganze System komplett aufbrechen will, zum Beispiel in Englisch hat es sich ja massiv geändert, dass mündliche Prüfungen jetzt Pflicht sind. Das kann man ja durchaus auch in diese Croquis, wie immer sie heißen, könnte man genauso wie in Frankreich ein anderes Prüfungsformat überdenken. Also ich finde, in der Geographie ist es immer noch sehr stur und auch eintönig, streng genommen, was natürlich für die Schüler gewisse Vorteile hat, aber auch so ein bisschen gewisse Gefahren birgt.
>
> I: Vorteile?
>
> B: Vorteile des Prüfungsformats?
>
> I: Nein, du meinest Vorteile für die Schüler.

B: Es ist kalkulierbar, finde ich. Ich weiß genau, ich habe das Prüfungsformat, ich werde auf keinen Fall irgendwas zeichnerisch umsetzen müssen, ich muss Materialauswertung beherrschen und ich muss die Operatoren und die Prüfungsformate beherrschen. Und wenn eine Tourismusklausur kommt, weiß ich ganz genau, Aufgabe eins ist so und so gestrickt und Aufgabe drei ist immer eine Bewertung der zukünftigen Entwicklung und ich bringe da das Butler-Modell mit rein. Das ist ja vielleicht auch noch so ein oberflächlicher Vorteil, weil es trotzdem immer noch schlechte Klausuren gibt. Aber prinzipiell finde ich es schon gut, wenn in Erdkunde, wie auch immer, dieses Format durchbrochen werden würde durch Alternativen, darstellende Alternativen. Ja, ich finde zum Beispiel mündliche Prüfungen auch immer spannend, weil wenn eine mündliche Prüfung im Endeffekt viel besser den Leistungsstand eines Schülers vermittelt, als eine schriftliche Klausur.

I: Warum?

B: Weil ich Gedankengänge des Schülers in dem Moment, also ich kann sehen, wie er sich einem Prozess nähert, ich kann seiner logischen Strukturierung folgen und Darstellung spielt für mich auch ein Stück weit da mit rein. Also natürlich kann man auch die schriftliche Darstellung bewerten. Ja, genau, und ich finde es auch ein Stück weit einfach authentischer auf das, was ihn oder sie danach erwartet. Ja. Aber soweit ich weiß, gibt es da, glaube ich, keine massiv großen Bestrebungen, das komplett zu hinterfragen, also ohne da die entscheidenden Leute zu kennen." (19.XXXVI, 19.49, 36–42).

Darüber hinaus bedauert er den geringen Stellenwert des Fachs Geographie angesichts seiner gesellschaftlichen Bedeutung (19.XXIX) und wünscht sich mehr Exkursionen (19.XXXVII).

4.2.3   Grenzen der Studie

Als erste Studie zu diesem Thema hatte die Studie das Ziel, das Untersuchungsfeld zu explorieren und die Relevanz und Reichweite des Forschungsgegenstandes aufzuzeigen, sodass weitere Forschungsarbeiten darauf aufbauen können.

Zwar wurden in das Untersuchungsdesign fünf Bundesländer einbezogen, um eine große Bandbreite der Ergebnisse zu ermöglichen, dennoch können bei der Interviewstudie nur in Einzelfällen bundeslandspezifische Aussagen getroffen werden (zum Beispiel zum Sonderfall der Respizienzen in Bayern oder der immer neuen Prüfungsthemen in Niedersachsen). Inwiefern die offen gelegten Situationen und Prozesse in allen diesen fünf sowie in den nicht berücksichtigten Bundesländern zutreffen und wie bedeutend beziehungsweise häufig welches Phänomen beziehungsweise welcher Typus ist, kann aufgrund des qualitativen Designs aber nicht beantwortet werden. Außerdem ist es wahrscheinlich,

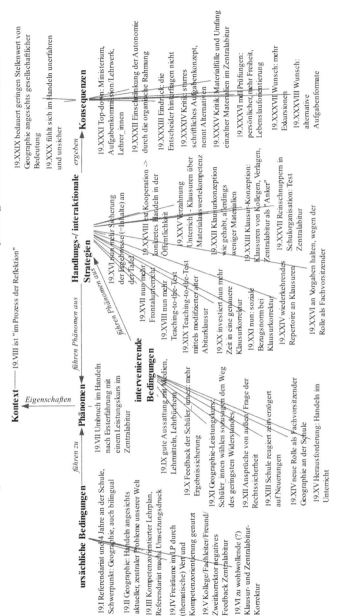

Abbildung 4.8 Phänomenanalyse 19: Umbruch im Handeln. (Quelle: Eigene Abbildung)

dass der Facettenreichtum durch ein größeres Sample unter Einbezug weiterer Bundesländer noch besser hätte herausgearbeitet werden können.

Die gewählte Forschungsmethodologie bedingt, dass durch die Konzeptualisierung noch an den Daten gearbeitet wurde, allerdings musste bei den weiteren Zusammenfassungen der großen Anzahl an Konzepten dennoch unweigerlich ein Informationsverlust eintreten. Während die Konzepte und Kategorien noch nah „am Material" entwickelt sind, kann schon das axiale Kodieren als Interpretation angesehen werden. Zwar wurden die Bezüge zwischen den Kategorien aus der fallspezifischen Argumentation entwickelt, dennoch ist hier von einzelnen Fehlinterpretationen auszugehen, wenn etwa nicht alle Elemente einer Kette an Beziehungen im Interview überhaupt genannt wurden. Außerdem war es nicht anders umsetzbar, als die Phänomenanalysen auf Interviewebene (und nicht auf Personenebene) durchzuführen. Zwar wurde versucht, auch bei Gruppeninterviews hierin Unterschiede aufzunehmen, dennoch waren bei diesen der Interpretationsbedarf und die Verallgemeinerungsnotwendigkeit größer als bei den Einzelinterviews. Noch stärker fasst dann die Idealtypologie zusammen, eine stärkere Interpretation der Daten ist die Folge.

Die strikt induktive Vorgehensweise bei der Datenauswertung bedingt Ergebnisse, deren Diskussion etwas herausfordernder ist als bei einer Auswertung, die den Forschungsstand als Ausgangspunkt genommen hätte, da die Bezüge im Nachhinein hergestellt werden mussten. Da die metatheoretischen Vorüberlegungen aus systemtheoretischer Perspektive empirisch noch zu füllende theoretische Annahmen bedingt haben, konnte dies aber grundsätzlich gelingen. Dadurch, dass der metatheoretische Rahmen erst nach der Datenerhebung gewählt wurde, bleiben allerdings einige Leerstellen zurück, die bei einer frühzeitigen Ausrichtung darauf hätten vermieden werden können. So wurden die Interviewten etwa nicht nach ihrer Einschätzung zu der Rolle der organisatorischen Rahmung von Akteur_innen anderer Funktionssysteme oder auch zur Frage der Komplexität unterrichtlicher Kommunikation gefragt, sondern Äußerungen zu diesen Themen ergaben sich vielmehr nebenbei. Immerhin bestand somit nicht die Gefahr, den Interviewpartner_innen etwas in den Mund zu legen.

Wie ist Geographieunterricht angesichts des Zentralabiturs möglich? Diskussion und systemtheoretische Einordnung der Ergebnisse

5

Während die untergeordneten Untersuchungsfragen mit der Zusammenstellung des Forschungsstands in Abschnitt 2.2 und mit den Ergebnissen der beiden eigenen Studien in Kapitel 4 beantwortet sind, soll in diesem Kapitel die übergeordnete forschungsleitende Frage: „Wie ist Geographieunterricht angesichts des Zentralabiturs möglich?" abschließend beantwortet werden, indem die Kernergebnisse diskutiert und systemtheoretisch eingeordnet werden.

5.1 Die Komplexität von Unterricht und unterrichtlichem Prüfen

Aus systemtheoretischer Sicht ist Unterricht komplex. Erstens treffen verschiedene Systeme aufeinander. Die unterrichtliche Kommunikation kann nicht in die Gedankenwelt der Lernenden und deren Organismus (z. B. Hirnströme) eingreifen, Schüler_innen müssen selbst lernen. Dies ist das in Abschnitt 2.1.2 vorgestellte Rationalitätsproblem der Erziehung. Dies kann für die Lehrkraft ernüchternd sein:

> „Was man merkt jetzt in der Oberstufe bei zweistündigem Fach: Das läuft bei den Schülern halt so nebenher. Also, da ist das Interesse nicht sonderlich groß an der Geographie. Ja.
>
> Und es bedarf sehr, sehr viel Motivation. Ja. Im Schwäbischen gibt es so einen Spruch: ‚Man kann den Hund nicht zum Jagen tragen.' Und das ist teilweise so, dass man versuchen muss, den Hund zum Jagen zu tragen. Die sitzen halt ihre Stunden ab." (4.III, 4.63, 37–38)

Leistungs- und Notendruck werden deshalb zur Disziplinierung eingesetzt:

© Der/die Autor(en) 2023
J. Mäsgen, *Auswirkungen von Standardisierung auf Zentralabitur und Unterricht*, Empirische Forschung in den gesellschaftswissenschaftlichen Fachdidaktiken, https://doi.org/10.1007/978-3-658-40663-9_5

„Ich brauche immer mal wieder auch schriftliche Tests, um wirklich zu sehen: Kann der das, was ich da unterrichtet habe? Und da haben wir natürlich dann ein anderes Problem. Jetzt wird es natürlich sehr umfangreich, dieses Volitionale, was natürlich dann immer noch im Zentrum steht, dass viele Schüler, wenn keine Noten gegeben werden, natürlich oftmals auch nicht liefern [...]." (3.XII, 3.30, 110)

Aber auch jeder Mensch selbst kann nur sehr bedingt in die eigenen Gedanken und den eigenen Stoffwechsel eingreifen. Eine Geographielehrerin bedauert die Situation erfolgloser Schüler_innen:

„Aber es gibt halt wirklich auch die, die halt eben kognitiv ein bisschen begrenzt sind, aber fleißig. Und dann schaffen die halt mal, haben die in der ersten Klausur eine 5+, dann arbeiten die, ist es trotzdem aber eine 4-, ein Defizit. Die Motivation, dann noch weiter an sich zu arbeiten ist wirklich relativ gering. Also ich / mein bestes Beispiel ist jetzt zwar in der Sekundarstufe I, aber ich habe da einen Schüler, der ist fleißig, der lernt ohne Ende, der sagt sich aber, ja gut, wird ja eh wieder eine Vier oder eine Fünf, muss ich ja eh nichts mehr machen. Diese resignieren halt irgendwann." (16.XXVI, 16.42, 190)

Zweitens ist die Komplexität dadurch gegeben, dass sich Interaktionssysteme wie der Unterricht durch Kommunikation konstituieren und sich folglich durch Kontingenz auszeichnen (s. Abschnitt 2.1.2). Das Problem der doppelten Kontingenz stellt die Lehrer_innen vor Herausforderungen: „Wir haben das [Anm.: Monsun] ewig lange besprochen und das verstehen so zehn von 30 und die anderen 20 merken sich auswendig, ja, irgendwas verschiebt sich und irgendwas ist die ITC" (11.XXV, 11.31, 138). Um der doppelten Kontingenz zu begegnen, greifen Lehrer_innen auf Handlungsstrategien zurück, die das Gelingen des Unterrichts unabhängig vom Gelingen der unterrichtlichen Kommunikation machen sollen. Diese Absicherungsstrategien beziehen sich darauf, Richtiges zur Verfügung zu stellen. Eine Lehrerin wünscht sich deshalb mehr aufbereitetes richtiges Wissen in Schulbüchern:

„Na, so gestern war eine Schülerin in der 10, die sollten eine Raumanalyse vorbereiten. Da gab es auch so eine Checkliste als Arbeitsblatt. Und dann fragte sie: Was ist denn der Unterschied zwischen Landoberfläche und Landnutzung? Nachdem wir da 45 Minuten uns befasst hatten. Hätte ich gerne ein Buch, wo saubere Definitionen drin sind, wo ich sag: Lies es dir bitte nochmal durch. Wenn es nächste Stunde immer noch nicht klar ist, okay, reden wir nochmal drüber. Aber so diese Absicherung, das fehlt, das leistet unser Buch nicht." (15.XIV, 15.15, 96)

Auch die Schüler_innen wollen sich nicht auf das Gelingen der unterrichtlichen Kommunikation verlassen, beziehungsweise wünschen eine Absicherung, für den Fall, dass sie etwas nicht richtig verstanden haben:

> „Ja, insofern, oder sagen, also was ich immer zum Halbjahr und am Ende lassen die mich so einen Reflektierbogen bewerten, das ist so ein Bewertungsbogen und was Schüler immer wieder nennen ist, dass ich zu, also Schüler wollen immer gerne Tafelbilder. Sie wollen am Ende fixierte Ergebnisse, die sie übernehmen können, was Vor- und Nachteile hat. Und, also ich bin mehr dazu übergegangen, Ergebnisse immer wieder zu sichern, weil Schüler einfach nicht in der Lage sind, oder vielleicht es auch nicht gelehrt bekommen haben, Dinge für sich mitzuschreiben, aus einem Prüfungsgespräch, weil sie natürlich vielleicht auch aktiv an so einem Gespräch gerade teilnehmen." (19.X, 19.64, 88)

Als Drittes tritt das Kausalitätsproblem auf, weil nicht mit Sicherheit gesagt werden kann, woher Wissen von Schüler_innen stammt. Zwei Beispielpassagen aus Interviews veranschaulichen dies: „Und gerade in Geographie haben sie ja Vorwissen zum Teil, was in der Welt los ist" (13.XIV, 13.9, 64) und „Also gerade in der 12.2 kommt dann ganz viel zu Deutschland, so Stadtgeographien, das sind so Sachen, die sind denen schon irgendwie geläufig" (11.XXIII, 11.55, 206).

Erzieherische Interaktion werde „von ihrer eigenen selbst generierten Komplexität überfordert", konstatiert Vanderstraeten (2004, S. 63). Dies gelte schon für die einzelne Unterrichtssituation, aber noch mehr, wenn das Erziehen langfristige Ziele verfolge. Bereits für das Ziel Zentralabitur gibt es keine hundertprozentige Sicherheit, dies zeigen die Geographielehrer_innen im Sample, die sich fragen, ob ihre Schüler_innen beziehungsweise sie selbst das Zentralabitur schaffen. Umso mehr gilt dies, wenn noch langfristigere und diffuse, den möglichen Lebenslauf der Schüler_innen betreffende Ziele anvisiert werden.

> „[…] ja, also ich könnte mir beispielsweise ein Bildungssystem vorstellen, wo man sagt, dass man, in der 12. Klasse hat man so einen Waldorfabschluss und jetzt geht man in das Leben an eine Uni und die Uni macht ein Auswahltest. Ich finde das nämlich eigentlich viel richtiger, was nützt mit ein Einser-Kandidat im Abi, ein Abi-Einser, das heißt noch lange nicht, dass er ein guter Arzt wird oder ein guter Lehrer, ja? Also, sondern das muss man doch anders herausfinden. Also, dass er eine Befähigung hat, klar, und dann die Unis hin kommt und die Zeit hat und nicht sagen die, irgendwann zu einem sagen, ja, dich nehmen wir, du bist der Künftige, du bist ein guter Arzt, weil das sind doch die Fachleute. Also ich würde mir das ganz anders, also wenn ich mir jetzt beschreibe, ein ganz anderes Bildungssystem." (12.XXIII, 12.34, 220)

„Führt man sich die Diskrepanz dieser Anforderungen des situativen Lavie-
rens und Erreichens angestrebter Lernerfolge vor Augen, sieht man zugleich,
daß es für die Lösung dieses Problems kaum Rezepte geben kann", erkennt
Luhmann (1987b, S. 69–70). Es gibt keine eindeutige Antwort auf die Frage:
„Wie unterrichte ich richtig?" (vgl. Abschnitt 2.1), keine Technologie des
Unterrichtens.

Auch das Prüfen ist komplex. Das in Abschnitt 2.2.1.1 vorgestellte Modell
„der pädagogischen Beurteilung als Interaktion zwischen Beurteiler und Beurteilten" von Ingenkamp und Lissmann (2008, S. 16) schematisiert dies. Im Sample
zeigt sich die Komplexität zum Beispiel anschaulich beim in Abschnitt 4.2.2.3
exemplarisch für den Gestaltungstypus 5 vorgestellten Fall aus Interview 19, bei
dem die Divergenz der Beurteilungen im Zentralabitur vom in die unterrichtliche
Interaktion eingebundenen Erstkorrektor und dem außenstehenden Zweitkorrektor einen Umbruch im Handeln ausgelöst hat: „Also die Frage ist immer, wo ist
meine Skalierung, da gibt es ja auch verschiedene Ansätze und ich war vielleicht
aufgrund der Tatsache eben neu, erstes Jahr, netter Kurs, gutes Kursklima, zu
positiv" (19.VI, 19.59, 78). Auch die Tatsache, dass die übliche Notengebung
problematisch ist (Ingenkamp & Lissmann, 2008, S. 142–143), ist Lehrer_innen
im Sample bewusst:

„Und auch beim Zentralabitur ist es ja in der Korrektur ja schon so, dass da große
Unterschiede rauskommen, trotz Erstkorrektor und Zweitkorrektor.

Die sind ja an einer Schule, und man spricht sich ja trotzdem irgendwie ab, was
man jetzt für einen Erwartungshorizont hat. Das variiert dann von Schule zu Schule
ganz extrem. Und da wird es halt noch kritischer, diese Schnitte jetzt irgendwie zu
vergleichen.

Ist klar, wenn ich jetzt einen Chef habe, der mir Druck macht, und sagt, die Schnitte
müssen besser werden, korrigieren wir halt das nächste Mal das Abitur so, dass wir
halt gnädiger sind einfach irgendwo, wenn wir sagen, ja, wir wollen das ja irgendwie da hinkriegen. Und dann führt das Zentralabitur dazu, dass es überhaupt keinen
Sinn macht, Zentralabitur zu machen, wenn eh jeder so korrigiert, dass der Schnitt
hinkommt.

Also muss ich mich halt entscheiden, was ich mit der Prüfung haben will. Will
ich mich als Selbstbeweihräucherung sagen und sagen: ‚Boah, ich habe jetzt einen
Schnitt, der ist besser, als der bayernweite Durchschnitt. Ich bin so ein toller Lehrer
und meine Schüler sind ja so super toll und übrigens liegt es sowieso nur an mir, dass
die jetzt so toll waren.'

Oder ich sage, ich nehme das Abitur dazu, dass ich sage, ‚naja, ich möchte so ein
Mindeststandard abprüfen, den mein Schüler können muss, wenn er hier die Schule

verlässt.' Dann würde es ja wieder reichen, wenn ich sage, es reicht: ‚Er hat es bestanden.' Punkt. Dann brauche ich nicht rumtun: ‚Oh ja, der eine hat 1,4 und der andere hat 1,5 und' – schlimm." (10.XVIII, 10.33, 174–178)

Allerdings sei man daran gewöhnt, äußert sich ein anderer Interviewter:

> „Ja und dann wissen sie es schon, wie es ist und jetzt sind es halt die Punkte und ich habe nur die und so. Fertig. Es ist auch nicht fair, das Verfahren, aber es wird eher eingesehen und deswegen möchte ich eigentlich auf dieses Verfahren nicht verzichten, weil das ist auch oft, da wird die Person dann rausgenommen. Ich habe das jetzt geschrieben, das ist halt meins, habe halt Pech gehabt oder so." (2.XIII, 2.42, 196)

In den Abschnitte 4.2.1.1 und 4.2.1.3 wurden verschiedene Bewertungsspielräume und Anpassungsstrategien beschrieben. Im folgenden Beispiel werden mündliche Noten eingesetzt, um schlechte Noten, die daraus resultieren, dass die schriftliche Leistungserfassung die Leistung nicht adäquat zu erfassen vermag, auszugleichen:

> „B2: […] Also, weil du vorhin schon gesagt hast. [Name eines Schülers] würde ich absolut zum Kolloquium raten.
>
> B1: Weil das so einer ist, der zu wenig schreibt. Der weiß das dann. Aber der braucht das, glaube ich, auch noch mal.
>
> B2: Der hat es bei mir geschafft dreier Noten zu schreiben letztes Jahr.
>
> B1: Ja.
>
> B2: Und dann habe ich ihm tausend Mal 15 Punkte im Mündlichen eingetragen, dass das einigermaßen in Relation war.
>
> B1: Ich hatte den in der Achten und da war es auch so. Also, das ist so ein/
>
> B2: Das sagen alle Kollegen. Der kriegt das nicht auf das Blatt, was er eigentlich weiß und kann." (1.XVIII, 1.27, 139–145)

Hinzu kommen als weitere Herausforderungen die Frage nach der Bezugsnorm der Beurteilung und die Frage, wie Unterricht adäquat abgebildet werden kann. Nach Sacher (2000, S. 63–64) muss angestrebt werden, den Unterricht möglichst in einem „repräsentative[n] Querschnitt des vorangegangenen Unterrichts" proportional abzubilden und abwechslungsreiche Prüfungsaufgaben zu stellen, die Aktivitäten fordern „wie sie auch im vorangegangenen Unterricht vorherrschten". Unterrichtet man im Sinne einer neuen Lernkultur, prüft aber wie seit jeher, führt dies zu einem Spannungsverhältnis (Winter, 2016, S. 6–30). Dies wurde im Abschnitt 4.2.1.3 ausführlich beschrieben. Dabei ist augenscheinlich geworden, dass es nicht nur darum geht, eine andere Art zu unterrichten und zu lernen adäquat abzubilden (zum Beispiel Projektunterricht), sondern dass es auch eine fachspezifische Ausprägung des Spannungsverhältnisses gibt. In einem Interview wird dies wie folgt problematisiert:

> „Also ich glaube, wenn wir bei dem Thema Prüfungen jetzt sind, vor allem schriftliche, das ist natürlich nach wie vor ein Problem, dass wir das, was wir im Unterricht machen sollten und auch aus meiner Sicht machen, viele Kollegen in Geographie, nämlich beispielsweise Öffnung nach außen, Anbindung von multimedialen Möglichkeiten in unserem Fach, auch didaktische Öffnung des Unterrichts in neue Formen, auch diese Variante Thinking-through-Geography, moderater Konstruktivismus, dass es eben beispielsweise keine eindeutigen Lösungen mehr gibt, sondern dass der Schüler nachher begründen muss, warum er jetzt diese Sache gewählt hat. Das jetzt in ein sehr starres Prüfungskorsett zu bringen, das ist eigentlich die große Kunst. Das bereitet uns zeitlich Schwierigkeiten, weil ich kann beispielsweise in einer normalen Klausur nie zwei Zeitstunden überschreiten. Im Abitur habe ich dann nachher aber viereinhalb. Also ich kann den Ernstfall eigentlich kaum durchspielen.
>
> Ich bin methodisch sehr, sehr stark gebunden. Wenn ich denen in einer normalen Klausur jetzt eine kommentierte Profilskizze machen lasse, dann ist die Hälfte der Zeit schon weg. Das macht es nicht ganz einfach. Und ich kann natürlich nach wie vor, und das wird auch immer so sein, ganz viele wichtige Dinge in der Geographie in der Klausur eigentlich nicht prüfen. Also eine Landschaft zu lesen, was ich auf einer Exkursion mache, oder Hypothesen zu stellen und zu prüfen, oder auch die ganzen praktischen Dinge, eine Bodenprobe zu ziehen und zu analysieren, das ist in einer Klausur natürlich unglaublich schwierig." (3.I, 3.16, 73–74)

Die Reaktionen der Lehrenden auf das Spannungsverhältnis unterscheidet sich (vgl. Abschnitt 4.2.1). Entlastend wirke die Kombination aus schriftlicher und mündlicher Leistungserfassung, da letztere leichter zu modifizieren sei. Die Verbindung zwischen Unterricht und Klausur könne über die Inhalte hergestellt werden. Es sei nicht möglich, aber auch nicht nötig, den Unterricht proportional abzubilden, der Unterricht habe eine über die Selektion hinausgehende Funktion für den Lebenslauf der Schüler_innen. Es sei sowieso schädlich, besonders gestalteten Unterricht in die Leistungserfassung einzubeziehen, da dies den Schüler_innen den Spaß verderbe. Die Leistungserfassung habe sich durch alternative Antwortformate bereits gewandelt. Es werden aber auch vielfältige Änderungsvorschläge benannt.

Ein zweites Spannungsverhältnis tritt auf, da Selektion und Förderdiagnostik unterschiedliche Anforderungen an das Prüfen stellen und widersprüchliche Ziele verfolgen. Winter (2018) nennt zwei mögliche Handlungsalternativen: die förder-diagnostische Umdeutung herkömmlicher Leistungserfassung und die Trennung von Selektion und Förderung. Beide Strategien ließen sich auch in der Interview-studie finden. Während das Feedback mittels herkömmlicher Leistungserfassung als einfach umsetzbar angesehen wird, gilt die Trennung von Leistungserfas-sung und Förderdiagnostik als schwierig, da dieses Vorgehen für die Beteiligten ungewohnt ist und deshalb Druck erzeugt:

> „Ich habe das [Anm.: Diagnose] ein Jahr mal gemacht in Geographie in der fünften Klasse. Das hat aber bedeutet, dass ich spätestens jede sechste Stunde in irgendei-ner Art und Weise eine Testung vornehmen musste. Da haben die Eltern dann schon reagiert. Ich habe die Tests nicht immer benotet, aber natürlich standen die Schüler ständig unter einem Diagnosedruck, aber wenn ich es objektiv machen will, muss ich testen.
>
> Ich kann nicht subjektiv denken: ‚Der kann es jetzt wahrscheinlich.' Und das ist natür-lich inhaltlich auch ein wahnsinniger Aufwand für mich als Lehrer. Und wenn das jedes Fach machen würde, und so ist es ja eigentlich gedacht, dann wäre das für die Schüler auch nicht mehr bewältigbar." (3.V, 3.22, 88)

Außerdem wird thematisiert, dass unter den gegebenen Rahmenbedingungen nur ein Feedback über Noten umsetzbar sei:

> „Jeder von uns will Rückmeldungen über seine Leistungen und seine Fähigkeiten und natürlich würden wir es individueller in Einzelgesprächen vielleicht ohne Noten bes-ser haben, aber das geht in dem System nicht. Wie soll das funktionieren? Ich kann nicht nach einer Klassenarbeit mit jedem Schüler eine halbe Stunde Gespräche führen. Schön wäre es, aber dann müssten wir die Rahmenbedingungen komplett verändern." (3.IX, 3.45, 117)

Zusammenfassend kann auf Abschnitt 2.2.4.1 und die Feststellung von Lüsebrink (2002, S. 44) verwiesen werden, dass Unsicherheit ein „konstitutives Element des konkreten alltäglichen LehrerInnenhandelns" ist.

5.2 Komplexitätsreduzierende Handlungsstrategien

Das Zentralabitur ist das Ergebnis einer komplexitätsreduzierenden Handlungs-strategie.

Es kann nicht auf die Komplexität des einzelnen Unterrichts eingehen und versuchen, diesen möglichst proportional abzubilden. Das Fach Geographie hebt sich mit seinen vielfältigen Fachmethoden von anderen Fächern ab, gerade diese können aber – siehe Zitat oben – nur eingeschränkt in eine schriftliche Klausur transformiert werden.

Die Standardisierung des Zentralabiturs bedingt außerdem, dass die Prüfungsaufgaben gleichförmig sind. In der quantitativen Studie zur Aufgabenkultur im Zentralabitur im Fach Geographie konnte zunächst gezeigt werden, dass die Steuerungswirkung der Einheitlichen Prüfungsanforderungen der KMK auf Bundesebene gering ist und nicht von einer bundesländerübergreifenden Standardisierung gesprochen werden kann. Mithilfe von Kontingenzanalysen konnte aber nachgewiesen werden, dass die Verteilung der unterschiedlichen Ausprägungen der einbezogenen Variablen im Datensatz maßgeblich von der Variable Bundesland abhängt. Es gibt also signifikante Unterschiede zwischen den schriftlichen zentralen Abiturprüfungen im Fach Geographie/Erdkunde der Bundesländer Baden-Württemberg, Bayern, Hessen, Nordrhein-Westfalen und Niedersachsen. Gleichzeitig bedeutet dies, dass diese Prüfungen innerhalb der Bundesländer sehr ähnlich sind, hier also ein hoher Grad an Standardisierung vorliegt. Die Clusteranalyse konnte zusätzlich zeigen, dass sich die rechnerisch gebildeten Fallgruppen in großen Teilen mit der Fallzugehörigkeit zu den Bundesländern decken. Es hat sich dann beim vertieften Blick auf die Prüfungen auf erhöhtem Anforderungsniveau in den einzelnen Bundesländern gezeigt, wie unterschiedlich diese im Detail konzipiert sind.

Bemerkenswert ist, dass es sowohl für die Kontingenzanalysen als auch die Clusteranalyse nicht nötig war, zwischen Prüfungen auf grundlegendem und erhöhtem Anforderungsniveau zu unterscheiden, da die Unterschiedlichkeit zwischen und Gleichförmigkeit innerhalb der Bundesländer ausreichend groß ist, selbst wenn man alle Prüfungen zusammen nimmt.

Aufgrund der skizzierten Komplexität von Unterricht entsteht die paradoxe Situation, dass Unterricht unplanbar ist, aber doch geplant und dann situativ angepasst werden muss. Ein Beispiel für das spontane Eingehen auf das spezifische Unterrichtsgeschehen wird in folgender Interviewpassage beschrieben:

„Zunächst ging es um die Geographie des Glücks. Das heißt, wir haben uns das Fach Mathematik herangezogen und haben verschiedene Statistiken ausgewertet. Und haben dann so Glücksindikatoren für Europa festgelegt. Und haben dann die Korrelation ausgerechnet. Also da waren ganz kuriose Sachen dabei. Wir haben festgestellt, dass die Leute, jetzt muss ich überlegen, da müsste ich oben gucken bei meinen Materialien, dass die Leute in südlichen Ländern bei Umfragen, das kann man abrufen über bestimmte Datenbanken, in südlichen Länder gesagt haben/ oder einen viel höheren Glücksindikator als zum Beispiel jetzt in Deutschland. Und als wir das rausgefunden hatten, sollten die Schüler Thesen aufstellen.

Ja. Ganz abstruse, ganz abstruse Thesen. Einer hat gesagt: ‚Ja, ist ja klar, dass sie in Griechenland und in Italien glücklicher sind, da sind die Frauen viel, viel hübscher als in Deutschland.' Und da habe ich gesagt: ‚O.k.! Prüfe es! Prüfe es!' Ja. ‚Prüf es!' Und dann habe ich ihnen gezeigt wie man mit Datenbanken umgeht, wie man recherchiert, wie man das rausfindet. Und dann mussten sie die Korrelation berechnen. Also, gibt es einen Zusammenhang oder eine Begründung dafür oder salopp gesagt, dass die Griechen glücklicher sind, weil dort die Frauen angeblich deiner Meinung nach hübscher sind. Das war so die Herangehensweise." (4.IV, 4.29, 79–80)

Geographielehrer_innen im Sample greifen angesichts der Komplexität auf komplexitätsreduzierende Handlungsstrategien zurück, die über Themen und Rollendifferenzen (vgl. Abschnitt 2.1.2) hinausgehen. Es konnten Strategien der Rellocation, des Aligning, des negative Coaching und auch des Cheating festgestellt werden (vgl. dazu Abschnitt 2.2.4.2). Auslöser ist Stress, der in Abschnitt 2.2.4.1 mit Hobfoll (2004, S. 55) als drohender oder tatsächlicher Ressourcenverlust oder als ausbleibender Erfolg nach einer Investition von Ressourcen definiert wurde. In der Interviewstudie wurden als Gründe vor allem Stress durch die Stofffülle in der Oberstufe und der damit verbundene Zeitdruck sowie Stress durch das nahende Zentralabitur, das zu Leistungsdruck führt, identifiziert. Hinzu kommt, dass je aufwändiger der Unterricht geplant ist, desto mehr Stress entsteht, wenn ein ausbleibender Erfolg befürchtet wird:

„Also, wenn ich irgendwas mit PowerPoint mache, oder kleine Filme zeige, oder mal mit GIS irgendetwas mache, muss ich mich ja echt vorher vorbereiten. Das ist immer fünf Minuten so ein kurzer Schockmoment, wo ich mir denke, was ist, wenn der Computer nicht geht. Der geht mal eine ganze Stunde nicht. Klar, dann geht es auch anders. Aber das ist immer so der kurze Adrenalinschock, den man da bekommt. Und dann meistens klappt es aber. Also da kann man sich schon drauf verlassen. Aber wenn man natürlich mit Buch und Tafel arbeitet, hätte ich vorher keinen Stress. Also solche Stunden sind für mich vorher unstressiger, weil ich weiß, wenn der Overhead nicht geht, wenn was nicht geht, die haben einen Atlas, die haben ein Buch und fertig. Aber wenn ich weiß, ich will heute eigentlich den Film zeigen und die Animation und das, finde ich halt schade, wenn ich das nicht zeigen kann. Weil dann, die Schüler merken ja nicht, was sie verpassen. Aber ich weiß ja, was sie verpasst haben. Weil ich es ja extra vorbereitet habe." (11.XXXII, 11.50, 212)

Je größer die Eigenaktivität der Schüler_innen ist, desto weniger planbar erscheint der Unterricht. Dies bedingt, dass lehrer_inzentrierter Unterricht das Gefühl, steuern zu können und die Situation unter Kontrolle zu haben, vermittelt, während schüleraktivierender Unterricht Unsicherheit mit sich bringt. Dies soll anhand der folgenden zwei Beispiele veranschaulicht werden.

„B1: [...] In der 10. Klasse, die ich jetzt auch wieder habe, ist es halt so, dass ich mir suche, was brauche ich für die Oberstufe als Grundwissen, was kommt da wieder definitiv dran für das Abitur, da muss ich zugeben, bin ich doch derjenige, der das dann gerne sehr lehrerzentriert macht.

I: Und woran liegt das dann genau, dass man da /

B1: Weil ich finde – ich meine, diese offenen Arbeitsformen, Präsentationen und dieses selber Erarbeiten, finde ich sinnvoll, wenn es um Methodenkompetenz geht. Klar, ich muss ja das üben, irgendwie das Einüben – Texte umgehen, Statistiken umgehen – aber die Ergebnisse, die rauskommen, die sind halt nicht einheitlich und nicht standardisiert, und ich tue mich halt sehr schwer, wenn wir gerade bei Prüfungen sind, das dann in der Prüfung abzufragen, wenn ich dann 25 verschiedene Ergebnisse habe, die ja alle irgendwie stimmen, aber ich trotzdem alle einheitlich irgendwie beurteilen muss. Was ich ins Heft schreibe und ins Heft diktiere oder anschreibe, das kann ich auch dann abfragen." (10.XII, 10.5, 26–28)

„Und in der fünften Klasse versuche ich halt immer, denen was in die Hand zu drücken, oder ihnen was zum Arbeiten zu geben. Wo sie selbst kindgerecht noch arbeiten können. Also ich habe zum Beispiel auch einen Emil, also den Emil eingeführt. Der Emil ist so ein Klassenmaskottchen, oder ein Geographiemaskottchen, der für die Schüler die Welt bereist und eben sich die Sachen ansieht, die die Schüler halt quasi nicht sehen können, weil die im Klassenzimmer sitzen. Und so versuche ich halt, das, ja, schon sehr kindgerecht noch zu machen, weil halt, klar, wenn man jetzt zu Mittel- oder Oberstufen geht, da muss man halt ganz anders arbeiten. Ich glaube, ja, das Problem ist eher, dass man die Zeit nicht hat. Wenn man mehr Zeit hätte, gerade auch zum Unterrichten, weniger Stoff im Lehrplan drinstehen würde, dann könnte man ganz andere Sachen machen. Da könnte man Projekte machen, mehr Freiarbeit machen, auch wirklich differenzieren nach Leistungsniveau. Aber leider geht das nicht. Das funktioniert einfach nicht. Es ist leider immer noch eine Art Unterricht mit Elementen, die halt dann mal schöner sind. Aber es ist immer lehrerzentriert und man gibt wirklich wenig in Schülerhand raus. Also es ist kein richtig entdeckendes Lernen. Es ist immer sehr geleitet. Das finde ich schade, weil da ganz viel Potential verloren geht, aber es ist einfach im System nicht anders machbar." (7.XII, 7.7, 51)

In den Interviews konnten alle von Hobfoll (2004, S. 89–118) benannten Strategien der Stressbewältigung gefunden werden (vgl. Abschnitt 4.2.1 und 4.2.2). Insbesondere die Ressource Zeit als Zeit zur Vor- und Nachbereitung, Zeit im Unterricht und private Zeit wird thematisiert. Es wird gefragt, welche Investitionen sich lohnen, die eigene Einstellung wird verändert und Verantwortung den Schüler_innen übertragen, es wird anerkannt, dass nur begrenzte Zeitressourcen zur Verfügung stehen und in einigen Interviews wird auch ein Missachten von Vorschriften beschrieben.

Angesichts der Komplexität von Unterricht kann es keine Technologie des Unterrichtens geben. Es gibt keine eindeutige Antwort auf die Frage: „Wie unterrichte ich richtig?" (vgl. Abschnitt 2.1). Das Zentralabitur mit dem darauf vorbereitenden Teaching-to-the-Test, die Inhalte im Lehrplan mit dem lehrer_inzentrierten Unterricht werden als Scheintechnologie zum Technologieersatz erhoben. Auch angesichts der Komplexität des unterrichtlichen Prüfens greifen Geographielehrer_innen im Sample auf komplexitätsreduzierende Handlungsstrategien zurück. So wird im folgenden Beispiel wegen Zeitknappheit auf die soziale Bezugsnorm zurückgegriffen:

> „Ja, die gibt es offiziell natürlich nicht, aber in der Praxis ist es tatsächlich so. Die Klassen werden so bewertet, wie der beste und der schlechteste Schüler ist. Ja. Also, eine gute Klasse hat genau so Einser- und Fünferkandidaten drinnen wie eine schlechte Klasse. Ja. Das ist leider so. Also das ist auch was, was ich gar nicht gerne mag. Man hat halt die Sozialbezugsnorm innerhalb der Klasse, aber es ist nicht möglich, es anders zu machen im Lehreralltag. Also nicht mit dem, was wir hier leisten müssen. Ich würde gerne individueller benoten oder auch gar nicht benoten, sondern einfach den Leistungsfortschritt irgendwie dokumentieren. Aber das ist nicht möglich. Ich habe die Zeit dann einfach gar nicht dafür." (7.XI, 7.31, 121)

Die alten Zentralabiturklausuren werden als Ersatztechnologie eingesetzt (s. Abschnitt 4.2.1.3). Das rezeptologische Zurückgreifen auf das Prüfungsformat aus dem Zentralabitur ist nicht nur eine Teaching-to-the-Test-Strategie, sondern auch eine komplexitätsreduzierende Handlungsstrategie. Greift man darauf zurück, muss man sich selbst keine weiteren Gedanken machen: „Und. Naja dann ist es das Übliche. Dann ,Beschreiben Sie', ,Begründen Sie', ,Erläutern Sie'. Einfach bei eins, zwei und drei" (14.XV, 14.13, 86) und kann zum Beispiel auf alte Abiturklausuren zurückgreifen und diese als unterrichtliche Klausuren neu stellen (vgl. Abschnitt 4.2.1.3).

5.3   Komplexitätsreduzierende Handlungsstrategien als Selbstbeschränkung des Unterrichts

Das Interaktionssystem Unterricht ist autopoietisch, es erschafft und erhält sich selbst. Die systemkonstituierende Operation ist die Kommunikation. Sie zeichnet sich unter anderem durch Kontingenz (s. o.) aus, dem „Gegenteil von Notwendigkeit bzw. Determiniertheit" (Rosenberger, 2018, S. 36) und ist somit komplex. Ihr Ablauf und ihre Entwicklung ist ungewiss (Rosenberger, 2018, S. 37). Davon ausgehend lässt sich angesichts der im Rahmen dieser Arbeit festgestellten empirischen Ergebnisse folgende These diskutieren: *Wenn sich Unterricht durch*

Kommunikation konstituiert bzw. selbst erschafft, schafft er sich mit jeder Beschränkung derselben ein Stück weit selbst ab und damit auch das Erziehungssystem als Ganzes.

(1) Das erste Argument dafür ist, dass Ungewissheit den Lehrer_innen angesichts des Zentralabiturs nicht recht ist. Sie greifen deshalb zu den oben genannten Strategien der Komplexitätsreduktion. Aber je mehr Scheintechnologien angewendet werden und je weniger die Schüler_innen am Unterrichtsgeschehen beteiligt sind, desto determinierter wird die unterrichtliche Kommunikation. Damit wird das Hauptprinzip der sozialen Interaktion durch Kommunikation, die (doppelte) Kontingenz, unterlaufen. Ein Lehrervortrag entlang eines Skripts zum Beispiel beschränkt die Beteiligung der Schüler_innen erheblich:

> „Also in der Oberstufe, da muss ich regelmäßig ein Kapitel komplett als Lehrervortrag machen mit Skript. […] Ja, man schafft es einfach schneller. […] Und das presst man denen rein […]. […] So trägt man es vor, und am Ende der Stunde, wenn jemand Fragen hat, kann er Fragen stellen oder es selbst nachlesen und dann hat man halt in drei Stunden was erledigt, wo man sonst halt neun Stunden braucht. Das muss man am Ende einfach oft machen, weil man zeitlich nicht hinkommt." (11.XXIII, 11.55, 204–206)

(2) Auch ist der Fortgang der Kommunikation keineswegs ungewiss, wenn der Zeit- und Themenplan so eng getaktet ist, dass kein Raum für Spontanes bleibt. Dies zeigt das folgende Beispiel:

> „B1: Also in der Oberstufe hat man da leider nicht so viel Spielraum. So erlebe ich das. Also man ist sehr unter Zeitdruck und man muss sich genau überlegen. Also ich bin jetzt zum Beispiel in der Q12 bei Bevölkerung, bei Migration.
>
> B2: Seit wann? Diese Woche.
>
> B1: Diese Woche.
>
> B2: Ich fange morgen an. Ich habe nämlich meine Aufzeichnungen letztes Jahr gesehen und da war ich schon eine Woche weiter.
>
> B1: Ja, genau. Und ich hätte jetzt/ Man könnte da ja ganz viele Diskussionen auch haben oder so eine Bevölkerungskonferenz machen. Das kann man eigentlich nicht.
>
> B2: Nein, das geht nicht.

B1: Also so eine ganze Stunde für so etwas opfern und man bräuchte das, wenn die sich einlesen sollen und sollen da eine Meinung vertreten. [...]" (1.I, 1.12, 38–44)

Darübe r hinaus kann die Ungewissheit, wie sich die Kommunikation entwickelt, ins Gegenteil verkehrt werden, wenn Unterricht mit einer größeren Beteiligung der Schüler_innen mit einem zuvor exakt festgelegten Ergebnis endet (und Schüler_innen sich nur beteiligen können, wenn ihr Ergebnis diesem entspricht). Als Beispiel sei folgende Passage aus dem Interview 19 zitiert:

„Und, also ich bin mehr dazu übergegangen, Ergebnisse immer wieder zu sichern [...] Es hat sicherlich den Vorteil, dass Ergebnisse zentraler dann zur Verfügung stehen, aber das mache ich jetzt dann zum Beispiel häufiger, dass ich Grundlage von Lösungsbüchern oder mir zuhause doch eben noch mehr Notizen im Vorfeld mache. [...] Also ich finde, dadurch dass, also manchmal lasse ich das auch durch Schüler moderieren, die dann schnell sind, so durch Binnendifferenzierung, dass ich sage: ‚Okay, ihr beiden moderiert gleich Ergebnissicherung', ich gucke kurz die Ergebnisse der Schüler mir an, sehe, das passt inhaltlich einigermaßen, gebe ihnen vielleicht noch von mir zwei, drei Aspekte da durch. Wenn das nicht der Fall ist, stehe ich natürlich vorne und sichere den Prozess. Natürlich können sich Schüler noch daran beteiligen, aber es ist dann wieder lehrerzentriert." (19.XVII, 19.61, 88–90)

Hinzu kommt, dass selbst bei der Ergebnissicherung Zeitstress bestehen kann, der die Aktivität der Schüler_innen weiter sinken lässt. Das folgende Beispiel kann dies verdeutlichen:

„Und dazu habe ich zum Beispiel auch wieder eine PDF-Datei. Ich habe da zu dem ganzen Film so eine Strukturskizze erstellt. Ich habe gesagt, wer mit mir in meinem Zimmer mit vorkommt, kann es auf einen Stick holen. [...] Weil, wenn die jetzt noch in der Stunde viel mit malen und wollen das so sauber haben, wie ich das habe, dann haben wir wieder den Zeitfaktor." (1.XIII, 1.21, 105–107)

Gegen die These, dass das Interaktionssystem Unterricht und damit auch das Erziehungssystem als Funktionssystem der Gesellschaft durch die beschriebenen Handlungsstrategien zusammenschrumpft, sprechen zwei Argumente.

(1) Die Luhmannsche Systemtheorie setzt mit der Identifikation einer spezifisch pädagogischen Kommunikation schon Beschränkungen der Autopoiesis des Interaktionssystems Unterricht voraus. Außerdem wird angenommen, dass sich das Erziehungssystem nicht durch jede beliebige unterrichtliche Kommunikation konstituiert.

Zunächst einmal ist Unterricht nach Luhmann (2015, S. 23) kein „freies", sondern ein „organisationsabhängige[s]" Interaktionssystem (s. Abschnitt 2.1.2). Unterricht sei eine „nicht beliebige Kommunikationsofferte" (Scheunpflug & Mette, 2007, S. 44). Es handele sich um eine spezifisch pädagogische Kommunikation, die Beschränkungen unterliege (Luhmann, 2002, S. 110; Prange, 1987, S. 209; Scheunpflug & Mette, 2007, S. 44; Vanderstraeten, 2004, S. 61). Dazu gehörten die asymmetrische Rollenstruktur mit einer deutlich erhöhten Redezeit der Lehrer_innen und die Kommunikation über zuvor festgesetzte Themen: „Man sollte vielleicht mal das Stundenthema am Anfang sagen.", erinnert sich die Geographielehrerin im Interview 11 an einen Tipp aus einer Fortbildung (11.IX, 11.54, 238).

Lehrer_innen seien außerdem keine beliebigen an der unterrichtlichen Kommunikation Beteiligten, ihre Rolle referiere auf die Schulorganisation (und Gesellschaft) (Luhmann, 2002, S. 105). Als Beispiel kann der Fall des Geographielehrers im Interview 19 herangezogen werden, der sein Handeln nach einer ersten Erfahrung mit einem Leistungskurs im Zentralabitur umgestellt hat und sich fragt: „wie viel Freiraum habe ich eigentlich noch als Lehrer, wie starr ist dieses System" (19.XXXII, 19.27, 80). Ein weiteres Beispiel ist der Geographielehrer im Interview 10, der das Oszillieren zwischen seiner Rolle als Pädagoge und als Beamter beschreibt (10.XIX, 10.40, 215–216). Mit der Charakterisierung dieser Spezifika der pädagogischen Kommunikation müssten auch die oben skizzierten komplexitätsreduzierenden Unterrichte mit eingeschlossen werden.

(2) Das zweite Argument ist, dass unterrichtliche Kommunikation dem Erziehungssystem nur dann zuzurechnen ist, wenn sie eindeutig einer Seite eines Präferenzcodes zugeordnet werden kann (s. Abschnitt 2.1.2). Geht es nicht auch im komplexitätsreduzierten Unterricht um Vermittlung und Aneignung und damit um den Code vermittelbar/nicht vermittelbar beziehungsweise beim komplexitätsreduzierten unterrichtlichen Prüfen um Selektion und damit um den Code besser/schlechter? Als Beispiel kann hier ein Auszug aus Interview 18 herangezogen werden, indem zwei Geographielehrer begründen, warum es nicht schädlich wäre, wenn Schüler_innen die als unterrichtliche Klausuren eingesetzten Zentralabiturklausuren der Vorjahre kennen sollten:

„B6: Nein, nein. Mit dem STARK-Verlag da nicht.

B1: Kann man frei einsehen.

B2: Und die sind ja gut.

B1: Mit Lösungen und wie auch immer. Und der Schüler, der was sich vorbereiten wollen würde, könnte.

B2: Könnte, aber.

B1: In diesen Büchern einfach die Klausuren sich anschauen.

B2: Aber wenn er das macht, dann bereitet er sich ja vor. Außer er nimmt jetzt das Heft mit in die Klausur, aber das würde er nicht machen. Das heißt, er muss es ja auch lernen dann. Das heißt, das ist in jedem Fall, selbst für den Fall, dass er quasi pfuscht, ja, ist es ein positiver Effekt für das Abitur.

B1: Ja. Er hat in jedem Fall gelernt.

B2: Ja. Nicht? Also sage ich mir dann, falls das vorkommt." (18.VI, 18.24, 429–437)

Wenn man diese Frage bejaht, kann man annehmen, dass das Erziehungssystem durch den oben beschriebenen Unterricht in besonderem Maße ausgebildet wird. Allerdings sprechen drei Argumente gegen diese Annahme.

(1) Erstens ist ungewiss, ob die Vermittlung im Unterricht wirklich zu einer Aneignung führt („auf dem Weg zum Abi verliert man ja immer Schüler" 1.XVIII, 1.1, 7). Beim stark lehrer_inzentrierten Unterricht ist diese Ungewissheit gegenüber schüler_innenzentriertem Unterricht erhöht. Es kann nämlich nicht in dem Maße, wie es bei schüler_innenzentriertem Unterricht der Fall ist, zutage treten, ob die Schüler_innen etwas gelernt haben.

„Du kannst mal die Schüler beobachten. Wenn man nur Unterrichtsgespräche führt, man ist ja mit sich selbst auch mehr beschäftigt. Wie stelle ich meine nächste Frage? Wie mache ich das jetzt spannend? Und wenn die alleine arbeiten, da kann man mal gucken, wie niedlich die Fünftklässler alle sind. Der eine bobelt da gerade und der andere macht da irgendeinen Quatsch und schneidet sich die Fingernägel. Und die machen so komische Sachen und das merkt man ja alles sonst nicht." (11.VIII, 11.19, 92)

„Auch in der zwölf, elf, da steht eigentlich drin, dass man, dass Schülerreferate gehalten werden sollen. Kann ich nicht, ich habe das einmal gesehen bei jemanden, bei meinem Kollegen. Die Schüler stellen sich dahin, wochenlang, halten Referate. Die sind von der Qualität her mittelmäßig bis schlecht, der Lehrer müsste eigentlich alles nochmal aufbereiten, kann das aber nicht. Das heißt, das, was die Leute schriftlich machen, bleibt stehen, dass ein Quatsch da gesagt wurde. Und dann im Abitur schreiben sie dann diesen Quatsch hin. Und, nee. Also wir haben einfach die Zeit nicht." (9.IX, 9.43, 125)

Es ist beim lehrer_inzentrierten Unterricht somit kaum möglich zu entscheiden, welcher Seite eines Codes die Kommunikation zugeordnet werden kann.

(2) Zweitens geht es beim Teaching-to-the-Test auch nicht um die Codes vermittelbar/nicht vermittelbar oder besser/schlechter, sondern um die Entscheidung: „zukünftig (im Zentralabitur) besser" oder „zukünftig (im Zentralabitur) schlechter":

> „B1: [...] Und es [Anm.: unterrichtliche Klausur] dient natürlich neben dem Kompetenzerwerb während der Laufzeit bis zum Abitur hin dann ganz klar auch letztlich schon als Motivation auch auf dieses /
>
> B2: Extrinsische Motivation.
>
> B1: Genau. Als Motivation. Genau. In Bezug, wie gut trainiert bin ich denn für das Abitur auch? Also sprich, das wäre im Prinzip ein Punkt schon zu sagen: Okay, wie sehen die Prüfungen aus? Möglichst nahe an dem, was sie später erwartet.
>
> I: Damit sie das schon einmal kennenlernen.
>
> B1: Genau, damit man das schon einmal kennenlernt. Genau. Und das ist eine ganz starke Steuerungsfunktion. Es gibt ja so das offene Geheimnis, dass die Abituraufgaben der letzten Jahre der heimliche Bildungsplan sind." (8.XVII, 8.19, 156–160)

(3) Drittens kann ein solcher Unterricht nicht als erfolgreich angesehen werden. Luhmann bezeichnet Unterricht nämlich nicht als erfolgreich, wenn überhaupt und irgendwie kommuniziert wird. Der Output des Erziehungssystems sei nicht die Interaktion oder die Gruppe der Schüler_innen, sondern wenn sich die Schüler_innen durch Kommunikation entwickeln und sie damit *auf ihr späteres Leben vorbereitet würden* (Luhmann, 2002, S. 46–47). Ein Beispiel für einen Unterricht, bei dem die Schüler_innen eine eigene Verantwortung für das Gelingen der Kommunikation und damit des Unterrichts übernehmen, beschreibt eine der beiden Geographielehrerinnen im Interview 16:

> „Mit den Zwölf, Dreizehn ist ein Traum. Das ist wirklich, jetzt auch kurz vor dem Abitur, ich sage denen auch: Leute, wir müssen jetzt eben nicht einen Einzelaspekt nur angucken, verknüpft das. Das läuft, die machen das fast eigenständig, und das ist eigentlich das. Weil ich brauche auch nicht mehr drannehmen. Klappt nicht jede Stunde, aber meistens funktioniert es." (16.XII, 16.11, 45)

Teaching-to-the-Test zielt aber nicht auf das Leben nach der Schule, sondern auf das Ziel Zentralabitur ab. Auch in dem Zentralabitur vorgelagerten Unterricht und den unterrichtlichen Klausuren werden Leistungen erbracht, die für das Abitur zählen: „in der Oberstufe sind sie ja integraler Bestandteil der Abiturprüfung letztlich, also sprich, die Schülerinnen und Schüler bauen ihre Notenleistungen quasi mit ein" (8.VII, 8.17, 156). Es wäre aber zu kurz gegriffen, zu meinen, dass es allein um den Erwerb des Abschlusses Abitur gehe und damit der Lebenslauforientierung genüge getan sei.

„B: [...] Natürlich muss ich mich messen lassen, ob meine Schüler das können, oder nicht können. Das ist die eine Seite, ganz klar, ja. Aber wenn man so stark unter Druck ist, dass wir wirklich nur noch für die Zehntel im Abitur lernen, dann haben wir als Schule was missverstanden, und zwar ganz fürchterlich missverstanden, also wir haben einen ganz umfassenden Erziehungs- und Bildungsauftrag. Wir haben keinen Abitur-Produzentenauftrag, ja. Das ist was ganz anderes, ob ich eine Maschine habe, aus der später Abiturienten raus laufen, oder aus der Schule Persönlichkeiten rauslaufen, das sind zwei Paar Stiefel. Das sollen Persönlichkeiten sein, die aber auch eben noch ein Abiturzeugnis in der Hand haben, und da gehört viel, viel, viel mehr dazu, letztendlich könnte ich alles einstampfen, da brauche ich keinen Chor machen, da brauche ich kein Weihnachtskonzert mehr, warum eigentlich.

I: Ja.

B: Auch, wenn ich ein Theaterspiel, warum denn? Das bringt doch gar nichts für das Abi. Also, nein, das ist auch dann/ fragen Sie sich, warum wird der Schulleiter? Genau aus dem Grund, es ist nämlich hochgradig nicht egal. Eine Gesellschaft braucht nicht nur funktionierende Handlanger eines irgendwie gearteten demokratischen oder wirtschaftlichen Systems, sondern wir brauchen Menschen, die auch mal querdenken, die auch mal ihre Stimme erheben, die auch Persönlichkeiten sind, ja. Was hatten wir gerade für eine Debatte? Wir haben Debatte über Sterbehilfe. Wenn Sie bloß funktionierende Abiturienten hatten, ja, dann können Sie solche Debatten nicht führen. Wir brauchen Menschen, die ein Wertekonzept haben, ja, die für sich selbst in der Lage sind, Dinge zu reflektieren, und das lernen sie nicht, indem sie sich bloß auf eine Prüfung vorbereiten. Das ist viel zu dünn. Das ist Bildung hier, Persönlichkeitsbildung, die Geographie leistet da ihren Beitrag. Die sagt, okay, unser Auftrag ist, wir gehen raus. Also wir stellen uns der Sache, wir gehen in die Betriebe rein, und bei uns ist das schon klar ausgemacht. Es kann sein, es klappt nicht immer, und natürlich ist auch nicht jeder der Lehrer immer gleich motiviert dazu.

I: Natürlich, ja, ja.

B: Aber im Wesentlichen ist es so, dass unsere Kursstufenschüler, auch die Pflichtleute, die machen ihre Exkursion, Industriebetrieb zu besichtigen, zum Beispiel. Oder gehen in den Steinbruch und schauen sich einen Nutzungskonflikt an. Bei uns soll demnächst eine Straße gebaut werden, zwischen [Ort der Schule] und der Autobahn, also dass wir von [Ort der Schule] direkt auf die Autobahn fahren können. Das geht natürlich nicht, dass Sie durch den Ort durchfahren dazwischen. Das ist ein tolles Beispiel, wollen wir die Straße, oder wollen wir sie nicht. Vor 50 Jahren hätten wir sie gebaut, kein Problem, heute sind wir weiter. Dann fahren wir dorthin mit dem Bus mit den Schülern, schauen uns das dann an, haben dann jemanden vom Straßenbauamt dabei. Und das ist das, was ich meine: reden wir. Beispiel Straße. 20 Jahre später sind wir im Bundestag und reden über die Sterbehilfe, ja. Und da ist es wurscht, welche Klausur Sie geschrieben haben." (5.VII, 5.39, 192–196)

Auch ob ein allein oder vornehmlich auf Inhalte ausgerichteter Unterricht reicht, kann angezweifelt werden.

„Diese Kompetenzorientierung, ja, ich glaube, da geht es auch mehr darum, dass man den Schülern beibringt, eigenverantwortlich zu lernen, so dass es nachhaltig ist, dass sie später im Leben mehr davon haben und es geht weniger, glaube ich, um das Fachwissen an sich. [...]

Aber es gibt viele so von der alten Schule, die sagen, ja, sie legen da Wert drauf, mögliches Wissen zu vermitteln, auch viel Wissen zu vermitteln und auch in die Tiefe zu gehen. Aber wenn ich mich selbst erinnere, ich weiß fast nichts mehr von der Schule. Ich weiß natürlich vieles unbewusst aus der Schule, aber ich kann mich an keine einzige Stunde erinnern, oder? Und deswegen glaube ich, geht es nicht um die Inhalte, sondern um das bringt mir das was für später? Wie komme ich später damit im Leben zurecht? Und dann denke ich an die Geographie. Wenn sie wissen, sie haben einen Atlas und bevor sie in Urlaub fahren, gucken sie mal nach, was es da für eine Vegetation, wer der Kolonialherr war, oder was auch immer, habe ich mein Ziel erreicht. Und das ist für mich so Kompetenzorientierung." (11.XXI, 11.57, 92)

Unterricht kann dabei nicht davon ausgehen, dass er in der Wissensvermittlung erfolgreich ist. Im Interview 12 wird erklärt, dass das Vergessen an der Waldorfschule mit eingeplant werde (12.XV, 12.19, 72–76). Schule erziehe „trotz bester Intentionen [...], aber nicht so wie gedacht", formulieren es Schorr und Luhmann (1981, S. 53). Darauf weist auch das Angebot-Nutzungs-Modell von Helmke (2017, S. 71) hin.

„B: Die [Anm.: unterrichtlichen Klausuren] dienen dazu, dass sie eine schriftliche Leistung abliefern und ich somit überprüfen kann, ob von dem etwas hängen geblieben ist, von dem ich von dem Stoff, den ich vorher vermittelt habe. Ja. Auch offen und ehrlich: Das, was die Schüler für eine Klassenarbeit lernen, ist reines Kurzzeitgedächtnis. Wenn ich die gleiche Klassenarbeit, ohne dass sie darauf lernen, drei Wochen später noch mal schreiben würde, wäre nicht mehr viel da." (4.VII, 4.24, 59–60)

Nur dann kann Wissen[1] auch die Form sein, die den Lebenslauf konkretisiert und damit Möglichkeiten eröffnet (vgl. Abschnitt 2.1.1).

5.4   Einflüsse von außen

Der Unterricht als Interaktionssystem ist autopoietisch. Er kann sich folglich – dies wurde oben gezeigt – auch selbst beschränken. Neben diesen Selbstbeschränkungen ist der Unterricht von Beschränkungen von außen betroffen. Der organisatorische Rahmen wird vom Organisationssystem Schulorganisation installiert (s. Abschnitt 2.1.3). Dies beginnt auf der organisatorischen Ebene der Einzelschule und reicht über die Schulaufsicht bis zum Schulministerium. Dies geschieht über Programme, zu denen Lehrpläne und Zentralabiturrichtlinien gehören. Auch wenn über Programme der konkrete, einzelne Unterricht nicht bis ins Detail diktiert werden kann, haben sie eine Steuerungswirkung, die in den Abschnitte 4.2.1.1, 4.2.1.2 und 4.2.1.3 für das Fach Geographie anhand der Interviewstudie beschrieben wurde.

Da Organisationssysteme als Multireferenten im Austausch mit vielen anderen Systemen stehen, werden über die Schulorganisation Fremderwartungen an den Unterricht herangetragen. Neben der Politik werden auch die Wirtschaft sowie das Recht als Akteure, die von außen in den Unterricht eingreifen, benannt (s. Abschnitt 4.2.1.4).

Von den multiplen Möglichkeiten der durch die Umwelt ausgelösten Veränderungen ist die Reprogrammierung für diese Arbeit besonders relevant, da alle Systemtypen einbezogen und betroffen sind (s. Abschnitt 2.1.4). Die Schulorganisation erlässt und verändert die Programme, die dann den organisatorischen Rahmen des Unterrichts bilden. Das Erziehungssystem als Gesellschaftssystem ist betroffen, da die Programme die Zuschreibung der Kommunikation zu einer Seite eines Steuerungscodes bestimmen. In der Interviewstudie wurden Änderungen der Programme thematisiert: insbesondere die Einführung des Zentralabiturs, seine funktionale Umdeutung und die Neuausrichtung der Lehrpläne. Es werden Wechselsituationen beschrieben (s. v. a. Phänomen in Phänomenanalyse 15) und Vergleiche früher – heute angestellt (s. v. a. Kontext in Phänomenanalyse 14 und 15), Hoffnungen für zukünftige Wechsel formuliert (z. B. Wunsch nach weniger Inhalten im Lehrplan s. Konsequenzen in Phänomenanalyse 18).

---

[1] S. Fußnote 4 im Kapitel 2 zum umfassenden Verständnis von Wissen, das auch Kompetenzen einschließt, bei Luhmann.

In Abschnitt 2.2.2.1 wurden drei Perspektiven auf und Verortung von Autonomie im Schulkontext nach Berka (2003) und Tenorth (2003) vorgestellt.

(1) Als Eigenschaft des Unterrichtens und als personale Autonomie der Lehrenden wurde sie in der Interviewstudie vor allem dann thematisiert, wenn diese als durch den organisatorischen Rahmen beschränkt empfunden wurde. Eine Ausnahme bilden hier die dem Gestaltungstypus 4 („Das Gestalten gestalten") zugeordneten Fälle, die von Handlungsfreiheiten berichten. Auch wenn in den Interviews vielmehr die Instrumente der Schulorganisation wie Klausurenterminplan, Lehrplan, Prüfungsrichtlinien, Zentralabitur thematisiert werden, die „von oben" kommen (15.XXXVII, 15.42, 248) werden auch die in Abschnitt 2.2.2.1 dargestellte Struktur der organisatorischen Rahmung mit den einzelnen Ebenen der Schulaufsicht thematisiert. Das Bildungsministerium etwa wird als Akteur wahrgenommen, der die eigene Autonomie beschränkt:

> „I: [...] Ja, wie würdest du denn die Lage insgesamt für dich einschätzen? Also Unterricht, Prüfen, Zentralabitur, wie siehst du deine Situation?
>
> B: Ja. Ja, man kann sich natürlich jetzt ein bisschen kritisch die Frage stellen, wie viel Macht, oder wie viel Einflussnahme habe ich überhaupt noch als Lehrer oder führe ich strikt aus, was mir vorgegeben wird. Was ich vorhin schon mal meinte mit den mündlichen Prüfungen, da habe ich natürlich viel mehr Freiheit, dann mache ich das auch lieber, weil zum einen der Kontakt zu den Schülern viel intensiver und persönlicher dadurch ist und weil ich, natürlich sind die Aufgabenformate, die ich in der mündlichen Prüfung stelle, angelehnt an die Klausuren. Da gibt es ja auch, habe ich auch dementsprechende Vorgaben. Aber das ist eigentlich so ein Punkt, wo ich dann ein bisschen mehr Freiheit verspüre, aber trotzdem noch eigentlich strikt geographisch arbeite. Ich könnte jetzt natürlich eine Klausur nach meinen Vorstellungen designen, aber rein rechtlich hätte ich da natürlich ein Problem, weil es anfechtbar ist, sobald irgendwelche Eltern oder auch Pädagogen, Lehrer, das ganze rechtlich anfechten. Und da bin ich natürlich schon in einem ganz klaren Korsett. Was wiederum nicht schlecht ist. Das meinte ich ja vorhin. Also ich finde, ich korrigiere gerne Klausuren, und ich stelle gerne Klausuren, weil ich die geographische Arbeitsweise prinzipiell gutheiße. Ja. Also von daher ist man eigentlich mehr ein, ja, mir fällt gerade kein schönes Wort ein, ein Akteur, aktiv bin ich eigentlich schon noch, ein, ja, ein Ausführer sozusagen. Aber so ist ja auch das Prinzip Schule gedacht. Kultusministerium gibt vor, Lehrer führt aus. Also es ist ja nicht so, dass ich das Rad neu erfinden soll. Also, ja (lacht), klingt jetzt blöd, aber ja." (19.XXXII, 19.41, 150–151)

Hier und an anderen Stellen (vgl. Abschnitt 4.2.1.4) kann auch die von Fend (2008, S. 102) festgestellte „hochgradige Verrechtlichung" im Erziehungssystem festgestellt werden. Darüber hinaus werden die Kultusministerkonferenz (5.III, 5.19, 94–98), der „Gesetzgeber" (10.V, 10.35, 191), die „Lehrplanmacher[n]" (5.IV, 5.14, 88) sowie die Aufgabenkommissionen, die die Abituraufgaben erstellen, als steuernde Akteure genannt (vgl. Abschnitt 4.2.1.4). Die eigene Zugehörigkeit zur Schulorganisation ist den interviewten Lehrer_innen nicht nur dann bewusst, wenn sie in besondere Aktivitäten ergreifen (zum Beispiel Testen der kommenden Zentralabiturprüfungsaufgaben in einem „Praxischeck vom Land" 19.XXVII, 19.19, 62). Vielmehr wird auch der von Weniger (1952b, S. 521) zu bedenken gegebene „Widerspruch zwischen […] Pflichten als ‚Staatsdiener' und […] Verantwortung als Erzieher" diskutiert:

> „Wie sage ich einem Schüler, er kann sich verbessern, ohne dass ich ihn damit völlig demotiviere, und wie komme ich meinem Auftrag als Beamter nach, der sagt, ich muss ja irgendwie eine Selektion trotz alledem treffen – auch wenn das Wort negativ vorbelastet ist – ist es ja letzten Endes nicht anders für jemanden, der jetzt für die Oberstufe geeignet ist oder nicht geeignet ist." (10.XIX, 10.40, 215)

Als personale Autonomie der Schüler_innen wurde sie im Zusammenhang mit der Tatsache, dass man Schüler_innen nicht zum Lernen zwingen kann (s. Abschnitt zur Komplexität von Unterricht oben), angesprochen.

(2) Als Instrument der Schulentwicklung beziehungsweise als institutionelle Autonomie wurde sie kaum angesprochen, lediglich im Zusammenhang mit der Erstellung eines schulinternen Lehrplans („Wir haben jetzt ewig an einem schulinternen Lehrplan gestrickt, aber Q1, Q2 wird ja jetzt erst noch gemacht." 16.IX, 16.48, 16; außerdem: 16.XXI, 16.54. 38) sowie der Festlegung der Stundentafel („Und fünf [Anm.: von 22 Stunden] davon sind sozusagen Geographie. Aber wie die Schule die Prioritäten setzt, kann die sozusagen selbst entscheiden. Die könnten auch sagen: ‚Sieben Geographie und dann ein bisschen weniger Geschichte.'" 14.III, 14.8, 42).

(3) Hinsichtlich der Autonomie als Verschieben von Verantwortung (Dekonzentration) konnten im Rahmen der Interviewstudie Konkurrenz-Phänomene festgestellt werden. So wurden Konkurrenzsituationen auf internationaler (PISA 4.XIX, 4.20, 41; 5.III, 5.24, 122), nationaler (s. vor allem Phänomenanalyse 14 „Anpassung und Resignation"), der Ebene des Bundeslandes, auf Schul- und Kursebene sowie auf der Ebene der einzelnen Schüler_innen

im Zeitverlauf (s. vor allem Abschnitt 4.2.1.3 und 4.2.1.4 zur Diskussion des Vergleichs von Durchschnittsnoten) geschildert.

So führt nicht nur die Tatsache, dass das Zentralabitur von außen kommt, zu Druck (s. Abschnitt 4.2.1.1), sondern auch, dass es als „Mechanismus der Quantifizierung" (Peetz, 2014, S. 161) (s. Abschnitt 2.2.2.1) zu Vergleichen herangezogen wird. Die Kennzahl, die hier im Sinne des New Public Managements (Münch, 2009, S. 74, 2018, S. 16) herangezogen wird, ist die Note. Dies ist aufgrund der Tatsache, dass es bis dato keine wissenschaftlichen Konstruktionsmethoden gibt, sondern erfahrungsbasiert vorgegangen wird und deshalb wissenschaftliche Gütekriterien der Leistungsmessung nicht eingehalten werden (Ingenkamp & Lissmann, 2008, S. 142), bedenklich. Es wird auch die Vergleichbarkeit angezweifelt beziehungsweise werden die Vergleichsverfahren kritisiert, so beispielsweise beim mündlichen und schriftlichen Abitur auf Schulebene:

> „[...] selbst bei uns an der Schule, ist von den Anforderungsniveaus ein großer Unterschied von Kollege zu Kollege schon alleine drinnen. Und auch beim Zentralabitur ist es ja in der Korrektur ja schon so, dass da große Unterschiede rauskommen, trotz Erstkorrektor und Zweitkorrektor.

> Die sind ja an einer Schule, und man spricht sich ja trotzdem irgendwie ab, was man jetzt für einen Erwartungshorizont hat. Das variiert dann von Schule zu Schule ganz extrem. Und da wird es halt noch kritischer, diese Schnitte jetzt irgendwie zu vergleichen.

> Ist klar, wenn ich jetzt einen Chef habe, der mir Druck macht, und sagt, die Schnitte müssen besser werden, korrigieren wir halt das nächste Mal das Abitur so, dass wir halt gnädiger sind einfach irgendwo, wenn wir sagen, ja, wir wollen das ja irgendwie da hinkriegen. Und dann führt das Zentralabitur dazu, dass es überhaupt keinen Sinn macht, Zentralabitur zu machen, wenn eh jeder so korrigiert, dass der Schnitt hinkommt." (10.XVIII, 10.32, 173–176)

oder beim schriftlichen Abitur auf Kursebene: „Das hat keine Aussagekraft. Hat Null Aussagekraft. [...] Aber sonst bei vier Leuten einen Schnitt daraus zu machen, völliger Käse" (10.XVIII, 10.13, 48).

5.5   Äußere Einflüsse als Fremdbeschränkung des Unterrichts

In diesem Abschnitt soll die These diskutiert werden, dass *durch die Einflüsse von außen der Unterricht beschränkt wird.*

Diese soll zunächst anhand der in Abschnitt 2.1.3 vorgestellten Differenzierung von Beschränkungen von Unterricht durch die Organisation nach Kuper (2004, S. 135), die Konzentration (1) und die Regierung (2), begründet werden.

(1) Während ein Ergebnis der Analyse der Zentralabiturklausuraufgaben ist, dass die Steuerungswirkung der durch die Kultusministerkonferenz verabschiedeten, bundesländerübergreifend verbindlichen Einheitlichen Prüfungsanforderungen gering ist, konnte in der quantitativen Studie aber die Standardisierung der Zentralabiturprüfungsaufgaben auf der Ebene der Bundesländer als Prozess der Konzentration nachgewiesen werden. Diese Unterschiede zwischen den Bundesländern werden auch in den Interviews thematisiert (z. B. „Und das ist auch nicht, ich glaube, es ist nicht wirklich für die Schüler fairer geworden, denn die Unterschiede zwischen den Bundesländern sind ja immer noch da. Die sind ja ziemlich groß. Wir müssen nur einmal über den Rand gucken nach NRW" 15.XXI, 15.44, 252). Hinzu kommen in der qualitativen Studie aufgedeckte Vereinheitlichungstendenzen im Unterricht durch die Taktung von Lehrplaninhalten im Schuljahresverlauf (1.I, 1.12, 38–44).

(2) Die bei der Analyse der Interviews festgestellten Teaching-to-the-Test-Strategien zeugen davon, dass das Zentralabitur als Maßnahme der Regierung wirkt. Besonders anschaulich wird dies, wenn dies der Fall ist, obwohl keine Relevanz gegeben ist, da das Zentralabitur für den Kurs keine Rolle spielt:

> „I: Würden Sie sagen, wenn ich jetzt gar keinen mehr hätte in dem Kurs, der das [Anm.: Abitur] schriftlich macht, würden Sie dann vielleicht anders prüfen?
>
> B: Ich hatte letztes Jahr die Situation, dass ich keinen hatte, schriftlich. Was meinen Sie mit anders prüfen?
>
> I: Ja, wenn Sie jetzt sagen, an bestimmte Dinge sollten sie sich schon mal gewöhnen. Oder, dass die geübt sind in einer Weise.
>
> B: Nee, würde ich nicht, würde ich nicht. Weil einfach die in anderen Fächern ja dann auch prüfen, Abitur schreiben müssen und da ist es ja ähnlich. [...] Nö, ich habe das ganz normal gemacht." (9.XIII, 9.28, 118–121)

Nur in Ausnahmefällen, die auf spezielle Bedingungen zurückzuführen sind, entfaltet das Zentralabitur eine geringe Regierungswirkung: einmal hat ein Geographielehrer nur selten Abiturient_innen im Fach Geographie und dann nur im Grundkurs (Interview 14), einmal berücksichtigt ein Lehrer das Zentralabitur erst spät: im 13. Schuljahr, nachdem die Schüler_innen den Waldorfabschluss erworben haben (Interview 12).

Obwohl also beide von Kuper (2004, S. 135) benannten Ausprägungen der Beschränkungen von Unterricht nachgewiesen werden können, kann der These der Beschränkung von Unterricht von außen widersprochen werden, da der organisatorische Rahmen von Unterricht Handlungsfreiheiten bietet (1) und innovierend wirkt (2).

(1) Erstens kann man ausgehend von den Ergebnissen der Interviewstudie die Freiheiten, die der organisatorische Rahmen lässt, als ausreichend ansehen. So spricht beispielsweise ein Interviewter im Interview 8 angesichts der Möglichkeit, Seminarkurse zu gestalten und am Geo-Portal mitzuarbeiten, von „Freiheit", die man bekomme und nutze (8.XX, 8.41, 407). Selbst bei der Korrektur der Zentralabiturklausuren werden Handlungsspielräume gesehen.

(2) In Abschnitt 2.2.3.1 wurde als Ergebnis einer Studie von Wiechmann (2003) vorgestellt, dass ein äußerer Handlungsdruck dazu führen kann, behördliche Informationen zu nutzen und staatliche Fortbildungen zu besuchen. Auch in der Interviewstudie gibt es Hinweise auf diese Wirkung. Im folgenden Beispiel setzt sich ein Geographielehrer wegen seiner neuen Rolle als Fachvorsitzender intensiver mit dem Lehrplan auseinander:

> „Ja, also die Frage ist, Kompetenzen tun sich, glaube ich, immer noch viele mit schwer, weil was sind eigentlich Kompetenzen. Also viele ältere Kollegen machen ihren Unterricht weiter und sehen das, was sie vorher vermittelt haben, können ja auch streng genommen Kompetenzen der Kartenanalyse gewesen sein, nur dieses berühmte, das Kind heißt jetzt anders. Also wenn ich strikt nach Lehrplänen gehe, was ich schon, wenn ich jetzt einen neuen Leistungskurs habe, schon mache, also ich bin bei uns eben, ich bin auch Fachvorsitzender, und muss jetzt die ganzen Lehrpläne umsetzen, dann muss ich mich natürlich auch intensiver irgendwie damit auseinandersetzen." (19.XXVI, 19.7, 28)

Im Rahmen der Interviewstudie konnte für das Gestalten von eigenem Unterricht und von Fortbildungen ein ähnliches Phänomen nachgewiesen werden. Bei dem in der Typologie als „Das Gestalten gestalten" charakterisierten vierten Typus fungieren organisatorische Vorgaben als Anregung. Im Interview 2 etwa werden verschiedene „Aktionstage" zu Themen des Abiturthemenkanons (Karst, Boden, Schichtstufen, Verwitterung, Fließgewässer, Wettergeschehen in Mitteleuropa 2.VI, 2.3, 8–21), die als Fortbildungen für Lehrer_innen oder für Kurse anderer Schulen angeboten werden, erwähnt. Diese gehen über herkömmlichen Geographieunterricht hinaus, als Beispiel sei hier der Aktionstag zum Thema Boden angeführt:

> „Jetzt haben wir auch gerade Boden und da gibt es bei uns auch dann einen Aktionstag, den wir entwickelt haben, wo wir auch mehrere Fortbildungen dazu gemacht haben und da geht man dann natürlich auch raus und sticht einmal einen Boden aus oder mehrere und geht dann auch ins Labor. Lauter Dinge, die normalerweise nicht so ad hoc in einer Schule erledigt werden können." (2.VI, 2.3, 12)

Es kann sogar sein, dass eine Vorgabe Wirkung entfaltet, obwohl sie in einer spezifischen Situation nicht gilt. Hier kann das weiter oben zitierte Beispiel aus dem Interview 16 herangezogen werden, bei dem in einem Grundkurs der Syndromansatz behandelt wird, obwohl er vom Lehrplan nur für den Leistungskurs gefordert wird (16.X, 16.43, 179).

Dass die Einführung beziehungsweise funktionelle Umdeutung des Zentralabiturs (als Reprogrammierung) tatsächlich Änderungen bewirkt, haben die in den Abschnitte 4.2.1.2 und 4.2.1.3 beschriebenen Teaching-to-the-Test-Strategien gezeigt. Als ein Beispiel können hier nochmals alternative Antwortformate herangezogen werden, die im Zentralabitur drankommen können und deshalb von den Lehrer_innen in ihren Unterricht beziehungsweise die unterrichtlichen Klausuren eingebunden werden:

> „Es gibt noch ein paar andere, die muss ich abarbeiten, die muss ich zum Beispiel einmal, ein Wirkungsgefüge oder so muss ich können, also müssen die das auch bei mir machen, also es ist ja ein Antwortformat. Das sind vier, fünf, sechs Dinge, mit denen muss man rechnen […]." (2.XVII, 2.36, 138)

Diesen beiden Argumenten kann man wiederum mit neun Gegenargumenten, die die Ausgangsthese stützen, widersprechen.

(1) Selbstredend ist man im Handeln freier, wenn man gar keine Vorgaben hat. Dies zeigt der Fall des Geographielehrers an der Waldorfschule, der seinen Unterricht völlig frei gestaltet (12.XIV, 12.47 bis 12.55) und erst, nachdem die Schüler_innen den Waldorfabschluss erlangt haben, in einem Vorbereitungsjahr die Schüler_innen auf das Abitur vorbereitet.

(2) Abschnitt 2.2.2.2 und 2.2.2.3 haben bereits gezeigt, wie das Prüfungswesen in der Oberstufe und das Zentralabitur im Fach Geographie durch Verwaltungsvorschriften und Erlasse dezidiert geregelt ist. Dies hat eine standardisierende Wirkung, die in den Kontingenzanalysen und der Clusteranalyse der Aufgabenkultur im Geographie-Zentralabitur nachgewiesen werden konnten. Auch in der Interviewstudie wird sowohl thematisiert, dass die pädagogischen Programme standardisiert seien, als auch dass sie standardisierend wirkten (s. Abschnitt 4.2.1.1 bis 4.2.1.3 zu Zentralabitur, Unterricht und unterrichtlichen Klausuren).

In Interviews wird außerdem an vielen Stellen von Beschränkungen der Freiheit gesprochen. Dabei beziehen sich die Interviewten nicht nur auf die organisatorische Rahmung, sondern auch auf weitere äußere Einflüsse durch andere Akteure (s. Abschnitt 4.2.1.4).

(3) Es ist an dieser Stelle nicht möglich, zu entscheiden, ob das Ausmaß der Freiheit in Unterricht und unterrichtlichen Klausuren ausreicht, da es *unterschiedlich* wahrgenommen wird (s. Abschnitt 4.2.1.2 und 4.2.1.3). Dies zeigt sich auch daran, dass nicht jedes der fünf Bundesländer mit seinem eigenen organisatorischen Rahmen in der Typologie einen eigenen Gestaltungstypus ausbildet. Es ist im Gegenteil sogar so, dass die Interviews aus dem Sample, die mit Kolleg_innen in Bayern durchgeführt worden sind, um die Spannbreite an Handlungsmöglichkeiten innerhalb eines organisatorischen Rahmens aufzudecken, vier von fünf identifizierten Gestaltungstypen zugeordnet werden konnten (s. Abschnitt 4.2.2.3). Es ist davon auszugehen, dass auch für den verbliebenen ersten Typus ein Beispiel aus Bayern hätte gefunden werden können.

(4) Die Top-down-Implementation von Lehrplänen als Instrumente zur Steuerung über Orientierungsgrößen und dem Zentralabitur als Instrument der Steuerung über Analyse und Feedback (Dedering, 2012, S. 65–108) führt zu den in Abschnitt 4.2.1.4 vorgestellten Abgrenzungstendenzen der Lehrenden von der Schulorganisation, wenn diese an ihr *nicht* beteiligt sind. Diese Tendenzen können gestaltungshemmend wirken. Ein Beispiel: Ein Geographielehrer fühlt sich als „ein Ausführer sozusagen. Aber so ist ja auch das Prinzip Schule gedacht. Kultusministerium gibt vor, Lehrer führt aus. Also es ist ja nicht so, dass ich das Rad neu erfinden soll" (19.XXXII, 19.41, 152).

(5) In Abschnitt 2.2.3.1 wurde dargelegt, dass es nicht gesichert ist, dass Vorgaben, nur weil Vorgaben von oben herab kommen, eingehalten werden, „weil das jeweilige Planungsobjekt eben nicht bloß ein passiver, seine Formung durch staatliche Politik willig über sich ergehen lassender Gegenstand ist, sondern eigenwillig und eigensinnig agiert" (Schimank, 2009, S. 233). Immer

wieder wird in den Interviews thematisiert, dass man Inhalte nicht unterrichte, Referate nicht halten lasse, Exkursionen nicht durchführe oder generell Kompetenzen nicht gezielt vermittele, obwohl dies laut Lehrplan verbindlich sei. Dies kann die folgende Interviewpassage veranschaulichen:

> „B2: […] Ja sonst so Kompetenzen. Ja. Das ist, also meine Hauptorientierung ist nicht an den Kompetenzen. Sage ich jetzt einmal so. Ja.
>
> B3: Ja, das ist ja wie früher auch schon immer passiert ist. Es gibt einen neuen Lehrplan, aber dann ist es ja nicht so, dass wir Lehrer uns da daran halten. Ich glaube die meisten Kollegen, ich schließe mich da ein, unterrichten so wie die Bücher es vorgeben. Wenn wir neue Bücher kriegen, dann unterrichten wir nach diesen Büchern und dann macht man uns eigentlich nicht so. Bei einem jüngeren Kollegen mag es anders sein, aber dann hieß es früher. Sie mussten ja früher immer diese Themen selber vorgeben [Anm.: gemeint ist die Erstellung der Abschlussklausur im dezentralen Abitur]. Und ab und zu gab es einmal ein Kommentar, dass die dann schrieben: ‚Moment mal. Diese Thematik ist schon seit 20 Jahren aus dem Geschäft.' Und so etwas. Aber man macht ja das dann trotzdem noch so, weil es in den Büchern so drinnen war. Deswegen." (18.VI, 18.15, 161–162)

Pädagogische Programme, die in Abschnitt 2.2.3 als positiv intendierte Innovationen vorgestellt wurden, können aber nicht ihre beabsichtigte Wirkung entfalten, wenn sie nicht vollumfänglich berücksichtigt werden.

(6) In Abschnitt 2.2.3.1 wurde mit Bezug auf Altrichter (2009, S. 247–248) ausgeführt, dass sich die Implementation von Innovationen als schwierig erweisen kann, wenn sie sich nicht in bestehende Strukturen einpassen lassen. Dies bestätigt sich in der Interviewstudie etwa bei Exkursionen, die nicht durchgeführt werden, weil es schulorganisatorisch nicht durchsetzbar sei, da sonst zu viel Unterricht ausfalle (9.XIV, 9.10, 37) oder bei der Individualisierung, die aus strukturellen Gründen nicht (9.XVI, 9.7, 31; 18.XVII, 18.12, 153 und 18.14, 153–157) oder nur eingeschränkt (3.V, 3.25, 95; 3.V, 3.19, 81–82; 3.V, 3.20, 83; 8.XXIII, 8.14, 147 und 153; 8.XXIII, 8.55, 142–143; 16.X, 16.32, 179–182) umsetzbar sei. Ein Beispiel:

> „Und ich denke da sollte man auch ehrlich sein. Individualisierung ist sicherlich ein ganz wesentlicher Aspekt. Den Schüler in seinen eigenen, wie soll ich sagen, in seinen eigenen Entfaltungsmöglichkeiten zu fordern oder nach seinen eigenen Neigungen zu fördern und ihn auch hier vielleicht so ein bisschen zu spezialisieren, das erfordert einen sehr, sehr großen Aufwand, dem Sie nicht immer gerecht werden können. Also das ist ein heeres Ziel, das auf dem Papier steht, aber ich

würde sagen, aufgrund der Voraussetzungen oder den Gegebenheiten nicht kontinuierlich durchzuführen. Ja. Nicht kontinuierlich durchzuführen. Schön wär's."
(4.XIX, 4.19, 42–43)

(7) Der organisatorische Rahmen kann sich selbst hemmen, wenn es Unverein-
barkeiten im organisatorischen Rahmen gibt. Wenn etwa im Lehrplan eine
kaum zu bewältigende Stofffülle auf zeitintensive über Inhalte hinausgehende
Zielvorgaben trifft, entsteht eine Dilemmasituation, die eine Entscheidung
für eine Seite verlangt (vgl. Abschnitt 2.2.4.1). Ein Ergebnis der Interviewstudie ist, dass dann zugunsten derjenigen Vorgabe entschieden wird, die
hinsichtlich des Zentralabiturs als mehr erfolgsversprechend angesehen wird.

Hier ein Beispiel, bei dem aktuelle Themen weggelassen werden, da ihre
Berücksichtigung im Unterricht zwar vom Lehrplan gefordert wird, die aber
aufgrund der Tatsache, dass jede Lehrkraft diese selbst auswählt, nicht im
Detail zentralabiturrelevant sein können:

> „B1: Ich meine, ich war jetzt auf zwei Implementationsveranstaltungen für diese
> neuen Kernlehrpläne in der Q1 und Q2 in der EF und die haben ja beide, also
> die haben ja für den GK und für den LK die gleichen Inhalte. Also wirklich die
> gleichen Inhalte.
>
> B5: Das ist das. Das schaffe ich nicht.
>
> B1: Nur in drei Stunden und in fünf Stunden.
>
> B5: Schafft man nicht.
>
> B1: Also das ist.
>
> B5: Das ist Quatsch, so geht das nicht. Und wenn man irgendwie überhaupt
> einmal irgendwie anfängt, etwas tiefer zu arbeiten.
>
> B1: Ja.
>
> B5: Ist weg. Ist weg. Dann bin ich weg. Da bin ich schon hinten dran. Und das
> ist das große Problem.
>
> B1: Und vor allem ist ja noch gesagt worden, dass soll nur 70 Prozent abdecken,
> das Zeitkontingent, das man hat, diesen Lehrplan.
>
> I: Und dann hat man noch 30 Prozent für aktuelle Sachen.
>
> B1: Ja, nur zur Gestaltung.
>
> B5: Ja gut. Das ist natürlich noch sowas ganz Besonderes.
>
> B1: Also, haben alle, hat dort der ganze Raum gelacht, also." (18.I, 18.40, 488–
> 500)

In einem zweiten Beispiel wird die Kollision von Zeitdruck aufgrund der Vorgaben im Lehrplan und einem alternativen Zentralabiturantwortformat thematisiert:

> „Ich glaube das letzte Profil war in Q11 in G9 sogar in einem der letzten Jahrgänge.
> […] Aber wie schon gesagt, wenn ich in der Q11 jetzt wirklich ein Profil zeichnen
> lassen will im Unterricht, das ist, ja, man sagt, das kostet Zeit. Vielleicht wäre das mal
> gar nicht so schlecht. Wenn es öfter krachen würde, dann würde ich es auch machen
> lassen und damit arbeiten lassen." (1.XII, 1.17, 78)

Als besonders relevant kann im Rahmen dieser Arbeit angesehen werden, dass
die in Abschnitt 2.2.3.2 als Reprogrammierung vorgestellte Ausrichtung der
neueren Lehrpläne auf Kompetenzen nicht die erhoffte Wirkung entfaltet (s.
Abschnitt 4.2.1.2). Da Kompetenzen nicht oder nur auszugsweise als prüfungsrelevant erachtet werden, werden diese nicht, nur auszugsweise oder nebenbei
gefördert (s. Abschnitt 4.2.1.2).

(8) Bei den Geographielehrer_innen, die dem fünften Gestaltungstypus zugeord-
     net werden können, zeigt sich eindrücklich, dass diese nur in der Oberstufe
     Hemmungen haben, so zu unterrichten, wie sie es eigentlich gerne würden
     und sich die Gestaltung in Unter- und Mittelstufe deutlich von der Gestaltung
     in der Oberstufe unterscheidet. Dies muss an der organisatorischen Rahmung
     liegen, da die sonstigen Bedingungen – zum Beispiel Schülerschaft, Kolle-
     gium, Schulleitung – konstant sind. Erst angesichts des Zentralabiturs wird
     das Handeln umgestellt. Hier seien beispielhaft noch mal die bereits zitierten
     Passagen aus dem Interview 10 angeführt:

> „Also ich muss zugeben, dass ich das von Jahrgangsstufe zu Jahrgangsstufe
> unterschiedlich angehe, was jetzt so die Sozialformen anbelangt. Ich gebe zu,
> dass ich in der Oberstufe sehr viel lehrerzentrierter auch unterrichte und sehr viel
> frontal. Zumindest bei den Sachen, wo ich sage, die sind für das Abitur wichtig
> und da lege ich auch Wert drauf, dass die vom Inhaltlichen her hundert Prozent
> stimmen müssen. Ich meine, wenn das jetzt so Themen sind, die jetzt nicht als
> Grundwissen definiert sind oder so Diskussionsthemen, dann schon sehr offene
> Arbeitsformen und Gruppenarbeitsformen.

> In der 10. Klasse, die ich jetzt auch wieder habe, ist es halt so, dass ich mir suche,
> was brauche ich für die Oberstufe als Grundwissen, was kommt da wieder defi-
> nitiv dran für das Abitur, da muss ich zugeben, bin ich doch derjenige, der das
> dann gerne sehr lehrerzentriert macht." (10.XX, 10.42, 25–26)

> „Aber ja, ich denke, wenn ich das Abitur nicht hätte, würde ich mehr offen arbei-
> ten, offene Arbeitsformen, ja. Weil ich mich selber nicht unter den Druck setzte,
> dass ich sage, mein Abiturergebnis muss stimmen […]." (10.XVIII, 10.13, 42)

(9) Bei der oben für das Gegenargument (2) herangezogenen Vorgehensweise des Gestaltungstypus 4 zeigt sich, dass sich die gestalterischen Aktivitäten an den Vorgaben orientieren. Dies hat allerdings pragmatische Gründe, da es selbstredend sinnvoller ist, verbindliche Inhalte besonders gestalterisch aufzuarbeiten, wenn man sich eine Resonanz von Kolleg_innen von anderen Schulen erhofft. Wenn es nun keine dezidierten Vorgaben gäbe, ist nicht davon auszugehen, dass die gestalterischen Aktivitäten eingestellt würden. Dies zeigt ganz generell erstens die geäußerte Begeisterung für das Fach Geographie und die Geographiedidaktik und zweitens außerunterrichtliche Aktivitäten wie die vorgestellte „Höhlen-AG" oder die Teilnahme an einem EU-Austauschprojekt, die außerhalb der organisatorischen Rahmung des Pflichtunterrichts stattfinden. Ähnlich ist die Situation auch an der Schule der Interviewten im Interview 1, die dem Typus 3 „Festtage gestalten" zugeordnet werden können: die kontinuierlich angebotene, mehrtägige Gletscherexkursion greift zwar Lehrplaninhalte auf, „ist allerdings nicht verpflichtend" (1.V, 1.6, 18). Bei beiden Beispielen zeigen sich Parallelen zu den Ergebnissen der oben herangezogenen quantitativen Studie von Wiechmann (2003), der beobachtet hat, dass die Nutzung von Kommunikations- und Informationsforen der Lehrerschaft zu 17 % durch einen pädagogischen Gestaltungswillen und ein fachwissenschaftliches Aktualitätsstreben erklärt werden kann.

Außerdem zeigt sich andersherum, dass eine Obligatorik nicht dazu führt, dass die ausgearbeiteten Angebote auch angenommen werden. Dies zeigt das Beispiel eines für ein Geo-Portal ausgearbeiteten Angebots:

„B2: Und hier so eine Landschaftsanalyse auch. Weltweit kann man da Profile zeichnen, auch untermeerisch.

I: Wahnsinn.

B2: Mit Arbeitsblättern und Anregungen. Dann gibt es auch einen Desktop-GIS noch zum Thema Hochwassersimulation. Das hat ein Kollege gemacht für den Raum Tübingen. Das haben wir übernommen oder jetzt zum Beispiel zur Rohstofffindung, Kiesabbau. Da gibt es die Thematik auch als Desktop-GIS und es wird halt von den Kollegen nur schwer akzeptiert und weil halt /

I: Schon allein die Nutzeroberfläche.

B2: Ist sehr umfangreich, aber wenn ich alle drei Jahre das Ganze nur mache, dann muss ich von vorne anfangen mich einzuarbeiten und deshalb machen wir /

B1: Die Datenpflege dazu noch. Also es überfordert die Kollegen schließlich." (8.V, 8.7, 44–49)

5.6   Das Verhältnis von Vermittlung/Aneignung und Selektion

Die in Abschnitt 2.1.1 aufgeworfene Frage, welcher der dominante Steuerungscode des Erziehungssystems ist, kann angesichts der spezifischen Situation des Unterrichtens in der Oberstufe angesichts des Zentralabiturs wieder aufgeworfen werden. Ist es so wie Luhmann es als Zugeständnis an die Pädagogik zuletzt eingeräumt hat, dass der selbstreferentielle Code vermittelbar/nicht vermittelbar der primäre Steuerungscode ist und es zuvorderst um Vermittlung und Aneignung geht und der fremdreferentielle Code besser/schlechter, der die Selektionsfunktion des Erziehungssystems repräsentiert, nachrangig ist? Während Teaching-to-the-Test-Strategien ein bestmögliches Abschneiden im Zentralabitur anvisieren, versucht kompetenzorientierter Unterricht über das Abitur hinaus dem Lebenslauf der Schüler_innen förderlich zu sein. Eindrücklich kann die Warnung von Kade (2004, S. 215) vor einer pädagogischen Verwechslung von Leistungsvergleich und Bildung sowie einer gesellschaftlichen Verwechslung von Bildung und Leistungsvergleich aus Abschnitt 2.1.2 in Erinnerung gerufen werden.

Aus den Ergebnissen dieser Arbeit können vier Antworten beigetragen werden.

(1) *Dominanz der Erziehung:* Geographielehrer_innen im Sample äußern Kritik und Verbesserungsvorschläge hinsichtlich des Zentralabiturs im Fach Geographie nicht nur hinsichtlich der Selektionsfunktion, sondern auch aus einer pädagogischen Perspektive heraus (s. Abschnitt 4.2.1.1). Geographielehrer_innen im Sample werben bei Schüler_innen, Fachkolleg_innen und Akteuren der Schulorganisation für das Fach Geographie und versuchen dessen Rolle zu stärken. Der Gestaltungstypus 4 stellt Vermittlung und Aneignung mit einer eindeutigen längerfristigen Ausrichtung auf den Lebenslauf der Schüler_innen ins Zentrum des Bemühens.

(2) *Abhängigkeit von Erziehung und Selektion:* In Interviews wird die Disziplinierungsfunktion von Leistungserfassung betont: „Faktisch gesehen ist es Disziplinierung. Weil ich Druck aufbauen kann auf Schüler, dass sie ihren Pflichten nachkommen, dass sie ihren Stoff lernen" (10.X, 10.15, 57).

(3) *Kluft zwischen Erziehung und Selektion:* Zwischen Selektion und Vermittlung/Aneignung besteht aber auch ein Spannungsverhältnis. Erstens kann Leistungsdruck das Lernen stören:

„I: Und denken Sie, dass man sozusagen die Vielfalt der Kompetenzen, die man vorher vermittelt, auch unter bekommt?

B: Naja, also die Materiallesekompetenz, die ist auf jeden Fall hier drin. Aber dass ich jetzt andere Kompetenzen, zum Beispiel die Orientierung im Raum, schwierig abzuprüfen. Ja, ist auch die Frage, muss ich alles immer in Tests bringen. Es gibt ja auch genug Dinge, wo die einfach, die Schüler Spaß dran haben. Ich bin auch kein Fan in Deutsch für Auswendiglernen von Barockgedichten. Weil die dann überhaupt den Spaß an jeglichem Zeug verlieren. Das, alles, was ich abprüfe, ist die, für Schüler eben eine Prüfungssituation und stresst sie. Und wenn es immer Spaß macht vorher, ja, ich könnte natürlich sagen, hier ist ein GPS-Gerät, jetzt laufen wir mal den Weg ab. Dann mache ich eine Note. Aber dann hat der keinen Spaß mehr dran. Sondern ist verkrampft." (9.VII, 9.23, 98–99)

„B1: Also ich versuche, ich habe es auch in der Didaktik selber in der Schule so gelernt, dass man halt sagt, wenn ich offene Arbeitsformen mache, also das heißt Lernzirkel oder irgendwie so etwas, eine größere Gruppenpräsentation, dass man da eigentlich öfter auch auf eine schriftliche Abfrage zumindest verzichten soll, in Form von einer Stegreifaufgabe, irgendwie sowas oder /

I: Damit /

B1: Ja, damit man einfach auch nicht diesen Prüfungscharakter da rein bindet, weil der auch Schüler hemmt und weil es sowieso schwierig ist, das vergleichbar zu gestalten. Ist natürlich schwierig, wenn man sagt, wenn der Leistungsdruck nicht da ist, ob dann die Ergebnisse passen. Finde ich aber, die kommen trotzdem, weil ich mittlerweile mitgekriegt habe, dass die Schüler das Präsentieren sehr gerne machen." (10.IX, 10.8, 30–32)

Zweitens wird bezweifelt, dass es möglich ist, das Vermittelte proportional abzubilden:

„Und ich kann natürlich nach wie vor, und das wird auch immer so sein, ganz viele wichtige Dinge in der Geographie in der Klausur eigentlich nicht prüfen. Also eine Landschaft zu lesen, was ich auf einer Exkursion mache, oder Hypothesen zu stellen und zu prüfen, oder auch die ganzen praktischen Dinge, eine Bodenprobe zu ziehen und zu analysieren, das ist in einer Klausur natürlich unglaublich schwierig." (3.I, 3.16, 74)

Der in Abschnitt 2.2.1.2 angeführte Forschungsstand zum Unterrichten angesichts des Zentralabiturs konnte in der Interviewstudie bestätigt werden. Ein Beispiel für die geringe Akzeptanz des Zentralabiturs aufgrund des Gefühls von Kontrollverlust, den Oerke (2012a, S. 207; Oerke, S. 122) beschreibt, ist die Phänomenanalyse 15 „Der Rhythmus der Veränderungen ist zu schnell" als Beispiel für Typus 2 „Sich arrangieren". Das Phänomen des Aufbrechens der „Einheit von

Unterrichtenden und Prüfenden" und das Phänomen, dass sich Lehrkräfte selbst als Geprüfte fühlen (Jäger, 2012, S. 179) konnte in Abschnitt 4.2.1.4 bestätigt werden. Dies gilt ebenso dafür, dass nicht nur die kriteriale Bezugsnorm herangezogen wird, die durch die Erwartungshorizonte durchgesetzt werden soll (Holmeier, 2012a): „Da ist das Spektrum glaube ich sehr groß von den ganzen Kollegen, wie sie dann auch eingestellt sind zu der Sache, zu den Schülern und ja" (18.XXV, 18.19, 229).

In Abschnitt 2.1.5 wurde das Paradoxon festgestellt, dass einerseits alle Schüler_innen trotz unterschiedlicher Lernvoraussetzungen gleichermaßen gefördert werden sollen, andererseits aber die Selektion, die die Gesellschaft von ihm erwartet, Ungleichheiten feststellen muss.

Ein Geographielehrer versucht erst gar nicht, beides zu vereinbaren:

> „Nee, wirklich Individualisieren mache ich sicherlich auch nicht. Nee, weil ich auch davon ausgehe, dass es schon so einen gemeinsamen Nenner geben muss. Den müssen alle erreichen. Einige gehen weiter raus, gehen auch freiwillig drüber hinaus bestimmt. Andere erreichen das nicht, den gemeinsamen Nenner. Dann wird es dünn. Das zeigt sich dann eben zum Beispiel in Klassenarbeiten oder wenn man aufbaut ein Jahr später, im nächsten Jahrgang [...]." (15.XXIX, 15.17, 131)

Als ein Ausweg wurde in Abschnitt 2.1.5 die Trennung von Vermittlung/Aneignung und Selektion vorgestellt. Eine Geographielehrerin versucht gleichermaßen leistungsstärkere und leistungsschwächere Schüler_innen zu fördern:

> „Und in der Sahelzone habe ich jetzt aktuell das Beispiel, dieser Syndromansatz / Syndromansatz ist ja eigentlich nur für den Leistungskurs, wir haben das aber schon mal gemacht, weil wir einfach finden, dass diese Vernetzung dadurch auch wieder sehr deutlich wird. Und dann habe ich einen Schüler, der auch teilweise wirklich unterfordert ist, habe ich gefragt, ob er sich damit auseinandersetzen will. Dann sollte er sich selbst zwei Schüler raussuchen, hat er sich einen leistungsstarken und einen schwachen rausgesucht. Und dann sitzen die beiden leistungsstarken da und bringen ihrem schwächeren Mitglied dann wirklich nochmal bei, ja, das Material brauchst du, das musst du angucken." (16.X, 16.43, 179)

Gleichzeitig müssen sich alle gleichermaßen der Leistungserfassung stellen:

> „Die Klausuren [Anm.: individualisieren]? Finde ich schwierig, weil wir ja Ende eigentlich auch die Leute messen müssen, wir müssen die beurteilen. Und ich finde dann schon, derjenige, oder diejenige, der gelernt hat, natürlich auch mehr Intelligenz mitbringt, sage ich mal, der soll dann auch seine Lorbeeren kriegen." (16.X, 16.34, 186)

(4) *Dominanz der Selektion:* In allen Interviews wird von Teaching-to-the-Test-Strategien berichtet. Sollten diese den Unterricht dominieren, wird die Lebenslauforientierung des Erziehungssystems verkürzt auf das Erlangen des Zertifikats Abitur und liegt der Fokus auf der Selektionsfunktion des Erziehungssystems. Es besteht die Tendenz, wo es möglich ist (in Kursen auf grundlegendem Anforderungsniveau (Grundkursen)), dazu, von Geographie als schriftlichem Prüfungsfach abzuraten, da Zweifel bestehen, dass die Selektionsfunktion angemessen erfüllt wird (s. Abschnitt 4.2.1.1).

> „B: Ja, und dann ist Erdkunde ein schwer kalkulierbares Fach. Da kann ich nur sagen: Sieh zu, dass du Fremdsprache machst. Da ist eine Topleistung eine Topleistung. Da wird auch nicht viel rumdiskutiert. Wenn die fehlerfrei und elegant ist, dann hast du deine 15 Punkte. Oder nimm Mathe oder nimm Bio, dann nimm bitte nicht Erdkunde, das ist ein größeres Risiko. […] wenn du für Medizin auf einen bestimmten Schnitt aus bist, dann mach die Sicherheitsvariante und die geht anders, die geht ohne Erdkunde." (15.XXXIV, 15.47, 256–258)

Wissen und Kompetenzen als Formen, die den Lebenslauf konkretisieren, indem sie den Schüler_innen auch nach dem Ende der Schulzeit Möglichkeiten offenbaren – und damit auch die Erziehungsfunktion des Erziehungssystems – wären damit nachrangig. Ein Interviewter diskutiert dies wie folgt:

> „Ja, also ich bin auch, also ich meine, durch das Abi, ich glaube, also wenn man Abitur macht, was hat denn das, was ist das denn für eine Aussage? Man beweist, dass man zwei Jahre lang in der Lage war, einen bestimmten Stoff intellektuell zu verarbeiten und den dann in einer bestimmten Zeitspanne unter Druck wiederzugeben. Das ist sozusagen, dann hat man noch einen bestimmten Wissenshintergrund mitgenommen und mehr eigentlich nicht. Also sozusagen empathische Fähigkeiten, um später auf Patienten einzugehen, habe ich da null geübt, sondern ich habe mich da eigentlich eher in dieser, was weiß ich, so durchgesetzt in der Klasse, dass ich oben zu dem bestimmten Spektrum der guten Noten gehöre, ja, dass man mich bei der Notenverteilung besser auf der einen Hälfte findet als auf der anderen, ja, und so weiter, und so weiter, ja. So etwas perfides, was uns Menschen ausmacht, arbeitet das Abitur null aus. Und dann habe ich, also ich persönlich Fächer studiert, die keinen NC haben, ich habe mein Abiturzeugnis vorgezeigt, die Note hat keinen interessiert." (12.XXII, 12.36, 230)

Alle Gestaltungstypen außer Typ vier sind verstärkt auf die Selektion ausgerichtet. Als ein Beispiel für die Dominanz der Selektion über Vermittlung und Aneignung kann folgende Interviewpassage aus Interview 15 (Typus 2) herangezogen werden:

„Ich gucke mir oft auch an, welches Thema aus dem ganzen Bereich eignet sich wahrscheinlich überhaupt nicht für Klausuren. Da wird das dann eindeutig danach gemacht. Also es wird dann in den Januar oder Juni geschoben. Das ist zwar ein schönes Thema, aber es ist nicht fassbar für eine Klausur – dann fliegt das erst mal raus bei mir." (15.XXIV, 15.59, 176)

Der wechselnde bzw. gewechselte Typ fünf zeigt eindrücklich, dass diese Ausrichtung auf die Selektion von den Lehrer_innen mitunter nicht grundsätzlich, sondern nur in der Oberstufe wegen des Zentralabiturs erfolgt.

5.7 Konsequenzen der Selbst- und Fremdbeschränkung von Unterricht und der Konkurrenz der beiden Steuerungscodes

Über die Frage, welcher der Steuerungscode erster Ordnung ist, ob es der aus pädagogischer und fachdidaktischer Sicht einzig relevante Code der Vermittlung und Aneignung ist, oder der aus soziologischer Sicht relevante Code der Selektion, muss angesichts der Reprogrammierung des Abiturs hin zum Zentralabitur beziehungsweise zu dessen funktionaler Umdeutung die Frage gestellt werden, ob sich der Code der Selektion nicht auch verändert hat. Ging es vormals um die Hierarchisierung von Leistungen vor allem im Dienste des Wirtschaftssystems, dient das Zentralabitur nun als Steuerungsinstrument der Schulentwicklung und als Leistungsvergleich im Rahmen der nationalen Konkurrenz der Bundesländer. Damit wird der Code besser/schlechter politisch aufgeladen.

Die aus der Innensicht und der pädagogischen beziehungsweise fachdidaktischen Perspektive im o.g. Punkt (4) festgellte Dominanz der Selektion ist aus bildungspolitischer Sicht vordergründig eine Dominanz der Evaluation, die allerdings aufgrund der Mängel der Leistungsfähigkeit (s. Abschnitt 2.2.3.1) sowie des im Falle des Fachs Geographie aufgrund des in Abschnitt 2.2.3.3 vorgestellten verkürzten Wirkungsmodells nicht adäquat erfüllt werden kann. Letztendlich erfüllt die Selektion mittels des Zentralabiturs und des darauf vorbereitenden Unterrichts aus bildungspolitischer Perspektive eine Rechtfertigungsfunktion aufgrund der nationalen Konkurrenz der Bundesländer (s. Abschnitt 2.2.2.1 und 2.2.3.2). Die Zuordnung zu einer Seite des Codes besser/schlechter dient nur auf der Ebene des einzelnen unterrichtlichen Interaktionssystems der Selektion, die Summe aller einzelnen Zuordnungen dient insgesamt der Zuordnung der Leistungen des Erziehungssystems eines Bundeslandes zu einer Seite des

Codes besser/schlechter und damit der Konkurrenz und der Rechtfertigung bildungspolitischen Handelns.

Den Geographielehrer_innen im Sample, die in Bayern unterrichten, ist diese Sicht geläufig, da sie durch das Instrument der Steuerung über den Vergleich von Durchschnittsnoten aktiv in diese Systematik einbezogen werden.

Angesichts der Erkenntnisse dieser Arbeit stellt sich so die Frage nach dem Verhältnis von Erziehungssystem, Schulorganisation und dem Interaktionssystem Unterricht erneut. In Abschnitt 2.1.2 wurde die Zugehörigkeit zum Erziehungssystem kommunikationstheoretisch gefasst. Kurz gesagt: es gehört nur die Kommunikation zum Erziehungssystem, die sich dessen Sprache bedient. Da die pädagogische Autonomie durch zahlreiche und detaillierte Verfahrensvorschriften sowie eine diese zunehmend dominierende Steuerung über Vergleichsindikatoren eingeschränkt wird und sich zahlreiche Sinnbezüge des Erziehungssystems zu anderen Funktionssystemen ergeben, die das staatliche Handeln beeinflussen, muss die Frage, die in Abschnitt 2.1.2 zunächst nur theoretisch beantwortet wurde: „Gehört dies alles was sich im Kontext von Schule und Unterricht ereignet zum Erziehungssystem?" erneut gestellt werden.[2]

Schmidt (2005, S. 411) fordert, man dürfe sich nicht mit „impressionistische[r] Evidenz" oder „logischer Plausibilität" begnügen und davon ausgehen, dass „in Wirtschaftsunternehmen [...] ,letztlich' stets die ökonomische, in Einrichtungen des Gesundheitswesens die medizinische, in Forschungsinstituten die wissenschaftliche, in Bildungsorganisationen die pädagogische Rationalität" dominiere, auch wenn der Soziologie der Umgang damit schwerfalle. Dies gilt sicherlich nicht nur für die Soziologie, sondern auch für die auf die einzelnen Funktionssysteme bezogenen Wissenschaften. Wenn die auf das Erziehungssystem bezogenen

---

[2] Schmidt (2005, S. 410–411) führt die Problematik der Systemzugehörigkeit anhand des Beispiels einer Universitätsklinik aus. Als Krankenhaus ist sie Teil des Gesundheitssystems, als wirtschaftlich arbeitendes Krankenhaus Teil des Wirtschaftssystems, als Universitätskrankenhaus Teil des Wissenschaftssystems (Forschung) und Erziehungssystems (Lehre) und aufgrund von Einwilligungserfordernissen in Forschung Teil des Rechtssystems.

„Man mag darüber streiten, welche der genannten Funktionen die wichtigsten sind, aber die Eindeutigkeit mit der die Organisation gemeinhin dem Gesundheitssystem zugeordnet wird, ist definitiv dahin, wenn man neben der medizinischen noch ihre weiteren Funktionen bzw. sonstigen Orientierungsbezüge ihrer ,Operationen' berücksichtigt. Ein Krankenhaus ist ein Krankenhaus und in welches Funktionssystem es fällt, hängt davon ab, welchen Systemkontext seine Operationen mit Hilfe welcher Codereferenz jeweils aufrufen. Das kann in einem Moment dieser und im nächsten Moment jener sein, und nicht selten werden es mehrere zugleich sein. Aber es wird nie nur ,der eine' sein, den ,wir alle' nahezu reflexartig assoziieren, wenn die Rede auf Krankenhäuser zu sprechen kommt. Man hat also realistischerweise von Mehrsystemzugehörigkeit auszugehen." s. Schmidt (2005, S. 410–411).

Wissenschaften – etwa die Erziehungswissenschaft, die Bildungsforschung und die Fachdidaktik – einem idealisierten Bild von Unterricht anhängen, erliegen sie genau diesem Irrtum. Im Unterricht kann es auch um etwas anderes als Erziehung gehen. Dies gilt umso mehr für Organisationen wie zuvorderst von Schulen aber auch von Schulaufsichtsbehörden und Kultusministerien, die als Multireferenten enge Beziehungen zur Politik aufweisen. Luhmann selbst (1996a, S. 28–33, 2002, S. 130) spricht, wenn er das Verhältnis von Erziehungssystem und Politik (s. Abschnitt 2.1.4) beschreibt, de facto über Schulorganisation. So ordnet er diese indirekt statt dem Erziehungssystem dem politischen System zu. Darüber hinaus bestehen vielfältige Beziehungen zu anderen Gesellschaftssystemen (und ihnen „assoziierten" Organisationen und Interaktionen). Nun könnte man einwenden, dass es doch offensichtlich sei, dass es im Unterricht allein oder hauptsächlich um Vermittlung und Aneignung gehe oder dass die Schulorganisation gar nicht Gegenstand der jeweiligen Forschung sei. Unterricht ohne Schule und Schulverwaltung zu denken, verschließt aber die Augen vor der Komplexität der Lage. So muss sich auch die Geographiedidaktik damit auseinandersetzen, dass es problematisch ist, allen Überlegungen einen idealtypischen Unterricht ohne spezifischen Kontext zugrunde zu legen.

Entweder ist es ratsam, von einer Mehrsystemzugehörigkeit von sowohl der Schulorganisation (bzw. ihren Teilsystemen Kultusministerium, Schulaufsicht und Schule) und Unterricht auszugehen. Oder – wenn man dies ablehnt und beim strengen kommunikationstheoretischen Ansatz bleiben will – man zieht folgende Konsequenz: wenn Interaktion nur dann dem Erziehungssystem zuzurechnen ist, wenn es um *Vermittlung und Aneignung* (pädagogische beziehungsweise fachdidaktische Sicht) oder *Selektion im engeren Sinne* (soziologische Sicht) *zur Förderung des Lebenslaufs der Lernenden durch Wissen und Kompetenzen* geht, muss man anerkennen, dass sich das Erziehungssystem durch die in dieser Arbeit geschilderten Tendenzen vor allem der Politisierung, aber auch der Ökonomisierung, Verwissenschaftlichung und Verrechtlichung, entleert und durch die Expansion der anderen Funktionssysteme zunehmend zusammenschrumpft. Zurück bleibt ein kleiner „wahrer" Kern aus Interaktionen, der dann „das" Erziehungssystem darstellt. Alles andere (auch die Schulorganisation) ist Teil seiner unübersichtlichen Umwelt.[3]

Auch wenn man anerkennt, dass „das Subjekt immer [...] in existierende Verhältnisse eingebunden ist" und „eine vollständige Distanzierung" (Gryl &

[3] Vergleich hierzu die Ausführungen von Schmidt (2005, S. 419–420) zu neueren Arbeiten zu Luhmanns Systemtheorie, welche konsequent am kommunikationstheoretischen Systembegriff festhielten und dafür eine „ontologische[n] ‚Entleerung' der Funktionssysteme" in Kauf nähmen.

Naumann, 2016, S. 24) weder zulässig noch realistisch ist, kann man den Gedanken der grundsätzlichen Autonomie von Interaktion aufgreifen, um das Ziel einer emanzipatorischen Bildung (Gryl & Naumann, 2016, S. 28) zu verfolgen. „Es bleibt der Kommunikation überlassen [...] zu entscheiden, wohin sie sich bewegt." (Luhmann, 1997, S. 775) oder übertragen: Es bleibt dem Unterricht überlassen, wohin er sich bewegt:

> „B: Wichtig ist, dass es im Bildungsraum Freiräume gibt, ein bisschen Freiräume gibt, ja, dass ich wirklich nicht jetzt nur auf das Zentralabitur hin lernen muss. Bei uns hat man also in Baden-Württemberg Schwerpunktthemen. Also, ich muss jetzt nicht den ganzen Plan, der abgedeckt ist inhaltlich, muss ich jetzt parat haben. Sondern wir fokussieren uns ein bisschen. Und dann muss man sich halt als Geograph auch ein bisschen an die eigene Nase fassen, was vertrete ich denn für ein Fach, ja? Natürlich muss ich mich messen lassen, ob meine Schüler das können, oder nicht können. Das ist die eine Seite, ganz klar, ja. Aber wenn man so stark unter Druck ist, dass wir wirklich nur noch für die Zehntel im Abitur lernen, dann haben wir als Schule was missverstanden, und zwar ganz fürchterlich missverstanden, also wir haben einen ganz umfassenden Erziehungs- und Bildungsauftrag. Wir haben keinen Abitur-Produzentenauftrag, ja. Das ist was ganz anderes, ob eine Maschine habe, aus der später Abiturienten raus laufen, oder aus der Schule Persönlichkeiten raus-laufen, das sind zwei paar Stiefel. Das sollen Persönlichkeiten sein, die aber auch eben noch ein Abiturzeugnis in der Hand haben, und da gehört viel, viel, viel mehr dazu, letztendlich könnte ich alles einstampfen, da brauche ich keinen Chor machen, da brauche ich kein Weihnachtskonzert mehr, warum eigentlich.
>
> I: Ja.
>
> B: Auch, wenn ich ein Theaterspiel, warum denn? Das bringt doch gar nichts für das Abi. Also, nein, das ist auch dann/ fragen Sie sich, warum wird der Schulleiter? Genau aus dem Grund, es ist nämlich hochgradig nicht egal. Eine Gesellschaft braucht nicht nur funktionierende Handlanger eines irgendwie gearteten demokratischen oder wirt-schaftlichen Systems, sondern wir brauchen Menschen, die auch mal querdenken, die auch mal ihre Stimme erheben, die auch Persönlichkeiten sind, ja. Was hatten wir gerade für eine Debatte? Wir haben Debatte über Sterbehilfe. Wenn Sie bloß funktio-nierende Abiturienten hatten, ja, dann können Sie solche Debatten nicht führen. Wir brauchen Menschen, die ein Wertekonzept haben, ja, die für sich selbst in der Lage sind, Dinge zu reflektieren, und das lernen sie nicht, indem sie sich bloß auf eine Prü-fung vorbereiten. Das ist viel zu dünn. Das ist Bildung hier, Persönlichkeitsbildung, die Geographie leistet da ihren Beitrag. Die sagt, okay, unser Auftrag ist, wir gehen raus. Also wir stellen uns der Sache, wir gehen in die Betriebe rein, und bei uns ist das schon klar ausgemacht. Es kann sein, es klappt nicht immer, und natürlich ist auch nicht jeder der Lehrer immer gleich motiviert dazu.
>
> I: Natürlich, ja, ja.
>
> B: Aber im Wesentlichen ist es so, dass unsere Kursstufenschüler, auch die Pflicht-leute, die machen ihre Exkursion, Industriebetrieb zu besichtigen, zum Beispiel. Oder

gehen in den Steinbruch und schauen sich einen Nutzungskonflikt an. Bei uns soll demnächst eine Straße gebaut werden, zwischen [Ort der Schule] und der Autobahn, also dass wir von [Ort der Schule] direkt auf die Autobahn fahren können. Das geht natürlich nicht, dass Sie durch den Ort durchfahren dazwischen. Das ist ein tolles Beispiel, wollen wir die Straße, oder wollen wir sie nicht. Vor 50 Jahren hätten wir sie gebaut, kein Problem, heute sind wir weiter. Dann fahren wir dorthin mit dem Bus mit den Schülern, schauen uns das dann an, haben dann jemanden vom Straßenbauamt dabei. Und das ist das, was ich meine: reden wir. Beispiel Straße, 20 Jahre später sind wir im Bundestag und reden über die Sterbehilfe, ja. Und das ist es wurscht, welche Klausur Sie geschrieben haben." (5.VII, 5.40, 192–196)

Fazit und Ausblick 6

„Diese Vorbemerkungen versorgen uns mit Schwierigkeiten, von denen wir im Folgenden profitieren wollen." (Luhmann, 1996a, S. 14)

Diese Arbeit schließt mit drei Einsichten, die entlang dieses Zitates im Folgenden entwickelt werden. Erstens handelt es sich um erste Forschungsergebnisse zum Zentralabitur im Fach Geographie und zum Unterricht angesichts des Zentralabiturs im Fach Geographie („Vorbemerkungen"). Zweitens liefert sie zwar eine vertiefte Problemanalyse („Schwierigkeiten"), aber keine eindeutigen Lösungen. Drittens bietet sie aber Reflexionspotenzial („profitieren").

Erstens: Vorbemerkungen
Bei der ersten Annäherung an die forschungsleitende Fragestellung in Abschnitt 2.2 wurde deutlich, dass Unterricht und unterrichtliches Prüfen aufgrund ihrer Komplexität schwer zu fassende Forschungsgegenstände sind. Außerdem war zu klären, inwiefern eine pädagogische Autonomie bestehen kann beziehungsweise inwiefern äußere Einflüsse den Unterricht bedingen. Das Zentralabitur und seine vorgelagerten organisatorischen Regularien sind Veränderungen unterworfen, die als Innovationen bezeichnet werden können, da sie positiv intendiert sind. Sie fungieren als Reprogrammierungen und haben einen entscheidenden Einfluss auf die gesamte Ausrichtung des Erziehungssystems, da sie die Zuschreibung von Kommunikation zu einer Seite der Präferenzcodes bestimmen. Die Reprogrammierungen erwecken, da sie top-down implementiert wurden und weitreichende Steuerungswirkungen haben, außerdem den Eindruck, es handele sich um Technologien, die die Frage „Wie unterrichte ich richtig?" zu beantworten vermögen. Da die schulorganisatorischen Entscheidungen aber per se ein Rationalitätsdefizit aufweisen, lösen die Reprogrammierungen auch zahlreiche nicht intendierte Effekte aus. Da die Programme des Erziehungssystems von der

J. Mäsgen, *Auswirkungen von Standardisierung auf Zentralabitur und Unterricht*, Empirische Forschung in den gesellschaftswissenschaftlichen Fachdidaktiken, https://doi.org/10.1007/978-3-658-40663-9_6

Schulorganisation erlassen werden, diese aber als Multireferentin vielfältigen Einflüssen ausgesetzt ist, werden Anliegen anderer Funktionssysteme – insbesondere der Politik, der Wissenschaft, der Wirtschaft und des Rechts – an das Erziehungssystem herangetragen und wirken über die Programme bis in den Unterricht hinein.

Die eigenen Forschungsergebnisse in Kapitel 4 haben sodann die weitere Beantwortung der Untersuchungsfragen ermöglicht.

In der quantitativen Studie zur Aufgabenkultur konnte nachgewiesen werden, dass die Standardisierungsbemühungen der Bildungspolitik, durch die Umsetzung in der Schulorganisation zu standardisierten Zentralabiturprüfungsaufgaben führen. Dabei konnte gezeigt werden, dass die Einheitlichen Prüfungsanforderungen in der Abiturprüfung für das Fach Geographie nur eine geringe standardisierende Wirkung haben. Die Aufgabenkultur ist vielmehr bundeslandspezifisch und weist auf der Ebene der Bundesländer einen hohen Standardisierungsgrad auf. Hierbei war eine Unterscheidung zwischen Kursen auf erhöhtem und grundlegendem Anforderungsniveau für die Ergebnisse nicht erforderlich, da die Stärke des Zusammenhangs der untersuchten Variablen auch bei gleichzeitiger Betrachtung ausreichend groß war. Es ist zu erwarten, dass die festgestellte Standardisierung der Aufgabenkultur im Zentralabitur auf die verbliebenen Bundesländer mit Zentralabitur im Fach Geographie in ähnlicher Weise zutreffen könnte.

Als Fazit kann hier gezogen werden, dass die proportionale Abbildung des vorangegangen Unterrichts aus praktischen Gründen nicht möglich ist. Dies ist der grundlegende Unterschied von dezentralen und zentralen Abschlussprüfungen. Zweitens liegt eine geringe Varianz im Prüfen vor, ansonsten hätten die Kontingenzanalysen und die Clusteranalyse nicht die klaren Ergebnisse gezeigt.

In der qualitativen Interviewstudie zum Lehrer_innenhandeln angesichts des Zentralabiturs konnten die *Möglichkeiten* kontingenten Handelns von Geographielehrer_innen *nachvollzogen* werden. Dies konnte mithilfe eines an der Grounded-Theory-Methodologie orientierten Forschungszugangs gelingen, bei dem die induktive abgeleiteten Konzepte zu Kategorien zusammengefasst, in Phänomenanalysen systematisiert und diese in einer Typologie verallgemeinert wurden.

In der Ergebnisdarstellung konnte die Bandbreite der Sicht- und Handlungsweisen der Geographielehrer_innen im Sample aufgezeigt werden. Zwar ist das Ergebnis der Analysen nicht, dass Geographieunterricht angesichts des Zentralabiturs nicht möglich ist. Die Analyse des Forschungsproblems aber deckt dessen Komplexität auf und liefert viele Subprobleme.

So konnte in den Ergebnissen in Abschnitt 4.1.3 erstens die Sicht von Geographielehrer_innen auf das Zentralabitur, den Unterricht angesichts des

Zentralabiturs und die unterrichtlichen Klausuren in der Oberstufe nachvollzogen werden. Darüber hinaus liefert die Typologie die Erkenntnis, dass die zuvor vorgestellten Ergebnisse nicht auf alle Geographielehrenden gleichermaßen zutreffen, sondern dass ihre spezifischen Handlungskontexte relevant für ihr Handeln – hier: ihr gestaltendes Handeln – sind. Die Vorstellung von typischen Einzelfällen anhand der Phänomenanalysen konnte dann zeigen, dass die jeweilige individuelle Situation nochmals spezifischer ist.

Zweitens: Schwierigkeiten
Bereits die Beantwortung der untergeordneten Untersuchungsfragen legt einige Schwierigkeiten offen. Die Bandbreite der Sicht- und Handlungsweisen ist enorm, die Typologie bietet zwar eine Systematisierung von Begründungszusammenhängen, dennoch zeigen die Phänomenanalysen, dass die spezifischen Einzelsituationen der interviewten Geographielehrkräfte nahelegen, dass Interventionen (wie Reformen, Innovationen) nach dem Gießkannenprinzip nur schwerlich eine Steuerung in die gewünschte Richtung, etwa die Eliminierung nicht-intendierter Effekte, führen würde. Es müssten vielmehr die individuellen Begründungszusammenhänge betrachtet werden. Dies zeigt sich auch sehr anschaulich daran, welche unterschiedliche Wirkung ein und derselbe übergeordnete organisatorische Rahmen (hier beim Beispiel Bayern) haben kann.

Die Forschungsergebnisse konnten in Kapitel 5 durch die Systemtheorie metatheoretisch eingeordnet werden. Somit konnte die forschungsleitende Frage: „Wie ist Geographieunterricht angesichts des Zentralabiturs möglich?" dahingehend beantwortet werden, dass die Komplexität von Unterricht und unterrichtlichem Prüfen zu komplexitätsreduzierenden Handlungsstrategien führen, die eine Selbstbeschränkung des Unterrichts bedeuten. Hinzu kommen äußere Einflüsse, die eine Fremdbeschränkung des Unterrichts darstellen. Der primäre Steuerungscode des Unterrichts scheint durch die Überbetonung der Systemgrenze Unterricht-Gesellschaft der Selektionscode zu sein, zumindest sorgt diese Betonung für Spannungsverhältnisse. Außerdem hat sich seine Ausdeutung durch die bildungspolitisch eingeführte Vergleichs- und Legitimationsfunktion des Zentralabiturs gewandelt und hat nun neben der Bedeutung aus soziologischer Perspektive, verstärkt eine politische Bedeutung.

Das Ziel der theoriebasierten Empirie konnte auf diese Weise erreicht werden, da nicht nur eine auf einem breiten Forschungs- und Erkenntnisstand aufbauende empirische Forschung in zwei Studien mit unterschiedlichem methodischem Zugang durchgeführt wurde, sondern eine umfassende und tiefgründige Diskussion der Ergebnisse durch die metatheoretische Einordnung in die Systemtheorie möglich wurde. Es hat sich einerseits gezeigt, dass der metatheoretische Zugang

mittels der Systemtheorie, der theoretisch bedeutend, aber empirisch nicht gehalt-
voll ist, empirisch gefüllt werden konnte. Andererseits konnten die empirischen
Forschungsergebnisse so grundlegend diskutiert werden, dass sich existenzielle,
das Erziehungssystem betreffende Grundsatzfragen wie „Ist das Erziehungssystem durch innere und äußere Auflösungserscheinungen gefährdet?" und „Worum
geht es im Unterricht?" aufgeworfen werden konnten.

Diese Arbeit hinterlässt ein Bündel an Schwierigkeiten, ohne eindeutige
Lösungen zu liefern, geschweige denn eine Evidenz liefern zu können, dass
denkbaren Maßnahmen auch zielführend wären.

Drittens: profitieren
Ebenso wie die einzelnen Sammelbände der Reihe von Luhmann und Schorr stets
mit dem Untertitel „Fragen an die Pädagogik" versehen sind, sollen anstelle von
Handlungsempfehlungen am Ende dieser Arbeit Fragen stehen, die aus den Forschungsergebnissen abgeleitet werden können. Entsprechend dem Eingangszitat
sollen die aufgedeckten und diskutierten Schwierigkeiten nämlich nicht als Kritik
missverstanden werden, sondern als Ver*sorgen* mit Reflexionsimpulsen.

(1) *Fragen an die Bildungspolitik*

Inwiefern eignet sich die Neue Steuerung überhaupt zur Steuerung von Bildungs-
prozessen? Wie kann der Verkürzung des Wirkungsmodells der neuen Steuerung
insbesondere in den sogenannten Nebenfächern begegnet werden? Wie kann die
Auftragsforschung auf alle Unterrichtsfächer ausgeweitet werden?

Inwiefern können die dem Zentralabitur zugesprochenen Funktionen Selektion, Evaluation und Rechtfertigung, deren Erfüllung mittels ein und desselben
Instruments nicht möglich ist, mithilfe verschiedener Instrumente erfüllt werden?

Wie kann den nicht intendierten Effekten des Zentralabiturs begegnet werden?
Wie können Unterstützungssysteme etabliert werden, die den Leistungsdruck an
Schulen ergänzen beziehungsweise abschwächen? Dominieren die intendierten
Effekte, sodass an dem Instrument festgehalten werden sollte oder sollte es
aufgrund der nicht-intendierten Effekte in Frage gestellt werden?

Inwiefern ist eine Digitalisierung von schriftlichen Prüfungen überhaupt und
vom Zentralabitur im Besonderen denkbar? Inwiefern können andere Länder
(Beispiel Finnland) hier als Anregung dienen?

Wie können die seit langem bekannten Mängel der schulischen Leistungserfassung und der Notengebung für Schüler_innen, Eltern, Lehrer_innen, Politik
und Öffentlichkeit transparent gemacht werden, solange keine Alternativen zum
Einsatz kommen?

Oder aber: Inwiefern kann und muss man sich, wenn ungewiss ist, wie sich neue oder andere Regulierungen auf den Erfolg von Vermittlung und Aneignung auswirken, von der Kontrollillusion der beiden Systeme – Erziehungssystem und Politik – verabschieden? Inwiefern können vielmehr die Spannung auslösenden Paradoxien transparent gemacht und reflektiert werden?

(2) *Fragen an die Schulorganisation*

Inwiefern können die Bemühungen, die pädagogische Autonomie vor zu starken äußeren Eingriffen zu schützen, verstärkt werden? Wie können Lehrpläne gestaltet werden, dass sie zugleich der Qualitätssicherung dienen und ausreichende Freiräume bieten? Wie kann verhindert werden, dass sich Steuerungsmaßnahmen gegenseitig hemmen (zum Beispiel zu große Stofffülle im Lehrplan und obligatorische Exkursionen)? Inwiefern kann der Zeitdruck in Abschlussprüfungen und unterrichtlichen Klausuren reduziert werden, etwa durch Reduktion des Umfangs oder durch eine Ausdehnung der Prüfungszeit (etwa in Kursen auf grundlegendem Niveau)?

Wie kann die Kongruenz zwischen Unterricht und Zentralabiturklausuren verbessert werden, ohne dass sich der Unterricht einseitig auf das Zentralabitur ausrichtet? Wie kann die Varianz in der Aufgabenkultur erhöht werden? Welche Rolle kann hier die Materialvielfalt und -qualität spielen? Wie können Zentralabiturklausuren stärker auf einen kompetenzorientierten Unterricht im Sinne einer neuen Lernkultur ausgerichtet werden? Inwiefern können Prozessqualitäten und individuelle Lösungen stärker berücksichtigt werden? Inwiefern könnte das Aufgabenformat der materialgebundenen Problemerörterung mit Raumbezug durch weitere Aufgabenformate ergänzt werden? Inwiefern können andere Unterrichtsfächer hier Anregungen liefern? Inwiefern können die Vorteile von schriftlichen und mündlichen Prüfungen kombiniert werden, ist ein Experimentierteil denkbar? Wie lassen sich digitale Lernarrangements (zum Beispiel mit GIS) in Prüfungen transponieren?

Inwiefern können den Geographielehrer_innen Handreichungen zur Adaption des Zentralabiturprüfungsformats für die unterrichtlichen Klausuren zur Verfügung gestellt werden? Wie können die Lehrenden ermutigt werden, die Gestaltungsspielräume unterrichtlicher Klausuren stärker auszunutzen?

Inwiefern kann die räumliche und sächliche Ausstattung der Schulen zum Gelingen eines zeitgemäßen Geographieunterrichts verbessert werden?

Inwiefern kann das Lehrdeputat so organisiert werden, dass Stress durch wechselnde Themen im Abiturkanon abgemildert wird?

(3) *Fragen an die Unterrichtspraxis*

Wie können die Autopoiesis des Unterrichts stärker ins Bewusstsein gerückt und auftretende Spannung systemintern ausgeglichen werden? Inwiefern können bestehende Regularien ausgestaltet und bestehende Freiräume stärker genutzt werden? Welche Rolle können hierbei die Erfahrungen von Kolleg_innen auch an anderen Schulen spielen?

Inwiefern können Themen und Rollendifferenzen als Komplexitätsreduktionen im Unterricht ausreichen?

Inwiefern kann im Sinne der Lebenslauforientierung neben den Bemühungen zum Erlangen des Zertifikats Abitur noch stärker die Vorbereitung auf den späteren Lebenslauf der Schüler_innen in den Blick genommen werden? Inwiefern kann auch den Schüler_innen die große Bedeutung der unterrichtlichen Leistungen für das Zertifikat stärker deutlich gemacht werden, um einer zu starken Fokussierung auf das Zentralabitur zu begegnen?

Inwiefern kann die eigene Rolle zwischen Pädagog_in und Mitglied der Schulorganisation dazu genutzt werden, sich im Kollegium gegenseitig stärker zu unterstützen, alternative Unterrichtsformate wie Unterrichtsgänge, Exkursionen, Projektunterricht zu ermöglichen? Inwiefern können Organisationvorschläge erarbeitet werden, die es der Schulleitung einfacher machen, alternative Unterrichtsformate zu genehmigen?

Inwiefern können Unsicherheiten im Kollegium stärker thematisiert, als normal und hilfreich anerkannt und im Sinne einer reflektierten Praxis genutzt werden? Wie können Strategien der Stressbewältigung im Kollegium ausgetauscht und unterstützt werden?

(4) *Fragen an die Bildungsforschung*

Inwiefern kann die eigene Rolle im Rahmen der Neuen Steuerung im Schulsystem kritisch hinterfragt werden? Inwiefern müssen der Bildungspolitik die Grenzen der evidenzbasierten Schulentwicklung aufgezeigt werden? Inwiefern kann die Bandbreite der Schulfächer stärker in die Forschung einbezogen werden? Wie kann die datenbasierte Schulentwicklung auf die Situation der einzelnen Lehrer_innen herunter gebrochen und deren individuellen Handlungszusammenhänge berücksichtigt werden?

Wie können qualitative methodische Herangehensweisen die quantitative Forschung sinnvoll ergänzen?

(5) *Fragen an die Geographiedidaktik*

Wie können die systemischen Zusammenhänge des Unterrichts, insbesondere die inhärente Komplexität und die Einschränkungen von außen, stärker in die Forschung berücksichtigt werden?

Inwiefern kann Forschung, die auf den Geographieunterricht bezogen ist, die schulische Leistungserfassung gleich mit einbeziehen, sodass sowohl die Schulorganisation als auch die Praxis Anregungen erhalten und die Kongruenz von Unterricht und Prüfungen besser gewährleistet werden kann?

Wie können die Geographielehrer_innen durch geographiedidaktische Forschung unterstützt werden, bestehende Gestaltungsspielräume umfänglicher zu nutzen? Inwiefern können Alternativen zu komplexitätsreduzierenden Handlungsstrategien erforscht werden? Inwiefern können die schulorganisatorischen Rahmenbedingungen stärker in die Implementationsbemühung neuer geographiedidaktischer Ansätze einbezogen werden?

Ausblick

Alle in dieser Arbeit beschriebenen Zustände, Situationen und Prozesse sind auf Entscheidungen zurückzuführen, die – davon ist auszugehen – in der jeweiligen Situation aus einer spezifischen Perspektive die bestmöglichen Entscheidungen waren. Alle in dieser Arbeit identifizierten Schwierigkeiten sind also darauf zurückzuführen, dass Entscheidungen per se immer kontingente Entscheidungen sind, denen eine Abwägung von und eine Entscheidung für eine der multiplen Möglichkeiten vorausgegangen ist.

Diese Arbeit möchte dazu anregen, das Zustandekommen der eigenen Entscheidungen nochmals nachzuvollziehen und zu prüfen, inwiefern Handlungsalternativen in Frage kommen. Außerdem möchte diese Arbeit anregen, die Entscheidungen anderer nachzuvollziehen und die dahinter stehende „Sprache" jedes gesellschaftlichen Systems mit in das eigene Verstehen einzubeziehen. Wenn es in der Politik um Macht, in der Wissenschaft um Wahrheit, im Rechtssystem um Recht und im Erziehungssystem um Selektion *und* Vermittlung und Aneignung geht, ist das gegenseitige Verstehen nicht einfach. Eine Schlüsselstellung hat als Multireferentin die Schulorganisation, die sozusagen zwischen den Stühlen sitzt und die von außen an sie herangetragenen Erwartungen nachvollziehen, sichten und in die Entscheidungsprozesse, insbesondere in die Ausgestaltung der systemkonstituierenden pädagogischen Programme, mit einbeziehen muss. Dabei trifft auch sie nur Entscheidungen, die aufgrund der Kontingenz und der begrenzten Ressourcen der Entscheidungsfindung zwar die bestmöglichen, aber niemals die besten sein können.

Literaturverzeichnis

Akremi, L. (2014). Stichprobenziehung in der qualitativen Sozialforschung. In N. Baur & J. Blasius (Hrsg.), *Handbuch Methoden der empirischen Sozialforschung* (S. 265–282). Wiesbaden: Springer VS.

Altrichter, H. (2009). Governance – Schulreform als Handlungskoordination. *Die Deutsche Schule, 101*(3), 240–252.

Altrichter, H. & Maag Merki, K. (2016). Steuerung der Entwicklung des Schulwesens. In H. Altrichter & K. Maag Merki (Hrsg.), *Handbuch Neue Steuerung im Schulsystem* (Educational Governance, Bd. 7, 2., überarbeitete und aktualisierte Auflage, S. 1–28). Wiesbaden: Springer VS.

Altrichter, H., Moosbrugger, R. & Zuber, J. (2016). Schul- und Unterrichtsentwicklung durch Datenrückmeldung. In H. Altrichter & K. Maag Merki (Hrsg.), *Handbuch Neue Steuerung im Schulsystem* (Educational Governance, Bd. 7, 2., überarbeitete und aktualisierte Auflage, S. 235–278). Wiesbaden: Springer VS.

Altrichter, H., Rürup, M. & Schuchart, C. (2016). Schulautonomie und die Folgen. In H. Altrichter & K. Maag Merki (Hrsg.), *Handbuch Neue Steuerung im Schulsystem* (Educational Governance, Bd. 7, 2., überarbeitete und aktualisierte Auflage, S. 107–150). Wiesbaden: Springer VS.

Appius, S. (2012). Kooperation zwischen Lehrpersonen im Zusammenhang mit dem Abitur. In K. Maag Merki (Hrsg.), *Zentralabitur. Die längsschnittliche Analyse der Prozesse und Wirkungen der Einführung zentraler Abiturprüfungen in zwei Bundesländern* (S. 95–118). Wiesbaden: VS Verlag für Sozialwissenschaften.

Aregger, K. (1976). *Innovationen in sozialen Systemen I. Einführung in die Innovationstheorie der Organisation* (Uni-Taschenbücher, Bd. 487, 2 Bände). Bern, Stuttgart: Paul Haupt.

Autorengruppe Bildungsberichterstattung. (2018). *Bildung in Deutschland 2018. Eine indikatorengestützter Bericht mit einer Analyse zu Wirkungen und Erträgen von Bildung.* Gefördert mit Mitteln der Ständigen Konferenz der Kultusminister der Länder in der Bundesrepublik Deutschland und des Bundesministeriums für Bildung und Forschung. Zugriff am 22.11.2018. Verfügbar unter: https://www.bildungsbericht.de/de/bildungsberichte-seit-2006/bildungsbericht-2018/pdf-bildungsbericht-2018/bildungsbericht-2018.pdf

Avenarius, H. & Füssel, H.-P. (2008). *Schulrecht im Überblick* (2. Aufl.). Darmstadt: WGB (Wiss. Buchges.).

© Der/die Herausgeber bzw. der/die Autor(en) 2023
J. Mäsgen, *Auswirkungen von Standardisierung auf Zentralabitur und Unterricht*, Empirische Forschung in den gesellschaftswissenschaftlichen Fachdidaktiken, https://doi.org/10.1007/978-3-658-40663-9

Backhaus, K., Erichson, B., Plinke, W. & Weiber, R. (2018). *Multivariate Analysemethoden. Eine anwendungsorientierte Einführung* (15., vollständig überarbeitete Auflage). Berlin: Springer Gabler. https://doi.org/10.1007/978-3-662-56655-8

Bahrenberg, G., Giese, E., Mevenkamp, N. & Nipper, J. (2017). *Statistische Methoden in der Geographie* (Studienbücher der Geographie, 6. durchgesehene und überarbeitete Auflage). Stuttgart: Borntraeger. Verfügbar unter: http://www.borntraeger-cramer.de/978344 3071547

Bastian, J. (2007). *Einführung in die Unterrichtsentwicklung* (Beltz Studium : Pädagogik). Weinheim u.a.: Beltz.

Baumert, J., Stanat, P. & Demmerich, A. (2001). PISA 2000: Untersuchungsgegenstand, theoretische Grundlagen und Durchführung der Studie. In Deutsches PISA-Konsortium (Hrsg.), *PISA 2000: Basiskompetenzen von Schülerinnen und Schülern im internationalen Vergleich* (S. 15–68). Opladen: Leske + Buderich.

Baurmann, J. (1995). Der Einfluss von Auswertungsbedingungen, Vorinformationen und Persönlichkeitsmerkmalen auf die Benotung von Deutschaufsätzen. In K. Ingenkamp (Hrsg.), *Die Fragwürdigkeit der Zensurengebung. Texte und Untersuchungsberichte* (Beltz grüne Reihe, 9. Aufl., S. 117–130). Weinheim: Beltz.

Bayerische Staatsministerium für Unterricht und Kultus (Hrsg.). (2019). *Ergebnisveröffentlichung der Ajhrgangsstufenarbeiten und Orientierungsarbeiten*. Zugriff am 13.03.2019. Verfügbar unter: https://www.km.bayern.de/eltern/lernen/qualitaetssicherung-und-schule ntwicklung/jahrgangsstufentests.html

Bayerisches Staatsministerium für Unterricht und Kultus. Schulordnung für die Gymnasien in Bayern. Gymnasialschulordnung – GSO. Verfügbar unter: http://www.gesetze-bayern. de/Content/Document/BayGSO

Bayerisches Staatsministerium für Unterricht und Kultus. (2009–2013). *Zentralabituraufgaben Geographie*. o.O.: o.V.

Bayerisches Staatsministerium für Unterricht und Kultus. (2014–2015). *Zentralabituraufgaben Geographie* (Abitur – Original-Prüfungsaufgaben mit Lösungen, Geographie 2016). München: STARK.

Bayerisches Staatsministerium für Bildung und Kultus, Wissenschaft und Kunst (Hrsg.). (2014). *Die Oberstufe des Gymnasiums in Bayern. Informationen für Schülerinnen und Schüler des Abiturjahrgangs 2017*. München. Zugriff am 06.03.2018. Verfügbar unter: https://www.km.bayern.de/download/16343_oberstufeabschluss2017.pdf

Beamtenstatusgesetz. BeamtStG.

Becker, R. (2007). Lassen sich aus den Ergebnissen von PISA Reformperspektiven für die Bildungssysteme ableiten? *Schweizerische Zeitschrift für Bildungswissenschaften, 29*(1), 13–31.

Behrendt-Genilke, M. & Laag, N. (Landesinstitut für Schule und Medien Berlin, Hrsg.). (2018). *Evaluation der schriftlichen Prüfungsaufgaben im Zentralabitur 2017 des Landes Brandenburg für die Fächer Deutsch, Englisch, Französisch, Mathematik, Geografie, Geschichte, Politische Bildung, Biologie, Chemie und Physik*. Zugriff am 21.11.2018. Verfügbar unter: https://bildungsserver.berlin-brandenburg.de/fileadmin/bbb/schule/sch ulentwicklung/Evaluation/Evaluationsberichte/2017_ZABI_Evaluationsbericht.pdf

Bellenberg, G. (2008). Zur Nutzung von zentralen Abschlussprüfungen als Bausteine eines umfassenden Qualitätssicherungs- und Entwicklungskonzepts – ein Baustellenbericht. In W. Böttcher, W. Bos, H. Döbert & H. G. Holtappels (eds.), *Bildungsmonitoring und*

Bildungscontrolling in nationaler und internationaler Perspektive. Dokumentation zur Herbsttagung der Kommission Bildungsorganisation, -planung, -recht (KBBB) (S. 223–233). Münster: Waxmann.

Bellmann, J. (2016). Datengetrieben und/oder evidenzbasiert? Wirkungsmechanismen bildungspolitischer Steuerungssätze. In J. Baumert & K.-J. Tillmann (Hrsg.), Empirische Bildungsforschung. Der kritische Blick und die Antwort auf die Kritiker. *Zeitschrift für Erziehungswissenschaft. 19* (31), 147–161 [Themenheft]. Wiesbaden: Springer VS.

Bellmann, J. & Müller, T. (Hrsg.). (2011). *Wissen, was wirkt. Kritik evidenzbasierter Pädagogik.* Wiesbaden: VS Verlag für Sozialwissenschaften.

Bellmann, J. & Weiß, M. (2009). Risiken und Nebenwirkungen Neuer Steuerung im Schulsystem. Theoretische Konzeptualisierung und Erklärungsmodelle. *Zeitschrift für Pädagogik, 55*(2), 286–308.

Berger, S.-K. & Reuschenbach, M. (2018). Portfolios im Geographieunterricht. Werkzeuge zur Erfassung und Bewertung individueller Leistungen. *geographie heute, 39*(340), 24–29.

Berghaus, M. (2011). *Luhmann leicht gemacht. Eine Einführung in die Systemtheorie* (UTB, Bd. 2360). Köln, Stuttgart: Böhlau; UTB. Verfügbar unter: http://www.utb-studi-e-book. de/9783838523606

Berka, W. (2003). „Autonomie" von Bildungsinstitutionen als Prinzip in rechtlicher Perspektive. In H.-P. Füssel & P. M. Roeder (Hrsg.), Recht – Erziehung – Staat. Zur Genese einer Problemkonstellation und zur Programmatik ihrer zukünftigen Entwicklung. *Zeitschrift für Pädagogik. 49* (47), 120–136 [Themenheft]. Weinheim: Beltz.

Berkemeyer, N. (2010). *Die Steuerung des Schulsystems. Theoretische und praktische Explorationen* (Educational Governance, Bd. 10). Zugl.: Dortmund, Techn. Univ., Diss., 2009. Wiesbaden: VS Verlag für Sozialwissenschaften. https://doi.org/10.1007/978-3-531-919 33-1

Bilz, L. (2017). Ängste bei Schülerinnen und Schülern. Prävention und Intervention im schulischen Kontext. In M. K. Schweer (Hrsg.), *Lehrer-Schüler_interaktion. Inhaltsfelder, Forschungsperspektiven und methodische Zugänge* (Schule und Gesellschaft, Bd. 24, 3. überarbeitete und aktualisierte Auflage, S. 365–386). Wiesbaden: Springer VS.

Blossfeld, H.-P., Bos, W., Daniel, H.-D., Hannover, B., Lenzen, D., Prenzel, M. et al. (2011). *Gemeinsames Kernabitur. Zur Sicherung von nationalen Bildungsstandards und fairem Hochschulzugang ; Gutachten* (Vereinigung der Bayerischen Wirtschaft e.V., Hrsg.) (Gutachten/Aktionsrat Bildung). Münster: Aktionsrat Bildung. Verfügbar unter: http://www. aktionsrat-bildung.de/fileadmin/Dokumente/Gutachten_Gemeinsames_Kernabitur.pdf

Bohl, T. (2006). *Prüfen und Bewerten im offenen Unterricht* (Neu ausgest. Sonderausg.). Weinheim: Beltz.

Bönsch, M. (2006). *Allgemeine Didaktik. Ein Handbuch zur Wissenschaft vom Unterricht.* s.l.: Kohlhammer Verlag. Verfügbar unter: http://gbv.eblib.com/patron/FullRecord.aspx? p=1913418

Bormann, I. (2008). Fortschrittsmonitoring mittels Indikatoren – ein Beispiel. In W. Böttcher, W. Bos, H. Döbert & H. G. Holtappels (eds.), *Bildungsmonitoring und Bildungscontrolling in nationaler und internationaler Perspektive. Dokumentation zur Herbsttagung der Kommission Bildungsorganisation, -planung, -recht (KBBB)* (S. 47–58). Münster: Waxmann.

Bos, W., Eickelmann, B., Gerick, J., Goldhammer, F., Schwippert, K., Schaumburg, H. et al. (2014). ICILS 2013. Eine international vergleichende Schulleistungsstudie der IEA. In *ICILS 2013. Computer- und informationsbezogene Kompetenzen von Schülerinnen und Schülern in der 8. Jahrgangsstufe im internationalen Vergleich* (S. 33–42). Münster. Verfügbar unter: https://www.waxmann.com/fileadmin/media/zusatztexte/ICILS_2013_Beri chtsband.pdf

Böttcher, W. (2015). Schulleistungsmessung, nationale. In R. Diaz-Bonde & C. Weischer (Hrsg.), *Methoden-Lexikon für Sozialwissenschaften* (S. 359). Wiesbaden: Springer VS.

Böttcher, W., Dicke, J. N. & Ziegler, H. (2009). Erziehungswissenschaft, Bildungspolitik und Bildungspraxis. Anmerkungen zu einem schwierigen Verhältnis. In W. Böttcher, J. N. Dicke & H. Ziegler (eds.), *Evidenzbasierte Bildung. Wirkungsevaluation in Bildungspolitik und pädagogischer Praxis* (S. 7–21). Münster: Waxmann.

Böttcher, W. & Hense, J. (2016). Evaluation im Bildungswesen – eine nicht ganz erfolgreiche Erfolgsgeschichte. *Die Deutsche Schule, 108*(2), 117–135.

Böttger-Beer, M. & Koch, E. (2008). Externe Schulevaluation in Sachsen – ein Dialog zwischen Wissenschaft und Praxis. In W. Böttcher, W. Bos, H. Döbert & H. G. Holtappels (eds.), *Bildungsmonitoring und Bildungscontrolling in nationaler und internationaler Perspektive. Dokumentation zur Herbsttagung der Kommission Bildungsorganisation, -planung, -recht (KBBB)* (S. 253–264). Münster: Waxmann.

Brameier, U. (2009). Erstellung von Klausuren – was zu beachten ist. *Praxis Geographie, 40*(1), 4–5.

Braun-Thürmann, H. (2005). *Innovation* (Einsichten. Themen der Soziologie). Bielefeld: transcript Verlag. Verfügbar unter: http://www.content-select.com/index.php?id=bib_ view&ean=9783839402917

Brendel, N. & Schrüfer, G. (2018). Weblogs als Reflexionsmedium im Globalen Lernen. In G. Schrüfer, N. Brendel & I. Schwarz (Hrsg.), *Globales Lernen im digitalen Zeitalter* (S. 61–88). Münster: Waxmann.

Brosius, H.-B., Haas, A. & Koschel, F. (2016). *Methoden der empirischen Kommunikationsforschung. Eine Einführung* (Studienbücher zur Kommunikations- und Medienwissenschaft, 7., überarbeitete u. aktualisierte Auflage). Wiesbaden: Springer VS. https://doi. org/10.1007/978-3-531-19996-2

Büchter, A. & Pallack, A. (2012). Methodische Überlegungen und empirische Analysen zur impliziten Standardsetzung durch zentrale Prüfungen. *Journal für Mathematik-Didaktik, 33*(1), 59–85. Zugriff am 07.12.2012.

Buchwald, P. & Ringeisen, T. (2005). Wie bewältigen Lehrer interkulturelle Konflikte in der Schule. Eine Wirksamkeitsanalyse im Kontext des multiaxialen Coping-Modells. *Interculture journal, 6*(5), 71–98.

Budke, A., Kuckuck, M. & Schäbitz, F. (2015). Argumentationsbewertungsbögen und Lautes Denken. Erhebung der geographischen Argumentationsrezeptionskompetenzen von SchülerInnen. In A. Budke & M. Kuckuck (Hrsg.), *Geographiedidaktische Forschungsmethoden* (Praxis neue Kulturgeographie, Band 10, S. 369–387). Berlin: Lit.

Budke, A., Schiefele, U. & Uhlenwinkel, A. (2010). Entwicklung eines Argumentationskompetenzmodells für den Geographieunterricht. *Geographie und ihre Didaktik, 38*(3), 180–190.

Bundesvereinigung der Deutschen Arbeitgeberverbände (Hrsg.). (2002). *„Standortfaktor Schule".* *Begabung fördern, Lernen differenzieren.* Berlin. Zugriff am 24.11.2018. Verfügbar unter: https://www.arbeitgeber.de/www/arbeitgeber.nsf/res/6DD2AB5ECEE440E8C12574EF00541702/$file/Standortfaktor_Schule.pdf

Buske, H. G. (1992). Die schriftliche Abiturprüfung im Fach Erdkunde. Eine Fehleranalyse. *Geographie und Schule, 24*(76), 42–45.

Calderhead, J. (1981). Stimulated Recall: A Method for Research on Teaching. *British Journal of Educational Psychology, 51*(2), 211–217. https://doi.org/https://doi.org/10.1111/j.2044-8279.1981.tb02474.x

Cassady, J. C. (2004). The influence of cognitive test anxiety across the learning–testing cycle. *Learning and Instruction, 14*(6), 569–592.

Clam, J. (2006). Was ist ein psychisches System? Zum Vollzug von Bewusstsein zwischen rauschender Kommunikation und geminierter Individualität. *Soziale Systeme, 12*(2), 345–369.

Clausen, M., Schnabel, K. & Schröder, S. (2002). Konstrukte der Unterrichtsqualität im Expertenurteil. *Unterrichtswissenschaft, 30*(1), 246–260.

Crosby Eells, W. (1995). Die Zuverlässigkeit wiederholter Benotung von aufsatzähnlichen Prüfungsarbeiten. In K. Ingenkamp (Hrsg.), *Die Fragwürdigkeit der Zensurengebung. Texte und Untersuchungsberichte* (Beltz grüne Reihe, 9. Aufl., S. 167). Weinheim: Beltz.

Dedering, K. (2008). Der Einfluss bildungspolitischer Maßnahmen auf die Steuerung des Schulsystems. *Zeitschrift für Pädagogik, 54*(6), 869–887. Verfügbar unter: https://www.pedocs.de/volltexte/2011/4382/pdf/ZfPaed_2008_6_Dedering_Einfluss_bildungspolitischer_Massnahmen_D_A.pdf

Dedering, K. (2009a). Evidence-based education policy – Lip service or Common Practice? Empirical Findings from Germany. *European Educational Research Journal, 8*(4), 484–496. Verfügbar unter: https://journals.sagepub.com/doi/pdf/https://doi.org/10.2304/eerj.2009.8.4.484

Dedering, K. (2009b). Schulministerien und ihr Umgang mit Leistungsvergleichsstudien. In W. Böttcher, J. N. Dicke & H. Ziegler (eds.), *Evidenzbasierte Bildung. Wirkungsevaluation in Bildungspolitik und pädagogischer Praxis* (S. 201–210). Münster: Waxmann.

Dedering, K. (2011). Hat Feedback eine positive Wirkung? Zur Verarbeitung extern erhobener Leistungsdaten in Schulen. *Unterrichtswissenschaft, 39*(1), 63–83.

Dedering, K. (2012). *Steuerung und Schulentwicklung. Bestandsaufnahme und Theorieperspektive.* Wiesbaden: Springer VS. https://doi.org/10.1007/978-3-531-19534-6

Dedering, K. (2016). Entscheidungsfindung in Bildungspolitik und Bildungsverwaltung. In H. Altrichter & K. Maag Merki (Hrsg.), *Handbuch Neue Steuerung im Schulsystem* (Educational Governance, Bd. 7, 2., überarbeitete und aktualisierte Auflage, S. 53–74). Wiesbaden: Springer VS.

Dedering, K. & Wischer, B. (2014). Editorial zum Schwerpunktthema: Individualisierung – Standardisierung. *Die Deutsche Schule, 106*(2), 101–104.

Demski, D. (2017). *Evidenzbasierte Schulentwicklung.* Dissertation. Fakultät für Bildungswissenschaften; Universität Duisburg-Essen, Universität Duisburg-Essen. https://doi.org/10.1007/978-3-658-18078-2

Deutsche Gesellschaft für Evaluation. (2008). *Standards für Evaluation* (4. unveränderte Auflage).

Deutsche Gesellschaft für Geographie. (2017). *Bildungsstandards im Fach Geographie für den Mittleren Schulabschluss.* mit Aufgabenbeispielen (9., durchgesehene Auflage), Deutsche Gesellschaft für Geographie. Zugriff am 03.12.2018. Verfügbar unter: http:// geographiedidaktik.org/wp-content/uploads/2017/10/Bildungsstandards_Geographie_9. Aufl_._2017.pdf

Dickel, M. (2011). Geographische Bildung unter dem Diktat der Standardisierung. Eine Kritik der Bildungsreform aus hermeneutisch-phänomenologischer Sicht. *GW-Unterricht. Zeitschrift für Geographie und Wirtschaftskunde,* (132), 3–23.

Donert, K. (2010). Learning from the obsession with standard-based education. *GW-Unterricht. Zeitschrift für Geographie und Wirtschaftskunde,* (119), 68–73.

Doyle, W. (1986). Classroom Organization and Management. In M. C. Wittrock (Hrsg.), *Handbook of Research on Teaching* (S. 392–397). New York: Macmillan.

Dpa (2002, 20. Juni). PISA und die Folgen. Niedersachsen führt das Zentralabitur ein. *Frankfurter Allgemeine Zeitung.* Zugriff am 08.02.2019. Verfügbar unter: https://www.faz.net/ aktuell/politik/pisa-und-die-folgen-niedersachsen-fuehrt-zentralabitur-ein-161665.html

Emmerich, M. (2016). Regionalisierung und Schulentwicklung: Bildungsregionen als Modernisierungsstrategie im Bildungssektor. In H. Altrichter & K. Maag Merki (Hrsg.), *Handbuch Neue Steuerung im Schulsystem* (Educational Governance, Bd. 7, 2., überarbeitete und aktualisierte Auflage, S. 385–410). Wiesbaden: Springer VS.

Emmerich, M. & Maag Merki, K. (2009). Netzerke als Koordinationsform Regionaler Bildungslandschaften. Empirische Befunde und governancetheoretische Implikationen. In N. Berkemeyer, H. Kuper & V. Manitius (Hrsg.), *Schulische Vernetzung. Eine Übersicht zu aktuellen Netzwerkprojekten* (S. 13–30). Münster: Waxmann u.a.

Felzmann, D. (2013). Das Bewerten bewerten. Klausuraufgaben zur Beurteilungs- und Bewertungskompetenz. *Geographie und Schule, 35*(206), 15–22.

Fend, H. (2008). *Schule gestalten. Systemsteuerung, Schulentwicklung und Unterrichtsqualität.* Wiesbaden: VS Verl. für Sozialwissenschaften. Verfügbar unter: http://www.social net.de/rezensionen/isbn.php?isbn=978-3-531-15597-5

Flath, M. & Schockemöhle, J. (2010). Die Fähigkeit zum Handeln im Geographieunterricht erwerben. Entwicklung, Erprobung und Evaluierung eines Modells des Kompetenzbereichs Handlung. *Geographie und ihre Didaktik, 38*(3), 147–156.

Flick, U. (2011). Das Episodische Interview. In G. Oelerich & H.-U. Otto (Hrsg.), *Empirische Forschung und Soziale Arbeit. Ein Studienbuch* (S. 273–280). Wiesbaden: Springer VS.

Flick, U. (2012). Triangulation in der qualitativen Forschung. In U. Flick, E. v. Kardorff & I. Steinke (Hrsg.), *Qualitative Forschung. Ein Handbuch* (Rororo Rowohlts Enzyklopädie, Bd. 55628, 9. Aufl., S. 309–318). Reinbek bei Hamburg: Rowohlt.

Flick, U. (2014). Gütekriterien qualitativer Sozialforschung. In N. Baur & J. Blasius (Hrsg.), *Handbuch Methoden der empirischen Sozialforschung* (S. 411–423). Wiesbaden: Springer VS.

Flick, U. (2016). *Qualitative Sozialforschung. Eine Einführung* (Rororo Rowohlts Enzyklopädie, Bd. 55694, 7. Aufl.). Reinbek bei Hamburg: Rowohlt.

Floden, R. E. & Buchmann, M. (1993). Between Routines and Anarchy: preparing teachers for uncertainty. *Oxford Review of Education, 19*(3), 373–382.

Fraedrich, W. (2004). Klausuren in der Sekundarstufe II. Beispiel: Kaffee – ein Welthandelsgut. *geographie heute, 25*(224), 36–41.

Freie Hansestadt Bremen (Die Senatorin für Bildung und Wissenschaft, Hrsg.). (2008). *Geografie. Bildungsplan für die Oberstufe – Qualifikationsphase –*, Landesinstitut für Schule. Zugriff am 03.11.2018. Verfügbar unter: https://www.lis.bremen.de/schulqualitaet/curric ulumentwicklung/bildungsplaene/sekundarbereich_ii___allgemeinbildend-16698

Freie und Hansestadt Hamburg. (2009). *Bildungsplan gymnasiale Oberstufe. Rahmenvorgabe für das Seminar,* Behörde für Schule und Berufsbildung, Landesinstitut für Lehrerbildung und Schulentwicklung. Zugriff am 03.11.2018. Verfügbar unter: https://www.hamburg.de/contentblob/1475246/0fe265960af64b767c7b24d5e6664694/data/seminar-gyo.pdf

Friebertshäuser, B. (2008). Statuspassage von der Schule ins Studium. In W. Helsper & J. Böhme (Hrsg.), *Handbuch der Schulforschung* (2., durchgesehene und erweiterte Auflage, S. 611–627). Wiesbaden: VS Verlag für Sozialwissenschaften/GWV Fachverlage GmbH Wiesbaden.

Fuchs, H.-W. (2003). Auf dem Weg zu einem Weltcurriculum? Zum Grundbildungskonzept von PISA und der Aufgabenzuweisung an die Schule. *Zeitschrift für Pädagogik, 49*(2), 161–179.

Füller, C. (2009, 4. Juni). Strafversetzt wegen guter Noten. Grundschul-Rebellin erhält Courage-Preis. *Der Spiegel.* Zugriff am 22.04.2019. Verfügbar unter: https://www.spi egel.de/lebenundlernen/schule/strafversetzt-wegen-guter-noten-grundschul-rebellin-erh aelt-courage-preis-a-628411.html

Gilad-Hai, S. & Somech, A. (2016). "The Day After": The Organizational Consequences of Innovation Implementation in Experimental Schools. *Journal of Educational Administration, 54*(1), 19–40.

Goecke, M. (2017). *Schulentwicklung durch Beratung. Eine Studie an nordrheinwestfälischen Schulen* (Research). Zugleich Dissertation an der Universität Bielefeld, Fakultät für Erziehungswissen-. Wiesbaden: Springer VS.

Gohrbandt, E., Mäsgen, J., Weiss, G. & Wiktorin, D. (2013). Zwischen Materialschlacht und Reproduktion. Schriftliche Zentralabituraufgaben Geographie im Bundesländervergleich und erste Erkenntnisse zu Schülerleistungen. *Geographie und Schule, 35*(206), 4–14.

Gräsel, C. & Parchmann, I. (2004). Implementationsforschung – oder: der steinige Weg, Unterricht zu verändern. *Unterrichtswissenschaft, 32*(3), 196–214.

Grosscurth, C. H. (2012). Jeder sieht anders. Raumwahrnehmung und Mental Maps, *43*(7–8), 44–49.

Gryl, I. (2010). Mündigkeit durch Reflexion. Überlegungen zu einer multiperspektivischen Kartenarbeit. *GW-Unterricht. Zeitschrift für Geographie und Wirtschaftskunde,* (118), 20–37.

Gryl, I. (2013). Alles neu – innovativ durch Geographie- und GW-Unterricht? *GW-Unterricht. Zeitschrift für Geographie und Wirtschaftskunde,* (131), 16–27.

Gryl, I. & Kanwischer, D. (2011). Geomedien und Kompetenzentwicklung. Ein Modell zur reflexiven Kartenarbeit im Unterricht. *Zeitschrift für Didaktik der Naturwissenschaften, 17,* 177–202.

Gryl, I. & Naumann, J. (2016). Mündigkeit im Zeitalter des ökonomischen Selbst? Blinde Flecken des Geographielernens bildungstheoretisch durchdacht. *GW-Unterricht. Zeitschrift für Geographie und Wirtschaftskunde,* (141), 19–30.

Gu, Q. & Day, C. (2007). Teachers resilience: A necessary condition for effectiveness, *23*(8), 1302–1316.

Hanschmann, F. (2017). *Staatliche Bildung und Erziehung. Ganztagsschule, Bildungsstandards und selbständige Schule als Herausforderungen für das Verfassungs- und Schulrecht* (Jus Publicum, v.264). Tübingen: Mohr Siebeck. Verfügbar unter: https://ebookcentral. proquest.com/lib/gbv/detail.action?docID=4863541

Hartmann, U., Decristan, J. & Klieme, E. (2016). Unterricht als Feld evidenzbasierter Bildungspraxis? Herausforderungen und Potenziale für einen wechselseitigen Austausch von Wissenschaft und Schulpraxis. In J. Baumert & K.-J. Tillmann (Hrsg.), Empirische Bildungsforschung. Der kritische Blick und die Antwort auf die Kritiker. *Zeitschrift für Erziehungswissenschaft. 19* (31), 179–199 [Themenheft]. Wiesbaden: Springer VS.

Hattie, J. (2009a). *Visible learning. A synthesis of over 800 meta-analyses relating to achievement* (Educational research, 1. publ).

Hattie, J. (2009b). *Visible learning: a synthesis of over 800 meta-analyses relating to achievement.* New York: Routledge.

Hattie, J. (2015). The applicability of Visible Learning to higher education. *Scholarship of Teaching and Learning in Psychology, 1*(1), 79–91.

Hattie, J. & Zierer, K. (2017). *10 Mindframes for Visible Learning. Teaching for Success.* Milton: Taylor and Francis. Retrieved from https://ebookcentral.proquest.com/lib/gbv/detail.action?docID=5178457

Heintz, B. & Tyrell, H. (2015a). Einleitung. In B. Heintz & H. Tyrell (Hrsg.), *Interaktion – Organisation – Gesellschaft revisited.* Anwendungen, Erweiterungen, Alternativen (Zeitschrift für Soziologie, Sonderheft 2014, S. IX–XVII). Stuttgart: Lucius.

Heintz, B. & Tyrell, H. (Hrsg.). (2015b). *Interaktion – Organisation – Gesellschaft revisited. Anwendungen, Erweiterungen, Alternativen* (Zeitschrift für Soziologie, Sonderheft 2014). Stuttgart: Lucius.

Helbig, M. & Nikolai, R. (2015). *Die Unvergleichbaren. Der Wandel der Schulsysteme in den deutschen Bundesländern seit 1949.* Bad Heilbrunn: Julius Klinkhardt. Verfügbar unter: https://content-select.com/de/portal/media/view/56e19194-6c00-4c86-baa7-29b5b0dd2d03

Helfferich, C. (2014). Leitfaden- und Experteninterviews. In N. Baur & J. Blasius (Hrsg.), *Handbuch Methoden der empirischen Sozialforschung* (S. 559–574). Wiesbaden: Springer VS.

Helmke, A. (2017). *Unterrichtsqualität und Lehrerprofessionalität. Diagnose, Evaluation und Verbesserung des Unterrichts : Franz Emanuel Weinert gewidmet* (Schule weiterentwickeln, Unterricht verbessern Orientierungsband, 7. Aufl.). Seelze-Velber: Klett/Kallmeyer.

Helsing, D. (2007). Regarding uncertainty in teachers and teaching. *Teaching and Teacher Education, 23*(8), 1317–1333.

Helsper, W. (2016). Wird die Pluralität in der Erziehungswissenschaft aufgekündigt? In J. Baumert & K.-J. Tillmann (Hrsg.), Empirische Bildungsforschung. Der kritische Blick und die Antwort auf die Kritiker. *Zeitschrift für Erziehungswissenschaft. 19* (31), 89–105 [Themenheft]. Wiesbaden: Springer VS.

Hemmer, I. & Hemmer, M. (2009). Räumliche Orientierungskompetenz. Struktur, Relevanz und Implementierung eines zentralen Kompetenzbereiches geographischer Bildung. *Praxis Geographie, 39*(11), 4–8.

Hemmer, I., Hemmer, M., Hüttermann, A. & Mark, U. (2010). Kartenauswertekompetenz – Theoretische Grundlagen und Entwurf eines Kompetenzstrukturmodells. *Geographie und ihre Didaktik*, *38*, 158–171.

Hemmer, M., Hemmer, I., Hüttermann, A. & Ullrich, M. (2012). Über welche grundlegenden Fähigkeiten müssen Schülerinnen und Schüler verfügen, um eine Karte auswerten zu können? Auf dem Weg zu einem Kompetenzmodell der Kartenauswertungskompetenz. In A. Hüttermann (Hrsg.), *Räumliche Orientierung. Räumliche Orientierung, Karten und Geoinformation im Unterricht ; [Tagungsband zum HGD-Symposium in Ludwigsburg, 19. HGD-Symposium vom 6. bis 9. April 2011* (Didaktische Impulse, Bd. 49, S. 144–153). Braunschweig: Westermann.

Hentig, H. von (2004). Einführung in den Bildungsplan 2004. In Ministerium für Kultus, Jugend und Sport Baden-Württemberg (Hrsg.), *Bildungsplan 2004. Allgemein bildendes Gymnasium* (S. 9–21).

Hentig, H. von. (2009). Das Ethos der Erziehung. Was ist in ihr elementar? *Zeitschrift für Pädagogik*, *55*(4), 509–527.

Herdegen, P. (2009). *Schulische Prüfungen. Entstehung – Entwicklung – Funktion; Prüfungen am bayerischen Gymnasium vom 18. bis zum 20. Jahrhundert* (Klinkhardt Forschung). Bad Heilbrunn: Klinkhardt.

Herrle, M. (2007). *Selektive Kontextvariation. Die Rekonstruktion von Interaktionen in Kursen der Erwachsenenbildung auf der Basis audiovisueller Daten* (Frankfurter Beiträge zur Erziehungswissenschaft Reihe Monographien, Bd. 6). Frankfurt am Main: o.V.

Herrle, M. (2013). *Ermöglichung pädagogischer Interaktionen. Disponibilitätsmanagement in Veranstaltungen der Erwachsenen-/Weiterbildung* (Schriftenreihe TELLL). Wiesbaden: Springer. https://doi.org/10.1007/978-3-531-19153-9

Herzog, W. (2002). *Zeitgemäße Erziehung. Die Konstruktion pädagogischer Wirklichkeit.* Weilerswist: Velbrück.

Herzog, W. (2011). Schule und Schulklasse als soziale Systeme. In R. Becker (Hrsg.), *Lehrbuch der Bildungssoziologie* (2., überarbeitete und erweiterte Auflage, S. 163–202). Wiesbaden: Springer VS.

Hessische Lehrkräfteakademie. (2015). *Kerncurriculum gymnasiale Oberstufe (KCGO) Erdkunde. Einführung in die Konzeption.* Zugriff am 03.11.2018. Verfügbar unter: https://kultusministerium.hessen.de/sites/default/files/media/konzeption_kcgo_ek.pdf

Hessisches Kultusministerium. (2009–2015). *Zentralabituraufgaben Erdkunde.* o.O.: o.V.

Hessisches Kultusministerium, Löwer, S. (Mitarbeiter). (2017). *Zahlen und Fakten – 10 Jahre Landesabitur.* Zugriff am 13.10.2018. Verfügbar unter: https://kultusministerium.hessen.de/sites/default/files/media/zahlen_und_fakten_-_10_jahre_landesabitur.pdf

Hieber, U., Lenz, T. & Stengelin, M. (2011). Brennpunkt Klassenarbeit. Von der W-Frage zur kompetenzorientierten Aufgabe. *geographie heute*, *31*(291/292), 30–32.

Hirschauer (2015). Intersituativität. Teleinteraktion und Koaktivität jenseits von Mikro und Makro. In B. Heintz & H. Tyrell (Hrsg.), *Interaktion – Organisation – Gesellschaft revisited*. Anwendungen, Erweiterungen, Alternativen (Zeitschrift für Soziologie, Sonderheft 2014, S. 109–133). Stuttgart: Lucius.

Hobfoll, S. E. (2004). *Stress, Culture, and Community: The Psychology and Philosophy of Stress.* Springer US. Verfügbar unter: https://books.google.de/books?id=dysdbPLW4T4C

Hoffmann, K. W., Dickel, M., Gryl, I. & Hemmer, M. (2012). Bildung und Unterricht im Fokus der Kompetenzorientierung. Aktuelle Anfragen an die Geographiedidaktik. *Geographie und Schule*, (195), 1–18.

Holmeier, M. (2012a). Bezugsnormierung im Unterricht im Kontext zentraler Abiturprüfungen. In K. Maag Merki (Hrsg.), *Zentralabitur. Die längsschnittliche Analyse der Prozesse und Wirkungen der Einführung zentraler Abiturprüfungen in zwei Bundesländern* (S. 237–261). Wiesbaden: VS Verlag für Sozialwissenschaften.

Holmeier, M. (2012b). Vergleichbarkeit der Punktzahlen im schriftlichen Abitur. In K. Maag Merki (Hrsg.), *Zentralabitur. Die längsschnittliche Analyse der Prozesse und Wirkungen der Einführung zentraler Abiturprüfungen in zwei Bundesländern* (S. 293–324). Wiesbaden: VS Verlag für Sozialwissenschaften.

Holmeier, M. (2013). *Leistungsbeurteilung im Zentralabitur*. Wiesbaden: Springer VS.

Hörmann, I. (2017). Das Schweinebeben von Lorca. Leistungsbeurteilung im Geographieunterricht am Beispiel eines Wirkungsgefüges. *Praxis Geographie*, *48*(7–8), 20–25.

Huber, L. (2004). Stoff, Raum und Zeit für individuelle Bildung! Thesen zur Rettung und Weiterentwicklung der gymnasialen Oberstufe nach PISA. *Die Deutsche Schule*, *96*(1), 23–31.

Hübner, D. (2016, 3. Februar). *Luhmann, Foucault. 12. Vorlesung*. Einführung in die politische Philosophie, Hannover. Zugriff am 06.08.2018. Verfügbar unter: https://www.you tube.com/watch?v=Bdu-e6IyYO0

Hüther, G. (2010). Auf dem Weg zu einer anderen Schulkultur: Die Bedeutung von Geist und Haltung aus neurobiologischer Sicht. In E. Jürgens & J. Standop (Hrsg.), *Was ist guter Unterricht? Namhafte Expertinnen und Experten geben Antwort* (S. 223–232). Bad Heilbrunn: Julius Klinkhardt.

Ingenkamp, K. (1995). Sind Zensuren aus verschiedenen Klassen vergleichbar? In K. Ingenkamp (Hrsg.), *Die Fragwürdigkeit der Zensurengebung. Texte und Untersuchungsberichte* (Beltz grüne Reihe, 9. Aufl., S. 194–201). Weinheim: Beltz.

Ingenkamp, K. & Lissmann, U. (2008). *Lehrbuch der pädagogischen Diagnostik* (6. Aufl.). Weinheim, Basel: Beltz.

Institut für Schulentwicklungsforschung der TU Dortmund. (o.J.). *ICILS 2013*, Institut für Schulentwicklungsforschung der TU Dortmund. Zugriff am 05.02.2019. Verfügbar unter: http://www.ifs.tu-dortmund.de/cms/de/Home/Forschungsbereiche/AG-Bos/Abg eschlossene-Projekte/ICILS-20131.html

Institut zur Qualitätsentwicklung im Bildungswesen. (o.J.a). *Kompetenzstufenmodelle*. Zugriff am 05.12.2018. Verfügbar unter: https://www.iqb.hu-berlin.de/bista/ksm

Institut zur Qualitätsentwicklung im Bildungswesen (Hrsg.). (o.J.b). *Unterrichten in der Sekundarstufe I*. Zugriff am 11.12.2018. Verfügbar unter: https://www.iqb.hu-berlin.de/ bista/teach

Institut zur Qualitätsentwicklung im Bildungswesen (Hrsg.). (o.J.c). *Unterrichten in der Sekundarstufe II*. Zugriff am 11.12.2018. Verfügbar unter: https://www.iqb.hu-berlin.de/ bista/UnterrichtSekII

Jäger, D. J. (2012). Herausforderung Zentralabitur: Unterreichtsinhalte variieren und an Prüfungsthemen anpassen. In K. Maag Merki (Hrsg.), *Zentralabitur. Die längsschnittliche Analyse der Prozesse und Wirkungen der Einführung zentraler Abiturprüfungen in zwei Bundesländern* (S. 179–205). Wiesbaden: VS Verlag für Sozialwissenschaften.

Jencks, C., Smith, M., Acland, H., Bane, M. J., Cohen, D., Gintis, H. et al. (1973). *Inequality. A reassessment of the effect of family and schooling in America.* New York: Basic-Books.

Jürgens, E. (2010). Was ist guter Unterricht aus der Perspektive »der« Reformpädagogik? Vom Aktivitätsparadigma zum »Schüleraktivem Unterricht«. In E. Jürgens & J. Standop (Hrsg.), *Was ist guter Unterricht? Namhafte Expertinnen und Experten geben Antwort* (S. 39–82). Bad Heilbrunn: Julius Klinkhardt.

Jürgens, E. & Lissmann, U. (2015). *Pädagogische Diagnostik. Grundlagen und Methoden der Leistungsbeurteilung in der Schule* (Pädagogik, Band 27). Weinheim und Basel: Beltz. Verfügbar unter: http://sub-hh.ciando.com/book/?bok_id=1875620

Jürgens, E. & Sacher, W. (2000). *Leistungserziehung und Leistungsbeurteilung. Schulpädagogische Grundlegung und Anregungen für die Praxis* (Studientexte für das Lehramt, Bd. 6). Neuwied: Luchterhand.

Jürges, H. & Schneider, K. (2008). Ressourcen und Anreize im Bildungswesen. Aufgaben und Handlungsmöglichkeiten des Staates aus Sicht der Bildungsökonomik. *Zeitschrift für Erziehungswissenschaft, 11*(2), 234–252.

Kade, J. (2004). Erziehung als pädagogische Kommunikation. In D. Lenzen (Hrsg.), *Irritationen des Erziehungssystems. Pädagogische Resonanzen auf Niklas Luhmann* (Suhrkamp-Taschenbuch Wissenschaft, Bd. 1657, S. 199–232). Frankfurt am Main: Suhrkamp.

Kade, J. (2006). Lebenslauf — Netzwerk — Selbstpädagogisierung. Medienentwicklung und Strukturbildung im Erziehungssystem. In Y. Ehrenspeck & D. Lenzen (Hrsg.), *Beobachtungen des Erziehungssystems. Systemtheoretische Perspektiven* (S. 13–25). Wiesbaden: VS Verlag für Sozialwissenschaften (GWV).

Kahnert, J. (2014). *Das Zentralabitur im Fach Mathematik. Eine empirische Analyse von Abitur- und TIMSS-Daten im Vergleich.* Münster: Waxmann. Verfügbar unter: http://www.content-select.com/index.php?id=bib_view&ean=9783830980476

Kaiser, T. (2017, 28. Mai). Dieser Test könnte ein Weckruf für Eltern und Lehrer sein. *Welt.* Zugriff am 22.09.2018. Verfügbar unter: https://www.welt.de/wirtschaft/article16 4992911/Dieser-Test-koennte-ein-Weckruf-fuer-Eltern-und-Lehrer-sein.html

Kaldewey, D. (2013). *Wahrheit und Nützlichkeit. Selbstbeschreibungen der Wissenschaft zwischen Autonomie und gesellschaftlicher Relevanz.* Zugl.: Bielefeld, Univ., Diss., 2012. Bielefeld: transcript. https://doi.org/10.14361/transcript.9783839425657

Kandzora, G. (1996). Schule als vergesellschaftete Einrichtung: Heimlicher Lehrplan und politisches Lernen. In B. Claußen & R. Geißler (Hrsg.), *Die Politisierung des Menschen. Instanzen der politischen Sozialisation. Ein Handbuch* (Politische Psychologie, Bd. 2, S. 71–89). Opladen: Leske + Buderich.

Kasper, H. (1990). *Die Handhabung des Neuen in organisierten Sozialsystemen* (Heidelberger betriebswirtschaftliche Studien). Berlin, Heidelberg: Springer. https://doi.org/10.1007/978-3-642-84262-7

Kelch, M. (Sächsisches Staatsministerium für Kultus, Hrsg.). (2017, 4. April). *Faktencheck: Zum ersten Mal schreiben bis zu 15 Länder gemeinsam Abitur.* Zugriff am 06.02.2019. Verfügbar unter: https://www.bildung.sachsen.de/blog/index.php/2017/04/04/faktencheck-zum-ersten-mal-schreiben-bis-zu-15-laender-gemeinsam-abitur/

Kelle, U. & Kluge, S. (2010). *Vom Einzelfall zum Typus. Fallvergleich und Fallkontrastierung in der qualitativen Sozialforschung* (2., überarb. Aufl.). Wiesbaden: VS Verl. für Sozialwiss. https://doi.org/10.1007/978-3-531-92366-6

Klein, E. D., Kühn, S. M., van Ackeren, I. & Block, R. (2009). Wie zentral sind zentrale Prüfungen? Abschlussprüfungen am Ende der Sekundarstufe II im nationalen und internationalen Vergleich. *Zeitschrift für Pädagogik, 55*(4), 596–621.

Klemm, K. (2016). Die PISA-Studien: Ihre Präsentation und Interpretation im Lichte der Evidenzbasierung. In J. Baumert & K.-J. Tillmann (Hrsg.), Empirische Bildungsforschung. Der kritische Blick und die Antwort auf die Kritiker. *Zeitschrift für Erziehungswissenschaft. 19* (31), 163–177 [Themenheft]. Wiesbaden: Springer VS.

Kleve, H. (2005). Der systemtheoretische Konstruktivismus: Eine postmoderne Bezugstheorie Sozialer Arbeit. In H. Hollstein-Brinkmann & S. Staub-Bernasconi (Hrsg.), *Systemtheorien im Vergleich. Was leisten Systemtheorien für die Soziale Arbeit? Versuch eines Dialogs.* (S. 63–92). Wiesbaden: VS Verl. für Sozialwissenschaften.

Klieme, E., Avenarius, H., Blum, W., Döbrich, P., Gruber, H., Prenzel, Manfred, Reiss, Kristina et al. (2007). *Zur Entwicklung nationaler Bildungsstandards. Eine Expertise* (Bundesministerium für Bildung und Forschung, Hrsg.) (Bildungsforschung 1). Bonn, Berlin.

Koch, B. (2011). *Wie gelangen Innovationen in die Schule? Eine Studie zum Transfer von Ergebnissen der Praxisforschung* (Schule und Gesellschaft, Bd. 48). Zugl.: Bielefeld, Univ., Diss., 2010. Wiesbaden: Springer VS. https://doi.org/10.1007/978-3-531-92872-2

Kohler, B. & Wacker, A. (2013). Das Angebots-Nutzungs-Modell. Überlegungen zu Chancen und Grenzen des derzeit prominentesten Wirkmodells der Schul- und Unterrichtsforschung. *Die Deutsche Schule, 105*(3), 241–257.

Koller, P. J. A. (2018). Vier Säulenmodell FO(U)R GW. Flexible, individuelle, kriterien- und kompetenzorientierte Leistungsbeurteilung. *GW-Unterricht. Zeitschrift für Geographie und Wirtschaftskunde,* (152), 31–39.

Kopp, B. v. (2008). Vom Drehen an der Stellschraube zu Governance. *Trends in Bildung international, 19,* 1–36. Zugriff am 22.11.2018. Verfügbar unter: https://www.pedocs.de/volltexte/2012/5068/pdf/tibi_2008_19_Kopp_Bildungssteuerung_D_A.pdf

Kotthoff, H.-G., Böttcher, W. & Nikel, J. (2016). Die ‚Schulinspektion' zwischen Wirkungshoffnungen und Wirksamkeit. In H. Altrichter & K. Maag Merki (Hrsg.), *Handbuch Neue Steuerung im Schulsystem* (Educational Governance, Bd. 7, 2., überarbeitete und aktualisierte Auflage, S. 325–360). Wiesbaden: Springer VS.

Krautter, Y. (Hrsg.). (2018). *Bibliographie zur Didaktik der Geographie Version 2018.* Zugriff am 11.12.2018. Verfügbar unter: http://geographiedidaktik.org/wp-content/uploads/2018/02/Bibliografie-zur-Didaktik-der-Geographie-11.-Version-2018.pdf

Kuckuck, M. (2014). *Konflikte im Raum. Verständnis von gesellschaftlichen Diskursen durch Argumentation im Geographieunterricht* (Geographiedidaktische Forschungen, Bd. 54). Zugl.: Köln, Univ., Diss., 2014. Münster: Monsenstein und Vannerdat.

Kuckuck, M. (2015). Argumentationsrezeptionskompetenzen von SchülerInnen. Bewertungskriterien im Fach Geographie. In A. Budke, M. Kuckuck, M. Meyer, F. Schäbitz, K. Schlüter & G. Weiss (Hrsg.), *Fachlich argumentieren lernen. Didaktische Forschungen zur Argumentation in den Unterrichtsfächern* (LehrerInnenbildung gestalten, Band 7, S. 77–88). Münster: Waxmann.

Kühn, S. M. (2010). *Steuerung und Innovation durch Abschlussprüfungen?* Wiesbaden: VS, Verl. für Sozialwiss.

Kühn, S. M. (2011). Und was kommt an? Analysen zur Implementation von Innovationen in der gymnasialen Oberstufe und im Abitur. *Die Deutsche Schule, 103*(1), 24–37.

Kühn, S. M. (2012). Zentrale Abiturprüfungen im nationalen und internationalen Vergleich mit besonderer Perspektive auf Bremen und Hessen. In K. Maag Merki (Hrsg.), *Zentralabitur. Die längsschnittliche Analyse der Prozesse und Wirkungen der Einführung zentraler Abiturprüfungen in zwei Bundesländern* (S. 27–44). Wiesbaden: VS Verlag für Sozialwissenschaften.

Kühn, S. M. (2014). Gymnasiale Strukturreformen und individuelle Förderung. *Die Deutsche Schule, 106*(2), 119–140.

Kuper, H. (2004). Das Thema ‚Organisation' in den Arbeiten Luhmanns über das Erziehungssystem. In D. Lenzen (Hrsg.), *Irritationen des Erziehungssystems. Pädagogische Resonanzen auf Niklas Luhmann* (Suhrkamp-Taschenbuch Wissenschaft, Bd. 1657, S. 122–151). Frankfurt am Main: Suhrkamp.

Kuper, H. (2006). Rückmeldung und Rezeption – zwei Seiten der Verwendung wissenschaftlichen Wissens. In H. Kuper & J. Scheewind (Hrsg.), *Rückmeldung und Rezeption von Forschungsergebnissen. Zur Verwendung wissenschaftlichen Wissens im Bildungssystem* (S. 7–18). Münster, New York: Waxmann.

Lamnek, S. (2000a). Erwünschtheit, soziale. In G. Reinhold (Hrsg.), *Soziologie-Lexikon* (4. Aufl., S. 152). Berlin/Boston: Walter de Gruyter GmbH.

Lamnek, S. (2000b). Intersubjektivität. In G. Reinhold (Hrsg.), *Soziologie-Lexikon* (4. Aufl., S. 309). Berlin/Boston: Walter de Gruyter GmbH.

Landesakademie für Fortbildung und Personalentwicklung an Schulen Baden-Württemberg (Hrsg.). (2016). *6 Schritte zum kompetenzorientierten Unterricht.* Zugriff am 06.12.2018.

Landesinstitut für Schulqualität und Lehrerbildung Sachsen-Anhalt. (2014). *Der Kompetenzorientierte Lehrplan am Gymnasium – zur Einführung.* Anregungen zur Schul- und Unterrichtsentwicklung 1/2014. Zugriff am 03.11.2018. Verfügbar unter: https://www.bildung-lsa.de/files/51c0800de0b965a07967df0d8e8e7481/LISA_Information_012014_17092014_Web.pdf

Lehner, M. & Gryl, I. (2019). „Neoliberalismus". Diskussion eines Grundbegriffs zur Analyse sozioökonomischer Gegenwart und zur Reflexion von Bildungsinhalten. *GW-Unterricht. Zeitschrift für Geographie und Wirtschaftskunde,* (155), 5–16.

Lenz, T. (2004). Leistung. Fördern – Fordern – Messen – Beurteilen. *geographie heute, 25,* 2–4.

Löhrmann, S. (2014). Vorwort. In *Kernlehrplan für die Sekundarstufe II Gymnasium/Gesamtschule in Nordrhein-Westfalen. Geographie* (S. 3–4).

Luhmann, N. (1978). *Organisation und Entscheidung* (Vorträge der Rheinisch-Westfälischen Akademie der Wissenschaften; Geisteswissenschaften, G 232). 227. Sitzung am 18. Januar 1978 in Düsseldorf. Opladen: Westdeutscher Verlag.

Luhmann, N. (1986). Systeme verstehen Systeme. In N. Luhmann & K. E. Schorr (Hrsg.), *Zwischen Intransparenz und Verstehen. Fragen an die Pädagogik* (Suhrkamp-Taschenbuch Wissenschaft, Bd. 572, S. 72–117). Frankfurt am Main: Suhrkamp.

Luhmann, N. (1987a). *Soziale Systeme. Grundriß einer allgemeinen Theorie* (Suhrkamp Taschenbuch Wissenschaft, Bd. 0666). Frankfurt am Main: Suhrkamp.

Luhmann, N. (1987b). Strukturelle Defizite. Bemerkungen zur systemtheoretischen Analyse des Erziehungswesens. In J. Oelkers (Hrsg.), *Pädagogik, Erziehungswissenschaft und Systemtheorie* (S. 57–75). Weinheim: Beltz.

Luhmann, N. (1988). *Die Wirtschaft der Gesellschaft.* Frankfurt am Main: Suhrkamp. Verfügbar unter: http://www.aspresolver.com/aspresolver.asp?SOTH;S10023157

Luhmann, N. (1990). *Die Wissenschaft der Gesellschaft*. Frankfurt am Main: Suhrkamp.

Luhmann, N. (1992). System und Absicht der Erziehung. In N. Luhmann & K. E. Schorr (Hrsg.), *Zwischen Absicht und Person. Fragen an die Pädagogik* (Suhrkamp-Taschenbuch Wissenschaft, Bd. 1036, S. 102–124). Frankfurt am Main: Suhrkamp.

Luhmann, N. (1996a). Das Erziehungssystem und die Systeme seiner Umwelt. In N. Luhmann & K. E. Schorr (Hrsg.), *Zwischen System und Umwelt. Fragen an die Pädagogik* (Suhrkamp Taschenbuch Wissenschaft, Bd. 1239, S. 14–52). Frankfurt: Suhrkamp.

Luhmann, N. (1996b). Takt und Zensur im Erziehungssystem. In N. Luhmann & K. E. Schorr (Hrsg.), *Zwischen System und Umwelt. Fragen an die Pädagogik* (Suhrkamp Taschenbuch Wissenschaft, Bd. 1239, S. 279–294). Frankfurt: Suhrkamp.

Luhmann, N. (1997). *Die Gesellschaft der Gesellschaft*. Frankfurt am Main: Suhrkamp.

Luhmann, N. (2002). *Das Erziehungssystem der Gesellschaft* (Suhrkamp-Taschenbuch Wissenschaft, Bd. 1593). Herausgegeben von Dieter Lenzen. Frankfurt am Main: Suhrkamp.

Luhmann, N. (2005). *Soziales System, Gesellschaft, Organisation* (Soziologische Aufklärung, Bd. 3, 4. Aufl., [Sondered.]. Wiesbaden: VS Verl. für Sozialwiss.

Luhmann, N. (2015). Ebenen der Systembildung – Ebenendifferenzierung. In B. Heintz & H. Tyrell (Hrsg.), *Interaktion – Organisation – Gesellschaft revisited*. Anwendungen, Erweiterungen, Alternativen (Zeitschrift für Soziologie, Sonderheft 2014, S. 6–39). Stuttgart: Lucius.

Luhmann, N. (2017). *Systemtheorie der Gesellschaft*. Berlin: Suhrkamp.

Luhmann, N. & Böhm, U. (Autor), 28.08.1973. *Grundzüge der Systemtheorie. Interview mit Niklas Luhmann,* WDF, West 3, WDR Fernsehen. Verfügbar unter: https://www.youtube.com/watch?v=QjhEvEEjFJI

Luhmann, N. & Schorr, K. E. (Hrsg.). (1982). *Zwischen Technologie und Selbstreferenz. Fragen an die Pädagogik* (Suhrkamp-Taschenbuch Wissenschaft, Bd. 391). Frankfurt am Main: Suhrkamp.

Luhmann, N. & Schorr, K. E. (Hrsg.). (1986). *Zwischen Intransparenz und Verstehen. Fragen an die Pädagogik* (Suhrkamp-Taschenbuch Wissenschaft, Bd. 572). Frankfurt am Main: Suhrkamp.

Luhmann, N. & Schorr, K. E. (1988). *Reflexionsprobleme im Erziehungssystem*. Berlin, Frankfurt am Main: Suhrkamp.

Luhmann, N. & Schorr, K. E. (Hrsg.). (1990). *Zwischen Anfang und Ende. Fragen an die Pädagogik* (Suhrkamp-Taschenbuch Wissenschaft, Bd. 898). Frankfurt am Main: Suhrkamp.

Luhmann, N. & Schorr, K. E. (Hrsg.). (1992). *Zwischen Absicht und Person. Fragen an die Pädagogik* (Suhrkamp-Taschenbuch Wissenschaft, Bd. 1036). Frankfurt am Main: Suhrkamp.

Luhmann, N. & Schorr, K. E. (Hrsg.). (1996). *Zwischen System und Umwelt. Fragen an die Pädagogik* (Suhrkamp Taschenbuch Wissenschaft, Bd. 1239). Frankfurt: Suhrkamp.

Lüsebrink, I. (2002). Unsicherheit als Herausforderung. Ein Beitrag zur Professionalisierung des LehrerInnenberufs. *Die Deutsche Schule, 94*(1), 39–49.

Maag Merki, K. (2008a). Die Architektur einer Theorie der Schulentwicklung. Voraussetzungen und Strukturen. *Journal für Schulentwicklung, 12*(2), 22–30.

Maag Merki, K. (2008b). Die Einführung des Zentralabiturs in Bremen. Eine Fallanalyse. *Die Deutsche Schule, 100*(3), 357–368.

Maag Merki, K. (2012a). Die Leistungen der Gymnasiastinnen und Gymnasiasten in Mathematik und Englisch. In K. Maag Merki (Hrsg.), *Zentralabitur. Die längsschnittliche Analyse der Prozesse und Wirkungen der Einführung zentraler Abiturprüfungen in zwei Bundesländern* (S. 263–292). Wiesbaden: VS Verlag für Sozialwissenschaften.

Maag Merki, K. (Hrsg.). (2012b). *Zentralabitur. Die längsschnittliche Analyse der Prozesse und Wirkungen der Einführung zentraler Abiturprüfungen in zwei Bundesländern.* Wiesbaden: VS Verlag für Sozialwissenschaften.

Maag Merki, K. (2012c). Zentrale Prüfungen – empirische Evidenzen der Effekte der Einführung zentraler Abiturprüfungen auf Motivation und Emotion der Schüler/innen. In A. Wacker (Hrsg.), *Schul- und Unterrichtsreform durch ergebnisorientierte Steuerung. Empirische Befunde und forschungsmethodische Implikationen* (Educational Governance, Bd. 9, 247–276). Wiesbaden: Springer VS.

Maag Merki, K. (2016). Theoretische und empirische Analysen der Effektivität von Bildungsstandards, standardbezogenen Lernstandserhebungen und zentralen Abschlussprüfungen. In H. Altrichter & K. Maag Merki (Hrsg.), *Handbuch Neue Steuerung im Schulsystem* (Educational Governance, Bd. 7, 2. Aufl., S. 145–169). Wiesbaden: VS Verl. für Sozialwiss. https://doi.org/10.1007/978-3-531-92245-4_6

Maag Merki, K., Klieme, E. & Holmeier, M. (2008). Unterrichtsgestaltung unter den Bedingungen zentraler Abiturprüfungen. Differenzielle Analysen auf Schulebene mittels Latent Class Analysen. *Zeitschrift für Pädagogik, 54*(6), 791–808.

Maaß, S. (2014, 9. Juli). Beim Finanz-Pisa ist Deutschland nur Zaungast. *Welt.* Zugriff am 22.08.2018. Verfügbar unter: https://www.welt.de/finanzen/verbraucher/article12996 4251/Beim-Finanz-Pisa-ist-Deutschland-nur-Zaungast.html

Maier, U., Kleinknecht, M., Metz, K., Schymala, M. & Bohl, T. (2010). *Entwicklung und Erprobung eines Kategoriensystems für die fächerübergreifende Aufgabenanalyse. Forschungsbericht zum Projekt Aufgabenkultur in der Hauptschule* (Schulpädagogische Untersuchungen Nürnberg, Bd. 38). Erlangen, Nürnberg: Univ. Lehrstuhl für Schulpädagogik.

Mandl, H. (2010). Lernumgebungen problemorientiert gestalten – Zur Entwicklung einer neuen Lernkultur. In E. Jürgens & J. Standop (Hrsg.), *Was ist guter Unterricht? Namhafte Expertinnen und Experten geben Antwort* (S. 19–38). Bad Heilbrunn: Julius Klinkhardt.

Manitius, V., Jungermann, A., Berkemeyer, N. & Bos, W. (2013). Regionale Bildungsbüros als Boundary Spanner. Ergebnisse aus einer Bestandsaufnahme zu den Regionalen Bildungsbüros in NRW. *Die Deutsche Schule, 105*(3), 275–294.

Martens, K. & Niemann, D. (2013). When Do Numbers Count? The Differential Impact of the PISA Rating and Ranking on Education Policy in Germany and the US. *German politics, 22*(3), 314–332.

Mäsgen, J. (2011). *Standardisierung und Kompetenzorientierung im Zentralabitur. Eine vergleichende Analyse von Prüfungsaufgaben im Fach Geographie.* Schriftliche Hausarbeit im Rahmen der Ersten Staatsprüfung, unveröffentlicht. Köln.

Mäsgen, J. & Selbach, V. (2017). Portfolio als formative Leistungserfassung. Geographische Modelle in der Sekundarstufe II. *Praxis Geographie, 48*(7–8), 36–40.

Mehren, M. & Ohl, U. (2016). Geographische Kompetenzen diagnostizieren. *Geographie aktuell und Schule, 38*(224), 14–27.

Mehren, R., Rempfler, A., Ullrich-Riedhammer, E.-M., Buchholz, J. & Hartig, J. (2016). Systemkompetenz im Geographieunterricht. *Zeitschrift für Didaktik der Naturwissenschaften, 22*(1), 147–163. https://doi.org/https://doi.org/10.1007/s40573-016-0047-y

Mehren, R., Rempfler, A., Ulrich-Riedhammer, E. M., Buchholz, J. & Hartig, J. (2015a). Validierung eines Kompetenzmodells zur Geographischen Systemkompetenz. In I. Gryl, A. Schlottmann & D. Kanwischer (Hrsg.), *Mensch:Umwelt:System. Theoretische Grundlagen und praktische Beispiele für den Geographieunterricht* (Praxis neue Kulturgeographie, Bd. 11, S. 61–81). Berlin: Lit.

Mehren, R., Rempfler, A., Ulrich-Riedhammer, E. M., Buchholz, J. & Hartig, J. (2015b). Wie lässt sich Systemdenken messen? Darstellung eines empirisch validierten Kompetenzmodells zur Erfassung geographischer Systemkompetenz. *Geographie aktuell und Schule, 37*(215), 4–15.

Meseth, W., Proske, M. & Radtke, F.-O. (2011). Was leistet eine kommunikationstheoretische Modellierung des Gegenstandes „Unterricht"? In W. Meseth, M. Proske & F.-O. Radtke (Hrsg.), *Unterrichtstheorien in Forschung und Lehre* (S. 223–240). Bad Heilbrunn: Verlag Julius Klinkhardt.

Metzger, T. (2017). Leistungsdiagnose durch Selbsteinschätzung. Übungen zum Gradnetz. *Praxis Geographie, 48*(7-8), 11–15.

Meyer, C. [Chritiane] & Felzmann, D. (2010). Ethische Urteilskompetenz im Geographieunterricht – theoretische Grundlagen für die Entwicklung eines Kompetenzmodells. *Geographie und ihre Didaktik, 38*(3), 125–132.

Ministerium für Bildung Rheinland-Pfalz. (2017). *Rheinland-pfälzisches Abitur erstmals mit Aufgaben aus dem zentralen Prüfungspool.* Zugriff am 29.11.2018. Verfügbar unter: https://bm.rlp.de/de/service/pressemitteilungen/detail/news/detail/News/rheinl and-pfaelzisches-abitur-erstmals-mit-aufgaben-aus-dem-zentralen-pruefungspool/

Ministerium für Bildung und Frauen des Landes Schleswig-Holstein. Zahl und Umfang der Klassenarbeiten in der gymnasialen Oberstufe. Zugriff am 15.02.2019. Verfügbar unter: https://www.schleswig-holstein.de/DE/Fachinhalte/S/schulrecht/Downloads/Erl asse/Downloads/KlassenarbeitenOberstufe.pdf;jsessionid=97EF88C48B32407EBBD4B E9CDB1EA189?__blob=publicationFile&v=2

Ministerium für Bildung und Kultur des Landes Schleswig-Holstein. (2011). *Leifaden zur Nutzung der Ergebnisse zentraler Prüfungen.* Zugriff am 14.11.2018. Verfügbar unter: https://www.schleswig-holstein.de/DE/Landesregierung/III/Service/Broschueren/ Bildung/NutzungErgebnisseZentralePruefungen.pdf?__blob=publicationFile&v=1

Ministerium für Bildung, Jugend und Sport Land Brandenburg. (2011). *Vorläufiger Rahmenlehrplan für den Unterricht in der gymnasialen Oberstufe im Land Brandenburg. Geografie.* Zugriff am 03.11.2018. Verfügbar unter: https://bildungsserver.berlin-brande nburg.de/fileadmin/bbb/unterricht/rahmenlehrplaene/gymnasiale_oberstufe/curricula/ 2011/Geografie-VRLP_GOST_2011_Brandenburg.pdf

Ministerium für Bildung, Wissenschaft und Kultur. (2017). *Lehrplan. Was sollen Kinder und Jugendliche in den einzelnen Unterrichtsfächern in der Schule lernen? Die Antwort darauf lautet: Einfach mal im Lehrplan nachschlagen.* Zugriff am 03.11.2018. Verfügbar unter: https://www.schleswig-holstein.de/DE/Themen/L/lehrplan.html

Ministerium für Bildung, Wissenschaft und Kultur des Landes Mecklenburg-Vorpommern. (o.J.). *Fächer und Rahmenpläne.* Zugriff am 03.11.2018. Verfügbar unter: https://www. bildung-mv.de/schueler/schule-und-unterricht/faecher-und-rahmenplaene/

Ministerium für Kultus, Jugend und Sport Baden-Württemberg. (2009–2013). *Zentralabitur-aufgaben Geographie.* o.O.: o.V.

Ministerium für Kultus, Jugend und Sport Baden-Württemberg. (2014–2015). *Zentralabitur-aufgaben Geographie* (Abitur – Original-Prüfungsaufgaben mit Lösungen, Geographie 2016). München: STARK.

Ministerium für Kultus, Jugend und Sport Baden-Württemberg. (2016). *Bildungsplan Gymnasium Geographie,* Ministerium für Kultus, Jugend und Sport Baden-Württemberg. Zugriff am 27.10.2018. Verfügbar unter: http://www.bildungsplaene-bw.de/site/bildun gsplan/get/documents/lsbw/export-pdf/depot-pdf/ALLG/BP2016BW_ALLG_GYM_ GEO.pdf

Ministerium für Kultus, Jugend und Sport Baden-Württemberg. (2017). *Grundlegender Paradigmenwechsel,* Ministerium für Kultus, Jugend und Sport Baden-Württemberg. Zugriff am 27.20.2018. Verfügbar unter: http://www.bildungsplaene-bw.de/,Lde/456 0741

Ministerium für Kultus, Jugend und Sport Baden-Württemberg (Hrsg.). (2019). *Gelbe Sammlung. Amtsblatt Kultus und Unterricht-Ausgabe B*: juris.

Ministerium für Schule und Berufsbildung des Landes Schleswig-Holstein. Fachanforderungen Geographie – Allgemeinbildende Schulen Sekundarstufe I, Sekundarstufe II. Zugriff am 15.02.2019. Verfügbar unter: https://za.schleswig-holstein.de/zabDokumente/?view= 101&path=AbiturFachanforderungen&dHash=df9ba82f4821cb44973314b46b8da51b

Ministerium für Schule und Berufsbildung des Landes Schleswig-Holstein. Handreichung Geographie-Abitur Beispielklausur 2018 mit Hinweisen zu dem Abitur gem. den neuen Fachanforderungen.

Ministerium für Schule und Berufsbildung des Landes Schleswig-Holstein. Landesverordnung über die Gestaltung der Oberstufe und der Abiturprüfung in den Gymnasien und Gemeinschaftsschulen. OAPVO. Zugriff am 15.02.2019. Verfügbar unter: http://www. gesetze-rechtsprechung.sh.juris.de/jportal/?quelle=jlink&query=GymOAbiPrO+SH& psml=bsshoprod.psml&max=true&aiz=true#jlr-GymOAbiPrOSH2018rahmen

Ministerium für Schule und Berufsbildung des Landes Schleswig-Holstein. Regeln für die schriftliche Abiturprüfung im Fach Geographie im Jahr 2019.

Ministerium für Schule und Bildung des Landes Nordrhein-Westfalen. (2009–2013). *Zentralabituraufgaben Geographie.* o.O.: o.V.

Ministerium für Schule und Bildung des Landes Nordrhein-Westfalen. (2011). *Fragen und Antworten.* Verfügbar unter: http://www.standardsicherung.schulministerium.nrw.de/abi tur/abitur-gymnasiale-oberstufe/fragen-und-antworten/

Ministerium für Schule und Bildung des Landes Nordrhein-Westfalen. (2014–2015). *Zentralabituraufgaben Geographie* (Abitur – Original-Prüfungsaufgaben mit Lösungen, Geographie 2016). München: STARK.

Ministerium für Schule und Bildung des Landes Nordrhein-Westfalen. (2018). *Das Schulwesen in Nordrhein-Westfalen aus quantitativer Sicht. 2017/18.* Statistische Übersicht Nr. 399. Zugriff am 05.11.2018. Verfügbar unter: https://www.schulministerium.nrw.de/ docs/bp/Ministerium/Service/Schulstatistik/Amtliche-Schuldaten/Quantita_2017.pdf

Ministerium für Schule und Weiterbildung des Landes Nordrhein-Westfalen. (2008). *Richtlinien und Lehrpläne für die Grundschule in Nordrhein-Westfalen. Deutsch, Sachunterricht, Mathematik, Englisch, Musik, Kunst, Sport, Evangelische Religionslehre, Katholische Religionslehre* (Schriftenreihe „Schule in NRW", Bd. 2012). Frechen: Ritterbach.

Ministerium für Schule und Weiterbildung des Landes Nordrhein-Westfalen. (2014). *Kernlehrplan für die Sekundarstufe II Gymnasium/Gesamtschule in Nordrhein-Westfalen. Geographie.*

Minnameier, G., Hermkes, R. & Mach, H. (2015). Kognitive Aktivierung und Konstruktive Unterstützung als Prozessqualitäten des Lehrens und Lernens. *Zeitschrift für Pädagogik, 61*(6), 837–856.

Mittelstädt, F.-G. (2010). Geographische Bildungsstandards in der Leistungsüberprüfung. *Geographie und Schule,* (185), 39–43.

Morgenroth, S. (2015). *Lehrerkooperation unter Innovationsstress. Soziale Stressbewältigung als wertvoller Wegweiser.* Wiesbaden: Springer VS. https://doi.org/10.1007/978-3-658-10009-4

Müller, J. (2006). Abschaffung der Fachaufsicht im schulbereich als Gebot der Zeit? *Deutsches Verwaltungsblatt, 121*(14), 878–886.

Münch, R. (2009). *Globale Eliten, lokale Autoritäten. Bildung und Wissenschaft unter dem Regime von PISA, McKinsey & Co* (Edition suhrkamp, Bd. 2560). Frankfurt am Main: Suhrkamp. Verfügbar unter: http://www.h-net.org/reviews/showrev.php?id=29345

Münch, R. (2018). *Der bildungsindustrielle Komplex. Schule und Unterricht im Wettbewerbsstaat* (Neue Politische Ökonomie der Bildung). Weinheim, Basel: Beltz Juventa.

Neubauer, A. (2010). Intelligenzforschung. In E. Jürgens & J. Standop (Hrsg.), *Was ist guter Unterricht? Namhafte Expertinnen und Experten geben Antwort* (S. 247–256). Bad Heilbrunn: Julius Klinkhardt.

Neumann, M. [Marko], Nagy, G., Trautwein, U. & Lüdtke, O. (2009). Vergleichbarkeit von Abiturleistungen. Leistungs- und Bewertungsunterschiede zwischen hamburger und Baden-Württemberger Abiturienten und die Rolle zentraler Abiturprüfungen. *Zeitschrift für Erziehungswissenschaft, 12*(4), 691–714. Zugriff am 07.12.2012.

Neumann, M. [Matthias]. (2017). *Soziales System und Erklärung. Sind Erklärungen der Operationen sozialer Systeme auf Basis der Luhmannschen Systemtheorie möglich?* (Soziologie, Band 94). Münster: Lit.

Niedersächsisches Kultusministerium. (2009–2015). *Zentralabituraufgaben Erdkunde* (Abitur – Original-Prüfungsaufgaben mit Lösungen, Geographie 2011, 2012, 2013, 2014, 2015, 2016). München: STARK.

Niedersächsisches Kultusministerium. (2015a). *Lehrpläne, allgemein bildende Schulen.* Zugriff am 03.11.2018. Verfügbar unter: https://www.mk.niedersachsen.de/startseite/service/rechts_und_verwaltungsvorschriften/lehrplaene/lehrplaene_allgemein_bildende_schulen/lehrplaene-allgemein-bildende-schulen-6378.html

Niedersächsisches Kultusministerium. Erdkunde –Hinweise zur schriftlichenAbiturprüfung 2018. Zugriff am 28.05.2019. Verfügbar unter: https://www.nibis.de/uploads/1gohrgs/za2018/09ErdkundeHinweise2018.pdf

Niemann, D. (2015). PISA in Deutschland: Effekte auf Politikgestaltung und -organisation. *Die Deutsche Schule, 107*(2), 141–157.

Obermaier, G., Frank, F. & Raschke, N. (2010). Kompetenz des Kartenzeichnens. Theoretische Grundlagen und Entwurf eines Kompetenzstrukturmodells. *Geographie und ihre Didaktik, 38*(3), 191–200.

OECD (Hrsg.). (o.J.). *Häufig gestellte Fragen.* Zugriff am 05.02.2018. Verfügbar unter: http://www.oecd.org/berlin/themen/pisa-studie/

OECD; W. Bertelsmann Verlag. (2016a). *Exzellenz und Chancengerechtigkeit in der Bildung* (OECD, Hrsg.) (PISA 2015 Ergebnisse 1). Bielefeld. Zugriff am 05.07.2018. Verfügbar unter: https://read.oecd-ilibrary.org/education/pisa-2015-ergebnisse-band-i_9789264267 879-de#page4

OECD (Hrsg.). (2016b). *PISA 2015. Ergebnisse im Fokus.* Verfügbar unter: http://www.oecd. org/berlin/themen/pisa-studie/PISA_2015_Zusammenfassung.pdf

OECD (Ed.). 2017. *Students' Well-Being* (PISA 2015 Results 3). Paris. Accessed 20.09.2018. Retrieved from http://dx.doi.org/https://doi.org/10.1787/9789264273856-en https://doi. org/10.1787/9789264273856-en

Oelkers, J. (2000). Anmerkungen zur Reflexion von „Unterricht" in der deutschsprachigen Pädagogik des 20. Jahrhunderts. In D. Brenner & H.-E. Tenorth (Hrsg.), Bildungsprozesse und Erziehungsverhältnisse im 20. Jahrhundert. Praktische Entwicklungen und Formen der Reflexion. *Zeitschrift für Pädagogik. 46* (42), 166–185 [Themenheft]. Weinheim, Basel: Beltz.

Oelkers, J. & Reusser, K. (2008). *Qualität entwickeln – Standards sichern – mit Differenz umgehen* (Bundesministerium für Bildung und Forschung, Hrsg.) (Bildungsforschung 27).

Oelkers, J. & Tenorth, H.-E. (1987). Pädagogik, Erziehungswissenschaft und Systemtheorie: Eine nützliche Provokation. In J. Oelkers (Hrsg.), *Pädagogik, Erziehungswissenschaft und Systemtheorie* (S. 13–54). Weinheim: Beltz.

Oerke, B. (2012a). Auseinandersetzung der Lehrpersonen mit der Einführung des Zentralabiturs: Stages of Concern. In K. Maag Merki (Hrsg.), *Zentralabitur. Die längsschnittliche Analyse der Prozesse und Wirkungen der Einführung zentraler Abiturprüfungen in zwei Bundesländern* (S. 207–236). Wiesbaden: VS Verlag für Sozialwissenschaften.

Oerke, B. (2012b). Emotionaler Umgang von Lehrkräften und Schüler/-innen mit dem Zentralabitur: Unsicherheit, Leistungsdruck und Leistungsattributionen. In K. Maag Merki (Hrsg.), *Zentralabitur. Die längsschnittliche Analyse der Prozesse und Wirkungen der Einführung zentraler Abiturprüfungen in zwei Bundesländern* (S. 119–153). Wiesbaden: VS Verlag für Sozialwissenschaften.

Oerke, B. & Maag Merki, K. (2009). Einfluss der Implementation zentraler Abiturprüfungen auf die leistungsbezogenen Attributionen von Schülerinnen und Schülern vor dem Abitur. In W. Böttcher, J. N. Dicke & H. Ziegler (eds.), *Evidenzbasierte Bildung. Wirkungsevaluation in Bildungspolitik und pädagogischer Praxis* (S. 117–125). Münster: Waxmann.

Oerke, B., Maag Merki, K., Maué, E. & Jäger, D. J. (2013). Zentralabitur und Themenvarianz im Unterricht: Lohnt sich Teaching-to-the-Test? In D. Bosse, F. Eberle & B. Schneider-Taylor (Hrsg.), *Standardisierung in der gymnasialen Oberstufe* (S. 27–49). Wiesbaden: Springer Fachmedien Wiesbaden. https://doi.org/10.1007/978-3-658-00658-7_3

Ortmeyer, B. (2008). *Erich Weniger und die NS-Zeit. Forschungsbericht* (Frankfurter Beiträge zur Erziehungswissenschaft Reihe Forschungsberichte, 7,3). Frankfurt am Main: Johann-Wolfgang-Goethe-Univ. Verfügbar unter: http://forschungsstelle.files.wordpress. com/2012/06/ortmeyer_forschungsbericht_wenigerunddienszeit.pdf

Osnes, J. (1995). Der Einfluß äußerer Faktoren bei der Aufsatzbeurteilung. In K. Ingenkamp (Hrsg.), *Die Fragwürdigkeit der Zensurengebung. Texte und Untersuchungsberichte* (Beltz grüne Reihe, 9. Aufl., 131–147). Weinheim: Beltz.

Peetz, T. (2014). *Mechanismen der Ökonomisierung. Theoretische und empirische Untersuchungen am Fall »Schule«* (Soziologie). Zugl.: Berlin, Humboldt-Univ., Diss., 2013. Konstanz: UVK Verl.-Ges.

Pekrun, R. (2002). Vergleichende Evaluationsstudien zu Schülerleistungen: Konsequenzen für die Bildungsforschung. *Zeitschrift für Pädagogik, 48*(1), 111–128.

Pichler, H. (2012). K.O. für die Kompetenzorientierung? Fallstricke bildungspolitischer Reformbemühungen am Beispiel der Einführung des kompetenzorientierten Lehrplans im Kombinationsfach „Geografie, Geschichte, Politische Bildung einschließlich Volkswirtschaftliche Grundlagen" in der HTL. *GW-Unterricht. Zeitschrift für Geographie und Wirtschaftskunde*, (126), 7–22.

Pixner, S. & Kaufmann, L. (2013). Prüfungsangst, Schulleistung und Lebensqualität bei Schülern. *Lernen und Lernstörungen, 2*(2), 111–124.

Pokol, B. (1990). Professionelle Institutionensysteme oder Teilsysteme der Gesellschaft? *Zeitschrift für Soziologie, 19*(5), 329–344.

Posch, P. (2009). Zur schulpraktischen Nutzung von Daten: Konzepte, Strategien, Erfahrungen. *Die Deutsche Schule, 101*(2), 119–135.

Praetorius, A.-K. (2014). *Messung von Unterrichtsqualität durch Ratings* (Pädagogische Psychologie und Entwicklungspsychologie, Bd. 90). Zugl.: Koblenz-Landau, Univ., Diss., 2012. Münster u.a.: Waxmann.

Prange, K. (1987). Reduktion und Respezifikation – Der systemtheoretische Beitrag zu einer Anthropologie des Lernens. In J. Oelkers (Hrsg.), *Pädagogik, Erziehungswissenschaft und Systemtheorie* (S. 202–215). Weinheim: Beltz.

Przyborski, A. & Wohlrab-Sahr, M. (2014). Forschungsdesigns für die qualitative Sozialforschung. In N. Baur & J. Blasius (Hrsg.), *Handbuch Methoden der empirischen Sozialforschung* (S. 117–134). Wiesbaden: Springer VS.

Qualitäts- und UnterstützungsAgentur – Landesinstitut für Schule. (2013). *Beispiel eines schulinternen Lehrplans für die gymnasiale Oberstufe im Fach Geographie*. Zugriff am 05.11.2018. Verfügbar unter: https://www.schulentwicklung.nrw.de/lehrplaene/lehrplann avigator-s-ii/gymnasiale-oberstufe/geographie/hinweise-und-beispiele/schulinterner-leh rplan/index.html

Radisch, F. (2008). Von FIMS bis PIRLS und PISA. Deutschlands Abschneiden bei internationalen Schulleistungsvergleichen. In W. Böttcher, W. Bos, H. Döbert & H. G. Holtappels (eds.), *Bildungsmonitoring und Bildungscontrolling in nationaler und internationaler Perspektive. Dokumentation zur Herbsttagung der Kommission Bildungsorganisation, -planung, -recht (KBBB)* (S. 183–207). Münster: Waxmann.

Rahm, S. (2005). *Einführung in die Theorie der Schulentwicklung*. Weinheim, Basel: Beltz Verlag.

Raidt, T. (2009). *Bildungsreformen nach PISA. Paradigmenwechsel und Wertewandel*. Dissertation. Heinrich-Heine-Universität, Düsseldorf. Zugriff am 24.11.2018. Verfügbar unter: https://docserv.uni-duesseldorf.de/servlets/DerivateServlet/Derivate-14323/Bildun gsreformen-PISA-Raidt_A1b.pdf

Rausch, T. (2017, 21. Dezember). *Lehrerurteile über Schülerleistungen. Untersuchungen zur diagnostischen Kompetenz von Lehrkräften.* Dissertation. Otto-Friedrich-Universität-Bamberg, Bamberg. Zugriff am 21.04.2019. Verfügbar unter: https://www.google.com/url?sa=t&rct=j&q=&esrc=s&source=web&cd=14&ved=2ahUKEwjm4qnUvPPhAhXN IIAKHUkOBtY4ChAWMAN6BAgAEAI&url=https%3A%2F%2Fopus4.kobv.de%2Fo pus4-bamberg%2Ffiles%2F49558%2FRauschTobiasDissopusse_A3a.pdf&usg=AOv Vaw1ETg0spyUnjwcNJ5zDGrtP

Reich, K. (2004). Konstruktivistische Didaktik im Blick auf Aufgaben der Fachdidaktik Pädagogik. In K. Beyer (Hrsg.), *Planungshilfen für den Fachunterricht. Die Praxisbedeutung der wichtigsten allgemeindidaktischen Konzeptionen* (S. 103–121). Baltmannsweiler: Schneider Hohengehren.

Reich, K. (2010). Konstruktivistische Didaktik – oder weshalb Unterrichtsratgeber nicht reichen. In E. Jürgens & J. Standop (Hrsg.), *Was ist guter Unterricht? Namhafte Expertinnen und Experten geben Antwort* (S. 143–158). Bad Heilbrunn: Julius Klinkhardt.

Remesal, A. (2011). Primary and secondary teachers' conceptions of assessment: A qualitative study. *Teaching and Teacher Education, 27*(2), 472–482.

Reuband, K.-H. (1990). Meinungslosigkeit im Interview. Erscheinungsformen und Folgen unterschiedlicher Befragungsstrategien. *Zeitschrift für Soziologie, 19*(6), 428–443.

Reuschenbach, M. (2018a). Kooperative Lernformen bewerten? Bewertungsinstrumente für Venn-Diagramm, Gruppenpuzzle und Mystery. *geographie heute, 39*(340), 10–14.

Reuschenbach, M. (2018b). Leistungen fördernd bewerten. Feststellung von Leistungen und deren bewertung im Geographieunterricht. *geographie heute, 39*(340), 2–9.

Reusser, K. & Pauli, C. (2010). Unterrichtsgestaltung und Unterrichtsqualität. Ergebnisse einer internationalen und schweizerischen Videostudie zum Mathematikunterricht: Einleitung und Überblick. In K. Reusser, C. Pauli & M. Waldis (Hrsg.), *Unterrichtsgestaltung und Unterrichtsqualität. Ergebnisse einer internationalen und schweizerischen Videostudie zum Mathematikunterricht* (S. 9–32). Münster: Waxmann.

Reuter, C., Doyé, T. & Pechlaner, H. (2011). Bildungsmonitoring im regionalen Kontext – Ein innovativer Ansatz am Beispiel der Region Ingolstadt. In M. Bachinger, H. Pechlaner & W. Widuckel (Hrsg.), *Regionen und Netzwerke. Kooperationsmodelle zur branchenübergreifenden Kompetenzentwicklung* (S. 149–172). Wiesbaden: Gabler Verlag; Springer Fachmedien.

Rheinberg, F. (2002). Bezugsnormen und schulische Leistungsbeurteilung. In F. E. Weinert (Hrsg.), *Leistungsmessungen in Schulen* (Beltz Pädagogik, 2., unveränd. Aufl., S. 59–71). Weinheim: Beltz.

Rolff, H.-G. (1999). *Manual Schulentwicklung. Handlungskonzept zur pädagogischen Schulentwicklungsberatung (SchuB)* (Beltz-Pädagogik, 2., neu ausgestattete Aufl.). Weinheim: Beltz.

Rolff, H.-G., Buhren, C. G., Lindau-Bank, D. & Müller, S. (2011). *Manual Schulentwicklung. Handlungskonzept zur pädagogischen Schulentwicklungsberatung (SchuB)* (Beltz Pädagogik, 4., neu ausgestaltete Aufl.). Weinheim: Beltz.

Rosenberger, K. (2018). *Unterrichten: Handeln in kontingenten Situationen.* Weinheim: Beltz Juventa.

Rothland, M. (2009). Das Dilemma des Lehrerberufs sind … die Lehrer? *Zeitschrift für Erziehungswissenschaft, 12*(1), 111–125.

Runkel, G. (2005). *Die Gesellschaft und ihre Funktionssysteme* (Arbeitsbericht/Universität Lüneburg, Fachbereich Wirtschafts- und Sozialwissenschaften, Nr. 334). Lüneburg: Univ., Fachbereich Wirtschafts- und Sozialwissenschaften.

Rürup, M. (2011). Innovationen im Bildungswesen: Begriffliche Annäherungen an das Neue. *Die Deutsche Schule, 103*(1), 9–23.

Sacher, W. (2000). Tests und Klausuren in der Schule. Wie mache ich das? In S.-I. Beutel & W. Vollstädt (Hrsg.), *Leistung ermitteln und bewerten* (S. 63–74). Hamburg: Bergmann + Helbig.

Sacher, W. (2012). Deutsche Leistungsdefizite bei PISA. Bedingungsfaktoren in Unterricht, Schule und Gesellschaft. In V. Frederking, H. Heller & A. Scheunpflug (Hrsg.), *Nach PISA. Konsequenzen für Schule und Lehrerbildung nach zwei Studien* (S. 22–50). Wiesbaden: VS Verlag für Sozialwissenschaften (GWV).

Saldern, M. v. (2005). Erziehungssystem. In G. Runkel & G. Burkart (Hrsg.), *Funktionssysteme der Gesellschaft. Beiträge zur Systemtheorie von Niklas Luhmann* (S. 155–194). Wiesbaden: VS Verlag für Sozialwissenschaften.

Scager, K., Akkerman, S. F., Pilot, A. & Wubbels, T. (2017). Teacher dilemmas in challenging students in higher education. *Teaching in Higher Education, 22*(3), 318–335.

Schawan, A. (2004). Vorwort. In Ministerium für Kultus, Jugend und Sport Baden-Württemberg (Hrsg.), *Bildungsplan 2004. Allgemein bildendes Gymnasium* (S. 7–8).

Schein, E. H. (2000). *Prozessberatung für die Organisation der Zukunft.* Köln: Edition Humanistische Psychologie. Verfügbar unter: http://gbv.eblib.com/patron/FullRecord.aspx?p=995029

Scheunpflug, A. (2004). Das Technologiedefizit. Nachdenken über Unterricht aus systemtheoretischer Perspektive. In D. Lenzen (Hrsg.), *Irritationen des Erziehungssystems. Pädagogische Resonanzen auf Niklas Luhmann* (Suhrkamp-Taschenbuch Wissenschaft, Bd. 1657, S. 65–87). Frankfurt am Main: Suhrkamp.

Scheunpflug, A. & Mette, N. (2007). Anregungen aus Sicht einer systemtheoretischen Erziehungswissenschaft für das Verständnis des Religionsunterrichts. In G. Büttner (Hrsg.), *Zwischen Erziehung und Religion. Religionspädagogische Perspektiven nach Niklas Luhmann ; [Ergebnisse eines Fachgesprächs im März 2006 an der Universität Dortmund* (Schriften aus dem Comenius-Institut, Bd. 18, S. 41–54). Münster: Lit-Verl.

Schimank, U. (2005). Funktionale Differenzierung und gesellschaftsweiter Primat von Teilsystemen – offene Fragen bei Parsons und Luhmann. *Soziale Systeme, 11*(2), 395–414.

Schimank, U. (2009). Planung – Steuerung – Governance: Metamorphosen politischer Gesellschaftsgestaltung. *Die Deutsche Schule, 101*(3), 231–239.

Schmidt, V. H. (2005). Die Systeme der Systemtheorie. Stärken, Schwächen und ein Lösungsvorschlag. *Zeitschrift für Soziologie, 34*(6), 406–424.

Schnabel, K. (1998). *Prüfungsangst und Lernen. Empirische Analysen zum Einfluß fachspezifischer Leistungsängstlichkeit auf schulischen Lernfortschritt* (Pädagogische Psychologie und Entwicklungspsychologie, Bd. 5). Zugl.: Berlin, Freie Univ., Diss., 1996 u.d.T.: Schnabel, Kai: Motivationale Einflüsse auf schulische Leistungsentwicklung. Münster: Waxmann.

Schöps, A. (2017a). Leistungen im kompetenzorientierten Geographieunterricht beurteilen. Neue Herausforderungen, neue Wege? *Praxis Geographie, 48*(7–8), 4–10.

Schöps, A. (2017b). Die *paper implementation* des Kompetenzmodells der Bildungsstandards Geographie (DGfG). Eine Analyse der Weiterentwicklung des bayerischen Gymnasiallehrplans Geographie zum kompetenzorientierten LehrplanPLUS. *Zeitschrift für Geographiedidaktik, 45*(2), 3–36.

Schorr, K. E. & Luhmann, N. (1981). Wie ist Erziehung möglich? Eine wissenschaftssoziologische Analyse der Erziehungswissenschaft. *Zeitschrift für Sozialisationsforschung und Erziehungssoziologie, 1*(1), 37–54.

Schrader, F.-W. & Helmke, A. (2002). Alltägliche Leistungsbeurteilung durch Lehrer. In F. E. Weinert (Hrsg.), *Leistungsmessungen in Schulen* (Beltz Pädagogik, 2., unveränd. Aufl., S. 45–58). Weinheim: Beltz.

Schröder, H. (2012). Schüler erforschen das Berg-Talwind-System, *43*(7–8), 32–35.

Schuck, K. D. (2014). Individualisierung und Standardisierung in der inklusiven Schule – ein unauflösbarer Widerspruch? *Die Deutsche Schule, 106*(2), 119–140.

Schüle, C., Besa, K.-S., Denger, C., Feßler, F. & Arnold, K.-H. (2014). Lehrerbelastung und Berufswahlmotivation: ein ressourcentheoretischer Ansatz. *Lehrerbildung auf dem Prüfstand, 7*(2), 174–189.

Schulte, K., Fickermann, D. & Lücken, M. (2016). Das Hammburger Prozessmodell datengestützter Schulentwicklung. *Die Deutsche Schule, 108*(2), 176–190.

Schumacher, C. (2016). *Prüfungsangst in der Schule* (Pädagogische Psychologie und Entwicklungspsychologie, Bd. 93). Dissertation. Münster: Waxmann.

Schützmeister, J. (2018). Bildungsstandards, Kernlehrplan und Zentralabitur des Pädagogikunterrichts in der Spannung zum didaktischen Gestaltungsspielraum der Pädagogiklehrerinnen und Pädagogiklehrer. In J. Schützenmeister & E. Wortmann (Hrsg.), *Pädagogikunterricht zwischen Kompetenzorientierung, Bildungsstandards, schulinternen Lehrplänen und Zentralabitur* (S. 59–100). Münster: Waxmann.

Schwab, A. (2018). Kiesgruben als Zeugen der Eiszeit. Geowissenschaftliche Denkweisen und Forschungsmethoden anwenden. *Praxis Geographie, 49*(12), 48–53.

Schwarze, S., Schrüfer, G. & Obermaier, G. (2016). Kritische Reflexion von Raumwahrnehmung als Beitrag der Geographie zur politischen Bildung. Empirische Untersuchungen und Konsequenzen für den Unterricht am Beispiel „Afrika". In A. Budke & M. Kuckuck (Hrsg.), *Politische Bildung im Geographieunterricht* (S. 199–209). Stuttgart: Steiner.

Schweer, M. K., Thies, B. & Lachner, R. P. (2017). Soziale Wahrnehmungsprozesse und unterrichtliches Handeln. Eine dynamisch-transaktionale Perspektive. In M. K. Schweer (Hrsg.), *Lehrer-Schüler_interaktion. Inhaltsfelder, Forschungsperspektiven und methodische Zugänge* (Schule und Gesellschaft, Bd. 24, 3. überarbeitete und aktualisierte Auflage, S. 121–146). Wiesbaden: Springer VS.

Schwinn, T. (2015). Interaktion, Organisation, Gesellschaft. Eine Alternative zu Mikro-Makro? In B. Heintz & H. Tyrell (Hrsg.), *Interaktion – Organisation – Gesellschaft revisited*. Anwendungen, Erweiterungen, Alternativen (Zeitschrift für Soziologie, Sonderheft 2014, S. 43–64). Stuttgart: Lucius.

Seidel, T. (2014). Angebots-Nutzungs-Modelle in der Unterrichtspsychologie. Integration von Struktur- und Prozessparadigma. *Zeitschrift für Pädagogik, 60*(6), 850–866.

Sekretariat der Ständigen Konferenz der Kultusminister der Länder in der Bundesrepublik Deutschland (Hrsg.). (o.J.a). *Bildungsstandards der Kultusministerkonferenz*. Zugriff am 02.12.2018. Verfügbar unter: https://www.kmk.org/themen/qualitaetssicherung-in-schulen/bildungsstandards.html

Sekretariat der Ständigen Konferenz der Kultusminister der Länder in der Bundesrepublik Deutschland (Hrsg.). (o.J.b). *Gymnasiale Oberstufe*. Zugriff am 04.12.2018. Verfügbar unter: https://www.kmk.org/themen/allgemeinbildende-schulen/bildungswege-und-abschluesse/sekundarstufe-ii-gymnasiale-oberstufe-und-abitur.html

Sekretariat der Ständigen Konferenz der Kultusminister der Länder in der Bundesrepublik Deutschland (Hrsg.). (o.J.c). *Zentrum für internationale Bildungsvergleichsstudien (ZIB)*. Zugriff am 05.02.2019. Verfügbar unter: https://www.kmk.org/themen/qualitaetssi cherung-in-schulen/zib.html

Sekretariat der Ständigen Konferenz der Kultusminister der Länder in der Bundesrepublik Deutschland. (2004). *Erklärung der Präsidentin der Kultusministerkonferenz zu Pressemeldungen über PISA 2003*. Zugriff am 05.02.2019. Verfügbar unter: https://www.kmk.org/presse/pressearchiv/mitteilung/erklaerung-der-praesidentin-der-kultusministerkonferenz-zu-pressemeldungen-ueber-pisa-2003.html

Sekretariat der Ständigen Konferenz der Kultusminister der Länder in der Bundesrepublik Deutschland. (2005). *Bildungsstandards der Kultusministerkonferenz. Erläuterungen zur Konzeption und Entwicklung*. Am 16.12.2004 von der Kultusministerkonferenz zustimmend zur Kenntnis genommen. München, Neuwied: Wolters Kluwer.

Sekretariat der Ständigen Konferenz der Kultusminister der Länder in der Bundesrepublik Deutschland. (2007, Mai). *Vorausberechnung der Schüler- und Absolventenzahlen 2005–2020. Beschluss der Kultusministerkonferenz vom 16.11.2006* (Statistische Veröffentlichungen der Kultusministerkonferenz Nr. 182). Verfügbar unter: www.kmk.org/fileadmin/veroeffentlichungen_beschluesse/2007/2007_05_01-Vorausberechnung-Sch ueler-Absolventen-05-2020.pdf

Sekretariat der Ständigen Konferenz der Kultusminister der Länder in der Bundesrepublik Deutschland (Hrsg.). (2010). *Konzeption der Kultusministerkonferenz zur Nutzung der Bildungsstandards für die Unterrichtsentwicklung*. Köln: Link. Zugriff am 02.12.2018. Verfügbar unter: https://www.kmk.org/fileadmin/Dateien/veroeffentlichu ngen_beschluesse/2010/2010_00_00-Konzeption-Bildungsstandards.pdf

Sekretariat der Ständigen Konferenz der Kultusminister der Länder in der Bundesrepublik Deutschland. (2017). *Abiturnoten im Ländervergleich*. Zugriff am 07.02.2019. Verfügbar unter: https://www.kmk.org/dokumentation-statistik/statistik/schulstatistik/abitur noten.html

Shapira-Lishchinsky, O. (2011). Teachers' critical incidents: Ethical dilemmas in teaching. *Teaching and Teacher Education, 27*(3), 648–656.

Simmel, G. (2018). *Soziologie. Untersuchungen über die Formen der Vergesellschaftung* (Suhrkamp-Taschenbuch Wissenschaft, Bd. 811, 9. Auflage). Frankfurt am Main: Suhrkamp.

Sparfeldt, J. R., Schneider, R. & Rost, D. H. (2016). „Mehr Angst in Mathematik als in Deutsch?" – Leistungsängstlichkeit inverschiedenen Schulfächern und Prüfungssituationsklassen. *Zeitschrift für Pädagogische Psychologie, 30*(4), 263–269.

Staatsinstitut für Schulqualität und Bildungsforschung München (Hrsg.). (2017, 16. Mai). *Kompetenzrahmen zur Medienbildung an bayerischen Schulen*. Zugriff am 01.04.2018. Verfügbar unter: https://www.mebis.bayern.de/wp-content/uploads/sites/2/2017/03/Kom petenzrahmen-zur-Medienbildung-an-bayerischen-Schulen-1.pdf

Ständige Konferenz der Kultusminister der Länder in der Bundesrepublik Deutschland (Hrsg.).. *Orientierungsrahmen für den Lernbereich Globale Entwicklung*. Zugriff am 05.06.2017. Verfügbar unter: http://www.kmk.org/fileadmin/Dateien/veroeffentlichu ngen_beschluesse/2015/2015_06_00-Orientierungsrahmen-Globale-Entwicklung.pdf

Ständige Konferenz der Kultusminister der Länder in der Bundesrepublik Deutschland. Grundsätzliche Überlegungen zu Leistungsvergleichen innerhalb der Bundesrepublik Deutschland (Konstanzer Beschluss). Zugriff am 05.02.2019. Verfügbar unter: https:// www.kmk.org/fileadmin/Dateien/veroeffentlichungen_beschluesse/1997/1997_10_24-Konstanzer-Beschluss.pdf

Ständige Konferenz der Kultusminister der Länder in der Bundesrepublik Deutschland. (2005). *Einheitliche Prüfungsanforderungen in der Abiturprüfung Geographie.* Beschluss der Kultusministerkonferenz vom 01.12.1989 i. d. F. vom 10.02.2005.

Ständige Konferenz der Kultusminister der Länder in der Bundesrepublik Deutschland. Gesamtstrategie der Kultusministerkonferenz zum Bildungsmonitoring. Zugriff am 05.02.2019. Verfügbar unter: https://www.kmk.org/fileadmin/veroeffentlichungen_besc hluesse/2015/2015_06_11-Gesamtstrategie-Bildungsmonitoring.pdf

Ständige Konferenz der Kultusminister der Länder in der Bundesrepublik Deutschland. Konzeption zur Implementation der Bildungsstandards für die Allgemeine Hochschulreife. Zugriff am 05.02.2019. Verfügbar unter: https://www.kmk.org/fileadmin/Dateien/ veroeffentlichungen_beschluesse/2013/2013-10-10_Konzeption_Implementation_Bild ungsstandards-AHR.pdf

Ständige Konferenz der Kultusminister der Länder in der Bundesrepublik Deutschland. Vereinbarung zur Gestaltung der gymnasialen Oberstufe und der Abiturprüfung. Zugriff am 06.02.2019. Verfügbar unter: https://www.kmk.org/fileadmin/Dateien/veroeffentlichu ngen_beschluesse/1972/1972_07_07-VB-gymnasiale-Oberstufe-Abiturpruefung.pdf

Stockmann, R. & Meyer, W. (2014). *Evaluation. Eine Einführung* (UTB Sozialwissenschaften, Bd. 8337, 2., überarb. und aktualisierte Aufl.). Opladen, Stuttgart: Budrich; UTB. Verfügbar unter: http://www.utb-studi-e-book.de/9783838585536

Strauss, A. L. & Corbin, J. M. (2010). *Grounded theory. Grundlagen qualitativer Sozialforschung* (Unveränd. Nachdr. der letzten Aufl.). Weinheim: Beltz.

Tenorth, H.-E. (1990). Erziehungswissenschaft und Moderne – systemtheoretische Provokationen und pädagogische Perspektiven. In H.-H. Krüger (Hrsg.), *Abschied von der Aufklärung? Perspektiven der Erziehungswissenschaft* (S. 105–122). Wiesbaden: VS Verlag für Sozialwissenschaften.

Tenorth, H.-E. (2003). Autonomie und Eigenlogik von Bildungseinrichtungen. In H.-P. Füssel & P. M. Roeder (Hrsg.), Recht – Erziehung – Staat. Zur Genese einer Problemkonstellation und zur Programmatik ihrer zukünftigen Entwicklung. *Zeitschrift für Pädagogik. 49* (47), 106–119 [Themenheft]. Weinheim: Beltz.

Thomas, C. L., Cassady, J. C. & Heller, M. L. (2017). The influence of emotional intelligence, cognitive test anxiety, and coping strategies on undergraduate academic performance. *Learning and Individual Differences, 55,* 40–48.

Tillmann, A. (2011). Gestaltung kompetenzorientierten Geographieunterrichts. Einsatz pädagogischer Diagnoseverfahren zur individuellen Förderung von Schülern. In C. Meyer, R. Henrÿ & G. Stöber (Hrsg.), *Geographische Bildung. Kompetenzen in didaktischer Forschung und Schulpraxis* (Didaktische Impulse, Band 47, Dr. A, S. 147–160). Braunschweig: Westermann.

Tillmann, A. & Kersting, P. (2018). Welche und wie viele Antworten sind richtig? Mit Multiple-Choice-Aufgaben auf unterschiedlichen Leistungsniveaus prüfen. *geographie heute, 39*(340), 20–23.

Tillmann, K.-J. & Vollstädt, W. (2001). *Politikberatung durch Bildungsforschung. Das Beispiel: Schulentwicklung in Hamburg* (Schule und Gesellschaft, Bd. 27). Wiesbaden: VS Verlag für Sozialwissenschaften.

Trapmann, S., Hell, Benedikt, Weigand, Sonja & Schuler, H. (2007). Die Validität von Schulnoten zur Vorhersage des Studienerfolgs – eine Metaanalyse. *Zeitschrift für Pädagogische Psychologie, 21*(1), 11–27.

Tröster, H. (2019). *Diagnostik in schulischen Handlungsfeldern. Methoden, Konzepte, praktische Ansätze.* Stuttgart: Kohlhammer.

Van Ackeren, I., Zlatkin-Troitschanskaia, O., Binnewies, C., Clausen, M., Dormann, C., Preisendörfer, P. et al. (2011). Evidenzbasierte Schulentwicklung. Ein Forschungsüberblick aus interdisziplinärer Perspektive. *Die Deutsche Schule, 103*(2), 170–184.

Vanderstraeten, R. (2004). Doppelte Kontingenz als systemtheoretischer Grundbegriff. In D. Lenzen (Hrsg.), *Irritationen des Erziehungssystems. Pädagogische Resonanzen auf Niklas Luhmann* (Suhrkamp-Taschenbuch Wissenschaft, Bd. 1657, S. 37–64). Frankfurt am Main: Suhrkamp.

Vitzhum, T. (2017, 19. April). Ehrgeiz gilt unter deutschen Schülern als uncool. *Welt.* Zugriff am 22.09.2018. Verfügbar unter: https://www.welt.de/politik/deutschland/article16382 5924/Ehrgeiz-gilt-unter-deutschen-Schuelern-als-uncool.html

Vogd, W. (2005). Komplexe Erziehungswissenschaft jenseits von empirieloser Theorie und theorieloser Empirie. Versuche einer Brücke zwischen Systemtheorie und rekonstruktiver Sozialforschung. *Zeitschrift für Erziehungswissenschaft, 8*(1), 112–133.

Vollmer, H. J. (2008). Kompetenzen und Bildungsstandards. Stand der Entwicklung in verschiedenen Fächern. In G. Weißeno (Hrsg.), *Politikkompetenz. Was Unterricht zu leisten hat* (S. 33–49). Bonn: Bundeszentrale für politische Bildung.

Wachter, P. (2017). Die Dokumentationsmappe – Gestaltung eines gemeinsamen Lernprodukts. Anregungen für eine Tagesexkursion mit Schwerpunkt nachhaltige Stadtentwicklung. *Praxis Geographie, 48*(7–8), 16–19.

Wacker, A. (2008). *Bildungsstandards als Steuerungselemente der Bildungsplanung.* Bad Heilbrunn: Verlag Julius Klinkhardt. Verfügbar unter: http://www.content-select.com/index.php?id=bib_view&ean=9783781552593

Wacker, A., Maier, U. & Wissinger, J. (2012). Ergebnisorientierte Steuerung – Bildungspolitische Strategie und Verfahren zur Initiierung von Schul- und Unterrichtsreformen. In A. Wacker (Hrsg.), *Schul- und Unterrichtsreform durch ergebnisorientierte Steuerung. Empirische Befunde und forschungsmethodische Implikationen* (Educational Governance, Bd. 9, S. 9–34). Wiesbaden: Springer VS.

Weidle, R. & Wagner, A. C. (1994). Die Methode des lauten Denkens. In G. L. Huber & H. Mandl (Hrsg.), *Verbale Daten: eine Einführung in die Grundlagen und Methoden der Erhebung und Auswertung* (S. 81–103). Weinheim: Beltz.

Weinert, F. E. (2002). Schulleistungen – Leistungen der Schule *oder* der Schüler? In F. E. Weinert (Hrsg.), *Leistungsmessungen in Schulen* (Beltz Pädagogik, 2., unveränd. Aufl., S. 73–86). Weinheim: Beltz.

Weishaupt & Horst. (2009). Finanzierung und Recht als Ansatzpunkte schulpolitischer Steuerung. Eine Ideenskizze. *Die Deutsche Schule, 101*(3), 217–230.

Weishaupt, H. (2009). Finanzierung und Recht als Ansatzpunkte schulpolitischer Steuerung. Eine Ideenskizna. *Die Deutsche Schule, 101*(3), 217–230.

Weiss, R. (1995). Die Zuverlässigkeit der Zieffernbenotung bei Aufsätzen und Rechenarbeiten. In K. Ingenkamp (Hrsg.), *Die Fragwürdigkeit der Zensurengebung. Texte und Untersuchungsberichte* (Beltz grüne Reihe, 9. Aufl., S. 104–116). Weinheim: Beltz.

Weniger, E. (1952a). Die Autonomie der Pädagogik. In E. Weniger (Hrsg.), *Die Eigenständigkeit der Erziehung in Theorie und Praxis. Probleme der akademischen Lehrerbildung* (S. 71–98). Weinheim: Beltz.

Weniger, E. (1952b). Der Lehrer als Staatsbeamter. In E. Weniger (Hrsg.), *Die Eigenständigkeit der Erziehung in Theorie und Praxis. Probleme der akademischen Lehrerbildung* (S. 521–527). Weinheim: Beltz.

Werron, T. (2010). Direkte Konflikte, indirekte Konkurrenzen. Unterscheidung und Vergleich zweier Formen des Kampfes. *Zeitschrift für Soziologie, 39*(4), 302–318.

Werron, T. (2012a). Wie ist globale Konkurrenz möglich? Zur sozialen Konstruktion globaler Konkurrenz am Beispiel des Human Development Index. *Soziale Systeme, 18*(1+2), 168–203.

Werron, T. (2012b). Worum konkurrieren Nationalstaaten? Zu Begriff und Geschichte der Konkurrenz um „weiche" globale Güter. *Zeitschrift für Soziologie, 41*(5), 338–355.

Wiechmann, J. (2003). Der Wissenstransfer von Innovationen – die Perspektive der Schulen als aktive Handlungseinheiten. *Zeitschrift für Pädagogik, 49*(5), 675–694.

Wieser, C. (2010). Fachdidaktik auf Spuren des Geographieunterrichts. *GW-Unterricht. Zeitschrift für Geographie und Wirtschaftskunde,* (120), 3–14.

Winter, F. (2012). Klassenarbeit passè? In C. Fischer (Hrsg.), *Diagnose und Förderung statt Notengebung? Problemfelder schulischer Leistungsbeurteilung* (Münstersche Gespräche zur Pädagogik, Bd. 28, S. 57–72). Münster: Waxmann.

Winter, F. (2016). *Leistungsbewertung. Eine neue Lernkultur braucht einen anderen Umgang mit den Schülerleistungen* (Grundlagen der Schulpädagogik, Band 49, 7. Aufl.). Baltmannsweiler: Schneider Hohengehren.

Winter, F. (2018). *Lerndialog statt Noten. Neue Formen der Leistungsbeurteilung* (2. Aufl.). Weinheim, Basel: Beltz. Verfügbar unter: https://www.content-select.com/index.php?id=bib_view&ean=9783407295699

Wischer, B. & Trautmann, M. (2014). ‚Individuelle Förderung' als bildungspolitische Reformvorgabe und wissenschaftliche Herausforderung. *Die Deutsche Schule, 106*(2), 105–118.

Wößmann, L. (2008). Zentrale Abschlussprüfungen und Schülerleistungen. Individualanalysen anhand von vier internationalen Tests. *Zeitschrift für Pädagogik, 54,* 810–826.

Wrase, M. (2013). *Bildungsrecht – wie die Verfassung unser Schulwesen mitgestaltet,* Bundeszentrale für politische Bildung. Zugriff am 10.01.2019. Verfügbar unter: http://www.bpb.de/gesellschaft/bildung/zukunft-bildung/174625/bildungsrecht-wie-die-verfassung-unser-schulwesen-mit-gestaltet?p=all

Zwißler, C. (2018). Klausuren im Geographieunterricht. Überlegungen zur schriftlichen Leistungsbewertung im Sekunsarbereich II. *geographie heute, 39*(340), 30–33.

CPSIA information can be obtained
at www.ICGtesting.com
Printed in the USA
LVHW081225050323
740960LV00003B/141